BEIHEFTE ZUR
ZEITSCHRIFT FÜR ROMANISCHE PHILOLOGIE

BEGRÜNDET VON GUSTAV GRÖBER
FORTGEFÜHRT VON WALTHER VON WARTBURG
HERAUSGEGEBEN VON KURT BALDINGER

BAND 156

WERNER HELMICH

Die Allegorie im französischen Theater des 15. und 16. Jahrhunderts

I. Das religiöse Theater

MAX NIEMEYER VERLAG TÜBINGEN

1976

CIP-Kurztitelaufnahme der Deutschen Bibliothek

Helmich, Werner

Die Allegorie im französischen Theater des 15. [fünfzehnten] und 16. [sechzehnten] Jahrhunderts. – 1. Aufl. – Tübingen: Niemeyer, 1976.

(Zeitschrift für romanische Philologie: Beih. Bd. 156)

ISBN 3-484-52061-2

ISBN 3-484-52061-2

Max Niemeyer Verlag Tübingen 1976

Satz: Maschinensetzerei Erich Eisele, Stuttgart
Einband von Heinr. Koch, Tübingen

INHALT

Vorwort IX

Verzeichnis der Abkürzungen XI

Einleitung 1

1. Zur Geschichte der Allegorie 1

Rhetorische und interpretative Allegorie in der Antike 2 – Die allegorische Schriftexegese und ihre Anwendung auf die mittelalterliche Literatur 4 – Die allegorische Personifikation 8 – Moderner und mittelalterlicher Allegoriebegriff 14

2. Die Gliederung des spätmittelalterlichen allegorischen Theaters . . 18

Die Moralité als Prototyp 19 – Die beiden Hauptrichtungen 24 – Aufbau und Ziel der Untersuchung 27

Erster Teil:

Die allegorischen Konstituentien der traditionellen Moralité religieuse 30

Vorbemerkung zu den untersuchten Texten und zur Forschungslage 30

I. Die dramatischen Figuren 43

1. Konventionen der personifizierenden Darstellung 43

Die Nennung des begrifflichen Namens 43 – Die allegorische Ekphrasis 46 – Signifikante Details der äußeren Gestalt 48 – Die Genuskonvention 50

2. Repräsentanten des Menschen 53

3. Allegorische Instanzen 65

Die religiös-moralische Polarisierung 66; *Sonderfälle*: Ambivalente Figuren 76 – Die Unveränderbarkeit des metaphysischen Status 86; *Sonderfälle*: Bekehrte Instanzen 88 – Die Überzeitlichkeit und Allgegenwart 93; *Sonderfälle*: Historische Gestalten 95 – Die metaphysische Macht 96; *Sonderfälle*: Passiv-indikatorische Instanzen 104

4. Metaphysische Personen 106

5. Die Wesensmerkmale der dramatischen Figuren 110

II. Der allegorische Kosmos 112

1. Allegorische Relationen im Bild zwischenmenschlicher Beziehungen 112

Verwandtschaft 113 – Bekanntschaft 120 – Liebe, Freundschaft, Ehe 123 – Herrschaft 130 – Lehre 137

2. Allegorische Relationen der szenischen Darstellung 139

Die Übergabe allegorischer Kleider und Attribute 139 – Die räumliche Nähe 142 – Das Bühnenbild als Träger allegorischer Relationen 150

3. Der allegorische Kosmos als Bild der Seinshierarchie 156

III. Die allegorische Bühnenhandlung 163

1. Die Wanderung auf dem Stationenweg 164

2. Agonale Motive 181

Der allegorische Kampf 181 – Der allegorische Rechtsstreit 190

3. Privations- und Restitutionsmotive 195

Gefangenschaft und Befreiung 195 – Blindheit und Erleuchtung 197 – Krankheit und Heilung 201 – Schlaf und Erweckung 203

4. Instanzenspezifische Motive 205

Die Begegnung mit Gula und Luxuria 206 – Der Mensch auf dem Rad der Fortuna 211 – Die Lehrinstanzen beim Unterricht 213

5. Handlungsrelevante *vers ambigus* 217

6. Die Gesamthandlung und ihre Grundcharakteristika 224

IV. *Moralités religieuses* auf der Grundlage christlicher Allegorese . 234

1. Primäre Allegorese 234

2. Sekundäre Allegorese 237

V. Die didaktische Intention 239

1. Explizite Didaktik 240

2. Implizite Didaktik 252

VI. Philosophische und dichtungstheoretische Voraussetzungen . . 259

1. Der Ideenrealismus 259

2. Die Abkehr von der Theorie der Dichtung als Mimesis der Dingwelt 267

Zweiter Teil:

Die Entwicklung der allegorischen Form in anderen religiösen Stücken der spätmittelalterlichen Gattungstradition 275

VII. Allegorische Elemente in den Mystères 276

1. Die konventionellen allegorischen Handlungsmotive 277

   Der Streit der 'Töchter Gottes' 277 – Das Gespräch des Judas mit Desesperance 287 – Der Disput zwischen Kirche und Synagoge 288

2. Das Auftreten neuer allegorischer Elemente in einzelnen Stücken 289

   Biblische Mystères 290 – Hagiographische Mystères 293

3. Der Übergang vom Mystère zur Moralité 298

4. Die *Comédies bibliques* der Marguerite de Navarre 304

5. Die Ausbreitung der Allegorie in den Mystères 308

VIII. Späte *Moralités religieuses* vor dem Hintergrund neuer theologischer Strömungen 310

1. Allegorische Marienstücke aus den normannischen *Puys des palinods* 311

2. Das *Théâtre mystique* aus Rouen 319

3. Die *Moralité du Porteur de Pacience* 326

4. Das »profane« Theater der Marguerite de Navarre 329

5. Die Veränderungen der dramatischen Allegorie im Zusammenhang mit neuen Tendenzen in der Schriftexegese 345

Literaturverzeichnis 349

Register 381

Vorwort

Die nachstehende Untersuchung, deren erster Teil 1974 von der Philosophischen Promotionskommission der Johann Wolfgang Goethe-Universität in Frankfurt am Main als Dissertation angenommen worden ist, soll nicht ohne ein Wort des Dankes für mannigfache Hilfe und Anregung, die mir bei ihrer Ausarbeitung zuteil geworden sind, an die Öffentlichkeit gehen. Es gilt vor allem meinem Lehrer, Herrn Professor Dr. Manfred Bambeck, der die Arbeit verständnisvoll betreut und nach Kräften gefördert hat, sowie Herrn Professor Dr. Kurt Baldinger, der sich freundlicherweise bereit erklärt hat, sie in die Reihe der Beihefte zur Zeitschrift für romanische Philologie aufzunehmen. Der Universität Frankfurt habe ich für die Gewährung eines Druckkostenzuschusses zu danken. Für manchen fachlichen und persönlichen Rat bin ich Frau Professor Dr. Halina Lewicka (Warschau) und Herrn Professor Dr. Erhard W. Platzeck O. F. M. (Rom) verbunden. Dank schulde ich aber nicht zuletzt auch vielen Mitarbeitern von wissenschaftlichen Instituten und Bibliotheken, die mir bei der Beschaffung der Texte behilflich gewesen sind, sowie Fräulein Christine Astalosch und Fräulein Gaëtane Duchemin für ihre Hilfe bei der Erstellung des Registers.

Frankfurt, März 1975 W. H.

Verzeichnis der Abkürzungen

AnS	Archiv für das Studium der neueren Sprachen, Braunschweig.
AF	Archivio di Filosofia, Roma.
APh	Archives de Philosophie, Paris.
AR	Archiv für Religionswissenschaft, Leipzig.
Arch. rom.	Archivum romanicum, Firenze.
BCTh	Bulletin du Comité des Travaux historiques et scientifiques, Paris.
BEC	Bibliothèque de l'École des Chartes, Paris.
BHumR	Bibliothèque d'Humanisme et Renaissance, Genève.
B. N.	Bibliothèque nationale, Paris.
BSHP	Bulletin de la Société de l'Histoire du Protestantisme français, Paris.
BSBorda	Bulletin de la Société de Borda, Toulouse.
CAI	Cahiers de l'Association Internationale des Études françaises, Paris.
CFMA	Classiques français du Moyen Age, Paris.
ClP	Classical Philology, Chicago.
ClQ	Classical Quarterly, London.
DVjs.	Deutsche Vierteljahrsschrift für Literaturwissenschaft und Geistesgeschichte, Stuttgart.
ELH	English Literary History, Baltimore.
ECl	Études classiques, Namur.
ETL	Ephemerides Theologicae Lovanienses, Louvain.
Euph.	Euphorion, Heidelberg.
FEW	Französisches Etymologisches Wörterbuch. Eine Darstellung des galloromanischen Wortschatzes, verfaßt v. Walther von Wartburg, Bonn, Basel 1928 sqq.
FR	The French Review, Baltimore.
Godefroy	Frédéric Godefroy. Dictionnaire de l'ancienne langue française et de tous ses dialectes du IXe au XVe siècle, Paris 1881–1902.
GRLMA	Grundriß der Romanischen Literaturen des Mittelalters, hg. v. Hans Robert Jauß und Erich Köhler, Heidelberg 1968 sqq.
HSCP	Harvard Studies in Classical Philology, Cambridge (Mass.).
HTR	Harvard Theological Review, Cambridge (Mass.).
Huguet	Edmond Huguet. Dictionnaire de la langue française du seizième siècle, Paris 1925–67.
JAC	Jahrbuch für Antike und Christentum, Münster i. W.

JEGP	Journal of English and Germanic Philology, Urbana.
JHS	Journal of Hellenic Studies, London.
JWI	Journal of the Warburg and Courtauld Institutes, London.
LS	Lingua e stile, Bologna.
MLQ	Modern Language Quarterly, Washington.
MP	Modern Philology, Chicago.
NLH	New Literary History, Charlottesville.
NM	Neuphilologische Mitteilungen, Helsinki.
PL	Patrologiae cursus completus. Series latina, accur. J.-P. Migne, Paris 1841 sqq.
PMLA	Publications of the Modern Language Association of America, New York.
Rbph	Revue belge de philologie et d'histoire, Bruxelles.
Rddm	Revue des deux mondes, Paris.
RE	Paulys Realencyclopädie der classischen Altertumswissenschaft. Neue Bearb., hg. v. Georg Wissowa, Stuttgart, München 1894 sqq.
REJ	Revue des Études juives, Paris.
RF	Romanische Forschungen, Frankfurt a. M.
RH	Revue hispanique, Paris.
RhlF	Revue d'histoire littéraire de la France, Paris.
RHT	Revue d'histoire du théâtre, Paris.
RJb	Romanistisches Jahrbuch, Hamburg.
RLaR	Revue des langues romanes, Montpellier.
RMAL	Revue du Moyen Age latin, Strasbourg.
Rom.	Romania, Paris.
RSR	Recherches de science religieuse, Paris.
RSt	Research Studies, Washington.
SATF	Société des Anciens Textes français, Paris.
SG	Studium generale, Berlin.
Spec.	Speculum, Cambridge (Mass.).
StF	Studi francesi, Torino.
STFM	Société des Textes français modernes, Paris.
StT	Studia theologica, Lund.
TLF	Textes littéraires français, Genève, Paris.
Tobler/Lommatzsch	Altfranzösisches Wörterbuch. Adolf Toblers nachgelassene Materialien, bearb. u. hg. v. Erhard Lommatzsch, Berlin, Wiesbaden 1925 sqq.
TPAPA	Transactions and Proceedings of the American Philological Association, Lancaster.
TR	Theatre Research, Roma.
VR	Vox romanica, Bern.
ZfSL	Zeitschrift für französische Sprache und Literatur, Wiesbaden.
ZK	Zeitschrift für Kirchengeschichte, Stuttgart.
ZkT	Zeitschrift für katholische Theologie, Innsbruck.
ZrP	Zeitschrift für romanische Philologie, Tübingen.

Einleitung

»Il ne vaut pas la peine d'insister sur la trop nombreuse catégorie des moralités allégoriques« schrieb Gustave Lanson, sichtlich degoutiert, in seiner 1894 erschienenen Literaturgeschichte – ein vernichtendes Urteil, das auch in die teilweise umgearbeitete Neuauflage von 1951 unverändert übernommen worden ist[1]. Generationen von Forschern und Lehrern sind ihm gefolgt, so daß die Moralité und mit ihr das gesamte allegorische Theater des 15. und 16. Jahrhunderts heute als einer der am wenigsten bekannten und zugleich am stärksten abgewerteten Bereiche der französischen Literatur bezeichnet werden kann.

Gerade diese Verbindung von geringem Bekanntheitsgrad und einhelliger Ablehnung muß den Literaturhistoriker mißtrauisch machen gegenüber dem Wahrheitsgehalt der *communis opinio*, die nur allzuleicht geneigt ist, ihr Unverständnis gegenüber einem schwer zugänglichen Objekt diesem als Mangel anzulasten[2]. Sie muß ihn anregen, das verbreitete Urteil über das allegorische Theater an den einschlägigen Texten neu zu überprüfen und die geschichtlichen Voraussetzungen dieses Urteils zu erforschen.

1. Zur Geschichte der Allegorie

Kaum ein geistesgeschichtlich relevanter Begriff hat eine so lange Geschichte und so vielgestaltige Bedeutungsnuancen wie der des Allegorischen, kaum einer ist so verschieden bewertet worden wie er. Das ist nicht verwunderlich, haben doch so unterschiedliche geschichtliche Epochen wie die Spätantike, das Mittelalter, das Barock, die deutsche Klassik und Romantik an seiner Ausformung wesentlichen Anteil; haben ihn zudem so weit auseinanderliegende Disziplinen wie die Rhetorik, die Mythendeutung, die bildende Kunst, die Bibelexegese, die Literarästhetik und andere für sich beansprucht

[1] *Histoire de la littérature française*, remaniée et complétée pour la période 1850–1950 par P. Tuffrau, Paris 1951, p. 214. – [*Hinweis*: Die Sekundärliteratur wird jeweils bei der Ersterwähnung ausführlich, später nur noch mit Verfassernamen und Titelstichwort nachgewiesen. Die Anmerkungen werden auf Wunsch des Herausgebers durchgezählt.]

[2] Ich erinnere an den Aphorismus Gustave Cohens: »Les ténèbres du Moyen-Age ne sont que celles de notre ignorance« (*La grande clarté du Moyen-Age*, Paris 1940, p. 177).

und so seinen Bedeutungsreichtum vermehrt. Ich will darum zunächst versuchen, die für das spätmittelalterliche Theater relevanten Bedeutungsnuancen des Begriffs, die sich teilweise überlagern, zu einer möglichst klaren, aber doch nicht unzulässig vereinfachten Synthese zu bringen.

Rhetorische und interpretative Allegorie in der Antike. – Für die antike Rhetorik ist die Allegorie nach ihrem etymologischen Wortsinn ein Gedankentropus, mit dem man etwas anderes sagt, als man meint, d. h. ein Stilmittel zum *ornatus* der Rede. Ps.-Heraklit, ein Stoiker aus der Zeit des Augustus, definiert in seinen 'Ομηρικὰ προβλήματα: ὁ γαρ ἄλλα μὲν ἀγορεύων τρόπος, ἕτερα δὲ ὧν λέγει σημαίνων, ἐπωνύμως ἀλληγορία καλεῖται[3]. Die Redefigur erscheint auch bei lateinischen Rhetorikern, teils unter ihrem griechischen Namen, teils in lateinischer Übersetzung als *inversio*, und wird als *continua* μεταφορά aufgefaßt[4]. Die klassische Definition findet sich bei Quintilian: »'Αλληγορία, quam inversionem interpretantur, aut aliud verbis, aliud sensu ostendit, aut etiam contrarium«[5]. In dieser Bedeutung geht der Begriff durch den Grammatikunterricht des Triviums ins Mittelalter über und wird Allgemeingut der *Artes praedicandi* und Poetiken, so bei Isidor von Sevilla[6], Beda[7], Matthieu de Vendôme[8], Gervais von Melkley[9] und vielen anderen[10].

Der grammatisch-rhetorische Terminus wird nun seit hellenistischer Zeit auch auf die Tätigkeit übertragen, die vorher meist als ὑπόνοια bezeichnet worden ist: die bildliche, nicht buchstäbliche Interpretation eines Textes

---

[3] »Diejenige Redefigur, die das eine aussagt, aber etwas anderes meint als das, was sie sagt, wird treffend als Allegorie bezeichnet«.

[4] So bei Cicero, *Orat.* 27, 94; *De orat.* 3, 166.

[5] *Inst. or.* 8, 6, 44; cf. auch 8, 6, 14 und 9, 2, 46.

[6] »Allegoria est alieniloquium. Aliud enim sonat, et aliud intelligitur« (*Etym.* I, 37, 22).

[7] *De schematibus et tropis* II, 12: »Allegoria est tropus quo aliud significatur quam dicitur« (ed. C. Halm, *Rhetores latini minores*, Lipsiae 1863, p. 615).

[8] *Ars versificatoria* 3, 43 (ed. E. Faral, *Les arts poétiques du XII*e *et du XIII*e *siècle*, Paris 1923, p. 177), Datierung: vor 1175.

[9] *Ars poetica*, krit. Ausg. v. H.-J. Gräbener, Münster 1965 (Forschungen zur roman. Philol. 17), p. 155; datiert auf ca. 1215/16.

[10] Zu den antiken Definitionen cf. H. Lausberg, *Handbuch der literarischen Rhetorik*, München 1960, §§ 895–899. Patristische Allegorie-Definitionen sind in *PL* CCXIX, col. 123–125 (Index XLVI) zusammengestellt. Zum Mittelalter cf. etwa E. de Bruyne, *Études d'esthétique médiévale*, Brugge 1946, vol. I, p. 159; R. Dragonetti, *La technique poétique des trouvères dans la chanson courtoise. Contribution à l'étude de la rhétorique médiévale*, Brugge 1960, pp. 226–248; Ch. S. Baldwin, *Medieval Rhetoric and Poetic (to 1400). Interpreted from Representative Works*, New York 1928 (siehe Index s.v. *allegory*); J. McClennen, *On the Meaning and Function of Allegory in English Renaissance*, Ann Arbor 1947 (Contributions in Mod. Philology. 6). Cf. ferner Th.-M. Charland, *Artes praedicandi. Contribution à l'histoire de la rhétorique au Moyen Age*, Paris, Ottawa 1936 (Publications de l'Institut d'Études médiév. d'Ottawa. 7).

(heute vielfach Allegorese genannt). Sie ist im griechischen Kulturbereich schon frühzeitig verwendet worden, um unglaubwürdige oder sittlich anstößige Stellen aus der Mythologie, wie sie vor allem in den Dichtungen Homers überliefert ist, zu entfernen, indem man den Berichten einen geheimen Hintersinn unterlegt[11]. Die allegorische Interpretation geht dabei im wesentlichen in drei Richtungen: die physikalische oder kosmologische Allegorese (seit Theagenes von Rhegium und Metrodor von Lampsakos) deutet die überlieferten Göttertaten als Naturerscheinungen, die ethische oder psychologische (Anaxagoras, Demokrit u. a.) als innerseelische Kräfte, die historische oder euhemeristische (nach Euhemeros von Messene) als sekundäre Vergöttlichungen der Taten bedeutender Menschen. Als Methode der allegorischen Sinnfindung wird von allen Richtungen gern die oft phantastische Etymologisierung der Götternamen herangezogen. Die Dichter- oder Mythenallegorese, die allemal auf eine Rationalisierung wörtlich nicht mehr geglaubter Mythologeme hinausläuft, wird auch von den Römern übernommen (Varro, Lukrez, Horaz u. a.) und erlebt im Neuplatonismus eine neue Hochblüte. Der aus Alexandrien stammende jüdisch-hellenistische Religionsphilosoph Philon hat dieses Verfahren sogar auf die Genesis angewandt[12]. Die Allegorisierung Homers, Vergils und anderer antiker Dichter setzt sich auch im Mittelalter fort[13].

---

[11] Ausführliches Material zur antiken Mythenallegorese findet sich u. a. in folgenden Werken: P. Decharme, *La critique des traditions religieuses chez les Grecs des origines au temps de Plutarque,* Paris 1904 (Nachdr. Bruxelles 1966); A. B. Hersman, *Studies in Greek Allegorical Interpretation,* Chicago 1906; F. Wehrli, *Zur Geschichte der allegorischen Deutung Homers im Altertum,* Borna-Leipzig 1928; besonders aufschlußreich J. Pépin, *Mythe et allégorie. Les origines grecques et les contestations judéo-chrétiennes,* Paris 1958; P. Giannantonio, *Dante e l'allegorismo,* Firenze 1969 (Bibl. dell'Archivum romanicum. I, 100), pp. 48–51, 55–90. Zur Sonderstellung Platons cf. J. Tate, *Plato and Allegorical Interpretation,* in *ClQ* 23 (1929) pp. 142–154; 24 (1930) pp. 1–10. Ein konkretes Beispiel für die Allegorese einer Ilias-Stelle bis hin zum Neuplatonismus verfolgt P. Lévèque, *Aurea Catena Homeri. Une étude sur l'allégorie grecque,* Paris 1959 (Annales litt. de l'Univ. de Besançon. II, 27). – Einen kurzen Überblick bieten die Artikel *Allegorische Dichtererklärung* von K. Müller in *RE* Suppl.-Bd. IV, col. 16–22 und *Allegorese* von J. C. Joosen und J. H. Waszink in *JAC* I, col. 283–293.

[12] E. Stein, *Die allegorische Exegese des Philo aus Alexandreia,* Gießen 1929 (Beih. z. Zs. f. alttestamentl. Wiss. 51) und H. A. Wolfson, *Philo. Foundations of Religious Philosophy in Judaism, Christianity, and Islam,* vol. I–II, 2nd printing rev., Cambridge (Mass.) 1948.

[13] Cf. etwa D. Comparetti, *Virgilio nel Medio Evo,* vol. I–II, nuova ed. a cura di G. Pasquali, Firenze 1943–46; J. Seznec, *La survivance des dieux antiques. Essai sur le rôle de la tradition mythologique dans l'Humanisme et dans l'art de la Renaissance,* London 1940 (zum Mittelalter cf. bes. pp. 13–108 *passim*); E. R. Curtius, *Europäische Literatur und lateinisches Mittelalter,* 6. Aufl. Bern, München 1967 (bes. pp. 210–213); H. de Lubac, *Exégèse médiévale. Les quatre sens de l'Écriture,* Paris 1959–64, vol. II/2, pp. 182–197, 233–262.

Es ist leicht zu sehen, daß die beiden aus der Antike überkommenen Verwendungen des Allegoriebegriffs – Allegorie als *rhetorische* und *hermeneutische* Figur[14], d. h. als Mittel des *poetischen Ausdrucks* und als *Interpretationsverfahren* – zwei komplementäre Aspekte *eines* Sachverhalts bezeichnen und insofern eng miteinander verbunden sind[15]. Der rhetorische Allegoriebegriff geht von der Position des Dichters aus, der (aus ästhetischen oder anderen Gründen) die von ihm intendierte Bedeutung in einer poetischen Fiktion, das heißt einer Reihe von Bildern, verschlüsselt; der interpretative oder hermeneutische Allegoriebegriff setzt dagegen beim Leser an, der die wahre Bedeutung eines Textes hinter dessen äußerer Gestalt, die er als bloße poetische Fiktion auffaßt, zu entschlüsseln sucht. Der beiden Allegoriebegriffen gemeinsame Sachverhalt besteht darin, daß die äußere Gestalt eines Artefakts (literarisch: die Bilder und poetischen Fiktionen eines Textes) und dessen (wahre oder intendierte) Bedeutung nicht zusammenfallen, sondern durch eine allegorische Differenz (H. R. Jauß) voneinander getrennt sind.

Die allegorische Schriftexegese und ihre Anwendung auf die mittelalterliche Literatur. – Nun ist allerdings der Allegoriebegriff auch in die christliche Schriftexegese eingewandert, obwohl hier dem Text eine ganz andere Rolle zukommt als in der antiken Allegorie. Ausgangspunkt ist der Galaterbrief 4, 22–26, wo Paulus die beiden Frauen Abrahams, Hagar und Sara, bildlich auf das Alte und Neue Testament hin interpretiert und dabei v. 24 den antiken rhetorischen Terminus aufgreift: ἅτινά εστιν ἀλληγορούμενα (in der Fassung der Vulgata: »quae sunt per allegoriam dicta«). Der traditionelle Begriff wird hier dazu gebraucht, eine innerhistorische Beziehung zwischen einer alttestamentlichen Verheißung und ihrer neutestamentlichen, christologischen Erfüllung zu bezeichnen. Dieses exegetische Verfahren, das Paulus auch an anderen Stellen verwendet[16], wird in der neueren Forschung allgemein als *Typologie* oder *Figuraldeutung* bezeichnet[17].

---

[14] H.-G. Gadamer, *Wahrheit und Methode. Grundzüge einer philosophischen Hermeneutik*, 2. Aufl. Tübingen 1965, p. 68.

[15] Der fundamentale Doppelaspekt der Allegorie wird heute allgemein anerkannt, wobei allerdings die Terminologie nicht festliegt. P. M. Pickrel unterscheidet zwischen dem »creative allegorist« und dem »exegetical allegorist« (*Religious Allegory in Medieval England. An Introductory Study Based on the Vernacular Sermon before 1250*, Phil. Diss. Yale Univ. 1944, p. 18); P. Giannantonio spricht von »figura grammaticale« und »esegesi« (*Dante*, p. 26); J. Pépin von »expression allégorique« und »interprétation allégorique« (*Dante et la tradition de l'allégorie*, Montréal, Paris 1970, p. 12). Auch die Unterscheidung von *Allegory and Allegorization* (so der Titel eines Aufsatzes von W. T. H. Jackson in *RSt* 32, 1964, pp. 161–175) ist nur eine terminologische Variante des hier dargestellten Doppelaspekts.

[16] Beispielsweise Gal. 3, 16; I Cor. 5, 6–8; 10, 1–11; Hebr. 2, 3 sqq.

[17] Um ihre Erforschung hat sich von literarhistorischer Seite vor allem E. Auerbach verdient gemacht. Cf. seine Aufsätze *Figura* (in *Arch. rom.* 22, 1938,

Nun dringt die christliche Schriftexegese aber schon in früher patristischer Zeit über die historisch-typologische Auslegung hinaus in weitere Bereiche der geistlichen Bedeutung vor, die zusammen ebenfalls mit dem alten Allegoriebegriff bezeichnet werden können[18]. Bei verschiedenen Exegeten – im Osten vor allem bei Origenes, im Westen bei Ambrosius, Hieronymus, Augustin und Gregor dem Großen, um nur einige der wichtigsten Namen zu nennen – wird die allegorische Schriftdeutung weitergeführt, wobei die geistliche Bedeutung (der *sensus spiritualis*) weiter aufgefächert wird. Am bekanntesten ist das schon bei Cassian und Augustin anzutreffende Viererschema geworden[19], das neben dem *sensus historicus* oder *litteralis* drei Arten der geistlichen Bedeutung einer Schriftstelle unterscheidet:

den *sensus allegoricus* im engeren Sinn, der ein biblisches Ereignis auf die zentrale Glaubenstatsache, die Erlösung durch Christus, bezieht;

den *sensus tropologicus* oder *moralis*, der es als Anweisung für das moralische Verhalten jedes einzelnen Menschen ausdeutet;

schließlich den *sensus anagogicus*, der es als Ankündigung zukünftiger, mit der Wiederkunft Christi in Zusammenhang stehender Ereignisse versteht[20].

---

pp. 436–489; leicht verändert auch in seinen Werken *Neue Dantestudien*, Istanbul 1944, pp. 11–71 und *Gesammelte Aufsätze zur romanischen Philologie*, Bern, München 1967, pp. 55–92) und *Typologische Motive in der mittelalterlichen Literatur*, Krefeld 1953 (Schriften u. Vorträge des Petrarca-Instituts Köln. 2). Cf. auch sein Buch *Mimesis. Dargestellte Wirklichkeit in der abendländischen Literatur*, 2. Aufl. Bern 1959 (Sammlung Dalp. 90), pp. 74–77, 187–189. Ferner H. G. Jantsch, *Studien zum Symbolischen in frühmittelhochdeutscher Literatur*, Tübingen 1959, pp. 4–43. – Auch von anderer Seite gibt es neuerdings neben der älteren Studie von L. Goppelt, *Typos. Die typologische Deutung des Alten Testaments im Neuen*, Gütersloh 1939, eine Reihe bemerkenswerter Publikationen zu diesem Problem, so vor allem J. Daniélou, *Sacramentum futuri. Études sur les origines de la typologie biblique*, Paris 1950 und A. C. Charity, *Events and their Afterlife. The Dialectics of Christian Typology in the Bible and Dante*, Cambridge 1966. Cf. ferner H. de Lubac, *Exégèse* II/1, pp. 305–363 und J. Pépin, *Dante*, pp. 31–40, 45–50.

18 Es steht also nicht einfach christliche Typologie gegen heidnisch-jüdische Allegorie, wie H. de Lubac in seinem Aufsatz *»Typologie« et »allégorisme«* (in *RSR* 34, 1947, pp. 180–226) gegenüber Daniélou nachweist.

19 Daneben gibt es ein auf Origenes und Hieronymus zurückgehendes Dreier- sowie ein Siebenerschema, die aber in der Tradition gegenüber dem Hauptstrang zurücktreten. Cf. dazu H. de Lubac, *Exégèse* I/1, pp. 129–220.

20 Ein Beispiel: Der Auszug der Juden aus Ägypten ist dem Wortsinn nach ein historisches Ereignis, bedeutet aber zugleich allegorisch die Erlösung durch Christus, tropologisch den Übergang jeder einzelnen Seele vom Sünden- zum Gnadenstand und anagogisch die Befreiung von der Gewalt des Todes zum ewigen Leben. Cf. J. Pépin, *Dante*, p. 60. – Einen Eindruck von der Vielzahl typologisch und allegorisch ausgedeuteter biblischer Ereignisse und Gestalten geben die fast unerschöpflichen Indices XLVI–XLIX in *PL* CCXIX, col. 123–264. Natürlich wird die allegorische Deutung nicht unterschiedslos auf *jede* Bibelstelle angewandt; cf. M. W. Bloomfield, *Symbolism in Medieval Literature*, in *MP* 56 (1958) pp. 73–81.

Oder, um es mit einem durch Nicolaus von Lyra bekanntgewordenen Merkvers auszudrücken:

> Littera gesta docet, quid credas allegoria,
> moralis quid agas, quo tendas anagogia[21].

Die Lehre vom vierfachen Schriftsinn ist zum Allgemeingut der mittelalterlichen Exegese geworden[22].

Der tiefgreifende Unterschied zwischen der typologisch-allegorischen Schriftexegese der Christen und der vorher behandelten allegorischen Interpretation heidnischer Mythen bzw. Dichter zeigt sich vor allem an der veränderten Rolle des Literalsinns. Während die antike Allegorese den Literalsinn eines poetischen Textes für falsch erklärt, um ihn durch den allegorischen Sinn zu *ersetzen*, stellt die christliche allegorische Exegese den Wahrheitsgehalt des biblischen Literalsinns nicht in Frage, sondern fügt ihm nur noch weitere geistliche Bedeutungen *hinzu*. »Sensus spiritualis [...] super litteralem fundatur et eum supponit«, schreibt Thomas von Aquin unmißverständlich[23], nachdem schon Hugo von St. Viktor und Albert der Große vor gewissen Übersteigerungen der Allegorese gewarnt und nachdrücklich auf den fundamentalen Wahrheitsgehalt des *sensus litteralis* vor allen geistlichen Ausdeutungen hingewiesen haben. Schon bei Ambrosius ist die traditionelle Formel *aliud verbis, aliud sensu* durch die Definition »allegoria est, cum aliud *geritur*, aliud figuratur« abgelöst worden, und andere sind ihm darin gefolgt[24]. Der Text der biblischen Berichte als Grundlage der Exegese ist nicht *verbum* im Sinn der Quintilianischen Definition, d. h. bloße poetische Fiktion (*fabula*) im Gegensatz zur wahren Bedeutung, sondern *Verbum* im pathetischen Wortsinn von Joh. 1, 14 »Et verbum caro factum est, et habitavit in nobis«, d. h. heilsgeschichtliches *factum*. Schon Augustin setzt den paulinischen Allegoriebegriff in diesem Sinn gegen die heidnische Allegorie ab[25]. Das für sie gültige Schema von bildlicher Gestalt (Text) und

---

[21] Zitiert nach de Lubac, *Exégèse* I/1, p. 23.

[22] Ich kann mich hier auf einige wenige Literaturangaben beschränken. Grundlegend ist das schon mehrfach erwähnte vierbändige Werk von H. de Lubac, *Exégèse médiévale*; daneben cf. P. C. Spicq, *Esquisse d'une histoire de l'exégèse latine au moyen âge*, Paris 1944; B. Smalley, *The Study of the Bible in the Middle Ages*, 2nd ed. Oxford 1952; R. M. Grant, *The Letter and the Spirit*, London 1957; zum Überblick cf. auch P. Giannantonio, *Dante*, pp. 91–185. Zur Weiterentwicklung und Umgestaltung der allegorischen Schriftdeutung im 12. Jahrhundert cf. bes. M.-D. Chenu, *La théologie au douzième siècle*, Paris 1957 (Études de philosophie médiévale. 45).

[23] *Summa theol.*, I^{a} pars, q. 1, art. 10 c.

[24] Belege bei de Lubac, *Exégèse* I/2, pp. 499–501.

[25] *PL* XLII, col. 1069. – Zur Einstellung Augustins gegenüber der allegorischen Schriftauslegung cf. M. Pontet, *L'exégèse de S. Augustin prédicateur*, Paris 1946 (Théologie. 7) und G. Strauß, *Schriftgebrauch, Schriftauslegung und Schriftbeweis bei Augustin*, Tübingen 1959 (Beiträge z. Geschichte d. bibl. Hermeneutik. 1).

wahrer Bedeutung gilt dort nicht mehr, wo der Text keine poetische Fiktion ist, sondern selbst wahre *historia*[26]. Daraus ergibt sich, daß auf dem Gebiet der allegorischen Schriftexegese auch nicht mehr von einer »allegorischen Differenz« im oben dargestellten Sinn gesprochen werden kann. Es ist ein besonderes Verdienst H. de Lubacs, die Sonderstellung der christlich-exegetischen Allegorie gegenüber der profanen ungeachtet aller terminologischen Gemeinsamkeiten eindrucksvoll nachgewiesen zu haben[27].

Das Schema vom vierfachen Schriftsinn ist im Mittelalter von der Theologie auch in die Literarästhetik gedrungen[28]. Mit der Ablösung vom ursprünglichen Objekt, der Auslegung der *Bibel*, hat dieses Verfahren aber seine Sonderstellung außerhalb des antiken oder profanen Allegoriebegriffs, die auf dem unbestrittenen historischen Wahrheitsgehalt des biblischen *sensus litteralis* beruhte, eingebüßt, da im Medium der Dichtung der Literalsinn grundsätzlich wieder *Fiktion* ist[29] – ungeachtet aller zum poetischen Topos gewordenen Wahrheitsbeteuerungen der Dichter. Die *poetische* Allegorie des

---

[26] Es darf allerdings nicht verschwiegen werden, daß einige Exegeten, vor allem der trotz seiner kirchlichen Verurteilung sehr einflußreiche Origenes – wohl unter dem Einfluß der allegorischen Exegese Philons –, stärkere Lockerungen des historischen Sinns in Kauf genommen haben. Cf. dazu H. de Lubac, *Histoire et esprit. L'intelligence de l'Écriture d'après Origène*, Paris 1950 (Théologie. 16) und, mit teilweise anderer Bewertung, R. P. C. Hanson, *Allegory and Event. A Study of the Sources and Significance of Origen's Interpretation of Scripture*, London 1959.

[27] Cf. besonders *Exégèse* I/2, pp. 384–396, 425–439 und 513–522; ähnlich in seinem Aufsatz *A propos de l'allégorie chrétienne*, in *RSR* 47 (1959) pp. 5–43. – Wenn dagegen H. R. Jauß in seinem höchst informativen Beitrag zum *Grundriß der romanischen Literaturen des Mittelalters*, VI/1, Heidelberg 1968, *Über Entstehung und Strukturwandel der allegorischen Dichtung*, verschiedene Formen der Allegorie, unter ihnen auch die vierfache Schriftdeutung, in *einer* gemeinsamen Formel zusammenfaßt: »Sie bedienen sich einer allegorischen oder typologischen Beziehung von Gestalt (Wort, Bild, Ereignis) und Bedeutung, um dem Leser oder Hörer begreiflich zu machen, daß die Wahrheit des Dargestellten im Unsichtbaren liegt« (p. 146 sq.), so wird eben diese Sonderstellung wieder eingeebnet.

[28] Cf. dazu die grundlegende Darstellung von E. de Bruyne, *Études* I, pp. 302–370 (*La théorie de l'allégorisme*); ferner H. H. Glunz, *Die Literarästhetik des europäischen Mittelalters. Wolfram, Rosenroman, Chaucer, Dante*, 2. Aufl. Frankfurt a. M. 1963, heftig kritisiert von E. R. Curtius, *Zur Literarästhetik des Mittelalters*, in *ZrP* 58 (1938) pp. 1–50, 129–292 und 433–479; S. Bayrav, *Symbolisme médiéval. Béroul, Marie, Chrétien*, Paris 1957.

[29] Sehr deutlich dazu M.-R. Jung, *Études sur le poème allégorique en France au moyen âge*, Bern 1971 (Romanica Helvetica. 82), p. 12: »L'histoire biblique est une vérité, tandis que les fables des poètes sont fausses. Pour les théologiens, le sens allégorique vient en second lieu; pour les poètes, il constitue l'intention première«. Zur Bestätigung zitiert er Dante, der im *Convivio* (II, 1, 4) ausdrücklich sagt: »Veramente li teologi questo senso [sc. allegorico] prendono altrimenti che li poeti«. An anderer Stelle spricht Dante in bezug auf den Literalsinn der Dichtung unmißverständlich von »parole fittizie« und »bella menzogna« (cf. J. Pépin, *Dante*, pp. 65–69).

Mittelalters, auch wenn sie durchaus die Termini und bis zu einem gewissen Grad auch die Denkschemata der vierfachen Schriftexegese übernimmt, gehört, sobald sie von der unmittelbaren Darstellung der biblischen *historia*[30] abrückt, wieder dem traditionellen, aus der Antike übernommenen Allegoriebegriff zu: der Dichter stellt allegorische Fiktionen dar und fordert den Leser auf, diese allegorisch zu interpretieren, freilich jetzt nicht mehr durch die physikalische oder ethische Allegorese wie in der antiken Mythendeutung, sondern nach den aus der Schriftexegese übernommenen »geistlichen«, das heißt allegorischen, moralischen und anagogischen Deutungsverfahren. Im Bereich der poetischen Fiktion (die aber keineswegs *profan* im modernen Wortsinn sein muß!) tritt die allegorische Bedeutung wieder *an die Stelle* des Literalsinns eines Textes, nicht mehr wie in der allegorischen Schriftexegese in untergeordneter Funktion *neben* ihn.

Die allegorische Personifikation. – Daß der Literalsinn der mittelalterlichen allegorischen Literatur im Rückgriff auf die rhetorisch-poetische Tradition nicht als *historia*, sondern als Fiktion aufzufassen ist, wird unter anderem daran deutlich, daß die überwiegende Zahl allegorischer Werke auf Personifikationen beruht, über deren fiktiven Charakter schon in den rhetorischen Lehrbüchern der Antike Einigkeit besteht. So spricht Cicero von der »personarum ficta inductio«[31], Quintilian von »fictiones personarum«[32]. Gewöhnlich wird die Personifikation in der antiken Rhetorik als προσωποποιία oder *confirmatio* bezeichnet und als Redefigur definiert[33]. Sie erscheint zwar hier getrennt von der eigentlichen Allegorie, läßt sich aber inhaltlich als »Realisierungs-Variante« des rhetorischen Allegoriebegriffs auffassen[34]: der Dichter gibt einem Allgemeinen (einem Begriff, einer Idee, einer außer- oder überpersönlichen Wesenheit) eine fiktive persönliche

---

[30] Diese Einschränkung ist wichtig, weil die Bibel neben der *historia* auch bildlich-allegorische Elemente enthält.

[31] *De orat.* 3, 205.

[32] *Inst. or.* 9, 2, 29–37.

[33] Cf. etwa *Rhet. ad Herennium* 4, 53, 66: »Confirmatio est, cum aliqua, quae non adest, persona confingitur quasi adsit, aut cum res muta aut informis fit eloquens, et forma et oratio adtribuitur ad dignitatem adcommodata aut actio quaedam«. Weitere Belege bei Halm, *Rhetores,* pp. 15, 23 u. 62. – Auch hier wirkt Isidor als Vermittler fürs Mittelalter; *Etym.* II, 13, 1 und II, 21, 45 definiert er: »Prosopopoeia est, cum inanimalium et persona et sermo fingitur« (zit. nach Halm, *ib.*, pp. 514 und 522), was später von Geoffroi de Vinsauf u. a. übernommen wird; cf. E. Faral, *Les arts poétiques*, p. 275 sowie den Überblick p. 54. – Auch in diesen Definitionen erscheint die *fictio* (*confingitur, fingitur*) als Wesensmerkmal der Personifikation!

[34] H. Lausberg, *Elemente der literarischen Rhetorik. Eine Einführung für Studierende der klassischen, romanischen, englischen und deutschen Philologie*, 2. Aufl. München 1963, § 425. Ähnlich J. Pépin, *Dante*, p. 14: »l'allégorie-personnification se présente comme une application particulière de l'allégorie enseignée par les rhéteurs«.

Gestalt[35]. Umgekehrt ist es die interpretative Aufgabe des Lesers, hinter der äußeren Gestalt der Personifikation die intendierte Bedeutung zu erkennen.

Die für die rhetorisch-interpretative Allegorie charakteristische Differenz zwischen äußerer Gestalt (Fiktion) und wahrer Bedeutung ist hier auf *ein* Prinzip, nämlich den Akt des Personifizierens bzw. des begrifflichen Interpretierens fiktiver Personen, eingeengt, aber trotzdem prinzipiell vorhanden[36]. Sie mag in der Epik (und Lyrik) oft verschwindend gering sein, nämlich dann, wenn der begriffliche Name so sehr im Vordergrund steht, daß die Personifikation, der er beigelegt wird, kaum sinnliche Anschaulichkeit gewinnt[37]. Im breiten Übergangsfeld zwischen dem sogenannten *ab-*

---

[35] P. Valesio hat neuerdings versucht, dieses poetische Verfahren von einem generativ-transformationellen Ansatz her zu beschreiben (*Esquisse pour une étude des personnifications*, in *LS* 4, 1969, pp. 1–21). Mit einem gewissen Recht betont er, daß die Haupttransformation nicht die von 'abstrakt' zu 'konkret' ist, da auch Konkreta personifiziert werden können, sondern die von 'unbelebt' zu 'belebt' (pp. 4–6) – genauer wäre zu sagen: die von *außerpersönlich* zu *persönlich*.

[36] Dem *Typus*, wenn er im literarischen Wortsinn als persönlich wenig ausgepägter Durchschnittsvertreter einer Gruppe von Menschen verstanden wird, fehlt dagegen die allegorische Differenz. Ihm kann zwar *lato sensu* ein »allgemeiner Charakter« zugeschrieben werden; er ist aber im Unterschied zur echten Personifikation ein wirkliches, kein bloß fiktives Einzelwesen. – Der Wesensunterschied zwischen dem so verstandenen Typus und der Personifikation wird besonders relevant für das Verhältnis der aristotelischen Mimesislehre zur allegorischen Darstellung. Cf. dazu unten Kap. VI, 2.

[37] Eine staatliche Reihe von Forschern neigt sogar der Ansicht zu, die Personifikation sei an sich noch keine allegorische Form, da ihr die für die Allegorie konstitutive Differenz von Gestalt und Bedeutung fehlen könne oder sogar grundsätzlich fehle; so etwa H. F. Dunbar, *Symbolism in Medieval Thought and its Consummation in the Divine Comedy*, New York 1929, repr. 1961, p. 280; L. L. Camp, *Studies in the Rationale of Medieval Allegory*, Phil. Diss. Univ. of Washington 1942, p. 62; R. W. Frank, Jr., *The Art of Reading Medieval Personification-Allegory*, in *ELH* 20 (1953) pp. 237 sq. und 243 sq.; E. D. Leyburn, *Satiric Allegory. A Mirror of Man*, New Haven 1956 (Yale Studies in English. 130), pp. 3–5; H. R. Jauß, *Form und Auffassung der Allegorie in der Tradition der »Psychomachia« (von Prudentius bis zum ersten »Romanz de la Rose«)*, in *Medium Aevum vivum. Festschr. f. Walther Bulst*, Heidelberg 1960, p. 185 sq.; H. Siepmann, *Die allegorische Tradition im Werke Clément Marots*, Bonn 1968, p. 20; besonders deutlich M.-R. Jung, *Études*, p. 22: »il est évident qu'une personnification à elle seule ne fait pas encore une allégorie, puisque le concept personnifié dit en clair ce qu'il veut dire«. – Dieser Auffassung ist nur dort beizupflichten, wo die Personifikation nicht mehr als sinnliche Gestalt (fictio *personae*) erscheint, sondern auf einen begrifflichen *Namen* reduziert ist, der im Extremfall freilich nicht mehr von einem bloßen Begriff unterschieden werden kann. Die *fictio* der voll ausgebildeten Personifikation liegt nicht im Sinngehalt des ihr als Name beigelegten Begriffs, sondern in der personalen Gestalt, den dieser Begriff angenommen hat. Sobald die Personifikation als *Gestalt* erkennbar wird, ist sie kategorial etwas anderes als der *Begriff*, den sie verkörpert.

stractum agens[38] und der epischen Personifikation läßt sich oft nicht entscheiden, ob in einem Text ein abstrakter Begriff durch die Verbindung mit einem konkreten Verbalkomplex nur innersprachlich eine quasi personale Funktion erlangt oder als wirkliche Personifikation mit körperlicher Gestalt aufzufassen ist.

Bei dramatischen Personifikationen, die stets in voll ausgebildeter menschlicher Gestalt vor den Augen der Zuschauer auf der Bühne erscheinen, kann eine solche Unklarheit nicht aufkommen. Hier kann auch die allegorische Differenz zwischen Gestalt und Bedeutung nicht geleugnet werden[39]. Das *aliud verbis, aliud sensu* wird hier in der Variante *aliud persona (ficta), aliud sensu* dramatisch realisiert. Die dramatischen Personifikationen wirken insgesamt – wenn man die unterschiedlichen ästhetischen Qualitäten einzelner Werke einmal außer acht läßt – durch die dem Theater eigene starke Suggestivkraft[40] lebendiger, unmittelbarer, in ihrer äußeren Gestalt stärker personalisiert als die epischen[41]. Eine ähnlich starke allegorische Differenz findet sich sonst nur noch bei den Personifikationen der bildenden Kunst, die hier aber nur am Rand erwähnt werden können[42].

---

[38] Cf. den Aufsatz *Abstractum agens und Allegorie im älteren Französisch* von R. Glasser, in *ZrP* 69 (1953) pp. 43–122; dazu S. Heinimann, *Das Abstraktum in der französischen Literatursprache des Mittelalters*, Bern 1963 (Romanica Helvetica. 73), pp. 101–103 sowie M.-R. Jung, *Études*, p. 190.

[39] Die in der vorletzten Anmerkung referierten Auffassungen vom nicht (zwingend) allegorischen Charakter der Personifikation sind, wie die Titel der genannten Arbeiten zum Teil andeuten, im wesentlichen an der epischen und lyrischen, nicht an der dramatischen Personifikation entwickelt!

[40] Cf. dazu etwa D. Frey, *Zuschauer und Bühne. Eine Untersuchung über das Realitätsproblem des Schauspiels*, in id., *Kunstwissenschaftliche Grundfragen. Prolegomena zu einer Kunstphilosophie*, Wien 1946, pp. 151–223 (bes. p. 166).

[41] Die starke Anschaulichkeit gerade der dramatischen Personifikation hat am Beispiel der Moralité schon Fr. Th. Vischer in seiner *Aesthetik oder Wissenschaft des Schönen* (2. Aufl. München 1923, Bd. VI, p. 80) hervorgehoben; ähnlich W. R. Mackenzie, *The English Moralities from the Point of View of Allegory*, Boston, London 1914 (Harvard Studies in English. 2), p. 261. Wenn G. Cohen dagegen in seinem Buch *Le théâtre en France au Moyen Age*, II: *Le théâtre profane*, Paris 1931 (Bibliothèque générale illustrée. 18) schreibt, die Personifikationen der Moralité seien »moins vivantes« als die »gracieuses évocations« des *Roman de la Rose* (p. 59), so bezieht sich dieser Vergleich ausdrücklich nicht auf die gesamte Epik oder eine epische Gattung, sondern nur auf ein besonders gelungenes Einzelwerk der allegorischen Epik, das natürlich vielen mäßigen allegorischen Theaterstücken ästhetisch überlegen ist. Der Begriff »lebendig« wird hier als wertende, nicht wie in meiner These als phänomenologisch beschreibende Kategorie verwendet.

[42] Hier sei nur pauschal auf einige hilfreiche ikonographische Handbücher verwiesen: K. Künstle, *Ikonographie der christlichen Kunst*, Bd. I–II, Freiburg i. Br. 1926–28; R. van Marle, *Iconographie de l'art profane au Moyen-Age et à la Renaissance et la décoration des demeures*, t. I–II, La Haye 1931–32 (bes. t. II: *Allégories et symboles*); J. J. M. Timmers, *Symboliek en iconographie der christelijke kunst*, Roermond-Maseik 1947; L. Réau, *Iconographie de l'art chrétien*, t. I–III/3, Paris 1955–59; besonders ausführlich und gut dokumentiert

Innerhalb der Literatur, der epischen wie der dramatischen, wird die allegorische Differenz der Personifikationen noch dadurch unterstrichen, daß sie nicht nur die äußere Gestalt, sondern auch die Reden und Handlungen von Personen fingieren[43]. In dieser Funktion gesteht ihnen die Forschung ziemlich einhellig allegorischen Charakter zu[44].

Personifikationen erscheinen in der griechischen Mythologie[45] in frühester Zeit mit quasi göttlichen Wesensmerkmalen. Über ihr Verhältnis zu den eigentlichen Göttergestalten hat es innerhalb der klassischen Philologie und Religionswissenschaft verschiedene Auffassungen gegeben, auf die ich hier nur am Rande eingehen kann[46]. Festzuhalten bleibt ihre frühe Verbindung mit Kult und Mythos und ihre Funktion als numinose Wesen[47]. Aus der religiösen Sphäre sind die Personifikationen auch in die Dichtung und die bildende Kunst eingegangen[48]. Nicht nur bei Homer und Hesiod,

---

neuerdings E. Kirschbaum [u. a.], *Lexikon der christlichen Ikonographie,* [bisher:] Bd. I–V, Rom, Freiburg [etc.] 1968 sqq. Cf. ferner A. Katzenellenbogen, *Allegories of the Virtues and Vices in Mediaeval Art from Early Christian Times to the Thirteenth Century,* London 1939 (Studies of the Warburg Inst. 19), Kraus Reprint, Nendeln (Liechtenstein) 1968.

43 Schon in der Herennius-Rhetorik erscheint bei der Definition der Personifikation die Trias *forma – oratio – actio!*

44 So beispielsweise M. W. Bloomfield, *A Grammatical Approach to Personification Allegory,* in *MP* 60 (1963) pp. 161–171; E. R. Curtius, *Literarästhetik,* p. 44; Jauß, *Form und Auffassung,* p. 181; Jung, *Études,* pp. 22 und 168, etc.

45 Die umfassendste Materialsammlung bietet L. Deubners Artikel *Personifikationen abstrakter Begriffe,* in *Ausführliches Lexikon der griech. u. röm. Mythologie,* hg. v. W. H. Roscher, Leipzig 1902–09, Bd. III/2, col. 2068–2169 (cf. bes. die Liste col. 2164–69); zusammenfassend F. Stoeßl, *Personifikationen,* in *RE* Halbbd. 37, col. 1042–1058.

46 Während H. Usener in seinem einflußreichen Buch *Götternamen. Versuch einer Lehre von der religiösen Begriffsbildung* (Bonn 1896) die Ansicht vertrat, die Kultpersonifikationen würden erst sekundär zu Sondergöttern personalisiert, hielt K. Reinhardt die personale Auffassung der Götter für primär und faßte die abstrakteren Personifikationen als Spätstufe auf (*Personifikation und Allegorie,* in id., *Vermächtnis der Antike. Gesammelte Essays zur Philosophie und Geschichtsschreibung,* hg. v. C. Becker, 2. Aufl. Göttingen 1966, pp. 7–40, bes. pp. 9–11). Einige kritische Einwände gegen Reinhardt bringt O. Seel, *Antike und frühchristliche Allegorik,* in *Festschr. f. Peter Metz,* hg. v. U. Schlegel und C. Zoege von Manteuffel, Berlin 1965, p. 12 sq.

47 Cf. dazu R. Hinks, *Myth and Allegory in Ancient Art,* London 1939 (Studies of the Warburg Inst. 6), Kraus Reprint, Nendeln (Liechtenstein) 1968 und F. W. Hamdorf, *Griechische Kultpersonifikationen der vorhellenistischen Zeit,* Mainz 1964; ferner E. Cassirer, *Philosophie der symbolischen Formen,* II: *Das mythische Denken,* 2. Aufl. Oxford 1954 sowie den Aufsatz *Sprache und Mythos* desselben Verfassers (urspr. 1925), jetzt zugänglich in E. Cassirer, *Wesen und Wirkung des Symbolbegriffs,* Darmstadt 1956 (Nachdr. 1965), pp. 71–167. T. B. L. Webster versucht, die Personifikation als Besonderheit des altgriechischen religiösen Denkens zu erklären: *Personification as a Mode of Greek Thought,* in *JWI* 17 (1954) pp. 10–21.

48 Cf. L. Petersen, *Zur Geschichte der Personifikation in griechischer Dichtung und bildender Kunst,* Würzburg-Aumühle 1939.

auch in der Tragödie und Komödie (hier vor allem bei Aristophanes[49]) sowie später in der römischen Literatur bei Plautus, Vergil, Ovid und vielen anderen erscheinen voll ausgebildete Personifikationen, die aber – vor allem im Rahmen der Komödie – zunehmend ihren mythisch-religiösen Charakter verlieren und teilweise zu bloßen poetischen Ausdruckskonventionen werden. Daneben bestehen sie aber auch im römischen Kult weiter und nehmen dort vor allem in der Spätantike, wie etwa Augustin in *De Civitate Dei* (Buch III–VII) bezeugt, einen breiten Raum ein.

Auch die Bibel enthält Personifikationen[50], die nach der Auffassung Augustins und anderer Exegeten nur als poetische Hilfsmittel zur Verdeutlichung religiös-moralischer Lehrinalte gemeint sind und daher im Sinn der rhetorisch-interpretativen Allegorie bildlich, nicht buchstäblich verstanden werden sollen[51]. Dies berührt nicht die Betonung des Literalsinns in der allegorischen Schriftexegese, da es sich bei diesen Stellen offenbar nicht um *historia*, sondern um *fictio* handelt.

Der biblische Gebrauch der Personifikation rechtfertigt diese Form auch in der christlichen Literatur. So kann um 400 der christliche Dichter Prudentius in seiner *Psychomachia* die Personifikation als poetische Fiktion ebenso aufgreifen wie wenig später der Heide Martianus Capella in *De Nuptiis Philologiae et Mercurii*, sie aber in der überlieferten Form eines epischen Kampfes in den Dienst christlicher Didaktik stellen.

In der zweiten Hälfte des 12. Jahrhunderts erlebt die personifizierende Darstellung in der lateinischen Epik der Schule von Chartres einen neuen Aufschwung[52] und breitet sich im 13. Jahrhundert auch in der volkssprachlichen Dichtung aus[53]. Einen gewissen Höhepunkt bezeichnet um 1237 der

---

[49] Über dieses Gebiet liegen neuerdings mehrere informative Arbeiten vor: H.-J. Newiger, *Metapher und Allegorie. Studien zu Aristophanes*, München 1957 (Zetemata. 16); A. M. Komornicka, *Métaphores, personnifications et comparaisons dans l'œuvre d'Aristophane*, Wrocław 1964; G. Hertel, *Die Allegorie von Reichtum und Armut. Ein aristophanisches Motiv und seine Abwandlungen in der abendländischen Literatur*, Nürnberg 1969 (Erlanger Beiträge z. Sprach- u. Kunstwissenschaft. 33).

[50] Etwa Ps. 84, 11 sq.; Prov. 1, 20; 8, 1–9. 12; Sap. 10, 1 sqq.; Eccli. 24, 1 sqq. etc. – Zur biblischen Allegorie in diesem (antik-rhetorischen) Sinn cf. den Artikel *Allégories bibliques* von E. Mangenot im *Dict. de Théol. cath.* (éd. A. Vacant) I/1, col. 833–836; außerdem J. Pirot, *Paraboles et allégoriques bibliques. La pensée de Jésus; Les commentaires patristiques*, Paris 1949 und M. Black, *The Parables as Allegory*, in *Bull. of the John Rylands Library* 42 (1959/60) pp. 273–287, die zeigen, daß auch Gleichnisse und ähnliche Formen schon nach biblischer Intention als »Allegorien« (d. h. figürliche, in übertragener Bedeutung gemeinte Rede) aufzufassen sind.

[51] Cf. J. Pépin, *Dante*, pp. 74–77. H. de Lubac bezeichnet diese Art der Allegorie auch in biblischer Verwendung als »allégorie profane« (*Exégèse* II/2, p. 208).

[52] So etwa in *De universitate mundi* von Bernardus Silvestris (1143–53) sowie im *Planctus Naturae* und im *Anticlaudianus* von Alanus ab Insulis (um 1180).

[53] Als Beispiele seien aus dem französischen Sprachbereich genannt: Hélinant, *Les Vers de la Mort* (1193–95); Robert Grosseteste, *Le Château d'Amour*

erste Teil des *Roman de la Rose* von Guillaume de Lorris, dessen allegorisch-personifizierende Form die literarische Darstellung der Folgezeit entscheidend prägt, ohne sie aber ganz auf die profane Minneallegorie festzulegen[54]. Davon zeugen etwa im 14. Jahrhundert die drei *Pèlerinages* des Guillaume de Deguileville (oder Digulleville)[55] ebenso wie der *Miroir de l'Omme* von John Gower (1377–81). Auch in der spätmittelalterlichen Lyrik – etwa bei Eustache Deschamps[56], Alain Chartier[57] und Charles d'Orléans[58] – wird die Personifikation ein überaus beliebtes Kunstmittel.

Eine ähnliche Ausbreitung der Personifikation wie in der Literatur zeigt sich vom 13. Jahrhundert an auch in der bildenden Kunst, wie die klassischen Werke von Émile Mâle[59] eindrucksvoll belegen.

(1215–30); Raoul de Houdenc, *Le Songe d'Enfer, Le Songe de Paradis* und *Le Roman des Ailes* (1218–34); Guillaume le Clerc, *Le Besant de Dieu* (1226/27); Le Renclus de Molliens, *Le Roman de Charité* und *Le Roman de Miserere* (ca. 1224–30); Huon de Méry, *Le Tournoiement Antéchrist* (ca. 1234–36); Henri d'Andeli, *La Bataille des sept Arts* (nach 1236) und schließlich der *Roman de la Rose* von Guillaume de Lorris. – Ausführlich über diese Entwicklung referiert H. R. Jauß in verschiedenen, sich zum Teil inhaltlich überschneidenden Publikationen. Neben den schon genannten Arbeiten *Form und Auffassung* (1960) und *Entstehung und Strukturwandel* (1968) cf. auch *Genèse de la poésie allégorique française au Moyen-Age (de 1180 à 1240)*, Heidelberg 1962, *La transformation de la forme allégorique entre 1180 et 1240; d'Alain de Lille à Guillaume de Lorris*, in *L'Humanisme médiéval dans les littératures romanes du XIIe au XIVe siècle*, ed. A. Fourrier, Paris 1964 (Actes et Colloques du Centre de Philologie et de Littératures romanes de l'Univ. de Strasbourg. 3), pp. 107–144 (mit folg. Diskussion) und *Allegorese, Remythisierung und neuer Mythos. Bemerkungen zur christlichen Gefangenschaft der Mythologie im Mittelalter*, in *Terror und Spiel. Probleme der Mythenrezeption*, ed. M. Fuhrmann, München 1971 (Poetik und Hermeneutik. 4), pp. 187–209. Sehr informativ auch die schon erwähnte Arbeit von M.-R. Jung, *Études sur le poème allégorique* von 1971.

54 Zur mittelalterlichen Minneallegorie cf. neuerdings die für den Allegoriebegriff insgesamt sehr erhellende Freiburger Habilitationsschrift von W. Blank, *Die deutsche Minneallegorie. Gestaltung und Funktion einer spätmittelalterlichen Dichtungsform*, Stuttgart 1970 (Germanist. Abhandlungen. 34) und die Konstanzer Dissertation von D. Ruhe, *Le dieu d'amours avec son paradis. Untersuchungen zur Mythenbildung in Spätantike und Mittelalter*, München 1974 (Beitr. z. roman. Philologie d. Mittelalters. 6).

55 *Le Pèlerinage de vie humaine* (1330–32), *Le Pèlerinage de l'âme* (1355) und *Le Pèlerinage de Jhesucrist* (1358).

56 Cf. F. Frese, *Allegorische und mythologische Gestalten in den Dichtungen Eustache Deschamps'*, Bottrop 1934.

57 Dazu neben der veralteten Arbeit von F. Kuhl, *Die Allegorie bei Charles d'Orléans*, Phil. Diss. Marburg 1886, neuerdings P. Zumthor, *L'allégorie chez Charles d'Orléans*, in *Mélanges offerts à Rita Lejeune*, Gembloux 1969, t. II, pp. 1481–1502.

58 Cf. G. A. Jonen, *Allegorie und spathöfische Dichtung in Frankreich*, München 1974 (Beitr. z. roman. Philologie d. Mittelalters. 9).

59 *L'art religieux du XIIIe siècle en France. Études sur l'iconographie du Moyen Age et sur ses sources d'inspiration*, 5e éd. Paris 1923 und *L'art religieux de la fin du Moyen Age en France*, 5e éd. Paris 1949.

Erst spät dringt die Personifikation in größerem Umfang auch ins mittelalterliche Theater ein. Ihre frühe dramatische Verwendung in der griechischen Literatur scheint aber darauf hinzuweisen, daß diese »Verspätung« nicht etwa auf einer grundsätzlichen Wesensfremdheit zwischen Personifikation und dramatischer Form beruht, sondern eher damit zusammenhängt, daß sich das mittelalterliche Theater aufgrund seiner Entwicklung aus dem liturgischen Spiel später als Epik und Lyrik von biblisch-historischen Themen löst, um auch poetische Fiktionen als Handlungsgrundlage zu verwenden. Ohne *fictio* aber gibt es keine allegorisch-personifizierende Darstellung.

Moderner und mittelalterlicher Allegoriebegriff. – An dieser Stelle scheint es mir angebracht, in groben Zügen die Geschichte der neueren (vorwissenschaftlichen wie wissenschaftlichen) Bewertung der Allegorie darzustellen, um damit den forschungsgeschichtlichen Rahmen aufzuzeigen, in den sich die vorliegende Untersuchung, soweit sie die allegorische Form betrifft, einordnet. Da die Forschung zum allegorischen Theater des Spätmittelalters in dieser Geschichte nur eine untergeordnete Rolle spielt, kann ich sie hier außer acht lassen, um später gesondert auf sie einzugehen.

Im 18. Jahrhundert, etwa bei Winckelmann[60], wird der Allegoriebegriff vor allem auf Werke der bildenden Kunst angewandt, und zwar überwiegend im positiven Sinn. Diese Bewertung bleibt innerhalb der bildenden Kunst auch für Lessing gültig, während er die literarische Allegorie als statisch und konventionell abwertet. Über K. Ph. Moritz und andere setzt sich diese zweite Linie fort bis zu Goethe, der der angeblich trockenen, artifiziellen, nur begriffsillustrierenden Allegorie als positives Gegenbild das lebendige, natürlich gewachsene, Bild und Bedeutung in sich vereinigende Symbol entgegenstellt[61]. Das Goethesche Gegensatzpaar, das in der englischen Literatur bei S. T. Coleridge eine Entsprechung findet[62], dringt bis zum Ausgang des 19. Jahrhunderts auch in die Arbeiten zur bildenden

[60] Die Textbelege zum Folgenden sind, soweit nicht anders vermerkt, neuerdings leicht zugänglich in dem von B. A. Sørensen herausgegebenen Sammelband *Allegorie und Symbol. Texte zur Theorie des dichterischen Bildes im 18. und frühen 19. Jahrhundert*, Frankfurt a. M. 1972 (Ars poetica. Texte. 16).

[61] Klassisch sind vor allem die Definitionen Nr. 1112 sq. aus den *Maximen und Reflexionen* geworden: »Die Allegorie verwandelt die Erscheinung in einen Begriff, den Begriff in ein Bild, doch so, daß der Begriff im Bilde immer noch begränzt [*sic*] und vollständig zu halten und zu haben und an demselben auszusprechen sei. – Die Symbolik verwandelt die Erscheinung in Idee, die Idee in ein Bild, und so, daß die Idee im Bild immer unendlich wirksam und unerreichbar bleibt und, selbst in allen Sprachen ausgesprochen, doch unaussprechlich bliebe« (zit. nach Sørensen, p. 135).

[62] 1817 definiert er in seinem *Statesman's Manual:* »Now an allegory is but a translation of abstract notions into a picture-language, which is itself nothing but an abstraction from objects of the senses [...] On the other hand a symbol (ὁ ἔστιν ἀει ταυτηγόρικον) is characterized [...] by the translucence of the eternal through and in the temporal« (*The Complete Works*, ed. by W. G. T. Shedd, New York 1884, vol. I, p. 437).

Kunst ein[63] und führt auch dort, wie Jacob Burckhardt 1887 in einem Vortrag[64] bemerkt, zur Abwertung der Allegorie[65]. Benedetto Croce[66], Karl Voßler[67] und eine Reihe renommierter Germanisten[68] nehmen Goethes Unterscheidung auf und verbannen die Allegorie mehr oder weniger rigoros aus der Dichtung. Auch die frühe Studie von Ch. R. Post zur spanischen Allegorie[69] sowie die höchst verdienstvollen und einflußreichen Werke von C. S. Lewis[70] und Johan Huizinga[71] gehen in bezug auf ihr Untersuchungs-

---

63 Cf. etwa H. Blümner, *Laokoon-Studien.* I: *Über den Gebrauch der Allegorie in den bildenden Künsten,* Freiburg i. Br. 1881 (bes. p. 5); E. Baes, *Le symbole et l'allégorie dans la figuration de la pensée,* Bruxelles 1899–1900 (Mémoires p. p. l'Acad. royale des Sciences, des Lettres et des Beaux-Arts de Belgique. 59, 3), die Antwort auf eine Preisfrage, die die Scheidung zwischen Symbol und Allegorie als gegeben voraussetzt (cf. *ib.*, p. 2)! Noch 1937 trennt J. Held in seinem *Allegorie*-Artikel (in *Reallexikon z. dt. Kunstgeschichte,* hg. v. O. Schmitt, Bd. I, pp. 346–365) Allegorie und Symbol auch in der bildenden Kunst nach den Goetheschen Kategorien.

64 *Die Allegorie in den Künsten,* in id., *Vorträge,* hg. v. E. Dürr, Stuttgart 1933 (J. Burckhardt-Gesamtausgabe. XIV), pp. 419–438.

65 Charakteristisch für die Richtung ist etwa die Studie von W. Bornemann, *Die Allegorie in Kunst, Wissenschaft und Kirche,* Freiburg i. Br. [etc.] 1899.

66 *Sulla natura dell'allegoria* [1922], in id., *Nuovi saggi di estetica,* 3e ed. Bari 1948, pp. 329–338.

67 *Die Göttliche Komödie. Entwicklungsgeschichte und Erklärung,* 2. Aufl. Heidelberg 1925 (cf. p. 545 sqq.) und *Dichtungsformen der Romanen,* Stuttgart 1951, pp. 59–82.

68 So etwa E. Winkler, *Das dichterische Kunstwerk,* Heidelberg 1924 (Kultur und Sprache. 3), bes. pp. 9–12; H. Brinkmann, *Zu Wesen und Form mittelalterlicher Dichtung,* Halle 1928 (cf. p. 87); E. Ermatinger, *Das dichterische Kunstwerk. Grundbegriffe der Urteilsbildung in der Literaturgeschichte,* 3. neubearb. Aufl. Leipzig, Berlin 1939 (bes. p. 291 sqq.); L. Beriger, *Die literarische Wertung. Ein Spektrum der Kritik,* Halle 1938 (cf. bes. pp. 63–76); F. Strich, *Das Symbol in der Dichtung. Ein 1939 an der Berner Universität gehaltener akad. Vortrag,* in id., *Der Dichter und die Zeit,* Bern 1947, pp. 13–39 (bes. pp. 21–30); so noch W. Emrich, *Das Problem der Symbolinterpretation im Hinblick auf Goethes Wanderjahre,* in *DVjs.* 26 (1952) pp. 331–352. Ähnlich auch in manchen Werken aus dem Umfeld der Literaturbetrachtung, etwa in W. Stählins Aufsatz *Das Problem von Bild, Zeichen, Symbol und Allegorie,* in id., *Symbolon. Vom gleichnishaften Denken,* hg. v. A. Köberle, Stuttgart 1958, pp. 318–344 (cf. bes. p. 325); in A. Hausers vielgelesener *Sozialgeschichte der Kunst und Literatur,* München 1967, p. 958 sq. u. a.

69 Ch. R. Post, *Mediaeval Spanish Allegory,* Cambridge (Mass.) 1915 (Harvard Studies in Comparative Literature. 4).

70 *The Allegory of Love. A Study in Medieval Tradition,* Oxford 1936 (repr. 1959). Lewis definiert: »Symbolism is a mode of thought, but allegory is a mode of expression. It belongs to the form of poetry more than to its contents« (p. 48). Ähnlich trotz partieller Kritik an Lewis noch P. M. Pickrel, *Religious Allegory* (bes. p. 10) und W. Y. Tindall, *The Literary Symbol,* New York 1955. Noch 1972 plädiert P. Zumthor in seinem *Essai de poétique médiévale* für Lewis' Unterscheidung von Allegorie und Symbol (p. 128).

71 *Herbst des Mittelalters. Studien über Lebens- und Geistesformen des 14. und 15. Jahrhunderts in Frankreich und in den Niederlanden,* 9. Aufl. Stuttgart 1965 (Kröners Taschenausgaben. 204). Die Ausgabe letzter Hand erschien 1941. – Für

objekt, die Literatur des hohen und späten Mittelalters, noch von der Vorstellung eines zeitlos gültigen Wesensunterschieds zwischen Symbol und Allegorie aus.

Um diese Zeit setzen aber verschiedene Gegenbewegungen in Richtung auf eine historische Neubewertung der Allegorie ein. Schon 1928 löst Walter Benjamin[72] die barocke Allegorie vom traditionellen Verdikt; 1937 weist Curt Müller in einer grundlegenden Untersuchung[73] nach, daß der Gegensatz von Symbol und Allegorie auf den spezifischen literarästhetischen Voraussetzungen des deutschen Klassizismus beruht und daher nicht unhistorisch verallgemeinert werden kann, und im gleichen Jahr zeigt der Altphilologe Karl Reinhardt in dem schon erwähnten Aufsatz *Personifikation und Allegorie*, der leider erst posthum veröffentlicht worden ist und daher der zeitgenössischen Forschung nicht den wünschenswerten Anstoß hat geben können, daß die traditionelle Scheidung von Symbol und Allegorie auch für die Spätantike keine Gültigkeit hat[74].

Wichtige Beiträge zur allmählichen Rehabilitierung auch der mittelalterlichen Allegorie leisten von literarhistorischer und -ästhetischer Seite die Arbeiten von E. Auerbach[75], E. R. Curtius[76], E. de Bruyne[77],

Huizinga ist die Allegorie eine Verfallsform des Symbolismus. Näheres unten in Kap. VI, 1.

[72] *Ursprung des deutschen Trauerspiels*, jetzt in id., *Schriften*, hg. v. Th. W. Adorno und G. Adorno, Frankfurt a. M. 1955, Bd. I, pp. 141–365. – Anzumerken ist, daß Benjamins Allegoriebegriff am Barock gewonnen und daher ebensowenig wie der Goethesche unhistorisch aufs Mittelalter ausgedehnt werden darf.

[73] *Die geschichtlichen Voraussetzungen des Symbolbegriffs in Goethes Kunstanschauung*, Leipzig 1937 (Palaestra. 211); ergänzt durch den Aufsatz *Der Symbolbegriff in Goethes Kunstanschauung*, in *Goethe. Viermonatsschr. d. Goethe-Ges.* 8 (1943) pp. 269–280. Ähnlich später H.-G. Gadamer, *Symbol und Allegorie*, in *AF* 2/3 (1958) pp. 23–28 und id., *Wahrheit und Methode*, pp. 68–70.

[74] »Das ›Allegorische‹ und das ›Symbolische‹ fielen in eins, und Offenbartes ließ sich anders nicht mehr denken« (p. 34). »In Absicht auf die Trennung zwischen Sinn und Ding, Urgrund und Erscheinung, Macht und Idol [...] ist zwischen Symbol und Allegorie kein Unterschied. Nur wird bei dem ›Symbol‹ mehr an das Verhältnis zwischen Zeichen und Sinn, bei der ›Allegorie‹ mehr an das Verhältnis zwischen Text und Sinn gedacht, zum mindesten der Theorie nach« (p. 35). – Einen zaghaften Versuch zur Neubewertung der antiken Allegorie unternimmt auch E. C. Knowlton in seinem Aufsatz *Notes on Early Allegory*, in *JEGP* 29 (1930) pp. 159–181 (cf. bes. p. 159).

[75] Cf. oben Anm. 17. Auerbach rehabilitiert aber nur die Typologie, während er die sogenannte »abstrakte Allegorie«, d. h. vor allem die Personifikation, weiterhin negativ bewertet. Ähnlich noch R. Gruenter, *Bemerkungen zum Problem des Allegorischen in der deutschen Minneallegorie*, in *Euph.* 51 (1957) pp. 1–22 (cf. bes. p. 13).

[76] Vor allem natürlich das große Werk *Europäische Literatur und lateinisches Mittelalter* (Erstauflage 1948). Schon die Angaben des Index rerum zu den Stichwörtern *Allegorese* und *allegorische Figuren* vermitteln einen Eindruck vom Stellenwert dieses Buches bei der Erforschung der antiken und mittelalterlichen Allegorie.

[77] *Études d'esthétique médiévale* (1946).

R. Guiette[78], H. R. Jauß[79] und R. Tuve[80], um nur einige Namen zu nennen, während zur gleichen Zeit durch die theologisch orientierten Untersuchungen von J. Daniélou, H. de Lubac, M.-D. Chenu und J. Pépin zur allegorischen Exegese[81] die unmittelalterliche Verengung des Allegoriebegriffs aufs Literarisch-Ästhetische überwunden wird.

Die begriffliche Entgegensetzung von Symbol und Allegorie wird zwar auch in einigen neueren Arbeiten zur mittelalterlichen Literatur, insbesondere aus dem Bereich der italienischen Dante-Forschung[82], aufrechterhalten. Es kann aber heute als gesichert gelten, daß eine solche Distinktion dem *mittelalterlichen* Sprachgebrauch fremd ist[83]. J. Pépin hat mit aller wünschenswerten Klarheit und zugleich Vorsicht die Folgerungen aufgezeigt, die sich für den heutigen Forscher aus dieser Sachlage ergeben[84].

---

78 *Symbolisme et »senefiance« au Moyen-Age*, in *CAI* 6 (1954) pp. 107–122 (ein kurzer, aber sehr informativer Aufsatz).

79 Cf. oben Anm. 53.

80 *Allegorical Imagery. Some Mediaeval Books and their Posterity*, Princeton 1966 (gut dokumentiert, methodologisch wertvoll durch die Verbindung von literarischer und ikonographischer Analyse). – Ähnlich umfassend, aber mit stärkerer Betonung der Gegenwartsliteratur, V. Calin, *Alegoria şi esenţele*, Bucureşti 1969. – In den USA ist in jüngerer Zeit eine größere Zahl von Publikationen zur Allegorie erschienen, die hier nicht im einzelnen gewürdigt werden können. Genannt seien (in chronologischer Reihenfolge): E. D. Leyburn, *Satiric Allegory*, New Haven 1956; N. Frye, *Anatomy of Criticism*, Princeton 1957 (cf. bes. den 2. Essay; auffällig ist die eigenwillige Terminologie); E. Honig, *Dark Conceit. The Making of Allegory*, Evanston 1959; A. Fletcher, *Allegory. The Theory of a Symbolic Mode*, Ithaca 1964; M. Murrin, *The Veil of Allegory*, Chicago and London 1969; M. W. Bloomfield, *Allegory as Interpretation*, in *NLH* 3 (1971/72) pp. 301–317. Charakteristisch für die meisten der genannten Arbeiten ist die sehr weite Fassung des Allegoriebegriffs und seine Anwendung auf zeitlich weit auseinanderliegende literarische Werke. Es hat den Anschein, als werde die Allegorie hier ebenso unhistorisch zum literaturtheoretischen Schlüsselbegriff ausgedehnt wie vorher unter anderen Voraussetzungen das Symbol.

81 Ihre für die Allegorie relevantesten Werke sind oben in den Anmerkungen zu pp. 4–7 genannt.

82 So etwa bei A. Pagliaro, *Simbolo e allegoria* [urspr. 1961], in id., *Ulisse. Ricerche semantiche sulla Divina Commedia*, t. I, Messina e Firenze 1967, pp. 467–524. Pagliaro erklärt abstrakt und unhistorisch, das Symbol sei metaphorischer Natur, die Allegorie hingegen nicht (p. 489) – und dies angesichts der traditionellen rhetorischen Definition der Allegorie als *continua* μεταφορά! Cf. auch A. Vallone, *Personificazione simbolo e allegoria del Medio Evo dinanzi a Dante*, in id., *Studi su Dante medievale*, Firenze 1965, pp. 23–61 sowie P. Giannantonio, *Dante* (1969), pp. 157–164. In der italienischen Allegorieforschung scheint die Gestalt Croces und mit ihr die ästhetische Tradition des deutschen philosophischen Idealismus stark nachzuwirken.

83 Dies ist auch von Vallone (*Personificazione*, p. 195) und Giannantonio (*Dante*, p. 162) klar ausgesprochen worden. Ähnlich de Lubac, *Exégèse* II/2, p. 178; Pépin, *Dante*, pp. 15–31; Jung, *Études*, p. 9 und Blank, *Minneallegorie*, besonders pp. 28–36.

84 »Il n'y a donc, en principe, pas lieu de disjoindre les deux notions quand on s'intéresse à leur rôle dans une œuvre littéraire médiévale« (*Dante*, p. 19).

Nicht völlig rehabilitiert scheint nach wie vor die mittelalterliche Personifikation[85], vielleicht deshalb, weil bei ihrer Betrachtung der inzwischen eingetretene Wandel der zur mittelalterlichen Allegorie gehörenden ontologischen und ästhetischen Voraussetzungen besonders kraß zutage tritt.

2. Die Gliederung des spätmittelalterlichen allegorischen Theaters

Unter allegorischem Theater sind solche Stücke zu verstehen, in denen allegorische Elemente, gleich welcher Art, eine tragende Rolle spielen. Nun erscheint Allegorisches im mittelalterlichen Theater überwiegend im Zusammenhang mit Personifikationen, so daß die Bezeichnungen *allegorisches* und *personifizierendes* Theater weitgehend dieselben Stücke umfassen. Aber nicht ganz! Als allegorisch müssen nämlich auch die (vergleichsweise wenigen) Stücke verstanden werden, in denen nach dem Schema der rhetorisch-interpretativen Allegorie einem überlieferten Stoff nachträglich ein vom Zuschauer zu erkennender allegorischer Sinn unterlegt wird, ohne daß dabei zwingend Personifikationen auftreten.

Einer Vorklärung bedarf die im Titel angedeutete zeitliche Begrenzung des Untersuchungsobjekts. Problematisch ist dabei nicht so sehr die Frage nach dem *terminus a quo* (die Antwort lautet: seitdem die Allegorie auch in die dramatische Literatur eindringt, also für Frankreich etwa seit dem Ausgang des 14. Jahrhunderts) als vielmehr die nach dem *terminus ante quem.* L. Petit de Julleville hat in sein grundlegendes *Répertoire du théâtre comique en France au Moyen-Age*[86] (im folgenden kurz *Répertoire* genannt) mit Ausnahme der an anderer Stelle behandelten Mystères all diejenigen Stücke aufgenommen, die »selon les procédés dramatiques du Moyen-Age jusqu'à l'entrée du XVIIe siècle«[87] verfaßt sind; er löst also das Problem, wie man im 16. Jahrhundert noch von mittelalterlichem Theater sprechen könne, dadurch, daß er sich nicht an der absoluten Chronologie der Stücke orientiert, sondern auf die Gattungstraditionen zurückgreift. Diesem Verfahren schließe ich mich im Prinzip an. Ich verstehe also unter spätmittelalterlichem Theater die Stücke, die den spätmittelalterlichen dramatischen Gattungen zugehören, mögen sie auch zu einer Zeit entstanden sein, die der Historiker gemeinhin nicht mehr dem Mittelalter zurechnet. Jeder frühere Einschnitt würde Zusammengehörendes trennen. Allerdings fasse ich die Gattungstraditionen in manchen Punkten strenger als Petit de Julleville, was – vor allem im ersten Teil des vorliegenden Bandes

[85] Noch H. de Lubac wertet die Personifikationen als »le plus souvent artificielles« ab und stellt ihnen die »puissantes personnalités symboliques, à la consistance multiforme« eines Herkules oder Orpheus als positive Gestalten entgegen (*Exégèse* II/2, p. 197).

[86] Paris 1886 (Neudr. Slatkine Reprints, Genève 1968).

[87] *ib.*, p. 5.

– auch eine stärkere zeitliche Beschränkung auf etwa 1550 mit sich bringt. Mit diesem Ansatz befinde ich mich im Einklang mit dem Urteil Gustave Cohens[88]. Auf einige meist späte Stücke, die zwar noch einzelne Züge des mittelalterlichen Theaters aufweisen, im wesentlichen aber dem Renaissancetheater zugehören, werde ich am Schluß des geplanten zweiten Bandes meiner Untersuchung gesondert eingehen.

Die Moralité als Prototyp. – Allegorische Elemente finden sich in vielen dramatischen Gattungen des ausgehenden Mittelalters: im Mystère, der Sottie, der Farce, dem Monologue[89]; am ausgeprägtesten aber in der Moralité. Eine Untersuchung der allegorischen Form muß daher notwendig der Moralité den zentralen Platz einräumen. Erst von der Kenntnis ihrer allegorischen Konventionen her wird die Rolle der allegorischen Einzelelemente in den übrigen dramatischen Gattungen recht verständlich[90].

Nun erscheinen im *Répertoire* unter der Rubrik *Moralités* durchaus auch nicht-allegorische Stücke[91]. Petit de Julleville und mit ihm eine Reihe jüngerer Forscher halten den allegorischen Charakter nicht für einen inte-

---

88 In der Einleitung zu seiner Ausgabe des *Livre de conduite* der Aufführung von Mons im Jahr 1501 (Strasbourg, Paris 1925) schreibt er: »en matière d'histoire du théâtre, le moyen âge se prolonge jusqu'au milieu du XVIe siècle« (p. XXXVII).

89 *Monologue* und *Sermon joyeux* beziehe ich aber nicht in meine Untersuchung ein, da sie im strengen Sinn keine dramatische Interaktion aufweisen. Cf. die Zusammenstellung im *Répertoire,* Nr. 214–253; dazu É. Picot, *Le monologue dramatique dans le théâtre français,* in *Rom.* 15 (1886) pp. 358–422; 16 (1887) pp. 438–542; 17 (1888) pp. 207–275.
Auch die allegorischen *Dialogues, Débats, Disputes* etc., die nicht eindeutig als für die Bühne bestimmt erkennbar sind, werden nicht als dramatische Werke aufgefaßt und daher aus der Betrachtung ausgeschlossen; so etwa *La Disputoison du Corps et de l'Ame* (ed. E. Stengel, in *ZrP* 4, 1880, pp. 74–80), *Le Debat de l'Yver et de l'Esté* (ed. A. de Montaiglon et J. de Rothschild, *Recueil de poésies françaises des XVe et XVIe siècles,* Paris 1865–78, VI, pp. 190–195 und X, pp. 41–49), *Le Debat de vraye Charité a l'encontre de Orgueil* (*ib.*, XI, pp. 293–312; die Behauptung der Hgg., es handle sich um ein Stück aus einem dramatischen Werk, wird durch nichts gestützt).

90 Das umgekehrte Verfahren, die allegorischen Elemente und Motive aus allen möglichen Stücken ohne Rücksicht auf deren Gattungszugehörigkeit zusammenzutragen, läßt außer acht, daß diese – auch für das literarische Selbstverständnis der Verfasser – überwiegend in *einer* Gattung, eben der Moralité, entwickelt worden sind.

91 So *L'Aveugle et le Boiteux* (Nr. 12), ein farcenhaftes Miracle; *Le Lazare, Marthe, seur du Lazare, Jacob [etc.]* (Nr. 43) und *Le Maulvais Riche et le Ladre* (Nr. 47), jenes ein dem Farcenton angenäherter, dieses ein ernster Ausschnitt aus einem Mystère; die historischen Dramen *L'Empereur qui tua son nepveu* (Nr. 25) und *La Femme qui avoit voulu trahir la cité de Romme* (Nr. 32); der Dialog *La Prinse de Calais* (Nr. 61) sowie die historisch nicht fixierten Dramen *L'Enfant de Perdition* (Nr. 26), *Les Enfans ingratz* (Nr. 29) und *La pauvre Fille villageoise* (Nr. 56), die allesamt weder auf allegorischen Personifikationen noch auf anderen allegorischen Elementen beruhen.

grierenden Bestandteil der Gattung[92]. Dieser Schluß drängt sich in der Tat auf, wenn man den Genreangaben der Handschriften und Inkunabeln folgt. Dort werden nämlich auch nichtallegorische Stücke wie *Le Maulvais Riche et le Ladre* oder *La pauvre Fille villageoise* als Moralités bezeichnet[93]. Umgekehrt werden stark allegorische Stücke wie etwa *Bien advisé, Mal advisé* und *L'Omme pecheur*, die in der Forschung stets als typische Moralités behandelt worden sind, in den alten Vérard-Ausgaben Mystères genannt[94]. Noch verwirrender wird die Sachlage dadurch, daß ein Stück nicht selten mehrere, durch *et* oder *ou* verbundene Gattungsbezeichnungen trägt, die obendrein von einer Ausgabe zur anderen, ja sogar innerhalb ein und derselben Ausgabe wechseln können[95]. Die größte Bezeichnungsvielfalt bietet – wie ich unten zeigen werde, nicht ohne tieferen Grund – die stark mit allegorischen Elementen durchsetzte *Passion de Nostre Seigneur Jesus Christ, nommee Secundum legem debet mori* von Jean d'Abundance, die im Druck von Benoist Rigaud als *moralité, mystere et figure* erscheint. Bei einigen bedeutenden allegorischen Stücken wie *L'Homme juste et l'Homme mondain* oder *Le Gouvert d'Humanité* fehlt jede Gattungsbezeichnung, bei anderen steht nur ein neutrales *jeu*[96]. All dies deutet darauf hin, daß durch solche Angaben die dramatischen Gattungen (nach dem Verständnis

---

[92] »L'abstraction et l'allégorie y sont d'un emploi très fréquent, sans s'imposer absolument au genre« (*Répertoire*, p. 31); ähnlich auch in L. Petit de Julleville, *La comédie et les mœurs en France au Moyen Age*, Paris 1886, p. 45; später ebenso bei H. G. Harvey, *The Theatre of the Basoche. The Contribution of the Law Societies to French Mediaeval Comedy*, Cambridge (Mass.) 1941 (Harvard Studies. 17), p. 39; I. Maxwell, *French Farce and John Heywood*, Melbourne and London 1946, p. 9; G. Frank, *The Medieval French Drama*, Oxford 1954, p. 247; W. H. Cannon, Jr., *»La moralité des Blasphemateurs du nom de Dieu«. A Critical Edition*, Phil. Diss. Univ. of Kansas 1970, p. 31 und (oft implizit) bei vielen anderen.

[93] *Répertoire*, Nr. 47 und 56.

[94] *ib.*, Nr. 13 (im Kolophon: *Cy finist le mistere de Bien advisé* etc.) und Nr. 40 (am Ende des Prologs: *ce livre et mystere*); auch bei der Aufführung 1507 in Orléans wird *L'Omme pecheur* als *les mysteres* bezeichnet (Beleg im *Répertoire*, p. 360). Cf. auch *Le Concile de Basle* (*ib.*, Nr. 18) und *La Paix de Peronne* (Nr. 52).

[95] So etwa *moralité ou histoire rommaine* (*ib.*, Nr. 32), *moralité ou farce* (Aufführungsbeleg Pontoise 1477; zit. im *Répertoire*, p. 341), *De la farce et moralité jouee a Romamostier* (Aufführungsbeleg 1549; zit. nach F. Holl, *Das politische und religiöse Tendenzdrama des 16. Jahrhunderts in Frankreich*, Erlangen und Leipzig 1903 [Münchener Beiträge z. roman. u. engl. Philologie. 26], p. 132 Anm. 1), *une farce, autrement ditte histoire* (Aufführungsbeleg Lignerolles 1549; zit. nach Holl, *ib.*), *Le Dimanche 2 de juin a esté jouee une moralité au dit lieu, a treize personnages, et s'appeloit la ditte farce: Chrestienté qui estoit malade* (Pierre de Pierrefleur, *Mémoires* 1535–1561; zit. nach Holl, *ib.*, p. 125 Anm. 2). *Langue envenimee* wird in der Ausgabe von J. Trepperel zuerst *farce nouvelle moralisee* und gleich darauf *moralité* genannt; das Stück *Les quatre Elemens* heißt im Titel *moralité*, im Prolog dagegen *mistere* (beide Stücke sind noch nicht im *Répertoire* verzeichnet).

[96] So bei *Les sept Pechie morteil* und *Le Pelerinage de vie humaine*.

der modernen Literaturwissenschaft) nicht streng voneinander geschieden werden.

Angesichts dieser Sachlage tut der Literaturwissenschaftler gut daran, sich bei der Gattungsbestimmung der Moralité nicht so sehr wie etwa Petit de Julleville auf die in den alten Texten überlieferten Bezeichnungen zu verlassen, sich aber andererseits auch nicht durch eine abstrakte (und darum notwendigerweise willkürliche) Definition über den historischen Befund hinwegzusetzen. Die Frage, ob der allegorische Charakter als wesentliches Merkmal der Moralité anzusehen sei, ist vielmehr nur *historisch* durch eine Untersuchung der semantischen Entwicklung des Moralitébegriffs zu entscheiden.

Wie diese Begriffsgeschichte zeigt[97], ist die Übertragung der Bezeichnung *moralité* aus einem Terminus der Didaktik und der allegorischen Exegese auf eine dramatische Gattung[98] offenbar an deren als wesenhaft empfunde-

---

[97] Nach Auskunft des *FEW* (Art. *moralis* von P. Zumthor, VI/3, p. 122 sq.) geht *moralité* (wie apr. *moralitat)* als literarischer Gattungsbegriff durch semantische Spezialisierung aus dem gleichlautenden philosophisch-didaktischen Terminus hervor, der von der Schulsprache des 12. Jh. dem spätlat. *moralitas* nachgebildet worden ist und dessen Bedeutung sich zuerst über das semantische Feld 'traité de morale, enseignement moral, réflexion et instruction morale' erstreckt; ähnlich das Simplex *moral*, das schließlich um die Mitte des 16. Jh. auch für die literarische Gattung *moralité* eintreten kann. Das Übergangsfeld von der rein didaktischen zur literarischen Bedeutung bildet wohl die besondere Verwendung des Begriffs *moralis* im Rahmen der vierfachen Schriftexegese. Dort ist der lehrhafte *sensus tropologicus* oder *moralis* so eng mit dem *sensus allegoricus* verbunden (cf. oben p. 5), daß sich ihre Begriffsinhalte – auch außerhalb der schriftexegetischen Literatur – einander angleichen: *moralisé* bedeutet danach 'comportant une explication allégorique, interprété de façon non littérale' und wird stehendes Beiwort für Werke der mittelalterlichen Dichterallegorese (*Ovide moralisé*) sowie im dramatischen Bereich für allegorische Farcen; entsprechend bedeutet *moralité* 'enseignement donné par interprétation allégorique d'un fait, d'une action, d'un texte' und schließlich auch 'pièce de théâtre à personnages allégoriques'. Cf. zu dieser Entwicklung auch die Belege s. v. *moral* und *moralité* bei Tobler/Lommatzsch VI, col. 249; Godefroy V, p. 402 und Huguet III, p. 331.

[98] Als Zeitraum für diese Übertragung kommt, solange frühere Belege fehlen, erst der Anfang des 15. Jh. in Betracht. Der im *moralis*-Artikel des *FEW* enthaltene Hinweis auf G. Frank, *The Medieval French Drama* ist in dieser Beziehung irreführend. Die bei Frank, p. 154 so genannte *Moralité de l'Alliance de Foy et Loyalté* verdankt ihren Titel einschließlich der Gattungsbezeichnung nämlich dem Herausgeber Gustave Cohen und heißt im Manuskript schlicht *unc jeux a VI personage* (cf. dazu die krit. Ausgabe: *Nativités et moralités liégeoises du Moyen-Age*, publiées avec une introduction et des notes d'après le ms. 617 du Musée Condé à Chantilly (Oise) par G. Cohen, Bruxelles 1953, pp. 249 u. 251). Mit der Berufung auf Frank fällt auch die vermutete Vordatierung von *moralité* als lit. Gattungsbegriff auf das 14. Jh. (so *FEW* VI/3, p. 123 Anm. 7). Auch von den anderen frühen allegorischen Stücken trägt keines die Gattungsbezeichnung *moralité* (cf. die chronologische Übersicht unten p. 31). Der meines Wissens älteste *moralité*-Beleg im Titel eines (allegorischen) Stückes findet sich in der *Moralité faitte au College de Navarre a Paris, le*

nen allegorischen Charakter geknüpft. Erst diese historische Einsicht läßt es legitim erscheinen, unter der Bezeichnung Moralité nur die *allegorischen* Stücke zu untersuchen.

Wenn daneben noch im 16. Jahrhundert auch nicht-allegorische oder nicht-dramatische[99] Werke als *Moralités* bezeichnet werden, so wirkt hier entweder die ältere, allgemeinere Bedeutung 'moralisch-didaktisches Werk' nach, oder aber der spezifische, d. h. mit der dramatisch-allegorischen Form verknüpfte Moralitébegriff wird als Gattungsbezeichnung sekundär wieder auf andere, nicht-allegorische Stücke ausgeweitet[100]. Auch eine Überlagerung und wechselseitige Verstärkung der beiden Möglichkeiten ist denkbar.

Meine Beschränkung auf allegorische Stücke wird auch dadurch gestützt, daß die meisten Forscher die Moralité entweder schlechthin als allegorische Gattung definieren[101] oder zumindest die allegorischen Stücke zur Gattungsnorm erklären[102].

---

jour Saint Anthoine, l'an mil IIII^c XXVI (= 14. Januar 1427 nach der neuen Zeitrechnung) und stammt aus einer Sammelhandschrift des 15. Jh.; die Abschrift unserer Moralité wird von den Herausgebern A. und R. Bossuat genauer auf die Zeit um 1433 datiert (cf. *Deux moralités inédites composées et représentées en 1427 et 1428 au Collège de Navarre,* Paris 1955, p. 19 sq.). Es handelt sich hier wie auch bei der ein Jahr später aufgeführten *Moralité faicte en foulois pour le chastiement du Monde* um Schulstücke, was mit der oben referierten Herleitung des Gattungsbegriffs *moralité* aus der Schulsprache gut zusammenstimmt. Cf. dazu auch R. Bossuat, *Le théâtre scolaire au Collège de Navarre (XIVme – XVIIme siècles),* in *Mélanges d'histoire du théâtre du Moyen-Age et de la Renaissance offerts à Gustave Cohen,* Paris 1950, pp. 165–176.

99 Das *Répertoire* nennt als Beispiele eine *Bataille des Geants contre les Dieux* und *L'Homme produit de Nature au monde* (p. 406 sq.) und schließt daran die Bemerkung an: »c'est l'intention didactique qui fait la moralité, non l'intention dramatique« (p. 408). Petit de Julleville verwendet hier die ältere, weniger spezifische Bedeutung des Moralitébegriffs.

100 Zu dieser Möglichkeit cf. die unten in der Anm. 161 zitierte Aussage von Thomas Sebillet in seinem *Art poétique françois.*

101 So schreibt schon J. Babelon: »La Moralité peut être définie: une pièce dramatique composée en vue de l'édification et où paraissent en scène des allégories personnifiées« (*La moralité de Bien advisé et Mal advisé, précédée d'une étude sur les moralités en général,* in *École nat. des Chartes. Positions des thèses* 1910, Abbeville 1910, p. 13); ähnlich für die englischen Stücke W. R. Mackenzie: »A Morality is a play, allegorical in structure, which has for its main object the teaching of some lesson for the guidance of life, and in which the principal characters are personified abstractions or highly universalized types« (*The English Moralities,* p. 9) und H. Craig: »It is true that a morality play is a dramatized allegory and that no drama is a morality play unless it has this characteristic feature« (*English Religious Drama of the Middle Ages,* Oxford 1955, p. 341). Definitionen dieses Typs sind auch in viele Literaturgeschichten und Handbücher eingegangen. Noch 1967 bestimmt B. Goth in ihren *Untersuchungen zur Gattungsgeschichte der Sottie* (München 1967) ohne nähere Begründung, daß »Stücke, in denen keine Personifikationen auftreten, auch nicht zur Gattung Moralité gehören« (p. 118).

102 So etwa R. Lebègue: »La Moralité est essentiellement une pièce allégorique, mais ce caractère manque à certaines moralités historiques« (*La tragédie religieuse*

Dies gilt übrigens nicht nur für die französische Moralité, sondern kann mit guten Gründen auch auf analoge Gattungen in anderen europäischen Literaturen ausgedehnt werden. Vor allem in England gibt es vom Anfang des 15. Jahrhunderts an bedeutende allegorische *Moralities* oder *Moral Plays*[103] wie etwa *The Castle of Perseverance*, *Mankind*, *Wisdom who is Christ* und *Everyman*[104], das um die Wende zum 16. Jahrhundert im niederländischen *Elckerlijk* eine Parallele findet[105] und vor allem durch Hugo von Hofmannsthals *Jedermann*-Neubearbeitung bekannt geworden ist[106]. Auch Spanien kennt allegorisches Theater, das später im Barock, vor allem in Calderóns *Autos sacramentales*, eine neue Blüte erlebt[107]. Aus der italieni-

---

en France. Les débuts [1514–1573], Paris 1929; Bibl. litt. de la Renaissance. N. S. 17); ähnlich G. Cohen, *Nativités*, p. 141; G. Frank, *Drama*, p. 247: »Allegorical figures usually are present«. Dies gilt, wie Frank, *ib.* richtig bemerkt, auch für einige andere Stücke, aber kaum in diesem Ausmaß für eine andere dramatische *Gattung*.

103 An allgemeiner Literatur cf. neben den genannten Werken von Mackenzie, *The English Moralities* und Craig, *English Religious Drama* (guter Überblick, bes. pp. 341–351) die Arbeiten von E. N. S. Thompson, *The English Moral Plays*, New Haven 1910 (Transactions of the Connecticut Acad. of Arts and Sciences 14, 1908–10, pp. 291–413); M. E. Collins, *The Allegorical Motifs in the Early English Moral Plays*, Phil. Diss. Yale Univ. 1936; B. Spivack, *Shakespeare and the Allegory of Evil. The History of a Metaphor in Relation to his Major Villains* (cf. bes. pp. 96–129 und die Bibliographie pp. 483–493); D. M. Bevington, *From »Mankind« to Marlowe. Growth of Structure in the Popular Drama of Tudor England*, Cambridge (Mass.) 1962 und W. Habicht, *Studien zur Dramenform vor Shakespeare. Moralität, Interlude, romaneskes Drama*, Heidelberg 1968 (Anglist. Forschungen. 96) mit guter Auswahlbibliographie. – Zur Aufführungspraxis des *Moral Play* cf. besonders R. Southern, *The Medieval Theatre in the Round. A Study of the Staging of »The Castle of Perseverance« and Related Matters*, London 1957.

104 H. de Vocht, *Everyman. A Comparative Study of Texts and Sources*, Louvain 1947 (Materials for the Study of Old Englisch Drama. 20).

105 L. Willems, *Elckerlijk-Studien*, 's Gravenhage 1934.

106 Cf. W. Brecht, *Die Vorläufer von Hofmannsthals »Jedermann«*, in Österr. *Rundschau* 20 (1924) pp. 271–287 (erwähnt als Vorläufer auch *Bien advisé, Mal advisé!)*, H. Lindner, *Hugo von Hofmannsthals »Jedermann« und seine Vorgänger*, Phil. Diss. Leipzig 1928 und neuerdings J. J. Parker, *The Development of the Everyman Drama from »Elckerlyk« to Hofmannsthal's »Jedermann«*, Phil. Diss. Univ. of Western Australia [Perth 1968].

107 Zum älteren allegorischen *Auto* cf. B. W. Wardropper, *Introducción al teatro del Siglo de Oro. La evolución del auto sacramental, 1500–1648*, Madrid 1953; J.-L. Flecniakoska, *La formation de l'*auto *religieux en Espagne avant Calderón (1550–1635)*, Montpellier 1961. Einen guten Überblick geben J. P. W. Crawford, *Spanish Drama before Lope de Vega*, rev. ed. Philadelphia 1937 und N. D. Shergold, *A History of Spanish Stage from Medieval Times until the End of the Seventeenth Century*, Oxford 1967 (cf. besonders pp. 85–112). Zu Calderóns allegorischen Stücken cf. die klassischen Arbeiten von A. Valbuena Prat, *Los Autos Sacramentales de Calderón (Clasificación y análisis)*, in *RH* 61 (1924) pp. 1–302 und A. A. Parker, *The Allegorical Drama of Calderón. An Introduction to the Autos Sacramentales*, Oxford and London 1943, repr. 1961. Eine

schen und deutschen Literatur sind zwar kaum Moralitäten im Sinn der französischen und englischen Gattung erhalten[108]; die breite Streuung der Belege in den anderen Literaturen erlaubt es aber wohl, trotzdem von einer gemeinsamen (west)europäischen Tradition des allegorischen Theaters im 15. und 16. Jahrhundert zu sprechen, in der die Moralität in ihren verschiedenen nationalen Ausprägungen die Zentralstellung einnimmt.

Die beiden Hauptrichtungen. – Neben der allegorischen Form wird einhellig die didaktische Intention der Moralité als Gattungscharakteristikum hervorgehoben[109]. Bei näherem Zusehen zeigt sich aber, daß diese Intention auf ganz verschiedene Ziele hin ausgerichtet sein kann.

Eine Reihe von Stücken will vor allem der religiösen und moralischen Belehrung dienen, die beide untrennbar miteinander verbunden sind[110]. Bei anderen dagegen tritt das didaktische Element in den Dienst politischer Propaganda und konfessioneller Polemik, auch dies oft miteinander ver-

---

exemplarische Analyse eines *Auto* gibt H. Flasche, *Die Struktur des Auto Sacramental »Los Encantos de la Culpa« von Calderón,* Köln, Opladen 1966 (pp. 1–66).

108 Aus der deutschen Literatur sind immerhin im sog. *Lübecker Titelverzeichnis* einige Titelbelege von wahrscheinlich allegorischen Stücken überliefert.

109 So G. Frank, *Drama,* p. 247: »what especially characterizes the true morality, is a didactic intention in symbol and story«; M. Sepet, *Origines catholiques du théâtre moderne,* Paris 1901, p. 380: »C'est de l'union de trois grandes tendances que nous venons d'indiquer: la tendance didactique et parénétique, la tendance allégorique et personnifiante, enfin la tendance dramatique proprement dite, que naquit l'un des genres les plus curieux, sinon les plus heureux, de la littérature du moyen âge: la *moralité dramatique«.* Ähnlich H. M. Brown, *Music in the French Secular Theater, 1400–1550,* Cambridge (Mass.) 1963, p. 7; etc. Cf. auch die in Anm. 101 zitierten Gattungsdefinitionen von Babelon und Mackenzie. Auf den Einwand von B. Goth, die didaktische Intention sei als Charakteristikum wenig aussagekräftig, da man ohne Bedenken das gesamte mittelalterliche Theater als didaktisch bezeichnen könne (*Sottie,* p. 118), ist sinngemäß das zu wiederholen, was ich oben in der Anm. 102 zu G. Frank gesagt habe: es gibt zwar auch außerhalb der Moralité didaktische Stücke, aber kaum eine andere dramatische *Gattung,* deren Geschichte und damit deren Selbstverständnis von Anfang an so eng mit der Vorstellung der Lehrhaftigkeit verbunden sind wie die der Moralité.

110 Diese wichtige Voraussetzung zum Verständnis der *Moralités religieuses* hat schon L. Petit de Julleville richtig erkannt: »Leurs auteurs ne supposent même pas qu'il puisse exister une morale en dehors de la religion« (*Comédie,* p. 48). Wenn er allerdings fortfährt, die Intention der Stücke sei doch eher moralischer als religiöser Natur und ziele darauf ab »de former des honnêtes gens au sens mondain, plutôt que de pieux chrétiens« (*ib.*), so führt er die soeben für das Spätmittelalter mit Recht negierte Trennung nachträglich doch wieder ein; ebenso J. Mortensen, *Le théâtre français au moyen âge,* trad. du suédois par E. Philipot, Paris 1903, p. 137. Die sich hier abzeichnende Verkennung der didaktischen Intention der Moralité muß wohl im Zusammenhang mit der klassikorientierten französischen Forschungstradition gesehen werden, von der noch mehrfach zu reden sein wird.

mengt. Die erste Gruppe stellt die metaphysische Bestimmung des Menschen in den Mittelpunkt ihrer Bestrebungen; die zweite zeigt ihn vorwiegend in seinen innerweltlichen Beziehungen als Angehörigen von Völkern, sozialen Ständen und Konfessionen.

Nach diesen Kriterien lassen sich innerhalb der Gattung Moralité zwei Hauptrichtungen unterscheiden: zum einen die religiös-erbaulichen Stücke (*Moralités religieuses*); zum andern die politischen und konfessionspolemischen Stücke (*Moralités politiques*) mit zum Teil ausgeprägt satirischen Zügen[111]. Diese Zweiteilung läßt sich auf das gesamte allegorische Theater des späten Mittelalters ausdehnen. Zur ersten Gruppe gehören dann neben den *Moralités religieuses* die allegorischen Szenen der Mystères, zur zweiten neben den *Moralités politiques* die allegorischen Sotties und *Farces moralisées*. Die Trennungslinie verläuft also *für die allegorischen Stücke* nicht zwischen dem Mystère auf der einen und Moralité, Sottie und Farce auf der anderen Seite, wie die Gliederung des mittelalterlichen Theaters durch Petit de Julleville[112] und Gustave Cohen[113] es nahelegt, sondern *innerhalb*

---

[111] Die Stücke *beider* Gruppen können nach dem historischen Befund legitimerweise als *Moralités* bezeichnet werden. H. Craig versucht, den *moralité*-Begriff im Französischen auf die zweite Gruppe einzuschränken und ihn damit von seinem englischen Analogon abzuheben, das eher Stücke der ersten Gruppe bezeichne: »The word *morality* to denote plays of this kind has been in use since the fifteenth century, and that word and the term *moral play* connoted ethical and religious purpose. *Moralité* in French was a broader and vaguer term that applied to social custom and behaviour. It seems to have been equivalent to *sottie* and is different from the English word« (*Drama*, p. 343). Eine solche semantische Einengung des französischen Wortes auf politisches und satirisches Theater ist willkürlich und wird durch die Texte nicht gestützt, wie ein Blick auf die in meinem Literaturverzeichnis wiedergegebenen originalen Stücktitel zeigt, in denen ungeachtet aller Bezeichnungsvielfalt durchaus auch religiöse Stücke *Moralités* genannt werden.

[112] Während er das Mystère gesondert behandelt, schlägt er im *Répertoire* die Moralité insgesamt dem *théâtre comique* zu. G. Lanson kritisiert diese Einteilung und stellt die Moralité zum Mystère (*Études sur les origines de la tragédie en France*, in *RhlF* 10, 1903, p. 178). – Petit de Julleville scheint übrigens den unbefriedigenden Charakter seiner Gliederung in bezug auf die Moralité selbst gespürt zu haben, da er an anderer Stelle versucht, für die Gattung eine Kompromißformel zu finden: »La moralité, genre édifiant et plaisant à la fois, tient au théâtre comique par la forme, au théâtre sérieux par l'objet qu'elle se propose« (*Les comédiens en France au Moyen Age*, Paris 1885, p. 31). Allerdings ist die Scheidung nach *forme* und *objet* in dieser Weise unhaltbar; sie muß vielmehr im *objet* selbst angesetzt werden.

[113] In seinem populären Werk *Le théâtre en France au Moyen Age* unterscheidet Cohen zwischen *théâtre religieux* (t. I) und *théâtre profane* (t. II), wobei er der ersten Gruppe die liturgischen Spiele (vor allem die Weihnachts- und Osterspiele), halbliturgische Stücke nach Art des *Jeu d'Adam* sowie die Mystères und Miracles zuordnet, während er alle übrigen Gattungen einschließlich der Moralité zur zweiten Gruppe rechnet. Eine solche Grenzziehung ist aus Cohens universalem Ansatz, der ja das gesamte mittelalterliche Theater von seinen Anfängen an umfaßt, verständlich. Sie kann aber nicht ohne weiteres auf das zeit-

der Moralité. Die neuere Forschung bestätigt im wesentlichen diese Zweiteilung der Gattung nach dem Kriterium der didaktischen Intention[114]. Weitergehende Untergliederungen – etwa bei Petit de Julleville[115], Picot[116], Babelon[117], Lebègue[118], Kindermann[119] und neuerdings bei P. J. Houle[120] –

---

lich enger begrenzte allegorische Theater übertragen werden. Die frühesten Stücke, die im engeren Sinn »religiös« (= liturgisch oder halbliturgisch) genannt werden können, tragen keine allegorischen Züge, erscheinen also nicht in der hier getroffenen Auswahl. Als die Allegorie recht spät vom Epischen aufs Dramatische übergreift, hat dieses das Stadium des liturgisch gebundenen Spiels bereits überwunden, ohne dadurch im Sinn des modernen Theaters insgesamt »profan« geworden zu sein, wie sich auch in der vorliegenden Untersuchung zeigen wird. Dies bestätigt auch Cohen, wenn er in demselben Werk schreibt: »La moralité ne parvient pas à se laïciser complètement, ce qui lui eût assuré plus d'indépendance« (II, p. 71); zu der im Nachsatz enthaltenen Wertung cf. den nachfolgenden Überblick über die Forschungsgeschichte.

114 So trennt z. B. Cohen die Moralité »essentiellement morale, *exemplaire*, poursuivant l'amélioration de l'homme en proie aux vices et aux passions« von der Moralité »exploitée par des fins politiques« (*ib.*, II, p. 69); R. Lebègue unterscheidet »moralités édifiantes« und »moralités polémiques« (*La vie dramatique à Rouen de François Ier à Louis XIII*, in *BCTh* 1955/56, p. 402); ähnlich G. Frank, *Drama*, p. 247.

115 Seine begriffliche Dreiteilung in »pièces morales, religieuses, satiriques« (*Comédie*, p. 49) löst sich in der Darstellung wieder in ein Zweierschema von religiös-erbaulichen (Chap. III) und politisch-satirischen Stücken (Chap. IV–VI) auf.

116 Er unterscheidet 1. »moralités mystiques«, 2. »moralités polémiques«, 3. »moralités satiriques et facétieuses«, 4. »moralités sur les femmes«, 5. »moralités sur les enfants«, 6. »moralités historiques« (*Les moralités polémiques, ou la controverse religieuse dans l'ancien théâtre français*, in *BSHP* 36, 1887, p. 170).

117 1. »Moralités dérivées de la Psychomachie«, 2. »Moralités tirées de l'Écriture Sainte«, 3. »Moralités romanesques«, 4. »Moralités polémiques et satiriques«, 5. »Moralités mythologiques« (*La moralité de Bien advisé*, p. 15).

118 In *La tragédie religieuse* führt er neben den beiden Hauptgruppen »moralités comiques et satiriques« und »moralités religieuses et mystiques« (p. 82) noch die »moralités bibliques« und die »moralités historiques« als besondere Formen ein (pp. 85–106).

119 Er geht von einem Viererschema aus. Die Stücke seiner ersten Gruppe zeigen »den Kampf zwischen Tugenden und Lastern um den Menschen schlechthin«, die zweite umfaßt die »parabolischen«, die dritte »weltliche Moralitäten mit betont ethischer, manchmal sogar [!] erzieherischer Wirkung«, die vierte endlich die »politischen Moralitäten« (*Theatergeschichte Europas. I: Das Theater der Antike und des Mittelalters*, Salzburg 1957, p. 435 sq.).

120 In seiner Untersuchung *A Comparative Study of the English and French Full-Scope Morality Drama* (Phil. Diss. Univ. of Massachusetts 1972) schlägt Houle eine Untergliederung der englischen und französischen Moralitäten in drei Typen (»full-scope moralities«, »intermediate moralities« und »hybrid plays«) vor, die er so definiert:

> The *full-scope* morality is a play presenting the history of typical man throughout his entire life in earth culminating in divine judgement (p. 5). [...] the *intermediate* moralities mirror the more secular concerns of the Renaissance. The Mankind figure is often given another less general name and he ceases to represent all Mankind. [...] The(se) new issues which

beruhen meist darauf, daß auch nicht-allegorische oder schon dem Renaissancetheater zugehörende Stücke als besondere Gruppen genannt und daneben noch stofflich-inhaltliche Klassen eingeführt werden, so daß ein Konglomerat aus heterogenen, sich teilweise überlagernden Gruppen entsteht. Die fundamentale Zweiteilung nach dem oben genannten Hauptkriterium wird dadurch nicht in Frage gestellt.

Aufbau und Ziel der Untersuchung. – Die Unterscheidung zweier Hauptrichtungen innerhalb des allegorischen Theaters in Verbindung mit der überragenden Rolle der Moralité bestimmt auch die äußere Form meiner Darstellung. Im vorliegenden ersten Band behandle ich die religiösen, im geplanten zweiten Band die politischen und satirischen Stücke unter Einschluß der dramatisch-allegorischen Konfessionspolemik. Beidemal steht die Moralité als allegorische Zentralgattung im Mittelpunkt und wird durch Stücke aus anderen Gattungen ergänzt, wobei die Gattungszuordnung in strittigen Fällen ausführlich zu erörtern sein wird.

Daraus ergibt sich für das *religiöse Theater* eine Untergliederung in zwei Teile mit unterschiedlichen Darstellungsprinzipien. Im ersten Teil suche ich exemplarisch an der zentralen Gattung die allegorischen Konstituentien und Formkonventionen des spätmittelalterlichen religiösen Theaters zu entwickeln, wobei ich den Aufbau der allegorischen Gesamtstruktur der Stücke aus Einzelelementen möglichst genau und systematisch nachvollziehe. Im zweiten Teil soll anhand der vorher erarbeiteten Konstituentien geprüft werden, welchen Wandlungen die allegorische Form in Stücken anderer Gattungszugehörigkeit unterliegt. Die Darstellung ist hier stärker auf einen historisch bestimmten Gesamtüberblick ausgerichtet.

Die Behandlung der Moralité im systematischen Teil nimmt naturgemäß einen breiteren Raum ein, da an dieser Gruppe die für die gesamte Untersuchung grundlegenden Beschreibungskategorien gewonnen werden. Dies erscheint um so legitimer, als die *Moralités religieuses*, die den aus der allegorischen Schriftexegese überkommenen *sensus moralis* im ursprünglichen

---

> appear in the moralities are four: religious polemic, socio-political, humanistic, and educational (p. 13 sq.).
>
> The hybrid play is based on persons from history, the Bible, or legend, but containing as well personified abstractions borrowed from the morality drama (p. 14).

Houle selbst führt sogleich seine drei Typen auf zwei zurück, indem er die »hybrid plays« von den eigentlichen Moralitäten absondert (*ib.*). Die übrigbleibenden zwei Gruppen entsprechen den Definitionen zufolge zwar *grosso modo* der traditionellen Einteilung; Einzelheiten wie die willkürliche, weder aus dem Selbstverständnis der Autoren noch nach anderen Kriterien zureichend begründete Reduktion der *Moralités religieuses* auf die »full-scope moralities«, die Zuordnung der konfessionspolemischen und politischen Moralités zur Renaissanceliteratur, die Auswahl der für jeden Typus gegebenen französischen Beispielstücke u. a. geben aber Anlaß zu mannigfacher Kritik. Cf. dazu die Bemerkungen im Forschungsbericht unten p. 40 sq.

religiösen Sinn weiterführen, auch in der Forschung gemeinhin als »les types du genre«[121], d. h. als die repräsentativste Gruppe innerhalb der Moralité und damit letztlich des gesamten allegorischen Theaters der Zeit angesehen werden. Diese Einschätzung zeigt sich unter anderem darin, daß viele Moralité-Definitionen – so etwa die oben zitierten von Babelon und Mackenzie – sich strenggenommen auf die *Moralité religieuse* beziehen, und dies nicht ohne Grund, wie die Begriffsgeschichte von *moralis* gezeigt hat.

Nun sind aber nicht alle *Moralités religieuses* gleichermaßen repräsentativ für die Gattung. Einige späte, in der Forschung gelegentlich als *Moralités mystiques* bezeichnete Stücke können zwar ihrer didaktischen Intention nach noch der *Moralité religieuse* zugerechnet werden, folgen aber theologischen Sondertraditionen, die mit den religiösen Bewegungen des 16. Jahrhunderts in Zusammenhang stehen, und entfernen sich damit so weit vom Gros der übrigen Moralités, daß ihre Einbeziehung das ursprüngliche Bild der Zentralgattung verfälschen würde. Ich habe mich daher entschlossen, diese späten Stücke aus dem systematischen Teil auszugliedern, um sie im zweiten Teil als besondere Gruppe mit der Gattungsnorm der *Moralité religieuse* zu vergleichen. Die Gruppe der verbleibenden Stücke, die auf der Grundlage der katholischen Überlieferung die allegorischen Formkonventionen des spätmittelalterlichen Theaters entscheidend geprägt haben, bezeichne ich als »traditionelle« *Moralités religieuses*; ihnen gilt zunächst mein besonderes Interesse.

Die Untersuchung hat sich zum Ziel gesetzt, die dramatische Allegorie des 15. und 16. Jahrhunderts sowohl textimmanent wie auch von ihren theologischen, philosophischen und literarischen Voraussetzungen her als historisches Phänomen zu begreifen und eine möglichst umfassende kritische Bestandsaufnahme der einschlägigen französischen Texte zu geben, die bisher fehlt. Sie will damit zu der sich abzeichnenden historischen Rehabilitierung der Allegorie beitragen und zugleich die Aufmerksamkeit der Romanisten auf einen Bereich der französischen Literatur lenken, der gerade wegen seiner allegorischen Züge bisher stark vernachlässigt worden ist.

Abschließend einige technische Hinweise zur Textgestalt. – Wenn irgend möglich, wird nach kritischen Editionen zitiert. Für eine Reihe von Stücken liefern die inzwischen erschienenen Faksimile-Nachdrucke des *Recueil Trepperel*, des *Recueil du British Museum* und des *Manuscrit La Vallière* brauchbare Textgrundlagen, so daß ich auf die älteren Sammelausgaben von Viollet-le-Duc, Le Roux de Lincy, Fournier und anderen[122], die den heutigen textkritischen Ansprüchen nicht mehr genügen, weitgehend verzichten kann. Einige der relevantesten Stücke liegen in keiner neueren Edition vor, so daß ich hier unmittelbar auf die Handschriften bzw. Inkunabeln zurück-

---

[121] Petit de Julleville, *Comédie*, p. 50.
[122] Cf. das Literaturverzeichnis am Schluß der Arbeit.

greifen mußte[123]. Alle Bibelzitate folgen, wenn nicht anders vermerkt, dem Text der Vulgata.

An den Manuskript- und Inkunabeltexten habe ich beim Zitieren die folgenden, in der editorischen Praxis üblichen Eingriffe vorgenommen: Worttrennung, Auflösung der Siglen, Scheidung der Buchstaben *i/j* und *u/v* nach der Aussprache, Zusatz der Interpunktion und der für das Verständnis notwendigen diakritischen Zeichen sowie Großschreibung der Namen von Personifikationen[124]. Runde Klammern bezeichnen überzählige Elemente des Originals, eckige Klammern enthalten Zusätze oder Erklärungen des Verfassers. Zitate aus Manuskripten werden durch Blattangaben, solche aus Frühdrucken durch Bogensignaturen nachgewiesen, wobei fehlende Zählungen ergänzt und die gelegentlich in Bogensignaturen gebrauchten Siglen 9 [= *con*] und & [= *et*] unverändert übernommen werden.

---

[123] Ich hoffe, dem hier spürbaren Mangel an brauchbaren Texten in Kürze durch eine weitere faksimilierte Sammeledition von Frühdrucken wenigstens teilweise abhelfen zu können.

[124] Die Namen der Bühnenfiguren erscheinen jeweils in der im Titel oder Personenverzeichnis des behandelten Stückes gültigen Graphie.

ERSTER TEIL

Die allegorischen Konstituentien der traditionellen *Moralité religieuse*

Vorbemerkung zu den untersuchten Texten und zur Forschungslage. – Von der traditionellen *Moralité religieuse* sind nach dem derzeitigen Erkenntnisstand insgesamt 25 Stücke erhalten, eine Zahl, zu der die seit dem *Répertoire* erschienenen Veröffentlichungen bisher unbekannter oder von Petit de Julleville verloren geglaubter Stücke[125] nicht unwesentlich beigetragen hat. Ich denke dabei vor allem an die kritische Ausgabe der Sammelhandschrift 617 aus Chantilly[126] und die teils kritisch, teils im Faksimile-Abdruck erschienene Edition des *Recueil Trepperel*[127], aber auch an eine Reihe von Einzelpublikationen, die im folgenden chronologischen Überblick erwähnt werden.

Etliches Material dürfte auch heute noch unerkannt in Bibliotheken ruhen, so daß Vollständigkeit trotz sorgfältiger Suche nicht beansprucht werden kann. Sie wäre im übrigen bei den Zufällen der Überlieferung allemal bloß fiktiv. Darum beziehen sich auch im folgenden alle Aussagen grundsätzlich nur auf die erhaltenen Stücke. Inwieweit sie für die Gesamtheit der damals entstandenen Moralités, von denen wir nur zum Teil Aufführungsbelege, Titel oder Inhaltsangaben kennen, repräsentativ sind, muß jeweils im Einzelfall mit aller Vorsicht und Behutsamkeit erschlossen werden.

Die einzelnen *Moralités religieuses* sind nach Inhalt und Form sehr ungleichartig. Ihre durchschnittliche Länge liegt bei knapp 4000 Versen – bei großer Variationsbreite von ca. 300 bis 30 000 Versen pro Stück, wobei sich vor allem bei den späten Stücken eine Tendenz zur kurzen Form zeigt.

Die meisten überlieferten *Moralités religieuses* gehören dem 15. und frühen 16. Jahrhundert an. Die Datierung gestaltet sich im Einzelfall oft recht schwierig, da viele Stücke längere Zeit vor dem ersten Aufführungsbeleg bzw. vor der ältesten erhaltenen schriftlichen Fixierung gespielt worden sein dürften.

---

125 *Répertoire*, Nr. 254–313.

126 Ed. G. Cohen, Paris 1920 (verb. Neuaufl. 1953).

127 T. I: *Les Sotties*, éd. E. Droz, Paris 1935 (Bibl. Soc. Hist. Théâtre. 8); T. II: *Les Farces*, éd. E. Droz et H. Lewicka, Genève 1961 (Travaux d'Humanisme et Renaissance. 45); *Fac-similé des trente-cinq pièces de l'original*, introd. par E. Droz, Genève [1967].

Unsicher und zum Teil umstritten ist vor allem die Datierung der drei vermutlich ältesten Stücke, die eventuell noch dem späten 14. Jahrhundert zuzurechnen sind: *Le Jeux de Pelerinage de vie humaine*[128], eine verkürzende Dramatisierung des 1330–32 verfaßten und 1350 überarbeiteten *Pelerinage de vie humaine* von Guillaume de Deguileville, die nach G. Cohen noch in der 2. Hälfte des 14. Jahrhunderts entstanden ist[129]; *Li Jeux des VII Pechie et des VII Vertus* (zwischen 1380 und 1420)[130], das zum Teil ebenfalls einem älteren epischen Text folgt[131], sowie das allegorische Spiel *Le Cuer et les cinq Sens*[132], das R. Bossuat dem Kanzler der Pariser Universität, Jean Gerson, zuschreibt und auf die Zeit zwischen 1377 und 1383 datiert[133], während J. Morawski die Verfasserschaft Gersons für nicht erwiesen hält und nur 1433 als *terminus ante quem* ansetzt[134].

Aus der ersten Hälfte des 15. Jahrhunderts stammen die wegen ihrer genauen Datierung schon erwähnte *Moralité du Jour Saint Anthoine*

---

128 Der Zusatz *de vie* stammt vom Herausgeber G. Cohen und lehnt sich an den Titel der epischen Vorlage an. Im Manuskript weist die Femininform *humaine* noch auf das im *Incipit* ausgelassene Substantiv hin.

129 *Nativités et moralités*, p. 164. – Schon die Vorlage des Guillaume (ed. J. J. Stürzinger, London 1893) ist dialogisiert und damit der dramatischen Form recht nahe; cf. R. Tuve, *Allegorical Imagery*, pp. 145–218.

130 Datierung nach Cohen, *ib.* – Das nach dem *Répertoire* (p. 324) im Jahr 1390 in Tours aufgeführte, aber verlorene *Gieux des sept Vertuz et des sept Pechiez mortelz* könnte nach Cohen (*ib.*, p. 154) eine Vorstufe unserer Moralité sein. Dagegen wird man dem Fragment *Cy s'ensuyvent les sept Vertus qui parlent es [sic] sept Pechiés mortels* (B. N., fr. 15103, fol. 140^r – 140^v) keinen dramatischen Charakter zuschreiben können; so auch É. Roy, *Le Mystère de la Passion en France du XIVe au XVIe siècle*, Dijon et Paris 1905, p. 412 n. 30.

131 Nachgewiesen von A. Långfors, *»Le miroir de Vie et de Mort« par Robert de l'Omme (1266), modèle d'une Moralité wallonne du XVe siècle*, in *Rom.* 47 (1921) pp. 511–531; 50 (1924) pp. 14-53.

132 Der franz. Titel stammt von den Herausgebern.

133 R. Bossuat, *Jean Gerson et la moralité »du cœur et des cinq sens«*, in *Mélanges de philologie romane et de littérature médiévale offerts à Ernest Hoepffner*, Paris 1949, pp. 347–356. Im Aufsatz *Gerson et le théâtre* (in *BEC* 109, 1951, pp. 295–298) stützt Bossuat seine Verfasserthese durch einen neuen Beleg.

134 J. Morawski, *La »moralité« du cœur et des cinq sens*, in *RLaR* 65 (1927) p. 73 sq. – Wie die distanzierende Nennung des Gattungsbegriffs Moralité andeutet, hält Morawski (wie vor ihm Petit de Julleville, der aber vom Stück nur den Titel kennt; cf. *Répertoire*, Nr. 262) den Text in seiner vorliegenden Form nicht für ein Theaterstück. Er fügt aber einschränkend hinzu: »Rien n'empêche d'ailleurs de croire qu'à un moment donné, on en a fait une véritable ›moralité à dix personnages‹« (p. 74 n. 3). Bossuat gesteht zwar zu, eine dramatische Aufführung sei nicht nachzuweisen, neigt aber aufgrund der Rollenangaben zur Deutung als dramatisches Werk (*Jean Gerson et la moralité*, p. 355). Dem schließe ich mich an, da der Text im wesentlichen dramatisch angelegt ist und einer Aufführung nichts im Wege steht. (Generell darf der Begriff des Dramatischen in bezug auf die Moralité nicht zu eng gefaßt werden: »dramatisch« im modernen Sinn einer Bühnenwirksamkeit durch Handlungsreichtum, Spannung, kurze Wechselreden etc. sind die wenigsten Moralités – auch unter denen, für die Aufführungsbelege vorliegen.)

(1427)[135] und *Bien advisé, Mal advisé* (erster sicherer Aufführungsbeleg: Rennes 1439)[136].

Um 1470 oder früher ist die *Moralité d'Argent* von Jazme Oliou anzusetzen[137]. Ihr folgen, jeweils nach der bisher bekannten Erstdatierung, *L'Homme juste et l'Homme mondain* von Simon Bougouin, *valet de chambre* am Hof Ludwigs XII. (1476 in Tarascon gespielt)[138], die *Moralité d'Aulcun* (erhalten in einer um 1488 verfaßten Handschrift)[139] und *L'Omme pecheur*, nach dem Kolophon des Erstdrucks von Anthoine Vérard, den das *Répertoire* auf ca. 1494 datiert, *nagueres joué en la ville de Tours*[140].

Bien advisé, Mal advisé (ca. 8000 Verse), *L'Homme juste et l'Homme mondain* (Prosimetrum von ca. 30 000 Zeilen) und *L'Omme pecheur* (ca. 22 000 Verse) bilden die Trias der größten und für die allegorischen Darstellungskonventionen aufschlußreichsten *Moralités religieuses*. Die beiden letztgenannten Stücke weisen starke textliche Parallelen auf, sind also mit Sicherheit – direkt oder indirekt – voneinander abhängig.

Die meisten Moralités sind erst aus Aufführungen und Drucken des 16. Jahrhunderts bekannt. Am frühesten datierbar sind unter ihnen *L'Histoire de l'Enfant prodigue* (Laval 1504)[141], *La Condamnacion des Bancquetz* von Nicolas de La Chesnaye (Erstdruck von Anthoine Vérard 1507)[142] sowie die Moralités aus dem vor 1512 abgeschlossenen *Recueil*

---

[135] Auch sie galt lange Zeit als verloren (cf. *Répertoire*, Nr. 265 bzw. 288).

[136] Cf. *Répertoire*, p. 329 und J. Babelon, *La moralité de Bien advisé et Mal advisé*, p. 15. Die von der *Histoire littéraire de la France* (t. XXIV, p. 453) für 1396 angenommene Aufführung ist nicht gesichert, da zuverlässige Quellenbelege fehlen.

[137] Datierung nach P. Aebischer, *Moralité et farces des mss. Laurenziana-Ashburnham nos 115 et 116*, in *Arch. rom.* 13 (1929) p. 458. Über den Autor cf. neuerdings Aebischer, *Jazme Oliou, versificateur et auteur dramatique avignonnais du XVe siècle*, in id., *Neuf études sur le théâtre médiéval*, Genève 1972 (Publications de la Fac. des Lettres de l'Univ. de Lausanne. 19), pp. 37–65.

[138] *Répertoire*, p. 341. – Die Namensform des Autors folgt dem Schlußakrostichon der Vérard-Ausgabe; La Croix du Maine und Du Verdier (*Les Bibliothèques françoises*, Paris 1772–73, t. II, p. 406) schreiben Bourgouin bzw. Bougouinc; so auch *Répertoire*, p. 68.

[139] Datierung nach L. Bonkain, krit. Ed. der Moralité politique *Le Petit et le Grant*, Mémoire de Licence, Univ. cath. de Louvain 1969, p. 151.

[140] *Répertoire*, p. 72 und 352. Ein handschriftlicher Kolophon-Zusatz in der von mir benutzten Vérard-Ausgabe aus der Sächsischen Landesbibliothek Dresden gibt *l'an 1481* als Datum an.

[141] *Répertoire*, p. 357 sq.

[142] Zur Textüberlieferung und zum Autor cf. G. Doutrepont, *»La Condamnation de Banquet« de Nicole de La Chesnaye*, Bruxelles 1930 (Mémoires de l'Acad. royale de Belgique. Classe des Lettres et des Sciences morales et polit. Sér. II, t. 28, 3) und P. Marot, *Nicole de La Chesnaye, auteur de la »Condamnation de Banquet«*, in *Recueil de travaux offerts à C. Brunel*, Paris 1955 (Mémoires et documents p. p. la Soc. de l'École des Chartes. 12), t. II, pp. 223–237; zum Einfluß des Stückes auf die Bildwirkerei cf. ferner I. Brooke, *»La Condamnation*

Trepperel[143]: *Langue envenimee* (1513 in Metz gespielt)[144], *Les IIII Elemens* (gedruckt vor 1521)[145], die *Moralité [...] laquelle demonstre comment Jhesucrist est mis en prison pour racheter le Genre humain* und *Le Lymon et la Terre*[146]. Auch bei dem allegorischen Stück *Onneur des dames* von André (Andry, Andrieu) de La Vigne, das ebenfalls in einem Trepperel-Druck aus der Zeit um 1520 vorliegt, ist trotz des »höfischen« Themas die religiös-erbauliche Intention so stark betont, daß von einer *Moralité religieuse* gesprochen werden kann[147]. Es folgen die *Moralité nouvelle de Mundus, Caro, Demonia* (erhalten in einer Pierre Sergent zugeschriebenen, also wohl aus den Jahren 1532–47 stammenden Ausgabe)[148] und die im Auftrag

de Banquet« et les tapisseries de Nancy, in *Le lieu théâtral à la Renaissance*, p. p. J. Jacquot, Paris 1964, pp. 357–361. – Das Stück ist ungeachtet einiger für den modernen Leser eher komisch wirkender Details als *Moralité religieuse* einzustufen, da seine religiös-erbauliche Lehrintention außer Zweifel steht. Im Prolog betont der Verfasser ausdrücklich, er habe mit Gottes Hilfe sein Werk »en forme de moralité« verfaßt, um das Laster der Völlerei zu bekämpfen, ein didaktischer Anspruch, der von Anfang an nicht nur auf die körperliche Gesundheit, sondern zugleich auf das menschliche Seelenheil gerichtet ist. Ebenso urteilt schon Petit de Julleville, *Comédie*, p. 103.

143 Datierung nach E. Droz, *Le Recueil Trepperel, fac-similé*, p. 8.

144 *ib.*, p. 12 sq. Der Titel stammt von der Herausgeberin. Im Trepperel-Druck heißt es nur *Moralité nouvelle a treze personnages* und wenig später *Farce nouvelle moralisee*. Die schwankende Gattungsangabe, die ja, wie oben gezeigt, nichts Außergewöhnliches ist, hat E. Droz bewogen, das Stück als »moralité-farce« zu bezeichnen und auf der Schwelle zwischen den beiden Gattungen anzusiedeln; cf. *ib.*, p. 13. Anders G. Frank, *Drama*, p. 247 n. 2 (»a true morality«), ein Urteil, dem ich von der didaktischen Intention her nur zustimmen kann. – Ist diese Moralité mit dem im *Répertoire*, Nr. 313 (220) als verloren genannten Stück *La Langue embommee* (Lesefehler?) identisch?

145 *Le Recueil Trepperel, fac-similé*, p. 14.

146 Das Stück ist nach E. Droz vielleicht mit der 1526 in Béthune aufgeführten *Moralité de l'Homme humain* (cf. *Répertoire*, p. 370) identisch; cf. *Le Recueil Trepperel* I, p. xxv.

147 Näheres unten p. 70 sq. Überliefert ist das Stück im episch-lyrischen Sammelwerk *Le Vergier d'honneur* von Octovien de Saint-Gelais und André de La Vigne. Die Bühnenanweisungen und vor allem die von der Gestalt Envie gesprochenen Verse »Aujourd'uy *sur cest eschaffault* / Je te osteray du corps la vie« (fol. P iii^{v}; Hervorhebung von mir) bezeugen aber eindeutig seinen dramatischen Charakter. – Zur Datierung cf. *Répertoire*, p. 74. Zum Verfasser: É. Picot, *Recueil général des sotties*, Paris 1902–12 (SATF), t. II, pp. 3–16; H. Guy, *Histoire de la poésie française au XVIe siècle*, t. I, Paris 1910, pp. 207–220 (hier p. 211 ohne Sicherheit auf 1494 datiert); É. L. de Kerdaniel, *Un auteur dramatique du XVe siècle, André de La Vigne*, Paris 1923 und Ph. A. Becker, *Andry de La Vigne, ca. 1470 – ca. 1515*, Leipzig 1928 (Ber. d. Sächs. Akad. d. Wiss., Phil.-hist. Klasse. 80, 2). Leider gehen diese Arbeiten kaum auf das vorliegende Stück ein.

148 Datierung nach H. Lewicka, *Le Recueil du British Museum. Fac-similé des soixante-quatre pièces de l'original*, Genève 1970, p. xi. Petit de Julleville setzt die Ausgabe auf 1530–40 und vermutet eine Aufführung um 1520 in Nancy, gibt aber keinen Beleg (*Répertoire*, p. 85). É. Fournier nennt ohne Begründung das Jahr 1506 (*Le théâtre français avant la Renaissance, 1450–1550. Mystères,*

desselben Verlegers ca. 1535–40 gedruckte Moralité *Les Blasphemateurs du nom de Dieu*[149].

Die im *Recueil du British Museum* enthaltenen Moralités *Charité* und *Les Enfans de Maintenant* sind in der Offizin von Barnabé Chaussard nach dessen Tod, also 1532–50, gedruckt worden[150]. In diesen Zeitraum gehören auch die *Moralité de Pyramus et Tisbee*, die nach einer Vermutung des Herausgebers É. Picot vielleicht aus der Feder des angevinischen Dichters Jean Daniel stammt und um 1535 entstanden sein dürfte[151]; eine dramatische Fassung der Parabel vom Magen und den Gliedern mit dem Titel *Le Ventre, les Jambes, le Cœur et le Chef*[152], die aber erst im späten

---

moralités et farces, Paris 1872, Neudr. New York o. J., p. 199), was aber schon im Hinblick auf die im Stück erwähnten *hereticques* unglaubhaft erscheint. Die Zuordnung zur Lehre der *Libertins spirituels* durch F. Holl (*Tendenzdrama*, p. 79 sq.) erscheint mir nach den von ihm angeführten Gründen als nicht zwingend.

149 Datierung nach R. Lebègue, *La vie dramatique à Rouen*, p. 402 n. 1. É. Gosselin nimmt eine Aufführung um 1530 in Rouen an (*Recherches sur les origines du théâtre à Rouen avant Pierre Corneille*, Rouen 1868, p. 38), gibt aber keine sicheren Belege. – W. H. Cannon versucht in seiner kritischen Ausgabe (*La moralité des Blasphemateurs du nom de Dieu*, Phil. Diss. Univ. of Kansas 1970), das Stück aufgrund der bedeutenden Rolle Marias und einiger anderer, weniger überzeugender Indizien der literarischen Produktion des *Puy des palinods* in Rouen zuzuordnen, in der die Marienverehrung einen besonders breiten Raum einnimmt (cf. pp. 6–21, bes. p. 10). Wie dem auch sei: jedenfalls ist das Stück nicht so sehr auf die Person Marias zugeschnitten, daß man etwa im Sinn der *Assumption de la Vierge* von einer reinen Marienmoralité sprechen könnte. Die Betonung der Heilsfunktion Marias genügt m. E. noch nicht, ein Stück als Marienmoralité der unten in Kap. VIII, 1 behandelten marianischen Sondertradition zuzuordnen und es damit aus der traditionellen *Moralité religieuse* auszuschließen. Den besten Beleg hierfür liefert die in jeder Hinsicht als gattungsrepräsentativ anzusehende Moralité *Bien advisé, Mal advisé*, die mit einem ausführlichen Marienpreis anhebt.

150 *Le Recueil du British Museum, fac-similé, p.* x.

151 Datierung nach Picot, *La moralité nouvelle de Pyramus et Tisbee*, in *Bull. du Bibliophile* 1901, p. 1. – Zur Verfasserfrage cf. *ib.*, p. 9 sq. Einige Angaben zu Jean Daniel, der u. a. als Autor mehrerer *noëls* bekannt ist, finden sich bei La Croix du Maine et Du Verdier, *Les Bibliothèques françoises*, t. I, p. 485.

152 Die bekannteste Fassung des Motivs findet sich bei Livius, *Hist. Rom.* II, 32, 8. – Zur Motivgeschichte cf. W. Nestle, *Die Fabel des Menenius Agrippa*, in *Klio* 21 (1927) pp. 350–360 und vor allem H. Gombel, *Die Fabel 'Vom Magen und den Gliedern' in der Weltliteratur (mit bes. Berücksichtigung der roman. Fabelliteratur)*, Halle 1934 (Beih. z. ZrP. 80). – Die vorliegende Moralité hat eindeutig religiös-erbaulichen Charakter (cf. unten Kap. IV, 2). Als weitere mittelfranzösische dramatische Bearbeitung des Motivs nennt Gombel einen von ihm herausgegebenen *Debat entre la Langue et le Ventre*, der aber trotz seiner Rollenangaben mit Sicherheit nicht der dramatischen Literatur zuzurechnen ist: der *Acteur* erzählt im durchaus epischen *passé simple* die Parabel als einen allegorischen Traum, in dem nacheinander die einzelnen Körperteilpersonifikationen ihre Rolle aufsagen, ohne daß es auch nur zur Andeutung eines dramatischen Dialogs käme. Auch das *Répertoire* zählt den Text mit Recht nicht zur dramatischen Literatur.

Manuscrit La Vallière überliefert ist[153] und ohne zureichende Begründung Pierre Tasserie zugeschrieben worden ist[154], und die auf 1538 datierte Moralité *Le Gouvert d'Humanité* von Jean d'Abundance[155].

Den Ausklang der traditionellen *Moralité religieuse* bilden zwei Stücke von Guillaume des Autels: *Vouloir divin, Ignorance, le Temps et Verité* (ca. 1547)[156] und *L'Homme et le Ciel*, das nach einer Angabe auf dem Titelblatt der Erstveröffentlichung im Jahr 1549 in Valence aufgeführt worden ist[157].

Das Erscheinen von Joachim Du Bellays *Deffense et Illustration de la langue françoyse* offenbart den inzwischen eingetretenen Wandel des literarischen Geschmacks vom spätmittalalterlichen zum antikisierenden Theater der Renaissance. 1552/53 wird in Paris die erste französische Tragödie nach streng antikem Formprinzip, *Cléopâtre captive* von Étienne Jodelle, aufgeführt. Wenn auch weiterhin, vor allem in der Provinz, Moralités und andere allegorische Stücke gespielt werden[158] (jetzt vor allem als Mittel konfessioneller Polemik), so ist, gattungsgeschichtlich gesehen, ihre Zeit doch vorbei.

Von der Literaturwissenschaft ist die Moralité bisher sehr vernachlässigt worden[159]. Eine kritische Gesamtdarstellung fehlt. Der folgende chronolo-

---

[153] Le Roux de Lincy und F. Michel haben alle Stücke des *Manuscrit La Vallière* pauschal auf 1500–1550 datiert (*Recueil de farces, moralités et sermons joyeux, publié d'après le manuscrit de la Bibliothèque royale*, Paris 1837, t. I, p. 6). É. Picot setzt die meisten der von ihm behandelten Stücke dieser Sammlung 1535 und später an (cf. seine Datierungen der Stücke Nr. 14–19 in *Les moralités polémiques* sowie der Stücke XX–XXXI in *Sotties*, t. III). Dieses Datum kann wohl auch als ungefährer Anhaltspunkt für *Le Ventre et les Jambes* dienen. Die im *Manuscrit La Vallière* erhaltene Abschrift dürfte erst um 1575 entstanden sein (so Picot, *Sotties* I, p. 13; ähnlich neuerdings H. Lewicka, *Recueil du British Museum, fac-similé*, p. VII).

[154] Le Roux de Lincy und F. Michel haben aus der Nennung des Namens Pierre Tasserie bei *einer* Farce dieser Sammelhandschrift geschlossen, es handle sich dabei um den Autor aller hier zusammengestellten Stücke (*Recueil de farces*, t. I, p. 6). Diese Vermutung ist inzwischen für einige Stücke sicher widerlegt, für die meisten übrigen, darunter auch für die vorliegende Moralité, sehr unwahrscheinlich. Cf. dazu meine Einleitung zum Faksimile-Neudruck des *Manuscrit La Vallière*, Genève 1972, p. V sq.

[155] Das Stück galt lange Zeit als verloren (cf. *Répertoire*, Nr. 276). – Die auf Du Verdier zurückgehende Datierung wird vom Herausgeber P. Aebischer »jusqu'à preuve du contraire« übernommen (*Le Gouvert d'Humanité par Jean d'Abondance*, in *BHumR* 24, 1962, p. 293).

[156] *Répertoire*, p. 103.

[157] *Repos de plus grand travail*, Lyon 1550, p. 97.

[158] Cf. etwa die von G. Lanson zusammengestellte Liste späterer Aufführungen (*Études sur les origines*, pp. 192–231), die diejenige des *Répertoire* (pp. 321–402) ergänzt.

[159] Cf. die *Bibliographie* von H. Lewicka, Nr. 250–319 (davon behandeln die wenigsten Arbeiten die traditionelle *Moralité religieuse*).

gische Überblick über die wichtigsten bisher vorliegenden Arbeiten muß daher mehr als sonst üblich auch auf Untersuchungen eingehen, die die *Moralité religieuse* nur am Rande berühren[160]. Er soll neben der notwendigen Grundinformation über den Stand der wissenschaftlichen Diskussion zugleich Hinweise darauf liefern, worin die Gründe für die Mißachtung der Gattung liegen.

Die vorwissenschaftliche Beschäftigung mit der Moralité beginnt im wesentlichen bei den Poetiken des 16. Jahrhunderts. In seinem *Art poétique françois* von 1548 unterscheidet Thomas Sebillet zwischen der nichtallegorischen und der allegorischen Moralité. Während er die erste in die Nähe der antiken Tragödie rückt[161], definiert er die zweite als eigenständige Gruppe[162]. Dabei fällt auf, daß er sich der Herkunft des Moralitébegriffs aus dem Schema der allegorischen Exegese durchaus bewußt ist (»allégorie ou sens moral«) und von daher der allegorischen Moralité – wenigstens im Bereich der Bezeichnungen – eine gewisse Priorität zuerkennt.

Joachim Du Bellay gibt in seiner *Deffense et Illustration* (1549) Sebillets Differenzierung auf, behauptet, die Moralité habe den Platz der Tragödie usurpiert, und verlangt damit ihre Ablösung durch die Imitation der Alten[163]. Die im darauffolgenden Jahr erschienene *Replique aux furieuses defenses de Louis Meigret*, in der Guillaume des Autels, selbst Verfasser zweier *Moralités religieuses*, den moralisch-didaktischen Wert der allegorischen Moralité zu verteidigen sucht[164], bleibt ohne Wirkung. Das Verdikt ist ausgesprochen; es gilt (zumindest in der französischen literarhistorischen Tradition) mit einigen Abstrichen noch heute.

Einige literarische Nachschlagewerke – de Beauchamps' *Recherches sur les théâtres de France*[165] (1735), die *Histoire du théâtre français* der Brüder François und Claude Parfaict[166] (1735–49), die *Bibliothèque du théâtre*

---

[160] Arbeiten zu einzelnen Stücken sind hingegen hier nicht mit aufgeführt, sofern sie nicht die Gattung insgesamt stärker betreffen.

[161] »La Moralité Françoise represente en quelque chose la Tragédie Gréque et Latine, singuliérement en ce qu'elle traitte fais graves et Principaus. Et si le François s'estoit rengé a ce que la fin de la Moralité fut toujours triste et doloreuse, la Moralité seroit Tragédie. [...] Car en la Moralité nous traittons, comme les Grecz et Latins en leurs Tragédies, narrations de fais illustres, magnanimes et vertueus, ou vrays, ou au moins vraysemblables« (Éd. crit. p. p. F. Gaiffe, Paris 1910 [STFM], p. 161 sq.).

[162] »Or y a il une autre sorte de Moralité que celle dont je vien de parler, en laquéle nous suivons allégorie ou sens moral, (d'ou encor retient elle l'appellation) y traitans ou propositon [*sic*] Morale, et icelle déduisans amplement soubz fainte de personne attribuée a ce que veritablement n'est homme ne femme: ou autre Enigme et allégorie faisant a l'instruction dés mœurs« *(ib.*, p. 163).

[163] Éd. crit. p. p. H. Chamard, Paris 1948 (STFM), p. 126.

[164] Cf. *ib*. n. 1

[165] Jetzt auch im Nachdruck bei Slatkine Reprints, Genève 1968. De Beauchamps zitiert ausführlich die Ansichten Sebillets und Du Bellays zur Moralité (t. I, pp. 178–183 = p. 57 sq. der neuen Paginierung).

[166] Nachdr. New York 1968.

françois des Duc de La Vallière[167] (1768), die ursprünglich in den Jahren 1584–85 erschienenen, 1772–73 von Rigoley de Juvigny neu herausgegebenen *Bibliothèques françoises* von La Croix du Maine und Du Verdier[168] sowie Douhets *Dictionnaire des mystères* (1854), das weitgehend die Angaben Beauchamps' und der Brüder Parfaict wiederholt – bewahren die Moralités zwar vor dem Vergessenwerden, nicht aber vor der anhaltenden Mißachtung. Sie reicht im 19. Jahrhundert von Ch. A. Sainte-Beuve[169] (1828) über C. Lenient[170] (1866) bis hin zu J. Bédier[171].

Die eigentliche wissenschaftliche Auseinandersetzung mit der Moralité beginnt Ende des 19. Jahrhunderts mit L. Petit de Julleville. Er hat einmal in seinem *Répertoire* (1880) durch die Auswertung aller ihm damals zugänglichen Quellen das erste kritische Verzeichnis von Stücken, Ausgaben und Aufführungsbelegen zusammengestellt, das noch heute wertvolle Dienste leistet. Daneben aber hat er mit seinen Werken *Les comédiens en France au Moyen Age* (1885) und *La comédie et les mœurs en France au Moyen Age* (1886) die Blickrichtung der zukünftigen Forschung entscheidend bestimmt, indem er im Vertrauen auf die »persistance des genres« die Moralité insgesamt zur Vorläuferin der klassischen Komödie erklärt[172]. Diese Sehweise prägt, verbunden mit der traditionellen Abwertung der Moralité, auch das Bild der Gattung in den Arbeiten von J. Mortensen[173] (1903 in französischer Übersetzung), M. Sepet[174] und E. Lintilhac[175]. Auch

167 Nachdr. Slatkine Reprints, Genève 1969.

168 Nachdr. Graz 1969.

169 *Tableau historique et critique de la poésie française et du théâtre français au XVI*e *siècle*, 2e éd. Paris 1838, t. I, pp. 251–253.

170 *La satire en France au Moyen Age*, 4e éd. Paris 1893, pp. 330–333.

171 *Les commencements du théâtre comique en France*, in *Rddm* 99 (1890) p. 870.

172 »La moralité du quinzième siècle est devenue la grande comédie de mœurs, la comédie classique par excellence; où le poète s'efforce d'incarner dans un personnage unique, un type entier, un caractère universel. Prenez le *Misanthrope*, et supposez qu'Alceste, au lieu de porter un nom d'homme, s'appelle *Misanthropie;* que Célimène s'y nomme *Coquetterie*; Philinte, *Optimisme*; Arsinoé, *Pruderie*; les deux marquis, *Sottise et Fatuité*; le *Misanthrope* serait-il alors autre chose qu'une pure moralité?« (*Comédie*, p. 2 sq.) Diese Stelle ist sehr bezeichnend für die Art, in der hier (und in der Folgezeit) die dramatischen Personifikationen der Moralité »historisch« verstanden worden sind.

173 *Le théâtre français au moyen âge* (cf. vor allem pp. 125–156). Bemängelt wird, daß der Moralité noch die klassischen Einheiten fehlen (pp. 166–169).

174 Sepet schränkt die These von der Vorläuferfunktion der Moralité (wohl in Anlehnung an die Unterscheidung Sebillets) wieder auf die nicht-allegorische *Moralité exemplaire* (d. h. im wesentlichen die dramatisierte Parabel) ein. Cf. dazu seine Arbeiten *Le drame religieux au Moyen Age*, Paris 1903 (zur Moralité cf. bes. pp. 50–53) und *La Moralité exemplaire, genre dramatique du Moyen Age*, in *Mélanges Godefroid Kurth*, t. II, Liège 1908 (Bibl. de la Fac. de Philos. et Lettres de l'Univ. de Liège. 2), pp. 145–154.

175 *Histoire générale du théâtre en France*, t. I–II, Paris 1904–06 (zur Moralité cf. t. II, p. 107 sqq.). Lintilhac beurteilt die Gattung so negativ, daß er sie zum größten Teil aus der literarischen Betrachtung überhaupt ausgeschlossen sehen möchte (cf. bes. *ib.*, p. 108 sq.).

eine zu Recht vergessene Dissertation von E. Dreger[176] geht von Petit de Julleville aus.

Größeres Verständnis für die Eigenart und die historische Entwicklung der Moralité verrät J. Babelons Einleitung zu seiner kritischen Edition der *Moralité de Bien advisé et Mal advisé*, von der aber leider nur eine kurze Zusammenfassung erhalten ist[177].

1903 versucht Gustave Lanson in seinen *Études sur les origines de la tragédie classique en France*, der bisher eher abstrakt-spekulativ vorgetragenen These von der Verwandtschaft zwischen Moralité und klassischem Theater[178] einen konkret-historischen Inhalt zu geben, indem er die allmähliche Ablösung der einen Gattung durch die andere an Aufführungsbelegen und anderen Dokumenten nachweist[179].

Raymond Lebègue knüpft in seiner für die weitere Forschung grundlegenden Thèse über die *Tragédie religieuse en France*[180] (1929) an Lansons Bemühungen an. Er sieht die Leistungen der Moralité als Wegbereiterin des klassischen Theaters vor allem darin, daß sie den Zuschauer mit der dramatischen Psychologie vertraut gemacht habe[181], freilich in einer Form, die noch keine allmähliche Entwicklung, sondern fast nur den abrupten seelischen Umschlag kenne und insofern gegenüber dem klassischen Theater noch weit zurückstehe. Als richtungsweisend erscheinen auch ihm vor allem die nicht-allegorischen Moralités wie etwa *La pauvre Fille villageoise* oder

---

176 *Über die dem Menschen feindlichen allegorischen Figuren auf der Moralitätenbühne Frankreichs*, Phil. Diss. Göttingen 1904. Die Arbeit ist heute selbst als Materialsammlung unbrauchbar, zumal ihr Verfasser von vielen Stücken nur die Titel und Rollenangaben des *Répertoire* kennt.

177 *École nat. des Chartes. Positions des thèses de 1910*, pp. 13–17.

178 Wie schon der Titel zeigt, verbindet Lanson die Moralité nicht mehr in erster Linie mit der klassischen Komödie (wie es Petit de Julleville wollte), sondern mit der Tragödie. Diese Deutung setzt sich – ungeachtet der Arbeit von P. Kohler, *L'esprit classique et la comédie*, Paris 1925, der weiterhin die alte These vertritt, die Entwicklung gehe von der Moralité zur *comédie de caractère* (p. 107) – im wesentlichen durch.

179 Es muß aber hier grundsätzlich hervorgehoben werden, daß die alte These von der Wesensverwandtschaft zwischen der Moralité des 15. Jh. und dem klassischen Theater des 17. Jh. durch die Einführung historischer Zwischenglieder und Mischformen nicht im strengen Sinn bewiesen wird. Vielmehr wird bei dieser Betrachtung – und dies ist für das Verständnis der Forschungsgeschichte von großer Bedeutung – die alte Moralité nicht durch ihre repräsentativen Werke, sondern vorwiegend durch gattungsgeschichtlich am Rande stehende, oft nur teilweise allegorische späte Übergangsstücke vertreten und damit notwendigerweise verfälscht! – Die literarhistorischen Verdienste von Lansons Aufsatz sollen durch diese methodologischen Überlegungen natürlich nicht im geringsten geschmälert werden.

180 Zur *Moralité religieuse* cf. bes. pp. 81–109.

181 ...»la moralité allégorique et mystique habitue les spectateurs à ces conflits intérieurs qui tiennent si peu de place dans les mystères; elle analyse les penchants de l'âme et les mobiles auxquels elle obéit« (*ib.*, p. 84).

L'Empereur qui tua son nepveu – von seinem Forschungsansatz her wohl zu Recht.

Schon 1920 hatte Gustave Cohen in der Einleitung zur Ausgabe der Sammelhandschrift 617 aus Chantilly die These von der positiven Funktion der Moralité bei der Entstehung des klassischen Theaters übernommen[182], zugleich aber die edierten *Nativités*, die ja zur Gattung der Mystères gehören, mit deutlich größerer Sympathie behandelt. In seinem *Théâtre en France au Moyen Age* (1928–31) urteilt er noch schärfer: »La moralité, en tant que faisant mouvoir ainsi des allégories, paraissait un genre mort-né«[183]. Zwar bemüht er sich sichtlich, der Gattung historische Gerechtigkeit widerfahren zu lassen[184]; aber der entscheidende Schritt, die Lösung vom klassischen Ideal als alleiniger Bewertungsgrundlage, wird nicht getan. Noch 1950 wiederholt G. Attinger alle traditionellen Vorwürfe gegen die allegorische Moralité und faßt seine Wertung in dem Satz zusammen: »l'allégorie pure, [...] comme la morale, n'a jamais rien apporté de bon au théâtre«[185].

Es überrascht bei dieser Forschungstradition nicht, daß die allegorische Moralité auch in den größeren Literatur- und Theatergeschichten französischer Autoren im Vergleich zu anderen Gattungen wie Mystère oder Farce nur einen sehr geringen Raum einnimmt und stark abgewertet wird – ganz im Sinn des am Anfang meiner Untersuchung zitierten Urteils G. Lansons[186].

---

[182] *Moralités et mystères*, p. CXLVI; so auch wörtlich in der Neuauflage *Nativités et moralités* von 1953 (p. 162).

[183] T. II, p. 71. – Zur Moralité cf. insgesamt pp. 68–72.

[184] »Cependant il faut avouer que, pour des auteurs et un public d'écoliers [?] familiers avec les sèches classifications de la scolastique, le procédé [allégorique] a paru commode et séduisant et a joué d'une longue fortune, qui se prolonge jusqu'au milieu du XVIe siècle. Il ne faut pas juger de la valeur et du succès d'un mode littéraire d'après nos conceptions *a priori* et nos idées d'aujourd'hui« (*ib.*, p. 72). Wäre diese Maxime nur beherzigt worden.

[185] *L'esprit de la commedia dell'arte dans le théâtre français*, Paris, Neuchâtel 1950 (Publications de la Soc. d'Histoire du Théâtre), p. 70 (zur Moralité cf. insgesamt pp. 69–74).

[186] Cf. etwa J. Bédier et P. Hazard, *Littérature française*, nouv. éd. P. Martino, Paris o. J., t. I, p. 139; R. Bossuat, *Le Moyen Age*, Paris 1931 (*Hist. de la litt. française*, publ. sous la dir. de J. Calvet. 1), p. 297 sq.; L. Dubech, *Histoire générale illustrée du théâtre*, Paris 1931, t. II, p. 140; P. Thiry, *Le théâtre français au Moyen Age*, 2e éd. Bruxelles 1944 (Coll. Lebègue. II, 15), pp. 62–65; L. Kukenheim et H. Roussel, *Guide de la littérature française du Moyen Age*, 2e éd. Leiden 1959 (Leidse Romanist. Reeks. 3), p. 149 [ein negativer Höhepunkt: der *Moralité religieuse* werden ganze drei Zeilen gewidmet!]; R. Jasinski, *Histoire de la littérature française*, nouv. éd. Paris 1965, t. I, p. 58; A. Adam, G. Lerminier et É. Morot-Sir, *Littérature française*, Paris 1967, t. I, p. 69. [Mit der hier genannten *Moralité du Bien Aimé et du Mal Aimé* scheint das Stück *Bien advisé, Mal advisé* gemeint zu sein.] – Besonders fällt auf, daß die Gattung nur selten mit ihren repräsentativen Werken erscheint. – Als Kuriosum erwähnt sei noch Arthur Adamovs Beitrag über *Farces, soties et moralités* zum *Tableau de la littérature française*, Paris 1962, t. I, pp. 42–49, der gegenüber der ihm gestellten Aufgabe resignierend ausruft: »Mais pourquoi m'étendre sur

Wie sehr der Blick durch die ganz an der Klassik orientierte französische Forschungstradition verengt wird, zeigt sich deutlich, wenn man andere Literaturgeschichten zum Vergleich heranzieht. W. Creizenach[187], Gröber/Hofer[188], G. Frank[189] oder H. Kindermann[190] geben bei aller gebotenen Kürze ausführlichere und vor allem wertneutralere Informationen zur *Moralité religieuse* als die meisten der vorher genannten Werke.

Zum besseren sprachlichen Verständnis der relevanten Texte und zur bibliographischen Erschließung der einschlägigen Literatur hat neuerdings H. Lewicka mit ihrem auf drei Bände angelegten Werk *La langue et le style du théâtre comique français des XVe et XVIe siècles*[191] und ihrer *Bibliographie du théâtre profane françasi des XVe et XVIe siècles*[192] einen wesentlichen Beitrag geleistet.

1972 schließlich geht mit P. J. Houles *Comparative Study of the English and French Full-Scope Morality Drama* eine Untersuchung erstmals, wenn auch zum Teil mit unzureichenden Mitteln, unter literarhistorisch-komparatistischen Gesichtspunkten auf einige *Moralités religieuses* näher ein. Houle bemerkt eingangs mit einem gewissen Recht, das französische allegorische Theater sei im Gegensatz zum englischen von der neueren Forschung im Grunde kaum zur Kenntnis genommen geworden[193]. Dieser unterschiedliche Forschungsstand bringt es mit sich, daß er selbst seine Begriffe und Fragestellungen im allgemeinen an den relativ gut bekannten englischen *Moralities* entwickelt und sie sodann auf die französischen Stücke überträgt – ein methodologisch bedenkliches Verfahren, das in der Praxis zu manchen Verzeichnungen führt[194], so verdienstvoll der Versuch eines konkreten Vergleichs zweier analoger Gattungen in verschiedenen Literaturen auch ist. Für einen solchen Vergleich ist im übrigen Houles Textbasis zu schmal. Die Beschränkung auf nur vier Moralitäten, eine englische und drei französische, erlaubt trotz der zentralen Stellung der

ce passé que je connais si mal?« (p. 43), ein Stoßseufzer, der angesichts der in manchen Literaturgeschichten enthaltenen Informationen in bezug auf die Moralité fast verständlich wird.

187 *Geschichte des neueren Dramas,* Halle 1893, Bd. I, pp. 458–484, bes. p. 470 sqq.

188 G. Gröber, *Geschichte der mittelfranzösischen Literatur,* 2. Aufl., bearb. v. St. Hofer, Berlin 1933 (Grundriß d. roman. Philologie. N. F. Geschichte d. franz. Lit.), Bd. I, pp. 238–242.

189 *Drama,* pp. 247–264.

190 *Theatergeschichte* I, pp. 435–440.

191 Bisher: t. I–II, Warszawa, Paris 1960–68 (cf. auch das Stückeverzeichnis in t. II, pp. 196–214).

192 Paris 1972.

193 Cf. p. 1. Zuzustimmen ist auch seinem Hinweis: »the position of the moralities [...] in the history of the French stage has been greatly minimized« (p. 4).

194 Hierher gehören sowohl die eigenartige Gliederung der Moralitäten, von der schon in meiner Einleitung (Anm. 120) die Rede war, wie auch die ungewöhnliche Unterscheidung von *morality* und *allegorical play* (Näheres darüber unten Anm. 448).

ausgewählten Stücke nur bedingt allgemeine Urteile über die Gattung. Houle gibt nach einem einleitenden Überblick eine Zusammenfassung des Inhalts der behandelten Stücke und analysiert einige herausgegriffene Szenen[195]. Sein eigentliches Untersuchungsobjekt ist die für jedes der vier Stücke charakteristische »basic metaphor«, d. h. ihr grundlegendes allegorisches Handlungsmotiv; die allegorische Feinstruktur bleibt dabei weitgehend außer Betracht. –

Die folgende Analyse der traditionellen *Moralité religieuse* befaßt sich primär mit ihrer allegorischen Form. Sie soll die wichtigsten allegorischen Elemente der Gattung sowohl in ihrer historischen Bedingtheit[196] wie auch in ihrem dramatischen Zusammenwirken innerhalb der einzelnen Stücke darstellen. Die Schwächen älterer Arbeiten wie etwa der von Ch. R. Post[197] und M. E. Collins[198], nämlich die bloße Aneinanderreihung allegorischer Motive, versuche ich dadurch zu vermeiden, daß ich dem hierarchischen Moment größere Beachtung schenke und den Aufbau der allegorischen Struktur von kleineren zu größeren Einheiten in meiner Darstellung nachvollziehe.

Ich betrachte also zunächst die *Einzelfiguren*, danach ihre *statischen Beziehungen* im allegorischen Kosmos und schließlich ihre *dramatischen Interaktionen* in der Bühnenhandlung[199]. Diese Scheidung ist für die allegorische Form der personifizierenden Literatur schon deshalb notwendig,

---

[195] Dabei gelingen ihm einzelne gute Beobachtungen; die Darstellung entbehrt aber der Systematik. Ein bloßes »I believe« muß oft begründete Urteile ersetzen. Störend ist auch der Mangel an Belegen, ja sogar an Nachweisen zitierter Stellen aus den dramatischen Texten.

[196] Die Angaben zur Motivgeschichte müssen allerdings angesichts der großen Fülle des zu behandelnden Stoffs oft fragmentarisch bleiben. Vielfach werden nur einige historische Parallelen genannt. Mein Ziel ist es nicht, möglichst vollständige Motivlängsschnitte zu geben, sondern nur, den *grundsätzlich konventionellen* Charakter der allegorischen Bildwelt vor Augen zu führen.

[197] *Mediaeval Spanish Allegory*, Cambridge (Mass.) 1915. – Post zählt eine heterogene Reihe allegorischer Motive auf, die bald nach stofflichen, bald nach bildlich-formalen Kriterien gebildet sind: das erotische Motiv, den Panegyrikus, die politische Allegorie, die Tugend-Laster-Personifikation, allegorische Schauplätze, die Jenseitsreise etc. (cf. pp. 35–42). So ungegliedert nebeneinandergestellt, erscheint die mittelalterliche allegorische Literatur als eine wirre Bilderfülle.

[198] *The Allegorical Motifs in the Early English Moral Plays*, Phil. Diss. Yale Univ. 1936. – Die Verfasserin dieser leider ziemlich unbeachtet gebliebenen Studie geht im Unterschied zu meiner Zielsetzung mehr auf die einzelnen Motivstränge als auf deren Interpenetration in den Stücken ein. Durch diesen motivgeschichtlichen Ansatz treten fast nur *plots*, d. h. größere allegorische Handlungsmotive, ins Blickfeld, nicht aber die feineren allegorischen Elemente, auf denen diese Motive beruhen. Cf. die Kritik von W. Habicht, *Studien*, p. 16.

[199] Von einem ähnlichen dreistufigen Schema bei der Analyse der mittelalterlichen Allegorie geht auch R. W. Frank aus. Er unterscheidet »personification« – »pattern of relationship« – »pattern of activity« (*The Art of Reading*, bes. p. 245).

weil die allegorische Differenz auf den einzelnen Betrachtungsstufen verschieden stark ausgeprägt ist. Nach dem Versuch einer Synthese der verschiedenen Motive gehe ich auf einige Stücke ein, deren allegorischer Charakter nicht primär auf der Mitwirkung von Personifikationen, sondern auf dem Prinzip der nachträglichen Allegorese eines vorgegebenen Texts basiert. Anschließend behandle ich einige Aspekte der allegorischen Didaktik, um dann auf die historischen Voraussetzungen einzugehen, auf denen die spätmittelalterliche Allegorie insgesamt beruht.

Kapitel I

Die dramatischen Figuren

Die Personifizierung ist auf der Betrachtungsstufe der einzelnen Figuren das allegorische Zentralfaktum: Außerpersönliches, Überindividuelles tritt in menschlich-individueller Gestalt auf. Bei der dramatischen Realisierung ergibt sich daraus notwendig eine Reihe sekundärer Bildkonventionen. Einigen von ihnen kommt insofern ein besonderer Erkenntniswert zu, als sich an ihnen der überindividuelle Charakter der personifizierten Figuren ablesen läßt. Die wichtigsten dieser Konventionen sollen im folgenden kurz zusammengestellt werden, bevor ich in einem zweiten Schritt anhand der hier erkannten formalen Indizien das Wesen der verschiedenen Gruppen dramatischer Figuren in der *Moralité religieuse* zu ermitteln suche.

1. Konventionen der personifizierenden Darstellung

Die Nennung des begrifflichen Namens. – Die meisten Personifikationen tragen begrifflich bedeutsame Namen[200], die sie – gewöhnlich auf eine entsprechende Frage hin – den anderen Bühnenfiguren mitteilen[201]. Auch bei späteren Begegnungen werden sie immer wieder mit ihrem Namen angeredet. Belege für dieses Phänomen werden im Verlauf der vorliegenden Untersuchung noch an vielen Stellen begegnen, so daß ich hier auf Beispiele verzichten kann.

Die Namensnennung kann gelegentlich auch durch Namensaufschriften auf der Kleidung der Figuren optisch gestützt werden. Hinweise auf diese Praxis finden sich, soweit ich sehe, zwar nicht im Text von *Moralités religieuses*, wohl aber in der zu den *Moralités politiques* gehörenden *Mora-*

[200] Eine Ausnahme bildet z. B. die Figur Briette in *Les Blasphemateurs*, die ungeachtet des allegorischen Kontexts, in dem sie auftritt, einen Eigennamen trägt.

[201] Nur selten verzichtet eine böse Gestalt – etwa Malice in der *Moralité d'Aulcun* – auf die Selbstnennung, um ihr wahres Wesen zu verschleiern. Im allgemeinen herrscht in der *Moralité religieuse* bei allen Personifikationen eine erstaunliche Enthüllungsbereitschaft, ganz im Gegensatz etwa zu den englischen *Moral Plays* (cf. Mackenzie, *Moralities*, p. IX).

lité de Pouvre Peuple[202] sowie in anderen Zeugnissen allegorischer Aufführungen des 15. und 16. Jahrhunderts[203].

Die Nennung des begrifflich bedeutsamen Namens reicht allerdings nicht aus, einer dramatischen Figur ohne weiteres einen allegorisch-überindividuellen Charakter zuzuschreiben. Nicht selten treten nämlich im spätmittelalterlichen französischen Theater auch Einzelfiguren mit »sprechenden«, d. h. das Wesen ihrer Träger charakterisierenden Namen auf[204], unter denen sich auch solche mit abstrakt-begrifflichem Bedeutungsinhalt befinden, so zum Beispiel Bonne Foy im *Mystère des Trois Roys* von Jean d'Abundance und Male Fin in der *Farce de la Trippière*. Ihrem bloßen Namen nach sind solche Einzelfiguren noch nicht von Personifikationen zu unterscheiden.

In einigen Fällen kann hier eine weitere Konvention als allegorisches Zusatzkriterium herangezogen werden: die Verwendung der begrifflichen

---

202 Raison übergibt darin der Titelfigur Pouvre Peuple einen Mantel. Diese betrachtet ihn und fragt erstaunt:

(Et) qu'esse a dire de ces brivés,
Qui sont sus en telle habondance?
Qu'y a il escript?

RAISON:

Pascience

(Ed. W. Helmich, in *Philologica romanica. Erhard Lommatzsch gewidmet*, in Verb. mit E. von Richthofen hg. v. M. Bambeck und H. H. Christmann, München 1975, p. 203).

203 Cf. etwa Brueghels Radierung *Temperantia* mit der Darstellung beschrifteter dramatischer Figuren (wiedergegeben u. a. in G. Cohen, *Le théâtre en France* II, Planche LX und H. Kindermann, *Theatergeschichte* I, Tafel 58). Dazu G. Cohen: »Dans les moralités flamandes on prenait la précaution d'écrire les noms des personnages allégoriques sur leur manteau« (*Le livre de conduite*, p. CXII n. 1). In seiner *Histoire de la mise en scène* erklärt er diese Praxis zum »usage constant dans les moralités« (p. 125; cf. die Verweise *ib.*) Ähnliche Zeugnisse von einem 1430 in Brügge stattfindenden allegorischen Aufzug bringt G. Doutrepont, *La littérature française à la cour des ducs de Bourgogne*, Paris 1909, p. 358. Cf. ferner E. R. Curtius: »Daß Menschen oder personifizierte Wesenheiten sich beschriftet zeigen, war dem Mittelalter geläufig« (*Europäische Literatur*, p. 320). Zur Tradition verweist er auf Boethius, dem die Philosophie bereits mit einem Π (= Πρᾶξις) und Θ (= Θεωρία) auf dem Gewand im Kerker erscheint (*ib.*).

204 Hier einige Beispiele aus den Mystères: In der *Passion Gréban* tragen die großsprecherischen *tirans* Namen wie Claquedent und Brayhault, zwei Boten heißen bezeichnenderweise Maucourant und Trotemenu; im *Mistère du Viel Testament* treten beim Turmbau von Babel die Maurer Casse Tuilleau, Gaste Bois, Cul esventé und Pille mortier auf. Auch die Farcen sind überaus reich an »sprechenden« Namen: Gestalten wie Pou d'aquest und Pain perdu in der *Farce des Coquins* oder Legier d'argent im gleichnamigen Stück sind schon durch ihre Namen als Hungerleider charakterisiert; zwei Schurken heißen Cautelleux und Barat, die faule Dienerin der Farce *Tout Mesnage* Besongne faicte, die des Stücks *Jehan de Lagny* Perete Venés-tost, etc. Die besondere Art der Namengebung dient hier im wesentlichen dazu, komische Effekte zu erzielen; sie nimmt den betreffenden Figuren aber nichts von ihrem Charakter als (mehr oder weniger typisierten) Einzelwesen.

Namen in allegorischen *vers ambigus*, d.h. in doppeldeutigen Sätzen, in denen sie neben ihrer dramatischen Funktion als Namen von Bühnenfiguren auch als Allgemeinbegriffe aufgefaßt werden können. Dies ist um so leichter möglich, als Namen und Begriffe weder im dramatischen Vortrag noch in der Schreibtradition der überlieferten Texte formal geschieden werden[205], der Leser also ebensowenig wie der Zuschauer daran gehindert wird, bei der Interpretation von einem Bereich in den anderen überzugehen. In den *vers ambigus* vereinigen sich die beiden Grundkomponenten jeder allegorischen Darstellung, Bild und Bedeutung, für kurze Zeit zu mehrdeutigen sprachlichen Formeln, wie sich etwa zwei komplementäre Lichtstrahlen in einem Brennpunkt zu weißem Licht bündeln lassen. Nur bei der analysierenden Interpretation – und als solche kann im allgemeinen auch eine Übersetzung gelten – treten die beiden Komponenten wieder auseinander.

Die Namen-Begriffs-Ambiguität, von der hier zunächst die Rede ist, ist nichts anderes als der sprachliche Ausdruck der Ambiguität von Personifikationen und Wesenheiten, auf der die gesamte personifizierende Darstellung beruht. Sie betrifft in ihrer einfachsten Form nur jeweils ein Wort. So läßt sich etwa ein Satz wie »*Chascun* mourra«[206] vordergründig-konkret als Ankündigung des Schicksals der dramatischen Figur Chascun innerhalb des Stücks und zugleich begrifflich als gnomische Aussage über die Vergänglichkeit des Menschen schlechthin verstehen.

Häufig wird das mehrdeutige Wort durch eine Präposition – besonders beliebt ist *par* – eingeleitet, die sich sowohl konkret auf Personen als auch abstrakt auf Begriffe beziehen läßt. Hier ein Beispiel:

> Le Monde a present a courage
> Que ses biens soyent *par Charité*
> Mis ou il a necessité (*Charité*, fol. A iii^{v}).

Die Ambiguität tritt in diesem und ähnlichen Fällen[207] in der Übersetzung deshalb besonders klar zutage, weil hier eine sprachliche Verbindung (*par*

---

205 Die Großschreibung der Namen in den angeführten Textbeispielen folgt den Gepflogenheiten moderner Editoren, nicht der Überlieferung der alten Handschriften bzw. Frühdrucke. Dort wird für Namen wie für Begriffe im allgemeinen unterschiedslos die Minuskel verwendet; Majuskeln erscheinen mit geringen Ausnahmen nur am Versanfang.

206 *Le Lymon et la Terre,* fol. a ii^{r}. (Die Hervorhebungen in diesem und den folgenden Beispielen stammen von mir.)

207 Etwa Le Pecheur: »Car venu m'en suis proprement / *par Contricion* humblement« (*L'Omme pecheur,* fol. s ii^{r}); »*Sans Franc Arbitre* ne vueil / faire en rien ung seul trait d'oeil« (*ib.*, fol. g v^{v}); L'Homme mondain: »Le grant dyable me puisse abatre / Se n'ay perdu *par Tromperie*« (*L'Homme juste,* fol. r ii^{r}); Tricherie: »Se l'Homme ne vit *par Tricherie,* / Il ne viendra ja *a Honneur*« (*Charité,* fol. C iii^{v}); Jeunesse zu Tricherie: »Tu as esmeu une grant noyse / *Au Monde,* qui luy sera chiere« (*ib.*, fol. C iii^{r}) etc. Im letztgenannten Beispiel wird die Mehrdeutigkeit der Wortgruppe *au Monde* noch dadurch gesteigert, daß hier

Charité) begrifflich-abstrakt als feste Formel ('aus Nächstenliebe') weitgehend grammatikalisiert ist und sich damit stärker als im vorher angeführten Beispiel von der konkreten Bildebene ('auf den Rat der Figur Charité hin') entfernt hat. Noch weiter ist diese Tendenz in dem Verspaar

> Vecy la Terre qui t'actend
> Et le Lymon, *avec Raison* (*Le Lymon et la Terre*, fol. c vi^r^)

fortgeschritten, indem hier der präpositionale Nexus *avec Raison* (konkret: 'zusammen mit der Figur Raison') bei begrifflich-abstrakter Interpretation auch als kommentierender Einschub des Sprechers ('mit Fug und Recht', 'wie es sich gehört') zu dem vorher beschriebenen Geschehen aufgefaßt werden kann, also als sprachliche Formel, in der die Bedeutung des Einzelworts *Raison* 'Vernunft' sich weitgehend verflüchtigt hat.

An solchen Beispielen wird deutlich, daß die allegorische Ambiguität in den *Moralités religieuses* nicht prinzipiell auf ein Wort (in seiner Doppelfunktion als Name einer Personifikation und als Begriff) beschränkt ist, sondern auch größere sprachliche Einheiten umfassen kann, die sich sowohl als Beschreibung des vor Augen stehenden Bühnengeschehens wie auch als dessen nur den *oculis mentis* einsichtige begriffliche Deutung interpretieren lassen. In dieser erweiterten Form wird die allegorische Ambiguität uns auch auf den komplexeren Betrachtungsstufen des allegorischen Kosmos und der allegorischen Handlung wieder begegnen.

Die allegorische Ekphrasis. – Nicht jeder begriffliche Name erscheint allerdings in *vers ambigus*. Hier kann im allgemeinen als Personifikationen-Indiz die allegorische Ekphrasis verwendet werden. Darunter ist eine spezifische Art der Selbst- oder Fremdbeschreibung überindividueller Figuren zu verstehen, die vornehmlich auf die Darstellung ihres allgemein-begrifflichen Wesens und ihrer objektiven Funktion gerichtet ist[208] und ihre bloß scheinhafte äußere Gestalt nur insoweit mit einbezieht, wie sie als blidlicher Ausdruck ihrer *essentia* erscheint. Sie charakterisiert nicht nur ihr Objekt,

---

die Präposition *a* je nach Deutung zwei verschiedene grammatische Funktionen erfüllt: 1. Dativanzeiger ('der Figur Le Monde'), 2. Ortsbestimmung ('auf der Welt'). In der Sprache der Rhetorik ausgedrückt: Zur Ambiguität der Wortgruppe *au Monde* kommt noch die Amphibolie ihres syntaktischen Zusammenhangs. Anzumerken ist ferner, daß der abschließende Relativsatz *qui luy sera chiere* die konkrete Deutung (Le Monde als Personifikation) stark in den Vordergrund rückt und damit genaugenommen nicht mehr zum Ambiguitätskomplex gehört.

[208] Zur Bezeichnung ihres allgemeinen Wesens im Unterschied zur individuellen Existenz verwenden die Personifikationen in ihrer Ekphrasis gern Begriffe wie »nature et essence« (*L'Omme pecheur*, fol. & iii^r^), »façon« (*L'Homme juste*, fol. a iiii^r^), »condicion«, »estre« und »estat« (*Les sept Pechie morteil*, vv. 1026 und 1031 sq.); ihre objektive Funktion wird als »office« (*L'Omme pecheur*, fol. e ii^r^), »mestier« (*Charité*, fol. C iii^r^; *Le Pelerinage de vie humaine*, v. 319) o. ä. wiedergegeben.

sondern auch den Beschreibenden selbst[209]. Die allegorische Ekphrasis wird im folgenden so häufig zum Erkennen von Personifikationen herangezogen, daß ich an dieser Stelle auf weitere illustrierende Beispiele verzichten kann.

Die Selbstbeschreibung wächst häufig unmittelbar aus der Selbstnennung hervor, und zwar so, daß eine Personifikation sich den Begriffsinhalt ihres Namens als ihre Eigenschaft zuschreibt. Diese allegorische Sonderkonvention im Rahmen der Ekphrasis steht offenbar in einer langen Tradition; H.-J. Newiger weist sie schon an dramatischen Personifikationen bei Aristophanes nach[210]. In der *Moralité religieuse* charakterisieren sich nach diesem Prinzip etwa Justice als gerecht[211], Charité als liebevoll[212] und Obedience als gehorsam[213], Orgueil als hochmütig[214], Accide als träge[215] und Folie als närrisch[216]; die Reihe ließe sich beliebig verlängern. Die Konvention führt nicht nur auf moralische, sondern (bei entsprechenden Namen) auch auf physische Eigenschaften. So erscheinen nach ihrer Ekphrasis Maladie und Enfermeté als krank[217], Povreté als arm[218], und Occupation, die Verkörperung der Arbeit, stellt sich als »faiseur de nates« vor[219]. Die »Eigenschaften« der Personifikationen, die in Wahrheit nur Bilder für die *essentiae* von Wesenheiten sind, werden dem Zuschauer hier primär durch die Ekphrasis, d. h. durch das Medium der Sprache vermittelt. Es ist aber leicht einzusehen, daß sie sich zum Teil – vor allem wenn es sich um physische Eigenschaften handelt – auch durch unmittelbare Betrachtung von den Figuren ablesen lassen. Damit tritt eine neue allegorische Konvention ins Blickfeld.

---

[209] So enthüllt etwa die leicht als falsch erkennbare Beschreibung der Raison durch Sensualité: »Raison, celle faulse traistresse / te veut faire ravir les cieulx« etc. (*L'Omme pecheur,* fol. c vii^{v}) das Wesen ihrer Urheberin Sensualité als böse.

[210] »Daß dem Dämon [hier: der Gestalt Πλοῦτος als Personifikation des Reichtums] ein Zug des von ihm befallenen Menschen beigelegt wird, ist typisch allegorisch« (*Metapher und Allegorie,* p. 169).

[211] »Justice suis qui pardurablement / Juste vueil estre« (*L'Homme juste,* fol. t i^{v} = *L'Omme pecheur,* fol. h vi^{v}).

[212] »Charité suis de tresbonne nature, / en toute amour suis ardant et paisible« (*L'Omme pecheur,* fol. a iiii^{r}).

[213] »Je suis celle qui sans doubtance / vueil obeir a toutes gens« (*Bien advisé, Mal advisé,* fol. f ii^{r}).

[214] ... »arrogant suis de nature / contre la divine lumiere« (*L'Omme pecheur,* fol. e ii^{r}).

[215] ... »à bien faire suis endormie« (*Les sept Pechie morteil,* v. 1597).

[216] »Je suis Folie qui tout affolle / Et qui par folie me gouverne« (*Bien advisé, Mal advisé,* fol. c i^{r}).

[217] Maladie: »J'ai des goutes tellement / que je ne vais pas a mon aise« (*L'Omme pecheur,* fol. i iiii^{v}); Enfermeté: »Trop suis malade mallement / Que je n'ay sancté autrement. / [...] / Je seuffre si grant maladie / que mieulx vouldroye perdre la vie« (*Bien advisé, Mal advisé,* fol. a viii^{r}).

[218] »Je suis povre, vueille ou non vueille« (*ib.,* fol. e v^{r}).

[219] *ib.,* fol. d iii^{v} (Anspielung auf Act. 18, 3?).

Signifikante Details der äußeren Gestalt. – Auf überindividuelle Wesenheiten als Bedeutungssubstrate von Bühnenfiguren weisen neben den bisher genannten sprachgebundenen auch verschiedene visuelle Konventionen hin: bedeutungsvolle physiognomische Besonderheiten, allegorische Kleidung und allegorische Attribute, d. h. den Personifikationen beigegebene allegorische Gegenstände. All diese Zeichen informieren den verständigen Zuschauer gerade durch ihren konventionellen Charakter recht gut über das Wesen mancher Personifikationen, bevor er auch nur ein erläuterndes Wort von der Bühne gehört hat. In der *Moralité d'Argent* wird ein solcher Erkenntnisakt aus dem Visuellen exemplarisch in die Titelfigur hineinprojiziert, die beim bloßen Anblick ihres Gegenübers ausruft: »Vous estes Bon Advis, je le croy: / *Vostre faison le me fait dire*«[220]. Der heutige Leser der Texte hat es freilich bei dieser Art der Erkenntnis ungleich schwerer als der damalige Zuschauer, da nicht alle bedeutsamen Details in die dramatische Rede oder in Regieanweisungen eingegangen sein dürften und da ihm außerdem die damals geläufigen Bildkonventionen zum Teil nur noch schwer zugänglich sind.

Relativ leicht zu entschlüsseln sind gewisse Auffälligkeiten der Physiognomie dramatischer Personifikationen wie etwa die »grant goulle« der Gestalt Langue envenimee[221], das zum Zeichen der Unbeständigkeit halb weiß, halb schwarz gefärbte Gesicht der Fortune[222], die »orde stature si infaicte et si desordonnee« des Todes[223] oder die »figures hydeuses et monstrueuses« der personifizierten Krankheiten[224].

Auch einige allegorische Kostüme[225] lassen sich durch die ihnen kraft Konvention innewohnende Bildlichkeit ohne weitere Erklärungen in die Bedeutungsebene transponieren. Man denke etwa an das »fol habit« der Luxure[226] oder an das weiße Unschuldskleid von Baptesme[227] und Enfance[228]. Komplexere Kostüme wie beispielsweise das in allen Details allegorisierte Gewand des christlichen Ritters[229] bedürfen hingegen in hohem Maß des deutenden Wortes.

Ähnlich verhält es sich mit vielen anderen allegorischen Accessoires der dramatischen Personifikationen. Die von I. Wanner am bayerischen Barockdrama entwickelte These, die Bedeutung allegorischer Figuren enthülle sich

---

[220] v. 95 sq. (Hervorhebung von mir).
[221] *Langue envenimee*, fol. A iii^{v}.
[222] *L'Homme juste*, fol. a vi^{r}; die Deutung stammt von Fortune selbst (*ib.*).
[223] *L'Omme pecheur*, fol. m ii^{r}.
[224] *La Condamnacion des Bancquetz*, fol. k i^{r}.
[225] Cf. auch hier die Parallelen der bildenden Kunst, etwa nach den Ikonographien von Künstle (bes. I, pp. 156–167), van Marle II *(passim)*, Timmers (bes. pp. 517–580) und Réau (I, pp. 163–191).
[226] *Les sept Pechie morteil*, v. 2074.
[227] *L'Homme juste*, fol. b ii^{v}.
[228] *ib.*, fol. b iii^{v}.
[229] Näheres dazu unten p. 188 sq.

dem Zuschauer »hauptsächlich durch Betrachtung der beigegebenen *Attribute«*[230], gilt in der *Moralité religieuse* mit einiger Strenge nur für die konventionellsten unter den allegorischen Attributen: das Rad der Fortuna[231], den Dolch bzw. das Schwert der Strafinstanzen La Mort[232] und Justice divine[233] sowie der Verleumdungspersonifikation Langue envenimee[234], die meisten der in der *Moralité des sept Pechie morteil* den Todsünden beigefügten »enseignes«[235] etc., und selbst in diesen Fällen dient das visuelle Moment vielfach nur als Anknüpfungspunkt für deutende Beschreibungen der allegorischen Gegenstände. Wird ein Attribut gar im strengen Sinn als *continua metaphora* aufgefaßt, d. h. nicht nur als Gesamtbild, sondern auch in seinen einzelnen Bildelementen ins Begriffliche umgesetzt, kann die unmittelbare Betrachtung gewöhnlich nichts mehr zur Erkenntnis beitragen. Der Zuschauer ist dann ganz auf die von den Bühnenfiguren gegebenen Erklärungen angewiesen[236]. Eine weitere Einschränkung der These vom

---

230 *Die Allegorie im bayerischen Barockdrama des 17. Jahrhunderts,* Berlin 1941, p. 7 Anm. 5. Im Anhang dieser Arbeit (pp. 77–82) findet sich eine Zusammenstellung dramatischer Personifikationen mit ihren Kostümen und Attributen, die sich am spezifischen Figurenbestand lateinischer Barockstücke orientiert, indirekt aber auch für die vorstehende Untersuchung aufschlußreich ist, indem sie einen guten Einblick in den konventionellen Charakter der dramatisch-allegorischen Bildlichkeit gibt.

231 *Bien advisé, Mal advisé,* fol. g ii^v sqq.; *L'Homme juste,* fol. k iiii^r – k v^r.

232 *ib.*, fol. B v^v.

233 *ib.*, fol. t i^r und t v^v = *L'Omme pecheur,* fol. h vi^r und i iii^r.

234 *Langue envenimee,* fol. A ii^v–A iii^v. Als Ausgangspunkt für dieses allegorische Attribut fungiert wohl der in den Psalmen geläufige Vergleich der Übles redenden Zunge mit einem Schwert, so etwa im Psalmvers 56, 5 (nach der Zählung der Vulgata = 57, 5 nach der hebräischen Zählung) »Lingua eorum gladius acutus«, der im Stück (fol. A iiii^v) ausdrücklich zitiert wird. Ähnlich Ps. 58 (59), 8; 63 (64), 4 etc. Auf diesen Ursprung weisen auch Verse wie »La lengue est un glaisve mauvais / En la bouche de malle femme« (fol. A ii^r) oder »Sa langue fiert comme une espee« (fol. A iii^r). An anderer Stelle wird das Schwert von Langue envenimee mit dem, das bei der Kreuzigung in Jesu Seite gestochen wurde, allegorisch gleichgestellt (fol. A iiii^r).

235 Orguelh trägt Krone und Szepter, Ire ein Schwert, Envie eine Blume und eine Schlange, Avarisce eine Geldbörse, Pereche = Accide ein Kruzifix, Glouternye eine Pastete und Luxure einen Spiegel (cf. die Bühnenanweisungen vor den Versen 166, 217, 255, 297, 391, 453 und 545). Die weniger leicht verständlichen »enseignes« werden dem Zuschauer in ihrer allegorischen Bedeutung ausdrücklich erklärt; so beispielsweise im Fall von Envie: »La fleur beal semblant signifie, / le serpent, de cuer la boisdie« (v. 262 sq.) und von Accide, die das Kruzifix trägt »por ly [= à Dieu] faire derizion« (v. 399).

236 Hierfür ein Beispiel aus dem besonders reichlich mit allegorischen Gegenständen ausgestatteten Stück *Bien advisé, Mal advisé:* Contricion trägt – offenbar als Sinnbild der *mortification* (etymologische Allegorie!) – einen Mörser (*mortier*), in dem sich *viande* (= *bonnes œuvres*), eine *saulce* aus Reuetränen (= *bonne intencion*) und ein Stößel (*petail* oder *pillon*) befinden, dessen beide Enden die Wiederkunft Christi und das Jüngste Gericht bedeuten (fol. a vi^v–b i^v). Eine derart mit Sinn aufgeladene Bilderfülle ist ohne Zuhilfenahme des erläuternden

Primat der Betrachtung allegorischer Attribute bei der Entschlüsselung der Personifikationen ergibt sich aus der Tatsache, daß die Bedeutung der Attribute nicht a priori feststeht, sondern sich an der ihrer Träger orientiert: ein allegorischer Spiegel in den Händen der Luxure[237] bedeutet beispielsweise etwas anderes als in denen der Cognoissance[238]. Man muß also strenggenommen das Wesen einer Personifikation schon aus anderen, überwiegend sprachlichen Informationen kennen, um die spezifische Bedeutung ihrer Attribute zu verstehen.

Die Genuskonvention. – Als weitere Eigenart der personifizierenden Darstellung sei schließlich noch die Genuskonvention erwähnt. Sie besagt, daß das natürliche Geschlecht einer Personifikation in der Regel dem grammatischen Geschlechts des Begriffs entspricht, den sie verkörpert. Da in der Moralité überdurchschnittlich viele Abstrakta personifiziert werden, diese aber im Französischen (wie übrigens auch schon im Griechischen und Lateinischen) grammatisch meist Feminina darstellen, ergibt sich ein gewisses Übergewicht weiblicher Bühnenfiguren[239].

Im Stück *Bien advisé, Mal advisé* wird in komischer Form auf diese Besonderheit angespielt. Confession weist seinen Schutzbefohlenen Bien advisé auf die allegorischen Gestalten hin, die ihn auf seinem Weg erwarten:

> Tu y trouveras maintes femmes,
> Maintes damoiselles et dames
> qui gardent trestout le passage (fol. d ii^{v}).

Darauf Bien advisé voller Verwunderung:

> Saincte Marie! et tousjours femmes,
> Femmes a dextre et a senestre!
> [. . .]

Wortes dem Zuschauer nicht zu vermitteln. Damit verschiebt sich grundlegend die Funktion des allegorischen Gegenstands. Aus einem Attribut mit der spezifisch dramatischen Aufgabe, die Bedeutung einer Bühnenpersonifikation bildlich zu erläutern, wird durch die detaillierte Allegorese eine selbständige Dingallegorie, die vom dramatischen Geschehen weitgehend gelöst, der Lehrhaftigkeit als unmittelbares Demonstrationsobjekt dient. Wie weit der Prozeß der Isolierung der allegorischen Attribute von ihren Trägern jeweils fortgeschritten ist, muß im Einzelfall geprüft werden.

237 *Les sept Pechie morteil,* vv. 548–551.

238 *Aulcun,* fol. 105^{v} – 106^{r}.

239 Nach P. Piehler ist die grammatische Fixierung ihrerseits nur ein Reflex anderer Kräfte: »It seems difficult, however, to believe that grammar controls concepts; rather one would expect that the quality of the concept is reflected in grammatical gender« (*The Visionary Landscape. A Study in Medieval Allegory,* London 1971, p. 39). Welcher Art die Kräfte sind, die das grammatische Geschlecht eines Begriffs in einer bestimmten Sprache determinieren, kann hier nicht mit der nötigen Ausführlichkeit untersucht werden. Cf. H. Usener, *Götternamen,* p. 374. Ich beschränke mich hier auf den grammatischen Befund. Cf. dazu auch P. Valesio, *Esquisse,* pp. 3–6 und M. W. Bloomfield, *A Grammatical Approach,* pp. 162, 165.

Je ne sçay se c'est songe ou faintie.
Suis je au pays de femmenie?
Je croy que ouy, en verité (fol. d iii^r).

Der besondere Reiz dieser Stelle liegt wohl darin, daß Bien advisé bei aller komischen Naivität in seiner Aussage ein Moment der Wahrheit trifft: Das »pays de femmenie«, in dem er sich befindet, ist in der Tat eine Art *songe* oder *faintie*, nämlich eine von der äußeren Realität unterschiedene allegorische Fiktion mit eigenen Gesetzen, aufgrund deren die weiblichen Gestalten eben stärker vertreten sind als in der Außenwelt.

Die Genuskonvention wird meist ganz formalistisch gehandhabt, so daß etwa Desespoir als Mann, die bedeutungsgleiche Desesperance hingegen als Frau personifiziert wird. Nur gelegentlich finden sich Abweichungen vom strengen Parallelismus zwischen grammatischem und natürlichem Geschlecht, indem andere Darstellungskonventionen oder die besondere dramatische Funktion einer Figur ihr natürliches Geschlecht anders bestimmen, als es der begriffliche Name erwarten läßt[240]. So erscheint beispielsweise in der *Moralité du Jour Saint Anthoine* die Gestalt Pechié in Anlehnung an eine Vorlage als Frau[241], während umgekehrt im Stück *Les Enfans de Maintenant* die von der Grammatik her weibliche Figur Instruction in der nach damaliger Auffassung typisch männlichen Funktion eines Lehrers als Mann auftritt[242]. In *Bien advisé, Mal advisé* werden Folie und Hoquellerie als Saufkumpane von Mal advisé männlich dargestellt[243], wohingegen in derselben Szene die Figur Houllerie, der Regel folgend, weiblich ist, da ihre

---

240 Nicht zu den Abweichungen dürfen natürlich Gestalten wie »madame Honneur « (*Bien advisé, Mal advisé*, fol. f vi^r) gerechnet werden, deren natürliches Geschlecht zwar nicht mehr mit den neufranzösischen, wohl aber mit den alt- und mittelfranzösischen Genusverhältnissen in Einklang zu bringen ist.

241 Dies geht offenbar auf die im Prolog des Stücks (cf. bes. vv. 101–109) erwähnte bildliche Darstellung der Sünde als »deesse« zurück, für deren Genus nach eigener Aussage von Pechié die Gestalt Evas als erster Sünderin maßgeblich war (vv. 130–135). Cf. A. et R. Bossuat, *Deux moralités*, p. 23 sq. Ich würde allerdings nicht so weit gehen, wie die Herausgeber des Stücks von einer Identifizierung Pechié = Eve zu sprechen (cf. *ib.*, p. 86 Anmerkung zu v. 130), sondern nur von einer Analogie. Auch v. 414 erwähnt Pechié Eva nur als Frau des Menschen, ohne sich mit ihr zu identifizieren. – Die Personifizierung der Sünde als Frau wird übrigens nicht streng durchgehalten: vv. 467, 552 und 931 erscheint die Figur der allegorischen Konvention entsprechend als Maskulinum.

242 Cf. die Anrede »monseigneur« (fol. A iii^v). – In diesem Stück zeigen sich Unklarheiten im Genus der Figur Discipline. Sie wird zwar mehrfach »dame«, »madame« u. ä. genannt (fol. G ii^v, G iii^v), gelegentlich aber auch durch maskuline Personalpronomen ersetzt: »S'il [= Discipline] te faict souffrir, playe l'eschine« (fol. F iiii^r), »Adonc il [= Discipline] le bat« (fol. G ii^v). Vielleicht ist *il* hier aber als bloße Verschreibung für das einsilbige *el* aufzufassen.

243 Folie führt Hoquellerie als »mauvais garnement« und »bon galant« ein (fol. c i^v), und Mal advisé redet beide mit der Formel »mes chiers seigneurs« an (fol. c ii^r).

Rolle als *taverniere*[244] dem nicht widerspricht. Jeunesse[245] und Humanité[246] treten als Männer auf, während Orguelh in einem Stück gegen die Regel weiblich personifiziert wird[247].

Die Abweichungen von der Genuskonvention werden von den Verfassern der Stücke bisweilen ausdrücklich begründet. So erklärt etwa Nicolas de La Chesnaye im Prolog seiner *Condamnacion des Bancquetz*, er habe bei seinen Personifikationen das entsprechende Genus nicht immer streng durchgehalten, da es sich nach ihrem äußeren Anschein nicht um rein menschliche Figuren handle[248], und der Autor der Moralité *Les Blasphemateurs* bemerkt bei der Vorstellung seiner Figuren zur Gestalt des »grant docteur qui signifie l'Eglise«:

> Aulcuns voulsist qu'en l'habit el fut mise
> Et en l'estat du genre feminin,
> Mais son pouoir cy est et vous suffise
> Totallement du genre masculin (fol. A ii^{r})[249].

Solche nicht immer geschickten Rechtfertigungsversuche zeigen an, wie sehr die Abweichungen als Ausnahmen empfunden werden, und bestätigen damit indirekt die Norm.

Die hier zusammengestellten und mit einigen Beispielen erläuterten Konventionen der personifizierenden Darstellung werden in den folgenden

---

244 fol. c i^{v}.

245 Vieillesse bezeichnet ihn mehrfach als »filz« und »garson« (*Les Enfans de Maintenant,* fol. A iii^{v}–B^{v}).

246 *Le Gouvert d'Humanité,* vv. 45 sq., 212 sqq., 299 sqq. – Schon im provenzalischen Mystère *Lo Jutgamen de Jhesus* erscheint die Personifikation der Menschheit, Natura humana, obwohl grammatisch feminin, »abilhat en guisa de hun home« (Jeanroy/Teulié, *Mystères provençaux du quinzième siècle,* Toulouse 1893, p. 22).

247 *Les sept Pechie morteil,* v. 210. Die Darstellung als Frau geht wohl auf die Analogiewirkung der übrigen sechs Hauptsünden zurück, die ja im Französischen alle Feminina sind, und wird vielleicht durch das Genus der lateinischen *Superbia* zusätzlich begünstigt.

248 »Sur lequel ouvrage est a noter qu'il y a plusieurs noms et personnages de diverses maladies: comme Appoplexie, Epilencie, Ydropisie, Jaunisse, Goutte et les autres, desquelz je n'ay pas tousjours gardé le genre et sexe selon l'intencion ou reigles de grammaire. C'est a dire que en plusieurs endrois on parle a iceux ou d'iceux par sexe aucunesfois masculin et aucunesfois femenin, sans avoir la consideracion de leur denominacion ou habit. Car aussi j'entens, eu regard a la proprieté de leurs noms, que leur figure soit autant monstrueuse que humaine« (fol. i ii^{v}). Strenggenommen stellt diese eigenartige Begründung das Prinzip der Personifizierung als einer Darstellung von Wesenheiten in *menschlicher* Gestalt überhaupt in Frage. Zugleich nimmt aber der Autor die allegorische Genuskonvention wieder sehr ernst, wenn er bei der Erstnennung der Bühnenfiguren ausdrücklich deren natürliches Geschlecht angibt: Gourmandise, *femme*; Passetemps, *homme* etc. (fol. i iiii^{v}).

249 Trotzdem wird L'Eglise nach ihrem Eingangsgebet in einer Bühnenanweisung mit »elle« bezeichnet (fol. B iii^{r}).

Abschnitten immer wieder als Hilfsmittel herangezogen, wenn es darum geht, wichtige Wesensmerkmale der dramatischen Figuren herauszuarbeiten.

Der Figurenbestand der *Moralité religieuse* ist recht heterogen. Da sind einmal die Gestalten, die in einer noch näher zu bestimmenden Weise den Menschen verkörpern; sodann in großer Anzahl Personifikationen außermenschlicher Instanzen; schließlich noch eine Reihe metaphysischer Wesen, die sich durch ihre Personalität deutlich von den außerpersönlichen Instanzen abheben. Alle diese Figuren sind im folgenden sowohl auf ihre gruppenspezifischen Charakteristika wie auch auf übergreifende Gemeinsamkeiten hin zu untersuchen.

2. Repräsentanten des Menschen

Ich wende mich zunächst den Figuren zu, die nicht nur in der Bühnenfiktion in menschlicher Gestalt auftreten, sondern auch in ihrer Bedeutungskomponente auf den Menschen verweisen. Dabei entsteht natürlich die Frage, ob bei einer solchen gemeinsamen Zuordnung der Fiktion und ihrer Bedeutung zum menschlichen Seinsbereich zwischen beiden überhaupt eine allegorische Differenz auszumachen ist, anders ausgedrückt: ob die Menschenvertreter der *Moralité religieuse* als echte Personifikationen anzusehen sind. Diese Frage ist dann zu bejahen, wenn nachgewiesen werden kann, daß die in individueller Gestalt erscheinenden Menschenvertreter nicht wiederum Einzelpersonen, sondern allgemeine Wesenheiten (die menschliche Gattung, ihre Arten, Untergruppen etc.) verkörpern. Auskunft darüber können nur die Texte selbst geben.

In einigen Fällen ist dieser Nachweis aufgrund der begrifflichen Namen und der eindeutigen Ekphraseis sehr leicht zu führen. In der Moralité *Jhesucrist est mis en prison* stellt die menschliche Zentralfigur sich vor und beschreibt ihren *estat:*

> Je suis Genre humain,
> Tenu soir et main
> Soubz la forte main
> D'orrible maisgnie (fol. a ii^r^).
> Pour le mors d'une seulle pomme
> Suis bany du siege eternel.
> Je n'ay ami, parent en somme
> Ne paternel ne maternel
> Qui me fist plaisir naturel.
> [...]
> Ne vous soyés ebaÿssant
> Se vieillart suis blanc et chennu:
> Cinq mille ans a que suis tenu
> En ceste grant captivité
> Et ne m'est espoir advenu
> De bien et de suavité (fol. a ii^v^–a iii^r^).

Es gibt keinen Zweifel darüber, wer hier im Bild eines alten Mannes seit dem ersten Sündenfall im Gefängnis von Peché mortel schmachtet: es ist, wie Name und Ekphrasis übereinstimmend bezeugen, die gesamte Menschheit, die in ihrer die Einzelmenschen übergreifenden Geschichtlichkeit gleichsam als ein Kollektivwesen gesehen wird. Auch wenn Peché mortel einige Untergruppen besonders erwähnt[250], bleibt die Einheit der Gattung davon unberührt, und sie ist es eben, die auf der allegorischen Bühne durch die fiktive personale Einheit der »Menschheitsfigur« (Habicht) Genre humain wiedergegeben wird.

Nicht immer wird in der Figur des Menschenvertreters die Vorstellung der Menschheit als eines Kollektivwesens so konsequent durchgehalten wie hier. Im Stück *Le Gouvert d'Humanité* etwa nennt sich Humanité selbst wahlweise auch »Homme humain«, »Mal advisé« und »Homme pecheur«[251], scheidet also nicht zwischen dem Kollektivabstraktum ('die Menschheit') und dem konkret bezeichneten Gattungswesen ('der Mensch', d. h. zugleich 'jeder Mensch'). Dies ist um so weniger überraschend, als nach der *communis opinio* der christlichen Allegorese der *sensus allegoricus* im *sensus moralis* seine genaue Entsprechung findet, das bedeutet: der heilsgeschichtliche Weg der Menschheit (bzw. der Kirche) sich in jedem Menschen (Christen) widerspiegelt[252]. Im dramatischen Zusammenhang erscheint Humanité trotz des Kollektivnamens überwiegend als konkreter Repräsentant der menschlichen Gattung[253] – nicht anders als die konkret bezeichneten Figuren L'Homme[254], Chascun[255] und Aulcun[256], die zum Teil ihrerseits eine historisch-kollektive Komponente enthalten. Sie tritt in der *Moralité des quatre Elemens* etwa dort zutage, wo Droicture Raison dem Menschenvertreter L'Homme zur Einführung die Schöpfungsordnung dar-

---

250 fol. a iiii^v »yvrongnes«, »putiers et leurs mignonnes«, »jureux et maugraieux« etc.

251 vv. 571, 627 und 666; v. 1676 wird sie auch als »Humain Linaige« angesprochen.

252 Reiches Material hierzu bietet H. de Lubac, *Exégèse* I/1, pp. 558–571.

253 Aber nicht als Individuum, obwohl die Figur recht genau charakterisiert wird! Der überindividuell-gattungshafte Charakter wird dem Zuschauer vor allem durch die häufige Verwendung des Namens in *vers ambigus* deutlich gemacht, die sich im Handlungszusammenhang auf die Bühnenfigur, als Mahnrede aber auf die Menschheit beziehen; z. B. »O Humanité aveuglee / Par Peché et Temptation / Et Luxure deshordonnee / Te menront a Dampnation« (vv. 415–418).

254 In dieser Form erscheint der Menschenvertreter in den Stücken *Argent, Les quatre Elemens, L'Homme et le Ciel* und *Le Jour Saint Anthoine.*

255 *Le Lymon et la Terre.* Der Name wird umschrieben als »chascun homme humain« (fol. a iii^v, b iii^v, c i^r, c i^v).

256 Der Name bedeutet 'quelqu'un', 'n'importe qui' und bezeichnet den Menschen schlechthin als Sohn Adams (cf. *Aulcun,* fol. 129^r).

legt[257] und ihm (als dramatischer Figur!) dabei die Rolle zuweist, die in der hier paraphrasierten Bibelstelle Gen. 1,28 sq. Adam als Stammvater der Menschheit innehat.

Noch aufschlußreicher ist in dieser Hinsicht wohl der *congé,* mit dem in der *Moralité d'Argent* L'Omme sich vom Leben und – da sein Tod mit dem Schluß des Stücks zusammenfällt – von den Zuschauern verabschiedet:

Adieu, Argent; si a present
Je pren congié, je vois mourir.
[...]
Je vois morir, de quelque aige,
Je vois morir de grieuf coratge,
De quelque estat et grant office,
De quelque honneur et benifice;
Je pren congié, je vois morir ...
Je vois morir despuis Adam,
Despuis Nouel [= Noé] et Abram,
Despuis David et Babiloine.
De Jhesu Christ la fin est bonne ...
Du monde fois despartement ... (vv. 1547–1565)[258].

Während L'Homme sich in seinem Sterben zunächst ohne historische Fixierung als Repräsentant jedes sterblichen Menschen darstellt, gewinnt er mit dem Vers »Je vois morir despuis Adam« eine historische Dimension, die durch die Auswahl dieser und der folgenden Exempelfiguren eine heilsgeschichtliche Färbung erhält. Er wird zum Stellvertreter der Menschheit als eines Kollektivwesens, das in seiner Geschichtlichkeit die Lebenszeit eines Menschen weit übersteigt. Wollte man die Figur L'Omme als Einzelwesen ansehen, so bliebe eine Formulierung wie »Je vois morir despuis Adam« völlig unverständlich.

Alle bisher genannten Menschenvertreter tragen als allgemeine Gattungswesen auch nur den Namen der Gattung oder aber elliptische Bezeichnungen, die leicht als Äquivalente des Gattungsnamens zu erkennen sind. Es gilt nun zu untersuchen, inwieweit bei spezifischeren Bezeichnungen der überpersönliche Charakter der betreffenden Figuren eingeschränkt ist.

Einfach zu beantworten ist diese Frage für die Menschenvertreter Le Pelerin (*Le Pelerinage de vie humaine*) und Le Chevalier chrestien (*Mundus, Caro, Demonia*). Sie verdanken ihre Namen der Teilnahme an umfassenderen allegorischen Motiven: der *peregrinatio vitae* bzw. der *militia spiritualis,* auf die ich bei der Analyse der allegorischen Handlung näher eingehen

---

[257]
Or Dieu a creé cy dessoubz
Les elemens a son plaisir,
L'Homme, devant vous et pour vous
Le corps en vie soustenir.
Les vecy pres de vous servir.
La terre devez cultiver.
Semer les biens pour revenir
Et a Dieu loyaulment dismer (fol. A ii^r–A ii^v).

[258] Cf. dazu den *congé* von Chascun in *Le Lymon et la Terre,* fol. c v^r.

werde[259]. Da nach dieser Vorstellung jeder Mensch (genauer: jeder Christ) im geistlichen Pilger- und Kriegsstand lebt, stehen Le Pelerin und Le Chevalier chrestien ungeachtet ihrer scheinbar einschränkenden Standesbezeichnungen für den Menschen schlechthin.

Ähnlich verhält es sich mit der Gestalt des Omme pecheur in der gleichnamigen Moralité. Da der Mensch generell als Sünder charakterisiert ist, bezeichnet das hinzugefügte Adjektiv *pecheur* nicht etwa eine besondere Gruppe (oder gar ein bestimmtes Individuum), sondern die Gattung selbst – nicht anders als beispielsweise der Zusatz *mortel.* L'Omme pecheur, der nacheinander alle Phasen des Menschenlebens durchläuft, ist daher nicht weniger ein Gattungswesen als in anderen Stücken L'Homme oder Humanité. Dementsprechend kann er wahlweise auch als »Chascun«[260] oder »L'Omme humain mortel et raisonnable«[261] bezeichnet werden.

Die begrifflich einander entgegengesetzten Titelfiguren der Stücke *L'Homme juste et l'Homme mondain* und *Bien advisé, Mal advisé* stehen für die beiden extremen Möglichkeiten der religiös-moralischen Entscheidung des Menschen, verkörpern also in ihrer Antithetik *gemeinsam* die Menschennatur. Immerhin bleibt auch bei der bildlichen Aufspaltung der menschlichen Gattung in zwei Komplementärpersonifikationen – der von Houle so genannten »bifurcation of Mankind«[262] – der gattungsrepräsentative Charakter jeder einzelnen so lebendig, daß beispielsweise sowohl L'Homme juste wie auch L'Homme mondain für sich allein mit dem bloßen Gattungsnamen bezeichnet werden können[263]. Der Vorstellung, es handle sich um Einzelwesen mit individuellen Namen, wird in *Bien advisé, Mal advisé* nachdrücklich widersprochen[264].

Die Alternative der *Moralité religieuse,* die Totalität der menschlichen Gattung durch eine oder mehrere dramatische Personifikationen wiederzugeben, benutzte schon Petit de Julleville zu einer Unterteilung des Genres[265],

---

259 Unten pp. 165 und 189.

260 fol. b iiii^r.

261 fol. a iiii^r, c viii^v, m ii^r und anderweitig.

262 *A Comparative Study*, p. 17.

263 »Humain« (fol. f iii^v) bzw. »Homme humain« (fol. f iiii^r).

264 Rebellion zu Mal advisé:

> Tu n'es pas seul, je te promès,
> Avoir ce nom, n'en doubte mie.
> [...]
> Tous ceulx qui viennent ceste voye,
> Sont Mal advisés, quoy qu'on die (fol. b vi^r).

265 Anläßlich der Behandlung der Moralité *Bien advisé, Mal advisé* bemerkt er zu den beiden entgegengesetzten religiösen Möglichkeiten des Menschen: »Tantôt ces destinées opposées sont personnifiées dans deux rôles distincts, dont les actions, la conduite et la fin offrent un perpétuel contraste; et tantôt la moralité nous présente un même homme partagé, combattu entre le bien et le mal« (*Répertoire*, p. 40). Wie sich anschließend zeigen wird, können die Gegensätze auch auf mehr als zwei Menschenvertreter verteilt werden.

die später von P. Aebischer übernommen und ergänzt worden ist[266]. Wie nützlich dieses numerische Gliederungsprinzip auf der Ebene der bildlichen Realisierung auch immer sein mag, für den überpersönlichen Charakter der bisher untersuchten Menschenvertreter in den Stücken des einen und des anderen Typus ist es nur von untergeordneter Bedeutung: sie alle verkörpern Allgemeines, sei es die menschliche Gattung oder eine der beiden ihr begrifflich untergeordneten Arten 'Erlöste' und 'Verdammte', sind also gleichermaßen Personifikationen.

Dies gilt übrigens auch dann, wenn sie, wie es in einigen Fällen geschieht, nach ihrem Tod auf der allegorischen Bühne präsent bleiben. Da Figuren wie L'Ame du Pecheur, L'Ame de l'Homme juste, L'Ame de l'Homme mondain und L'Ame de Mal advisé allesamt Personifikationen fortsetzen, sind auch sie als überpersönliche Wesen, nicht etwa als individuelle Seelen aufzufassen.

Einige Menschenvertreter geben größere Probleme auf. – In der soeben erwähnten Moralité *Bien advisé, Mal advisé* erscheinen neben den Titelpersonifikationen insgesamt fünf Figuren, deren Namen die Vermutung nahelegen, es handle sich dabei um Repräsentanten menschlicher Daseinsformen, nämlich Le Povre sowie die Varergruppe Regnabo, Regno, Regnavi und (Sum) Sine regno. Le Povre tritt ausschließlich in zwei lehrhaften Einschüben zusammen mit den Instanzen Enfermeté und Vaine Gloire auf[267]; er ist nach seiner dramatischen Funktion ungeachtet seines Namens nicht als Menschenvertreter, sondern wie seine Gesprächspartner eher als Lehrinstanz für Bien advisé anzusehen[268]. Anders verhält es sich mit den vier übrigen Figuren »qui signifient les quattre estas du monde«[269], d. h. die vier Zustandsformen weltlicher Herrschaft. Auch sie erscheinen zuerst in einer didaktischen Nebenhandlung zur Aufklärung von Bien advisé[270], wachsen aber bald selbst in die Rolle von Menschenvertretern hinein: zwei von ihnen, Regno und Regnabo, werden mit Mal advisé in eine Reihe gestellt[271] und mit ihm verdammt, die beiden anderen bekehren sich[272] und werden mit Bien advisé gerettet. Die *estas du monde* verkörpern also, nicht anders als die Titelpersonifikationen, gegen Ende des Stücks immer deutlicher

---

[266] Cf. die Einleitungen zur *Moralité d'Argent* (*Arch. rom.* 13, 1929, p. 455 sq.) und zum *Gouvert d'Humanité* (*BHumR* 24, 1962, p. 285 sq.).

[267] fol. a viii^r^–b i^r^, d vi^r^–e i^v^. Näheres in Kap. V, 1.

[268] Daß Le Povre im Unterschied zu Enfermeté und Vaine Gloire formal ein Konkretum darstellt, ist, wie schon das Beispiel Humanité – L'Homme nahegelegt hat, für seine dramatische Funktion unerheblich. Vielleicht erklärt sich die konkrete Bezeichnung Le Povre aus der Intention des Verfassers, den Wesensunterschied zur Personifikation Povreté, die in demselben Stück als Strafinstanz für ein aufwendig geführtes Leben auftritt (cf. etwa fol. e v^r^), auch formal kenntlich zu machen.

[269] Textanmerkung fol. g ii^v^.

[270] fol. g ii^v^–h iiii^v^.

[271] Sie werden sogar selbst als »Mal advisés« bezeichnet (fol. h iiii^r^).

[272] fol. h i^v^.

gemeinsam die menschliche Gattung schlechthin in ihren zwei grundlegenden religiösen Entscheidungsmöglichkeiten.

Die Moralité *Les Blasphemateurs* führt insgesamt fünf menschliche Figuren vor: Le Blasphemateur, dessen Frau Briette, Le Regnieur (auch Negateur genannt), L'Injuriateur und Le Filz de l'Injurateur. Sie stehen, wie ihre begrifflichen Namen andeuten, primär für eine bestimmte Kategorie von Sündern, die Lästerer und Gottesleugner, sind aber als solche zugleich Repräsentanten der gesamten sündigen Menschheit[273], wie auch umgekehrt in der *Moralité d'Argent* L'Omme trotz seines Gattungsnamens vorwiegend ein bestimmtes Laster, die Geldgier nämlich, vertreten kann, ohne dadurch an Allgemeingültigkeit zu verlieren. Gewisse Schwierigkeiten für eine überpersönliche Deutung bereitet vor allem die Figur Briette, da sie einen Eigennamen trägt und damit scheinbar als Einzelperson charakterisiert ist. Dem steht aber entgegen, daß sie in ihrer dramatischen Funktion den überpersönlichen Gestalten weitgehend angenähert ist und vor allem am Schluß des Stücks zusammen mit dem Injuriateur die Gruppe der Geretteten verkörpert[274], der mit dem Blasphemateur und dem Regnieur zwei Personifikationen der Verdammten entgegenstehen. Die religiöse Schlußposition des Filz, der im Verlauf des Stücks in seinen Äußerungen und Handlungen den übrigen Gestalten durchaus gleichgestellt ist, wird durch einen dramatischtechnischen Kunstgriff offengehalten[275], so daß die menschliche Gattung schließlich wie in *Bien advisé, Mal advisé* durch zwei gleich starke, antithetische Gruppen personifiziert wird.

---

[273] Die »povres humains blasphemateurs« (fol. L i^r^) erscheinen in der Kampfansage der Instanz La Guerre an alle Sünder als »les habitans de ceste terre« *(ib.)* schlechthin. Selbst W. H. Cannon, der in der Einleitung zu seiner Edition des Stücks den angeblich »persönlichen« Charakter dieser Gestalten über Gebühr betont, nennt sie, wenn auch mit einiger Zurückhaltung, »allegorical figures« (p. 32).

[274] Cf. vor allem die parallelen Reuegebete (fol. N iii^r – N iiii^r).

[275] Er flieht nach einem Angriff der Strafinstanzen Guerre, Famine und Mort »en une aultre terre« und erklärt dazu:

> Plus vivre icy je ne pourroys,
> Car la Famine, Mort et Guerre
> Confondent nobles et bourgeoys.
> Adieu, Normandie, je m'en voys
> De paour que je ne soys souprins.
> Je m'en voys vivre o les Françoys
> Boyre d'autant de ces bons vins (fol. L ii^r).

Damit scheidet er aus dem dramatischen Geschehen aus und wird nicht mehr erwähnt. Der unvermittelte Abgang des Filz, dessen eigenartige Begründung wenig zum religiös-erbaulichen Ton des Stücks passen will, hängt vielleicht damit zusammen, daß diese Figur die Schlußsymmetrie der Menschenvertreter gestört hätte, die allem Anschein nach für die Stücke mit mehreren Menschenvertretern als Gattungskonvention anzusehen ist. Cf. etwa *L'Homme juste, Bien advisé, Mal advisé* sowie die nachfolgende Analyse der Figurenkonstellation von *Charité*.

In der *Moralité de Charité* weist auch Le Monde, dessen begrifflicher Name neben der Welt als Universum schon frühzeitig auch die Totalität aller Menschen bezeichnen kann[276], überwiegend die Züge eines Menschenvertreters auf[277]. Zu Beginn des Stücks ruft er seine *gens* herbei:

> Ouez, ouez, toute ma gent:
> Riches, pouvres, jeunes et vieulx (fol. A iii^v^).

Die Repräsentanten dieser vier menschlichen Gruppen, die als exemplarische Auffächerung der einen Menschheit (verkörpert durch Le Monde) zu verstehen sind[278], erscheinen bald auf der Szene, und zwar unter den Namen Le Riche avaricieux, Le Pouvre, Jeunesse und Vieillesse. Die formale Ungleichartigkeit der Namen, die durch eine scheinbar individualisierende Vorstellung des Avaricieux[279], durch Bezeichnungsschwankungen im Fall des Pouvre[280] und die Mißachtung der Genuskonvention bei Jeunesse[281] noch verstärkt wird, hat keinen Einfluß auf den Allgemeinheitscharakter der Figuren, wie er sich aus ihrer Ekphrasis und ihrer dramatischen Funktion ergibt. – Das Ausgangsschema (eine Gattungspersonifikation, umgeben von vier begrifflich untergeordneten, aber gleichwohl überpersönlichen Gruppenvertretern) wird indessen im weiteren Verlauf des Stücks durch mehrere Faktoren verändert: 1. Die Einführung des Bon Riche vertueux aus

---

[276] Fr. *monde* (afr. *mont*) 'le genre humain, les hommes en général' ist nach *FEW* VI/3, p. 218 sq. s. v. *mundus* seit ca. 1180 belegt; ähnlich *tout le monde* 'l'universalité des hommes, chacun' (so seit dem *Couronnement de Louis*), das in dieser Bedeutung spätlat. *totus mundus* (cf. Vulgata: Joh. 12, 19) fortsetzt.

[277] Wenn etwa Charité einleitend Le Monde belehrt, Gott sei Mensch geworden und gestorben »Pour toy rachepter des tourmens / D'enfer«, und ihn zur Buße auffordert, damit er vor dem Jüngsten Gericht bestehen könne (fol. A iii^r^ – A iii^v^), so kann mit dem Angesprochenen nur der Mensch gemeint sein. Ähnlich fol. C iiii^r^, wo es heißt, Christus habe gelitten »Pour le Monde tirer d'enfer«. An anderer Stelle wird »le Monde« in demselben Zusammenhang durch die Formulierung »la povre humaine lignie« (fol. E iiii^v^) ersetzt. Nur in der Gebetsanrede »Dieu qui le Monde formas / Et qui d'enfer le racheptas« (fol. G v^v^) klingen die beiden semantischen Komponenten des Wortes *le monde* nebeneinander an.

[278] Dafür spricht, daß die Reihe »Riches, pouvres, jeunes et vieulx« eine besondere Form der *enumeratio* darstellt, bei der nach rhetorischer Konvention die Totalität der Gattung durch die Aufzählung paarweise antithetischer Untergruppen wiedergegeben wird (»polare Ausdrucksweise«). Cf. H. Lausberg, *Handbuch*, § 672.

[279] Er wird im Prolog auffälligerweise als »ung [!] Avaricieulx« (fol. A ii^r^) bezeichnet. Ist diese Formulierung vielleicht ein Reflex des Gleichnisses vom geizigen Kornbauern, der ja nach der Vulgata eindeutig als Einzelwesen charakterisiert ist: »Hominis *cuiusdam* divitis uberes fructus ager attulit« (Luc. 12, 16; Hervorhebung von mir)?

[280] Er wird mehrfach als Abstraktum angesprochen, so von Charité: »Allon en ung aultre repaire, / Povreté, mon tresdoulx amy« (fol. D iiii^r^) und Le Monde: »Comment m'as tu si fort obaÿ, / Pouvreté, et que t'ay je faict?« (fol. F iiii^r^) Auch der Prolog führt ihn unter diesem Namen ein (fol. A ii^r^).

[281] Jeunesse tritt als junger Mann auf.

theologischen Gründen (auch der Reiche kann gerettet werden, wenn er seinen Reichtum richtig gebraucht) ordnet dem Riche avaricieux eine zweite Personifikation der Reichen bei und stört so die Primäropposition Le Riche – Le Pouvre. 2. Le Monde entwickelt sich von einem Repräsentanten der Menschheit immer mehr zu einem solchen des bösen Menschen neben Jeunesse[282]. 3. Le Pouvre und Vieillesse treten vor Beendigung des Stücks von der Bühne ab. – Aus dieser Umgruppierung ergibt sich schließlich ein neues Schema der Menschenvertreter: Auf der einen Seite stehen die Personifikationen der Geretteten, die ihrerseits zwei Untergruppen bilden (Le Bon Riche vertueux verkörpert den zeitlebens Gerechten, Le Monde den durch späte Reue geretteten Sünder), auf der anderen die Personifikationen der entsprechend unterteilten Verdammten (Le Riche avaricieux vertritt den Sünder, dessen Reueansatz zu spät kommt, Jeunesse den permanent Unbußfertigen). Le Monde ist also auf die Allgemeinheitsstufe der ihm zuerst begrifflich untergeordneten Figuren herabgesunken. Der wichtigste Unterschied zum Ausgangsschema aber besteht sicher darin, daß die vier überpersönlichen Gruppenvertreter, die die Totalität des Menschen darstellen sollen, jetzt nicht mehr nach physischen Kriterien (Reichtum und Lebensalter), sondern – ganz wie am Schluß der *Blasphemateurs* – nach ihrem Heilsstand gegliedert sind.

Eine Sonderstllung im Rahmen der traditionellen *Moralité religieuse* nehmen von ihren Namen her die Menschenvertreter des Stücks *Les Enfans de Maintenant* ein. Die Titelfiguren heißen Malduict und Finet, ihre Eltern Maintenant und Mignotte. Es handelt sich hier um »sprechende« Namen[283],

---

[282] Er wird in der Ekphrasis auch sprachlich mit Jeunesse in eine Reihe gestellt. Cf. dazu etwa TRICHERIE: »Maulgré vous seray la maistresse / De Jeunesse, aussi du Monde« (fol. C ii^v) oder CHARITÉ: »Ha, Jeunesse, tu n'y voys gotte! / Le Monde et toy estes soulliez / De Tricherie et aveugliez« (fol. C iii^r).

[283] *Malduict* bedeutet ‘schlecht erzogen, ungeraten, fehlgeleitet’ (cf. Tobler/Lommatzsch V, col. 1284 sq.; *FEW* III, p. 111 s. v. *docere* sowie *ib.* p. 171 s. v. *dūcere;* beide Etyma sind in afr. *duire* lautlich und semantisch weitgehend verschmolzen; Lewicka, *Langue* II, p. 148 übersetzt freier ‘mauvais garnement’). Malduict selbst bringt seinen Namen in onomastischen Wortspielen mit *duire* < *ducere* in Verbindung. Nach seiner Umkehr rühmt er den Wert der Discipline: »Je n'en sçay nulle si bonne / Qui s'adonne / *Mieulx* a con*duire* mon faict« (fol. G ii^r), und im Epilog wendet er sich ans Publikum mit den Worten: »A Dieu toute cest assemblee / Qui la vueille a *bon* port con*duyre«* (fol. G iiii^v; beide Hervorhebungen von mir). Indem er das *mal-* seines Namens ins Gegenteil verwandelt, deutet er an, er habe sein Wesen zum Guten hin verändert, und wünscht abschließend den Zuschauern dasselbe. – *Finet* heißt ‘durchtrieben, gerissen, voll betrügerischer Schliche’ (cf. Huguet IV, p. 112; *FEW* III, p. 566 s. v. *fīnis*; Lewicka, *Langue* I, p. 298). Der Name charakterisiert das Wesen seines Trägers, der sich rühmt: »Par le sanc bieu, il n'est racine / De finesses que je ne saiche« (fol. C iiii^v). – *Maintenant* bedarf keiner Erklärung.– *Mignotte* bedeutet u. a. ‘verzärtelt, verweichlicht, putzsüchtig’ (cf. Tobler-Lommatzsch VI, col. 38–41; *FEW* VI/2, p. 139 s. v. *miñ-;* Lewicka, *Langue* I, p. 15) und reflektiert ebenfalls das Wesen der Figur, die im Geist dieser »mignotise« (fol. B i^v) ihre Kinder erzieht.

unter denen Maintenant die deutlichste begriffliche Komponente hat – ohne daß damit die Gestalt des Vaters, für sich genommen, etwa zu einer Personifikation des 'Heutzutage' würde! Erst in der sprachlichen Verbindung mit den *enfans* entfaltet der Name seine volle allegorische Wirkung, wie die folgenden Textbelege zeigen. Mignotte rechtfertigt die modisch überladene Kleidung ihrer Söhne: »Et que voulez vous? c'est la guyse / Des bons enfans de Maintenant«[284]; Finet verlangt von seinem Vater Geld, »Car les enfans de Maintenant / Ne se pourroyent passer d'argent«[285] und warnt vor seinem Tod die Zuschauer: »On peult par moy apparcevoir / Que par mon faulx gouvernement / Des enfans suis de Maintenant«[286]; ähnlich sein Bruder: »Malduict ay nom, mauvais enfant, / Des enfans suis de Maintenant«[287]. In diesen Versen, denen sich noch eine Reihe anderer an die Seite stellen ließe[288], kann das Wort *Maintenant* sowohl als Name einer dramatischen Figur wie auch als Begriff verstanden werden. Dazu kommt, daß es auch andere Bezeichnungen, so vor allem die Namen der *enfans*, in die Sphäre seiner allegorischen Ambiguität mit hinüberzieht. Als Summe aller *vers ambigus* ergibt sich ein Satz, der, wenn auch in dieser Form unausgesprochen, gleichwohl im gesamten Stück latent gegenwärtig ist und daher als *Leitallegorie* bezeichnet werden kann:

Malduict(z) et Finet(z) sont les enfans de Maintenant.

Dieser Satz läßt sich auf zweifache Weise verstehen:

1. 'Malduict und Finet sind die Kinder von Maintenant';
2. 'Die Jugend von heute ist schlecht erzogen und durchtrieben'.

Die erste Lesart bezieht die »sprechenden« Namen auf Bühnenfiguren und resümiert so die allegorische Fiktion; die zweite nimmt sie als Begriffe und gibt damit eine allegorische Deutung dieser Fiktion. In dieser zweiten Lesart werden die Hauptfiguren Malduict und Finet als Träger von Bedeutungen aufgefaßt[289], aber vorerst noch nicht ontologisch (als Personifikation der menschlichen Gattung oder ihrer Untergruppen), sondern nur sprachlich, d. h. als Glieder im Satzverband der *vers ambigus*[290]. Im Verlauf des Bühnengeschehens wird die Leitallegorie in charakteristischer Weise abgewandelt und begrifflich erweitert: die »bons enfans«[291] des Anfangs er-

---

[284] fol. B i^v^.

[285] fol. B iiii^r^.

[286] fol. F iii^r^.

[287] fol. F iiii^r^.

[288] Cf. etwa fol. C iii^r^, C iiii^r^, D ii^r^, F i^r^, F ii^v^ etc. Auch in *Les Blasphemateurs* erscheint eine ähnliche Formel: »Les enfans de present« (fol. B ii^v^), der aber die für das vorliegende Stück charakteristische Doppeldeutigkeit fehlt.

[289] Keinesfalls als »real individuals«, wie G. Frank (*Drama*, p. 261) meint.

[290] Daß die ontologische und die sprachliche Realität für die der allegorischen Darstellung zugrunde liegende Konzeption letztlich keinen Gegensatz bilden, kann vorläufig nur angedeutet werden. Näheres unten in Kap. VI, 1.

[291] fol. B i^v^.

weisen sich bald als »enfans perdus«[292]. Erst die Analyse der Handlung[293] wird aufhellen, daß die beiden *enfans* neben ihrer gemeinsamen Funktion als Vertreter der 'Jugend von heute' zugleich Repräsentanten der beiden entgegengesetzten religiös-moralischen Positionen des Menschen darstellen, während die Suche nach unmittelbaren Personifikationskriterien, vor allem nach einer allegorischen Ekphrasis, zu keinem sicheren Ergebnis führt[294].

Als vorläufiges Ergebnis der bisherigen Analysen ist festzuhalten: Die dramatischen Figuren der traditionellen *Moralité religieuse*, die in ihrer Bedeutungskomponente auf menschliches Sein verweisen, verkörpern in jedem der untersuchten Stücke – nur für *Les Enfans de Maintenant* steht ein Beweis vorläufig noch aus – einzeln oder gemeinsam den Menschen schlechthin als überpersönliches Gattungswesen, sind also allesamt keine (Einzel-)Personen, sondern Personifikationen von Allgemeinem mit der dafür charakteristischen Differenz zwischen individueller Gestalt und allgemeiner Bedeutung. Die Bemerkung, die H. R. Jauß zur Gestalt des Juvenis im allegorischen Epos *Anticlaudianus* von Alanus ab Insulis gemacht hat, daß nämlich »hier, wo zum ersten Mal der Mensch selbst auf den Plan tritt, auf dem sich der Kampf zwischen Tugenden und Lastern abspielt, seine Figur gleichermaßen zur Personifikation wird«[295], gilt uneingeschränkt auch für die Menschenvertreter der *Moralité religieuse*.

Nun könnte allerdings die Tatsache, daß die Repräsentanten des Menschen hier oft konkrete Bezeichnungen wie L'Homme, Le Pouvre etc. tragen, die auch einem einzelnen Angehörigen der entsprechenden Gattung oder Gruppe zukommen, auf den ersten Blick die Vermutung nahelegen, es handle sich zumindest in diesen Fällen nicht um echte Personifikationen von Allgemeinem, sondern nur um Typen, also um individuell wenig ausgeprägte Einzelmenschen ohne allegorische Differenz[296] – ähnlich wie in der

[292] fol. C iii^{r}.

[293] Cf. unten Kap. III, 1.

[294] Malduict erwähnt zwar einmal »humain lignaige« (fol. F iii^{v}), ohne sich aber ausdrücklich mit der Gattung zu identifizieren.

[295] *Form und Aufassung*, p. 198.

[296] Vor allem in der englischsprachigen Literatur (aber nicht nur dort) hat sich die Bezeichnung der Menschenvertreter als *types* eingebürgert, gelegentlich mit einem Zusatz, der den allgemeinen Charakter und damit die allegorische Differenz der Figuren betonen soll. So spricht W. R. Mackenzie von »highly universalized types« (*Moralities*, p. 9 und *passim*); M. E. Collins gebraucht die Wendung »universal type« und setzt sie ausdrücklich mit »abstraction« gleich (*The Allegorical Motifs*, p. 11). Auch P. J. Houle nennt die Menschenvertreter »universalized types« (*A Comparative Study*, p. 7 und *passim*), neigt aber dazu, das Charakteristikum der Allgemeinheit weniger streng zu fassen, so etwa wenn er die Figuren durch die Bemerkungen charakterisiert, sie verträten »real living people of the world« (*ib.*, p. 8) bzw. den »*average* man« (p. 18). Oft wird der Zusatz *universalized* zur Vereinfachung überhaupt weggelassen, so daß der Eindruck entstehen könnte, der Autor spreche von Typen in der Art der klassischen Komödie. Ganz in diesem Sinn wendet etwa P. Kohler (*L'esprit classique*, p. 120) den Begriff auf die Figuren des Stücks *Les Enfans de Main-*

nicht-allegorischen Farce, wo sich vergleichbare Rollenbezeichnungen finden. Aber diese äußerliche Parallele trügt. Die genauere Analyse der Figuren, vor allem ihrer Ekphrasis, hat vielmehr gezeigt, daß ihr Personifikationencharakter auch durch Namen der oben genannten Art nicht aufgehoben wird[297].

Dieser Charakter kann meist anhand der allegorischen Ekphrasis oder durch Zurückführung auf andere allegorische Motive nachgewiesen werden. Für die wenigen mit diesen Mitteln noch nicht zuverlässig entscheidbaren Fälle ergibt die Analyse der zuletzt behandelten Stücke gewisse Hinweise darauf, daß Bühnenfiguren auch dann einen Zug ins Allgemeine erhalten, wenn sie in eindeutig allegorischem Kontext – sei es dramatisch im Zusammenspiel mit echten Personifikationen (Briette), sei es sprachlich im Satzverband von *vers ambigus* (Malduict, Finet) – verwendet werden.

Worin unterschieden sich nun die Menschenvertreter der *Moralité religieuse* praktisch von mehr oder weniger typisierten Einzelfiguren, wie sie im nicht-allegorischen Theater begegnen?

Nach traditioneller christlicher Auffassung ist die menschliche Gattung nach den beiden ihr offenstehenden gegensätzlichen Möglichkeiten, die Erlösung durch Christus anzunehmen oder abzulehnen, in zwei Arten oder Gruppen, *Erlöste* und *Verdammte*, unterteilt. Nur diese beiden theologisch relevanten *species* prägen in der *Moralité religieuse* das Bild des Menschen; alle anderen gelegentlich in Erscheinung tretenden menschlichen Gliederungen (nach Geschlechtern, Altersgruppen, sozialen Ständen etc.) münden schließlich – spätestens in der Todesstunde, die oft mit dem Ende des Stücks zusammenfällt – in den theologischen Dualismus ein, der keine vermittelnden Zwischenpositionen zuläßt. Dies wirkt sich unmittelbar auf die dramatische Darstellung aus. Jeder Menschenvertreter der *Moralité religieuse* gehört zu jedem Zeitpunkt einer der beiden gegensätzlichen Gruppen fest an. Die beiden Möglichkeiten der Zuordnung können entweder auf die verschiedenen Lebensphasen einer Figur oder zur gleichen Zeit auf mehrere Figuren verteilt sein. Gemeinsam ist allen Realisierungsvarianten, daß sie exemplarisch für die ganze Breite des Spektrums menschlicher Entscheidungsmöglichkeiten nur die beiden extremen Positionen kontrastierend einander gegenüberstellen. Sind in einem Stück mehr als zwei Menschenvertreter vorhanden, so kann das antithetische Grundschema weiter aufgefächert werden, aber nie so stark, daß die grundsätzliche Polarisierung dadurch überspielt oder gar aufgehoben würde. Der Zuschauer sieht überwältigend gute und abgrundtief böse menschliche Gestalten vor sich, aber keine

---

tenant an. Um solche Unklarheiten zu vermeiden, verzichte ich ganz auf den Typusbegriff zur Bezeichnung von Personifikationen.

297 Auch P. Zumthors Definition des Menschenvertreters als »un être humain universalisé« (*Essai de poétique médiévale*, p. 126) ist mißverständlich, da *un être* auch den Einzelmenschen bezeichnet.

»gemischten Charaktere«, mit deren Taten er sich unmittelbar identifizieren könnte.

So eindeutig die religiös-moralische Zuordnung der Menschenvertreter in jedem Augenblick auch ist, sie kann wechseln, da der freie und damit auch veränderbare Wille zur Wesensbestimmung des Menschen gehört. Besonders eindrucksvoll ist dieser Zug in den Stücken realisiert, in denen die menschliche Gattung nur durch eine Figur verkörpert ist, die nacheinander gegensätzliche Positionen durchläuft; aber auch in allen anderen Stücken finden – wenigstens bei einem der Menschenvertreter – »Umpolungen« in der einen oder anderen Richtung statt. Die Besonderheit des personifizierenden Theaters besteht nicht in der bloßen Wiedergabe menschlicher Wandlungen, sondern in der auffällig schroffen und abrupten Art, in der hier immer wieder eine festgefügte religiös-moralische Position in die andere, ihr diametral entgegengesetzte, umschlägt.

Die polarisierende Darstellung mit ihren jähen Veränderungen wird von modernen Betrachtern, die an andere literarische Konventionen gewöhnt sind, gern als psychologisch unglaubwürdige, angeblich naive »Schwarz-Weiß-Malerei«[298] abgewertet – ein Mißverständnis, auf dessen Wurzeln ich unten in Kapitel VI näher eingehe.

Die historische Dimension der Menschenvertreter kann mehr oder weniger betont sein, je nachdem ob die menschliche Gattung mit ihren theologisch relevanten Gliederungen mehr als ein historisches Kollektivwesen 'Menschheit' oder zeitlich unbestimmter als 'der Mensch schlechthin', 'jeder Mensch' aufgefaßt wird. In der Darstellung ist meist die zweite Komponente stärker ausgeprägt. Zur Wesensbestimmung des Menschen (und damit auch seiner Personifikationen!) gehören zwar Tod und Vergänglichkeit; er überschreitet aber als Gattungswesen immerhin die engen zeitlichen und räumlichen Grenzen eines einzelnen Menschenlebens.

Einige mit menschlichen Namen bezeichnete Figuren sind von ihrer besonderen dramatischen Funktion her nicht den Menschenvertretern im bisher dargestellten Wortsinn zuzurechnen. Hierher gehören einmal die Prolog- und Epilogsprecher Le Messagier *(Argent, Le Gouvert d'Humanité)*, Le Docteur *(Le Cuer et les cinq Sens, Le Jour Saint Anthoine)* und Le Docteur prolocuteur *(La Condamnacion des Bancquetz)*, die weitgehend außerhalb des dramatischen Geschehens stehen; zum andern Le Fol, der in mehreren Stücken auftritt[299], aber ebenfalls nicht an der eigentlichen Handlung teilnimmt, sondern sie nur von außen mit kritisch-ironischen Kommentaren begleitet; ferner die undramatische Gestalt des Erzählers L'Acteur (d.h. des Verfassers) im zweiten Teil der Moralité *L'Homme juste et l'Homme mondain* und schließlich die beiden Hirtenfiguren Robin und Roger, die nur in lyrischen Zwischenszenen des Stücks *Jhesucrist est mis en*

[298] R. Heß, *Schauspiel*, p. 13.

[299] *Charité, La Condamnacion des Bancquetz, Les Enfans de Maintenant, Langue envenimee* und *Le Lymon et la Terre.*

prison erscheinen, in der allegorischen Haupthandlung aber nicht mitwirken.

Eine Sonderstellung nehmen auch einige Gestalten ein, die im Rahmen des Bühnengeschehens vorwiegend die sakramentalen und paränetischen Aufgaben von Geistlichen erfüllen und in dieser Funktion den Menschenvertretern, manchmal sogar den Personifikationen von außermenschlichem Sein, in der Rolle von Heilsinstanzen gegenübertreten. Genannt seien hier vor allem Le Prestre, der in *L'Omme pecheur* dem Sünder die Beichte abnimmt[300], Le Religieux, der mit seiner Bußpredigt in *Charité* die Bekehrung zweier Menschenvertreter erreicht[301], und L'Ermite, der in der Moralité *Les sept Pechie morteil* neben seiner Aufgabe als Prolog- und Epilogsprecher auch als Vermittler zwischen der irdischen und der himmlischen Sphäre und endlich gar als Beichtvater der personifizierten Todsünden (!) fungiert.

3. Allegorische Instanzen

All die Personifikationen, die nicht als Repräsentanten des Menschen aufgefaßt werden können, bezeichne ich als allegorische Instanzen. Sie bilden mit über zwei Dritteln aller Figuren die weitaus größte Gruppe innerhalb der überlieferten *Moralités religieuses*[302], finden sich auch in solchen Stücken, die keine allgemeinen Menschenvertreter kennen, und werden daher bisweilen vereinfachend – zu Unrecht, wie der vorausgehende Abschnitt gezeigt hat – mit den Personifikationen schlechthin gleichgesetzt.

Auch hier besteht eine allegorische Differenz zwischen der fiktiven persönlichen Gestalt und der allgemein-begrifflichen Bedeutung, die aus der Personalfiktion erschlossen werden muß. Dabei ergeben sich andere Probleme als im Fall der Menschenvertreter. Da dort der Name oft nicht zuverlässig erkennen läßt, ob es sich um eine Person oder um eine Personifikation handelt, dient die Ekphrasis in erster Linie dazu, die *Existenz* einer überpersönlichen Bedeutungskomponente nachzuweisen, deren Grund*inhalt* ('der Mensch') von einer zur anderen Figur nur in sekundären Bestimmungen ('der erlöste, der verdammte Mensch') variiert. Hier dagegen gibt es schon nach der Auskunft der Namen, die meist klar erkennbar Außerpersönliches bezeichnen[303], von vornherein kaum einen Zweifel an der

300 fol. s iiii^{r} sqq. Ähnlich Le Beau Pere confesseur in *La Condamnacion des Bancquetz*, fol. p v^{v}–q i^{v}.

301 fol. E iiii^{v}–F ii^{v}. – Als Bußprediger tritt auch der von seinem Namen her anders charakterisierte Docteur prolocuteur auf (*La Condamnacion des Bancquetz*, fol. l iiii^{r}–m i^{v}).

302 Hier einige Zahlenbeispiele aus den figurenreichsten Stücken: In *L'Homme juste* sind 64 von insgesamt 84, in *L'Omme pecheur* 45 von 62, in *Bien advisé, Mal advisé* 35 von 59 Bühnenfiguren allegorische Instanzen.

303 Die wenigen Ausnahmen (Aristote, Ypocras, Galien etc.) werden unten einer genaueren Analyse unterzogen.

Existenz einer begrifflichen Bedeutung, während die Festlegung der sehr vielfältigen Bedeutungs*inhalte* um so größere Schwierigkeiten bereiten kann. Daß beispielsweise die Figur Liesse im dramatischen Zusammenhang als Laster aufzufassen ist oder etwa Le Monde in einigen Stücken mehrere Wesenheiten zugleich verkörpert, läßt sich nicht einfach an ihren Rollenbezeichnungen ablesen. Hier hilft nur die Analyse der Ekphrasis und der dramatischen Funktion.

Die folgende Darstellung orientiert sich an den auffälligsten Wesenszügen der allegorischen Instanzen, wobei die von der Norm der übrigen abweichenden Gestalten jeweils gesondert untersucht werden.

Die religiös-moralische Polarisierung. – Die strikte Zweiteilung in Gute und Böse, die, wie gezeigt, die personifizierende Darstellung des Menschen entscheidend prägt, findet sich auch in der Gruppe der allegorischen Instanzen, am augenfälligsten bei solchen, die sich schon durch ihren begrifflichen Namen einem der beiden Pole zuordnen, also bei Figuren wie Justice divine, Sapience divine, Divine Bonté, Divin Vouloir, Secret divin und Grace de Dieu, die in einer Reihe von Moralités[304] abstrakte Attribute Gottes verkörpern. Auch Misericorde ist als elliptische Bezeichnung für Misericorde divine hier anzuschließen[305]. In den unmittelbaren Umkreis Gottes gehört die auf I Cor. 13 zurückgehende Trias der sogenannten theologischen Tugenden Foy, Esperance und Charité[306], vor allem die dritte – »Charité / qui toute autre vertu precede / selon l'ordre de dignité«[307] –, deren Ekphrasis sich in nichts von der der ausdrücklich als »göttlich« bezeichneten Instanzen unterscheidet[308], sowie Salvation und Bonne Fin als Personifikationen der am Lebensende erlangten Seligkeit[309].

---

[304] Es handelt sich um die Stücke *L'Homme juste, L'Omme pecheur, Jhesucrist est mis en prison, Le Pelerinage de vie humaine* und *Vouloir divin.*

[305] Dafür spricht nicht nur ihre funktionale Gleichordnung mit Justice divine, sondern auch die Rede, mit der sie Gott an sein Versprechen erinnert, ihr gegenüber der unnachgiebigen Justice divine Geltung zu verschaffen:

Par toy me fut promesse conferee
Que *ta grace* ne seroit differee
A nul pecheur, mais seroit refferee
Pardon et grace,
Et maintenant Justice *me* menace

(*L'Homme juste,* fol. t ii^v^ = *L'Omme pecheur,* fol. h v^v^ – h vi^r^; Hervorhebungen von mir). Misericorde identifiziert sich also ausdrücklich mit *Gottes* Gnade.

[306] Sie treten gemeinsam in *L'Homme juste* und *L'Omme pecheur* auf. In *Jhesucrist est mis en prison* wird die religiöse Hoffnung durch die Gestalt Joyeulx Espoir verkörpert, deren Name wohl an Rom. 12, 12 (»spe gaudentes«) angelehnt ist.

[307] *L'Omme pecheur,* fol. a v^r^.

[308] *ib.*, fol. a iii^v^; *Charité,* fol. A ii^v^.

[309] *L'Homme juste* und *Bien advisé, Mal advisé.* – Der Begriff *bonne fin* hat hier seinen religiösen Inhalt voll bewahrt und ist noch nicht zur trivialen Bedeutung eines *happy end* abgesunken.

Unter den Instanzen der Gegenseite finden sich keine personifizierten Teufelsattribute. An ihre Stelle tritt als zentrale Personifikation des Bösen die Gestalt Peché oder Peché mortel, die sich zwar nicht in ihrer Namensform, wohl aber in der Ekphrasis unmittelbar dem Teufel zuordnet[310]. Ihr schließen sich Figuren wie Desesperance (Desespoir), Perdition und Malle Fin an[311], die schon von ihren begrifflichen Namen her in direktem Gegensatz zu den vorher erwähnten Personifikationen Esperance, Salvation und Bonne Fin stehen.

Das Prinzip, die Zuordnung der allegorischen Instanzen zu zwei entgegengesetzten metaphysischen Polen noch durch paarweise antithetische Entsprechungen zu unterstreichen, ist auch bei der personifizierenden Darstellung der sieben Hauptlaster (*vitia capitalia*), die hier im allgemeinen mit den sieben Todsünden gleichgesetzt werden[312], und der ihnen entsprechenden Tugenden[313] wirksam. Es ergeben sich folgende Gegensatzpaare:

Orgueil	– Humilité
Avarice	– Largesse
Luxure	– Chasteté
Envie	– Charité
Gloutonnie	– Abstinence (Sobrieté)
Ire	– Pacience
Paresse	– Diligence[314].

Diese doppelte Siebenerreihe, die sich in der moraltheologischen Tradition gegenüber anderen Tugend- und Lasterkatalogen durchgesetzt hat[315], stellt

[310] Cf. etwa *Jhesucrist est mis en prison*, fol. a iiii^{v} »Je suis Peché, commis de par le prince / De tenebres trop inhumain« oder Le Diable in *L'Omme pecheur*, fol. b iii^{r} »Peché, par moy fus engendré«; ähnlich mehrfach in *Le Gouvert d'Humanité* und *Le Jour Saint Anthoine*.

[311] Alle drei erscheinen in *L'Homme juste*, einzeln auch in *Bien advisé, Mal advisé* und *Les Enfans de Maintenant*.

[312] So werden etwa die Titelgestalten der Moralité *Les sept Pechie morteil* im Text auch als »les Visce« (v. 1010) bezeichnet, und *Le Jour Saint Anthoine* spricht identifizierend von den »VII pechiés mortelz et vices« (v. 1218).

[313] Es handelt sich hier nicht um die sogenannten Kardinaltugenden, eine Verbindung der drei theologischen mit den vier aus der antiken Ethik überlieferten weltlichen Tugenden (Prudentia, Justitia, Fortitudo, Temperantia), sondern um die speziell auf die Hauptlaster zugeschnittene Gruppe der »vertus contraires aux pechez« (*L'Omme pecheur*, fol. &^{v}).

[314] Diese beiden Personifikationen werden in *Les sept Pechie morteil* durch das bedeutungsgleiche Paar Accide (auch Pereche [= Paresse] genannt) – Porveanche ersetzt.

[315] Listen von Tugenden und Lastern finden sich sowohl in der antiken Philosophie (in der Stoa vor allem die der vier Kardinaltugenden, die auch ins Alte Testament – cf. Sap. 8, 7 – eingegangen ist) wie auch in der spätjüdischen (Philon) und christlichen Tradition, hier schon in den neutestamentlichen Lehrschriften (z. B. Rom. 13, 12 sq.; Gal. 5, 19–22; Eph. 4, 2; 5, 3–9; Col. 3, 12; I Tim. 6, 11; II Tim. 2, 22; I Petr. 3, 8; II Petr. 1, 5–7). Schließlich bilden sich vor allem ein Achterkatalog (bei Euagrios Pontikos, Cassian, Alkuin u. a.) und ein Siebenerkatalog (bei Gregor dem Großen, Hugo von St. Viktor, Petrus Lom-

die wichtigste Instanzengruppe der *Moralité religieuse* überhaupt dar. Sie erscheint *in toto* in den figurenreichen Stücken *L'Homme juste et l'Homme mondain*, *L'Omme pecheur* und *Les sept Pechie morteil*, wobei die Reihenfolge der einzelnen Instanzen gelegentlich Schwankungen unterworfen ist[316]. Charité hat in auffälligem Unterschied zu ihrer herausragenden Stellung unter den theologischen Tugenden hier einen relativ niederen Rang inne. Dies ist wohl darauf zurückzuführen, daß bei der Bildung solcher Kataloge die Laster vorangingen, so daß sich ihre bereits fixierte Rangordnung gegenüber möglichen anderen der sekundär dazugestellten Tugenden durchsetzte. Der Autor der Moralité *Les sept Pechie morteil* versucht, die Schwierigkeit durch eine nachträgliche Umgruppierung wenigstens teilweise aufzulösen[317]. In diesem Stück spielt die paarweise antithetische Anordnung von Tugenden und Lastern übrigens eine besonders große Rolle, da hier keine weiteren allegorischen Instanzen auftreten, die diese Struktur überlagern könnten.

---

bardus u. a.) von Hauptlastern heraus, denen erst allmählich entsprechende Tugenden zugeordnet werden.

Cf. dazu etwa folgende Literatur: O. Zöckler, *Das Lehrstück von den sieben Hauptsünden*, München 1893; id., *Die Tugendlehre des Christentums*, Gütersloh 1904; M. Gothein, *Die Todsünden*, in *AR* 10 (1907) pp. 416–484; P. Schulze, *Die Entwicklung der Hauptlaster- und Haupttugendlehre von Gregor dem Großen bis Petrus Lombardus und ihr Einfluß auf die frühdeutsche Literatur*, Phil. Diss. Greifswald 1914; im *Lexikon f. Theologie u. Kirche* (2. Aufl.) die Art. *Tugendkataloge* (X, col. 399–401) und *Lasterkataloge* (VI, col. 806–808) von A. Vögtle; M. E. Collins, *The Allegorical Motifs*, pp. 74–87; M. W. Bloomfield, *The Seven Deadly Sins. An Introduction to the History of a Religious Concept, with Special Reference to Medieval English Literature*, Michigan 1952 (mit ausführlicher Bibliographie pp. 259–306); S. Wibbing, *Die Tugend- und Lasterkataloge im Neuen Testament und ihre Traditionsgeschichte unter besonderer Berücksichtigung der Qumran-Texte*, Berlin 1959 (Beih. zur Zs. f. Neutestamentl. Wiss. 25) sowie S. Mähl, *Quadriga Virtutum. Die Kardinaltugenden in der Geistesgeschichte der Karolingerzeit*, Köln und Wien 1969 (Beih. zum Archiv f. Kulturgeschichte. 9).

316 Die obige Aufzählung bringt sie in der nach abnehmender Laster- bzw. Tugendhaftigkeit geordneten *Saligia*-Reihenfolge des Thomas von Aquin, so genannt nach dem aus den Anfangsbuchstaben der lateinischen Lasternamen *S*uperbia, *A*varitia, *L*uxuria etc. gebildeten Merkwort (cf. *Summa theol.* II, 2 q. 84; dazu O. Zöckler, *Tugendlehre*, p. 168). Dieses Grundschema findet sich auch in *L'Homme juste* (fol. e ii^r sqq.) und *L'Omme pecheur* (fol. b vi^v sqq., l iii^r sqq.), manchmal auch umgekehrt, um die zunehmende Laster- bzw. Tugendhaftigkeit eines Menschenvertreters anzudeuten, so in *L'Omme pecheur* (fol. g^r sqq. und y iii^r sqq., ähnlich in *L'Homme juste*, fol. h iii^r sqq., wo aber Orgueil auch in der Umkehrung den ersten Platz behält. Das letztgenannte Stück bringt auch noch andere Varianten der Reihe (cf. etwa fol. d ii^r, n v^r sqq. und o i^r sqq.), bei denen die antithetisch zusammengehörenden Instanzenpaare nicht immer dieselbe Stelle innerhalb der Gruppe einnehmen.

317 Das Stück enthält v. 166 sqq. die Reihe Orguelh, Ire, Envie, Avarisce, Accide, Glouternye und Luxure, vertauscht aber v. 1023 sqq. die Ränge von Ire und Envie, um die zentrale Tugend Carité als Opponentin der Envie an die zweite Stelle hinter Humilité vorrücken zu lassen.

Bien advisé, Mal advisé weicht insofern von der Norm ab, als anstelle von Largesse und Charité die Kardinaltugend Prudence sowie Obedience die Siebenzahl vervollständigen. In *Le Lymon et la Terre* wird die Gesamtheit der Hauptlaster nur durch Orgueil, Luxure und Avarice vertreten[318].

Der siebenstufige Tugend- und Lasterkatalog ist begrifflicher Ausgangspunkt für eine große Zahl weiterer Personifikationen. Dieses Auswuchern zeigt sich in der *Moralité religieuse* besonders auf seiten der Laster. So gehören in verschiedenen Stücken[319] etwa zum Begriffsfeld *Orgueil* die Instanzen Oultrecuidance, Rebellion, Obstination und Mauvaise Voulenté; zu *Avarice* Usure, mittelbar (nämlich als falsche *Largesse*) auch Prodigalité; zu *Luxure* La Chair[320], Houllerie und Sensualité; zu *Envie* Larcin und Tricherie; zu *Ire* Hoquellerie und Impacience; zu *Paresse* Oysance[321], aber auch Tendresse[322] und Liesse[323]. *La Condamnacion des Bancquetz* schließlich ist ganz der Bekämpfung der *Gloutonnie* durch *Abstinence* gewidmet, so daß sich hier erwartungsgemäß die Personifikationen aus diesen beiden Bereichen – Gourmandise, Friandise etc. auf der einen, Sobresse, Secours und Remede auf der anderen Seite – häufen[324].

Auch Personifikationen, die außerhalb der bisher dargestellten Tugend-Laster-Kategorien stehen, weisen dieselbe bipolare Anordnung auf. Zum Lager der Tugenden gehören insbesondere die Gewissensinstanz Conscience, die Gestalt L'Eglise und die Personifikationen kirchlicher Lehrinhalte, vorwiegend solcher aus dem Umkreis des Bußsakraments: Penitence, Contri-

---

318 Die Gruppierung ist noch in einer Adjektivreihe »Ne soyés aver / ne orgueilleux« etc. (fol. a iiii^v^) erkennbar, bei der allerdings die der Gloutonnie entsprechende Eigenschaft fehlt.

319 Die oben genannten Beispiele entstammen den Stücken *Bien advisé, Mal advisé, Charité, Les quatre Elemens, L'Homme juste, Le Lymon et la Terre* und *L'Omme pecheur.*

320 In den spät überlieferten Stücken *Mundus, Caro, Demonia* und *L'Homme et le Ciel* hat La Chair als Widerpart des Esprit eine weniger spezifische Funktion.

321 Sie repräsentiert nach ihrer Ekphrasis das sorglose Weltleben, das als Laster aufgefaßt wird (cf. *Bien advisé, Mal advisé,* fol. b iiii^v^).

322 Hier reicht der begriffliche Name nicht aus, die metaphysische Position der Figur zweifelsfrei zu bestimmen. Erst die Ekphrasis, in der Tendresse als eine dem Wohlleben hingegebene Schwester der Oysance erscheint (*ib.*, fol b iiii^r^), bringt sie mit dem Hauptlaster der Trägheit in Verbindung.

323 Auch sie vertritt den leichtfertigen Lebensgenuß als Ausfluß der Trägheit und wird von Luxure mit Oysiveté gleichgesetzt (*Le Lymon et la Terre,* fol. a iii^r^). Hieraus wird ersichtlich, daß die Paresse hier nicht als geistige Traurigkeit (Acedia), sondern ganz äußerlich als faules Leben verstanden ist, ohne dadurch der grundsätzlichen Zuordnung zum teuflischen Lager zu entgehen.

324 Daß sich den traditionellen Tugend-Laster-Instanzen hier auch Personifikationen von konkreten Dingen wie Clistere und Pillule, medizinischen Therapien wie Saignee und Diette und gar von Trinksprüchen wie Je-boy-a-vous und Je-pleige-d'autant anschließen, ist wohl so zu interpretieren, daß das Stück ungeachtet seiner ernsthaften, moralisierenden Grundintention die allegorischen Konventionen gelegentlich bereits leicht spielerisch verwendet.

cion, Confession, Satisfaction, Aumosne, Oraison, Jeusne etc.[325], denen in der Moralité *L'Omme pecheur* mit den *quatre empeschemens* Desperacion-de-pardon, Honte-de-dire-ses-pechiés, Crainte-de-faire-penitence und Esperance-de-longue-vie vier Personifikationen verschiedener Aspekte der Unbußfertigkeit gegenüberstehen. Dazu kommen auf der bösen Seite Concupiscence und Temptation als Personifikationen der Versuchung und eine ganze Reihe weiterer Verführergestalten, unter denen hier nur Jabien[326] und Malice[327] erwähnt seien.

Selbst die im ersten Teil des *Roman de la Rose* schon weitgehend säkularisierten Personifikationen[328] werden bei ihrer Übernahme in die *Moralité religieuse* zusammen mit ihnen begrifflich nahestehenden Figuren wieder in den religiös-moralischen Dualismus hineingerissen. Ein Beispiel für diese Gegenbewegung bietet die oben genannte Oysance, die auch mit dem aus dem Rosenroman geläufigen Namen Oyseuse bezeichnet wird[329]; weitere finden sich vor allem in den beiden Moralités, die von den Namen ihrer Figuren her am stärksten an die alte Minnethematik erinnern: *Onneur des dames* und *Langue envenimee*. Doulx Parler, Franc Cueur, Feaulté, Franc Vouloir, Cueur loyal und vor allem Onneur des dames selbst stehen hier nicht etwa im Dienst der höfischen Liebe, sondern als religiöse Tugenden im Dienst Gottes[330], während die Gegengestalten Danger, Envie und Malle-

[325] Personifikationen aus diesem Bereich sind in vielen Stücken anzutreffen, so in *Bien advisé, Mal advisé, Les Blasphemateurs, Les quatre Elemens, L'Homme juste* und *L'Omme pecheur*. *Le Gouvert d'Humanité* führt anstelle von Contricion die Figur Remort de conscience ein und ersetzt Jeusne durch Caresme. *Le Pelerinage de vie humaine* bringt die drei Teile des Bußsakraments nicht als eigenständige dramatische Figuren auf die Bühne, sondern als allegorische Attribute der personifizierten Penitance: *Contricion* als »mailhet« (vv. 251, 298), *Confession* als »ramon« oder »balai« (vv. 252–291, 299), *Satisfaction* als »verge« (v. 317), während *Le Cuer et les cinq Sens* sie in allegorische Handlung umsetzt (vv. 141–150).

[326] Der Name der Figur wird von G. Frank richtig mit 'Ne'er-do-well' übersetzt (*Drama*, p. 262), während die Deutungsversuche von E. Dreger: *i a bien* = 'es geht einem gut dabei' (*Figuren*, p. 48) und H. Kindermann: 'Schon recht' (*Theatergeschichte* I, p. 439) in die Irre gehen. – G. Franks Deutung wird u. a. durch eine Passage des *Mystère de Monseigneur saint Sébastien* (ed. F. Rabut) gestützt, wo Perdition ihre Kinder Caffre, Griffon, Fouldre und Tempeste zu »enfans ja bien« (p. 304) ausbilden will.

[327] Malice ist zur Verheimlichung ihrer bösen Absichten als Nonne verkleidet und stellt sich mit ihrem »abit dissimulé« (*Aulcun*, fol. 110ʳ) als Verkörperung spezifisch heuchlerischer Bosheit in die Nähe der *Ypocrisie* (cf. fol. 110ᵛ) – ein Wesenszug, der ihrem Namen allein nicht zu entnehmen wäre. Ihm entspricht, daß sie entgegen der allegorischen Regel ihren Namen nicht nennt und eine falsche Ekphrasis von sich gibt (fol. 119ʳ).

[328] Diesen Aspekt des Werks von Guillaume de Lorris hebt vor allem H. R. Jauß hervor; cf. etwa *Entstehung und Strukturwandel*, pp. 229–233.

[329] *Bien advisé, Mal advisé*, fol. b iiiiʳ.

[330] So erscheint, um nur ein Beispiel anzuführen, Onneur des dames als göttliche Instanz: »Inseparee de la divine essence« (fol. O vᵛ) und wird unmittelbar auf die Gottesmutter zurückgeführt (fol. P iʳ).

bouche, deren Namen unmittelbar dem Rosenroman entstammen könnten, wo sie Feinde des Liebenden bezeichnen, sich hier als Teufelsdiener vorstellen[331].

Wie Onneur des dames sind auch die anderen Repräsentanten von Ruhm und Ansehen metaphysisch klar festgelegt: Honneur gehört (obwohl in sich mehrdeutig!) insgesamt der göttlichen Seite an[332]; Honneur mondain und Vaine Gloire sind Lasterpersonifikationen[333].

Daß die Personifikationen des Wissens und der Unwissenheit – vor allem Congnoissance, Entendement, Raison und Ignorance – einen begrifflichen Gegensatz bilden, versteht sich von selbst. Bemerkenswert ist in diesem Zusammenhang aber die Tatsache, daß die *Moralité religieuse* nicht so sehr den intellektuellen als vielmehr den religiös-moralischen Aspekt dieses Gegensatzes herausstellt. Charakteristisch für die metaphysische Zuordnung der Wissensinstanzen ist etwa die Ekphrasis der Congnoissance in *L'Homme juste*:

Dirivee suis de la fontaine
Du hault divin Entendement,
Venue suis en ceste plaine
Pour vous donner advisement
A congnoistre divinement

---

[331] So etwa DANGER: »Moy, Dangier, prince redoubté, / Pere de toute iniquité, / Seigneur de toute ord(r)e malice« etc. (*Onneur des dames,* fol. P i^r); »Je suis des varletz Anticrist« (*Langue envenimee,* fol. E ii^v). Auch Langue envenimee wird eindeutig als Sündenpersonifikation, nicht als Fortsetzung der antiken Fama gesehen. Cf. F. Wassermann, *Fama. Geschichte eines Motivs der antiken Dichtung,* Phil. Diss. Freiburg i. Br. 1920 und M. B. Ogle, *Dame Gossip's Rôle in Epic and Drama,* in *TPAPA* 55 (1924) pp. 90–119.

[332] Die Figur stellt sich dem Bien advisé folgendermaßen vor:

En deux partiez je me divise,
Comme tu verras cy en present:
Honneur y a qui vient de Grace
et Honneur qui vient de Fortune.
Tu pourras veoir en peu d'espace
que leur maniere n'est pas une

(*Bien advisé, Mal advisé,* fol. f vi^v–g i^r). Trotz dieser begrifflichen Aufspaltung verkörpert Honneur fast ausschließlich die religiös-moralisch fundierte Ehre (= *Honneur qui vient de Grace),* wie die Fortsetzung der Rede zeigt:

Je suis Honneur qui enlumine
Tout Homme qui vers moy veult tendre,
qui vient de Grace divine.
Ceulx qui veulent o moy venir,
[...]
je leur donne Bonne Fin
et pardurable demourance
La sus en paradis es cieulx (fol. g i^r).

Dieser moralisch eindeutigen Charakterisierung entspricht auch die dramatische Funktion der Figur (cf. *ib.,* fol. i iii^r – i iii^v).

[333] Cf. *ib.,* fol. d. vi^v–e i; *L'Homme juste,* fol. f i^v (negative Ekphrasis!).

Les faictz du hault Dieu de lassus,
Qui n'ont fin ne commencement.
Congnoissez le saulveur Jesus (fol. f iiii^{v})[334].

Der Bezug auf Gott als Quelle aller Weisheit ist unüberhörbar. Dementsprechend enthalten die Lehren, die die Wissensinstanzen dem Menschen mitteilen, im allgemeinen nicht nur natürliche Kenntnisse (praktische Erfahrungen, Lebensregeln, wissenschaftliche Lehrsätze etc.), sondern »science [...] pour a ton salut tendre«[335], d. h. Heilswissen. Sie unterrichten ihn über die Unterscheidung von Gut und Böse[336], die Kenntnis der Schöpfung[337], die zehn Gebote[338] und die Glaubensartikel[339], warnen ihn vor den Lastern[340], empfehlen ihm unter ausdrücklicher Berufung auf Gottes Wort den rechten Gebrauch der natürlichen Güter[341], weisen ihn auf die Bußpersonifikationen hin[342] und treten bei Gott für seine Rettung ein[343]. (Nur in einem einzigen Stück, *Le Pelerinage de vie humaine*, verkörpert Raison als Teil einer speziellen, aus der epischen Vorlage übernommenen Figurenkonstellation den bloßen Intellekt ohne metaphysische Komponente[344].)

Wie nicht anders zu erwarten, steht auch die Gegenfigur Ignorance nicht für den (moralisch neutralen) Mangel an intellektuellen Kenntnissen, sondern für die willentliche Abblendung gegenüber der Einsicht in die eigene Sündhaftigkeit[345] und wird daher von Congnoissance mit der Sünde in einem Atemzug genannt[346]. Es ist von dieser Auffassung her nur konsequent, wenn in der *Moralité d'Aulcun* anstelle der vom Begriff her zu erwartenden Ignorance als Gegenspielerin von Cognoissance die eindeutig als Sünden-

---

334 Dieselben Worte werden in *L'Omme pecheur* der Figur Entendement in den Mund gelegt (fol. c vii^{r}), d. h. die Wissensinstanzen sind im allgemeinen untereinander kaum differenziert.

335 *L'Omme pecheur*, fol. a viii^{r}. Ähnlich will Raison den Menschen zu »Bonne Fin« (*Le Lymon et la Terre*, fol. a iiii^{r}) und zum »vray port de transquillité« (*Alcun*, fol. 100^{r}) führen, also zur Seligkeit, nicht zur Gelehrsamkeit.

336 So etwa Congnoissance: »Par moy chascun a la sçavance / Et joÿssance, / De bien et mal l'apparcevance« (*L'Homme juste*, fol. b v^{r}).

337 Cf. *ib.*, fol. b vi^{v}.

338 Raison in *L'Omme pecheur*, fol. c v^{r}.

339 Entendement *ib.*, fol. c iiii^{v}–c v^{r}.

340 Raison in *Le Lymon et la Terre*, fol. a iiii^{v}; Congnoissance in *Les quatre Elemens*, fol. B iiii^{r} und in *Aulcun*, fol. 104^{v} und 111^{v}–112^{r}.

341 Raison in *Les quatre Elemens*, fol. B ii^{v}.

342 Congnoissance *ib.*, fol. B iiii^{v}; Raison in *Le Lymon et la Terre*, fol. a iiii^{r}.

343 Cognoissance in *Aulcun*, fol. 140^{r}–141^{v}.

344 Ich gehe auf diesen besonderen Fall noch näher ein.

345 Cf. dazu aus ihrer Ekphrasis:

Aux humains ne contrediray,
Mais en tous lieux je leur diray
Que je celeray leurs pechez (*L'Homme juste*, fol. e v^{r});

ähnlich auch fol. g v^{r}.

346 Cognoissance: »D'Ignorance suis ennemye, /[...]/ Peché hay plus qu'epidimye« (*ib.*, fol. b v^{r}).

instanz charakterisierte Malice auftritt. Damit unterliegen auch die Personifikationen des Wissens und der Unwissenheit der religiös-moralischen Polarisierung.

Schließlich ist noch die metaphysische Zuordnung derjenigen allegorischen Instanzen zu untersuchen, die in ihrer Gesamtheit den *Natur*bereich repräsentieren und damit den bisher betrachteten Personifikationen *geistig-moralischer* Wesenheiten als besondere Gruppe gegenübergestellt werden können. Die Naturinstanzen werden in der theologischen Tradition gemeinhin in natürliche Güter und natürliche Übel untergliedert.

Das größte Naturübel, der (physische) Tod, tritt in vielen *Moralités religieuses* personifiziert auf[347]; dazu kommen gelegentlich Repräsentanten der Krankheit[348], der beschwerlichen Arbeit[349], der materiellen Not und anderer Widrigkeiten[350]. Besonders aufschlußreich für den metaphysischen Status dieser Instanzen ist die Moralité *Les Blasphemateurs.* Hier befinden sich Guerre, Famine und La Mort zwar in der Hölle, werden aber von den Teufeln nur auf ausdrücklichen Wunsch Gottes auf die Menschen losgelassen[351], um sie zu strafen und zu bessern. Sie verstehen sich folgerichtig als Werkzeuge Gottes, da nur er über sie bestimmen kann[352]. Ganz ähnlich äußert sich La Mort in der *Moralité de Charité*: »J'ay obaÿ a mon createur / Pour estre venue jusques icy«[353], während Le Fol in seiner Narrheit meint: »Le Dyable l'a bien admenee«[354]. Auch in den Stücken *L'Homme juste* und *L'Omme pecheur* handeln die Naturübel über die Zwischeninstanz Justice divine in göttlichem Auftrag[355].

Zu den Repräsentanten natürlicher Güter zählen einmal die Instanzen, die das physische Leben des Menschen erst ermöglichen: Nature[356] und die

---

347 La Mort erscheint in *Les Blasphemateurs, Charité, Les quatre Elemens, L'Homme juste, Le Lymon et la Terre* und *L'Omme pecheur.* Dabei ist stets der physische Tod gemeint, weder »celle Mort que peché engendre« noch »Mort eternelle« (cf. *L'Homme juste*, fol. E i^{r} = *L'Omme pecheur*, fol. fol. & iiii^{r}–& iiii^{v}).

348 *L'Omme pecheur* personifiziert Maladie, und *La Condamnacion des Banquetz* läßt gleich zehn Krankheitspersonifikationen auftreten: Appoplexie, Paralisie, Epilencie, Pleuresie, Colicque, Esquinancie, Ydropisie, Jaunisse, Gravelle und Goutte.

349 Occupation (*Bien advisé, Mal advisé*) und Labeur (*L'Homme juste*).

350 Adversité, Necessité, Povreté (*ib.*), Affliction (*L'Omme pecheur*), Mallemeschance (*Bien advisé, Mal advisé*), Guerre, Famine (*Les Blasphemateurs*) etc.

351 Cf. Lucifer: »Nous en avon de Dieu puissance« (fol. K iii^{v}).

352 Dafür sprechen Äußerungen wie »Je suis de Dieu l'adventurier / Pour pugnir les pechez du monde« (fol. C i^{r}) oder »Je suis de Dieu le grant soudart« (*ib.*).

353 fol. G^{r}.

354 fol. G^{v}.

355 Cf. *L'Homme juste*, fol. t vi^{v}–v ii^{r}; *L'Omme pecheur*, fol. i iiii^{r} und l v^{r}, wo La Mort bekennt: »De par moy, Divine Justice, / il fault que exerces ton office«. Nur eine böse Instanz wie Sensualité behauptet, Maladie sei eine wirkliche »ennemye de l'Omme« (*ib.*, fol. k ii^{v}).

356 Sie erscheint in *Jhesucrist est mis en prison* als Erhalterin des Menschen: »Je le nourris, elieve et dresse« (fol. b i^{r}).

Elemente[357], unter denen La Terre besondere Bedeutung als dramatische Figur erlangt hat[358]; aber auch Personifikationen seines Körpers, seiner Sinne und seiner Glieder[359], verschiedener Lebensalter[360] sowie aller materiellen und immateriellen Annehmlichkeiten, die der Mensch im Laufe seines Lebens erwerben und verlieren kann: Argent, Puissance, Auctorité etc. Diese Naturinstanzen sind zwar als solche moralisch indifferent (Adiaphora)[361], in ihrem metaphysischen Status aber darum keineswegs neutral: Von Gott zum guten Zweck geschaffen, plädieren sie selbst nachdrücklich für ihre rechte Verwendung und warnen den Menschen vor den Lastern[362]. Damit ordnen sie sich ebenso wie die Naturübel insgesamt dem göttlichen Lager zu.

Dieser Gruppe lassen sich auch die Personifikationen der menschlichen Willensfreiheit anschließen, insbesondere Franche Voulenté in *Bien advisé, Mal advisé* und Franc Arbitre in *L'Omme pecheur*, der sich auch unter dem Namen Roger Bon Temps vorstellt[363]. (Die vom Namen her ähnliche

---

[357] L'Air, Le Feu, L'Eaue und La Terre (*Les quatre Elemens*).

[358] So in *Argent*, *L'Homme et le Ciel* und *L'Homme juste*; zusammen mit Lymon (cf. Gen. 2,7) auch in *L'Omme pecheur* und *Le Lymon et la Terre*. Besonders zu erwähnen ist, daß die Figur in *Argent* auch als Todesinstanz, d. h. als Naturübel auftritt (cf. vv. 1212–1215, 1310, 1351 sq.). Cf. dazu P. Aebischer in *Arch. rom.* 13 (1929) p. 454.

[359] Cf. *Le Cuer et les cinq Sens* und *Le Ventre et les Jambes*.

[360] So etwa Innocence, Enfance und Adolescence, die Vertreter des kindlich unbewußten Lebens in *L'Homme juste*.

[361] Cf. LA TERRE: »Et tout ce qu'est dessus moy et supporte, / Tout je soustiens, bien ou mal je supporte« (*L'Homme juste*, fol. a v^{v}); BON ADVIS: »Quar par toy, Argent, se fest tout, / Et bien, et mal« (*Argent*, v. 180 sq.). Als böse erscheinen sie nur bei falschem Gebrauch, Argent beispielsweise, wenn es »par Usure« (*ib.*, v. 399), Puissance und Auctorité, wenn sie »par Malice« (*Aulcun*, fol. 157^{v}) erworben oder verwendet werden.

[362] So beispielsweise LA TERRE: »On ne doit point ainsi ravir / Et m'e[m]ployer a chose vaine / Se [= Ce] dont la creature humaine / Se doit nourrir et Dieu servir« (*Les quatre Elemens*, fol. B i^{v}); L'AIR: »Dieu veult que nous te servons / Pour prendre ta sobre pitance, / Et pour ce que nous te trouvons / Trop oultrageux, nous nous plaindons, / Toy voyant gaster ta substance« (*ib.*, fol. B ii^{r}); LA TERRE: »Pourtant qu'au Monde tu seras, / Garde toy d'Orgueil, d'Avarice / Et de Luxure qu'est mal vice, / Qui mainent l'Homme en enfer« (*Le Lymon et la Terre*, fol. a iii^{v}); ARGENT: »L'Ome, n'ayés souxi de rien. / Mais oussi adviser vous fault / D'une chouse, je vous di bien, / [...] / C'e que hors de vostre mantien / Par usure ne me mandés«(*Argent*, vv. 377–383). – Auch die Figur Honneur stellt ihre (dramatisch kaum realisierte) Naturkomponente *Honneur qui vient de Fortune* als Gottesgabe dar: »Tous ces biens icy de Dieu viennent / et de sa puissance treshaulte« (*Bien advisé, Mal advisé*, fol. g i^{r}).

[363] »Je suis Roger Bon Temps, / qui de tout suis contens: / ce qui t'est bon, me plaist« (*L'Omme pecheur*, fol. b^{r}); cf. dazu die Bühnenanweisung: *Et notez que Franc Arbitre doit estre habillé en Rogier Bon Temps* (*ib.*, fol. a vi^{v}). Der Vorname *Roger* wird von Étienne Pasquier als Verballhornung von *Rouge* angesehen (Belege bei Huguet I, p. 628 s.v. *Bontemps*). Bon Temps ist offensichtlich eine konventionelle Figur mit feststehendem Kostüm, die als »personnification

Liberté in *L'Homme juste* entzieht sich einer eindeutigen metaphysischen Zuordnung und wird weiter unten gesondert analysiert; Franc Vouloir in *L'Onneur des dames* gehört nach seiner dramatischen Funktion nicht hierher, sondern zu den Tugendpersonifikationen.) Als Repräsentanten des abstrakten Prinzips der Willensfreiheit stimmen Franche Voulenté und Franc Arbitre grundsätzlich jeder Entscheidung des Menschen zu, gleichgültig ob sie zum Guten oder zum Bösen führt[364]. Trotz dieser äußerlichen Indifferenz, die ihr Wesen ausmacht, stehen beide Figuren klar auf der göttlichen Seite. Dies äußert sich nicht nur darin, daß etwa Franche Voulenté ihre Einsetzung ausdrücklich auf Gott zurückführt[365] und mit der Autorität der Wahrheit eine moraltheologische Frage beantwortet[366], sondern auch in der durchaus nicht neutralen Weise, in der sie Tugenden und Laster einander gegenüberstellt[367]. Auch Franc Arbitre tritt mindestens in einem Fall offen für die gute Seite ein, wenn er nämlich dem Adolescent, der an die Möglichkeit eines Sündenfalls denkt, die Folgen einer solchen Fehlentscheidung vor Augen führt:

> Si une foys y es mys,
> certes je te pluvys
> que trop tu te desvoys (*L'Omme pecheur*, fol. a viii^{v}).

Franc Arbitre muß letzten Endes vom rechten, das heißt gottgefälligen Weg als moralischem Maßstab ausgehen, um das Sündigen überhaupt als ein

---

de l'âge d'or« (E. Droz, in *Rec. Trepperel* I, p. 256), also ganz unabhängig vom semantischen Feld der Willensfreiheit, in einer Reihe von politischen und satirischen Stücken auftritt. Die Identifizierung Bon Temps = Franc Arbitre in *L'Omme pecheur* vollzieht sich vielleicht über das begriffliche Zwischenglied 'Sorglosigkeit'; allerdings fehlen, soweit ich sehe, schlüssige Textbelege zur Stützung einer solchen Hypothese.

364 Franche Voulenté verdeutlicht ihre Funktion durch den Vergleich mit einer Wetterfahne (»guillemete«), die sich jeweils nach dem Wind, das bedeutet: nach der Willensregung (»intencion«) des Menschen, ausrichtet (*Bien advisé, Mal advisé*, fol. a iii^{v}). Ähnlich Franc Arbitre: »Tout m'est ung, je m'en vante. / Je te vueil accorder / sans rien en discorder, / ne me chault quel vent vente. / [...] / Mon vouloir est le tien, / a tous ventz je tournoye« (*L'Omme pecheur*, fol. a viii^{v}) und »Du bien, du mal je suis contens, / consentens, / ou tout soit bien ou tout soit mal« (*ib.*, fol. f vi^{v}). Auch als L'Omme pecheur und Mal advisé sich den Lastern zuwenden (*ib.*, fol. e vi^{v}, g ii^{r} sqq.; *Bien advisé, Mal advisé*, fol. b iii^{v}), behalten die beiden Instanzen ihre abstrakt zustimmende Haltung bei.

365 »Dieu me forma et me fit dame« (*ib.*, fol. a iii^{v}).

366 Bien advisé: »Peut l'ennemy nulluy contraindre / A pecher s'il ne luy plaist?« (*ib.*, fol. a iiii^{r}). Die Antwort ist negativ.

367 »Dieu nous a donné le triacle / Contre tout pechié et tout vice: / [...] / Premier, contre pechié d'Orgueil / Dieu nous donna Humilité, / Affin que nulluy n'eust le vueil / A penser mal ne vanité. / Contre le pechié d'Avarice / Jesucrist nous donna Largesse« etc. (*ib.*). Hier zeigt schon die sprachliche Form, daß Franche Voulenté sich letztlich mit den Tugenden *gegen* die Laster verbunden fühlt.

Abweichen vom Weg bezeichnen zu können! Das beschwörende »je te pluvys« erinnert in diesem Zusammenhang geradezu an die Warnungen der Naturinstanzen vor den Lastern.

Zusammenfassend läßt sich sagen, daß die Repräsentanten der Willensfreiheit ebenso wie die Naturinstanzen trotz ihrer moralischen Indifferenz letztlich zum göttlichen Lager gehören.

Als Kuriosum sei noch erwähnt, daß selbst die vom Namen her einer religiös-moralischen Fixierung offen widersprechende Figur Bien et Mal, die die Summe der guten und bösen Werke des Menschen personifiziert[368], sich in ihrer Ekphrasis durchaus auf die gute Seite stellt[369].

Sonderfälle: Ambivalente Figuren. – Alle bisher betrachteten Instanzen sind eindeutig dem einen oder dem anderen von zwei metaphysischen Polen (Gott/Teufel) zugeordnet. Nun treten aber in der *Moralité religieuse* mehrere Personifikationen auf, die bald gute, bald böse Instanzen verkörpern, bei denen also trotz gleichbleibender Namen die metaphysische Zuordnung von einem Stück zum andern oder gar innerhalb eines Stücks sich ändert[370]. An ihnen wird in besonders augenfälliger Weise klar, daß der Name einer Personifikation nur einen verhältnismäßig weiten Rahmen möglicher Bedeutungen abgibt, unter denen die übrigen allegorischen Indizien (vor allem die Ekphrasis und die dramatische Funktion) erst die im jeweiligen Kontext gültige Bedeutung festlegen. Auf welche Weise sich die Bedeutungsveränderungen konkret bemerkbar machen und wo ihre Ursachen liegen, ist im folgenden an den einzelnen ambivalenten Figuren zu untersuchen.

Le Monde. – In den großen Moralités *L'Homme juste et l'Homme mondain* und *L'Omme pecheur*, die in diesem Zusammenhang wegen ihrer vielfältigen Parallelen gemeinsam behandelt werden können, übergibt La Terre die unerfahrenen und hilflosen Menschenkinder an Le Monde[371], der sie einkleidet und für ihr leibliches Wohl sorgt. Insoweit hat Le Monde in beiden Stücken wie La Terre den Status einer moralisch weitgehend indifferenten Erhalterinstanz[372], die je nach der Menge weltlicher Gaben, die sie

---

368 *Argent*, vv. 1438–1440.

369 vv. 1458–1500.

370 Eine ähnliche Mehrdeutigkeit hat sich bereits bei der Instanz Honneur in *Bien advisé, Mal advisé* gezeigt (cf. oben Anm. 332), allerdings mit dem wesentlichen Unterschied, daß sie in *beiden* Funktionen im Dienst Gottes steht.

371 Zur literarischen Tradition der Gestalt cf. G. Thiel, *Das Frau Welt-Motiv in der Literatur des Mittelalters*, Phil. Diss. Saarbrücken 1957 und W. Stammler, *Frau Welt. Eine mittelalterliche Allegorie*, Freiburg/Schweiz 1959 (Freiburger Universitätsreden. N.F. 23).

372 Cf. dazu die für die indifferenten Instanzen typische Formel: »Le Monde suis qui reçoy tout; / bons et mauvais, tout j'entretiens« (*L'Omme pecheur*, fol. a iii^r).

den Menschen austeilt, als natürliches Gut oder als natürliches Übel empfunden wird[373].

Um so überraschender ist es, die Gestalt wenig später im Kreis der Teufel und Laster wiederzufinden, wo sie versucht, den schwachen Menschen zum Bösen zu verführen[374]. Wie kommt es zu einem solchen Wechsel der metaphysischen Zuordnung innerhalb ein und desselben Stücks?

Der Schlüssel zur Erklärung dürfte in *L'Omme pecheur* in einem Gespräch der Teufel zu suchen sein, in dessen Verlauf Lucifer seinen Dienern aufträgt, Le Monde auf die böse Seite hinüberzuziehen. Ihre überheblichen Antworten gipfeln in der Ankündigung des Teufels Belphemot: »Par moy tout a Perdition / sera le regne du Monde«[375]. Wenn der Teufel die Welt zu seinem Herrschaftsgebiet erklärt und sie ausschließlich der Perdition zuordnet, muß sie als böse aufgefaßt werden! Erst dadurch wird jeder, der sich als »homme mondain« ihr ganz anvertraut, zum Sünder.

L'Homme juste et l'Homme mondain weicht in szenischen Einzelheiten von dieser Darstellung ab; der wesentliche Punkt, die Änderung der metaphysischen Zuordnung von Le Monde, bleibt aber erhalten. Ein Teufel überbringt Le Monde die Einladung von Perdition, sich ihr anzuschließen und ihr dadurch die beiden »povres humains« zuzuführen, die unter seiner Obhut stehen[376]. Le Monde geht auf dieses Angebot ein und wird daraufhin prompt von La Chair dem bösen Lager zugerechnet: »Tu scez bien et congnois que je suis l'ung des principaulx ennemys de nature humaine, toy, Monde, tu es l'autre et le Diable qui cy est, l'autre«[377]. Damit hat sich die Figur von einer Naturinstanz zu einer Verführerpersonifikation entwickelt.

Das hier angesprochene allegorische Motiv der *trois ennemis de l'homme*[378] wird von den beiden bisher behandelten Stücken zu einer Vierer-

---

[373] Hier überwiegt von Anfang an die Deutung als Übel. Cf. etwa L'ADOLESCENT: »Puis que au Monde suis venu / souffrir douleur, paine et misere, /[...]/ desgea le Monde m'impropere, / Helas, et je ne fais que naistre« (*ib.*, fol. a iii^v).

[374] *ib.*, fol. f v^v sqq.; *L'Homme juste*, fol. f iii^r sqq.

[375] fol. b ii^v.

[376] fol. f i^r.

[377] fol. f i^v. Schon vorher spricht Gott von der »temptacion des trois faulx ennemys de nature humaine, tant du Monde, de la Chair que du Dyable« (*ib.*, fol. c ii^r), aber die Trias erscheint dort noch nicht personifiziert auf der Bühne.

[378] Die Verbindung der drei Bereiche 'Welt', 'Fleisch' und 'Teufel' ist schon in der Bibel vorgebildet; cf. etwa I Joh. 2,16 (»omne quod est in mundo, concupiscentia carnis est«) sowie die besonders im Johannesevangelium häufige Bezeichnung des Teufels als »princeps huius mundi« (Joh. 12,31; 14,30 u. a.). In mittelalterlichen Bilddarstellungen tritt der Teufel als Versucher zur Weltlust auf; cf. dazu W. Stammler, *Frau Welt*, p. 23 sq. und Anm. 60. In seiner konventionell verfestigten Form läßt sich das Motiv der *trois ennemis* mindestens bis ins 12. Jahrhundert zurückverfolgen. Es erscheint u. a. in einer Predigt des Bernhard von Clairvaux, *De tribus inimicis hominis, carne, mundo et diabolo* (*PL* CLXXXIV, col. 503); im *Besant de Dieu* von Guillaume le Clerc (1226/27); in einem anonymen Gedicht des 13. Jh., *Des VII Vices et des VII Vertus* (Incipit: *Mundus, Caro, Demonia diversa movent prelia*), faks. in H. Omont,

gruppe erweitert, indem sie Le Monde die Zusatzfigur Honneur mondain beigeben bzw. La Chair in die bedeutungsähnlichen Personifikationen Sensualité und Concupiscence aufspalten. In seiner ursprünglichen Gestalt erscheint es dagegen in der Moralité *Mundus, Caro, Demonia*. Hier spielt die Welt als Erhalterin des Menschen keine Rolle mehr. Obwohl Gottes Kreatur[379], stellt sie sich selbst ohne Einschränkung als böse dar[380] – ein Urteil, das L'Esprit in einer warnenden Rede an den Chevalier chrestien nachdrücklich bestätigt:

> Ce n'est qu'un trompeur, je t'affie,
> Et c'est fol celuy qui s'y fie,
> Car quelques biens qu'il te promette,
> Il promect affin qu'il te mette
> Au roolle des faux malheureux,
> Et ne t'auroys pas dit tous ceux
> Qui sont escritz, en quatorze ans.
> Il a tant faict de meschans
> Et tant perduz et tant damnez (fol. A ii^{v}).

Auch in *Le Lymon et la Terre* tritt Le Monde ausschließlich unter den »gens du Dyable«[381] auf. Um sein böses Wesen mit der vermeintlichen Bedeutung seines Namens *(mundus* 'rein') in Einklang zu bringen, greift er auf den komplizierten Etymologisierungs-Modus *e contrario* zurück:

> Par mon propre nom j'ay nom Monde,
> Ainsi suis de tous appellez;
> Mais par Nature suis immonde:
> Au contraire sens suis nommez (fol. a i^{v})[382].

In der *Moralité de Charité* ist der Instanzencharakter der Figur durch die Ausstattung mit menschlichen Zügen weitgehend zurückgedrängt. An Le

---

Fabliaux, dits et contes du 13e siècle, Paris 1931, pp. 373–375; in den *Anecdotes historiques* von Étienne de Bourbon; beim Troubadour Guillem de l'Olivier und im *Roman des trois ennemis de l'homme* eines gewissen Simon, ed. P. Meyer, in *Rom.* 16 (1887) pp. 1–24 (dort pp. 2–5 Überblick über die Motivgeschichte mit Hinweisen auf die älteren, hier nicht erwähnten Textausgaben). Cf. auch M. E. Collins, *The Allegorical Motifs*, pp. 117–132; J. Bastin, *Trois »dits« du XIIIe siècle, 1. Mundus, Caro, Demonia*, in *Rbph* 20 (1941), pp. 490–492; D. R. Howard, *The Three Temptations. Medieval Man in Search of the World*, Princeton 1966 (bes. pp. 65–75) und W. Habicht, *Studien*, pp. 37–45.

379 »Penses tu que ne soyons pas / Creatures de Dieu?« fragt Le Monde. »Helas, / Je le croy bien«, antwortet L'Esprit, fügt aber hinzu, Le Monde ähnele seinem Schöpfer nicht mehr (fol. B ii^{v}).

380 »Je suis le Monde insatiable, / Remply de cogitations« (fol. A i^{v}); »Et si je ne sçavoye mentir / et me mesler de tricherie, / D'inventions et tromperie, / Je me pendroie« (fol. B iiii^{r}).

381 fol. c i^{r}.

382 Das Wortspiel *mundus immundus* ist weit verbreitet (Belege bei W. Stammler, *Frau Welt*, p. 18 und Anm. 47, 48); seinen Ursprung hat es vielleicht in Job 14, 4. Cf. auch E. R. Curtius, *Europäische Literatur*, pp. 486–490.

Monde als Verführer erinnert allein die Weltabsage des reuigen Pouvre[383]. Die Rolle einer Naturinstanz spielt Le Monde hier nur in einer kurzen, auf einem allegorischen Wortspiel beruhenden Nebenhandlung[384]; aber nicht mehr wie in *L'Homme juste et l'Homme mondain* und *L'Omme pecheur* als Erhalter der Menschen, sondern als eine Art von natürlichem Bollwerk, an dem die törichten Angriffe des Menschen scheitern[385]. Diese Bedeutungskomponente der Figur steht innerhalb der *Moralité religieuse*, soweit ich sehe, vereinzelt da. Es scheint mir aber wichtig, diesen Beleg nicht zu vernachlässigen, weil er einen Hinweis gibt, in welche Richtung sich Le Monde in einigen allegorischen Stücken politisch-satirischen Charakters entwickelt, bei denen die gesamte Handlung auf dramatisierten Wortspielen beruht.

FORTUNE. – Die traditionsreiche Gestalt der Fortuna[386] tritt in *L'Homme juste* als Begleiterin von Le Monde auf. Wie dieser sorgt sie anfangs als hilfreiche Naturinstanz für die ihr anvertrauten Menschen[387]. In dieser Phase beschreibt sie ihr Wesen mit folgenden Worten:

> [...] en tous mes faictz je suis variable et n'y a nulle fiance en moy quelconques, et trop folz et abusez sont ceulx qui se y fient. Combien que a ceulx qui vivent justement, aucunesfois je les fois riches et aucunesfois povres, *affin de leur monstrer qu'ilz ne doyvent avoir fiance ne espoir seurs en moy ne au Monde, mais seullement en Dieu, et faire le salut de leurs ames.* Aussi aux mauvais et qui sont trop perseverans et obstinez en vices et pechez et es mondanitez, plaisances, grans honneurs et abusions du Monde, souventesfois je les eslieve et fais riches et aucunesfois

---

383 »Ha, Monde, je ditz de toy fy! / C'est par toy que je suis souillé. / Ha, Monde, tu m'as aveiglé! / Trop longuement je t'ay obaÿ. / [...] / Tu m'as mis en ung mauvais plait / Encontre Dieu, mon createur« (fol. F iii^{v}–F iiii^{r}).

384 Von ihr wird unten in Kap. III, 6 noch ausführlicher zu reden sein.

385 Charakteristisch dafür ist die ironisch-distanzierende Bemerkung des Fol: »Mais ou s'en va cest estourdy? / Il pense le Monde destruyre, / Si chiet a terre, je pleuvy / Qu'il nous fera trestous bien rire« (fol. G^{v}).

386 Zur Motivgeschichte cf. etwa A. Doren, *Fortuna im Mittelalter und in der Renaissance*, Leipzig, Berlin 1924 (Vorträge d. Bibl. Warburg II, 1922/23, 1. Teil); H. R. Patch, *The Goddess Fortuna in Mediaeval Literature*, Cambridge 1927; I. Siciliano, *François Villon et les thèmes poétiques du Moyen-Age*, Paris [1934], pp. 281–311; D. M. Robinson, *The Wheel of Fortune*, in *ClP* 41 (1946) pp. 207–216; E. Lommatzsch, *Beiträge zur älteren italienischen Volksdichtung. Untersuchungen und Texte. II: El libro de Santo Iusto Paladino de Franza*, Berlin 1951, pp. 65–102 (mit einem Überblick über die vorausgehende Literatur und ausführlichen Textbelegen); K. Heitmann, *Fortuna und Virtus. Eine Studie zu Petrarcas Lebensweisheit*, Köln und Graz 1958 (Studi italiani. 1), bes. pp. 25–27; F. P. Pickering, *Literatur und darstellende Kunst im Mittelalter*, Berlin 1966 (Grundlagen der Germanistik. 4), pp. 112–145. Zur Ikonographie cf. R. van Marle I, Fig. 208–228 und die übrigen in der Einleitung aufgeführten Handbücher.

387 Cf. etwa ihre Rede fol. a v^{v} »Ces deux beaulx habitz porteray, / Affin qu'ilz en ayent couverture. / Tousjours je les supporteray, / De biens leur faisant ouverture«.

je les rendz povres et souffreteux a honte et scandalle *pour leur faire congnoistre leur grant folie, abusion et oultrecuydance*

(fol. b i^r^).

Nach dieser Ekphrasis dient die Unbeständigkeit der Fortune ausschließlich dem guten Zweck, Gerechte und Ungerechte vom Weltvertrauen zum Gottvertrauen zu führen. Davon kann allerdings später, wenn sie zusammen mit Le Monde den Homme mondain in seiner Fehlhaltung noch bestärkt[388], nicht mehr die Rede sein. Hier erscheint sie eindeutig als böse Instanz in einer Reihe mit Oultrecuydance, Orgueil, Ignorance etc. Es ist leicht zu erkennen, daß Fortune bei ihrer wechselnden metaphysischen Zuordnung jeweils dem Status der Parallelfigur Le Monde folgt.

Im Stück *Bien advisé, Mal advisé* wird Le Monde im Zusammenhang mit Fortune zwar begrifflich erwähnt[389], tritt aber nicht personifiziert auf. Die positive Komponente der Fortune als Erhalterinstanz fehlt, der Charakterzug der Unbeständigkeit erhält hier einen stark negativen Akzent[390]. Die Figur ist also hier ganz der teuflischen Seite zugeordnet.

MALEURETÉ. – In der *Moralité d'Aulcun* wird die unerfreuliche Seite der Naturinstanz Fortune unter dem Namen Maleureté personifiziert. Es gelingt hier der Cognoissance nach einigen Mühen, dem Menschenvertreter Aulcun klarzumachen, daß Maleureté, d. h. der Verlust von »honneurs« und »richesse«[391], kein wirkliches (= moralisches), sondern nur ein natürliches Übel, unter religiös-moralischem Aspekt also eher eine Erleichterung darstellt[392].

Von Anfang an schwingt aber in den Worten von Maleureté auch ein dunklerer Unterton mit:

De tout chascun suy diffamee,
Ne de celuy ne suy aimee
Jamés qui en mes las s'atrappe.
[. . .]
C'est aventure s'il eschappe,
Car Desespoir tieng soubz ma chappe (fol. 126^v^–127^r^).

Während sie hier nur auf die Gefahr hinweist, durch Unglücksschläge in (sündige) Verzweiflung zu geraten, sich aber noch nicht mit Desespoir identifiziert, nimmt sie später immer stärker selbst die Züge einer Personifika-

---

388 Cf. vor allem fol. k v^r^ sqq.

389 HONNEUR zu Bien advisé: »Se tu veulx savoir sans deffault / de ce Monde la contenance, / Veez la Fortune en l'eschauffault« (fol. g i^v^).

390 Cf. die Ekphrasis: »Je suis Fortune la diverse, / qui ne vueil nulle chose faire / qui ne soit tout a la renverse. / [. . .] / A moy nulluy ne se doit traire, / car je suis mauvaise et perverse«(*ib.*).

391 fol. 152^v^–153^r^.

392 Die Ansicht von Cognoissance: »Ta perte est pou ou rien« (fol. 151^v^) wird schließlich auch von Aulcun übernommen: »Je n'ay rien perdu, / Puis que bien parfait ne s'y tienne« (fol. 153^v^), ja er deutet den angeblichen Verlust sogar als Gewinn: »Je suys hors de danger« (fol. 155^v^).

tion der Verzweiflung an: sie versucht mehrfach, den gealterten Aulcun zum Selbstmord zu überreden[393], und stellt ihm zu dessen Rechtfertigung mehrere heidnische Selbstmörder als Vorbilder hin[394]. Als teuflische Instanz tritt sie schließlich auch der Cognoissance entgegen[395]. Durch das Hinüberspielen von Maleureté in den Bereich der Laster werden die Symmetrieeigenschaften des ursprünglichen Systems von Instanzen grundlegend verändert[396].

Es liegt nahe, die Ambivalenz von Maleureté mit der für ein Stück von ca. 2500 Versen und großer begrifflicher Spannweite erstaunlich geringen Anzahl von nur sechs dramatischen Figuren in Zusammenhang zu bringen[397]. Offenbar aus dieser Notlage heraus muß Maleureté allein zwei semantische Komplexe abdecken, die in einer stärker besetzten Moralité durch zwei getrennte Personifikationen (in *Bien advisé, Mal advisé* etwa durch Mallemeschance und Desesperance) repräsentiert werden.

Liberté. – Die Freiheitspersonifikation der Moralité *L'Homme juste* nähert sich in ihrer Ekphrasis gelegentlich den Repräsentanten der Willensfreiheit. So nimmt sie zum Beispiel mit ihrem an den Homme mondain gerichteten Hinweis

Secours ailleurs tu peulx chercher,
Car de tout tousjours suis contente.
Bien ou mal m'est ung, je m'en vante
Et congé de tout je te donne.
Il ne me chault point quel vent vente,
De tout faire je t'abandonne (fol. g i^r)

teilweise wörtlich eine Rede von Franc Arbitre auf[398]. Daneben steht indessen eine andere, begrifflich verwandte, aber dem metaphysischen Gegenpol zugeordnete Komponente der Figur, die sich etwa als *licentia*, d. h. Willkür,

---

393 »Fay de ton corps octision / Pour la grant doulour abreger« (fol. 147^r); »Tu as passez tes jours plaisans / Et Veillesse sur toy preside. / Veulz tu vivre en jours desplaisans / Sans avoir confort ne subside? / Soyez dont de toy homicide« (fol. 148^v).

394 fol. 149^r–149^v. Auch ihre Selbstverfluchung: »Je doy bien ma vie maudire, / Plourer par habondance d'Ire / En doeil vehement et grevain« (fol. 126^v), die der allegorischen Konvention entspricht, *essentiae* als Eigenschaften von Personifikationen darzustellen, rückt sie schon frühzeitig in die Nähe der Verzweiflung.

395 fol. 154^r–154^v.

396 Von der zweifachen Opposition Tugend/Laster (Cognoissance/Malice) und Naturgüter/Naturübel (Puissance und Auctorité/Maleureté) bleibt nur die erste, religiös-moralisch relevante, erhalten (Cognoissance, Puissance und Auctorité stehen gemeinsam gegen Malice und Maleureté). Dies erinnert an die Umgruppierung der Menschenvertreter im Verlauf der Stücke *Les Blasphemateurs* und *Charité*.

397 Andere *Moralités religieuses* von ähnlicher Länge (ca. 2000–2800 Versen) enthalten gewöhnlich weit mehr Figuren als *Aulcun*, beispielsweise *Les Enfans de Maintenant* 13, *Charité* 12, *Langue envenimee* 13 und *Les sept Pechie morteil* 21.

398 Cf. oben Anm. 364.

Leichtfertigkeit bei der Entscheidung und Gleichgültigkeit gegenüber dem Guten umreißen läßt. Sie zeigt sich unter anderem darin, daß Liberté gemeinsam mit der als böse erkannten Ignorance auftritt, offen für die Sünde wirbt[399] und ausdrücklich als Gabe der Perdicion dargestellt wird[400].

Neben der ambivalenten Figur Liberté erscheinen im vorliegenden Stück unter den Namen Bon Vouloir und Mauvaise Voulenté übrigens auch zwei klar polarisierte Personifikationen aus dem semantischen Feld der freien Willensentscheidung.

HONTE. – Die Figur Honte, die in den Stücken *Les Enfans de Maintenant* und *Bien advisé, Mal advisé* vor die Zuschauer tritt, hebt sich von allen bisher genannten Beispielen für metaphysische Ambivalenz vor allem dadurch ab, daß sie sich in ihrer Ekphrasis selbst ausdrücklich als Doppelwesen definiert:

Honte est en double maniere,
Car communement la premiere
Je appelle Honte naturelle.
[...]
Je te donray enseignement
Qu'elle se nomme proprement,
Se [= Ce] croy je, Verecundia.
Mais une aultre Honte y a
Qu'on appelle effrenee.
La premiere tresbien m'agree
Et a Dieu est aussi plaisante,
Mais ceste luy est desplaisante
Et te rend en subjection

(*Les Enfans de Maintenant*, fol. E iii^r – E iiii^v).

Hier werden zwei Instanzen, die entgegengesetzten metaphysischen Lagern angehören und sich in der deutschen Übersetzung klar als 'Scham' und 'Schande' voneinander abgrenzen lassen, offenbar nur deshalb von einer einzigen Bühnenfigur verkörpert, weil sie im Französischen beide mit ein und demselben Wort bezeichnet werden! Es ist nun zu fragen, ob zwei begrifflich so verschiedene Instanzen sich auch im dramatischen Zusammenhang in eine Figur integrieren lassen, ob also Honte, wie es die zitierte Selbstdefinition verlangt, überall dort, wo sie auftritt, *zugleich* die Scham und die Schande repräsentiert.

Für *Les Enfans de Maintenant* ist die Frage ohne weiteres zu verneinen. Von den beiden begrifflichen Komponenten der Honte wird nur die zweite, *Honte effrenee*, dramatisch realisiert. Honte selbst antwortet auf die Frage von Desespoir, wo sie – gemeint ist offenbar: in ihrer semantischen Komponente 'Scham (vor dem Sündigen)' – denn versteckt gewesen sei, während Finet seine »grant folye« begangen habe:

---

399 LIBERTÉ: »De suyvre Oultrecuydance veille / Sans nullement luy contredire« (fol. g i^r); ähnlich fol. g v^r.

400 PERDICION zu den beiden Menschenvertretern: »Liberté aussi je vous donne / Que voyez qui vous habandonne / De faire tout ce que vouldrez« (fol. f vi^r).

Alors je ne me monstroys mye.
Le Dyable m'avoit attachee
Et maintenant en sa haschee,
A son tourment suis restablie (fol. F^{v}).

Als 'Schande' arbeitet sie gemeinsam mit den Lasterinstanzen Jabien, Luxure, Desespoir und Perdition am Verderben des Sünders. Hier zeigt sich das paradoxe Phänomen, daß gerade die Figur, die sich offen als ambivalent charakterisiert, in der dramatischen Praxis durchaus polarisiert erscheint.

Demgegenüber versucht der Verfasser von *Bien advisé, Mal advisé*, die beiden Instanzen 'Scham' und 'Schande' nebeneinander zu realisieren und dabei doch die Einheit der Personifikation Honte zu erhalten, indem er ihre zwei Begriffskomponenten über einen dritten Begriff, den des Sündigens, zueinander in Beziehung setzt. – Als Mal advisé nach seinem sündhaften Leben vor Honte erscheinen muß, empfindet er bei ihrem Anblick zum erstenmal Scham[401]; aber Honte macht ihm sogleich unmißverständlich klar, daß dieses allzu späte Gefühl von wirklicher *verecundia* weit entfernt sei:

Par saint Jehan, c'est trop tardé;
Tu as ung peu trop attendu.
Se tu eussies bien attendu
a vivre de tresbonne vie
Sans penser mal ne villenie
Et avoir [*lies:* eussies] eu Honte de pechié,
Dont tu es plain et entachié,
maintenant ne fussies pas cy (fol. f i^{r})[402].

Daraus ergibt sich folgende Konstellation zweier sich gegenseitig ausschließender *Honte*-Begriffe: Scham, als *Honte de pechié* verstanden, verhindert das Sündigen; fehlt diese Scham, so entsteht als Folge fortgesetzten Sündigens Schande. Die bloße Scham vor der Schande hebt weder diese noch rückwirkend die Sünde auf; sie gehört also nicht wie *Honte de pechié* ins göttliche Lager, sondern ist nur die zum Bewußtsein gekommene Schande, die in (sündhafte) Verzweiflung übergeht[403]. – Es mag als ein besonderes Raffinement erscheinen, daß die Figur Honte in dieser Szene eindeutig die Schande verkörpert, während mit dem Begriff *Honte*, sobald er in ihrer dramatischen Rede auftaucht, gewöhnlich die Scham (vor dem Sündigen) gemeint ist[404]. In Wirklichkeit zeigt sich eben darin, daß dieser scharfsin-

---

[401] MAL ADVISÉ: »Oncques mais jour ne t'avoye veue, / Car je n'en avoye fait compte; / Mais j'ay de te veoir si grant Honte / Que ne te ose regarder« (fol. e vi^{v}).

[402] Zeile 6 des Zitats ist nach dem Sinnzusammenhang als koordinierende Fortsetzung des Bedingungssatzes *Se tu eussies . . .*, nicht des negativen Infinitivsatzes *Sans penser mal ne villenie* aufzufassen.

[403] Unmittelbar nach der oben zitierten Antwort von Honte bekennt MAL ADVISÉ: »de dueil je suis desesperé« (*ib.*).

[404] Neben »Honte de pechié« (Zeile 6 des Zitats) cf. etwa: »et puis les gens n'ont point de Honte / de faire pechié ne vice« oder »les pecheurs si n'ont point de Honte / de prendre biens sans rendre compte« (*ib.*).

nige Versuch einer Synthese von zwei weit auseinander liegenden Instanzen in einer dramatischen Figur nicht geglückt ist. Er führt nicht zur dramatisch voll realisierten Ambivalenz einer Personifikation, sondern nur dazu, daß ihre Ekphrasis und ihre dramatische Funktion auseinanderklaffen. Im Handlungszusammenhang siegt auch hier die negative Komponente: wie in *Les Enfans des Maintenant* steht Honte in *Bien advisé, Mal advisé* letztlich in der Reihe der Laster.

Worauf ist nun die religiös-moralische Ambivalenz der untersuchten Bühnenfiguren zurückzuführen? Folgende Ursachen kommen in Betracht:

1. voneinander abweichende theologische Bewertungen einer Instanz in verschiedenen Kontexten (Le Monde, Fortune);
2. die semantische Differenzierung eines Wortes (Liberté, Honte);
3. das technische Problem, mit wenigen dramatischen Figuren eine größere Zahl von Instanzen darzustellen (Maleureté).

Diese Ursachen, die sich wohl noch durch andere ergänzen ließen, können sich ihrerseits überlagern und damit den ihnen gemeinsamen Effekt verstärken.

Dem äußeren Anschein nach widerspricht die Ambivalenz der Polarisierungsregel. Nun fällt aber auf, daß – mit einer einzigen Ausnahme, nämlich der Selbstdefinition von Honte als Doppelwesen – die als ambivalent bezeichneten Figuren nicht etwa gleichzeitig, sondern nur nacheinander als gut *und* böse erscheinen, während sie in jedem Augenblick eindeutig einem metaphysischen Pol zugeordnet sind. Diese Beobachtung eröffnet eine Möglichkeit, auch die Sonderfälle mit der Polarisierungsregel in Einklang zu bringen.

Entscheidend für die metaphysische Zuordnung einer allegorischen Bühnenfigur ist ihre Bedeutung, die sich neben ihrem begrifflichen Namen vor allem aus der allegorischen Ekphrasis und der dramatischen Funktion erschließen läßt. In der Regel ändert sich im Verlauf eines Stücks die Bedeutung einer Personifikation ebensowenig wie ihre Identität als Bühnenfigur. Da hier eine Bedeutungseinheit (Instanz oder Wesenheit) jeweils durch eine – wenn auch nur fiktive – personale Einheit (Bühnenfigur) dramatisch repräsentiert wird, liegt es nahe, unter Vernachlässigung der allegorischen Differenz die Polarisierung der Instanzen von der Bedeutungsebene auf die Ebene der Bühnenfiktion zu projizieren. Schematisch dargestellt:

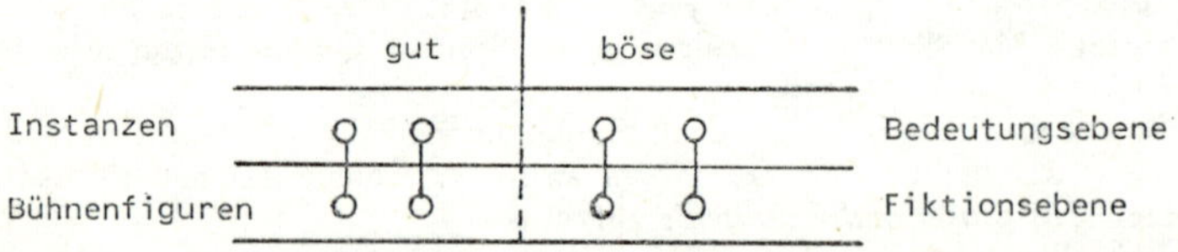

Für den Zuschauer entsteht so der Eindruck, die Bühnenfiguren selbst seien polarisiert. Daß dies strenggenommen nicht zutrifft, zeigen die Sonderfälle. Die ambivalenten Figuren haben trotz *einer* äußeren Gestalt und *eines*

Namens mehrere verschiedene Ekphraseis bzw. dramatische Funktionen und damit mehrere Bedeutungen, das heißt, sie verkörpern *mehrere* Instanzen, die ihrerseits religiös-moralisch polarisiert sind. Eine Projektion der Polarisierung auf die Fiktionsebene ist hier nicht mehr möglich, wie auch aus dem folgenden Schema hervorgeht:

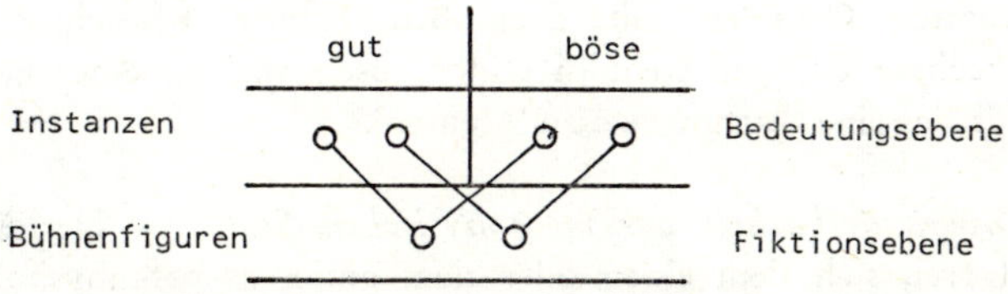

Auch wo die *oculi carnis* ambivalente Figuren sehen, erkennen die *oculi mentis* religiös-moralisch polarisierte Instanzen, das heißt im Fall der oben angeführten Beispiele:

gute Instanzen	böse Instanzen
Le Monde^{+} = die Welt als Erhalter oder Bollwerk gegen die törichten Menschen	Le Monde^{-} = die Welt als Verführer
Fortune^{+} = Fortuna als Erhalterin oder Naturübel	Fortune^{-} = Fortuna als Verführerin
Maleureté$^{+}$ = Verlust natürlicher Güter als moralische Erleichterung	Maleureté$^{-}$ = Verlust natürlicher Güter als Anlaß zur Verzweiflung
Liberté$^{+}$ = Willensfreiheit	Liberté$^{-}$ = Willkür, Leichtfertigkeit bei der Entscheidung
Honte^{+} = natürliche Scham als Abwehr sündhafter Neigungen	Honte^{-} = Schande als Folge des Sündigens und Anlaß zur Verzweiflung

Auch die Sonderfälle lassen sich also der Regel subsumieren, die Instanzen der Moralité religieuse seien entweder dem guten oder dem bösen Pol zugeordnet, wenn man bei der Konstituierung der Instanzen nur streng von *Bedeutungseinheiten* ausgeht und dabei zugesteht, daß diese nicht nur durch ganze Bühnenfiguren, sondern auch durch *einzelne Ekphraseis* oder *zeitlich begrenzte dramatische Funktionen* solcher Figuren repräsentiert werden können. Allerdings werden diese Elemente viel weniger unmittelbar als dramatisch-allegorische Einheiten empfunden als die sichtbaren Personifikationen.

Um Unklarheiten zu vermeiden, sei nachdrücklich auf den fundamentalen Unterschied zwischen der Ambivalenz der soeben behandelten Figuren und der wechselnden metaphysischen Zuordnung der meisten Menschenvertreter hingewiesen. Während außerhalb des menschlichen Bereichs die Ambivalenz nur die dramatischen Figuren und damit nur die Fiktionsebene betrifft, gehört sie beim Menschen zur Gattungsdefinition, allegorisch gesprochen also zur Ebene der Bedeutung! Honte+ und Honte− repräsentieren, um ein Beispiel herauszugreifen, zwei verschiedene Wesenheiten (die aus bestimmten Gründen mit demselben Namen bezeichnet werden); L'Omme pecheur dagegen steht in seiner bösen *und* in seiner guten Phase letztlich für das eine Gattungswesen 'Mensch'.

Die Unveränderbarkeit des metaphysischen Status. – Der Mensch ist prinzipiell frei, sich dem einen oder dem anderen metaphysischen Lager anzuschließen. Anders die Instanzen! Die Tugenden befinden sich mit Gott in unstörbarer Harmonie; die Laster sind vom Teufel »enchaÿneit«[405], so daß sie sich von ihm weder lösen können noch wollen[406]. Nur in der *Moralité du Jour Saint Anthoine* bekundet die Gestalt Pechié offen Schmerz über ihren Status, ohne ihn freilich je ändern zu können:

> Jamais n'auray paix avec Dieu
> N'a nostre enfer n'en aultre lieu,
> De quoy je me dueil trop forment,
> Je seray sans fin en torment
> Comme je suis, et en soussy (vv. 303–307).

Diesen Klagen setzt Dieu ein hartes »De repentir il est trop tard«[407] entgegen. Im einmal eingenommenen Status der Laster ist ihr zukünftiges Schicksal, mit dem Teufel verdammt zu werden, bereits unausweichlich vorgezeichnet[408]. Während es im menschlichen Bereich ein Nacheinander gegensätzlicher religiös-moralischer Positionen, also Dynamik gibt, bleiben die allegorischen Instanzen bei aller äußeren Bewegtheit ihrer dramatischen Rolle als Wesenheiten vollkommen statisch; sie repräsentieren ein Sein, kein Werden.

Der strengen Scheidung beider Gruppen wirkt aber tendenziell die allegorische Konvention entgegen, nach der die Personifikationen gern mit den Eigenschaften ausgestattet werden, die ihrem begrifflichen Namen entsprechen. Sie betrifft zunächst nur die dramatische Darstellung, kann aber auch auf den metaphysischen Status der Instanzen ausstrahlen. Die böse Zentralgestalt Pechié beispielsweise, die primär den Menschen zu sündigem Handeln verführen will, erscheint in der allegorischen Bühnenfiktion selbst

---

[405] *Les sept Pechie morteil*, v. 57.

[406] Cf. *ib.*, v. 777 sq. »volonté n'ont nullement / de bien faire ne bien dire«. In dieser Gebundenheit des Willens liegt vielleicht der schärfste Kontrast zur *condition* des Menschen, die ohne Willensfreiheit nicht denkbar ist.

[407] *ib.*, v. 258.

[408] Cf. dazu *ib.*, vv. 349–351; *Langue envenimee*, fol. D iiii^r; *L'Homme juste*, fol. h ii^v; *L'Omme pecheur*, fol. t ii^r–x iii^r, & ix^r.

als sündig[409], Crainte-de-faire-penitence dementsprechend als unbußfertig[410] etc.

Die sich aufdrängende Frage, ob solchen Instanzen dann nicht auch vergeben werden könne wie menschlichen Sündern, wird in der *Moralité du Jour Saint Anthoine* noch eindeutig negativ beantwortet[411]. In *Langue envenimee* dagegen folgt dem Verdammungsurteil eine wichtige Einschränkung. Hier trägt Deus dem Erzengel Michel auf, die »sündigen« Laster Langue envenimee und Danger zu bestrafen:

> Michel, tantost excommunie
> Par moy Langue envenimee
> – des chrestiens est ennemye –
> Et Danger qui fort les guerrye.
> Jamais n'auront remission
> Ceulx qui de maulx seront coulpables,
> mais tousjours en dampnation
> seront avecques leurs semblables,
> *S'il n'ont bonne contricion*
> *et en tout bien se retourner* [*sic*]
> Et ains la mort confession.
> [...]
> Je vueil qu'elle ayt pugnition,
> *Quant aultrement ne se repent* (fol. E iii^{v})[412].

Bleibt es in diesem Zitat zuerst noch offen, ob *ceulx* (Zeile 6) und damit die im folgenden Bedingungssatz genannte Möglichkeit zur Umkehr durch Reue und Beichte sich auf lasterhafte Menschen, die unmittelbar vorher angesprochenen Lasterinstanzen oder auf beide zugleich bezieht, sie meinen die beiden Schlußverse, wie aus dem Zusammenhang ersichtlich, eindeutig Langue envenimee selbst. Hier wird also, wenn auch in recht formelhafter Sprache, die Möglichkeit angedeutet, auch eine Instanz könne eine moralische Wandlung durchmachen wie die Repräsentanten des Menschen.

Freilich wird der Gedanke einer größeren moralischen Dynamisierung der Instanzen in diesem Stück nicht weiter verfolgt. Da für den Autor feststeht, daß Langue envenimee und Danger sich nicht bekehren werden, läßt er Michel auch keinen Versuch mehr unternehmen, auf sie einzuwirken, sondern nur das göttliche Verdammungsurteil verkünden[413]. Wenn schließlich viele typische Züge des im Sündenstand sterbenden Menschen auf die beiden Laster übertragen werden – die Verzweiflung und Selbst-

---

409 PECHIÉ: »de mon oultrage / Je pechay par consentement« (*Le Jour Saint Anthoine*, v. 312 sq.).

410 CRAINTE-DE-FAIRE-PENITENCE: »De confesser jamais n'acheve / Mes grans pechés par remembrance« (*L'Omme pecheur*, fol. b v^{r}).

411 DIEU zu Pechié: »Tu seroies cy a tous jours, / Ains que j'eusse compassion / De toy, c'est sans remission« (vv. 294–296).

412 Hervorhebungen von mir.

413 fol. E iiii^{v}.

verfluchung[414], das Bewußtsein der eigenen Verdammnis[415], die Ankündigung der ewigen Strafe als *contrappasso* der im Leben dominierenden Sünde[416], der Selbstmord durch Erhängen in deutlicher Parallele zu Judas[417] und das Entweichen der Seele, die von den Teufeln in die Hölle gebracht wird[418] –, so zeigt sich darin erneut die oben genannte Darstellungskonvention, die hier das zwanghafte Beharren in der einmal eingenommenen metaphysischen Position nur bestätigt.

Auch in *Langue envenimee* wird also an der statischen Auffassung der Instanzen festgehalten. Die oben zitierte Passage enthält aber einen Ansatzpunkt für andere, von der Norm abweichende Darstellungen.

Sonderfälle: Bekehrte Instanzen. – Schon die sehr frühe Moralité *Les sept Pechie morteil* geht in dieser Beziehung über *Langue envenimee* hinaus. Auch wird hier der moralische Zustand von Lasterinstanzen in einer ursprünglich nur auf Menschen zugeschnittenen Aussageweise beschrieben, dies aber so konsequent, daß die Darstellungskonvention bis auf die Bedeutungsebene durchdringt. Als »creature pecheresse«[419] sind die Todsünden für die Verdammnis bestimmt. L'Ermite empfindet heftiges Mitleid mit ihnen und wendet sich daher an Nostre Damme:

vos preie por ces VII creature,
qui sont encline[s] à ordure
de pechie par temptacion
et par maise operacion;
que des las del anemis fier
les veulhies tout[es] deslachier
et priie à vostre fil Ihesum,
qu'il ayent en la fien vray pardon
et que les puis[se] conuertire
par les VII vertus [...] (vv. 634–643).

Die Angesprochene gibt die Bitte an ihren göttlichen Sohn weiter, wobei sie in ihrer Wortwahl erneut den Wesensunterschied zwischen Sündeninstanzen und sündigen Menschen einebnet[420]. Dieu selbst übernimmt diese Vorstellung, indem er L'Ermite anweist, ihre Bekehrung vorzubereiten:

---

414 fol. E iiii^v–F i^v.

415 Langue envenimee: »Car je voy bien que suis dampnee« (fol. F ii^r).

416 »Prenez tost celle ame dampnee / Et par la langue soit pendue, / O faulce Langue envenimee« (fol. F iii^v).

417 fol. F v^r.

418 fol. F ii^r–F iiii^v.

419 *Les sept Pechie morteil*, v. 700.

420 Sie nennt die Todsünden »VI creature morteus« (v. 882) und bittet um Gnade für die »pecheür« (v. 890) und »char humaine« (v. 860). Wenig später rühmt L'Ermite ihre Bereitschaft »de priier por humanité[!] / et por ceulx qui, par vanité / de pechié, ont usé leur vie« (vv. 990–992). Von Instanzen ist hier nicht die Rede, um so mehr dagegen von Menschen!

VII vertu amenrat en plache,
qui à bien les conuertiront,
se de leur mal repentans sont,
Par confesse et contricion
de leur meffais aront pardon (vv. 909–913)[421].

Was in *Langue envenimee* eine bloße Formel war, wird hier dramatisch realisiert! Die Tugenden bekehren die Todsünden, deren Instanzencharakter dabei konsequent verleugnet wird.

Humilité beispielsweise redet Orguelh mit »dolans orguelheus«[422] an und argumentiert in ihrer Bußpredigt so, als habe sie einen hochmütigen Menschen vor sich und nicht die Verkörperung der Wesenheit 'Hochmut' selbst[423]. Auch als Envie auf ein *Memento mori* von Charité erwidert, sie sei als Instanz dem Tod nicht in derselben Weise unterworfen wie die Menschen[424], wird die Vermischung der beiden Gruppen nicht aufgegeben. »Non, mains cuer enuieux moras«[425], fährt Charité ungerührt fort, und die nach allegorischer Konvention als neidisch dargestellte Envie erkennt jetzt (ungeachtet ihres vorherigen Einwands) diese Antwort als für sich gültig an und beschließt, den Neid aufzugeben (»envie deguerpir«[426]), um sich der Liebe und dem Glauben zuzuwenden. Ebenso reagiert die Todsünde Orguelh auf die Aufforderung von Humilité, ihren Hochmut abzulegen:

Vos m'aueis si bien conuerty,
orguelh dor en auant lairay,
simple et humble deuenrai(e) (vv. 1170–1172).

Darauf beichtet sie dem Ermite ihre Übeltaten[427] und verwandelt sich in Humilité, und dementsprechend verfahren in der Folge alle übrigen Todsünden[428].

---

421 Hervorhebungen von mir.

422 v. 1087.

423
Voy dont tu viens et où tu es
et qui deueras chi apres:
de lymon de terre est [= es] formee.
[...]
Sacies qui [= que], solonc ta nature,
tu n'es que I sac plains d'ordure (vv. 1090–1097).

424
Est che à certe[s] ou à gas,
dame, qui vos casties
et de morir me manechies.
Ie ne doubte le mort nient,
car i'aie oyu dire souent
que enuie ne mora ià (vv. 1338–1343).

425 v. 1344.

426 v. 1358.

427 vv. 1234–1253.

428 Cf. vv. 1412 sqq., 1540 sqq., 1682 sqq., 1858 sqq., 2056 sqq. und 2284 sqq. – Das gleiche Motiv findet sich in dem kurzen Fragment *Reguard, Venus, Armonie, Musicque, Retoricque, Ruid Entendement,* das der Hg. A. Thomas nach der Schrift des Manuskripts auf die Mitte des 15. Jahrhunderts datiert (*Rom.* 38,

Eine solche radikale Verwandlung von Instanzen, die ihren metaphysischen Status berührt, widerspricht prinzipiell einem wie auch immer gefaßten Instanzen- oder Wesenheitenbegriff, weil hier kein unveränderliches Substrat mehr angegeben werden kann, an dem die Veränderung sich vollzieht. Dieses Substrat ist bei Individuen die Einheit der Person, bei überindividuellen Menschenvertretern die Einheit der menschlichen Gattung. Konträre Instanzen wie Orguelh und Humilité lassen sich hingegen nicht unter ein als real aufgefaßtes gemeinsames Drittes subsumieren, das als Träger des Übergangs von der einen zur anderen Bedeutung fungieren könnte[429].

Die Wesensverwandlung der Todsünden kann wohl nur damit erklärt werden, daß sie hier weitgehend den metaphysischen Status von Menschenvertretern angenommen haben. Dies gilt vor allem für den eigentlichen Bekehrungsakt. Wie die Formeln »laysse orguel«[430] und »siweis tous iour humilité«[431] zeigen, wird Orguelh in diesem Augenblick ganz als *Anhänger* der Instanz 'Hochmut', nicht als diese selbst verstanden. Der Übergang zu Humilité vollzieht sich bezeichnenderweise über den Wechsel einer Eigenschaft: »humble deuenrai(e)«[432]. Die allegorische Darstellungskonvention, Instanzen wie Menschenvertreter mit menschlichen Eigenschaften auszustatten, ist hier bedeutungsrelevant geworden.

Als bekehrte Instanz tritt auch die Titelgestalt der Moralité *La Condamnacion des Bancquetz* auf. Der im Dienst der Gula stehende Übeltäter Bancquet[433], der Krankheiten und Tod über die Menschen bringt[434] und

---

1909, p. 193), das allerdings wegen seiner Kürze nicht mit Sicherheit der *Moralité religieuse* zugeordnet werden kann (der Hg. spricht vorsichtig nur von einer »pièce dialoguée«): Ruid Entendement verändert hier seinen Namen in Esbatement und erfährt zugleich eine Wesensverwandlung.

429 Die Einheit der äußeren Gestalt ist bei allegorischen Personifikationen nur fiktiv; sie kann also höchstens das Substrat für eine äußerliche, bedeutungsirrelevante Veränderung, nicht aber für einen grundlegenden Wandel der begrifflichen Bedeutung abgeben.

430 *Les sept Pechie morteil*, v. 1138.

431 v. 1259.

432 v. 1172.

433 Er wird als »cruel malfaicteur« (fol. n ii^r) geschildert, dessen Wesen ganz von »perversité« und »faulx couraige« (fol. fol. o v^v) geprägt sei.

434 Er läßt die Fresser Friandise und Gourmandise, Je-boy-a-vous und Je-pleige-d'autant von den Krankheiten töten, während Bonne Compaignie, Passetemps und Accoustumance mit Verletzungen davonkommen. Die Opfer werden so konstant mit Wesens-Eigenschaften ausgestattet (Friandise ist naschhaft, Gourmandise verfressen etc., cf. die Ekphraseis fol. i iiii^v, i vi^v und *passim*), daß sie weitgehend die Funktion von Menschenvertretern übernehmen: die Krankheiten töten nicht die Gula, sondern ihre Anhänger. Immerhin hat zumindest Accoustumance, die die Gewöhnung an gutes Essen und Trinken verkörpert, sich einen Rest ihres Instanzencharakters bewahrt, der darin zum Ausdruck kommt, daß sie sich als Verführer der anderen Gourmands charakterisiert: »Je iray tant ces gens pourmenant / Qu'ilz tresbucheront en danger« (fol. k iii^v).

darum als »murtrier parfait«[435] schließlich selbst zum Tode verurteilt wird, bekennt nach dem Schuldspruch dem Beau Pere confesseur seine Sünden, bittet Gott um Vergebung und empfängt die Absolution[436]. Der Schlüssel zur paradox anmutenden Wesensverwandlung einer Instanz dürfte wiederum in der vermenschlichenden Darstellung zu suchen sein, die Bancquet beispielsweise in seinem komischen *congé* vor der Hinrichtung selbst als Gourmand erscheinen läßt[437].

In einer Reihe von Stücken zeigt sich dieses Phänomen auch an Naturinstanzen. In der *Moralité de Charité* ändert Le Monde mehrmals seinen moralischen Standort, um kurz vor dem Tod seine Verfehlungen zu bereuen[438]. Daß die Figur ausgeprägt menschliche Züge aufweist[439], stützt die oben gegebene Interpretation der Bekehrung von Instanzen als einer funktionalen Annäherung an den menschlichen Status.

In *Le Cuer et les cinq Sens* folgen die Personifikationen Le Cuer, L'Oÿe, Les Yeulx, La Bouche (= La Langue), Le Flair und L'Atouchement (= Le Tast)[440] eine Zeitlang den Lastern, bekehren sich aber schließlich »par entiere confession«[441].

Derselbe Wandel ist in *Le Ventre et les Jambes* an der Hauptgestalt zu beobachten. Le Ventre verfällt der Völlerei[442] und beschwert dadurch die anderen Glieder. Sie machen ihm moralische Vorhaltungen wie einem sündigen Menschen, »qui veult Entecrist suyvre / Et ses sathaniques supos«[443]. An die vermenschlichende Darstellung der *Pechie morteil* erinnert vor allem

---

435 fol. n v^v^.

436 fol. p v^r^–p vi^r^. In abgeschwächter Form macht auch die Personifikation Soupper diese Entwicklung durch. Sie ist zuerst »tresdecevable, / Aux corps et aux ames grevable« (fol. n ii^r^), verspricht aber Besserung und bittet um Gnade: »Ayez pitié des penitens« (fol. p iii^v^).

437
Adieu, friandises petites,
Sucre, coriande, aniz,
Girofle, gingembre, penites,
Saffran plus luisant que verniz (fol. q i^r^).

438
Helas! vray Dieu, je me repent
De t'avoir ainsy offensé.
[...]
De mes pechez je me recorde,
Donne moy ta misericorde,
S'il te plaist, mon doulx creatour (fol. G v^r^).

439 Cf. oben p. 59 sq.

440 Zum Motiv der Sinnespersonifikation im Mittelalter cf. J. Morawski, in *RLaR* 65 (1927) p. 75 und R. Bossuat, in *Mélanges E. Hoepffner*, Paris 1949, p. 356 n. 1.

441 v. 144.

442 Cf. fol. 175^r^ »D'Astinence n'est question, / Sobrieteé n'a plus de lieu, / Gourmauldise a gaigné le jeu«.

443 fol. 174^r^; cf. auch fol. 176^v^ »O faulx especurien, / tu te nomme crestien: / tu n'es en Jesus Christ«.

das an Le Ventre gerichtete *Memento mori*[444]; es wird aber hier im Unterschied zu den Todsünden auch durch den dinghaften Bedeutungsinhalt der Personifikation Le Ventre gerechtfertigt, die ja Körperliches und damit Sterbliches repräsentiert. Als Le Ventre sich schließlich von allen Gliedern verlassen sieht, bereut er seine Verfehlungen[445].

Das späte Stück *Vouloir divin* stellt mit Le Temps noch einmal eine wandelbare Instanz vor, die in manchen Zügen auf die oben genannte Figur Le Monde zurückweist. Le Temps, schon in seiner Ekphrasis als »variable, inconstant«[446] bezeichnet, schließt sich zunächst der Ignorance an, wendet sich aber nach einigem Schwanken der Verité zu. Wie Le Monde in der *Moralité de Charité* steht er funktional weitgehend für die Menschheit, obwohl er begrifflich von ihr getrennt bleibt[447].

Die an den Sonderfällen gemachten Beobachtungen lassen sich in zwei Punkten zusammenfassen:

1. Abweichend von der Regel, die Instanzen ihrem Wesen gemäß auch in der personifizierenden Darstellung völlig statisch erscheinen zu lassen, zeigen sich gelegentlich auch durch Bekehrungen gewandelte Instanzen, und zwar mit Ausnahme der *Moralité de Charité* nur in solchen Stücken, die keine spezifische Repräsentanten der menschlichen Gattung auftreten lassen.

2. Die wandelbaren Instanzen übernehmen weitgehend die dramatischen Funktionen von Menschenvertretern.

Der innere Zusammenhang zwischen diesen beiden Phänomenen ist evident: Allegorische Stücke, in denen nur personifizierte Instanzen, aber keine Repräsentanten des Menschen auftreten, geraten leicht in Gefahr, dem Wesen der Instanzen entsprechend völlig statisch zu werden und damit ihren dramatischen Charakter zu verlieren. Da alle metaphysischen Zuordnungen von vornherein festliegen, kann sich nichts wirklich Neues, Betrachtenswertes mehr ereignen. Um nun die für die dramatische Darstellung unerläßliche Minimaldynamik zu erhalten, werden in solchen Stücken offenbar menschliche, d. h. in diesem Zusammenhang: dynamische Züge ersatzweise auf Instanzen übertragen. Dadurch verringert sich der Abstand von den übrigen *Moralités religieuses*; denn stets geht es um die religiös-moralische Entscheidung des Menschen, gleichgültig ob er selbst als dramatische Figur

---

[444] »Y te vauldroyct myeulx aprester / a penser qu'il te fault mourir, / et ton corps en terre pourir« (fol. 174r). Die vermenschlichende Darstellung schreibt der Naturinstanz Le Ventre nicht nur einen Körper, sondern auch eine Seele zu: »Par yvrongnyse tu pers l'ame« (fol. 175v).

[445] fol. 177r–177v.

[446] p. 66.

[447] Cf. Vouloir divin: »[Je] voy Nature humaine estre empiree, / Dez qu'Ignorance est du Temps la maistresse, / Qui tasche faire à Verité oppresse« (p. 84). Nature humaine und Le Temps erscheinen hier als zwei durchaus eigenständige Wesenheiten, von denen die erste allerdings nicht dramatisch personifiziert ist.

auf der Bühne erscheint oder einer außermenschlichen Instanz seine Wesenszüge aufprägt[448].

Um Verwechslungen vorzubeugen, seien abschließend nochmals die wesentlichen Unterschiede zwischen den hier und im vorausgehenden Unterabschnitt behandelten Sonderfällen hervorgehoben[449]: *Ambivalente Figuren* sind Personifikationen von Außermenschlichem, die (nacheinander) in mehreren Bedeutungen auftreten und in jeder einzelnen von ihnen den normalen, statischen Instanzencharakter bewahrt haben. Sie verkörpern also mehrere univalente Wesenheiten, ohne daß der Übergang von einer zur anderen anthropomorph als Sinneswandel dargestellt würde. *Wandelbare Instanzen* dagegen verändern ihr Wesen im Verlauf eines Stücks nach dem Muster menschlicher Bekehrungen und nehmen damit Züge des moralisch ambivalenten Menschenwesens an.

Die Überzeitlichkeit und Allgegenwart. – Die Instanzen sind den engen zeitlichen und räumlichen Beschränkungen des individuellen Menschenlebens nicht unterworfen. Die Tugenden sind nach eigener Aussage ewig wie Gott selbst[450], während die Wirksamkeit der Laster zwar mit der des Teufels am Jüngsten Tag endet, aber trotz dieser prinzipiellen Begrenzung das zeitliche Vorstellungsvermögen des Menschen weit übersteigt.

Hinweise auf die Überzeitlichkeit der allegorischen Instanzen, die in personifizierender Darstellung gewöhnlich als hohes Alter wiedergegeben wird,

---

448 Es ist also *von der Sache her* nicht gerechtfertigt, den Terminus Moralité mit P. J. Houle auf die Stücke zu beschränken, in denen offen als solche bezeichnete Repräsentanten des Menschenwesens auftreten, und die übrigen allegorischen Stücke aus der Gattung auszuscheiden. Houle definiert:

> The absolutely essential feature of the morality play – *full-scope* or *intermediate* – is the figure of Mankind. There must be a central figure upon which the forces of good and evil operate. The presence of the Mankind figure is the only sound way of distinguishing between the morality play and the allegorical play. [...] I define the medieval or Renaissance allegorical play as a homiletic play whose *dramatis personae* are personified abstractions or, loosely speaking, allegorical figures. There is no Mankind figure in an allegorical play *(A Comparative Study*, p. 9 sq.).

Seiner Definition entsprechend bezeichnet Houle das Stück *Les sept Pechie morteil* als »allegorical non-morality« (*ib.*, p. 10), weil es eben keine *Mankind figure* aufweise. Dabei habe ich gerade an diesem Stück exemplarisch gezeigt, wie weit hier die Sündenpersonifikationen in die Funktion von Menschenvertretern hinübergleiten – ein Phänomen übrigens, das Houle selbst an der Figur Pride im *Castle of Perseverance* nachgewiesen hat (*ib.*, p. 7 sq.), ohne zu erkennen, daß damit seine willkürliche Trennung von *morality* und *allegorical play*, die sich auch durch die originalen Gattungsbezeichnungen der alten Texte, wenigstens für den französischen Sprachraum, nicht im mindesten stützen läßt, ad absurdum geführt wird.

449 Nur die komplexe Gestalt Le Monde in der *Moralité de Charité* vereinigt in sich Elemente beider Gruppen.

450 So etwa BONNE FIN: »Je suis en essence divine / Sans fin et sans commencement« (*Bien advisé, Mal advisé,* fol. i iii^{v}).

konnten die Verfasser der Moralité schon im Text der Vulgata finden. Als Beispiel sei hier auf Prov. 8, 22–31 verwiesen, wo Sapientia in immer neuen Wendungen betont, sie sei älter als die gesamte Schöpfung:

> Dominus possedit me in initio viarum suarum, antequam quidquam faceret a principio. Ab aeterno ordinata sum, et ex antiquis, antequam terra fieret. [...] quando [Dominus] appendebat fundamenta terrae, cum eo eram, cuncta componens. Et delectabar per singulos dies, ludens coram eo omni tempore, ludens in orbe terrarum; et deliciae meae esse cum filiis hominum.

Die Instanzen gehören einer besonderen, transzendenten Sphäre an, sind aber zugleich in gottähnlicher Weise überall und zu allen Zeiten auf dem Erdkreis präsent. Dem Menschen wurden sie schon in frühester Zeit beigegeben[451] und begleiten ihn seitdem durch alle Phasen der Heilsgeschichte. Dies wird in der Moralité gern an konkreten Exempeln verdeutlicht, bei denen bald der überzeitliche Aspekt[452], bald das Moment der Omnipräsenz[453] stärker hervortritt.

---

[451] Cf. MISERICORDE: ...»jadis / Fus ordonnee en paradis / Pour aux pecheurs donner concorde / Et leur faire misericorde« (*L'Homme juste*, fol. t iii^{v} = *L'Omme pecheur*, fol. i ii^{r}); FRANCHE VOULENTÉ: »Si tost que Dieu eut formé / Adam en paradis terrestre, / O luy me mist en demourance« (*Bien advisé, Mal advisé*, fol. a iii^{v}).

[452] Typisch für diese Art der Darstellung ist etwa der folgende Ausschnitt aus der Ekphrasis von PENITENCE:

> Aux gens donne peine et enhan,
> Pour ce nul n'a de moy envie.
> Le bon baptiste saint Jehan
> Pour ce me ayma toute sa vie,
> Et aussi Marie Magdaleine
> Se loga avec moy au desert
> Trente ans et souffrit moult de peine.
> Je y estoye quant elle y [ert].
> Je suis cy mise de jadis.
> Je le vous dy pour tout certain:
> Trestous les sains de paradis
> Ont passé par dessoubz ma main

(*Bien advisé, Mal advisé*, fol. d iiii^{v}). – Zur Konjektur *ert*: Der Druck von Pierre le Caron überliefert hier die Form *est*, da die vom Sinn und vom Reim geforderte afr. Form *ert* gegen Ende des 15. Jh. offenbar nicht mehr verstanden wird. Die Korruptel weist auf eine Vorlage mit älterem Sprachstand hin.

[453] So beispielsweise in der Ekphrasis von AVARISCE:

> A Aras, à Mes [= Metz], (et) en Lhorene
> ai(e) ie presteit maint[e] samayne;
> en Rome et en Lombardie
> ay uzureit tout[e] ma vie
> (et) à Paris et dechà la Some
> ai(e) ie apou(e)rit maint proid'home

(*Les sept Pechie morteil*, vv. 310–315).

Sonderfälle: Historische Gestalten. – Die Stücke *Le Pelerinage de vie humaine* und *La Condamnacion des Bancquetz* enthalten mehrere dramatische Figuren mit den Namen bekannter historischer Personen (Aristote, Ypocras, Galien, Avicenne und Averroys), die ihrer dramatischen Funktion nach den Instanzen zuzurechnen sind[454]. Die Frage drängt sich auf, wie sich diese individuellen Namen mit den Instanzenmerkmalen Überzeitlichkeit und Allgegenwart, die menschlichen Individuen durchaus nicht zukommen, vereinbaren lassen.

Die erste der beiden genannten Moralités stellt, der epischen Vorlage des Guillaume de Deguileville folgend, dem Pelerin, der als Repräsentant des Menschen sein Unverständnis gegenüber allem die Naturgesetze durchbrechenden Geschehen bekundet, zwei Figurengruppen entgegen: zur ersten gehören Nature und Aristote sowie die nur in wenigen Einleitungsversen in Erscheinung tretende Raison; zur zweiten Grace de Dieu und Sapience. In dieser Konstellation verkörpert Sapience die umfassende göttliche Weisheit, die auch die unmittelbar durch Grace de Dieu bewirkten Wunder einbegreift, während ihr direkter Gegenspieler Aristote, der mit neuen Argumenten die Wunderkritik von Raison und Nature zu stützen sucht, wie diese das bloß naturhaft-rationale Denken vertritt. Er erscheint als Bote der Nature[455], schließlich sogar mehrfach als eine ihr gleichgeordnete Parallelgestalt[456]. Als philosophische Autorität ist Aristote hier zum Inbegriff philosophischen Denkens schlechthin geworden[457] und in dieser neuen Funktion den zeitlichen und räumlichen Begrenzungen enthoben, die für menschliche Individuen charakteristisch sind. Vom historischen Aristoteles ist bei dieser allegorischen Umwandlung nichts geblieben als der individuelle Name.

Ähnlich verhält es sich im zweiten Stück, *La Condamnacion des Bancquetz*, mit den Gestalten Ypocras, Galien, Avicenne und Averroys. Sie verweisen nur noch in Ansätzen auf die ihnen zugrunde liegenden histori-

---

[454] Auf die zur *Heils*geschichte im engeren Sinn gehörenden dramatischen Personen gehe ich im 4. Abschnitt gesondert ein.

[455] Aristote: »A vos, ma dame Sapience, m'envoie Nature parleir / por vus default remostreir« (v. 498 sq.; ähnlich v. 527).

[456] Wenn Aristote die Argumentation von Sapience als »moult grand(e) mesprisure / contre moy et contre Nature« (v. 524 sq.) bezeichnet, so versteht er sich offenbar als eigenständige Instanz *neben* Nature, und Sapience bestätigt ihn in dieser Auffassung, indem sie ähnliche Doppelformeln gebraucht (vv. 533, 554 sq. und 556).

[457] Diese Entpersonalisierung läßt sich auch unmittelbar am Text nachweisen. Der von Sapience angesprochene Aristote wird, wie der Zusammenhang der Verse 532–561 zeigt, mit der (dramatisch nicht in Erscheinung tretenden) Instanz Entendement (v. 541), deren Wesen darin besteht, »à argüeir et disputeir, / à jugier et à discerneir« (v. 542 sq.), gleichgesetzt.

schen Vorbilder[458]. Daß sie, die als Individuen einst ganz verschiedenen Zeiten und Räumen angehörten, hier zusammen auf der Bühne stehen, von Dame Experience als zeitlos gültige Autoritäten[459] konsultiert werden und in dieser Funktion am Urteilsspruch über Bancquet und Soupper mitwirken[460], läßt sie im Zusammenhang des Stücks gemeinsam zu Repräsentanten der zeitlich und räumlich nicht fixierten Instanz 'medizinische Wissenschaft' werden.

Die historischen Gestalten, die als Autoritäten in der *Moralité religieuse* auftreten, haben also in dieser Funktion nicht mehr den Charakter von Individuen, sondern den von überpersönlichen und allgemeingültigen Wissensinstanzen. Die beiden Stücke geben mit dieser Darstellung einen guten Einblick in die mittelalterliche Autoritätenauffassung, die auch noch in spätere Zeiten hineinwirkt.

Die metaphysische Macht. – Die allegorischen Instanzen treten gewöhnlich als Mächte auf. In immer neuen Wendungen betonen sie ihren hohen Rang und ihren Einfluß. Alle Hauptlaster schreiben sich *pooir* zu[461], Tricherie rühmt sich ihrer *grande seigneurie*[462], Peché gilt als *puissant*[463], Contricion besitzt *office et grant maistrie*[464], Experience wird *la dame de renom* genannt[465], auch Argent hat *renom* und *puissance*[466], Fortune unterstreicht ihre Machtfülle mit anderen Worten[467], und die mächtigste unter allen Naturinstanzen, La Mort, ruft emphatisch aus:

---

458 So berufen sie sich beispielsweise auf deren Werke (fol. n ii^v), wobei auffällt, daß auch bei Avicenna und Averroës nur naturwissenschaftlich-medizinische Schriften erwähnt werden.

459 Sie werden in diesem Sinn »princes de medicine« genannt (fol. n ii^r).

460 fol. o v^r–p ii^r.

461 So etwa in *Les sept Pechie morteil* Orguelh (v. 206), Ire (v. 216), Avarisce (v. 365) etc. Glouternie stellt sich konkret als Landesherrin vor und umreißt ihren Machtbereich:

> Je suy damme de mainte terre,
> et en France, et en Engleterre.
> [...]
> En Flandre ai(e) ie maint(e) preus sergant,
> à Ypre, à Bruge et à Gant (vv. 486–493).

Die Auswahl der Städte und Länder zielt hier speziell auf ein wallonisches Publikum ab. Cf. Cohen, *Nativités*, pp. 114–116.

462 *Charité*, fol. D iii^v.

463 *L'Omme pecheur*, fol. b ii^r.

464 *Bien advisé, Mal advisé*, fol. a vi^v.

465 *La Condamnacion des Bancquetz*, fol. m v^r.

466 *Argent*, v. 683 sq.; ähnlich vv. 62–78, 180–184.

467 »Je foiz monter ceulx que je veuil / Et quant je vueil, em bas les boute« (*Bien advisé, Mal advisé*, fol. fol. g v^v).

Ou est le cueur qui vouldra inferer
Pour resister contre mon ordonnance?
Ou est celluy qui vouldra preferer
Soy opposer contre ma grant puissance?
(*L'Homme juste*, fol. B v^v^ = *L'Omme pecheur*, fol. l v^v^)

Die Reihe der Belege ließe sich beliebig verlängern, wobei an die Stelle der bisher genannten Begriffe auch andere aus dem semantischen Feld der Macht und des Ruhms wie *regne*, *bruyt*, *renommee* etc. treten können. Die Fähigkeit, Macht auszuüben, gehört so sehr zum Wesen der Instanzen, daß sie in Zweifelsfällen geradezu als Erkennungszeichen dieser Figurengruppe herangezogen werden kann[468].

Die Macht der Instanzen darf nicht auf ihre Geltung unter den Menschen reduziert werden. Wie die Klage von Satisfaction

Je suis de moult grant renommee,
Mais chascun ne me congnoist mie;
Nulluy est qui me vueille toucher
Ne veoir en chemin ne en voiye
(*Bien advisé, Mal advisé*, fol. d v^v^)[469]

zeigt, bleibt ihre hohe Stellung nach dem Selbstverständnis der *Moralité religieuse* offenbar von der Tatsache, daß sie von den Menschen nicht genügend geachtet wird, ganz unberührt. Im menschlichen Bereich sind nur die Auswirkungen der Macht zu spüren; sie selbst aber gehört einer umfassenderen Sphäre an. Die von E. R. Curtius auf die personifizierte Natura angewandte Bezeichnung »kosmische Potenz«[470], die sich auch auf die übrigen Instanzen ausdehnen läßt, umschreibt treffend den spezifischen Charakter dieser Macht.

---

[468] So ist beispielsweise in der *Moralité d'Argent* die Figur Fort Despenseur nicht, wie nach ihrem Namen zu vermuten wäre, als Menschenvertreter, sondern als Instanz aufzufassen, da sie imstande ist, die Entscheidungen des Menschen von außen aktiv zu beeinflussen. Cf. dazu besonders v. 957 sq.

[469] Ähnlich die Ekphrasis der Contricion in *L'Omme pecheur*: »Je suis Contricion nommee, / moult digne de grant renommee, / combien que pou de gens frequentent / mon sentier et pou s'en guesmendent« (fol. q^r^).

[470] *Europäische Literatur*, p. 116. Schon L. Deubner weist in seinem einleitend erwähnten Artikel *Personifikationen abstrakter Begriffe* mit H. Usener darauf hin, daß diese Gestalten schon in der Antike primär als *Mächte* empfunden werden (cf. bes. col. 2069), und sieht in den dramatischen Personifikationen bei Aischylos und Euripides »dämonische Wesen mit dynamischen Potenzen« (*ib.*, col. 2106). Cf. auch L. Camp: »In the allegories of this lost world [gemeint ist die heidnische Spätantike], personifications had played an ambiguous role, felt half as rhetorical figures and half as daemonic forces« (*Studies in the Rationale*, p. 134). Ähnliches gilt für die Gestalten der *Psychomachia* (cf. Ch. Gnilka, *Studien zur Psychomachia des Prudentius*, bes. p. 33). J. Huizinga schließlich überträgt Useners Charakterisierung der abstrakten heidnischen Göttergestaltung wie Pavor und Concordia als Mächte ausdrücklich auch auf die mittelalterlichen Personifikationen (*Herbst des Mittelalters*, p. 297). P. Piehler spricht in biblischer Ausdrucksweise von *potentiae* (*The Visionary Landscape*, pp. 13, 15 etc.). Die Belege ließen sich leicht vermehren.

Tugenden und Naturinstanzen sind Geschöpfe Gottes, der einen Teil seiner Allmacht an sie delegiert hat[471]. Dementsprechend verdanken die Laster- und Sündeninstanzen ihre Macht den Teufeln[472].

Seiner semantischen Entwicklung nach ist der Begriff der Macht mit dem dazugehörigen Vorstellungskomplex, der hier zur Bezeichnung der Seinsweise außerpersönlicher Instanzen dient, ursprünglich wohl aus dem persönlichen Bereich übertragen worden, dem im weiteren Sinn auch Gott und die übrigen metaphysischen Personen zuzurechnen sind[473]. Machtmetaphern im Zusammenhang mit Instanzen konnten die Verfasser der *Moralités religieuses* schon in der Vulgata finden, vor allem bei der Personifikation des Todes[474], aber auch bei personifizierten Lastern und Tugenden[475]. Durch häufigen Gebrauch hat sich der bildhafte Charakter solcher Formulierungen allmählich verflüchtigt. Wir verwenden in der Alltagssprache häufig Ausdrücke wie »es herrscht Krieg«, »Unrecht beherrscht die Welt«, »die Macht des Geldes« etc., ohne dabei noch an die ursprünglich damit verbundene Personifizierung zu denken. Erst die dramatisch-personifizierende Darstellung bezieht die in geläufigen Formeln verborgenen Personalmetaphern auf anschauliche Bühnenfiguren und macht damit den Bildcharakter der Sprache wieder stärker bewußt. Anstelle der formelhaften Aussage »Jetzt soll wieder Gerechtigkeit herrschen« führt die Moralité dem Zuschauer die Figur Justice divine leibhaftig vor Augen und läßt sie sprechen:

Long temps y a qu'ay esté subornee,
De mon pouoir ay esté destournee.
Or est il temps maintenant de regner (*L'Homme juste*, fol. t i^{r}).

---

471 Cf. etwa Misericorde (angesprochen ist Gott selbst):

Tu me promis qu'en toute creature
J'auroys pouoir, equité et droicture
Pour evocquer toute humaine nature
Avoir pardon.
En suppliant tu m'octroyas ce don
et les pecheurs soubzmyz a mon bandon
(*L'Homme juste*, fol. t ii^{v} = *L'Omme pecheur*, fol. i^{v})

472 Lucifer: »Concupiscence, je t'ordonne / de mon pouoir, lequel te donne, / de l'infernale auctorité« (*L'Omme pecheur*, fol. d iii^{r}); Le Diable zu Pechié: »sans moy ton pouoir n'est rien« (*ib.*, fol. d vi^{v}).

473 Man denke nur an die vielen Vulgatabelege für Gottes *potentia*, *potestas*, *virtus*, *regnum*, *imperium* u. ä., etwa I Par. 29,11 sq.; Dan. 7,14; Ps. 20 (21),14; 58 (59),12; 76 (77),15 sq.; Matth. 9,6; Luc. 4,36; Act. 1,7; Rom. 9,22; Eph. 1,21; Apoc. 12,10. Auch dem Teufel wird gelegentlich *potestas* zugeschrieben, z. B. Luc. 12,5 und 22,53.

474 Rom. 5,14 »sed regnavit mors ab Adam usque ad Moysen«; Rom. 6,9 »mors illi ultra non dominabitur«; I Cor. 15,26 »[mors] omnia enim subjecit sub pedibus ejus«; Apoc. 20,6 »in his secunda mors non habet potestatem« etc.

475 Ps. 118 (119),133 »non dominetur mei omnis injustitia«; Rom. 5,21 »sicut regnavit peccatum in mortem, ita et gratia regnet per justitiam in vitam aeternam«; cf. auch Rom. 6,12–14.

In der Rede der personifizierten Gerechtigkeit wird die oben genannte Formel als ein aus der Personifizierung hervorgegangenes Bild erkennbar.

Die Instanzen, allen voran die Lasterpersonifikationen, illustrieren ihre Macht gern an historischen Exempeln[476], d. h. sie *wirken*, obwohl ihrem Wesen nach überzeitlich, *in der Zeit*. So zählt etwa Peché in einer großen Ballade seine Erfolge unter den Menschen auf:

Je suis celluy par lequel Dieu le pere
fist trebucher l'orgueilleux Lucifer
des haulx sieges du celique repaire
jusqu'au puant et parfont lieu d'enfer.
Je suis celluy qui d'ung lien de fer
liay Adam, qui fut le premier homme,
après que Eve luy fist prendre et griffer
le dur morseau de la mauldicte pomme.
Je suis celluy par lequel, c'est la somme,
la Mort entra premierement au monde.
L'Omme pecheur devyent plus noir que gomme
par moy, Peché trespuant et immonde.

Je suis celluy duquel parlant Caÿn
dist: *Maior est iniquitas mea*,
soy deffyant du hault Povoir divin,
dont fut danné, car trop si desvoya.
Je suis celluy par qui Dieu envoya
le deluge par tout si grandement
que tous vivans il destruyt et noya,
fors que Noé et les siens seulement.
Tel est mon train, tel est mon sentement
que quiconque en mes raisons se fonde,
danné sera perpetuellement
par moy, Peché trespuant et immonde.

En l'abysme tous trois vivans fis fondre
le fier Choot, Dathan et Abyron,
les sept maris de Sarra fis confondre
et estrangler par les mains de Sathan.
Je suis celluy qui fis le faulx Aman
pendre au gibet que luy mesmes fist faire,
je suis celuy qui du temps d'Abraham
fis cinq citez toutes fondre et infaire.
Par moy esleut le faulx Riche repaire
en la fosse du grant enfer profonde,
le faulx Judas s'alla pendre et desfaire
par moy, Peché trespuant et immonde.

Prince d'enfer tenebreux et infait,
resjoys toy, car par tout a la ronde,
grant ne petit n'y a qui n'ayt forfait
par moy, Peché trespuant et immonde

(*L'Omme pecheur*, fol. b iii^{r}).

---

[476] Zur mittelalterlichen Tradition der Exempelreihen cf. vor allem die durch reiche Textbelege und Literaturangaben ausgezeichnete Darstellung von E. Lommatzsch, *Beiträge*, pp. 103–286.

In diesen Versen werden nicht weniger als zehn heilsgeschichtliche Ereignisse als Werk von Peché genannt:

1. der Höllensturz Luzifers (cf. Luc. 10, 18);

2. der Sündenfall (Gen. 3, 1 sqq.) mit dem Eintritt des Todes in die Welt (Gen. 2, 17; cf. Rom. 5, 12; 6, 23);

3. Kains Brudermord (Gen. 4, 1 sqq.), hier mit einem direkten Vulgatazitat (Gen. 4, 13) belegt;

4. die Sintflut (Gen. 7, 1 sqq.);

5. der Untergang der Rotte Korah (Num. 16, 31 sqq.);

6. die Vernichtung der sieben Männer Saras (Tob. 6, 14);

7. der Tod Hamans (Esth. 7, 10);

8. die Zerstörung Sodoms und Gomorrhas (Gen. 19, 24 sq.; zur Fünfzahl der Städte cf. Gen. 14, 1–2 und 8–9);

9. die Verdammung des reichen Mannes (Luc. 16, 19 sqq.), hier offenbar nicht als Gleichnis, sondern als historisches Geschehen aufgefaßt;

10. der Selbstmord des Judas (Matth. 27, 5).

Peché mortel nennt in einer ähnlichen Reihe außerdem den Muttermord Neros[477], Temptation den Ehebruch Davids mit dem Weib des Urias (II Reg. 11, 2–5) und den Tod des Holofernes (Judith 13, 10)[478], Ignorance die babylonische Sprachverwirrung (Gen. 11, 3 sqq.) und die Anbetung des Goldenen Kalbs (Num. 32, 1 sqq.)[479].

Mit der Auffächerung der Sünde in einzelne spezifische Instanzen differenzieren sich auch die ihnen zugeordneten Exempla. Voll entwickelt ist diese Art der Darstellung in der Moralité *Les sept Pechie morteil*, in der die einzelnen Todsünden zum Beweis ihrer metaphysischen Macht folgende durch sie bewirkte historische Ereignisse anführen: Orguelh den Sturz Luzifers und den Sündenfall, Ire den Mord Kains an Abel, Envie die Verurteilung Jesu, Avarisce die Abweisung des Lazarus durch den Reichen, Accide die Abgötterei Salomons (I Reg. 11, 4 sqq.) und des jüdischen Volkes insgesamt, Glouternye den Genuß des Apfels vom Baum der Erkenntnis (!) und Noahs Selbstentblößung im Rausch (Gen. 9, 20 sqq.), Luxure schließlich Davids Ehebruch[480]. Ein weiteres mehrfach genanntes Exemplum, der Selbst-

---

[477] *Le Gouvert d'Humanité*, vv. 100–111.

[478] *ib.*, vv. 133–144.

[479] *Vouloir divin*, p. 69.

[480] Cf. dazu die Belege (in der Reihenfolge der obigen Aufzählung): vv. 1048–1054, 1454 sq., 266, 331–333, 404–413, 456–473 und 554 sq. Andere Stücke enthalten weitere Exempla oder ordnen die schon bekannten anderen Instanzen zu: In *Le Gouvert d'Humanité* beispielsweise rühmt sich Luxure, auch die sündhafte Verbindung zwischen Paris und Helena sowie zwischen Herodes und Herodias bewirkt zu haben (vv. 151–160); in *L'Omme pecheur* wird die Sintflut als Werk von Orgueil aufgefaßt (fol. c^r = *L'Homme juste*, fol. e ii^r); in *Charité* wird Avarice zugleich für die Verdammnis des reichen Mannes, des Mörders Kain und des Verräters Judas verantwortlich gemacht (fol. C ii^v). Insgesamt ist aber die Variationsbreite relativ gering.

mord des Judas, wird gewöhnlich der Macht der Instanz Desesperance (Desespoir) zugeschrieben[481].

Wie man sieht, sind durch die Spezifizierung der Lasterinstanzen nur relativ wenige Exempla neu hinzugekommen. Bemerkenswert ist, daß die für die Heilsgeschichte zentralen Ereignisse – Teufelssturz, Sündenfall und Kreuzigung (diese aber nicht in ihrer Heilsfunktion, sondern nur als ein besonders schweres Verbrechen der Feinde Jesu verstanden) – gerade den Repräsentanten der schwersten Sünden, Orgueil und Envie (als Widerpart von Charité!), angelastet werden[482].

Von den Naturmächten ist in diesem Zusammenhang in erster Linie der Tod zu erwähnen, der nicht müde wird, sich seiner vielen Siege zu rühmen:

> J'ay destruyt la force de Sanson
> Et sapience d'Aristote
> Et la grant beaulté d'Absalon

heißt es in *Le Lymon et la Terre* (fol. a i^v), und an anderer Stelle wird diese Aussage variiert und erweitert:

> A tous humains cela [= mourir] sera commun;
> Force n'y vault, sens, beaulté ne proesse.
> [...]
> Que proffita la vaillance d'Hector,
> Ne la force du trespuissant Sanson?
> Que resista Nabucodonosor
> Pour son tresor, ne pour sens Salomon
> [Et la beaulté du plaisant Absalon,]
> Dont la splendeur autre sembloit que humaine?
> Par cestuy dart mainte vie demaine;
> Tous sont transis, ilz ont passé leurs regnes
> (*L'Homme juste*, fol. B v^v)[483].

Bei diesen Exempelreihen, die Motive der Vergänglichkeitslyrik der Zeit aufnehmen[484], fällt auf, daß im Unterschied zu den bisher wiedergegebenen Darstellungen alle genannten Gestalten ausdrücklich für bestimmte Wesenheiten (neben La Mort) stehen: Samson für die Kraft (nach Jud. 14–16), Aristoteles für die Weisheit, Absalom für die Schönheit (nach II Reg. 14, 25)

---

481 *Bien advisé, Mal advisé*, fol. e iiii^v; *Les Enfans de Maintenant*, fol. F^r.

482 Wenn einmal Langue envenimee dafür verantwortlich gemacht wird (*Langue envenimee*, fol. A ii^v, B i^v), so ist dabei zu bedenken, daß die Titelgestalt hier ausdrücklich als »racine [...] de tout mal« (fol. A iii^v) charakterisiert ist.

483 Ähnlich in *L'Omme pecheur*, fol. l v^v–l vi^r (hier u. a. mit der Variante »Pour son *avoir*, ne pour sens Salomon«). Der in *L'Homme juste* ausgelassene viertletzte Vers ist nach *L'Omme pecheur* ergänzt.

484 Cf. etwa Villons Balladen *Des dames du temps jadis* und *Des seigneurs du temps jadis* oder Jean Regniers *Balade morale que le prisonnier fit*; dazu I. Siciliano, *François Villon et les thèmes poétiques du Moyen-Age*, Paris 1934, pp. 227–279. Es handelt sich bei diesen Formulierungen um literarische Topoi, die aber über ihren formalistischen Charakter hinaus bedeutsam sind für die Todesobsession einer Epoche.

etc. Dem Wortlaut der zitierten Passagen nach – und warum sollte sich die philologische Grundregel des Wörtlichnehmens bei der allegorisch-personifizierenden Darstellung, deren Konventionen (*vers ambigus!*) doch so stark an die genaue sprachliche Form gebunden sind, nicht als heuristisches Prinzip rechtfertigen? – fungieren primär diese Wesenheiten als direkte Objekte (in der allgemeinen *und* der speziellen grammatischen Wortbedeutung) für die Macht des Todes, während die ebenfalls dem Tod unterworfenen Individuen ihren spezifischen Wesenheiten nur illustrierend (grammatisch meist in der Form von Genitiverläuterungen) beigegeben sind[485]. Diese Deutung wird im zweiten Zitat noch dadurch bestätigt, daß hier die Wesenheiten, die dem Tod an Macht unterlegen sind, in der summierenden Aufzählung von *force*, *sens*, *beaulté* und *proesse* (= *vaillance*) in Zeile 2 – zu ergänzen wäre *tresor* oder ein synonymer Begriff (*avoir*, *richesse*)[486] – schon unmittelbar mit dem Sterben in Beziehung gesetzt werden, *bevor* überhaupt die Namen von Exempelfiguren erscheinen. Damit wird die metaphysische Macht der Naturinstanz La Mort genaugenommen nicht durch exemplarische Individuen, sondern durch exemplarische Herrschaftsverhältnisse zwischen Wesenheiten belegt, bei denen die Illustration durch menschliche Exempla nur noch sekundäre Bedeutung hat.

Ich fasse einige Ergebnisse der bisherigen Beobachtungen zusammen:

Die allegorischen Instanzen werden als Urheber aller mit ihrem Wesen in Verbindung stehenden historischen Ereignisse genannt; dadurch erhalten diese den Charakter von Exempeln für die von den Instanzen ausgeübte Macht.

Die Exempla sind in ihrer Mehrzahl der Heilsgeschichte entnommen, und zwar mehr dem Alten als dem Neuen Testament. Einige stammen aus der griechischen und römischen Antike, wobei offenbar nicht zwischen historischen (Aristoteles, Nero) und mythologischen Gestalten (Hektor) geschieden wird[487].

Häufige Wiederholungen deuten auf einen relativ beschränkten Fundus fester Exempla hin; auch die Koppelung historischer Gestalten und Ereig-

---

485 Ein ähnliches Beispiel, bei dem allerdings nicht Individuen, sondern überindividuelle Ständevertreter als Exempla genannt werden, findet sich in der Moralité *Les Blasphemateurs*, wo La Mort ausruft: »Je suis a ung chascun egalle, / Soit duc, soit pape, prince ou roy: / L'orgueil du monde je ravalle« (fol. C i^r). Das direkte Machtobjekt des Todes ist *Orgueil du monde!*

486 Damit entspricht die Instanzenreihe genau derjenigen des von E. Lommatzsch ausführlich kommentierten *Libro de Santo Iusto Paladino de Franza* (*Beiträge*, pp. 136–286). Sie lautet dort Possanza, Ricchezza, Forza, Belleza, Senno. Auch diese Reihe hat offenbar topischen Charakter.

487 Wenn Maleureté in *Aulcun* (fol. 149^r–149^v) ausnahmsweise eine rein antike Exempelreihe von bekannten Selbstmördern bringt, so hat dies seinen besonderen Grund in der Täuschungsabsicht: der biblisch-christliche Bereich, in dem der Selbstmord als Sünde verurteilt wird, ist ausgespart, um in Aulcun die Illusion vom Selbstmord als ehrenhaftem Ausweg zu erwecken.

nisse mit bestimmten Instanzen scheint durch die Tradition weitgehend standardisiert.

In den Exempelreihen der Sünden und Laster dringt mit den Individuen die Fülle der Geschichtlichkeit in die *Moralité religieuse* ein, allerdings nicht in die Ebene des dramatischen Geschehens, sondern nur in die seiner epischen Illustration. In den Exempelreihen des Todes wird darüber hinaus die Tendenz spürbar, auch diese Illustrationsebene den allgemeinen, überzeitlichen Wesenheiten vorzubehalten und die menschlichen Individuen in ihren konkreten historischen Situationen in eine noch weiter vom dramatischen Geschehen entfernte sekundäre Illustrationsebene zu verweisen[488].

In der Reihenfolge der einzelnen Exempla lassen sich gelegentlich Ansätze zu einer chronologischen Ordnung feststellen; sie werden aber nicht durchgehalten. Ein teleologisches Gliederungsprinzip ist nicht zu erkennen.

Die Tugendinstanzen haben kaum Exempelreihen ausgebildet, so sehr ruht in diesem Bereich der Blick auf dem heilsgeschichtlichen Zentralereignis, der Inkarnation Christi. Die Initiative dazu geht von den höchsten Tugenden, Humilité und Charité bzw. Misericorde, aus:

> Je fiz Jesus du hault descendre
> Pour nous mener de mort a vie,
> Je lui feiz chair humaine prendre
> En la doulce vierge Marie (*Bien advisé, Mal advisé*, fol. b ii^{v})[489].

Diese *façon de parler* kann natürlich nicht im Sinn der Machtvorstellung der Laster- und Naturinstanzen, die sich im wesentlichen auf ihr Verhältnis zu Menschen und untergeordneten Wesenheiten bezieht, verstanden werden. Sie besagt vielmehr, wie die Analyse des dramatischen Zusammenhangs zeigt[490]: ‘es war die Demut (Liebe, Barmherzigkeit), nicht die strafende Gerechtigkeit, von der sich Gott (nach einer vorgestellten himmlischen Auseinandersetzung zwischen den göttlichen Attributen) schließlich bewegen ließ, Mensch zu werden’. Bei ihm, nicht etwa bei den Tugendinstanzen, liegt die letzte Entscheidung und damit auch die höchste Macht. Damit wird hier die Rigidität der Ausdrucksweise durch die dramatische Handlung selbst relativiert.

Auf die Inkarnation hin sind alle anderen historischen Ereignisse, die zum Machtbereich der Tugendinstanzen gehören, ausgerichtet; sie bildet das teleologische Prinzip. Wenn beispielsweise in *Le Pelerinage de vie humaine* Grace de Dieu bemerkt, sie habe einst Moses bei der Verwandlung von Brot

---

488 Die hier an einem Detail konstatierte Zurückdrängung des spezifisch historischen Moments aus dem dramatischen Geschehen der *Moralité religieuse* wird sich bei der Analyse der allegorischen Bühnenhandlung in Kap. III,6 nachdrücklich bestätigen.

489 Fast wörtlich gleich sind die Aussagen von Humilité und Misericorde in *L'Homme juste*, fol. d ii^{v}, t v^{r} und *L'Omme pecheur*, fol. i ii^{v}, y iii^{r} sowie von Charité in *Charité*, fol. A iii^{r} und *Le Pelerinage de vie humaine*, v. 360 sq.

490 Cf. unten Kap. III,2 (*Der allegorische Rechtsstreit*).

und Wein in Fleisch und Blut geholfen[491], so sieht sie in einem solchen Geschehen nicht nur, wie die Laster und der Tod, ein beliebiges historisches Exemplum zum Beweis ihrer eigenen Macht, sondern eine *forma futuri*, nämlich der Eucharistie:

C'est char et sanc en verité,
mains pain et vin est figureit,
et voir est que fu iadis
en pain et vin, mains tu veïs
en char et sanc mueir de vray
par Moysen que ie aydaie (vv. 428–433).

Das mosaische Wunder verliert durch seinen zukunftsweisenden Charakter weder seine historische Einmaligkeit noch seine exemplarische Funktion für die Macht von Grace de Dieu; es tritt aber außerdem in eine typologische, d. h. innerhistorische Beziehung zur Inkarnation Christi[492]. Erst von hier aus erhält es seinen rechten Stellenwert, wird die Macht der Tugend als Teil der göttlichen Allmacht erkennbar.

Sonderfälle: Passiv-indikatorische Instanzen. – Die meisten allegorischen Instanzen werden als Mächte von sich aus tätig. Bei einigen ist diese Aktivität jedoch merklich eingeschränkt.

Hierher gehören einmal diejenigen außermenschlichen Figuren, die im Verlauf eines Stücks ihr Wesen grundlegend ändern und oben unter der Bezeichnung *bekehrte Instanzen* zusammengefaßt worden sind. Sie verstehen sich, wie etwa das Beispiel von Le Temps in der Moralité *Vouloir divin* zeigt[493], zwar durchaus noch als metaphysische Mächte; zugleich übernehmen sie aber im Rahmen des Bühnengeschehens zumindest teilweise die Rolle von Menschenvertretern, zu der es gehört, nicht selbst metaphysische Macht auszuüben, sondern vorwiegend Objekt fremder Mächte zu sein.

Die zweite Gruppe setzt sich im wesentlichen aus den Personifikationen Franche Voulenté, Franc Arbitre, Conscience und Bonne Renommee zusammen, deren gemeinsame Aufgabe darin besteht, den Menschen zeitlebens

---

[491] Das Ereignis wird in der Moralité, die hierin von ihrer epischen Vorlage abweicht, nicht dargestellt. Cf. die einleitende Bemerkung von G. Cohen zum Text des Guillaume de Deguileville (*Nativités*, p. 263). Eine Quellenangabe für das Wunder fehlt, ebenso in der Ausgabe der epischen Vorlage durch J. J. Stürzinger (cf. vv. 1431–1464). Die Wunderberichte Ex. 4,9 und 7,17 sqq. weichen stark von der hier wiedergegebenen Version ab.

[492] Zur typologischen Parallele Moses – Christus cf. A. C. Charity, *Events*, pp. 112, 134 n. 3.

[493] Cf. die Ekphrasis:

Si j'ay nom plein de gravité supreme,
C'est bien raison: car j'ay pouvoir de mesme.
Je suis le Temps, que fay avoir bon heur
A qui me plait; je suis le Temps, donneur
D'aucthorité et de ce que desire
Le cœur humain (p. 68).

zu begleiten und seinen religiös-moralischen *estat* anzuzeigen. Die betont neutrale, passive Rolle der beiden Personifikationen der Willensfreiheit habe ich oben unter anderem Blickwinkel schon kurz dargestellt. Indem sie gemäß ihrer Wesensdefinition allen Willensregungen des Menschen, dem sie beigegeben sind, zustimmen, machen sie sich – anders als die große Mehrzahl der übrigen Instanzen – zum bloßen Reflex seiner Entscheidungen. Ähnliches gilt für Conscience, die dem Omme pecheur überallhin folgt und es nach seinem Sündenfall zuläßt, daß die Lasterinstanzen ihr Gewand beschmutzen[494]. Bonne Renommee begleitet zwar, formalistisch betrachtet, nicht Repräsentanten des Menschen, sondern Tugenden; aber ihr Verhältnis zu ihnen ähnelt weitgehend dem zwischen Conscience und dem Omme pecheur. Sobald sie sich nämlich von anderen Instanzen beeinflussen lassen, weicht Bonne Renommee ohne den Versuch einer Gegenwehr von ihnen zurück[495]. Sie beschränkt sich also darauf, passiv den jeweiligen moralischen Zustand ihrer Begleiterfiguren widerzuspiegeln.

Wie sich hier zeigt, sind die passiv-indikatorischen Instanzen in besonderer Weise mit dem Menschen (bzw. den Bühnenfiguren, die im weiteren Sinn seine Funktionen wahrnehmen) verbunden. Diese Zugehörigkeit wird bisweilen durch die Verwendung des Possessivpronomens unterstrichen. So stellt sich die Personifikation der Willensfreiheit dem Adolescent als »ton Franc Arbitre« vor[496], und an anderer Stelle wird die ihn begleitende Gewissensinstanz ausdrücklich als »ta noble Conscience« bezeichnet[497]. Dabei hat gerade Conscience trotz ihrer Bindung an den Menschen eine objektive, die menschlichen Entscheidungen transzendierende Komponente bewahrt, die sich darin zeigt, daß sie als unerbittliche Zeugin der Wahrheit auch gegen den Pecheur auftritt[498]. Ihr vom Menschen verursachter desolater Zustand hat zwar ihre Macht sehr geschwächt[499], ihr Wesen aber nicht verändert.

Es versteht sich nach dem bisher Gesagten, daß die passiv-indikatorischen Instanzen den selbsttätigen Mächten nicht als homogene Gruppe gegenüberstehen. Vielmehr existiert zwischen beiden Typen eine breite Skala von Mischformen. Am reinsten wird der passive Typ wohl von den Personifikationen der Willensfreiheit verkörpert. Indem sie ganz darauf verzichten, wie die übrigen Instanzen Macht auf den Menschen auszuüben, verschaffen

---

494 *L'Omme pecheur*, fol. f viii^{v} – h iiii^{r}. Zur allegorischen Deutung dieses Phänomens cf. Kap. III,5.

495 Textbelege unten Anm. 701.

496 *L'Omme pecheur*, fol. a viii^{v}.

497 *ib.*, fol. f^{r}.

498 *ib.*, fol. o iii^{v}.

499 CONSCIENCE:

Mais en telle desordonnance
et en telle difformité
suis par sa grant iniquité,
dont mon pouoir est moult failly (*ib.*, fol. o iii^{v}–o iiii^{r}).

sie ihm den moralisch und dramatisch unerläßlichen Spielraum zum eigenen Handeln.

4. Metaphysische Personen

Ich habe bisher innerhalb der traditionellen *Moralité religieuse* zwei Gruppen von dramatischen Figuren unterschieden, deren formale Gemeinsamkeit darin besteht, daß sie keine Personen, sondern Personifikationen allgemeiner, d. h. über- oder außerpersönlicher Gattungen oder Wesenheiten sind. Selbst wenn sie gelegentlich individuelle Namen tragen, haben sie, wie sich mehrfach gezeigt hat, ihren persönlichen Charakter weitgehend oder ganz eingebüßt.

Dies gilt nicht für eine Reihe metaphysischer Personen (Gott, Engel, Teufel etc.), die trotz ihrer im Vergleich mit den allegorischen Instanzen relativ geringen Gesamtzahl zum integrierenden Bestandteil der *Moralité religieuse* zu rechnen sind[500].

Wie in den Mystères tritt Gott auch in vielen Moralités als Bühnengestalt auf. Seine Personalität – *una substantia, tres personae* lautet die gebräuchliche theologische Formel zur Bezeichnung der Trinität[501] – wird dabei in keinem Stück in Frage gestellt. Die Rollenangaben variieren: Neben der häufigsten Form Dieu[502] finden sich unter anderem auch spezifische Bezeichnungen für die zweite trinitarische Person[503]; aber nur ein einziges Stück, *Les Blasphemateurs*, bezieht die beiden Namen auf zwei ge-

[500] Sie können natürlich nicht als Geistwesen, wie es ihrer Definition entspräche, sondern nur in körperlicher Gestalt dramatisch dargestellt werden. Insofern handelt es sich auch hier um eine Verbildlichung, aber nicht um eine Personifikation, wie B. H. Bronson, *Personification Reconsidered* (*ELH* 14, 1947, p. 167) meint: Die dramatische Fiktion verändert nur ein Attribut der metaphysischen Personen, nimmt ihnen aber nicht ihre Personalität. Historisch inadäquat ist die Auffassung der metaphysischen Personen als »abstractions«, wie sie, allerdings in vorsichtiger Formulierung, noch E. K. Chambers in seinem grundlegenden Werk *The Mediaeval Stage* (Oxford 1903, vol. II, p. 153) vertritt. Auch die Formulierung, die Figuren der *Moralité du Jour Saint Anthoine* seien mit Ausnahme des Docteur »des allégories chrétiennes« (Bossuat, *Deux moralités*, p. 20) ist angesichts der metaphysischen Personen Dieu und Dyable nicht zu halten, wenn der Allegoriebegriff nicht beliebig ausgeweitet wird.

[501] Cf. dazu den höchst informativen Artikel *Hypostase* von A. Michel im *Dictionnaire de Théologie catholique* (VIII/1, col. 370–437) sowie die Studie von H. Rheinfelder, *Das Wort »Persona«. Geschichte seiner Bedeutung mit besonderer Berücksichtigung des französischen und italienischen Mittelalters*, Halle 1928 (Beih. z. ZrP. 77), bes. pp. 159–183.

[502] So in *Bien Advisé, Mal advisé, Les Blasphemateurs, Le Cuer et les cinq Sens, L'Homme juste, Le Jour Saint Anthoine, Langue envenimee* und *L'Omme pecheur*; in *Les quatre Elemens* tritt Gott als Le Juge auf.

[503] Ihesuchrist (*Le Pelerinage de vie humaine*), Le Filz (*Jhesucrist est mis en prison*) und Le Crucifix (*Les Blasphemateurs*).

trennte Bühnenfiguren mit unterschiedlichen dramatischen Funktionen. In allen anderen Fällen werden die göttlichen *personae* in einer dramatischen Gestalt zusammengefaßt. Sie repräsentiert, wie die wechselnden Anreden zeigen, zugleich den Schöpfer, Erhalter und Erlöser[504] und damit die Einheit der göttlichen Substanz:

> Une essence, une deïté
> et magesté coeternelle,
> une seule divinité
> infaillible et sempiternelle (*L'Omme pecheur*, fol. a v^r).

Neben Gott erscheinen, namentlich in den längeren Stücken, weitere personal aufgefaßte Geistwesen mit zumeist individuellen Namen: die schon in der Bibel namentlich erwähnten Erzengel Michael, Gabriel und Raphael, zu denen sich in *Bien advisé, Mal advisé* Uriel gesellt; Lucifer mit einer Reihe untergeordneter Teufel in wechselnd zusammengesetzten Gruppen[505]; aber auch metaphysische Personen mit allgemeinen Bezeichnungen wie Le Bon Ange und Le Diable[506]. Selbst die Gestalten Seraphin und Cherubin werden ungeachtet ihrer ursprünglich pluralischen Namensform als Einzelpersonen verstanden[507]. Die Grundlage der kirchlichen Lehre zur Frage der Engel, die übereinstimmend deren Personalität hervorhebt[508], faßt Dieu bei seinem ersten Auftritt in der Moralité *L'Omme pecheur* in einigen Sätzen zusammen[509].

---

504 So wird etwa im Prolog von *Bien advisé, Mal advisé* die Figur Dieu als »Jesus, le roy celeste« angekündigt (fol. a ii^r) und wenig später als »Jesus, nostre pere et sauveur, / nostre joye, nostre confort, / nostre Dieu, nostre createur« angeredet (fol. i v^r); in *Le Jour Saint Anthoine* stellt Dieu sich bald als Schöpfergott (vv. 263–281 und vv. 1025–1060), bald als Christus vor (vv. 289–292 und vv. 1067–1073); in *L'Omme pecheur* wird er unmittelbar nacheinander als »createur«, »gubernateur« und »reparateur« bezeichnet (fol. a v^r).

505 So treten in *Les Blasphemateurs* neben Lucifer noch Satan und Behemot auf; *Langue envenimee* ersetzt Behemot durch Bellezebut; *L'Homme juste* ergänzt die Gruppe durch die Figur Astarot; *L'Omme pecheur* bringt neben Lucifer die Trias Sathan, Demon und Belphemot; *Bien advisé, Mal advisé* schließlich enthält mit Lucifer, Demon, Satan, Leviatan, Belial sowie vier nicht namentlich genannten Teufeln nicht weniger als neun böse metaphysische Personen. Die zahlenmäßige Überlegenheit der bösen über die guten metaphysischen Personen kompensiert zum Teil die gegenüber den Tugenden und Naturinstanzen relativ geringe Zahl von Lasterpersonifikationen.

506 So in *L'Omme pecheur* und *L'Homme juste*; Le Diable auch in *Mundus, Caro, Demonia* und *Le Jour Saint Anthoine*.

507 In *Les sept Pechie morteil* stehen Cherubin und Gabriel gemeinsam gegen Le Maistre Dyable (der sich v. 46 auch als Lucifer bezeichnet) und Le Clerc le Dyable; in *Les Blasphemateurs* treten Seraphin und Cherubin gegen die Teufel Satan und Behemot an.

508 Cf. dazu im *Dictionnaire de Théologie catholique* die Artikel *Ange* (I/1, col. 1189–1271) von A. Vacant, G. Bareille u. a. und *Démon* (IV/1, col. 321–409) von E. Mangenot und T. Ortolan.

509 fol. a iiii^v.

Zu den metaphysischen Personen sind ferner all die menschlichen Individuen zu zählen, die nach ihrem (leiblichen) Tod eine gottnahe Stellung erlangt haben. Für die Moralité betrifft dies vor allem Maria, die unter verschiedenen Rollenbezeichnungen in einigen Stücken eine wichtige Funktion ausübt[510], sowie die im zweiten Teil der Moralité *L'Homme juste* auftretenden Heiligen.

Die Tatsache, daß die metaphysischen Personen im Rahmen des Bühnengeschehens eng mit den allegorischen Instanzen zusammenwirken und dabei weitgehend ähnliche dramatische Funktionen erfüllen, legt die Vermutung nahe, zwischen beiden Gruppen bestünden trotz des grundsätzlichen formalen Unterschieds zwischen Personen und Personifikationen wesentliche inhaltliche Gemeinsamkeiten. Als Prüfsteine für diese Vermutung werden im folgenden die oben herausgestellten vier Charakteristika der allegorischen Instanzen herangezogen.

Die Polarisierungsregel gilt, wie leicht zu sehen ist, auch hier. Die strenge Antithetik geht dabei so weit, daß die Teufel sich – beispielsweise durch höllische Ehrentitel wie »tresdesloyal«[511] – ein böses Wertsystem zu schaffen suchen, das bis in die sprachliche Form dem guten diametral entgegengesetzt ist[512].

Auch der Status der metaphysischen Personen ist unveränderbar. Sonderfälle nach der Art der bekehrten Instanzen kommen nicht vor, da deren Voraussetzung, die funktionale Annäherung an Menschenvertreter, nicht auf metaphysische Personen übertragen wird.

Als Geistwesen sind sie ferner den zeitlichen und räumlichen Beschränkungen der spezifisch menschlichen Individualität enthoben[513]. Dieser Satz gilt auch für die metaphysischen Personen, die in ihrer anderen Natur als sterbliche Menschen der irdischen Geschichte angehören: Christus, Maria und die Heiligen. Wenn Christus in *Les Blasphemateurs* über sein göttliches

---

[510] Sie erscheint als Marie in *Les Blasphemateurs* und *L'Omme pecheur*, als Nostre Dame in *L'Homme juste* und schließlich als La Vierge in *Jhesucrist est mis en prison*.

[511] *L'Omme pecheur*, fol. b^{v}.

[512] Die Umkehrung der Werte wird aber nicht konsequent durchgehalten. So sprechen die Teufel an derselben Stelle etwa von der »*noble* loy chrestienne« (Hervorhebung von mir) und übernehmen mit dieser Qualifizierung wieder den richtigen Wertmaßstab der Gegenseite. Es ist anzunehmen, daß solche »Fehlleistungen« nach dem Willen des Autors die Schwäche und Unsicherheit der teuflischen Position zeigen sollen.

[513] Die Überzeitlichkeit wird auch hier gewöhnlich als hohes Alter verbildlicht. Cf. als Beispiel die Ekphrasis des Teufels Demon:

> Je suis gris, chenu et vieil.
> La raison dire je vous vueil,
> Pourquoi je suis ainsi savant:
> Je ne suis jeune ne enfant,
> Car je suis creé de jadis
> La hault es cieulx en paradis (*Bien advisé, Mal advisé*, fol. h. v^{v}).

Wirken lange Zeit vor der Geburt des historischen Jesus berichtet[514], in *Le Pelerinage de vie humaine* auf seine Präexistenz »en paradis« anspielt[515] und in *Jhesucrist est mis en prison* in der Futurform Stationen aus seinem Erdenleben voraussagt[516], so spricht er in allen drei Stücken eindeutig als allwissende, ewige und omnipräsente göttliche Person. Der historisch begrenzte Mensch Jesus tritt in der *Moralité religieuse* – im schroffen Gegensatz zum Mystère – an keiner Stelle als dramatische Figur auf! Durchaus überhistorisch ist auch die dramatische Rolle Marias als Gottesmutter[517] und Fürsprecherin der Sünder[518], und die Gestalten Sainct Jaques, Sainct Paoul, Sainct Jehan l'Evangeliste etc., die nur stumme Rollen innehaben[519], werden nicht wie in vielen Mystères und Miracles in ihrem irdischen Wirken, sondern nur in ihrer zeitlosen Glorie dargestellt.

Daß die metaphysischen Personen über große Macht verfügen, bedarf wohl kaum besonderer Belege. Gottes »puissance imcomparable et infinie«[520] steht auch nach Luzifers Sturz noch ein beträchtlicher Einfluß der Teufel gegenüber. Auch hier wird die Macht gern durch Exempla illustriert. Dabei entspricht der chronologisch geordneten Aufzählung göttlicher Heilstaten im Rahmen des Alten Bundes, die in der Inkarnation ihre Erfüllung finden[521], auf der Gegenseite ein Katalog teuflischer Unheilstaten, dem in deutlicher Parallele zu den Exempla der Lasterinstanzen jegliche teleologische Dynamik fehlt[522]. Die Schutzengel und die ihnen entgegenstehenden Teufel zeigen als Menschenbegleiter Ansätze zu indikatorischen Funktionen, verzichten aber im Unterschied zu einigen allegorischen Instanzen nicht darauf, auch in dieser Rolle ihre Schutzbefohlenen aktiv zu beeinflussen[523].

---

514 fol. H iiii^{v}. Auch der Satz »Au monde fuz longue saison / Vray homme non seigneurial« (*ib.*, fol. I i^{v}) ist aus der Überzeitlichkeit der Transzendenz gesprochen.

515 v. 379.

516 fol. c i^{r}.

517 Als Gottesmutter fungiert sie, wie das Stück *Jhesucrist est mis en prison* zeigt, bereits vor der Inkarnation Christi im ewigen Heilsplan Gottes.

518 Cf. die Anrede »confort et refuge de Nature humaine, advocate et ayde des povres pecheurs« (*L'Homme juste*, fol. c iii^{r}); ähnlich in *L'Omme pecheur*, fol. l v^{r}.

519 *L'Homme juste*, fol. I ii^{r}–K i^{v}.

520 *ib.*, fol. c ii^{r}.

521 Le Crucifix: »A Abraham premier je prens / Et a Jacob, le filz de Isaac, / A qui je fis beaucoup de biens« etc. (*Les Blasphemateurs*, fol. H iiii^{v}). Moses, Josua, Saul, David, Salomon und weitere Gestalten aus der Geschichte Israels schließen sich als Exempla an. Die Reihe endet mit dem Satz »Donc je vins prendre humanité« (fol. I i^{v}).

522 Cf. etwa *L'Homme juste*, fol. d v^{r}–e i^{v}; *L'Omme pecheur*, fol. b^{r}–b ii^{v}; *Les Blasphemateurs*, fol. A ii^{v}; *Mundus, Caro, Demonia*, fol. A i^{v}; *Bien advisé, Mal advisé*, fol. h v^{v}; *Les quatre Elemens*, fol. A iii^{r}.

523 *L'Homme juste*, fol. c v^{r}–c vi^{r}, f iii^{v}–f iiii^{r}, g ii^{r}–g v^{r}, k iii^{v} etc.; *L'Omme pecheur*, fol. a vi^{v}–a vii^{r}, e v^{r}–e v^{v}, f ii^{r}–f iii^{v}, f viii^{r} etc.

Die vier Charakteristika der allegorischen Instanzen gelten also auch für die Gruppe der metaphysischen Personen, und zwar ohne die Einschränkungen (»Sonderfälle«), die wir bei einigen Instanzen beobachten konnten[524]. Sie verleihen den metaphysischen Personen eine zwar nicht im Personenbegriff implizierte (und daher nicht auf menschliche Personen zutreffende), wohl aber *inhaltlich-faktische Allgemeinheit*, die sie (wiederum im Unterschied zu menschlichen Personen) befähigt, mit den Repräsentanten *begrifflich allgemeiner* Wesenheiten auf der Ebene des Überindividuellen zu verkehren, das heißt, mit ihnen gemeinsam auf der allegorischen Szene zu erscheinen[525].

5. Die Wesensmerkmale der dramatischen Figuren

Ich habe in den vorausgehenden Abschnitten innerhalb der *Moralité religieuse* drei Gruppen von dramatischen Figuren voneinander geschieden: Repräsentanten des Menschen, allegorische Instanzen und metaphysische Personen. Ihre grundlegende Gemeinsamkeit besteht, wie die Untersuchung gezeigt hat, darin, daß sie allesamt *keine menschlichen Einzelwesen* darstellen, wie sie uns im neueren Theater fast ausschließlich begegnen.

Um diese negative Bestimmung mit Inhalt zu füllen, habe ich vier Wesenszüge der allegorischen Instanzen herausgestellt und diese anschließend auch an den metaphysischen Personen nachgewiesen. Diese Gemeinsamkeiten erlauben es, die beiden formal unterschiedenen Gruppen (hier außerpersönliche, dort persönliche Wesen) unter der Bezeichnung *außermenschliche* Mächte zusammenzufassen und damit die ursprüngliche Dreiteilung auf eine Zweiteilung zu reduzieren.

Zwei der genannten Wesenszüge gelten auch für die Repräsentanten des Menschen: auch sie sind religiös-moralisch polarisiert und überschreiten als allgemeine Gattungswesen die engen zeitlichen und räumlichen Grenzen, die dem einzelnen Menschen gesteckt sind. In den beiden anderen Punkten dagegen unterscheiden sich die Menschenvertreter fundamental von den allegorischen Instanzen und metaphysischen Personen: ihr Status ist durch Verführung und Bekehrung grundsätzlich wandelbar, und sie verfügen über keine metaphysische Macht, sondern sind weitgehend selbst Objekte fremder Mächte.

---

524 Dieses Indiz spricht dafür, daß die Attribute Polarisierung, Unveränderbarkeit, Überzeitlichkeit, Allgegenwart und metaphysische Macht primär metaphysische Personen charakterisieren und erst sekundär mit einigen Abschwächungen auf außerpersönliche Instanzen übertragen worden sind.

525 Die formale Heterogenität der dramatischen Figuren, auf die im Rahmen ihrer Untersuchung auch schon M. E. Collins hingewiesen hat (*The Allegorical Motifs*, p. 53), wird also durch gemeinsame Charakteristika gemildert.

Aber auch dieser Gegensatz zwischen den Mächten und den Menschenvertretern ist, wie die untersuchten Texte zeigen, nicht als absolut zu verstehen. Die wichtigste Brücke zwischen den beiden Gruppen bilden die »Sonderfälle« der bekehrten und der passiv-indikatorischen Instanzen, indem sie zum Teil in die dramatische Rolle von Menschenvertretern hineinwachsen und in dieser Funktion auch deren distinktive Merkmale, Wandelbarkeit und Machtlosigkeit, übernehmen.

Indem die allegorischen Instanzen sowohl als Mächte wie auch, in einigen besonders gelagerten Fällen, als Menschenvertreter fungieren, stehen sie als Gesamtgruppe intermediär zwischen den extremen Positionen der metaphysischen Personen und des Menschen. Dies gilt nicht nur in dem abstrakten Sinn, daß sich in den Instanzen die entgegengesetzten Wesensmerkmale der beiden Extreme zum Teil überlagern, sondern ist, wie sich im folgenden Kapitel erweisen wird, auch konkret als wirkliche Vermittlerfunktion in dem Sinn aufzufassen, daß Gott (bzw. der Teufel) und der Mensch in der allegorischen Darstellung der *Moralité religieuse* fast ausnahmslos über das Zwischenglied der außerpersönlichen Instanzen miteinander kommunizieren.

Kapitel II

Der allegorische Kosmos

Die dramatischen Figuren der *Moralité religieuse*, die bisher als isolierte Einheiten untersucht worden sind, stehen in den einzelnen Stücken in vielfältigen Beziehungen zueinander als Elemente eines Systems, das – soweit es unter statischem Aspekt betrachtet wird – als allegorischer Kosmos bezeichnet werden kann. Während bei der Analyse der Einzelfiguren vorwiegend deren Bedeutung im Mittelpunkt steht und die allegorische Darstellungsfiktion, sofern sie auf dieser ersten Betrachtungsstufe überhaupt über den einfachen Akt des Personifizierens hinausgeht, nur dort mit herangezogen wird, wo sie über das Wesen der Figuren selbst Aufschluß gibt, muß bei der Analyse des allegorischen Kosmos die bildlich-allegorische Darstellung stärker berücksichtigt werden. Hier hat sich nämlich, auf dem Grundschema des Personifizierens aufbauend, eine Reihe von Darstellungskonventionen entwickelt, die sich nicht mehr einfach dadurch auf die Bedeutungsebene hin abbilden lassen, daß man die Namen der Bühnenfiguren als Bezeichnungen von Wesenheiten interpretiert. Der Bildcharakter der Darstellung gewinnt auf dieser Stufe einen stärkeren Eigenwert, die allegorische Differenz nimmt also zu.

Der allegorische Kosmos konkretisiert sich für den Zuschauer in einem dichten Netz allegorischer Relationen, von denen einige in der Forschung noch kaum als solche erkannt worden sind. Die Relationen, die im Rahmen des spätmittelalterlichen allegorischen Theaters in Frankreich die größte Bedeutung erlangt haben, werden im folgenden jeweils anhand einiger Beispiele aus der *Moralité religieuse* vorgestellt. In einem zweiten Schritt will ich dann versuchen, aus der Zusammenschau der einzelnen Bilder die ihnen gemeinsame Bedeutung und damit das Wesen des allegorischen Kosmos näher zu beschreiben.

1. Allegorische Relationen im Bild zwischenmenschlicher Beziehungen

Ich wende mich zunächst den allegorischen Relationen zu, die *unmittelbar* an biologische und soziale Beziehungen der äußeren Wirklichkeit anknüpfen. Um Mißverständnisse zu vermeiden, scheint es angebracht, schon an dieser Stelle zu betonen, daß die zwischenmenschlichen Beziehungen im allegorischen Rahmen nicht wörtlich, sondern nur bildlich verwendet werden und damit eine ganz andere Funktion haben als in der Welt der Individuen und Einzeldinge, der sie entlehnt sind.

Verwandtschaft. – Jedem aufmerksamen Leser einer *Moralité religieuse* fällt wohl die große Zahl genealogischer Bilder auf. Kaum eine dramatische Figur läßt sich finden, die nicht als Bruder, Schwester, Vater, Mutter, Sohn oder Tochter einer oder mehrerer anderer Figuren bezeichnet wird. Auch bei dieser Ausdrucksweise, die natürlich von der Moralité nicht erfunden, sondern aus der antiken, biblischen und mittelalterlichen allegorischen Tradition übernommen worden ist[526], gilt die Genuskonvention: Maskulina tragen in der Regel männliche, Feminina weibliche Verwandtschaftsbezeichnungen[527].

Es ist, von der allegorischen Bedeutung her gesehen, zweckmäßig, genealogische Relationen zwischen Gliedern einer Generation (horizontale Verwandtschaft) von solchen zu trennen, die mehrere Generationen verbinden (vertikale Verwandtschaft).

Die erste Gruppe besteht im wesentlichen aus allegorischen Geschwisterverhältnissen zwischen Instanzen. Als Brüder und Schwestern treten etwa auf: die guten Werke Aumosne, Jeusne und Oraison[528], die theologischen Tugenden Charité, Foy und Esperance[529], Misericorde und Compassion[530], Congnoissance und Raison[531], Bon Vouloir und Perseverance[532], Confession und Contrition[533], die sieben Hauptlaster[534], Luxure und Temptation[535], die

---

526 Eine Auswahl von meist genealogischen »Personalmetaphern« bietet E. R. Curtius, *Europäische Literatur*, pp. 141–144.

527 Die Korrelation von natürlichem und grammatischem Geschlecht bei den Verwandtschaftsbeziehungen zwischen Personifikationen ist auch im modernen Französisch noch gültig, wobei wie im spätmittelalterlichen allegorischen Theater die weiblichen Verwandtschaftsbezeichnungen stark überwiegen. Cf. dazu B. Hasselrot, *Les vertus devraient être sœurs, ainsi que les vices sont frères*, in *Actes du 4e Congrès des Romanistes Scandinaves*, Copenhague 1967, pp. 35–44 (Der Titel des Aufsatzes ist ein Zitat aus La Fontaine, *Fables* VIII, 25).

528 Aumosne: »J'ay encor icy des seurs deux, / Nommees sont Jeusne et Oraison« (*Bien advisé, Mal advisé*, fol. e iv).

529 Foy: ... »car nous trois seurs au salut devons tendre / de l'Omme humain mortel et raisonnable« (*L'Omme pecheur*, fol. a iiiir).

530 *ib.*, fol. c viv. 531 *L'Homme juste*, fol. B iiiir. 532 *ib.*, fol. n iv.

533 *Bien advisé, Mal advisé*, fol. c vr.

534 Luxure über ihren *grant lignage*:

> Luxure suis de hault parage,
> seur d'Orgueil, le grant roy des Vices,
> et d'Avarice qui par aage
> donne gaiges et grans offices.
> Envie, Ire et leurs complices,
> le roy Gloton, le roy Accide,
> sont mes freres et seurs propices (*ib.*, fol. hr).

Cf. auch *Les sept Pechie morteil*, vv. 264, 1092.

535 *Le Gouvert d'Humanité*, v. 116 sq. Temptation ist gegen die Regel als Mann personifiziert und erscheint daher als *frere*.

Naturmächte La Terre und L'Eaue[536], die Krankheiten Epilencie und Appoplexie[537] etc. Die auf diese Weise verbundenen Instanzen sind einander in ihrem Wesen ähnlich oder erscheinen zumindest als gleichgeordnete Glieder einer größeren begrifflichen Einheit. Menschenvertreter sind an solchen Geschwisterverhältnissen nur in Ausnahmefällen beteiligt[538].

Die zweite Gruppe umfaßt allegorische Relationen zwischen Eltern und Kindern. Innocence erscheint beispielsweise als die Mutter von Enfance und Adolescence[539]; Le Monde hat einen Sohn namens Honneur mondain[540]; Raison ist die Mutter der Conscience[541], L'Eglise die von Baptesme[542]. Die Kinder der Penitence heißen Contricion, Confession und Satisfaction[543], die der Satisfaction sind Aulmosne, Jeusne und Oraison[544]; L'Esprit redet Le Ciel als seinen Vater an[545]. Die sieben Hauptlaster stammen genealogisch von Perdition[546] oder Peché ab[547]. Sie bezeichnen ihrerseits bestimmte Unterlaster, die meist nicht selbst als dramatische Figuren auftreten, als ihre Söhne und Töchter[548].

---

536 Die genealogische Stellung der beiden Elemente männlichen Geschlechts, L'Air und Le Feu, ist nicht ganz klar, da die betreffende Belegstelle »Nous sommes deux seurs et deux ...« (*Les quatre Elemens*, fol. A ii^{r}) offenbar verstümmelt ist. Nach dem Reimwort *nous* ist vielleicht *espoux* zu ergänzen.

537 *La Condamnacion des Bancquetz*, fol. k i^{r}.

538 In *Jhesucrist est mis en prison* bezeichnet Nature die Gestalt Genre humain einmal als »frere germain« (fol. b i^{v}). Zu bedenken ist dabei, daß Nature als Naturmacht einen vergleichsweise niederen Rang hat und dem Menschen insofern ähnlicher ist als etwa Misericorde.

539 *L'Homme juste*, fol. b iiii^{r}.

540 *ib.*, fol. f i^{r}–f i^{v}.

541 *Le Cuer et les cinq Sens*, vv. 101, 161.

542 *L'Homme juste*, fol. a vi^{r}. – Zur Bildtradition cf. J. C. Plumpe, *Mater Ecclesia. An Inquiry into the Concept of the Church as Mother in Early Christianity*, Washington 1943 und die Textsammlung von H. Rahner, *Mater Ecclesia. Lobpreis der Kirche aus dem ersten Jahrtausend christlicher Literatur*, Einsiedeln, Köln 1944.

543 *L'Omme pecheur*, fol. z ii^{r}; *Bien advisé, Mal advisé*, fol. d v^{v}.

544 *L'Omme pecheur*, fol. z ii^{v}; *Bien advisé, Mal advisé*, fol. d vi^{v}, e i^{v}.

545 *L'Homme et le Ciel*, p. 118.

546 *L'Homme juste*, fol. e i^{v}.

547 *L'Omme pecheur*, fol. e^{r}–e iii^{v}. In *Les Enfans de Maintenant* tritt anstelle von Pechié die Figur Jabien als Vater von Luxure auf (fol. D^{v}).

548 Hier nur ein Beispiel für viele, um zu zeigen, wie detailliert vor allem in den großen Stücken das genealogische Begriffssystem ausgeführt ist. In *L'Omme pecheur* nennen die einzelnen Hauptlaster in langen Ekphraseis die Namen ihrer allegorischen *enfans*:

Paresce: Tendresse, Tepidité, Pusillanymité, Dissimulacion, Negligence, Oysiveté, Imperseverance;

Ire: Impacience, Oultraige, Haynne, Injure, Discorde, Rancune, Homycide, Oppression, Vindicacion, Blaspheme;

Glotonnye: Brutalle, Desordonnance, Yvresse;

Envie: Rencueur, Detraction, Faulx Raport;

Luxure: Fornicacion, Cavilacion, Adultere, Arap, Stupre, Paillardie, Inceste,

Die allegorischen Verwandtschaftsbeziehungen greifen aus der Sphäre der Instanzen auch in die der metaphysischen Personen über und tragen damit zu einer gewissen Annäherung der formal unterschiedlichen Gruppen bei. In *L'Omme pecheur* erscheint Le Diable als Vater von Pechié[549], und auch die einzelnen *vitia capitalia* werden gelegentlich »enfans du Diable« genannt[550]. Auf der Gegenseite agiert Salvation als »fille« von Nostre Dame[551]; desgleichen Misericorde, die gegenüber Marie bekennt:

Mere de Dieu, tu es ma mere:
chascun t'appelle et recorde
la mere de Misericorde
(*L'Omme pecheur*, fol. i^v = *L'Homme juste*, fol. t iii^r).

Dieser Beleg ist deshalb besonders aufschlußreich, weil er zeigt, wie die Moralité eine durch langen Gebrauch abgeschliffene metaphorische Redeweise (*mater misericordiae*[552]) mit Hilfe der Personifizierung sozusagen wieder beim Bild nimmt und dadurch neu belebt[553].

Auch Gott selbst, der schon von Paulus bildlich als *pater misericordiarum* bezeichnet worden ist[554], wird in die vertikale Verwandtschaftsallegorie mit einbezogen. Der Übergang von der genealogischen Metapher zur Allegorie ist dort vollzogen, wo ein göttliches Attribut personifiziert und das Vater-Tochter-Verhältnis als solches in der Darstellung konsequent durchgehalten wird. In der *Moralité religieuse* ist das der Fall bei den Instanzen Misericorde und Justice divine, denen sich gelegentlich Raison,

---

Sodomite (nicht ausdrücklich im genealogischen Bild, aber wegen der Parallelen mit den übrigen Belegen wohl ebenfalls genealogisch aufzufassen);

AVARICE: Solicitude, Usure, Rappine, Symonye, Larrecin, Oppression, Fraude = Tromperie = Trahyson = Tricherie, Deception;

ORGUEIL: Inobedience, Arrogance, Oultrecuidance, Simulacion, Presumption, Jactence, Ingratitude, Ypocrisie, Eresie, Vaine Gloire u. a. (fol. g^r–h iiii^v, l iiii^r–l iiii^v). Ähnlich in *L'Homme juste*, fol. h iii^v–i ii^r.

549 LE DIABLE:

Peché, par moy fus engendré
en la deablesse Proserpine.
Ton pere suis et m'y tiendrai
des lors que cheumes en ruÿne (fol. b iii^r).

Cf. auch *ib.*, fol. d iiii^r, d vi^r, e^v.

550 *ib.* – Als mögliche Quelle für diese Relation kommt etwa Joh. 8,44 »mendax et pater ejus« in Frage.

551 *L'Homme juste*, fol. c iiii^v.

552 So etwa in der alten, Adhemar de Monteil zugeschriebenen Marienantiphon *Salve regina*.

553 Nur am Rande sei darauf hingewiesen, daß von der doppelten Mutterfunktion Marias als *mere de Dieu* und *mere de misericorde* nur die zweite eine allegorische Relation andeutet, während die erste ein Verhältnis zwischen metaphysischen Personen wiedergibt und damit selbst personalen, unmetaphorischen Charakter hat. Beide Bezeichnungen gehören verschiedenen Ausdrucksebenen an und können daher logisch nicht miteinander kollidieren.

554 II Cor. 1, 3.

Charité, Verité, Divine Bonté, Sapience divine als 'Töchter' sowie, seinem grammatischen Geschlecht entsprechend, Divin Vouloir als 'Sohn' Gottes anschließen[555]. Von diesen gehören Misericorde und Justice divine zum traditionellen Kern des bekannten allegorischen Motivs der 'Vier Töchter Gottes', von dem bei der Darstellung der allegorischen Handlungsmotive noch ausführlicher zu reden sein wird[556]. Die voll entwickelte allegorische Verwandtschaftsrelation zwischen Gott und seinen personifizierten Attributen, um die es vorerst allein geht, findet sich nach E. J. Mäder[557] erstmals in einer anonymen Parabel des 12. Jahrhunderts; sie ist zur Blütezeit des allegorischen Theaters bereits literarisches und ikonographisches Allgemeingut.

Vertikale Verwandtschaftsallegorien reichen auch von der Sphäre der Instanzen bis zum Menschen herunter. Als Vermittler fungiert hier fast ausschließlich die Naturinstanz La Terre. Auch für diese besondere Relation gibt es biblische Anknüpfungspunkte. Der Ecclesiasticus beschreibt den Leidensweg der Menschenkinder »a die exitus de ventre matris eorum usque in diem sepulturae in matrem omnium« (40, 1). Was hier als genealogische Metapher punktuell aufscheint, wird in der Moralité zur Allegorie ausgeweitet. So sagt in *L'Omme pecheur* La Terre unter Anspielung auf die Bibelstelle von sich: »a tous suis mere«[558] und überträgt das Mutter-Kind-Verhältnis sogleich auf die dramatische Figur des Adolescent (des späteren Omme pecheur): »ta mere suis, n'en fay nul doubte«[559]. Auch der erste Teil des Vulgata-Zitats, der sich durchaus auf die (nicht metaphorische) Geburt von einer leiblichen Mutter beziehen kann, wird auf La Terre hin gedeutet und damit allegorisiert[560]. In mehreren Moralités erscheinen auf diese Weise La Terre und der oder die allegorischen Menschenvertreter als Mutter und Kinder[561]. Die allegorische Kindschaft der *Enfans de Maintenant*, die diesem

---

555 Die allegorische Gotteskindschaft wird teils direkt, teils indirekt über horizontale Relationen ausgedrückt. MISERICORDE: »tresdoulx pere«, DIEU: »belle fille« (*L'Omme pecheur*, fol. i^{r} = *L'Homme juste*, fol. t ii^{r} sq.); RAISON: »Je suis Raison qui tout conçoit, / La fille du souverain roy« (*Les quatre Elemens*, fol. B ii^{v}); DIEU zu Charité: »ma fille et amye« (*L'Omme pecheur*, fol. a v^{r}); VERITÉ: »Verité suis, l'unique [!] fille / Du hault Dieu, mon pere trescher« (*Vouloir divin*, p. 78); DIVINE BONTÉ zu Dieu: »je suis Divine Bonté, ta bonne fille et amye« (*L'Homme juste*, fol. c i^{v}); SAPIENCE DIVINE: »ma doulce seur amoureuse / Divine Bonté« (*ib.*, fol. B iiii^{r}); DIVIN VOULOIR zu Dieu: »[je] suis ton filz Divin Vouloir« (*ib.*, fol. c ii^{r}).

556 Cf. unten Kap. III,2 (*Der allegorische Rechtsstreit*).

557 *Der Streit der 'Töchter Gottes'. Zur Geschichte eines allegorischen Motivs*, Bern, Frankfurt a. M. 1971 (Europäische Hochschulschriften. I,41), pp. 25–28.

558 *L'Omme pecheur*, fol. a ii^{v}.

559 *ib.*

560 LA TERRE zum Adolescent: »sors de mon ventre« (*ib.*), was sich sogleich auf der Bühne vollzieht.

561 *L'Homme juste*, fol. a iii^{v}; *Le Lymon et la Terre*, fol. c vi^{r}; *Argent*, vv. 1023, 1053, 1090, cf. vv. 1333–1339.

Stück seinen besonderen Charakter gibt, hat Wortspielcharakter und hebt sich von den übrigen allegorischen Verwandtschaftsrelationen deutlich ab.

Weitläufigere oder nicht genau bezeichnete verwandtschaftliche Beziehungen sind relativ selten[562].

Die einzelnen Verwandtschaftsbeziehungen schließen sich in den großen Moralités zu genealogischen Systemen zusammen, die als *lignie* oder *lignage* bezeichnet werden[563]. Daß es sich dabei um einen durch die Erfordernisse der dramatischen Darstellung begrenzten Ausschnitt aus einer umfassenden hierarchischen Struktur handelt, zeigt sich daran, daß eine in einem Stück realisierte allegorische *lignie* durch weitere genannte, aber nicht dramatisch realisierte Verwandtschaften und durch die genealogischen Systeme anderer Stücke fast nach Belieben ergänzt werden kann.

Vor allem die *lignie* der bösen Instanzen ist oft stark genealogisch gegliedert. Aus der Synthese der oben gegebenen Einzelbelege entsteht für diesen Bereich beispielsweise in der *Moralité de l'Omme pecheur* das folgende Bild:

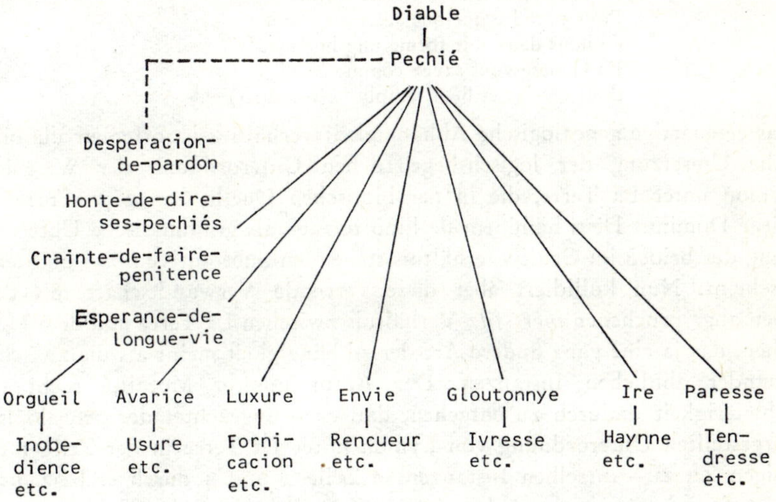

Es umfaßt, wenn man die unterhalb der Schwelle des Dramatischen stehenden Personifikationen (unterste Reihe) hinzurechnet, vier Generationen! Auf

---

562 Pechié bezeichnet die *quatre empeschemens* als »prochains parens« (*L'Omme pecheur*, fol. b iiii^{v}); Langue envenimee ist »cousine a Lucifer« (*Langue envenimee*, fol. B i^{v}); der Trunkenbold Je-pleige-d'autant erscheint als »cousin germain« von Je-boy-a-vous (*La Condamnacion des Bancquetz*, fol. k iii^{r}); Le Fol sagt ironisch von seiner (dramatisch nicht in Erscheinung tretenden) Frau Marotte:

> Elle est cousine de Jabien.
> N'est elle pas de bon lignaige?
>
> (*Les Enfans de Maintenant*, fol. C iii^{r})

563 Cf. etwa *Langue envenimee*, fol. E iii^{r}; *L'Omme pecheur*, fol. h^{r}.

seiten der Tugenden ist besonders das genealogische System der Bußpersonifikationen gut ausgebildet. Es stellt sich in *Bien advisé, Mal advisé* und *L'Omme pecheur* in dieser Form dar:

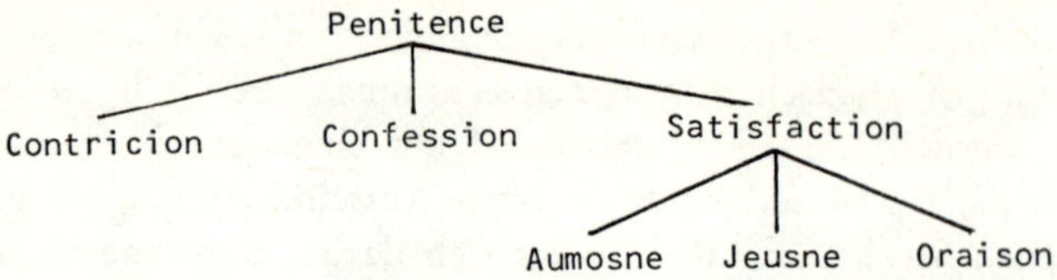

Doch nicht immer ist es möglich, eine eindeutige allegorische Stammtafel zu erstellen. Gelegentlich weichen die Verwandtschaftsbeziehungen innerhalb einer Figurengruppe von einem Stück zum anderen voneinander ab. Am Anfang der *Moralité de l'Omme pecheur* tritt La Terre auf und bezeichnet Le Lymon als ihren Sohn:

> Lymon, mon filz, en ma presence
> de vous et de moy soit fait forme.
> Pour prendre quelque recreance,
> de nous deux soit formé ung homme.
> En Genese vous savez comme
> il est escript et bien remply (fol. a ii^{v})[564].

Das eigenartige genealogische Abhängigkeitsverhältnis ist offenbar die bildliche Umsetzung der logisch-begrifflichen Unterordnung der Wesenheit Lymon unter La Terre, die in der biblischen Quelle Gen. 2, 7 »Formavit igitur Dominus Deus hominem de limo terrae« als grammatische Unterordnung der beiden im Genitivverhältnis stehenden Substantive *limus* und *terra* erscheint. Nun kollidiert aber diese vertikale Verwandtschaft mit dem oben angesprochenen *mere-filz*-Verhältnis zwischen La Terre und dem Menschen, das ja eine ganz andere Art der Abhängigkeit meint als die zwischen einander ähnlichen Instanzen. Der Autor unserer Moralité sucht der Schwierigkeit dadurch zu entgehen, daß er – ungeachtet der genealogisch dargestellten Unterordnung von Lymon unter La Terre in der Zeile 1 des obigen Zitats – dieselben Instanzen in Zeile 2 und 4 durch *et* bzw. *nous deux* einander angleicht und ihre Gemeinsamkeit gegenüber dem Menschen betont. Die Moralité *Le Lymon et la Terre* überträgt diese Tendenz folgerichtig auch in die Fiktionsebene: sie stellt Le Lymon und La Terre als Vater und Mutter des Menschenvertreters Chascun auf eine Generationsstufe[565] und wandelt damit die aus der zitierten Genesisstelle gespeiste

[564] In *L'Homme juste* formuliert La Terre den Sachverhalt so: »Sachez que voz deux corps je fis / De moy, aussi de mon Lymon« (fol. a iii^{v}). Die Abhängigkeit der Instanz Le Lymon (die in diesem Stück nicht auftritt) von La Terre wird sprachlich hier nicht durch ein Genitiv-, sondern durch ein Possessivverhältnis wiedergegeben.

[565] Le Lymon zu Chascun: »Homme humain, je suis ton pere / Et vecy ta pouvre de mere, / La Terre« (fol b iii^{v}); cf. auch fol. c vi^{r}.

genealogische Unterordnung der beiden Instanzen in völlige Gleichordnung um.

Ähnliche Kollisionen zwischen verschiedenen Bildkonventionen ergeben sich auch bei anderen Gestalten. So erscheint die Ursünde in *L'Omme pecheur* als ältester Bruder der anderen Hauptlaster[566], in *Les sept Pechie morteil* als ihr Vater[567]; Charité tritt gewöhnlich als Schwester der übrigen Tugenden auf[568], kann aber auch »mere des vertus« genannt werden[569]; Penitence, Contricion und Jeusne gehören in den Stücken *Bien advisé, Mal advisé* und *L'Homme juste* drei verschiedenen Generationen an[570], während die begrifflich fast gleichbedeutende Trias Penitence, Remort de conscience und Caresme in *Le Gouvert d'Humanité* eine Geschwistergruppe bildet[571]. Diese Beispiele lassen sich wohl am ehesten dahin deuten, daß für einige Instanzengruppen mehrere genealogische Konventionen miteinander konkurrieren, so daß eine Relation von einem Autor als vertikale, vom anderen als horizontale Verwandtschaft dargestellt werden kann, wobei im letztgenannten Fall die Sonderstellung einer Figur gern durch die Fiktion einer allegorisch verstandenen Erstgeburt unterstrichen wird.

Selbst in ein und demselben Stück ist eine Instanz bisweilen durch mehrere einander widersprechende Verwandtschaftsbeziehungen mit anderen verbunden. Einen der auffälligsten Belege für dieses Phänomen bietet wiederum die *Moralité de l'Omme pecheur.* Hier erscheint die Gestalt Concupiscence bald als Schwester des Diable und – wohl aufgrund einer inzestuösen Beziehung, die ihr sündhaftes Wesen unterstreicht – zugleich als Mutter des Teufelssohnes Pechié[572], bald eine Generation tiefer als Tochter des Diable und damit als Schwester von Pechié[573], bald noch eine Generation tiefer gar als Tochter von Pechié[574]. In *Langue envenimee* wird die Titelgestalt einmal als Tochter Satans, ein andermal als Tochter von Barat bezeichnet[575].

---

566 PECHIÉ: »Orgueil, le mien filz primerain« (*L'Omme pecheur*, fol. e ii^r^); ähnlich fol. e iii^v^.

567 Hier wird Envie ausdrücklich als »annee [= aînée] fille d'Orguelh« bezeichnet (v. 1289).

568 Etwa *L'Omme pecheur*, fol. e i^v^.

569 *Le Pelerinage de vie humaine,* v. 348.

570 Cf. das umseitige genealogische Schema.

571 vv. 1107–1110.

572 LE DIABLE: »Lucifer, nous venons querir / Concupiscence, ma grant seur« (fol. d ii^v^); PECHIÉ: »mere Concupiscence«, CONCUPISCENCE: »mon filz Pechié« fol. &^r^). Dem steht aber der Satz des Diable entgegen, der »la deablesse Proserpine« zur Mutter von Pechié erklärt (fol. b iii^r^).

573 CONCUPISCENCE: »Celle fille suis je, premiere / engendree du Diable, mon pere / [...] / avecques Pechié, le mien frere« (fol. f iiii^v^).

574 CONCUPISCENCE: »Pere Pechié, tu es mon chef« (fol. d iiii^r^).

575 FRANC CUEUR: »Elle [= Langue envenimee] est au grant Sathanas fille« (fol. A iii^v^); dagegen LANGUE ENVENIMEE: »Barat gouverne tout ce païs, / Qui est mon pere et moy sa fille« (fol. E iii^r^).

Einen ganz anderen Stellenwert haben solche mehrdeutigen Verwandtschaftsbeziehungen im Umkreis der metaphysischen Personen des göttlichen Lagers. Wenn Maria Gott mit der Anrede »mon per, mon filz, mon cher espoux« gegenübertritt[576] und von ihm »ma chiere mere, loyalle espouse et treshumble fille« genannt wird[577], so handelt es sich dabei nicht um eine allegorische Verbindung, wie sehr sie auch in der Tradition der personifizierenden Literatur als Modell für widersprüchliche allegorische Relationen gewirkt haben mag. Ihre gewollte Paradoxie beruht im wesentlichen darauf, daß in der einen (Bühnen-)Gestalt Gottes stets die gesamte trinitarische Substanz gegenwärtig ist, so daß die Verwandtschaftsbezeichnungen sich bald auf die eine, bald auf die andere göttliche Person beziehen. Aus dieser Tatsache leitet sich die mehrdeutige genealogische Stellung Marias her.

Diese einzigartige theologische Rechtfertigung läßt sich auf die inneren Widersprüche im Gefüge der allegorischen Verwandtschaftsbeziehungen – zumal innerhalb des teuflischen Lagers – natürlich nicht anwenden. Die Tatsache, daß die widersprüchlichen allegorischen Relationen, anders als die von der Trinität abgeleiteten personalen, nie bewußt nebeneinandergestellt werden, sondern – sofern sie überhaupt in *einem* Stück auftreten – auf weit auseinanderliegende Passagen verteilt sind, legt zudem die Vermutung nahe, daß es sich hier nicht um gewollte Widersprüche handeln dürfte. Bei der beträchtlichen Länge einiger Moralités ist es nicht unwahrscheinlich, daß sich ein Autor oder Kompilator, der das Verhältnis einer Instanz zu einer anderen in ein bestimmtes genealogisches Bild umsetzt, gelegentlich nicht bewußt ist, daß er oder ein von ihm übernommener Text dieselben Instanzen aus den Erfordernissen eines anderen Zusammenhangs heraus früher bereits in eine andere genealogische Beziehung zueinander gebracht hat. Ein sekundärer Ausgleich der verschiedenen punktuellen Ansätze aufs Ganze des strukturierten allegorischen Kosmos hin scheint, wenigstens in den angeführten Beispielen, unterblieben zu sein.

Bekanntschaft. – Neben der überragenden Rolle, die der Verwandtschaftsallegorie bei der Strukturierung des allegorischen Kosmos zukommt, verblassen leicht die übrigen Relationen. Dabei stellt schon die simple Tatsache, daß eine Figur eines personifizierenden Theaterstücks eine andere kennt, zwischen beiden eine zunächst noch undifferenzierte Verbindung her. Sie entgeht vor allem deshalb leicht der Aufmerksamkeit, weil sie im Text nur selten ausdrücklich erwähnt wird. Gewöhnlich ist sie nur daran abzulesen, daß eine Figur im Gespräch den Namen einer anderen nennt, ohne daß diese sich vorher ihr gegenüber vorgestellt hätte. Dementsprechend

---

[576] *L'Omme pecheur*, fol. l iiii^{v}, cf. auch fol. i ii^{r}; ähnlich *Les Blasphemateurs*, fol. k i^{v} und *Jhesucrist est mis en prison*, fol. b iii^{r} und b iiii^{r}.

[577] *L'Homme juste*, fol. c iiii^{v}; noch vielfältiger fol. c iiii^{r} »ma tresdouce pucelle, gracieuse fille, amyable espouse, ma bonne mere et amye«.

wird die Negation dieser Beziehung meist durch die Frage nach dem Namen ausgedrückt.

Allegorische Bekanntschaften finden sich sowohl innerhalb der Gruppe der Instanzen und metaphysischen Personen wie auch zwischen diesen Mächten und den Menschenvertretern. Die Mächte ein und desselben Lagers gelten im Prinzip als miteinander bekannt[578], sofern sie nach ihrem Rang nicht allzuweit voneinander entfernt sind[579]. Mit größerem Wissen ausgestattete Mächte haben auch Einblick in die Struktur der Gegenseite, allen voran Congnoissance. Sie kennt die gesamte Gruppe der Tugend- und Lasterpersonifikationen[580] und darüber hinaus besonders Ignorance, die ihrerseits genau über das Wesen ihrer direkten Gegenspielerin orientiert ist[581].

Die Konvention einer allegorischen Bekanntschaft zwischen einander konträr entgegenstehenden Instanzen ist auch anderweitig zu belegen[582]. Sie wird aber in der Moralité *Les sept Pechie morteil* in auffälliger Weise durchbrochen. Hier fragt jede Tugend die ihr entsprechende Sünde nach ihrem Namen, als kenne sie sie nicht – und dies, obwohl der Cherubin vorher jeweils beide namentlich aufgerufen hat[583]. An solchen scheinbaren Ungereimtheiten wird deutlich, daß die Bekanntschaftsrelation mitsamt ihrer Negation im allegorischen Kontext einen anderen Inhalt hat als in der uns umgebenden Wirklichkeit. Sie signalisiert nicht nur die äußerliche Kenntnis einer Bühnenfigur durch eine andere, sondern, nach den bisher angeführten Beispielen zu urteilen, eine wie auch immer geartete begriffliche Gemeinsamkeit

---

578 Über einen großen allegorischen Bekanntenkreis im eigenen Lager verfügen besonders die positiven und negativen Zentralgestalten wie Charité oder Orguelh (cf. etwa *L'Omme pecheur*, fol. a iiii^r; *Les sept Pechie morteil*, vv. 199–201).

579 Die Notwendigkeit einer solchen Einschränkung ergibt sich etwa aus folgenden Beispielen: Finete, die Dienerin von Luxure, kennt – im Unterschied zu ihrer Herrin – Pechié nicht, sondern ist auf Namenfrage und Vorstellung angewiesen, obwohl sie doch zu demselben Lager gehört (*L'Omme pecheur*, fol. k ii^r sq.). Nature hat keinen Einblick ins Wesen von Secret divin (*Jhesucrist est mis en prison*, fol. b ii^r), während La Vierge als metaphysische Person ausdrücklich bemerkt: »Secret divin, je vous congnois« (fol. b iii^v), eine Aussage übrigens, die als *vers ambigu* unmittelbar ins Begriffliche übertragen werden kann: 'die Jungfrau Maria kennt das göttliche Geheimnis'. Der Grund für die Unkenntnis des eigenen Lagers ist in beiden Fällen im niederen Rang der betreffenden Figuren zu suchen, der sich in einem anderen Bild als Dienerfunktion äußert.

580 Cf. etwa *L'Homme juste*, fol. i iii^r–i iii^v. Sie durchschaut auch das wahre Wesen der sich verstellenden Malice (*Aulcun*, fol. 108^r–108^v). Cf. auch Raison in *Le Lymon et la Terre*, fol. c i^v.

581 *L'Homme juste*, fol. b v^r, e v^r. Cf. auch die wechselseitige Bekanntschaft zwischen Verité und Ignorance in *Vouloir divin*, p. 79.

582 In *L'Homme juste* warnt Humilité den Menschen vor Orgueil, Dilligence vor Paresse, Abstinence vor Glotonnie etc. (fol. n v^r–n vi^v), umgekehrt kennt auch Orgueil ihre Gegnerin Humilité (fol. e ii^v).

583 vv. 1017 sq. (Nennung durch den Cherubin) / 1026 und 1036 (erneute Namenfrage); ebenso v. 1274 sq. / 1281; 1430 sq. / 1445; 1565–1569 / 1574 sq.; 1712 sq. / 1717; 1903 sq. / 1906–1908; 2071 / 2081 sq.

zwischen ihnen. Bei konträren Instanzen – etwa bei Extremen innerhalb eines Affektbereichs – wird teils die kategoriale Gemeinsamkeit (im Bild der Bekanntschaft), teils der metaphysisch-moralische Gegensatz (im Bild des Nicht-Kennens) stärker herausgestellt.

Eindeutiger ist das Bild, sobald Menschenvertreter in die Relation einbezogen werden. Die Mächte kennen den Menschen allemal, ohne daß er sich vorstellen müßte, als Objekt ihrer Bemühungen[584]. Umgekehrt erscheint der Mensch am Anfang seiner (dramatischen) Existenz als ganz unwissend[585] und wird erst allmählich in die Kenntnis der fundamentalen Instanzen eingeführt. Dabei bedeutet *congnoissance* nicht nur die intellektuelle Fähigkeit, eine Instanz richtig einzuschätzen und als solche wiederzuerkennen, sondern impliziert eine direkte Abhängigkeit von ihr. Es ist von der allegorischen Bildlichkeit her nur konsequent, wenn ein Wechsel von einem Lager zum andern als Umpolung der Bekanntschaftsbeziehungen dargestellt wird: der Mensch lernt Instanzen neuer metaphysischer Qualität kennen[586], während er – was überraschender ist – die ihm vorher bekannten auf einmal nicht wiedererkennt.

Dieses Motiv sei an einem Beispiel illustriert. In der *Moralité du Lymon et de la Terre* erkennt Chascun seine allegorischen Eltern Le Lymon und La Terre nicht mehr, weil sich sein Stolz – er steht ja unter dem Einfluß seines neuen Bekannten Orgueil! – gegen den Gedanken sträubt, von so gemeinen Instanzen abzustammen[587]. In ihrer Not wenden sie sich an Raison. Zwischen ihr und Chascun entspinnt sich nun folgender Dialog:

RAISON
Ne congneuz tu oncques Raison?
Tu debveroyes tenir son chemin.
[...]

---

[584] Besonders betont wird diese Bekanntschaft nur selten, etwa wenn sein sprechender Name bereits eine feste metaphysische Zuordnung impliziert. So kennt Rebellion den Mal advisé, ohne ihm früher begegnet zu sein: »Je sçay ton nom par Malice« (*Bien advisé, Mal advisé*, fol. b vi^r^). Die starke begriffliche Komponente der Formel *par Malice* ('aus [der uns gemeinsamen] Bosheit') verleiht dem Satz den Charakter eines *vers ambigu*.

[585] L'HOMME JUSTE: »Riens n'y congnois, point ne le nye«, und sein Kollege bestätigt »que n'avons point congnoissance« (*L'Homme juste*, fol. a iii^{v}). L'Adolescent erkundigt sich nach den Namen von Conscience, Raison, Franc Arbitre etc., die er alle vorher nicht kennt (*L'Omme pecheur*, fol. a ii^{r}, a viii^{r}).

[586] So erkennt etwa Bien advisé bei seiner Bekehrung die Instanz Humilité und bittet sie um Vergebung, »Car je ne vous congnoissoye mye« (*Bien advisé, Mal advisé*, fol. b ii^{v}), d. h. 'ich habe mein Handeln bisher nicht von euch bestimmen lassen'. Als Sensualité den Menschen zum erstenmal versucht, kann sie ihm nichts anhaben, da er sie noch nicht kennt (*L'Omme pecheur*, fol. c v^{v} »Ne me congnois tu?« – »Nenny«); als er ihr, inzwischen älter geworden, erneut begegnet, redet er sie bereits mit ihrem Namen an und erliegt ihr prompt (fol. d iiii^{v}). – Die begriffliche Komponente der Bekanntschaftsrelation ('ich kannte keine Demut; 'der junge Mensch kennt noch keine Sinnlichkeit') liefert in beiden Fällen den Schlüssel zum Verständnis.

[587] fol. b iii^{v}–b iiii^{r}.

CHASCUN
J'en ouy bien parler devant yer,
Mais on disoit qu'elle estoit morte
Et se le grant deable l'emporte,
Par ma foy, nous n'y perdrons rien.
Esse point vous?

RAISON
Tu le sçais bien,
Mais tu ne me veulx plus congnoistre (fol. c iv).

Das Nicht-mehr-Erkennen wird also nicht als passives Vergessen verstanden, sondern als ein Willensakt, der einer Absage gleichkommt[588]. Dementsprechend erkennt Chascun seine Eltern und Raison wieder, als er unter dem Eindruck des nahenden Todes seine Verfehlungen bereut, d. h. wieder ins Lager der guten Mächte übergeht[589].

Liebe, Freundschaft, Ehe. – Auch die Liebesrelation wird auf Verhältnisse außerhalb des Bereichs zwischenmenschlicher Beziehungen übertragen. Das Motiv, das zur Zeit der Moralités bereits über eine reiche Tradition innerhalb der epischen Literatur verfügt[590], begegnet im spätmittelalterlichen Theater in sehr verschiedenen Formen und Intensitätsstufen, die von bloßer Freundschaft bis zur völligen erotischen Abhängigkeit reichen. Dem Bildgehalt des Motivs und der allegorischen Genuskonvention entsprechend, bestehen allegorische Liebesbeziehungen überwiegend zwischen Personifikationen verschiedenen grammatischen Geschlechts.

Nicht allzu häufig finden sich in den Rängen der Mächte Zeugnisse allegorischer Liebe, und auch diese beschränken sich gewöhnlich auf kurze Hinweise[591]. In einigen Fällen wird dabei die allegorische Liebe durch das

---

588 Diese Deutung läßt sich auch aus anderen Belegen gewinnen: In der *Moralité d'Argent* erkennt L'Omme aus ähnlichen Gründen La Terre nicht wieder (v. 1053 sqq.); L'Omme pecheur, der sich von den guten Mächten losgesagt hat, erkennt Conscience nicht mehr, deren Name und Wesen ihm vorher ganz geläufig waren (*L'Omme pecheur*, fol. m iiiiv); etc. – Eine gewisse Vorstellung vom semantischen Gehalt des Motivs vermittelt die archaische Formel des Verstoßens 'Ich kenne dich nicht mehr' = 'Ich will nichts mehr mit dir zu tun haben'. Cf. etwa Matth. 25, 12.

589 *Le Lymon et la Terre*, fol. c vir.

590 Neben den bekanntesten und einflußreichsten Werken, *De amore* von Andreas Capellanus und dem *Roman de la Rose* von Guillaume de Lorris mit der Fortsetzung von Jean de Meun, steht eine fast unüberschaubare Zahl weiterer episch-allegorischer Behandlungen des Liebesmotivs im Rahmen verschiedener Bilder: als *Château d'amour, Cour d'amour, Prison d'amour* etc. – Einen Überblick gibt H. R. Jauß in *Entstehung und Strukturwandel*, pp. 224–244; cf. ferner das klassische Werk von C. S. Lewis, *The Allegory of Love*, neuerdings W. Blank, *Minneallegorie* und D. Ruhe, *Le dieu d'amours*.

591 LANGUE ENVENIMEE: »Voycy Danger qui est mon maistre / et aussi bien je suis s'amye« (*Langue envenimee*, fol. E iiiv); Bonne Renommee ist für Franc Cueur »la dame bien aymee« (*ib.*, fol. D ir); Desespoir bekundet der Honte seine Zuneigung (*Les Enfans de Maintenant*, fol. Fv), und ein Dialog zwischen Concu-

Nachbarmotiv der allegorischen Ehe gleichsam institutionalisiert. Die wohl traditionsreichste Verbindung dieser Art besteht zwischen Gott und der personifizierten Eglise als seiner »espouse et singuliere amye«[592]. Die Geschichte dieses Bildes läßt sich bis zu seinen patristischen und neutestamentlichen Ursprüngen zurückverfolgen. Dabei ist neben der allegorischen Ausdeutung des Hohenliedes und verwandter biblischer Stellen durch Origenes, Gregor von Nyssa, Ambrosius, Hieronymus, Augustin und andere besonders eine Passage aus dem Epheserbrief hervorzuheben, wo Paulus explizit die allegorische Relation 'eheliche Liebe' zwischen Christus und der personifizierten Kirche aufstellt, um sie den unvollkommenen menschlich-individuellen Ehebeziehungen in der Gemeinde als Vorbild entgegenzuhalten[593]. In anderen Moralités werden Le Monde und Fortune[594], La Terre und Le Lymon[595] etc. auf diese Weise miteinander verbunden.

Im Unterschied zum Motiv der allegorischen Bekanntschaft gilt hier die Konvention, daß nur die Mächte *eines* Lagers Liebes- und Freundschaftsbe-

piscence und Sensualité (zwei weiblichen Gestalten!) beginnt mit Anreden aus der Liebessprache: »Hee, m'amye! – Hee, ma desiree! – Hee, ma dame!« (*L'Omme pecheur*, fol. d iii^v^).

592 *L'Homme juste*, fol b i^r^. Analog L'EGLISE in *Les Blasphemateurs*, fol. F i^r^ »mon espoux Jesus«.

593 Eph. 5,25 sqq. »Mulieres viris suis subditae sint, sicut Domino; quoniam vir caput est mulieris, sicut Christus caput est ecclesiae: ipse salvator corporis ejus. Sed sicut ecclesia subjecta est Christo, ita et mulieres viris suis in omnibus. Viri, diligite uxores vestras, sicut et Christus dilexit ecclesiam« etc. Ferner Is. 54,5; 62,5 (Zion als Gottes Braut, danach die Kirche als neues Zion); Jer. 2,2; 7,34 u. a.; Ez. 16,8; Os. 2,21 sq.; Matth. 9,15 (= Marc. 2,19 sq.; Luc. 5,34); 22,1–14; 25,1–13; Joh. 2,1–11; 3,29; Apoc. 19,7; 21,2.
Aus der reichen Literatur zur Motivtradition cf. etwa L. Welsersheimb, *Das Kirchenbild der griechischen Väterkommentare zum Hohen Lied*, in *ZkT* 70 (1948) pp. 393–449; L. Bouyer, *Zur Kirchenfrömmigkeit der griechischen Väter*, in *Sentire Ecclesiam. Festschr. H. Rahner*, Freiburg, Basel, Wien 1961, pp. 104–112; P. T. Camelot, *Mysterium Ecclesiae. Zum Kirchenbewußtsein der lateinischen Väter, ib.*, pp. 134–151; H. Frank, *Hodie caelesto sponso iuncta est Ecclesia. Ein Beitrag zur Geschichte und Idee des Epiphaniefestes*, in *Vom christlichen Mysterium. Festschr. O. Casel*, Düsseldorf 1951, pp. 192–226; J. Daniélou, *Bible et liturgie. La théologie biblique des sacrements et des fêtes d'après les Pères de l'Église*, Paris 1951 (bes. pp. 259–299); P. Schelkens, *De Ecclesia Sponsa Christi*, in *Augustiniana* 3 (1953) pp. 145–164; L. Cerfaux, *La théologie de l'Église suivant saint Paul*, 2e éd. Paris 1948 (bes. pp. 186, 262 sqq. und 272 sqq.); R. A. Batey, *The Church, Bride of Christ*, Phil. Diss. Vanderbilt Univ. 1961; R. Sweales, *L'orientation ecclésiastique de la parabole du festin nuptial en Mt XXII, 1–14*, in *ETL* 36 (1960) pp. 655–684.

594 LE MONDE: »Aller vous fault vers mon espouse / Et loyalle amye Fortune« (*L'Homme juste*, fol. a iiii^v^); FORTUNE zu Le Monde: »mon bon mary et espoux cher« (*ib.*, fol. a vi^r^). Die positive Komponente der beiden ambivalenten Instanzen steht an dieser Stelle deutlich im Vordergrund.

595 *Le Lymon et la Terre*, fol. b iii^v^. Die Verwandtschaftsbezeichnung »doulce seur« (*ib.*) ist hier nicht wörtlich zu verstehen, sondern als freundliche Anrede an die Ehefrau; ähnlich in *L'Omme pecheur*, fol. & v^r^. Weitere Belege für diesen Gebrauch von *seur* gibt Tobler/Lommatzsch IX, col. 534 sq. s.v. *seror*.

ziehungen zueinander unterhalten. Das Verhältnis zwischen Mächten aus verschiedenen Lagern läßt sich im Bild dieser Relation nur negativ darstellen[596].

Einen anderen Stellenwert für die Struktur des allegorischen Kosmos gewinnt das Motiv, wenn Vertreter des Menschen daran beteiligt sind. Dabei fällt auf, daß Liebesbeziehungen in der Mehrzahl der Fälle zu solchen Instanzen bestehen, die schon von ihrem begrifflichen Namen her in den Umkreis der Liebe in ihren verschiedenen Spielarten gehören: Charité, Luxure, Sensualité etc.[597]. Das bedeutet: das Liebesmotiv entleert sich – im Unterschied etwa zum Verwandschaftsmotiv – nicht zu einem neutralen Bindemittel, das zwischen Personifikationen eines Lagers fast beliebig und damit unspezifisch eingesetzt werden kann, sondern bewahrt die ihm innewohnende Bildlichkeit weitgehend auch im allegorischen Rahmen.

Es spricht für die gezielte Verwendung des Motivs, daß ihm gerade in der *Moralité de Charité* quantitativ und qualitativ eine besondere Bedeutung zukommt. Charité selbst bittet die Figur Le Monde, die ja in diesem Stück weitgehend als Menschenvertreter charakterisiert ist, Gott und damit auch sie zu lieben:

> Se tu l'aymes, tu m'aymeras
> Et voulentiers a moy seras,
> Car saiche bien en verité
> Qu'il ayme bien fort Charité,
> Et je suis Charité, s'amye (fol. A iii^{v})[598].

---

[596] Hierzu einige Beispiele aus *L'Homme juste*:

CONGNOISSANCE:

> D'Ignorance suis ennemye
> Que n'ayme mye (fol. b v^{r});

IGNORANCE:

> Ignorance suis, ennemye
> De Congnoissance et n'ayme mye
> Qu'avecques moy vueille hanter (fol. e v^{r});

ORGUEIL:

> De tout mal suis je capable,
> De tout peché coulpable,
> Hayant Humilité (fol. e ii^{v}).

Ähnlich alle sieben Haupttugenden über ihr Verhältnis zu den Lastern (fol. d ii^{v}–d iiii^{r}).

[597] Eine ähnliche, wenn auch schwächer entwickelte Korrelation besteht zwischen dem Motiv der allegorischen Bekanntschaft und den spezifischen Wissensinstanzen. In beiden Fällen hat sich die Konvention, den Instanzen als Bühnenfiguren die ihrem begrifflichen Namen entsprechenden Eigenschaften beizulegen, von der Ebene der Einzelfiguren auf die der Relationen ausgedehnt. Bei der Verwandtschaftsallegorie ist eine solche Übertragung schon deshalb nicht möglich, weil spezifische Verwandtschaftsinstanzen, die den Bildgehalt der analogen Relation stützen könnten, in der *Moralité religieuse* nicht auftreten.

[598] In dieser Passage klingen die zahlreichen biblischen Stellen nach, an denen *Deus* und *charitas* bzw. *dilectio* miteinander in Verbindung gebracht oder gar identifiziert werden, vor allem I Joh. 4,7 sq. 16. Die Vorstellung 'Gott *liebt* die Liebe'

Daraufhin erwählt Le Monde sie zu seiner *maistresse* und *amye*[599]. Freundschaftliche Beziehungen unterhält Charité auch mit dem Bon Riche vertueux[600] und mit Vieillesse[601]. Als Gegenspielerin von Charité gewinnt Tricherie ebenfalls Züge einer Liebesinstanz. Als sich Le Monde nach dem Abfall von Charité ihr zuwendet, wird auch diese neue Bindung allegorisch als Verliebtheit dargestellt[602]. In dieselbe Richtung gehen die Beziehungen, die Tricherie mit dem Riche avaricieux[603] und vor allem mit der Figur Jeunesse[604] unterhält, die wohl nicht zuletzt deshalb im Widerspruch zur Genuskonvention als Mann personifiziert wird, weil sich so die Verführung zur (weiblichen) Sündeninstanz Tricherie im Bild erotischer Verfallenheit besonders intensiv wiedergeben läßt. – Die angeführten Relationen zwischen den Menschenvertretern und den beiden konträren Instanzen lassen sich in folgendem Schema zusammenfassen:

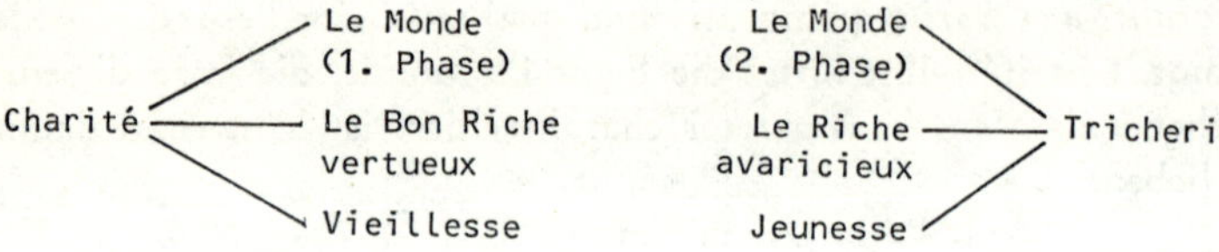

Hieran wird wohl am besten deutlich, in welch hohem Maße die Struktur der *Moralité de Charité* auf der Ebene der allegorischen Relationen vom Liebesmotiv bestimmt wird. Die formalen Symmetrieeigenschaften des Schemas sagen freilich nichts über das inhaltliche Gewicht der einzelnen Relationen aus[605].

In *L'Homme juste* versichert Luxure den der Weltlust verfallenen Menschen in überschwenglichen Worten ihrer Zuneigung:

> Je vous seray loyalle et bonne,
> Sans jamais nul autre homme aymer.
> Je vous ayme jusq'au pasmer.

(Vers 4 des Zitats) dürfte zu der in der vorausgehenden Anmerkung angesprochenen allegorischen Konvention gehören.

599 fol. A iii[v], B ii[r].

600 fol. D iiii[v].

601 fol. B ii[r]–B ii[v].

602 Charité:

> Le Monde en [= de Tricherie] est si fort esprins
> Qu'i n'y a mais pere ne filz
> Qu'ilz n'essoyent a tricher l'ung l'autre (fol. C iii[v]).

603 fol. C iiii[v].

604 fol. B iiii[v]–C[r].

605 So ist etwa die Liebesbeziehung zwischen dem Paar Tricherie – Jeunesse stärker ausgeprägt als die zwischen den übrigen Figuren. Sie reicht bis in die allegorische Handlung und gewinnt damit eine neue dramatische Qualität. Cf. Kap. III,4 (*Die Begegnung mit Gula und Luxuria*).

Soyez tout seurs, mon doulx amy:
Je n'ay repos jour ne demy,
Tant avez mon cueur opprimé.
Vous y estes tant imprimé
Qu'en vous je pense chascun jour.
En vous j'ay mys toute m'amour (fol. q ii^{r}).

Als Gegenleistung verspricht er ihr freudige Unterwerfung im Minnedienst[606]. Eine ähnliche Beziehung verbindet ihn mit Folle Plaisance, der Nachbarinstanz der Luxure[607]. Weitere Belege für diese Gestalt des Liebesmotivs finden sich, zum Teil in wörtlicher Übereinstimmung, in anderen Stücken[608]. Gelegentlich wird auch hier das Bild der allegorischen Ehe gebraucht[609].

Es liegt auf der Hand, daß das Liebesverhältnis mit einer Luxuria-Instanz nur ein Zerrbild der Liebe darstellt. Sein scheinhafter Character zeigt sich etwa daran, daß es als Relationsmotiv mit seinem genauen Gegenbild, dem Motiv der allegorischen Feindschaft, kollidiert. Wie anders wäre es sonst zu deuten, daß ausgerechnet La Chair, die in Wahrheit zur Gruppe der *trois ennemis de l'homme* gehört, dem Menschen ihre Liebe gesteht[610]? An anderer Stelle versucht Congnoissance den Sünder begrifflich über den Unterschied zwischen falscher und wahrer Liebe aufzuklären:

Se vous frequentez
Plaisance mondaine,
Vous vous dampnerez:
C'est une amour vaine;
Mais l'amour certaine
De Dieu, que je dis,
Maine en paradis (*Les quatre Elemens*, fol. B iii^{v}).

Die *amour certaine* wird dadurch zur allegorischen Relation, daß sie von Gott auf die personifizierten Tugenden übertragen wird. Obwohl sich unter

---

606 »Vers vous je ne pretends forfaire, / Mais vostre plaisir je vueil faire« (*ib.*) und »Servir vous vueil sans defaillance« (fol. q ii^{v}).

607 *ib.*, fol. l vi^{v}–m i^{r}.

608 *L'Omme pecheur*, fol. k iiii^{v} (Liebe zwischen dem Pecheur und Luxure einschließlich des Unterwerfungsmotivs); fol. c vi^{r} (Le Pecheur – Sensualité); *Le Gouvert d'Humanité*, v. 299 sqq.; *Les quatre Elemens*, fol. B iii^{v}; *Le Lymon et la Terre*, fol. c iiii^{r} u. a.

609 Luxure zu Finet: »Je te prie, point ne me tanne, / Car tu es a moy mariay« (*Les Enfans de Maintenant*, fol. E iii^{v}).

610 La Chair:

Helas, amy, Amour me pique,
Amour me brule en sa fournaise!
Si ton cœur au mien ne s'applique,
Jamais ne seray à mon aise (*L'Homme et le Ciel*, p. 106).

Die Verblendung des Menschen zeigt sich u. a. darin, daß er nicht La Chair, sondern seinen Freund L'Esprit zum *grand ennemy* erklärt (*ib.*).

ihnen mit Bon Vouloir und Perseverance[611], Salvation[612], Conscience[613] und Discipline[614] auch andere als die oben angeführten Liebesinstanzen im engeren Sinn befinden, büßt die Liebesrelation, wie die Belege zeigen, auch hier nichts von ihrem spezifischen Bildgehalt ein. Dieses Phänomen ist wohl dahingehend zu interpretieren, daß die Liebe als Zentraltugend sämtliche anderen Tugenden durchdringt und sie damit in gewissem Maße alle zu Liebesinstanzen macht.

Was die allegorische Liebesrelation aussagen will, erläutert ein Vers aus der *Moralité de Charité*, der das allegorische Grundprinzip *aliud verbis, aliud sensu* in Form einer Nominaldefinition auf das hier dargestellte Motiv überträgt: »Bien est fol qui ayme Follie«[615]. Der Satz ist im Kontext eines personifizierenden Stücks mehr als eine Trivialität. Er gibt einer Fiktion (*aymer Follie*) ein Bedeutungskorrelat (*estre fol*) und stellt somit eine konkrete Exegese eines allegorischen Motivs durch den Autor dar. Dem Bild 'eine personifizierte Instanz lieben' entspricht danach die Bedeutung 'von ihrem Wesen durchdrungen sein'. Das Beispiel ist vor allem deshalb aufschlußreich, weil an der hier genannten Relation ausnahmsweise keine Liebesinstanz beteiligt ist, das Liebesmotiv also isoliert verwendet wird und dadurch klarer als sonst in seiner Bedeutung erkannt werden kann. Dabei zeigt sich, daß der semantische Gehalt der beteiligten Instanz (*Follie*) als Eigenschaft (*estre fol*) einer anderen Wesenheit – im vorliegenden Fall: des Menschen als eines Gattungswesens – in die Bedeutungsebene übernommen wird, die Bildvorstellung 'Liebe' als solche dagegen verschwindet. Sie wird zur Chiffre einer engen Verbindung zwischen den beiden Wesenheiten transformiert, einer Verbindung, die sich aus der Sicht der *Moralité religieuse* für den Menschen als Abhängigkeit darstellt.

Das allegorische Liebesmotiv verbildlicht, wie das vorstehende Beispiel gezeigt hat, abstrakte Relationen, die sich von zwischenmenschlichen Liebesbeziehungen fundamental unterscheiden. Auf eindrucksvolle Weise gestützt wird diese Erkenntnis durch eine Szene der *Moralité de Langue envenimee*, in der die allegorische und die zwischenmenschliche Liebe in satirischer Absicht miteinander vermischt werden. Die Titelgestalt berichtet ihrem Begleiter Danger, daß die Tugenden, allen voran Franc Cueur, ihr feindlich gesonnen seien:

---

611 Congnoissance zum Homme juste: »De t'aymer ilz [= Bon Vouloir und Perseverance] se sont soubzmys« (*L'Homme juste*, fol. n ii^r).

612 Salvation: »De cest homme suis amoureuse« (*ib.*, fol. p iii^r).

613 L'Adolescent nennt sie u. a. »m'amour toute enterine« und »Belle pour qui souspire / grandement« (*L'Omme pecheur*, fol. a vii^r–a vii^v).

614 Malduict nach seiner Bekehrung zu Discipline: »A vous, excellente dame, / Corps et ame / Des mai[n]tenant habandonne« und »Bien voy: vostre amour s'incline / En moy, dont je vous remercie« (*Les Enfans de Maintenant*, fol. G ii^r–G ii^v).

615 *Charité*, fol. G^r.

Oncques de eulx je ne fus aymee,
Aussi ne les ayme je point

und fährt dann fort:

Or devinez qui est amye
par amours a Franc Cueur, se [*sic*] maistre?
[...]
C'est la femme Gaultier Garguille
Que on tenoit si preude femme (fol. B iiii^{v})[616].

Daraufhin nennt sie einige Indizien, an denen sie dieses illegitime Liebesverhältnis angeblich erkannt hat, und schließt:

Par quoy je ne fais point de doubte
Que le paillart si ne la foutte
en sa maison quant il luy plaist.
Se sçaviés quel varlet c'est!
[...]
Je congnois bien toute sa vie:
Il est tout plain d'Ypocrisie,
Car il semble estre ung homme saint
et tous les jours pas ne se faint
D'avoir la femme de son voisin (fol. C i^{r}).

Dem aufmerksamen Leser entgeht nicht, daß hier unter dem einen Stichwort 'Liebe' nacheinander von zwei grundverschiedenen Relationen der Instanz Franc Cueur die Rede ist. Die in den beiden ersten Versen des Zitats genannte Liebe hat allegorischen Charakter und dient in der negativen Form zum Ausdruck des Wesensunterschieds zwischen Tugenden und Lastern. Die danach kolportierte Liebesbeziehung zur *femme de son voisin* muß dagegen persönlich und wörtlich gemeint sein, da sie nur unter dieser Voraussetzung als Bruch einer ehelichen Verbindung zwischen Einzelmenschen – wie stark sie auch typisiert sein mögen – getadelt werden kann, wie es im Text geschieht[617]. Der Übergang von der allegorischen zur persönlichen Relation, der hier offensichtlich der moralischen Kompromittierung der Tugend Franc Cueur dienen soll, wird nicht zufällig gerade von dem Laster vollzogen, dessen Wesensgehalt die *médisance* ausmacht[618]. Die Vermischung des Allegorischen und des Individuell-Konkreten steht – zumindest in diesem Kontext – im Dienst der Lüge und erscheint damit als unzulässig. Die allegorische Konvention wird paradoxerweise gerade durch ihre bewußte Verletzung bestätigt.

---

[616] Zum Typus *Gaultier Garguille* 'irgendeiner' cf. *FEW* XVII, p. 494 s.v. *Walthari* und Huguet IV, p. 281 sq. s.v. *Gautier*. Im 17. Jh. tritt der Schauspieler Hugues Guéru (ca. 1573–1632) in Farcenrollen unter diesem Namen auf. Cf. dazu H. C. Lancaster, *A History of French Dramatic Literature in the Seventeenth Century*, Part I, Baltimore, Paris 1929, p. 733 sq.

[617] Als Nebenbuhler der typisierten Figur Gaultier Garguille verlöre auch die Instanz Franc Cueur ihren allgemeinen Charakter, womit der allegorische Rahmen des Stücks gesprengt wäre!

[618] Unmittelbar im Anschluß an die zitierte Stelle bekennt LANGUE ENVENIMEE: »C'est tout le mestier que je fais / que dire mal des creatures« (fol. C i^{r}).

Herrschaft. – Ich habe in Kapitel I gezeigt, daß die metaphysische Macht ein Charakteristikum der metaphysischen Personen und außerpersönlichen Instanzen darstellt, das sie gegenüber den Vertretern der Menschennatur auszeichnet. Diese Macht wird auf der allegorischen Szene im Bild bestimmter konkreter Herrschaftsverhältnisse dargestellt, die entweder zwischen Mächten verschiedener Rangordnung oder aber zwischen Instanzen und Menschenvertretern bestehen. Die allegorische Herrschaft stellt, wie von ihrem Bildgehalt her nicht anders zu erwarten ist, ausschließlich vertikale Beziehungen dar.

Einen ersten groben Hinweis auf Herrschaftsverhältnisse zwischen den Bühnenfiguren gibt die Art ihrer Anreden. Während die Menschenvertreter die Instanzen gewöhnlich mit *vous* und allen Zeichen der Ehrfurcht, ja Unterwürfigkeit ansprechen, werden sie von ihnen häufig geduzt, d. h. wie unmündige Kinder oder Angehörige eines niederen sozialen Standes behandelt[619]. Unter den Mächten selbst sind nach diesem Kriterium keine signifi-

---

[619] Stellvertretend für viele andere hier zwei besonders typische Anredeszenen aus *L'Omme pecheur* (alle Hervorhebungen stammen von mir):

L'ADOLESCENT:

Seigneur, tressimplement
vous supply humblement:
a moy *vueillés* entendre.

ENTENDEMENT:

Si vers moy *tu veulx* tendre
et mon maintien attendre,
de bien *auras* l'usaige (fol. a viii^r^).

FOY:

Pecheur, Dieu soit avecques *toy*!

ESPERANCE:

Icy venons sçavoir pour quoy
tu fais si piteuse maniere.

CHARITÉ:

Pecheur, Dieu soit avecques *toy*!

FOY:

Le Saint Esprit *te* doint lumiere.

LE PECHEUR:

Qui *estes vous, vous?*

FOY:

Je suis Foy.

LE PECHEUR:

Vous, dame?

ESPERANCE:

Je suis Esperance.

LE PECHEUR:

Je *vous* congnois bien, Pacience.
Et qui *estes vous?*

CHARITÉ:

Charité.
Si *tu n'es* de nous herité,
jamais *tu n'auras* paradis (fol. & ii^v^).

kanten Unterschiede feststellbar. Im allgemeinen herrscht das ehrerbietige *vous* vor, oft begleitet von Ehrentiteln wie *seigneur*, *beau sire*, *dame* etc. Bisweilen – etwa im himmlischen Rat zwischen Gott, Maria, den Engeln und den höchsten Instanzen[620] – findet sich auch das vertrauliche *tu*; es wird in diesen Fällen unterschiedslos auf persönliche und überpersönliche Mächte angewandt.

Nun hat sich aber schon an anderen Relationen gezeigt, daß die Gruppe der Mächte doch stärker vertikal gegliedert ist, als es nach Auskunft der Anredeformen erscheint. Gott und der Teufel herrschen über die zu ihrem Lager gehörenden überindividuellen Instanzen[621]. Die Unterordnungsverhältnisse werden dabei nach meinen Beobachtungen im teuflischen Lager stärker betont als bei der auf Ausgleich und Harmonie bedachten Gegenseite. Aber auch innerhalb der Gruppe der Instanzen lassen Machtunterschiede allegorische Herrschaftsverhältnisse entstehen[622].

Recht häufig ist die Allegorie von Herr und Knecht konkretisiert als Herrschaftsverhältnis zwischen einem König und seinen Untertanen. La Royne de Salvation schickt dem Menschen zwei ihrer *gens*, nämlich Bon Vouloir und Perseverance[623], Orgueil herrscht als König über die anderen Laster[624] etc. Die Untertanen-Instanzen werden der allegorischen *continua metaphora* gern dadurch angeglichen, daß sie als Träger eines Hofamtes, vor allem als *maistre d'hostel*, fungieren[625]. *Le Lymon et la Terre* gestaltet das Bild gar zum allegorischen Königshof aus, an dem drei Lasterinstanzen in hohen Ämtern – Orgueil als *maistre d'ostel*, Avarice als *tresorier* und

---

620 Cf. etwa *L'Homme juste*, fol. c i^{v}–d v^{r}, s vi^{v}–v i^{r}; *L'Omme pecheur*, fol. h v^{v}–i iiii^{r}.

621 Besonders deutlich sind die Herr-Knecht-Relationen dieser Art in der *Moralité des sept Pechie morteil* ausgeprägt: Le Diable ist der Herr der Todsünden (vv. 60–89); er hat *poioir* über sie (v. 2433), gibt ihnen Befehle (vv. 134 sq., 148, 164 u. a.) und verlangt Rechenschaft von ihnen (v. 150 sqq.). Die Tugenden erscheinen nach Marias Fürbitte (vv. 813–872) auf ausdrücklichen Befehl Gottes (vv. 908–940). Cf. auch *Langue envenimee*, fol. E ii^{v} (Danger in der Gruppe der »varletz Antecrist«) und *Charité*, fol. C ii^{v} (Tricherie als »serviteure du dyable«).

622 So etwa zwischen Grace de Dieu und Penitance (*Le Pelerinage de vie humaine*, v. 268 sq.), Pechié und Sensualité (*L'Omme pecheur*, fol. d iiii^{r}), Luxure und Finete (*ib.*, fol. e iii^{r}) etc. Die Gestalt Finete gewinnt überhaupt erst durch diese allegorische Verbindung und die daraus resultierende dramatische Funktion einen gewissen überindividuellen Charakter; sie ist sekundär allegorisch als Angehörige des allegorischen Kosmos.

623 *L'Homme juste*, fol. n i^{v}.

624 »Ce faulx Orgueil est roy de tous les vices« (*L'Homme juste*, fol. i iii^{r}); ähnlich *L'Omme pecheur*, fol. h^{r}. In *Les sept Pechie morteil* trägt Orguelh dementsprechend Krone und Szepter (cf. die Bühnenanweisung vor v. 166): sie ist die *roynne* (vv. 210, 706), die anderen Hauptlaster sind ihre *princhesse* (vv. 136, 155, 195 sqq.) und müssen ihr dienen (vv. 175, 245, 392 etc.).

625 So etwa *Le Gouvert d'Humanité*, v. 214 sq.; *Les sept Pechie morteil*, v. 61 sq.; *Langue envenimee*, fol. B i^{v}; ähnlich *ib.*, fol. A iiii^{v} (»du diable cuysiniere«).

Luxure als *secretaire* – ihrem Herrscher Le Monde dienen[626]. Es handelt sich hierbei wohl um eine antithetische Entsprechung zur Darstellung der himmlischen Sphäre als *court celestielle*[627]. Die *Moralité d'Aulcun* errichtet anstelle der bisher genannten weltlichen Herrschaftsverhältnisse die Fiktion einer pervertierten Klosterhierarchie mit Malice als Oberin und einer stattlichen Reihe von Unterlastern als Nonnen, die in dem figurenarmen Stück allerdings nicht dramatisch realisiert sind[628].

Zum göttlichen Lager gehören sowohl Repräsentanten der Übernatur wie der Natur. Auch zwischen diesen beiden Gruppen bestehen Herr-Diener-Relationen, die dort besonders zutage treten, wo es zur Auflehnung von Naturmächten gegen die Übernatur kommt.

In der *Moralité d'Argent* löst sich die Titelfigur vorübergehend von ihrem *maistre* Bon Advis; dem Motiv wird aber dort schon quantitativ nur geringes Gewicht beigelegt[629]. Einen vorübergehenden Aufstand von Naturinstanzen gegen die ihnen von der Übernatur zugeteilten Funktionen stellen auch die Stücke *Les quatre Elemens*[630] und *Le Ventre et les Jambes*[631] dar. Die ausführlichste und theologisch ergiebigste Auseinandersetzung enthält aber wohl die *Moralité du Pelerinage de vie humaine*. Grace de Dieu, die Repräsentantin der Übernatur, wird als unumschränkte Herrscherin dargestellt[632], Nature als ihre Magd, die nur in einem genau umgrenzten *porpris* über eigene Macht verfügt, aber auch hierin letztlich auf die höhere Macht von Grace de Dieu angewiesen ist[633]. Nature verabsolutiert aber zu

---

626 fol. a ii^{r}–a ii^{v}. Zur Vorstellung vom allegorischen Königshof cf. LE MONDE: »Chascun est logé a ma court« (*ib.*, fol. a i^{v}), »Vienne a ma court qui vouldra« fol. a ii^{r}).

627 *L'Omme pecheur*, fol. a iiii^{v}.

628 MALICE:

C'est l'abbaye de Malice.
J'ay lyans une region
De seurs de ma religion,
Dont moy mesmes suys la prieuse.
Ma premiere religieuse
Qu'on nomme Inobedience
S'i tient; avecques elle Jactance,
Conptempcion, Ypocrisye,
Presumpcion et Heresie
Avecques Infidelité (fol. 115^{v}).

Der besondere Charakter dieser Instanzen, die ja alle spezifisch religiösen Tugenden entgegenstehen, macht verständlich, warum der Autor hier gerade eine geistliche Hierarchie gewählt hat.

629 Cf. bes. vv. 94 sq., 143 sq., 151–153.

630 Hier sträubt sich La Terre eine Zeitlang gegen ihre natürliche Aufgabe, ordnet sich aber dann wieder der Übernatur unter (fol. C i^{v}–C v^{v}).

631 Le Ventre versucht, aus der Gemeinschaft der Naturmächte auszubrechen und sich zum Herrn über die anderen Körperteile aufzuschwingen, kehrt aber bald in den Kreis der dienenden Instanzen zurück.

632 vv. 108, 113–120, 129–134 etc.

633 vv. 121 sq., 150, 164–171, 690.

Beginn des Stücks ihre relative Macht und weigert sich, ihre Dienerrolle gegenüber Grace de Dieu anzuerkennen:

Maistresse suy des elemens,
des impressions et des vens,
home et feme faire parleir,
voleir ossyauls, beist[es] aleir.
Dame suy de tout et maistresse,
mais auis m'est que por bayesse
malement me voleis tenir (vv. 57–63).

Im Zustand ihrer Verselbständigung erscheint Nature als hochmütig[634]. Die Tatsache, daß Grace de Dieu gerade in dieser Phase sagt, Nature *kenne* sie offenbar nicht – und dies, obwohl Nature bereits einmal ihren Namen genannt hat[635] –, ist nach unserer Kenntnis der Bedeutung der allegorischen Bekanntschaftsrelation nicht mehr verwunderlich. Von den Lasterinstanzen unterscheidet Nature sich allerdings dadurch, daß sie sich nicht im Aufruhr verhärtet. Nach einer kurzen Erläuterung des Weltplans durch Grace de Dieu bereut sie ihr Verhalten und ordnet sich der Oberherrschaft der metaphysischen Instanz wieder unter:

Dame, humblement vus priie
que de moy ayes meirchi
ne plus n(e) argüeis contre moy,
car n'i a default, bien cognoy.
Esmeüt me suy follement
de parleir outrageusement.
Ma maistres esteis, bien le voy,
par tout à vus obeyr doybs (vv. 200–207).

Grace de Dieu ihrerseits betont zum Zeichen der Versöhnung, Nature habe ihr gut gedient[636]. Nach der vorübergehenden Störung wird das allegorische Bild einer hierarchischen Ordnung wiederhergestellt, der jeder Zwangscharakter fehlt. Der Gegensatz zwischen den Vertretern der Natur und der Übernatur ist von vornherein auf seine Überwindung hin angelegt[637].

---

634 Grace de Dieu: »Nature, trop fiere esteis / que si orguelheussement à moy parlez« (v. 79 sq.).

635 v. 101 sqq.; cf. dazu v. 25 sq.

636 vv. 172–174.

637 Die Herrschaftsstruktur bleibt aber klar erhalten. Nature versucht zwar, ihr Dienstverhältnis gegenüber Grace de Dieu dialektisch aufzulösen, indem sie die Herrin ebenso von der Dienerin abhängig machen will wie umgekehrt:

Vus aueis dit que la maistresse
ne doit point estre sens bayesse
et moy bayesse aueis tenue,
par laqueil chose ie argüe
que se vus esteis la maistresse,
aueuc vus, come bayesse,
je doy(e) tous jour estre appellee
ne sens moy nulle chose ne deueis mueir (vv. 150–157).

Doch diese Interpretation trifft bei Grace de Dieu auf wenig Gegenliebe. Ihre komplizierte und vom Kompilator des Stücks in der epischen Quelle wohl nicht

Zwischen den Instanzen der beiden von Grund auf gegensätzlichen Lager wird keine Herr-Knecht-Relation ausgebildet[638].

Wenden wir uns nun einigen Aspekten der allegorischen Herrschaftsverhältnisse zwischen Instanzen und Menschenvertretern zu. Ihr Charakter hängt stark davon ab, welchem Seinsbereich die daran beteiligten Instanzen angehören. Bei einer vergleichenden Betrachtung zeigt sich, daß die Strenge, mit der die Repräsentanten der einzelnen Instanzengruppen ihre Herrschaft ausüben, in umgekehrtem Verhältnis zu ihrer objektiven Machtfülle steht. Die Naturinstanzen, und zwar sowohl die erhaltenden wie die vernichtenden, führen ein strenges Regiment über den Menschen, den sie als ihren Untertanen sehen[639]. Bei der Machtausübung der Tugenden fehlt dieses Moment des Zwangs und der Gewalt[640], während es in der Herrschaft der Sündeninstanzen wieder sehr stark vertreten ist[641].

Der unterschiedliche Herrschaftsstil der drei Instanzengruppen ist ein Bild für die Rolle des menschlichen *liberum arbitrium* in diesen drei Bereichen. Den Mächten der Natur ist der Mensch ausgeliefert, im Verhältnis zur Übernatur dagegen besitzt er grundsätzlich die Freiheit zur Wahl der metaphysischen Qualität. Diese bleibt auch nach der Entscheidung fürs Gute erhalten, da die Tugenden ihren Einfluß von seiner Zustimmung abhängig machen. Insofern ist er hier trotz seiner Funktion als Machtobjekt zugleich

---

ganz verstandene Argumentation läuft jedenfalls darauf hinaus, eine solche Relativierung ihrer Herrschaft zurückzuweisen (vv. 178–195). – Ganz abwegig ist die Deutung dieser Auseinandersetzung durch Gustave Cohen: »Raison, Nature et Aristote, c'est-à-dire la pensée, cèdent devant Pénitence et Charité, c'est-à-dire l'humilité et la tendresse, et c'est tout le drame intérieur du Moyen-Age, où le sentiment a le pas sur la raison« (*Nativités*, p. 161). Nicht dies ist die relevante Opposition, sondern die zwischen der Übernatur (auch mit ihren intellektuellen Momenten: Sapience!) und dem bloß natürlichen Verstand.

638 Die metaphysische Unterlegenheit der Laster gegenüber den Tugenden und den Naturmächten wird nicht als allegorische Dienerschaft verbildlicht, sondern als Ohnmachts- oder Angstgefühl vor einem mächtigen Gegner. Cf. hierzu etwa das Verhältnis von Tricherie zu Charité und La Mort (*Charité*, fol. C ii^{v}, G ii^{v}).

639 Zur Veranschaulichung einige Belege aus *L'Homme juste*. Le Monde tritt hier dem Menschen gegenüber als *maistre et gouverneur* auf (fol. a iiii^{v}); ähnlich Fortune: »Ne suis je pas noble duchesse, / Qui gouverne tout homme et femme?« (fol. a vi^{r}); Enfance: »ils sont en nostre puissance« (fol. b iiii^{r}); La Mort: »O donc, humains, povres inadvertis, / Recongnoissez vostre subjection« (fol. B vi^{r}) etc. In *Argent* beansprucht La Terre (in der Funktion einer Todesinstanz) den Menschen gar als ihr Eigentum (v. 1042).

640 Gerade diesen Zug hebt der Teufel als charakteristisch für die Herrschaft der göttlichen Instanzen am Beispiel der Raison hervor, »qui le gouverne tendrement« (*L'Omme pecheur*, fol. b ii^{v}). Die Herr-Knecht-Relation bleibt aber bei aller Milde durchaus erhalten.

641 Es reicht von der bloßen Verpflichtung des Sünders zu Dienst und Gehorsam (cf. etwa *L'Homme juste*, fol. i i^{v}; *L'Omme pecheur*, fol. g^{v} sqq.; *Aulcun*, fol. 113^{r}) bis zu Bildern der Verfallenheit und Leibeigenschaft, vor allem im Sprachgebrauch der Luxure: »Vous estes ja livré a Honte« (*Les Enfans de Maintenant*, fol. E iii^{v}), »Je suis ton proprietaire« (*L'Homme juste*, fol. i i^{r}) u. ä.

aktiv handelndes Subjekt. Selbst- und Fremdbestimmung stehen im Gleichgewicht. Der Mensch, der sich in dieser Relation zu stark von den Tugenden gegängelt fühlt und sie darum verläßt, kann ungehindert eine neue Entscheidung für die Gegenseite treffen. Hier allerdings ist nur der erste Schritt frei[642], die folgenden nicht mehr[643]. Die zunehmende Abhängigkeit von den Sündeninstanzen wird allegorisch in immer krasseren Bildern der Gewaltherrschaft dargestellt. Sie ist nur durch rechtzeitigen Anschluß an die Mächte der Gegenseite zu durchbrechen[644]. Von einem gewissen Punkt der Verfallenheit an ist keine Umkehr mehr möglich: der freie Wille ist gefesselt – wie der arme Sünder auf der allegorischen Szene.

Wie verschieden die Herrschaftsrelation auch ausgeprägt sein mag, die Grundstruktur bleibt in allen bisher angeführten Beispielen doch insofern gleich, als die Instanzen die Rolle des Herrn, die Menschenvertreter die des Untergebenen innehaben. Paradoxerweise treten aber in einer ganzen Reihe von Fällen die mächtigen Instanzen als Diener des Menschenvertreters auf. Die Personifikationen der vier Elemente werden ihm mit den Worten vorgestellt: »Les vecy pres de vous servir«[645], und Chasteté bietet ihm selbst ihre Dienste an[646]. Auf der Gegenseite wendet sich Tricherie mit ähnlichen Worten an die als Repräsentant der Menschennatur fungierende Gestalt Le Monde[647], und an anderer Stelle knien Oultrecuydance und alle anderen Lasterinstanzen gar vor dem Homme mondain nieder, um ihm als ihrem König zu huldigen:

> Nostre roy estes et seigneur,
> De tous le plusgrant et greigneur.
> Pour ce vous fais la reverence.
> C'est vostre serfve Oultrecuydance

---

[642] Insofern sagt der Sünder objektiv die Wahrheit, wenn er seinem Herrn, dem Prince d'Orgueil, gegenüber betont: »de franche voulenté loyale / je suis le vostre serviteur« (*L'Omme pecheur*, fol. i vi^{r}).

[643] Der Übergang von der anfänglichen Wahlfreiheit zum folgenden Zwang ist gut an einer Passage der *Enfans de Maintenant* zu erkennen, wo Honte der Instanz Desespoir die Geschichte des Sünders Finet berichtet:

> Nous sçavons que vous estes maistre
> Mener gens a Perdition.
> Ce jeune filz y voulsist estre
> Et voulentiers luy menissions [*sic*] (fol. F^{r}).

Aus der Selbstbestimmung (*voulsist*) ist extreme Fremdbestimmung geworden, denn *mener* ist, wie ein Blick auf den Zusammenhang lehrt, nur ein euphemistischer Ausdruck für den Transport eines Gefangenen!

[644] Die Buße eines Menschenvertreters wird im allegorischen Bild konsequent als Herrschaftsverlust der Sündeninstanzen wiedergegeben. Ein eindrucksvolles Beispiel hierfür liefert das Stück *L'Homme et le Ciel*, in dem der Herrscher La Chair nach einem Gebet des Menschen eingesteht: »Mon pouvoir se perd« (p. 138).

[645] *Les quatre Elemens*, fol. A ii^{r}.

[646] »Pecheur, je suis pour te servir« (*L'Omme pecheur*, fol. y iii^{v}).

[647] »Je vous serviray loyaument« (*Charité*, fol. C^{r}).

Qui se rend a vous par honneur.

Honneurs et biens que vous avez,
Acquis les avez, com sçavez,
Vous seul par vostre habilité,
Par vostre art et subtillité,
Sans autre ayde, sans bavez.

Dieu ne les vous a point conquis,
Mais vous seul les avez acquis
Par vostre science et sçavoir.
Chascun le peult assez sçavoir
Qu'a secours nul n'avez requis (*L'Homme juste*, fol. k v^v^).

An diesen wenigen Beispielen läßt sich bereits erkennen, daß das Motiv der Umkehrung der normalen Herr-Knecht-Relation zwischen Instanzen und Menschenvertretern in zwei grundverschiedenen Funktionen verwendet werden kann. Die Dienstbereitschaft der zum göttlichen Lager zählenden Instanzen unterstreicht den aktiven Anteil des Menschen an der rechten Gestaltung seines physischen und – weit stärker noch – seines geistlichen Lebens, ohne ihm im geringsten das Gefühl eigener Machtfülle vorzugaukeln. Anders bei den Sündeninstanzen! Schon die begriffliche Unvereinbarkeit von Tricherie und *loyaument* und der übertrieben schmeichlerische Ton der Oultrecuydance entlarven ihre Dienerrolle für den Zuschauer – aber nicht für den Sünder auf der Bühne – als Verstellung. Sie soll, wie die zitierte Passage deutlich zeigt, im Menschenvertreter sündhaften Hochmut (*oultrecuydance*!) wegen seiner angeblichen Herrschergewalt erzeugen, allegorisch ausgedrückt: ihn in die Herrschaft gerade der Sündeninstanz bringen, die als Dienerin vor ihm kniet.

Die allegorische Knechtschaft der guten Instanzen ist ein Ausdruck ihrer Hilfsbereitschaft gegenüber dem Menschen, die der bösen eine List zur Befestigung ihrer Despotie. Gemeinsam ist den beiden Funktionen des Umkehrungsmotivs, daß sie die normale Herr-Knecht-Relation *nicht* aufheben. Die Herrschaft der Instanzen über den Menschen bleibt auch in den genannten Beispielen ungeschmälert erhalten[648]. Nach meiner Kenntnis der einschlägi-

[648] Die vier Elemente haben ungeachtet ihrer Dienerrolle *demaine* und *puissance* (*Les quatre Elemens*, fol. A i^v^–A ii^r^) über die menschlichen Temperamente (eine allegorische Formulierung der Humoralpathologie!). Chasteté wird vom Prestre mit allen Zeichen der Ehrfurcht angesprochen: »Dame honnorable Chasteté, / venus sommes en ton dommayne. / A toy l'Omme pecheur amayne, / *qui se veult gouverner par toy*« (*L'Omme pecheur*, fol. y iii^v^). Auch die Herrschaft von Tricherie über Le Monde ist unumstritten: »Tricherie en est la *maistresse*« (*Charité*, fol. C iii^v^) und »Avarice et Tricherie / En ont gaigné la *seigneurie*« (*ib.*, fol. E iiii^v^). Die vorgespielte Königsherrschaft des Homme mondain erklärt Le Monde selbst zur Farce:

L'honneur, aussi la reverence
Luy avons fait comme au maistre,
Car roy je l'ay voullu faire estre,
Tant l'ay a mon plaisir reiglé
(*L'Homme juste*, fol. l v^v^; alle Hervorhebungen von mir).

gen Texte geht die *Moralité religieuse* an keiner Stelle vom Bild des autonomen Menschen aus, das später, vor allem seit der Aufklärung, in immer stärkerem Maße als erstrebenswerter anthropologischer Zielpunkt erscheint. Der Mensch der Moralité hat zwar die Freiheit *zur* Wahl zwischen guten und bösen Mächten, nicht aber die Freiheit *von* dieser Alternative.

Die begriffliche Auflösung der Allegorie von Herr und Knecht in ihren zwei Hauptformen (innerhalb der Gruppe der Mächte und zwischen diesen und dem Menschen) wird in der Moralité selbst angedeutet. Die Ursünde Orguelh erklärt ihre Königsherrschaft mit der Bemerkung, sie sei »des aultre pechie fondement / et de tout mal comenchement«[649], und Le Pecheur erläutert seiner Herrin Paresce in einer Ergebenheitsadresse den Inhalt seines allegorischen Dienstverhältnisses:

Or soyez tous et toutes seurs
que je seray vray paresseurs
et vous serviray mon vivant (*L'Omme pecheur*, fol. g[r]).

Wie das Wesen von Orgueil gleichsam allen anderen Sünden beigemischt ist, so das der Paresce den ihr dienenden Menschen[650]. Die formale Ähnlichkeit mit der Selbstentschlüsselung der Liebesrelation ist gerade bei diesem letzten Beispiel nicht zu übersehen.

Lehre. – Auch das Verhältnis zwischen einem Lehrer und seinen Schülern wird zur (vertikalen) allegorischen Relation umgestaltet. Als Lehrer treten stets Instanzen und metaphysische Personen, als Schüler überwiegend die Menschenvertreter auf. Die *Moralité religieuse* kennt mehrere Personifikationen, die schon von ihrem Namen her eine gewisse Affinität zu diesem Bild haben. Man denke hier nur an Bon Advis und Instruction oder an die Wissensinstanzen Congnoissance, Raison und Entendement[651]. Aber auch Naturmächte, Tugenden und Laster jeglicher Couleur, Engel und Teufel versuchen immer wieder, als Ratgeber und Lehrer durch *doctrine*, *leçon* und *enseignement* auf die Repräsentanten der Menschennatur einzuwirken. Bei einer sorgfältigen Sammlung aller diesbezüglichen Stellen ließen sich wohl fast alle Gestalten der Moralité als Glieder didaktischer Relationen erkennen.

Wichtiger scheint mir aber die Beobachtung, daß die Menschenvertreter immer wieder selbst um Belehrung bitten, d. h. ihre Schülerrolle gegenüber der Gruppe der Mächte auch annehmen. Dies gilt vor allem für die Repräsentanten der kindlich-unwissenden Menschennatur[652]. Freilich impliziert

---

649 *Les sept Pechie morteil*, v. 1046 sq.

650 Diese Deutung gilt natürlich ebenso für das Verhältnis zwischen den Verzweifelten und ihrem *maistre* Desesperance (*Bien advisé, Mal advisé*, fol. e iiii[v]) etc.

651 Congnoissance definiert sich ausdrücklich in didaktischer Funktion als »Congnoissance qui advis donne / A toute creature humaine« (*L'Homme juste*, fol. f iiii[v]). Zu Raison und Entendement cf. *L'Omme pecheur*, fol. c vi[v] und c vii[r].

652 Le Pecheur wendet sich an Sensualité: »J'ay besoin d'apprendre« (*L'Omme pecheur*, fol. c v[v]) sowie an Raison und Entendement: »Vostre conseil m'est

eine bloße Bitte um Instruktion noch keine feste Schülerbindung an die betreffende Instanz. Sie entsteht erst durch ausdrückliche Zustimmung des Menschenvertreters zu den Lehren, die er empfängt[653]. Hingegen kommt keine allegorische Relation zustande, wenn der Menschenvertreter die Lehrinhalte einer Instanz aus seinem freien Willen ablehnt, bildlich dargestellt: nicht hören will oder nicht versteht[654].

In einigen Fällen haben auch Instanzen innerhalb ihres Lagers allegorische Schülerpositionen inne, so etwa Langue envenimee[655] und auf der Gegenseite Secret divin[656]. Größere Bedeutung hat die Lehrrelation in diesem Bereich aber nur in dem Stück *Le Pelerinage de vie humaine* erlangt. Hier stellt sich Sapience als Leiterin zweier Schulen vor, deren erste der Einübung praktischer Fertigkeiten dient, während die zweite wissenschaftlich-philosophische Erkenntnisse vermittelt[657]. Nature und Aristote haben als Schüler von Sapience diese Schulen durchlaufen und dort beide Arten natürlichen Wissens gelernt. Sapience besitzt allerdings noch eine höhere Form der Erkenntnis, die ihren Schülern verschlossen geblieben ist: die übernatürliche Weisheit, die auch das nach den Naturgesetzen Unmögliche begreifen

---

necessaire, / vostre doctrine m'est a gré« (*ib.*, fol. c vii^r); L'HOMME JUSTE zu Congnoissance: »Vueillez nous donc enseigner et instruire, / Comme pourrons noz ennemis destruire« (*L'Homme juste*, fol. c i^v); L'HOMME MONDAIN: »Enseignez nous, sans en faire desdaing, / Comme pourrons en cest estre mondain / Fuÿr pechez et estre d'eulx delivre« (*ib.*); BIEN ADVISÉ zu Raison: »Je vous supply, gouvernez moy / Et m'enseignez que je doy faire« (*Bien advisé, Mal advisé*, fol. a v^v); AULCUN zu Congnoissance: »Excusez ma pouvre ignorance / Et informés mon simple sens« (*Aulcun*, fol. 95^v); etc.

653 Cf. etwa PENITENCE: »Cil qui *prent en gré* ma doctrine, / Sera sauvé, s'en [= c'en] est la somme« (*Bien advisé, Mal advisé*, fol. d v^r); DISCIPLINE: »Qui me veult servir bonnement, / Doibt *tenir* mon enseignement / Et *garder* aussi cher que l'œil« (*Les Enfans de Maintenant*, fol. C i^v). Noch stärker wird die Notwendigkeit einer willentlichen Zustimmung von PARESCE in ihrer Rede an den Pecheur betont: »Je te rendray et gros et grave, / si ma doctrine tu veulx *prendre, / ouyr, retenir et comprendre«* (*L'Omme pecheur*, fol. g^r; alle Hervorhebungen stammen von mir).

654 So wehrt L'Homme mondain den Belehrungsversuch von Congnoissance ab, indem er den Kopf zur Seite wendet (*L'Homme juste*, Bühnenanweisungen fol. i v^r, k i^v, s ii^v, A ii^v), und in *Argent* sträubt sich der Menschenvertreter gegen den Einfluß von Bon Advis, der ihn über den rechten Gebrauch des Geldes aufklären will, indem er behauptet, ihn nicht zu verstehen: »Je ne scey pas que ce sera / Vostre parler: je n'entens rien« (v. 805 sq.).

655 Sie wird auf den Wunsch Luzifers hin (*Langue envenimee*, fol. A viii^r) vom Satan belehrt (fol. B i^r) und erkennt ihre Schülerrolle voll an: »Salhon [*lies*: Sathan] fut mon maistre d'escolle« (fol. F i^v).

656 SECRET DIVIN: »J'ay esté a bonnes escolles« (*Jhesucrist est mis en prison*, fol. a iii^r). Als Lehrer kommt Gott selbst – eventuell durch eine seiner personifizierten Qualitäten vertreten – in Frage, da die zu dem Motiv gehörenden Lehrbuchmetaphern *role* und *livre* (*ib.*) im Textzusammenhang eindeutig Gottes Heilsplan bezeichnen.

657 vv. 532–545.

kann[658]. Wie man sieht, führt die Lehrrelation in diesem Stück auf dieselbe Schichtung des allegorischen Kosmos wie die im vorigen Abschnitt dargestellte Herrschaftsrelation. Dies legt die Vermutung nahe, daß auch andere allegorische Relationen der *Moralité religieuse* nur verschiedene Bilder für *einen* Sachverhalt sind.

2. Allegorische Relationen der szenischen Darstellung

Nicht alle Relationen zwischen den Bühnenfiguren der *Moralité religieuse* sind unmittelbar aus begrifflich vorgeprägten zwischenmenschlichen Beziehungen der äußeren Wirklichkeit in den allegorischen Rahmen transponiert. Einige ergeben sich primär aus der direkten Betrachtung der Szenerie und gehen nur *mittelbar*, nämlich über das Medium der Bühnenrealität, auf die Außenwelt zurück. Während die bisher behandelten Relationen dem Zuschauer fast ausschließlich durch die dramatische Rede vermittelt werden, kommt der Sprache bei den szenischen Relationen nur die Rolle eines Hilfsmittels zur zusätzlichen Beschreibung der sichtbaren Bühnenrealität zu. Der heutige Leser hat natürlich – mit Ausnahme einiger bildlicher Darstellungen – nur noch den Text der Stücke vor Augen und muß versuchen, aus ihm die Bühnenrealität zu erschließen. Dabei leisten vor allem die oft recht detaillierten Bühnenanweisungen gute Dienste.

Die Übergabe allegorischer Kleider und Attribute. – Ich habe einleitend auf die Bedeutsamkeit der Kleidung für die Erkenntnis des Wesens der Figuren hingewiesen. Die Instanzen tragen im allgemeinen traditionelle Kostüme, die sich im Verlauf eines Stücks nicht ändern, so daß sie an ihnen leicht wiederzuerkennen sind. Die Konstanz ihrer Kleidung entspricht der ihres Wesens. Die nicht minder bedeutsame Kleidung der Menschenvertreter dagegen kann im Verlauf eines Stücks mehrfach wechseln, und zwar stets durch den direkten oder indirekten Einfluß einer Macht. Damit läßt sich der Kleiderwechsel als Relationsmotiv auffassen. Wie es im einzelnen verwendet wird und welche Bedeutung ihm innewohnt, soll nachfolgend an einigen Beispielen erläutert werden.

Nackt kommt der Mensch auf die Welt[659]. Le Monde als Erhalter des physischen Lebens gibt ihm Kleider, damit er sich notdürftig bedecken kann[660]. Nachdem er den Sündeninstanzen verfallen ist, wird er von ihnen

[658] Cf. v. 562 sqq. (dort auch einige Beispiele für den Unterschied zwischen natürlicher und übernatürlicher Erkenntnis).

[659] *L'Omme pecheur*, fol. a ii^v; *L'Homme juste*, fol. a iii^v; *Le Lymon et la Terre*, fol. a iii^v.

[660] L'Adolescent ist keineswegs glücklich über das Geschenk:

> Mere Dieu, que de paleteaulx!
> Je n'y voy envers ny endroit.
> Que de haillons, que de drapeaulx (*L'Omme pecheur*, fol. a iii^v).

Ähnlich *L'Homme juste*, fol. b iii^v.

mit neuen, prächtigen Gewändern ausgestattet[661]. An ihre Stelle treten nach seiner Bekehrung die Kleider von Buß- und Demutsinstanzen[662]. Die Naturübel stecken ihn in Lumpen[663], bis ihm schließlich der Tod alle Gewänder wegnimmt und ihn an seine armselige *condition humaine* erinnert:

Quant au monde tu es venus,
Tu vins tout nu, rien n'apportas
Ne rien tu n'en emporteras.
Penser fault de toy despouiller

(*Le Lymon et la Terre*, fol. c v^{v})[664].

Sein letztes Kleid ist ein Leichentuch[665].

---

661 In *Les quatre Elemens* übergibt Plaisance mondaine im Auftrag von Oultrecuidance dem sündig gewordenen Menschenvertreter eine *robe de peché* (fol. A iiii^{r}). In *L'Omme pecheur* schmückt der Sünder sich mit den *aornemens sumptueux* der Sensualité (fol. d vi^{r}) und wenig später mit den *vestemens, aornemens et autres joyaulx que Orgueil luy a baillés* (fol. h v^{r}). *L'Homme juste* enthält mehrfach Bühnenanweisungen wie *Icy Fortune, le Monde et Honneur mondain prennent l'Homme mondain et le acoustrent de riches habillemens* (fol. k iiii^{v}); nachdem er sein altes Kleid beim Spiel verloren hat, zieht er das der Usure an (*ib.*, fol. r iiii^{r}). Cf. auch *Le Lymon et la Terre*, fol. b iii^{r}; *Aulcun*, fol. 135^{v}–136^{r}.

662 Remort de conscience: »Humanité, notte mes ditz. / Il (te) fault changer d'aultres habitz« (*Le Gouvert d'Humanité*, v. 509 sq.); darauf empfängt Humanité ein Pilgerkleid, bestehend aus dem Hut der Liebe, dem Pilgerstab der Standhaftigkeit und dem Mantel der Demut (vv. 527–529), das er nach erneutem Sündenfall wieder wegwirft (v. 1464 sq.). In *Les quatre Elemens* zieht Confession dem Menschen die Sündenkleider aus, und Penitence gibt ihm dafür ein Büßergewand (fol. c i^{r}). In *L'Homme juste* findet sich die Bühnenanweisung *Adonc le Pecheur se despoillera de ses vestemens et prendra ceulx de Humilité* (fol. p vi^{v}).

Die analoge Stelle in *Bien advisé, Mal advisé* ist besonders bemerkenswert. Bien advisé legt seine alten Kleider ab (fol. b ii^{v}); dafür gibt ihm Humilité das Kleid der Demut mit der Bemerkung:

L'autre vestement est infame,
Cestuy n'est pas de tel maniere (fol. b iii^{r}).

Der Kleiderwechsel wird von Mal advisé, der die Szene beobachtet hat, nicht in seiner allegorischen Bedeutung erkannt, sondern ganz äußerlich als Beraubung (oder Aufforderung zur Unzucht?) mißverstanden:

Je voy la une male fame,
qui a destroussé mon compaingz.
Je seroie meschant et infame
Se me tiroye entre ses mains (fol. b iii^{v}).

663 Labeur: Ceste robe tu as acquise
Par moy seul, sans l'avoir requise
N'aussi demandee a personne.
Acoustre t'en et mot n'en sonne;
Car elle n'est pas precieuse,
Riche, grande ne somptueuse,
Mais est moyenne sans debat,
Comme appartient a ton estat (*L'Homme juste*, fol. 9 vi^{v}).

Ähnlich bei der Begegnung mit Povreté *ib.*, fol. x ii^{v}, & iiii^{v}.

664 Cf. Job. 1,21; Eccl. 5,14.

Die dem Menschen übergebenen Kleider sind als feste Attribute der an dem Akt beteiligten Instanzen aufzufassen. Aus Analogiegründen ist auch die Abwesenheit jeglicher Kleidung hierher zu stellen; sie ist das Attribut des äußersten Naturübels, des Todes. Der Mensch erhält jeweils das Kleid der Instanz, die seinem augenblicklichen *estat* entspricht. Sie prägt ihm damit gleichsam ihr Wesen auf. Ein Kleiderwechsel bedeutet daher eine Wesensveränderung[666]. Da die Übergabe nur die formale Besiegelung eines schon bestehenden Zustands darstellt[667], kann der Mensch sich dagegen nicht unmittelbar wehren, sondern nur über eine Änderung seines *estat*. Die Tatsache, daß er *alle* seine Kleider von Instanzen empfängt, ist ein Ausdruck seiner Fremdbestimmung; daß er dagegen nur die Kleider erhält, die seinem *estat* entsprechen (für den er ja, wenigstens im religiös-moralischen Bereich, selbst verantwortlich ist), weist in bildlicher Form auf seine Willensfreiheit hin.

Andere Attribute sind den allegorischen Kleidern in dieser Hinsicht gleichzustellen. Größere Bedeutung als Relationsmotiv hat im Rahmen der *Moralité religieuse* vor allem die Übergabe eines allegorischen Spiegels[668] durch die Wissensinstanzen erlangt. In der *Moralité d'Aulcun* erklärt Congnoissance dem Menschenvertreter Aulcun die Bedeutung dieses Attributs:

> C'est le mirouer de Congnoissance,
> Ou l'en voit son cas qui s'i mire (fol. 105v),

---

665 *Le Lymon et la Terre*, fol. c vi^r^.

666 Eine solche Veränderung wird im Bild der Bekanntschaftsrelation gern als ein Nicht-mehr-kennen dargestellt. In *Langue envenimee* sind beide Motive verbunden. Als Franc Cueur die Instanz Bonne Renommee verloren hat, findet sich die Regieanweisung *Expoliat se et induat aliud vestimentum* (fol. D ir). Dazu Franc Cueur erklärend: »Je vueil mon vestement changer, / *Affin que nul ne me congnoisse*« (*ib.*; Hervorhebung von mir). Was hier als bloßer Ausdruck des Schamgefühls erscheint, hat in Wirklichkeit einen allegorischen Hintergrund: es ist – wie der Kleiderwechsel selbst – ein Bild für die Entfremdung vom vorherigen Wesensgehalt, der von Bonne Renommee bestimmt war.

667 Die Bemerkung von Humanité nach der Übergabe des Pilgerkleids durch Remort de conscience: »Despuis que j'ay changé d'abis, / Muer fault de condition« (*Le Gouvert d'Humanité*, v. 544 sq.) darf nicht so interpretiert werden, als ginge hier das *signum* dem Zustand, den es verbildlicht, voraus; denn hätte Humanité nicht bereits vorher Gewissensbisse gehabt, wäre Remort de conscience gar nicht *bei ihm* (cf. dazu den folgenden Abschnitt zur räumlichen Nähe). Der 2. Vers des Zitats bezieht sich daher wohl auf ein Fortfahren in der Bußgesinnung über das Stadium *remort de conscience* hinaus.

668 Zur reichen Tradition der bildlichen Verwendung des Spiegelmotivs cf. besonders die Studie von N. Hugedé, *La metaphore du miroir dans les Épîtres de saint Paul aux Corinthiens*, Neuchâtel, Paris 1957 (mit weiteren Literaturangaben); ferner O. Casel, *Vom Spiegel als Symbol*, aus nachgelassenen Schriften zusammengestellt v. J. Platz, Maria Laach 1961 und J. Frappier, *Variations sur le thème du miroir, de Bernard de Ventadour à Maurice Scève*, in *CAI* 11 (1959) pp. 134–158.

was später von Aulcun bestätigt und näher erläutert wird:

G'y voy si bien ma pourtraicture,
Ma contenance et mon maintien (fol. 115r)[669].

Mit diesem Spiegel der Selbsterkenntnis als geistlicher Rüstung[670] ausgestattet, vermag Aulcun der Malice eine Zeitlang zu widerstehen; als er ihn aus der Hand gibt, ist er ihrem Einfluß – hier als 'Lehre' dargestellt[671] – schutzlos ausgeliefert. In *Le Lymon et la Terre* empfängt Chascun den geistlichen Spiegel zwar aus den Händen der Naturmacht Lymon[672], aber auch hier ist die Erkenntnisinstanz nicht weit: unmittelbar nach der Übergabe erscheint Rayson und ermahnt ihn, durch steten Gebrauch des Spiegels seine *condition humaine* als sterbliches Wesen zu bedenken[673]. Jean d'Abundance hat schließlich in *Le Gouvert d'Humanité* das *Respice finem* dadurch bildlich zum Ausdruck gebracht, daß er den Spiegel als allegorisches Attribut durch einen Totenkopf ersetzt, während in der dramatischen Rede der Figuren weiterhin das Spiegelmotiv anklingt[674]. Die Bedeutung des Motivs als Sonderfall der Übergabe-Relation ist nach diesen Belegen evident: solange der Mensch den Spiegel als *Memento mori* gebraucht, läßt er sich von den Wissensinstanzen bestimmen und *hat* damit die rechte Erkenntnis.

Die räumliche Nähe.– Auch das bloße Beieinander der Figuren auf der Szene kann als allegorische Relation aufgefaßt werden. Viele *Moralités*

---

669 Der Text bietet fälschlich *te* anstelle von *et*.

670 Aulcun selbst bringt die beiden Motive zusammen:
J'ay [ce] mirouer de Cognoissance,
Qui me donne soubvenance.
[...]
J'ay par bel arroy
Mon cuer armé d'esperance (fol. 106v).

671 fol. 115r–115v.

672 fol. a iiiv.

673 Rayson: »Tu doibts considerer la fin« (fol. a iiiiv). Auch von Lymon selbst wird Rayson mit der Spiegelübergabe in Zusammenhang gebracht, wie seine Ermahnungsrede an Chascun zeigt:
Filz, souvienne toy de Raison,
Du mirouer que te baillasmes,
Quant au Monde nous t'envoyasmes (fol. b iiiir).

674 Remort de conscience zu Humanité:
Davantaige te veulx bailler:
(*Il luy baille une teste de mort*)
Ce beau miroel pour te mirer:
De terre ton corps sortyras
Et en terre retourneras.
Or retiens en ton cueur mes ditz:
Memorare novissima et in eternum non peccabis (vv. 537–542).
Auch Humanité bezeichnet den Totenkopf in einer pathetischen Anapher dreimal als *miroel* (vv. 546–548). Zur Spiegelmetapher cf. ferner *Les sept Pechie morteil*, vv. 2527–2544.

religieuses enthalten – vorwiegend in Bühnenanweisungen, aber auch im dramatischen Text – recht genaue Angaben über das räumliche Verhältnis der einzelnen Bühnenfiguren zueinander.

Instanzen wie Confession und Misericorde[675], Terre und Lymon[676], Perdition und Orgueil[677] – um je ein Beispiel aus den verschiedenen Seinsbereichen zu nennen – treten oft gemeinsam auf. Größere dramatische Instanzengruppen finden sich nach Auskunft der Bühnenanweisungen vor allem in dem Stück *L'Homme juste et l'Homme mondain*[678]. Die durch die Näherelation miteinander verbundenen Instanzen gehören meist demselben Lager an[679]. Ein Wechsel von der einen zur anderen lokalen Gruppe ist undenkbar. Zwar treffen im dramatischen Geschehen auch göttliche und teuflische Instanzen aufeinander, doch werden diese kurzfristigen Begegnungen nicht im spezifisch allegorischen Sinn als Nähe oder Nachbarschaft wiedergegeben.

Auch Menschenvertreter werden in Näherelationen zu Instanzen gestellt. L'Homme juste und L'Homme mondain sind zuerst mit Innocence, Enfance und Adolescence zusammen[680], verabschieden sich dann von ihnen und werden fortan von Congnoissance begleitet[681]. Oraison lädt den Bien advisé ein, in ihre Nachbarschaft zu kommen[682]; Argent rät dem Menschenvertreter, Bon Advis bei sich aufzunehmen[683]; der im Leben erfolgreiche Aulcun freut sich, Auctorité in seiner Nähe zu haben[684]; an der Seite des sterbenden Pecheur stehen die theologischen Tugenden[685]. Ebenso bildet jeder Sünder

---

675 *Et notez que Confession doyt estre auprés de Misericorde* (*L'Omme pecheur*, fol. s iii^r^).

676 La Terre zum Adolescent: »Cecy escoute / du Lymon que pres moy tu voys« (*ib.*, fol. a ii^v^).

677 *Perdition parle a Orgueil qui est auprés d'elle* (*L'Homme juste*, fol. h i^v^).

678 Hier zwei Belege: *Bon Vouloir, Perseverance, Confession, Contricion, Satisfaction et Penitence seront avec elle [= Salvation]* (fol. d v^r^); *Perdicion, ayant avecques elle Maulvaise Voulenté, Folle Plaisance, Usure, Symonie, Prodigalité, Larrecin et Obstination* [...] (fol. l v^r^) etc.

679 Abweichungen von dieser Regel kommen vor. So schickt etwa Desesperance den Mal advisé zu Povreté »qui demeure pres de Larcin« (*Bien advisé, Mal advisé*, fol. e iiii^v^). Die Näherelation weist hier nicht auf eine begriffliche Gemeinsamkeit, sondern nur auf eine gewisse Nachbarschaft in der Praxis, die wohl in der Überlegung begründet ist: wenn einer sehr in Armut geraten ist, neigt er dazu, sich (aus Not) fremdes Gut anzueignen.

680 *L'Homme juste*, fol. b v^r^.

681 *ib.*, fol. b vi^r^–c i^v^. Cf. dazu die Bemerkung von Misericorde, die beiden seien »hors d'Innocence et ont avecques eulx Congnoissance« (fol. c iii^r^).

682 »Mon amy, se vous voulez traire / Pres de moy, vous ne fauldrez mye« (*Bien advisé, Mal advisé*, fol. e iii^r^).

683 *Argent*, v. 475 sq.

684 ... »j'ay Auctorité o moy, / Par quoy l'on me doit reverence« (*Aulcun*, fol. 142^r^). Die Näheformel *avoir o soy* kann auch zum bloßen *avoir* verkürzt werden und gewinnt dann den Charakter eines *vers ambigu*; z. B. »Ays Pacience« (*L'Omme pecheur*, fol. & ii^r^) = 'behalt die Instanz Pacience bei dir' (so im dramatisch-allegorischen Zusammenhang) und 'hab Geduld'.

685 *ib.*, fol. & iii^r^.

mit der für seinen Fall zuständigen spezifischen Sündeninstanz eine lokale Gruppe: der dem Wohlleben Hingegebene mit Luxure[686], der Verzweifelte mit Desesperance[687], der Verstockte mit Honte-de-dire-ses-pechiés, die ihrerseits mit der bösen Zentralinstanz Pechié verbunden ist[688] etc. Nicht jede Näherelation ist für den daran beteiligten Menschenvertreter offen erkennbar. In der *Moralité du Jour Saint Anthoine* wohnt Pechié der Unterhaltung des Teufels mit dem Menschen in einem Versteck bei, ist also dem Menschen nahe, ohne daß dieser ihn sieht[689]. Erstaunlicherweise ahnt der Mensch doch etwas von seiner Gegenwart:

> Pechié n'est de moy gueres loing,
> Qui s'efforce fort de moy nuire (v. 889 sq.)[690].

Einen ähnlichen Beleg bietet die *Moralité d'Aulcun*. Als hier der Menschenvertreter durch die Hilfe von Malice zu Puissance und Auctorité gelangt, versteckt sich Maleureté[691] und bleibt so – mitten in den Freuden des Lebens – ungesehen in seiner Nähe, bis sie schließlich auch offen an ihn herantritt[692]. Das Seitenmotiv 'versteckte Nähe' hat damit den Charakter einer virtuellen Relation.

Vielfach befindet sich in der Nähe des Menschen eine ganze Gruppe von Instanzen. Besonders stark ist dieses Phänomen wiederum in *L'Homme juste* ausgeprägt. Hier ist der gute Menschenvertreter fast stets von einer Schar von Tugenden[693], der böse von Sünden umgeben[694]. In demselben Stück fin-

---

686 Luxure zu Finet: »Tousjours seray avecq toy, / Ainsi ne te laisseray pas« (*Les Enfans de Maintenant*, fol. E ii^v sq.).

687 Mal advisé:

> Je vueil aller a Mallefin.
> A mon pechié je suis enclin,
> Pour ce reparé ne peut estre.
> Que maugré ait bieu de ma fin,
> de ma vie et de mon estre (*Bien advisé, Mal advisé*, fol. e iiii^v).

Sofort steht Desesperance neben ihm und spricht ihn an!

688 Honte-de-dire-ses-pechiés: »Nul ne peult estre despeschié / de Pechié, tant que o luy je soye« (*L'Omme pecheur*, fol. b v^r).

689 Pechié zum Dyable: »Parle a luy [= l'Omme], sans qu'il me voye« (*Le Jour Saint Anthoine*, v. 744). Cf. auch v. 864. L'Omme zum Dyable: »Pechié? Je ne le vis pieça« (v. 870).

690 Auch hierbei handelt es sich um einen *vers ambigu* mit dem Doppelsinn 'die Bühnenfigur Pechié hält sich nicht weit von mir entfernt' und 'ich bin in Gefahr zu sündigen'.

691 Maleureté: ... »affin que l'en ne me voye, / Je [me] mectray cy a l'equart« (*Aulcun*, fol. 128^r).

692 fol. 144^v sqq.

693 *Icy l'Homme juste est avecques Bon Vouloir et Perseverance, Congnoissance et toutes les autres vertus ensemble* (fol. n ii^v). Die Instanzengruppe beim Homme juste wird im Verlauf des Stücks noch erweitert um Salvation (fol. p iii^v), Devotion und Dilligence (fol. z ii^v), Labeur (fol. A i^r) etc.

694 *Icy le Monde, Orgueil, Honneur mondain ou millieu d'eulx troys, l'Ange a son costé dextre et le Dyable a senestre, Liberté et Ignorance devant l'Homme et*

den sich viele Bühnenanweisungen, nach denen das Beieinander solcher gemischter Gruppen aus Instanzen und Menschenvertretern so ausgestaltet ist, daß beide Seiten *verschiedene* dramatische Funktionen innehaben. Die Instanzen nehmen die Menschenvertreter *bei der Hand* und *geleiten* sie: zuerst beide gemeinsam[695], dann je eine spezifische Instanzengruppe den Homme juste[696] und den Homme mondain[697]. Ähnliches bietet *L'Omme pecheur*[698]. Die Näherelation wird dadurch nicht aufgehoben; sie wird nur von einem anderen Bild überlagert, das den Instanzen die aktive Rolle einräumt und damit auch der scheinbar neutralen, alle beteiligten Figuren gleichordnenden Näherelation deutlich unterordnende Züge verleiht.

Nun führt allerdings nicht jede lokale Annäherung zwischen Instanzen und Repräsentanten des Menschen zu solcher Abhängigkeit. Voraussetzung ist stets, daß der Mensch ihr wenigstens implizit zustimmt, indem er aus freien Stücken längere Zeit bei den betreffenden Instanzen verweilt. Zieht er sich rechtzeitig von ihnen zurück, so bleibt die vorübergehende Nähe ohne Folgen: sie ist sozusagen durch ihr Gegenmotiv, die räumliche Trennung, allegorisch widerrufen worden[699]. Dies gilt analog für den Fall, daß

---

tous les autres vices aprés arrivent tous ensemble devant Perdicion qui est en son palais (fol. l v^r^). Cf. auch fol. l vi^r^, p v^r^, q iiii^v^, z iii^v^ etc.

695 [...] *ung peu aprés viendra la Terre bien secretement entre eulx deut et en prendra a chascune main ung et en les tenant par la main, parlera a eulx* (fol. a iii^r^); ebenso Le Monde und Fortune (fol. b ii^v^), Congnoissance (fol. b vi^r^, b vi^v^, c i^v^) etc.

696 *Icy Devotion prent l'Homme juste par la main dextre et Perseverance par l'autre* (fol. v iiii^v^); Cf. auch fol. p i^r^, z ii^r^, & vi^v^.

697 *L'Homme mondain demeure avec Orgueil et Honneur mondain, qui le tiennent par chascun* [sic] *sa main* (fol. h i^v^); cf. auch fol. i ii^v^, l ii^r^, r iiii^v^. Die letzten Führer des Homme mondain sind La Mort, Desesperance und Malle Fin (fol. C iii^v^).

698 Hier treten nacheinander Instanzengruppen aus beiden Lagern als Führer desselben Menschenvertreters auf; zuerst die Tugenden: *Et adonc Entendement, Raison et Franc Arbitre conduiront l'Omme avec Conscience et ses autres complices au Monde* (fol. d^r^), dann die Sünden: *Notez ic[y] que le Diable, Pechié, Concupiscence, le Monde et Sensualité conduient l'Omme au pommier du Monde, la ou sont les sept Pechiés mortelz* (fol. f vi^r^; ähnlich fol. k ii^r^), schließlich wieder die Tugenden: *Adonc Confession, le Prestre, Conscience avec le Bon Ange conduiront le Pecheur devant l'arbre des vertus* (fol. v ii^v^).

699 Ein aufschlußreiches Doppelbeispiel für eine vollentwickelte und eine zurückgenommene Näherelation bietet wiederum *L'Homme juste*. Perdition, La Chair, Le Monde, Honneur mondain etc. gehen auf die beiden Menschenvertreter zu und reden auf sie ein (fol. f ii^r^). L'Homme mondain besiegelt die Näherelation, indem er sich dieser Gruppe auf Dauer anschließt: *Icy l'Homme mondain se met avec le Monde, la Chair, le Dyable, Oultrecuydance, Liberté et Ignorance seront devant luy et Honneur mondain le tiendra par la main* (fol. g vi^r^). L'Homme juste dagegen zieht sich aus der räumlichen Gemeinschaft mit den Lastern zurück, um sich sogleich der Gegengruppe anzuschließen: *Icy l'Homme juste se reculle de Perdicion et des aultres et se met tout au plus pres de Congnoissance, Raison et leur bande* (fol. f vi^r^). Tertium non datur.

nicht der Mensch, sondern die in seiner Nähe weilende Instanz sich zurückzieht. Dabei kann es vorkommen, daß der von seiner Begleitung verlassene Menschenvertreter eine Zeitlang auf der Bühne allein ist: ein bildlicher Ausdruck für seine augenblickliche metaphysische Unentschiedenheit, die durch die herankommenden Gegeninstanzen sogleich wieder aufgehoben wird[700].

Die Widerrufung einer allegorischen Näherelation kann auch im Bild der Vertreibung von Begleitern dramatisch realisiert werden. Auch hierbei kann die Aktivität von beiden Seiten ausgehen: entweder von Gegeninstanzen oder vom Menschenvertreter selbst. Ein Beispiel für den ersten Fall bietet *Langue envenimee*, wo die Titelfigur gemeinsam mit Danger erfolgreich versucht, Bonne Renommee durch Verleumdungen aus der räumlichen Gemeinschaft mit den Personifikationen Doulx Parler, Franc Cueur und Feaulté zu vertreiben[701]. Dem stehen andere Passagen gegenüber, in denen der Menschenvertreter deutlich die Initiative ergreift und ihm mißliebig gewordene Instanzen aus seiner Nähe entfernt oder entfernen läßt. So schickt etwa in der *Moralité de Charité* Le Monde als Repräsentant der Menschheit die Instanz Charité, die sich bisher in seiner Nähe aufhielt, von sich[702], und in *Le Lymon et la Terre* befiehlt der Sünder Chascun dem bei ihm stehenden Orgueil, die Instanzen Le Lymon und La Terre kurzerhand aus dem Haus zu

---

700 Einige Beispiele mögen dieses Schema illustrieren. Nachdem in *L'Omme pecheur* Entendement und Raison dem Pecheur ihre Lehren mitgeteilt haben, folgt die Bühnenanweisung: *Entendement et Raison se doivent ung pou reculer du Pecheur et le Pecheur sera ung pou de temps par le gieu*. Er wendet sich an Gott und bittet:

Mon Dieu, vueille moy respirer,
Car je ne sçay ou doy pretendre.
Si tu me laisses empirer,
je ne sçay quel part je doy tendre (fol. c vii^{r}).

Unmittelbar darauf erscheint Sensualité an seiner Seite. Ähnlich in *Le Gouvert d'Humanité*: Kaum haben Remort de conscience, Penitence und Caresme sich von Humanité zurückgezogen, kommen Temptation, Luxure und Erreur zum Menschenvertreter (cf. die Bühnenanweisungen vor den Versen 1331 und 1375 sowie vv. 1375–1378). Cf. auch *L'Homme juste*, fol. f ii^{v}.

701 Die Ablösung vollzieht sich in mehreren Etappen. Nach der ersten Schmährede bemerkt Danger schon eine gewisse Veränderung: »Bonne Renommee, se me semble, / si est ja ung pou eslongnee«; darauf Langue envenimee: »Encor suit elle leur compaignie; / Mais devant qu'il soit ung cart d'heure, / Elle n'y fera pas sa demeu[r]e« (fol. C ii^{r}). Als die Verleumdungen anhalten, trennt sich Bonne Renommee völlig von ihrer Gruppe: »Adieu vous dy, car je vous laisse« (fol. C iiii^{v}). Der Erzengel Michel bringt die drei Verlassenen später wieder mit ihr zusammen: *Tendit eos ad Bonam Famam* (Bühnenanweisung fol. E i^{v}).

702 Or vous en allez, Charité,
Car vous ne serez plus o moy.
Allez vous en, ma doulce amye,
Car o moy sera Tricherie
Tout le demourant de mon temps (fol. C^{v}).

Tricherie steht bereits bei ihm! Die Anrede *ma doulce amye* hat hier offenbar ironischen Klang.

werfen[703]. Aus dem jeweiligen Kontext ist indessen leicht zu erkennen, daß auch der Menschenvertreter, der aktiv die räumliche Trennung von einer Instanz betreibt, nicht unabhängig aus sich heraus handelt, sondern unter dem Einfluß der Gegeninstanz, die ihm – im wörtlichen und im übertragenen Sinn – näher steht[704]. Von der Bedeutung her kann nicht zwischen beiden Arten gewaltsamer Auflösung der Näherelation geschieden werden. *L'Omme pecheur* enthält einen direkten Hinweis zur Stützung dieser These. Sensualité, Pechié und Concupiscence verjagen Raison und Entendement aus der Nähe des Sünders[705]; kurz darauf aber wird diese Tat wie selbstverständlich dem Pecheur angelastet[706]. Der Verfasser sieht zwischen beiden Stellen offenbar keinen Widerspruch: die Instanzen werden zwar je nach ihrem Wesen von sich aus aktiv, der Mensch aber entscheidet darüber, zu welchen Instanzen er den (räumlichen) Kontakt aufnimmt oder abbricht. Nur das Ergebnis zählt: die Trennung zwischen dem Pecheur und Raison und ihr Bedeutungskorrelat 'der Sünder hat keine Vernunft mehr'[707].

Als wichtigstes Ergebnis der bisherigen Analyse des Motivs bleibt festzuhalten, daß jede Trennung des Menschenvertreters von Mächten eines Lagers eine neue Verbindung zu solchen der Gegenseite impliziert. Umgekehrt ist mit jedem Anschluß an eine Instanzengruppe, die dem Charakter

---

[703] »Orgueil, mectz les hors de ceans« (fol. b iii^v). Die Ausführung des Befehls durch Orgueil (fol. b iiii^r) läßt sich unmittelbar in die Bedeutungsebene übertragen: 'sein Stolz vertreibt die Erinnerung an seine niedere Abkunft'.

[704] Besonders deutlich wird dieses Phänomen in der Rede der Verité gegenüber Le Temps, der an dieser Stelle die Funktion eines Menschenvertreters erfüllt, im Dialogue moral *Vouloir divin*: »Vous devez chasser Ingorance, / Et en son lieu me recevoir« (p. 87 sq.).

[705] SENSUALITÉ:

Vuidez cest estre.

PECHIÉ:

Aillent [*sic*] paistre.

CONCUPISCENCE:

Chercher [*sic*] ailleurs vostre advanture.
[...]

Adonc Raison et Entendement s'en doivent aller loing de l'Omme (fol. f vii^r).

[706] ENTENDEMENT:

L'Omme est trop plain de Desraison
de nous avoir si rudement,
nous deux, mis hors de sa maison (fol. h v^r).

Hinter dem Tun des Pecheur wird auch hier eine Instanz (*Desraison*) gesehen, die zwar im Stück nicht auftritt, aber jederzeit dramatisch personifizierbar wäre.

[707] Der Kommentar des Diable

Puis que Raison n'est plus en l'Omme,
luy [*sic*] et aussi Entendement
estroitement
l'ont laissé, vous voiez comment (fol. f vii^r)

übersetzt das allegorische Bild der räumlichen Trennung (Verse 2–4) in seine begriffliche Bedeutung (Vers 1).

der bisherigen Begleiter entgegensteht, deren Abschied verbunden; einander widersprechende Mächte können dem Menschen nicht zugleich auf Dauer nahe sein[708].

Von dieser wichtigen Regel gibt es allerdings einige theologisch wohlbegründete Ausnahmen. Sie betreffen besonders das Verhalten der Personifikationen der Willensfreiheit und des Gewissens in der Moralité *L'Omme pecheur.* Im Unterschied zu Gestalten wie Raison und Entendement bleibt Franc Arbitre auch nach dem Fall des Sünders, der ihn in die Gemeinschaft der Laster bringt, in seiner Nähe und spricht mit ihm[709]. Desgleichen wird die räumliche Gemeinschaft zwischen Conscience und dem Sünder selbst in der Zeit seiner Begleitung durch die Laster nicht vollständig gelöst, sondern nur modifiziert: Le Pecheur treibt Conscience, die bisher vor ihm einhergegangen ist, nach seinem Sündenfall hinter sich und damit in eine unbeachtete Stellung[710]; doch sie bleibt auch jetzt noch – gegen seinen Willen[711] – bei ihm. Nachdem er seine Verfehlungen bereut hat, stellt er Conscience auf Verlangen des Prestre wieder vor sich[712].

Ein Nebeneinander entgegengesetzter metaphysischer Personen bei den Menschenvertretern weist auch das Stück *L'Homme juste et l'Homme mondain* auf. Jede der beiden Titelgestalten wird – ungeachtet ihrer verschiedenen religiös-moralischen Stellung – auf Dauer von einem Engel und einem Teufel begleitet[713]. Auch diese Näherelation ist genauer bestimmt: diesmal

---

708 Dabei kann es sich auch um ein Zusammentreffen von natürlichen und metaphysischen Mächten handeln. Sobald Maladie beim Pecheur eintrifft, zieht Luxure sich zurück und erklärt: »Je ne puis estre ne ne suis, / Maladie et moy, tout ensemble« (*L'Omme pecheur*, fol. m^{v}). Zu beachten ist hierbei, daß Maladie und Luxure über ihren begrifflichen Gegensatz (*Leid – Lust*) hinaus auch metaphysisch zwei verschiedenen Lagern angehören.

709 So etwa *ib.*, fol. g ii^{r}, g ii^{v}, g iiii^{r}, h^{v}, h iii^{r} etc.

710 Der Umschlag erfolgt *ib.*, fol. f^{r}: Le Pecheur beschließt, ein weites Gewissen (*large conscience*) zu haben und der Concupiscence nachzugeben. Darauf tritt Conscience hinter ihn (Bühnenanweisung *ib.*). Der *ambigu*-Charakter dieser 'Zurücksetzung' wird besonders in den Vorwürfen des Bon Ange spürbar:

> Je suis celluy qui Conscience
> te presente d'adolescence.
> Tu l'as gardee ung peu de temps
> devant toy et present pretens
> la laisser du tout au derriere (*ib.*).

Ähnlich in der Klage von Conscience selbst:

> Devant ta face je souloye
> le temps passé perambuler.
> Maintenant me fault reculer
> et fault qu'au derriere soys mise (fol. f viii^{v}).

711 Cf. etwa fol. m iiii^{r} »Et maugré ma vie, ne me suis / plus ainsi«.

712 fol. s iiii^{v}.

713 Le premier Ange zum Homme juste: »De toy ne me vueil esloigner, / Mais avec toy tousjours seray / Et jamais ne te laisseray« (*L'Homme juste*, fol. c v^{v}); ebenso Le Dyable (*ib.*, fol. m vi^{r}). Analoge Belege zur doppelten Begleitung des Homme mondain finden sich in den Bühnenanweisungen fol. l ii^{r}, m i^{v}, r iiii^{v}

nicht durch die Angaben *devant* und *derriere* wie bei Conscience, sondern durch die Zusätze *dextre* und *senestre*[714]. Der allegorische Sinn dieser Ortsbestimmungen entspricht der biblisch-exegetischen Tradition, in der gewöhnlich Rechts das Gute und Links das Böse bezeichnet[715].

Die räumliche Nähe einer Instanz zu einem Menschenvertreter ist ein Ausdruck ihrer Wesensgemeinschaft mit ihm und damit zugleich ein Indikator für seinen augenblicklichen moralischen *estat*. Am Wechsel der Nähe-relationen läßt sich daher die Entwicklung des Menschen ablesen. Dabei sind zwei Möglichkeiten zu unterscheiden: der kumulierende und der exkludierende Wechsel.

Wenn der Mensch zu einer neuen Instanz innerhalb *eines* metaphysischen Lagers oder einer ihrem Wesen nach zusammengehörenden Gruppe von Naturmächten in eine Näherelation tritt, so kann auch sein bisheriger Begleiter bei ihm bleiben. Dieses kumulative Prinzip führt zur Bildung größerer Instanzengruppen um den Menschen als Zentrum. Die Kumulation ist als bildlicher Ausdruck der Widerspruchsfreiheit zwischen den beteiligten Instanzen und damit auch zwischen den von ihnen ausgeübten Einflüssen zu interpretieren. Eine Prüfung der szenischen Gruppierungen in den Moralités bestätigt diese Deutung ebenso wie die einfache Überlegung, daß der Mensch, der sich beispielsweise dem Glauben zuwenden will, deshalb ja keineswegs auf die Demut oder die Liebe verzichten soll – ganz im Gegenteil!

Beim Wechsel zwischen Instanzen, die verschiedenen Lagern angehören, ist eine solche Kumulation im allgemeinen nicht möglich. Hier setzt die Annäherung an eine neue Instanz(engruppe) die Entfernung von der vorhergehenden, das bedeutet: die Aufhebung der Wesensgemeinschaft mit ihr, voraus. Dieses allegorische Motiv läßt sich als dramatisch-personifizierende Darstellung des logischen und, stärker noch, des religiös-moralischen *principium contradictionis* auffassen: wenn der Mensch sich von der Liebe bestim-

---

etc. Auch in *L'Omme pecheur* verläßt Le Bon Ange den Sünder nicht, als nach dessen Fall Le Diable an ihn herantritt (fol. f^v sqq.); er wird ihm allerdings unsichtbar (cf. die Bühnenanweisung fol. f^r).

714 So beginnt etwa in *L'Homme juste* eine Bühnenanweisung mit den Worten: *Icy Congnoissance, Raison, l'Homme juste, Humilité et les autres vertus, le Bon Ange au costé dextre de l'Homme et le Dyable a la senestre vont devers l'Homme mondain* [...] (fol. i iiii^r); ähnlich mehrfach.

715 Cf. Matth. 25,33 sq. und 41. Zur Exegese cf. etwa Gregor den Großen: »Si enim per dexteram aeterna, per sinistram vero praesens vita figuratur, homines in sinistra, angelos ad dexteram habemus« (*Exp. in lib. I Reg.* V, 65, rec. P. Verbraken, Turnholti 1963 [Corpus Christianorum, ser. lat. 144], p. 461); ähnlich *ib.* III, 112, p. 262: »Ad dexteram quippe declinare est virtuti abstinentiae inmoderate insistere [...]. Ad sinistram quoque declinare est carni abundantius indulgere«. Weitere Belege in O. Nußbaum, *Die Bewertung von Rechts und Links in der römischen Liturgie*, in *JAC* 5 (1962) pp. 158–171. Cf. ferner J. Cuillandre, *La droite et la gauche dans les poèmes homériques en concordance avec la doctrine pythagoricienne et avec la tradition celtique*, Paris 1944 und G. E. R. Lloyd, *Right and Left in Greek Philosophy*, in *JHS* 82 (1962) pp. 56–66.

men läßt, kann nicht zugleich Haß (oder eine andere Kapitalsünde) in ihm sein – und umgekehrt. Wenn bisweilen eine Instanz(engruppe) den Menschenvertreter verläßt, bevor die ihr entgegengesetzte zu ihm kommt, er also einen Augenblick allein auf der Bühne steht, so zeigt dies eine kurze Unentschlossenheit an, die aber schon den Keim einer Bindung in sich trägt.

Näherelationen, die der Ausschließungsregel zuwiderlaufen, müssen gesondert interpretiert werden. Das Ausharren von Franc Arbitre in der Gruppe der den Sünder umgebenden Lasterinstanzen ist als bildliche Umsetzung des theologischen Satzes zu verstehen, daß der Mensch stets 'mit seinem freien Willen'[716] sündigt. Conscience und Bon Ange (sowie dessen Widerpart Le Dyable) bleiben auf Dauer beim Menschen, weil sie dazu einen besonderen Auftrag haben. Im übrigen scheint sich der Autor des Stücks *L'Omme pecheur* gerade bei diesen Figuren des Dilemmas zwischen der theologischen Aussage ('auch der Sünder hat ein Gewissen und einen besonderen Schutzengel') und den formalen Konventionen eines allegorischen Motivs ('göttliche und teuflische Mächte sind nicht gemeinsam in der Nähe des Menschenvertreters') durchaus bewußt zu sein. Er versucht es zu überwinden, indem er das als Negation des Nähemotivs zu erwartende 'Weggehen' durch das schwächere 'Zurücktreten' bzw. 'Unsichtbarwerden' ersetzt und damit in einen anderen Bildbereich überleitet.

Das Bühnenbild als Träger allegorischer Relationen. – 'Nähe' und 'Ferne' geben nur ein wenig differenziertes Bild der räumlichen Relationen zwischen den Bühnenfiguren. Entsprechend vage bleiben die Aussagen auf der Ebene der Bedeutung. Genauere Hinweise über die gegenseitige Zuordnung der Figuren und damit auch ihrer Bedeutungskorrelate ergibt die Analyse des Bühnenbilds, wie es aus den im Text, vor allem in den Bühnenanweisungen und den Prologen, enthaltenen Angaben erschlossen werden kann. Die drei großen *Moralités religieuses* sind in dieser Hinsicht besonders ergiebig.

Den Instanzen und metaphysischen Personen ist jeweils ein bestimmter Ort der Bühne – *lieu*, *maison* oder ähnlich genannt – als Wohnsitz (*siege*) zugeordnet. Hier empfangen sie die Besuche anderer dramatischer Figuren. Sie können den Ort verlassen, um den Menschenvertreter zu begleiten oder andere Mächte an deren *lieux* aufzusuchen, kehren aber, wenn sie gerade nicht in die dramatische Handlung eingreifen, immer wieder dorthin zurück[717]. Art und Ausstattung dieser *lieux* sowie ihre Lage auf der Bühne und damit auch ihre räumlichen Relationen zueinander sind in der dramatischen

---

[716] Die Ambiguität dieser Formel beruht vor allem auf dem doppeldeutigen Gebrauch der Präposition *mit* (bzw. ihrer mfr. Äquivalente) als Ausdruck der konkret-räumlichen Gemeinschaft und zugleich als Ausdruck der abstrakten Verbindung mit einer Ursache, einem Begleitumstand o. ä.

[717] Hierzu als Belege einige Auszüge aus Bühnenanweisungen:
Lors descendra Charité de son siege et s'en yra en paradis parler a Dieu (*L'Omme pecheur*, fol. a iiii^{v}); *Le Diable, Pechié et Concupiscence yront au*

Tradition vorgeprägt und werden in den Bühnenanweisungen oft andeutungsweise beschrieben. Ein *lieu* stellt beispielsweise das Paradies dar[718], ein anderer daneben den Himmel[719], ein dritter, der etwas niedriger angeordnet ist, den Palast der Royne de Salvation[720]. An einer anderen Stelle der Bühne befindet sich der Aufenthaltsort der Teufel, *l'enfer*[721], gelegentlich mit einer eindrucksvollen Darstellung des Höllenschlundes; daneben der Palast der Royne de Perdition[722]. In *L'Omme pecheur* sitzen die sieben Haupttugenden an einem Ort stufenförmig übereinander und bilden damit den *arbre des vertus*, über dessen oberster Plattform die drei theologischen Tugenden ihren Sitz haben[723]. Diesem komplizierten bühnenarchitektonischen Aufbau entspricht auf der Gegenseite – bezeichnenderweise der linken – der *arbre des vices*, auch *pommier du Monde* genannt[724], auf dessen Spitze der *throsne d'Orgueil* steht[725]. Auch der Aufenthaltsort anderer Instanzen auf der Bühne wird näher beschrieben[726].

---

domicile du Monde (*ib.*, fol. d vi^{v}); *Adonc ung chascun [des vices] s'en retournera en son siege* (*ib.*, fol. m^{r}); *Notez que Finete ira faire la preparacion en la maison de Luxure* (*ib.*); *Icy le Monde et Fortune s'en vont chascun en son lieu* (*L'Homme juste*, fol. b iiii^{r}).

718 *Et est a noter que paradis sera fait au costé des cieulx ou sont les juges ung peu assez loing, et dedans ledit paradis y aura la Trinité, Nostre Dame devant et les saincts selon leur ordre* (*ib.*, fol. I ii^{r}).

719 *Il est a noter que du costé dextre de paradis y aura des cieulx ou seront assis en une chaire comme juges sainct Pierre et sainct Michel* [...] (*ib.*, fol. H i^{r}).

720 *Icy s'en va Salvation toute seulle en son palais noblement acoustré qui sera au dessoubz de paradis, et se siera en une chaire* (*ib.*, fol. d v^{r}).

721 Cf. die Bühnenanweisung *ib.*, fol. H ii^{v}; dazu die bildliche Darstellung im Erstdruck von *Bien advisé, Mal advisé*, fol. h vi^{v}.

722 *Icy les deux Dyables desguisez en faulx Anges s'en vont a Perdition qui est en ung palais richement acoustré du costé d'enfer et tout joingnant* (*L'Homme juste*, fol. e i^{v}); ähnlich fol. e v^{r}, e v^{v}, l v^{v}.

723 *Adonc Confession, le Prestre et Conscience avec le Bon Ange conduiront le Pecheur devant l'arbre des vertus, et dira le Prestre:*

Cestuy est l'arbre des vertus.
[...]
Regarde quant seras en hault,
tu voirras trois dames reales,
qui sont les vertus theologales:
Foy, Esperance et Charité (*L'Omme pecheur*, fol. y ii^{v}).

724 *ib.*, fol. f vi^{r}–f vii^{v}.

725 *ib.*, fol. h iii^{r}. Die Überlagerung des Bildbereichs 'allegorischer Baum' durch den des allegorischen Throns erklärt sich aus der Vorstellung, Orgueil herrsche als *prince d'Orgueil* (*ib.*) über die anderen Sünden.

726 So etwa die *abbaye de Malice* als *veil ediffice* (*Aulcun*, fol. 115^{v}; leider fehlen hier Bühnenanweisungen); der *jardin du Monde*, zu dem die anderen Bühnengestalten hinuntersteigen müssen (*L'Omme pecheur*, fol. k iii^{v}); der erhöhte Ort, an dem Fortune mit ihrem Rad sitzt (*L'Homme juste*, fol. k iiii^{r}); der *jardin de Penitence*, an dessen Eingang Caresme wacht und in dem Confession, Contriction und Satisfaction als *troys arbres* stehen, deren Früchte der Sünder Humanité kostet (*Le Gouvert d'Humanité*, vv. 637–649, 1181–1241).

Im Unterschied zu den außermenschlichen Mächten sind die Repräsentanten des Menschen auf der allegorischen Bühne nicht an feste *lieux* gebunden, sondern gehen von einem Platz zum andern. Als Bühnenort ist ihnen daher der zwischen den einzelnen *lieux* oder *maisons* liegende Raum zugeordnet, der in einigen Stücken in Form eines zweifachen Weges angelegt ist[727]. Einen Gesamteindruck vom Bühnenbild der großen Moralités kann wohl am ehesten der Prolog des Stücks *Bien advisé, Mal advisé* vermitteln. Mit ausladenden deiktischen Gesten beschreibt der Prologsprecher den Zuschauern die einzelnen *lieux* und die durch sie gegebenen lokalen Beziehungen der Bühnenfiguren zueinander. Diese Bühnenbeschreibung, im Stück *division* genannt, sei ihrer starken Anschaulichkeit wegen nur unwesentlich gekürzt hier wiedergegeben, wobei ich die Namen der *lieux* und die lokalen Angaben hervorhebe:

Veez *paradis en ce hault estre,*
Ou est Jesus, le roy celeste,
Saint Michiel et saint Gabriel[728].
Les ames portees *y* seront
Des Bien advisez qui mourront.
Et veez *cy le destre chemin,*
Par ou on va a Bonne Fin.
C'est des vertus la droitte voye[729];
Ceulx qui yront, auront grant joye.
Bonne Fin si est *au plus hault,*
Au dessoubz ung pou, sans deffault,
Une vertu belle comme jour,
Qui est nommee dame Honnour;
Sur toutes est imperialle.
Et Prudence, la cardinalle,
est *emprés;* laisser ne la vueil.
Veez la *la* vestue de vermeil.
Assez pres d'elle est Pacience
Ung pou plus bas est Diligence,
Deux vertus de moult noble affaire,
A toutes gens sont neccessaires.
Au dessoubz est Obedience
Et puis *aprés* est Abstinence.
Plus bas est *au premier degré*
Une vertu nommee Chasté [*sic*].
Les *degrez* vous ay divisez,
Ou montons [*sic*] les Bien advisez.
Et veez *cy la haye espineuse,*
Qui est malement dangereuse.

---

727 Das Motiv des allegorischen Weges wird in Kapitel III,1 unter dramatischen Gesichtspunkten ausführlicher behandelt.

728 Reimvers fehlt.

729 Aus der Gleichsetzung *le destre chemin* = *la droitte voye* geht die allegorisch-moralische Bedeutung der topographischen Angaben *rechts* und *links* unmittelbar hervor. – Zu einem Parallelbeispiel aus dem *Yvain* (v. 180) Chrestiens de Troyes cf. E. Auerbach, *Mimesis*, p. 125.

Veez *la* Oraison ou ses esles,
qui bien semblent celestielles!
Emprés Jeusne[730], qui n'est pas fiere
Et si fait tousjours bonne chiere.
Aumosne est *pres celle part,*
Qui a chascun le sien depart.
Satisfaction est *plus hault,*
Toute muee je la vous monstre[731].
Penitence est *pres* empluvine,
qui tient verges de discipline.
Aprés est Occupation,
Et puis veez *la* Confession.
Assez pres est Humilité,
qui mayne Orgueil et Vanité.
Et si veez *la* Contricion,
Et puis est Foy et puis Raison.
[...]
Et veez *cy* Franche Voulenté,
qui a chascun fait sa voulenté.
Et veez *la* Fortune *en sa roue,*
qui a maint fol a fait la moue.
Veez *cy* du monde les estatz:
Sine regno est *au plus bas,*
Et Regnavi et puis Regno,
Et *au dessoubz* est Regnabo.
Et veez *cy le chemin senestre,*
Dont Mal advisé sera maistre.
Tendresse *y* est et Oyseuse,
qui en tout temps est perilleuse.
Veez *cy* Rebellion et Folie,
et puis *aprés* est Houllerie.
Hoquellerie je vous monstreray,
Assez pres de luy [*sic*] Vaine Gloire[732].
Et si veez *la* Desesperance,
Povreté et Male Meschance.
Ung pou plus bas est Larrecin,
et puis est Honte et Male Fin,
Emprés les quatre Deabletez
qui la tentent comme pourceaulx[733].
En ceste valee est *enfer,*
Ou est Demon et Lucifer,
Avec eulx le Diable Sathan,
Belial et Leviatan,
qui les ames tourmenteront
Des Mal advisez qui mourront.
Ma division est finee[734].

---

730 Im Text: *Juno*, in der von mir benutzten Ausgabe handschriftlich korrigiert.
731 Verse reimen nicht; Lücke im Text? Korruptel?
732 dgl.
733 dgl.
734 fol. a ii^{r}–a ii^{v}. Die Beschreibung des Bühnenbilds wird kurze Zeit später durch Franche Voulenté verkürzt wieder aufgenommen; als *lieu* nennt sie zusätzlich *la taverne* (fol. a iiii^{v}–a v^{r}).

Die zahlreichen in dieser *division* enthaltenen Informationen über die einzelnen Elemente der Bühnenrealität und ihre räumlichen Beziehungen zueinander bzw. zum Prologsprecher lassen auch vor den Augen des heutigen Lesers das Bild einer umfassenden Bühnentopographie entstehen[735]. Er erhält einen Eindruck vom mehrdimensionalen Beziehungssystem, zu dem sich die vielfältigen räumlichen Relationen zwischen den am Stück beteiligten Figuren verbinden. Ähnliche, wenn auch kürzere Bühnenbeschreibungen finden sich in den Stücken *Les Blasphemateurs*[736] und *Charité*[737].

All diese Beschreibungen gehen von einer (im allgemeinen wohl flächigen) Simultanbühne aus, wie sie aus den Mystères bekannt ist[738]. In der Tat ist die Form der Simultanbühne wohl vom Mystère auf die Moralité übertragen worden, und mancher *lieu* der *Moralité religieuse* – vor allem die Darstellung des himmlischen Paradieses und der Hölle – erinnert an diese Abkunft. Und dennoch hat sich beim Übergang von der einen zur anderen Gattung eine entscheidende Wandlung vollzogen. Die Simultanbühne mit ihren zahlreichen *lieux* hat eine neue Funktion gewonnen: sie ist durchgehend zum Träger allegorischer Bedeutung geworden[739].

Was läßt sich aus dem soeben ansatzweise beschriebenen Bühnenbild an Bedeutungselementen ablesen? Ich greife einige wichtige Punkte heraus.

Was das Wesen der einzelnen dramatischen Figuren betrifft, so stützt die Beobachtung, daß jede metaphysische Person und jede Instanz einem bestimmten *lieu* der Simultanbühne zugeordnet ist, die im Kapitel I auf ande-

---

[735] Die *lieux* werden auch später in den Bühnenanweisungen und in der dramatischen Rede mehrfach erwähnt: die *taverne* etwa fol. c i^{v}, die *haye de Penitence* fol. d iii^{r}, i ii^{v} etc., und teilweise sogar im Druck bildlich wiedergegeben, so Fortune mit ihrem Rad (fol. g iii^{r}) und der schon oben erwähnte Höllenschlund (fol. h vi^{v}).

[736] fol. A ii^{r}.

[737] Hier beschränkt sich der Prologsprecher allerdings darauf, die dramatischen Figuren vorzustellen, und deutet nur mit vagen Hinweisen wie *deça, voycy, de cest aultre costé* ihre Stellung auf der Bühne an. Allein der Aufenthalt des Todes – *une ruelle* – wird als *lieu* besonders erwähnt (*Charité*, fol. A i^{v} – A ii^{r}).

[738] Cf. dazu G. Cohen, *Histoire de la mise en scène dans le théâtre religieux français du moyen âge*, 3e éd. Paris 1951, pp. 67–104; H. H. Borcherdt, *Das europäische Theater im Mittelalter und in der Renaissance*, Neuaufl. Reinbek 1969 (rde. 322–324), pp. 47–53; H. Kindermann, *Theatergeschichte* I, pp. 304–314. Ausführliche Beschreibung der Szenerie und der einzelnen *lieux* eines Mystère bei G. Cohen, *Livre de conduite*, pp. XLVIII–LXV, LXXXII–LXXXVIII. Cf. ferner die bildliche Darstellung der flächigen Simultanbühne zur Aufführung des *Mystère de la Passion* (Valenciennes 1547) in der berühmten Miniatur von Hubert Cailleau und Jacques de Moelles, wiedergegeben u. a. bei Cohen, *Le théâtre en France* I, Planche XL (dort auch alle im Ms. enthaltenen Szenenbilder: Planches XLI–LVII).

[739] P. J. Houle versucht in drei Skizzen, bei denen aber die Anordnung der einzelnen *lieux* und der von den Menschenvertretern eingeschlagenen Wege nicht im Detail durch Bühnenanweisungen o. ä. gestützt werden, das Bühnenbild von *Bien advisé, Mal advisé, L'Homme juste* und *L'Omme pecheur* zu rekonstruieren (*A Comparative Study*, unpag. Bl. nach pp. 90, 94, 103).

rem Wege hergeleitete Erkenntnis der Unveränderbarkeit ihres religiösmoralischen Status. Dementsprechend kann die 'Wohnungslosigkeit' des Menschenvertreters auf der allegorischen Bühne wohl als bildlicher Ausdruck der metaphysischen Offenheit und Veränderbarkeit des Menschen gedeutet werden, die eine unerläßliche Vorbedingung für jede Heilsdynamik darstellt.

Darüber hinaus kann das Bühnenbild der allegorischen Simultanbühne als ein System lokaler Relationen zwischen den auf verschiedenen *lieux* angesiedelten dramatischen Figuren aufgefaßt und als solches allegorisch gedeutet werden. Danach sind Bühnenfiguren, die gemeinsam einem bestimmten Bühnenort zugeordnet sind, als wesensverwandt anzusehen. Die Bühnentopographie bestätigt somit nachträglich die Gleichstellung von metaphysischen Personen und Instanzen als Bewohner der *celestielle maison* und anderer *lieux*. Eine ähnliche Deutung hat die vorher behandelte Näherelation nahegelegt. In der Tat enthält die oben zitierte Bühnenbeschreibung eine Reihe von Angaben über die horizontale Anordnung der Figuren (*emprés, aprés, pres*), die durchaus als Indizien für allegorische Näherelationen aufgefaßt werden können. Neu sind indessen die Hinweise auf eine vertikale Gliederung des Bühnenraums durch Stufen, auf denen die Instanzen übereinander (*au plus hault, au dessoubz ung pou, ung pou plus bas* etc.) angeordnet sind, und zwar so, daß die ranghöchsten Instanzen oben sitzen. Die Stufen repräsentieren also Seinsränge. Die vertikale räumliche Anordnung der Instanzen als Bühnenfiguren gibt die hierarchische Rangordnung der ihnen entsprechenden Wesenheiten wieder. Das allegorische Bühnenbild stellt in diesem Sinn wirklich ein Bild der Weltordnung dar.

Die Tragfähigkeit dieser Interpretation läßt sich an einem aufschlußreichen Sonderfall nachprüfen. Charité bildet zusammen mit Foy und Esperance die Trias der sogenannten theologischen Tugenden, sie gehört aber zugleich der traditionellen Gruppe der Tugenden an, die den sieben Hauptlastern gegenübersteht. Beide Gruppierungen werden in der Moralité *L'Omme pecheur* in vertikaler Gliederung auf dem *arbre des vertus* dargestellt. Die begriffliche Doppelfunktion der Charité als Mitglied zweier hierarchischer Ordnungen wird im allegorischen Bühnenbild dadurch wiedergegeben, daß Charité als dramatische Figur zwei Stufen auf dem *arbre des vertus* innehat: eine niedere (die auf dem *arbre des vices* dem Platz der Envie entspricht) und die höchste zusammen mit den Gestalten Foy und Esperance. Sie kann nach Bedarf von der einen Position zur anderen auf- und absteigen, um jeweils die räumliche Stellung einzunehmen, die ihrer Funktion und ihrem Rang als Wesenheit gerade entspricht[740]. Das allego-

[740] Cf. dazu folgende Bühnenanweisung: *Adonc Pacience ira querir les vertus theologalles, c'est assavoir Foy, Esperance et Charité, qui seront au hault de l'arbre de vertu. Et notez que pour ce que Charité estoit par avant descendue avecques les autres vertus contraires aux pechez, est convenable qu'il [sic] pourvoie de retourner aux vertus theologalles* (fol. &v). Durch ihren Platzwechsel

rische Bühnenbild wird so konsequent als bildliche Umsetzung theologischer Sachverhalte verstanden, daß sich sogar begriffliche Schwierigkeiten der genannten Art unmittelbar, wenn auch in bildlicher Form, an ihm ablesen lassen.

3. Der allegorische Kosmos als Bild der Seinshierarchie

Die einzelnen Relationen treten im Kontext der Stücke natürlich nicht immer so isoliert auf, wie sie in dem soeben behandelten Abschnitt zur besseren Übersicht dargestellt worden sind. Verschiedene allegorische Relationen können mühelos nebeneinander bestehen. Häufig überlagern sich zwei Relationen vom Typus *zwischenmenschliche Beziehungen*[741]; es kann aber gelegentlich auch zu größeren Relationenbündeln unter Überschreitung

---

bringt Charité ihre räumliche Stellung immer mit ihrer augenblicklichen theologischen Funktion in Einklang.

741 Hier einige Beispiele für Überlagerungen (alle Hervorhebungen in dieser und der folgenden Anmerkung stammen von mir):
Verwandtschaft und *Herrschaft*. – DANGIER: »Moy, Dangier, *prince* redoubté, / *Pere* de toute Iniquité, / *Seigneur* de toute ord(r)e Malice« (*Onneur des dames*, fol. P i^r).
Verwandtschaft und *Bekanntschaft*. – LA TERRE über Chascun: »Il ne nous a voulu *congnoistre* / Et dit qu'il n'est pas nostre *filz*« (*Le Lymon et la Terre*, fol. c i^r).
Herrschaft und *Lehre*. – AFFLICTION über ihr Verhältnis zum reuigen Sünder: »Quant Penitence l'a transmis / et *dessoubz mon povoir soubzmis*, / [...] / il *estudiera en mon livre*, / affin qu'il puisse mieulx ensuivre / ma contenance« (*L'Omme pecheur*, fol. z v^v).
Herrschaft und *Liebe*. – CONGNOISSANCE gibt dem Homme juste für sein Verhalten gegenüber Bon Vouloir und Perseverance folgende Empfehlung: »De l'*aymer* doncques ton sens euvre. / [...] / Pense donc de bien leur *obeïr* / Et les retien de tes *amys*. / Ne leur vueilles point *desobeïr*« (*L'Homme juste*, fol. n ii^r).
Bekanntschaft und *Liebe*. – LE BON ANGE zum Verhältnis zwischen dem Pecheur und Conscience: »Las! je t'ay bien autresfois veu / la *congnoistre* moult et *aymer*« (*L'Omme pecheur*, m iiii^v). [Hier ist darauf hinzuweisen, daß γιγνώσκειν, *cognoscere*, *connaître*, *erkennen* etc. auch außerhalb der allegorischen Darstellung gern verhüllend zum Ausdruck des Liebesvollzugs gebraucht werden (so etwa in der Sprache des Alten Testaments).]
Liebe und *Lehre*. – RAISON empfiehlt dem Menschenvertreter die Instanz Entendement: »Si en luy *metz ton cueur*, / certes, sans nulle erreur / t'*aymera* grandement; / il t'*apprendra* deuement / *science* abondamment / pour a ton salut tendre« (*L'Omme pecheur*, fol. a viii^r). In *Le Pelerinage de vie humaine* ist Aristote zugleich Liebhaber (v. 503 und 528 sq.) und Schüler von Sapience (v. 550 sq.).
Verwandtschaft und *Lehre*. – In *Les Enfans de Maintenant* bezeichnet Jabien sich als »filz de Malle Advanture« und gleich darauf als »maistre de son escolle« (fol. C iii^r).

der Typusgrenzen kommen[742]. Die Überlagerung wird dadurch begünstigt, daß manche Bezeichnungen sich gleichermaßen in mehrere Relationen einfügen lassen. So können etwa *maistresse* und *dame* je nach dem Kontext als 'Herrin' oder als 'Geliebte', *serviteur* als 'Diener' oder als 'Geliebter' aufgefaßt werden; die Relationen Herrschaft und Liebe verschmelzen in der Vorstellung des allegorischen Minnedienstes[743]. Außerdem enthalten die Bezeichnungen *maistre* und *maistresse* die beiden semantischen Komponenten 'Herr(in)' und 'Lehrer(in)', die gelegentlich so ineinander übergehen, daß sich kaum noch angeben läßt, welche Bildvorstellung im Vordergrund steht[744].

Wo die Grenzen der Überlagerbarkeit von allegorischen Relationen anzusetzen sind, ist offenbar nur eine ästhetisch-stilistische Frage (Vermeidung des *Kakozelon*, der abstrusen Bildermengung). Aus dem Wesen der allegorischen Darstellung selbst ergeben sich keine nennenswerten Einschränkungen. Im Prinzip lassen sich die einzelnen Relationen sogar weitgehend untereinander austauschen, da sie in ihrer Bedeutung kaum differenziert sind[745].

---

[742] Besonders stark überlagern sich die verschiedenen allegorischen Relationen in der Moralité *L'Homme juste*. In der ersten himmlischen Szene des Stücks richtet Nostre Dame an Gott die Bitte, den beiden Menschenkindern die Tugendinstanzen zu schicken, »mes *servantes*, *filles* et *amyes*, sur lesquelles m'as donné la *puissance* pour mieulx *instruire et enseigner* ces deux povres humains que je retiens pour mes *serviteurs*, affin que je les puisse veoir icy *avecques nous*« (fol. c iiii^r^). Das kurze Zitat enthält Anspielungen auf nicht weniger als vier allegorische Relationen (*Herrschaft*, *Verwandtschaft*, *Liebe*, *Lehre*) des ersten sowie eine (*Nähe*) des zweiten Typus. In ähnlicher Weise stehen in der Rede von Raison: »Car qui me *laisse*, je le *laisse*, / Et qui m'*obeist*, *aura m'amour*« (*Bien advisé*, *Mal advisé*, fol. a v^r^ sq.) allegorische *Nähe* (in der Negation), *Herrschaft* und *Liebe* nebeneinander.

[743] Zu *maistresse* und *dame* in der Bedeutung 'Herrin' cf. *Le Pelerinage de vie humaine*, vv. 57–63; ferner die Koppelung *dame* – *dominer* in *L'Omme pecheur*, fol. f ii^v^ («Sensualité est dame / et domine toute saison«). Zur Bedeutung 'Freundin, Geliebte' cf. etwa *Les Enfans de Maintenant*, wo Malduict die Tugend Discipline, zu der er in Liebe entbrannt ist, als »ma maistresse« (fol. G^v^) und »ma dame« (fol. G iii^v^) anspricht. Zu *serviteur* 'Diener' cf. *L'Omme pecheur*, fol. i vi^r^ (»je suis le vostre serviteur«). Der Nebenaspekt 'Minnediener' ist evident in der Ergebenheitsadresse des Homme mondain gegenüber Luxure: »Servir vous vueil sans defaillance« in *L'Homme juste*, fol. q ii^v^ und an vielen anderen Stellen, die eine allegorische Liebesrelation darstellen.

[744] Eine völlige Überlagerung des Herrschafts- und Lehrmotivs in der Bezeichnung *maistresse* zeigt die folgende Rede der Congnoissance:

De tous je suis la grant princesse,
Qui n'a prins cesse
D'enseigner comme la maistresse
Tous les humains par ma puissance (*L'Homme juste*, fol. b v^r^).

[745] Dieser Feststellung widerspricht nicht die Tatsache, daß beispielsweise die Liebesrelation gern mit spezifischen Liebesinstanzen, das Lehrer-Schüler-Verhältnis mit Lehrinstanzen verbunden wird; denn einmal wird die differenzierte Verwendung der Motive nicht streng gehandhabt, und zum andern beruht sie nicht

Sie stellen, wie verschieden sie in ihrem Bildgehalt auch sein mögen, allesamt *Chiffren für begrifflich-logische, moralisch-axiologische und nicht zuletzt ontologische Verhältnisse zwischen Wesenheiten* dar. Dabei gilt mit geringen Einschränkungen die Regel, daß positive[746] allegorische Relationen mit ihrem soeben beschriebenen Bedeutungskorrelat nur zwischen solchen Bühnenfiguren – in der Bedeutungsebene: Wesenheiten – bestehen, die auf Dauer (so die Mächte) oder zumindest zum jeweiligen Zeitpunkt (so der Mensch) einem gemeinsamen metaphysischen Lager angehören. Die Relationen lassen sich nach ihrer Verwendung in zwei Klassen untergliedern: in horizontale Relationen, die logische, moralische und ontologische *Koordinationsverhältnisse* verbildlichen, und in vertikale Relationen, die ebensolche *Subordinationsverhältnisse* darstellen. Die ersteren erstrecken sich nach dem Ausweis der untersuchten Texte nur auf außermenschliche Wesenheiten, an den letzteren ist auch die menschliche Gattung beteiligt. Das begrifflich Allgemeinere, Wertvollere (nach *gutem* und *bösem* Wertmaßstab!) und ontologisch Übergeordnete erscheint als genealogisch älter, mächtiger, erfahrener und (räumlich) höher; das Spezifischere, weniger Wertvolle und ontologisch Untergeordnete dementsprechend als jünger, schwächer, lernbedürftiger und niedriger. Einige Relationen wie die zwischen Herr und Knecht, Lehrer und Schüler, Geber und Empfänger allegorischer Kleider sind von ihrem Bildgehalt her ausschließlich zur bildlichen Wiedergabe der Subordination geeignet; die übrigen können je nach dem Seinsrang der an ihnen beteiligten Wesenheiten sowohl Koordinations- wie Subordinationsverhältnisse anzeigen, wobei in Einzelfällen dieselben Gestalten je nach der Betrachtungsweise bald koordiniert, bald subordiniert erscheinen können. Durch die Beteiligung des Menschenvertreters wird *jede* allegorische Relation zum Bild eines Subordinationsverhältnisses.

Die bildliche Wiedergabe von Abstraktem ist nicht auf die allegorische Darstellung beschränkt. Die scholastische Terminologie kennt etwa das *genus propinquum*, das *genus proximum*, die *species contraria*, die *substantia superior* und *inferior*[747]; im Französischen spricht man von *idées voisines* und *idées contraires*, von einer Definition *par genre prochain*, von *termes* oder *concepts supérieurs* und *inférieurs*; im Deutschen nicht weniger geläufig

---

auf einer besonderen, von der der übrigen Relationen abweichenden *Bedeutung*, sondern nur darauf, daß die *Darstellungs*konvention 'die Instanzen haben die ihrem begrifflichem Namen entsprechende Eigenschaft' hier auch auf ihre Relationen ausgedehnt wird.

[746] Durch diesen spezifizierenden Zusatz sollen die Umkehrungen allegorischer Relationen (*Feindschaft* statt *Liebe*, *Ferne* statt *Nähe* etc.), die ja auch selbst als Relationen angesehen werden können, hier ausgeschlossen werden; er impliziert keine moralische Wertung. Die erwähnten Einschränkungen betreffen vor allem das Motiv der allegorischen Bekanntschaft, zweifellos die lockerste aller Relationen.

[747] Die Beispiele stammen aus Thomas von Aquin.

von einer *Begriffs-* oder *Wesensverwandtschaft*, von *benachbarten* oder *einander nahestehenden*, *über-* und *untergeordneten*, *Ober-* und *Gegenbegriffen* etc. Obwohl diese sprachlichen Wendungen üblicherweise durchaus nicht in allegorischem Zusammenhang gebraucht werden, lassen sie sich von ihrem Bildgehalt her jeweils einer der oben dargestellten allegorischen Relationen zuordnen. Auch sie bezeichnen auf bildliche Weise den abstrakten Sachverhalt 'Beziehungen (der Koordination oder Subordination) zwischen Allgemeinbegriffen' – und selbst diese Formulierung ist ursprünglich eine aus zwischenmenschlichen Verhältnissen übertragene Metapher. *Über Allgemeines, Abstraktes kann offenbar nur in bildlicher Form gesprochen werden.* Allerdings ist der Bildgehalt dieser Ausdrücke stark verblaßt und als solcher für den Sprecher wie für den Hörer weitgehend unbewußt geworden. Die ehemaligen Metaphern von Konkretem werden quasi als Abstrakta aufgefaßt.

Diesem fortwährenden Abnutzungsprozeß der bildhaften Komponente der Sprache wirkt die allegorisch-personifizierende Darstellung entgegen, indem sie die konkreten Bilder der Beziehungen in ihrer ganzen Anschaulichkeit vor Augen führt und damit die ursprüngliche, aufgrund einer Bezeichnungsnotlage eingetretene Metaphernbildung *in actu* wiederholt. Die spracherneuernde Kraft dieser Darstellungsform, die sich auf der Betrachtungsstufe der einzelnen dramatischen Figuren vor allem am Motiv der allegorischen Macht hat nachweisen lassen, zeigt sich also auch auf der Stufe der Relationen. Die allegorische Differenz zwischen den Bildern und ihren Bedeutungskorrelaten läßt sich an den *vers ambigus* ermessen, die als sprachliche Formeln gleichermaßen in beide Systeme eingesetzt werden können[748].

Die Gesamtheit aller allegorischen Relationen – der vorwiegend sprachlich evozierten wie auch der durch die unmittelbare Anschauung vermittelten – bildet das Gerüst des *allegorischen Kosmos*, der sich zugleich als genealogisches, herrschaftliches, lokales und anderweitig bestimmtes System darstellt. Ihm läßt sich ebenso wie den einzelnen Relationen ein Bedeutungskorrelat zuordnen: Koordinations- und Subordinationsverhältnisse verbinden sich zur *hierarchischen Ordnung der Wesenheiten*. Diese Ordnung kann unter logischem Aspekt als *Begriffshierarchie*, unter moralischem als *Werthierarchie* und unter ontologischem schließlich als *Seinshierarchie* aufgefaßt werden. Dabei ergibt sich für die überwiegende Mehrzahl der *Moralités religieuses* eine Konstellation, die sich etwa durch das folgende Schema annäherungsweise veranschaulichen läßt:

[748] Sie finden sich in größerer Anzahl besonders im Bereich der Näherelation.

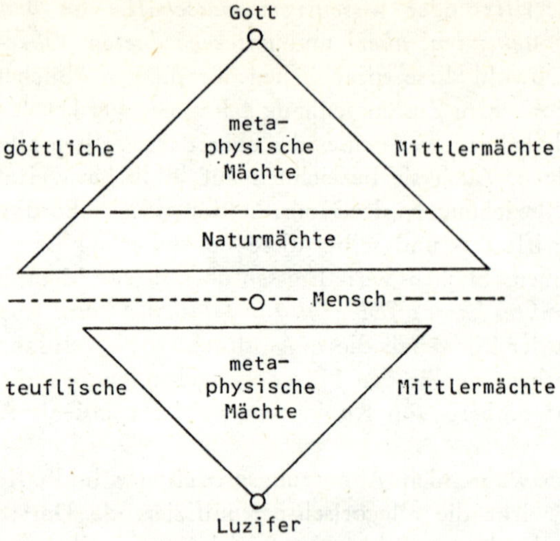

Dieses Schema ist in folgender Weise zu verstehen:

Die Seinshierarchie besteht aus zwei diametral entgegengesetzten hierarchischen Systemen, die weitgehend gegeneinander abgeschlossen sind und an deren Polen Gott bzw. Luzifer stehen. Die Naturmächte bilden die niedrigste Stufe der göttlichen Hierarchie.

Beide Systeme entsprechen einander, der Dualismus ist aber nicht manichäisch aufzufassen. Gott steht dem abgefallenen Engel Luzifer nicht auf der gleichen Stufe gegenüber, sondern ist seinsmächtiger; dasselbe gilt von ihren Hierarchien. Diesem ontologischen Grundsatz wird in der personifizierenden Darstellung unter anderem dadurch Rechnung getragen, daß Gott die Auseinandersetzung mit der Gegenseite seinen Dienern überläßt[749] und daß im Durchschnitt aller *Moralités religieuses* die göttlichen Mächte gegenüber den teuflischen in der Überzahl sind[750].

Jedes der beiden Systeme folgt einem einheitlichen, von den Polen bestimmten Gesamtwillen, der seine Glieder durch Subordinations- und Koor-

---

[749] Besonders deutlich wird diese Konstellation in *Les sept Pechie morteil*, wo Gott seinen Diener Cherubin beauftragt, als Führer der Tugenden gegen den »maistre dyable Lucifeir« und seine Scharen anzutreten (cf. vv. 46 sq., 933–940); aber auch in anderen Stücken ist Gott meist nicht selbst an der eigentlichen dramatischen Auseinandersetzung beteiligt.

[750] Eine Auszählung ergibt ein Zahlenverhältnis zwischen göttlichen und teuflischen Mächten von ca. 7 : 4, und selbst wenn man nur die *metaphysischen* Mächte beider Seiten vergleicht, bleibt immer noch eine numerische Überlegenheit der göttlichen Mächte von ca. 6 : 5. (Zählt man freilich nicht die Figuren, sondern die auf beide Seiten entfallenden Verse, dürfte sich das Verhältnis zugunsten der teuflischen Mächte verschieben; doch hat dies didaktische, nicht ontologische Gründe.)

dinationsbeziehungen miteinander verbindet und als Kraft nach außen wirkt[751]. Der Mensch steht in der Mitte des Kraftfelds zwischen den Machtblöcken und ist daher zwei antagonistischen Kräften ausgesetzt. Er ist nicht direkt, sondern nur über die Mittlermächte mit Gott bzw. Luzifer verbunden.

Zu den Mittlermächten gehören sowohl persönliche metaphysische Wesen (Engel, Maria, Heilige; auf der Gegenseite Teufel und Dämonen) wie auch unpersönliche Instanzen (Tugenden, Naturinstanzen; Laster)[752]. Beide Gruppen sind nicht nur nach ihren wesentlichen Eigenschaften, sondern auch als Angehörige *eines* allegorischen Kosmos und damit *einer* Seinshierarchie prinzipiell gleichgestellt. Dabei übernehmen die Instanzen einen wesentlichen Teil der Mittleraufgaben, die in biblischer Sicht die persönlichen Boten (ἄγγελοι) Gottes und Luzifers innehaben, und drängen sie damit in ihrer dramatischen Bedeutung zurück[753]. Diese Tendenz macht auch vor der Person Gottes nicht halt. In einigen *Moralités religieuses* wird Gott als Bühnenfigur durch unpersönliche Instanzen (meist durch Personifikationen seiner Attribute) ergänzt[754] oder ersetzt[755], in vielen anderen ist er auch in dieser Form nicht mehr auf der Bühne vertreten[756]. Vermutlich steht hinter diesem auffälligen Phänomen eine Zunahme religiöser Scheu vor der Profanation

---

751 Das impliziert nicht notwendig Widerspruchsfreiheit innerhalb beider Systeme. Die Glieder des göttlichen Systems befinden sich zwar in Harmonie, die der Gegenseite hingegen widersprechen einander zum Teil in ihrem Wesen. In der Darstellung der *Moralité religieuse* kommt das nicht nur in vielen Teufelsstreit-Szenen, sondern auch in Widersprüchen der allegorischen Ekphrasis von Instanzen zum Ausdruck; so z. B. AVARISCE: ... »oncque jour ne suy lassee / de assembleir argent et ore, / [...] / ie sai(e) bien mon argent presteir« (*Les sept Pechie morteil*, vv. 1726 sq. und 1739) und GLOTERNIE: »De assembleir argent n'ay cure; / prester ne veulh mie à uzure« (*ib.*, v. 1924 sq.). Die Geschlossenheit nach außen wird hier nur durch den gemeinsamen Willen, Böses zu bewirken, aufrechterhalten.

752 Die für die Seinshierarchie charakterische dreistufige Konstellation Gott–Mittlermächte–Mensch mit ihrem negativen Gegenstück entspricht nicht der formalen Dreiteilung der dramatischen Figuren, von der ich im Kapitel I ausgegangen bin.

753 Nur in diesem dramatisch-funktionalen Sinn ist E. Dregers These, die bösen Instanzen der Moralité hätten sich aus den Teufeln der älteren Bühnendichtung entwickelt (*Figuren*, p. 74 sqq.), noch diskutabel. Die behauptete Wesensgleichheit ist schon wegen des fundamentalen Unterschieds zwischen Person und Personifikation nicht aufrechtzuerhalten.

754 So in *L'Homme juste, L'Omme pecheur* und *Jhesucrist est mis en prison.*

755 Dies beispielsweise in *Le Pelerinage de vie humaine* durch Grace de Dieu und Sapience, in *Le Gouvert d'Humanité* durch Misericorde und Justice divine, in *Vouloir divin* durch die Titelfigur und in *L'Homme et le Ciel* durch Le Ciel.

756 So in *Argent, Aulcun, Charité, La Condamnacion des Bancquetz, Les Enfans de Maintenant, Onneur des dames, Le Lymon et la Terre, Mundus, Caro, Demonia, Le Ventre et les Jambes.*

Gottes durch seine unmittelbare Darstellung[757]. Um Mißverständnisse zu vermeiden, muß hier mit allem Nachdruck darauf hingewiesen werden, daß die in der traditionellen *Moralité religieuse* erkennbare Tendenz zur Umgestaltung des göttlichen Bereichs vom Persönlichen zum Abstrakt-Allgemeinen nur die Ebene der bildlichen Darstellung betrifft und das Wesen Gottes als Person nicht im geringsten antastet[758]. Der Aufbau der Seinshierarchie wird auch durch das Fehlen Gottes auf der Bühne nicht verändert. Der augustinische Dualismus von Gottes- und Teufelsreich bleibt als theologischer Hintergrund stets präsent.

Nur wenige Stücke – vor allem *Le Pelerinage de vie humaine*, daneben *Le Ventre et les Jambes* und der zweite Teil der Moralité *Les quatre Elemens* – deuten eine andere Konstellation an. Hier treten die teuflischen Mächte dramatisch nicht in Erscheinung, so daß sich auch die übliche Auseinandersetzung zwischen beiden Systemen um den Menschen nicht entwikkeln kann. Sie entzündet sich statt dessen allein an der gewöhnlich nicht konfliktbildenden Dualität von übernatürlichen und natürlichen Mächten innerhalb des göttlichen Systems, wobei dem Menschen mehr die Rolle des Zuschauers als die des Kampfobjekts zukommt. Das oben gegebene Schema ist hier etwa wie folgt zu modifizieren:

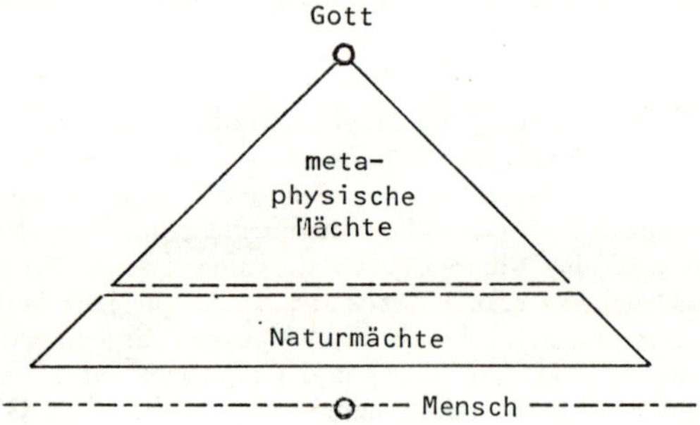

Der Gegensatz zwischen den Kontrahenten ist hier nicht absolut wie der zwischen göttlichen und teuflischen Mächten, da sie nur verschiedene Vollkommenheitsstufen der *einen* hierarchischen Ordnung verkörpern. Die Auseinandersetzung wird daher bald beigelegt, die Subordination anerkannt.

Es hat den Anschein, als zeigten sich in dieser Figurenkonstellation Ansätze zu einem eher harmonisierenden Bild vom gradualistischen Aufbau des Seins, die sich in der Gattungsgeschichte der *Moralité religieuse* gegenüber der stärker antagonistisch geprägten Weltsicht der augustinischen Tradition aber nicht durchzusetzen vermögen.

[757] Cf. dazu R. Glasser, *Abstractum agens*, p. 81; dort auch einiges zum Versuch E. Lerchs, die Ersetzung des Gottesnamens auf den Text der Vulgata zurückzuführen. Die indirekte Ausdrucksweise durch *abstracta agentia* verblaßt schließlich zu bloßen Höflichkeitsformeln wie *son Éminence*.

[758] Ganz verfehlt wäre die Schlußfolgerung, hier werde Gott vielfach nur als Personifizierung abstrakter ethischer oder anderer Qualitäten verstanden.

Kapitel III

Die allegorische Bühnenhandlung

Als allegorische Handlung kann jedes von Personifikationen getragene oder anderweitig als bildhaft erkennbare[759] Geschehen bezeichnet werden. Die allegorische Bühnenhandlung zeichnet sich gegenüber der epischen – auf die Lyrik ist der Begriff der allegorischen Handlung nur beschränkt übertragbar[760] – vor allem durch größere sinnliche Unmittelbarkeit aus[761]. Ohne daß seine Einbildungskraft erst durch die Lektüre eines Textes angeregt werden müßte, sieht der Zuschauer das dramatische Geschehen sich leibhaftig vor seinen Augen vollziehen.

Von den Relationen des allegorischen Kosmos unterscheidet sich die allegorische Handlung durch das ihr innewohnende dynamische Moment. Es ist zu vermuten, daß diese Dynamik mit der Wandelbarkeit und Entwicklungsfähigkeit des Menschen in Zusammenhang steht, da von den in Kapitel I unterschiedenen Gruppen von dramatischen Figuren nur die der Menschenvertreter über einen in diesem Sinn dynamischen Wesenszug verfügt, während zum Wesen der Mächte die Unveränderbarkeit als statisches Moment gehört. Indem aber die Mächte versuchen, die religiös-moralische Position des Menschen nach ihrem Willen zu beeinflussen, werden auch sie in die Dynamik der Bühnenhandlung hineingezogen.

Die Teilnahme an der allegorischen Handlung stattet die Figuren der *Moralité religieuse* nicht selten mit Bedeutungselementen aus, die nicht ohne weiteres an ihrem Namen und ihrer Ekphrasis abzulesen sind. Erst auf dieser Betrachtungsstufe wird ganz deutlich, daß dramatische Personifikationen *in actu* mehr sind als personifizierte Begriffe. Der alte Vorwurf der »Cha-

---

759 Die Personifikationen müssen also nicht das logisch Erste in der Reihenfolge der Erkenntnisschritte sein. Es ist ebenso möglich, daß dramatische Figuren erst durch die Teilnahme an einer auf anderem Wege als allegorisch erkannten Bühnenhandlung sekundär den Charakter von Personifikationen gewinnen.

760 Cf. etwa H. Siepmanns Begriff der »Geschehensallegorie« (*Die allegorische Tradition*, p. 10 sq.) in seiner Anwendung auf das Werk Clément Marots.

761 Diese besondere Wirkung ist freilich nur möglich, weil die *Moralités religieuses* in ihrer Mehrheit für die dramatische Aufführung bestimmt sind und ganz von der direkten Anschauung des Betrachters leben. Sie wird dann schwächer oder verschwindet, wenn – wie im deutschen Barocktheater – die allegorischen Stücke in Lesedramen übergehen oder bei aller Aufführbarkeit im Zuschauer primär den sich innerlich versenkenden Leser suchen. Cf. dazu W. Benjamin, *Ursprung*, p. 309.

rakterblässe« der Personifikationen ist nirgends weniger berechtigt als im Rahmen der allegorischen Bühnenhandlung.

Das liegt nicht zuletzt an der relativ großen Eigenständigkeit der dramatischen Bildkomponente gegenüber ihrer Bedeutung. Während die allegorische Differenz auf der Betrachtungsstufe der einzelnen Figuren nur als konstantes Verhältnis von Personifikation und Wesenheit zutage tritt und sich auf der des allegorischen Kosmos immer noch auf eine kleine Zahl einfacher, d. h. ohne weiteres in die Bedeutungsebene transponierbarer Relationen beschränkt, begegnet uns auf der Stufe der allegorischen Handlung eine Reihe von teilweise recht komplexen Darstellungskonventionen, die vor ihrer Umsetzung in die begriffliche Bedeutung primär dem Schaubedürfnis des Zuschauers Rechnung tragen und bisweilen gerade in ihrer Bildkomponente eine Eigendynamik entwickeln, die sekundär auch der Vielfalt ihrer allegorischen Bedeutung zugute kommt.

Ich gebe im folgenden zunächst einen Überblick über die wichtigsten Handlungsmotive der *Moralité religieuse* und stelle anschließend anhand einiger exemplarischer Stücke ihre Synthese im Handlungsgefüge sowie einige Grundcharakteristika der allegorischen Handlung dar. Die einzelnen Motive werden nach pragmatischen Gesichtspunkten zu einigen mehr oder weniger homogenen Motivgruppen zusammengefaßt, deren Reihenfolge etwa ihrem Stellenwert innerhalb der Gattung entspricht. Die Aufzählung erhebt keinen Anspruch auf Vollständigkeit.

Auf die Vorgeschichte der Motive kann ich im Rahmen dieser thematisch weitgespannten Untersuchung nur mit kurzen Verweisen eingehen – und auch dies nicht in allen Fällen, da oft die notwendigen Vorstudien fehlen. Auf diesem Gebiet ist zum besseren Verständnis der allegorischen Literatur noch viel verdienstvolle Arbeit zu leisten[762].

1. Die Wanderung auf dem Stationenweg

In der Moralité *Bien advisé, Mal advisé* ist uns das Motiv eines zweifachen Weges als Teil des allegorischen Bühnenbilds begegnet[763]. Auch an anderen Stellen spielt das Weg-Motiv (mit mehr oder weniger klar erkennbarer bühnentopographischer Fixierung) eine gewichtige Rolle. In *Les quatre Elemens* warnt Congnoissance den Menschen vor Plaisance mondaine: »Je t'avertis qu'elle te maine[764] / Le chemin de Perdicion«[765] – ein Weg, der andernorts unter deutlicher Anspielung auf Matth. 7,13 als »grant et large«[766] beschrieben wird. Ihm entspricht auf der göttlichen Seite der *chemin de Salvation*, auf den unter anderem in den Stücken *L'Homme et*

[762] Als hilfreich erweisen sich dabei u. a. die im Literaturverzeichnis angeführten Bild- und Symbolbibliographien sowie der *Index de allegoriis* in *PL* CCXIX, col. 123–242.

[763] Cf. oben p. 152 sp.

[764] Im Text der Trepperel-Ausgabe fälschlich *naine*.

[765] fol. B iiii^r.

[766] *Les Enfans de Maintenant*, fol. f ii^r.

le Ciel[767] und *Le Gouvert d'Humanité*[768] hingewiesen wird. *L'Homme juste* nennt beide Wege in einer Bühnenanweisung[769]. Als Teile des *chemin de Salvation* können der *chemin de Contriction*[770] und der *chemin de Raison*[771] aufgefaßt werden.

Zum Bildbereich des Weges gehört das dynamische Moment der Wanderung. »Cheminons«, fordern Remort de conscience und Caresme wiederholt den Menschenvertreter Humanité auf[772], und Chascun begibt sich sogleich auf den Weg der Vernunft, den La Terre ihm gezeigt hat[773].

Gelegentlich wird die Wanderung als Aufstieg bildlich realisiert. »Par quel moyen pourroye monter / a Puissance et Auctorité?« fragt Aulcun sein Gegenüber Malice[774]. Im Stück *L'Omme pecheur* ist dieses Seitenmotiv als Aufstieg des Menschen auf der Stufenleiter der Laster und der Tugenden breiter ausgestaltet[775].

Eine andere Variante des Wanderungsmotivs stellt die allegorische Pilgerreise dar, die vor allem in drei Stücken motivisch hervortritt. In *Le Pelerinage de vie humaine* ist sie bereits im Titel angedeutet; dazu kommt die Bezeichnung des Menschenvertreters als Pelerin, der sich auf dem Weg zur »belle cyté«, dem himmlischen Jerusalem, befindet[776]. Auch in *Le Gouvert d'Humanité* wird die Wanderung der Humanité weitgehend als Pilgerreise aufgefaßt. Die direkten *pelerinage*-Belege[777] werden dabei durch die Ausrüstung des Menschenvertreters mit dem typischen Pilgerattribut des *bourdon* auch vom Visuellen her gestützt[778]. Der Verfasser der *Moralité d'Aulcun* verknüpft die allegorische Pilgerfahrt mit einem weiteren Bild aus dem Sinnbereich der Bewegung: der allegorischen Schiffahrt. Der Übergang vom einen zum andern Motiv vollzieht sich innerhalb einer Rede der

767 p. 131.

768 HUMANITÉ: Mais puis que c'est le chemin seur,
Le sentier de Salvation,
Je mettray mon intention
Perseverer jusque(s) a la fin (vv. 1089–1092).

Cf. auch *ib.*, v. 939 (»le droict chemin«).

769 fol. h iii^r.

770 *L'Omme pecheur*, fol. p vi^r.

771 LA TERRE: »Vecy le chemin de Raison« (*Le Lymon et la Terre*, fol. a iii^v); CONGNOISSANCE zu Aulcun: »Jamais ne feras departie / hors du vray sentier de Raison« (*Aulcun*, fol. 100^v).

772 *Le Gouvert d'Humanité*, vv. 907 und 1084.

773 »Je m'en yray, quant vous plaira, / Vers Rayson et devers le Monde« (*Le Lymon et la Terre*, fol. a iiii^r).

774 *Aulcun*, fol. 119^v.

775 ORGUEIL: »Or luy faictes doncques monter / et compter / tous les sept degrés de cest arbre« (fol. f vii^v). Darauf erfolgt der Aufstieg des Pecheur auf der Stufenleiter der Laster bis zum *throsne d'Orgueil* (fol. f viii^r–h iii^r; cf. bes. die Bühnenanweisungen). Zum Parallelmotiv beim *arbre des vertus* cf. *ib.*, fol. y ii^v sqq.

776 Cf. vv. 739–742 und 1218 sq.

777 Etwa vv. 522, 636 und 927.

778 v. 528; ebenso in *Le Pelerinage de vie humaine*, v. 743 sqq.

Congnoissance an einem identischen Reim, wie er in dieser Zeit vor allem von den Rhétoriqueurs geschätzt worden ist:

Aucun, il fait bien dangereux
En ce mondain *pelerinage*,
Car sitost que *pelerin nage*
En la grant mer d'Oultrecuidance
Et veult par le vent d'Arrogance
Passer en grant presumpsion
L'estat de sa vacacion,
Il chiet qui luy est bien amer [...] (fol. 101v)[779].

Durch die Form *nage* kommt der Bildbereich 'Meer und Schiffahrt' wieder ins Blickfeld, der schon vorher in einer längeren Reihe von Schiffahrtsmetaphern angeklungen ist[780]. Der Bezug zum grundlegenden Motiv des allegorischen Weges bleibt deutlich spürbar[781].

Den Motivkomplex 'Weg und Wanderung' in seinen verschiedenen bildhaften Ausprägungen hat die Moralité natürlich nicht erfunden, sondern aus einer langen und überaus reichen Tradition übernommen, die hier nur mit einigen Strichen skizziert werden kann[782]. Das Bild von den zwei Wegen – dem Weg zur Tugend (ἀρετή) und dem Weg zum Schlimmen (κακότης) – findet sich schon in der ältesten griechischen Literatur bei Hesiod (*Erg.* 287). Bekannter ist es gemeinhin durch die vom Sophisten Pro-

---

779 Hervorhebungen von mir.

780 Cf. etwa aus der Mahnrede von CONGNOISSANCE:

Se quelque fortune te maine
En mer dangereuse et lontaine,
Quiers moy: par grant activité,
Par mer gracieuse et seraine,
T'ammerray soubz la transmontaine
Au vray port de transquillité (fol. 100r).

781 AULCUN: Le chemin est tant difficille
Et y fault si droit charrer
Qu'on ne scet si pou varier
Que veslla ung homme esgaré,
[...]
Car je suys comme ung estranger
Qui ne scet ne chemin ne sente (fol. 100r–100v).

782 Zur Geschichte des Weg-Motivs cf. etwa folgende Untersuchungen, die auch meiner kurzen Übersicht zugrunde liegen: zusammenfassend und besonders instruktiv B. Snell, *Das Symbol des Weges* in seinem Buch *Die Entdeckung des Geistes. Studien zur Entstehung des europäischen Denkens bei den Griechen*, 3. Aufl. Hamburg 1955, pp. 320–332; ferner O. Becker, *Das Bild des Weges und verwandte Vorstellungen im frühgriechischen Denken*, Berlin 1937; E. Panofsky, *Hercules am Scheidewege und andere antike Bildstoffe in der neueren Kunst*, Leipzig 1930; M. Reiterer, *Die Herkulesentscheidung von Prodikos und ihre frühhumanistische Rezeption in der »Voluptatis cum virtute disceptatio« des Benedictus Chelidonius*, Phil. Diss. Wien 1955; G. Wingren, *'Weg', 'Wanderung' und verwandte Begriffe*, in *StT* 3, 1949 (Lund 1951) pp. 111–123; H. Riesenfeld, *La voie de Charité. Note sur I Cor. XII,31*, in *StT* 1, 1947 (Lund 1948) pp. 146–157.

dikos stammende und in Xenophons *Memorabilien* (II, 1, 21–34) überlieferte Erzählung von Herakles am Scheideweg, in der die Ἀρετή und die Κακία bereits als Personifikationen auftreten. Auch die Sprache der Bibel trägt viel zur Ausbreitung der Weg-Metaphorik bei. »Haec dicit dominus: Ecce ego do coram vobis viam vitae et viam mortis« lesen wir in der Vulgata beispielsweise bei Jeremias 21, 8; ähnliche Stellen mit bildhafter Verwendung des Weges begegnen im Alten Testament in großer Zahl[783]. In spätjüdischen Texten sind in Verbindung mit dem Zwei-Wege-Schema auch Tugend- und Lasterkataloge ausgebildet. Die neutestamentlichen Schriften setzen die Motivtradition fort[784]. Der Ausgangspunkt für die weitere Entwicklung des Bildes vom zweifachen Weg bis hin zur *Moralité religieuse* ist dabei zweifellos das Wort der Bergpredigt Matth. 7, 13 sq. »Intrate per angustam portam, quia lata porta, et spatiosa via est quae ducit in perditionem, et multi sunt qui intrant per eam. Quam angusta porta, et arcta via est, quae ducit ad vitam, et pauci sunt qui inveniunt eam«. Bildliche Ausdrücke wie *Weg des Lebens*, *Pfad der Wahrheit* etc. werden sodann durch die Vermittlung der Kirchenväter[785] europäisches Allgemeingut. Die epische allegorische Literatur des Mittelalters gestaltet das Bild zur allegorischen Wanderung aus[786].

Das Aufstiegsmotiv als Sonderfall der bildlichen Wanderung nach einem erstrebten Ziel, das als (objektiver oder auch nur subjektiver) Wert nach allgemeiner Anschauung gern *oben* angesiedelt wird, verfügt ebenfalls über eine lange Tradition[787], die sich schon in der oben genannten Hesiodstelle

---

783 Cf. etwa Gen. 24,28; Ex. 32,8; Deut. 8,6; I Sam. 12,23; II Sam. 22,22; Job 22,3; Ps. 1,1.6; 15 (16),11; 50 (51),15; 118 (119), 14 sqq.; 138 (139),24; Prov. 4, 11.19; 6,23; 9,6; 12,28; 16,31; 21,8; Is. 55, 7–9; 59, 7 sq., etc. Die Weg-Metaphern zählen sicher zu den meistgebrauchten biblischen Bildern.

784 Zum Beispiel Matth. 21,32; 22,16; Luc. 1,79; Joh. 14,4–6; Rom. 3,16 sq.; I Cor. 12,31; II Petr. 2,21; Hebr. 10,20; zum Bild des Gehens cf. auch Rom. 14,15 und Eph. 5,2.

785 Hier zwei Beispiele zur Verwendung des *via-vitae*-Motivs bei Augustin: »Ex quo intellegitur, quam nulla res in via tenere nos debeat, quando, nec ipse dominus, in quantum via nostra esse dignatus est, tenere nos voluerit, sed transire, ne rebus temporalibus quamvis ab illo pro salute nostra susceptis et gestis, haereamus infirmiter, sed per eas potius curramus alacriter, ut ad eum ipsum, qui nostram naturam a temporalibus liberavit et conlocavit ad dexteram patris, provehi atque pervehi mereamur« (*De doctr. christ.* I, XXXIV, 38, ed. J. Martin, Turnholti 1962 [Corpus Christianorum, ser. lat. 32], p. 28). »Cum omnis vitae bonae ac beatae via in vera religione sit constituta« ... (*De vera relig.*, I, 1, ed. K.-D. Daur, Turnholti 1962 [Corpus Christianorum, ser. lat. 32], p. 187). – Belege zum Motiv 'Pfad der Wahrheit' bei P. Courcelle, *'Trames veritatis'. La fortune patristique d'une métaphore platonicienne (Phédon 66 b)*, in *Mélanges É. Gilson*, Toronto, Paris 1959, pp. 203–210.

786 Und zwar vor allem in der Form einer allegorischen Jenseitswanderung (*Songe d'enfer*, *Voie de paradis* etc.). Cf. H. R. Jauß, *Brunetto Latini als allegorischer Dichter*, in *Formenwandel. Festschr. P. Böckmann*, Hamburg 1964, pp. 51–62.

787 Einige Angaben dazu in dem Aufsatz von L. Beirnaert, *Le symbolisme ascensionnel dans la liturgie et la mystique chrétiennes*, in *Eranos-Jb.* 19 (1950) pp. 41–63.

andeutet. Sie reicht, um nur einige wichtige Etappen zu nennen, über die berühmten Platonischen Bilder vom Aufstieg oder Aufschwung zur Erkenntnis[788], über Philon[789], Origines[790] und viele andere bis hin zur *Divina Commedia*[791]. Zur Sondertradition des allegorischen Aufstiegs auf den Baum der Tugenden bzw. den Baum der Laster im Anschluß an Matth. 7, 17 sq. und Gal. 5, 22 sq. liegt neben literarischem auch ikonographisches Material vor[792].

Die bildliche Konkretisierung der Lebenswanderung als Pilgerreise durchs fremde Land ist in Fortführung biblischer Ansätze[793] in patristischer Zeit bereits voll ausgebildet[794]. In der mittelalterlichen Epik hat sie schon einen festen Stellenwert als allegorisches Motiv[795].

---

788 *Politeia* 515 e sqq. (Höhlengleichnis: Aufstieg eines Gefangenen zum Licht mit Deutung 517 b), *Symposion* 209 e (Aufstieg zur Erkenntnis des Schönen), *Phaidros* 247 b sqq. (Aufschwung des Seelengespanns).

789 Cf. J. Pascher, Ἡ βασιλικὴ ὁδός. *Der Königsweg zu Wiedergeburt und Vergottung bei Philon von Alexandreia*, Paderborn 1931.

790 Cf. das Kapitel *Der Gedankenkreis des Weges* in: M. Lettner, *Zur Bildersprache des Origenes. Platonisches bei Origenes*, Phil. Diss. München 1962, pp. 50–60.

791 Hier steht dem *Aufstieg* zum Guten im *Purgatorio* und *Paradiso* als natürliches Gegenbild der *Abstieg* zum Bösen im *Inferno* gegenüber, wie es der Symmetrie der doppelten Seinshierarchie entspricht. In der dramatischen Realisierung der *Moralité religieuse* werden hingegen die beiden theologisch-begrifflich entgegengesetzten Bewegungen in gleicher Weise als Aufstieg verbildlicht.

792 Literarische Belege finden sich u. a. in *De clericorum institutione* III des Hrabanus Maurus (*PL* CVII, col. 415 sq.), in *De fructibus carnis et spiritus* eines Ps.-Hugo (*PL* CLXXVI, col. 997 sqq.) und im *Liber floridus* des Lambert de Saint-Omer (Ms. Gand. 92 s. XII; weitere Mss. cf. M. Manitius, *Geschichte der lateinischen Literatur des Mittelalters*, Bd. III, München 1931, p. 244). Die beiden letztgenannten Werke enthalten Illustrationen des guten und bösen allegorischen Baums (aufgefaßt als *arbor virtutum* und *arbor vitiorum* oder auch als *Ecclesia* und *Synagoga*). Sie sind wiedergegeben in A. Katzenellenbogen, *Allegories*, Abb. 64–67; cf. dazu die Deutung *ib.*, pp. 63–68.

793 Ps. 38 (39),13; II Cor. 5,6 sq.; Hebr. 11,13 sq.; I Petr. 2,11.

794 So bei Augustin: »Salutem in hoc mundo peregrinam, hoc est sempiternam, agnoscamus et diligamus, fratres, et in hoc mundo tanquam peregrini vivamus« (*Sermo* 124,4; *PL* XXXVIII, col. 688). »Civitas in terra peregrina, in coelo fundata est« (*Sermo* 105,7; *ib.*, col. 622). »Nihil aliud in hac vitae nostrae peregrinatione meditemur, nisi quia et hic non semper erimus, et ibi nobis locum bene vivendo praeparabimus, unde numquam migremus« (*Tract. in Joh.* XXXII, 9; ed. D. R. Willems, Turnholti 1954 [Corpus Christianorum, ser. lat. 36], p. 305). So auch bei Gregor dem Großen: »Postquam a paradisi gaudiis expulsum est genus humanum, in istam peregrinationem vitae praesentis veniens, caecum cor a spirituali intellectu habet« (*Sup. Cant. cantic. exp.*, prooem. n. 1; *PL* LXXIX, col. 471). – Cf. dazu L. Boros, *Les catégories de la temporalité chez saint Augustin*, in *APh* 21 (1958) pp. 323–384, bes. p. 355 sq.; id., Art. *Pilgerstand* in *Lexikon f. Theol. u. Kirche*, hg. v. J. Höfer und K. Rahner, VIII, col. 507 sq.; ferner E. Th. Schell, *The Pilgrimage of Life. The Imitation of an Action in Renaissance Drama*, Phil. Diss. Univ. of California 1966.

795 Man denke nur an die drei Werke des Guillaume de Deguileville, *Le Pelerinage de vie humaine*, *Le Pelerinage de l'Ame* und *Le Pelerinage de Jesucrist*.

Zur überaus reichen Tradition der Schiffahrtsmetapher in heidnischer und christlicher Antike sowie im Mittelalter sei der Kürze halber nur auf die inzwischen vorliegende Literatur verwiesen[796].

All diese Traditionsstränge setzen sich in der *Moralité religieuse* fort, und zwar nicht nur an den verhältnismäßig wenigen Textstellen, wo *expressis verbis* auf das Bild des Weges angespielt wird. Da die Repräsentanten des Menschen im Unterschied zu den Instanzen über keinen festen Ort auf der allegorischen Bühne verfügen, sind sie für die Zuschauer immer unterwegs: der Mensch ist wesentlich *homo viator*. Er geht auf einem allegorischen Stationenweg von einer Instanz zur andern und unterhält mit ihnen im Verlauf seiner Reise immer wieder wechselnde Relationen[797]. Diese Wanderschaft ist in der überwiegenden Mehrzahl der hier behandelten Stücke der eigentliche Motor der allegorischen Handlungsdynamik. Die Aktivität der Instanzen ist sekundär. Sie entzündet sich erst am Menschen. Die Instanzen suchen seine Wanderung vor allem dadurch zu beeinflussen, daß sie ihn an die unmittelbar folgende Station auf demselben Weg als nächstes Zwischenziel verweisen. In der Moralité *L'Homme juste* stellt sich dieses Schema beispielsweise so dar:

La Terre
Au Monde nous convient courir (fol. a iiii^r).

Le Monde
Aller vous fault vers mon espouse
Et loyalle amye Fortune (fol. a iiii^v).

Fortune
[...] il faut que nous vous menons a une notable et excellente dame nommee l'Eglise (fol. a vi^v).

L'Eglise
[...] vueil que tout a ceste heure les menez et baillez en garde tous deux a ma dame Innocence (fol. b ii^v).

Innocence
Congnoissance tantost viendra
Qui vous prendre luy conviendra [*sic*] (fol. b v^r).

Auf diese Weise aneinandergereiht, ergeben sich in vielen Stücken längere Ketten von Verweisungen, durch die der Stationenweg eines Menschenver-

796 Zu nennen ist hier vor allem die ausgezeichnet dokumentierte Studie *Antenna crucis*, die H. Rahner in seinen Sammelband *Symbole der Kirche. Die Ekklesiologie der Väter*, Salzburg 1964, pp. 237–564, aufgenommen hat. Cf. dort insbesondere pp. 245–247; Literaturangaben *ib.*, p. 239 Anm. 29. Weitere Literatur: E. R. Curtius, *Europäische Literatur*, pp. 138–144; C. Bonner, *Desired Haven*, in *HTR* 34 (1941) pp. 49–67; J.-G. Hansen, *Bildhafte Sprache des Aischylos. See und Schiffahrt in metaphorischer Verwendung*, Phil. Diss. Kiel 1955.

797 Damit gewinnen die zuvor unter statischem Aspekt betrachteten Relationen im größeren Rahmen der Bühnenhandlung eine neue dynamische Funktion. Das Motiv der allegorischen *Nähe* wird beispielsweise zum *Durchlaufen* (*passer par ...*) einer Station und somit zu einem grundlegenden Handlungselement umgedeutet. Cf. etwa Humilité: »Tu as esté bien adverty / d'estre passé par moy, Pecheur« (*L'Omme pecheur*, fol. y iii^r) oder »Il a passé par Desespoir« (*Les Enfans de Maintenant*, fol. F iii^r).

treters jeweils um eine Station vorgezeichnet wird[798]. Die mehrfache Verwendung von Ausdrücken der Notwendigkeit oder Regelhaftigkeit wie *il fault* oder *convient* in den zitierten Belegen zeigt an, daß die Reihenfolge, in der die Stationen durchlaufen werden, trotz gewisser Variationsmöglichkeiten von einem Stück zum andern im Prinzip feststeht und nicht nach dem Belieben des wandernden Menschenvertreters verändert werden kann. So muß etwa Malduict nach Sündenfall und Umkehr die Kette der guten Instanzen Bon Advis, Instruction und Discipline in derselben Reihenfolge wie vorher erneut durchlaufen[799]. Auch das in den Vorankündungen der nächsten zu passierenden Station des allegorischen Weges häufig gebrauchte *mener* oder *conduire*, das im vorigen Kapitel von seinem Bildgehalt her als Ausdruck der allegorischen Herrschaft der Instanzen über den Menschen bzw. einer hierarchisch gefärbten Näherelation gedeutet worden ist, läßt sich unter dem Gesichtspunkt der allegorischen Ambiguität der Bilder aus dem Sinnbereich 'führen' als notwendige Abfolge der Stationen interpretieren, d. h. als eine Art logischen Zwangs, den einmal eingeschlagenen Weg konsequent fortzusetzen: Vernunft *führt* zum Glauben, Verzweiflung *führt* zur Verdammnis etc.[800]. Dieser Zwang findet seine Grenze an der freien Willensentscheidung des Menschen. Bei einem Wechsel des Weges, also der metaphysischen Qualität, sind keine Verweisungen zu beobachten.

Im folgenden soll die Realisierung des Wanderungsmotivs in den einzelnen Stücken eingehender untersucht werden. Als wesentliches Unterschei-

---

[798] So etwa in *Bien advisé, Mal advisé* beim Weg des Bien advisé:
RAISON:
Je vous voys donc mener cheuz Foy (fol. a v^v^);
FOY:
Affin d'aller plus seurement,
Va par cheuz Contricion (fol. a vi^v^);
CONTRICION:
Va t'en par cheuz Confession (fol. b ii^r^);
beim Weg des Mal advisé:
TENDRESSE:
Aller vous convient sans tarder
Veoir que fait Oyzance, ma seur (fol. b iiii^r^);
OYSANCE:
Je te vueil mener a ma seur [= Rebellion] (fol. b v^v^);
REBELLION:
Je te vueil mener cheuz Folie (fol. c i^r^).
Ähnlich in *Les Enfans de Maintenant*; auf der guten Seite: Bon Advis → Instruction → Discipline (fol. A iii^r^, B ii^r^), auf der bösen: Honte → Desespoir → Perdition (fol. F^v^, F ii^r^) Cf. auch die Verweise der einzelnen Hauptlaster und -tugenden auf die jeweils folgende Station (*L'Homme juste*, fol. h v^r^ sqq.; *Bien advisé, Mal advisé*, fol. f i^v^ sqq.).

[799] *Les Enfans de Maintenant*, fol. F iiii^r^ sqq.

[800] Houle bezeichnet diese notwendige Stationenabfolge mit einem gut gewählten Ausdruck als »moral sequence« (*A Comparative Study*, p. 93).

dungsmerkmal für die verschiedenen formalen Möglichkeiten der Darstellung betrachte ich die Anzahl der in einem Stück auftretenden Repräsentanten der Menschennatur. Damit greife ich auf ein Einteilungsprinzip L. Petit de Jullevilles und P. Aebischers zurück[801], das zwar für die *Bedeutung* der Menschenvertreter nur geringe Aussagekraft hat, bei der Analyse der Bühnenhandlung als Teil der allegorischen *Bildlichkeit* aber gute Dienste leisten kann. Dies tritt vor allem dann zutage, wenn man – wie es im weiteren Verlauf dieser Untersuchung geschieht – den Weg jedes Menschenvertreters schematisch durch eine Kurve darstellt und die Stücke mit gleichem oder ähnlichem Kurvenverlauf zu Handlungstypen zusammenfaßt.

Die größte Gruppe bilden die Moralités, in denen nur ein Menschenvertreter erscheint, der nacheinander alle Höhen und Tiefen des Menschenlebens durchläuft. Dieser Handlungstyp wird vor allem durch die Moralité *L'Omme pecheur* repräsentiert. Zur Veranschaulichung sei der Stationenweg des Omme pecheur nachstehend kurz wiedergegeben, wobei alle Nebenhandlungsstränge weggelassen und die durchlaufenen Stationen nach Möglichkeit nur einmal erwähnt werden (bewußte Vernachlässigung der Instanzenkumulation).

Der Mensch wird als Adolescent aus dem Schoß der Erde geboren. Nachdem La Terre ihn mit Kleidern ausgestattet hat, schickt Gott ihm einen Schutzengel und die Instanzen Raison und Entendement, die ihn in die Grundtatsachen des Glaubens einführen. Der Mensch lernt Conscience und Franc Arbitre kennen. Nachdem er der ersten Versuchung widerstehen konnte, unterliegt er der zweiten und schließt sich damit den Instanzen Sensualité, Concupiscence, Le Monde (jetzt als teuflischer Macht!) sowie dem Diable an. Als Omme pecheur gelangt er zur Station Pechié. Darauf besteigt er den *arbre des vices,* wobei er auf jeder Stufe bei einer anderen Todsünde verweilt. Sein Weg führt ihn in den *jardin du Monde*, wo er sich mit Luxure und den vier *empeschemens* Desespoir-de-pardon, Honte-de-dire-ses-pechiés, Crainte-de-faire-penitence und Esperance-de-longue-vie vergnügt. Eine ernste Warnung durch Maladie und La Mort bringt den Sünder zur Umkehr. Er durchläuft die Stationen Contriction, Confession und Penitence, besteigt den *arbre des vertus*, auf dessen Stufen er bei den einzelnen Tugenden haltmacht, und wandert danach zu Satisfacion und den drei Stationen der guten Werke, Aulmosne, Oraison und Jeusne. Nach kurzem Verweilen bei der Instanz Affliction gelangt er über die theologischen Tugenden Foy, Esperance und Charité zu Perseverance. Seine letzten irdischen Stationen sind Maladie und La Mort. Nach seinem Tod wird die Seele von Engeln ins Paradies getragen.

Die Stationenketten anderer Stücke wirken oft wie verkürzte Fassungen des soeben nachgezeichneten Weges. In *Le Lymon et la Terre* gelangt Chascun von Le Lymon und La Terre zu Rayson, fällt dann den Sünden-

---

[801] Cf. oben Anm. 265 sq.

instanzen Orgueil, Avarice, Luxure und Liesse anheim, die Le Monde zu ihm geschickt hat, und kehrt endlich unter dem Eindruck des nahenden Todes auf den guten Weg zu Rayson zurück. In der Moralité *Les quatre Elemens* nimmt L'Homme seinen Ausgang von den Naturmächten L'Air, Le Feu, L'Eaue und La Terre sowie der göttlichen Lehrinstanz Droicture Raison, verläßt sie, um sich Oultrecuidance und Plaisance mondaine anzuschließen, gelangt nach seiner Umkehr zu Congnoissance und, auf dem guten Weg fortfahrend, über Confession zu Penitence, bevor der Tod seiner Wanderung ein Ende setzt.

Schon aus diesen wenigen Resümees, die in ihrer Abstraktheit den teilweise sehr bewegten, lebendigen Eindruck des Bühnengeschehens natürlich nicht wiedergeben können, läßt sich ablesen, daß die Variationsbreite in der Auswahl der Stationen recht gering ist; bestimmte Zentralinstanzen fehlen in kaum einem Stück.

Der Stationenweg des Menschenvertreters stellt, wie leicht ersichtlich ist, ein exemplarisches Bild des Lebensweges dar, den der Mensch als Gattungswesen durchläuft. Nicht immer ist freilich die ganze Spanne des Lebens von der Geburt bis zum Tod (wie in den von Houle so genannten »*full-scope* moralities«) dramatisch realisiert. So erstreckt sich etwa in der *Moralité d'Aulcun* der dargestellte Ausschnitt aus dem Lebensweg nur auf die Zeit vom Erwachen der theologisch-philosophischen Reflexion bis zum Greisenalter[802], wobei die Titelgestalt die allegorischen Stationen Cognoissance – Malice – Puissance/Auctorité – Maleureté und wiederum Cognoissance passiert[803]. Noch stärker reduziert ist der Stationenweg in den späten *Dialogues moraux* von Guillaume des Autels, *L'Homme et le Ciel*[804] und *Vouloir divin*[805].

Alle bisher erwähnten Ausgestaltungen des Lebenswegs können auf ein Grundmuster zurückgeführt werden, das folgende Etappen enthält: der Mensch am Beginn des rechten Weges – Versuchung und Fall – der Mensch auf dem Weg zur Verdammnis – Reue und Buße – Fortsetzung des Weges

---

802 Das Stück setzt fol. 92ʳ mit einer langen Reihe von Fragen nach der Schöpfung ein, die von Cognoissance beantwortet werden, und endet nach der Bemerkung von Maleureté: »Tu as passez tes jours plaisans / Et Veillesse sur toy preside« (fol. 148ᵛ) vor dem Tod des Menschenvertreters.

803 Die Reihenfolge der durchlaufenen Stationen wird hier in besonderem Maße bedeutungsrelevant. Der Mensch gelangt über die Station Malice zu Puissance und Auctorité, d.h. begrifflich: 'durch Bosheit (Betrug) zu Macht und Ansehen'. Dieses Handlungsschema verdichtet sich in der Schlußmoral zu einem allegorischen *vers ambigu*:

> Tenez le chemin de Justice
> Et ne querez point par Malice
> Ne Puissance ne Auctorité (fol. 157ᵛ).

804 L'Homme durchläuft hier der Reihe nach die Stationen L'Esprit – La Chair – L'Esprit – La Terre.

805 Hier ist allerdings der Teil des Weges, der vor dem Fall des Menschenvertreters Le Temps liegt, nur wenig ausgebildet. Cf. oben p. 92.

zum Heil. In ein bildliches Schema übertragen, stellt sich dieses Muster etwa so dar[806]:

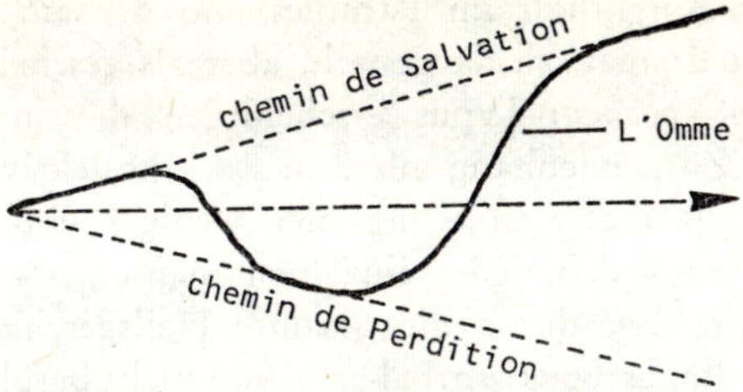

Ich bezeichne den Stationenweg eines Menschenvertreters, der sich durch eine solche Kurve veranschaulichen läßt, im folgenden kurz als den *Omme-pecheur*-Typus des Wanderungsmotivs. Die Länge der einzelnen Etappen dieses Weges variiert stark von einem Stück zum andern, ebenso die Dichte, in der er mit Stationen besetzt ist. Selbst die *Moralité du Jour Saint Anthoine*, in der mit Pechié nur eine einzige personifizierte Instanz auftritt, läßt noch einen Handlungsverlauf des *Omme-pecheur*-Typus erkennen[807].

In einigen Stücken freilich weicht die Wanderung des Menschenvertreters mehr oder weniger stark von dem oben skizzierten Grundmuster ab. An erster Stelle ist hier *Le Gouvert d'Humanité* zu nennen. Die Handlung setzt unmittelbar vor der ersten Versuchung der Titelfigur durch Temptation und Luxure ein. Humanité begibt sich mit ihnen zu Peché mortel. Doch schon nach kurzem Verweilen bei dieser Station erscheint Remort de conscience und kann trotz aller Widerstände der Sündeninstanzen den Menschen über Caresme und Penitence auf den rechten Weg zurückbringen. Damit wäre der *Omme-pecheur*-Typus erfüllt; überraschenderweise wird aber die dramatische Handlung fortgesetzt: Humanité schläft ein, wird von den Versucherinstanzen, denen sich jetzt auch Erreur zugesellt hat, geweckt und erneut zu Peché mortel gebracht. Justice divine tritt auf, um ihn zu richten, wird aber im letzten Augenblick durch Misericorde davon abgehalten. Humanité, zu Tode erschrocken, bereut seine Verfehlungen ein zweitesmal und verspricht, sich auf den Weg des Heils zu begeben. Es ist leicht zu erkennen, daß der Autor Jean d'Abundance in der Handlung seines Stücks den geläufigen *Omme-pecheur*-Typus durch Verdoppelung variiert, ihn aber nicht aufhebt.

Auch die Moralité *Jhesucrist est mis en prison* läßt sich an diesen Typus anschließen. Der Übergang des Menschenvertreters Genre humain von der

806 Bei der bildlichen Darstellung sollen folgende Konventionen gelten: in Übereinstimmung mit den gängigen Vorstellungen erscheint der göttliche Bereich oben, der teuflische unten; die Wanderung verläuft von links nach rechts.

807 Hier die einzelnen Etappen: der Mensch auf dem rechten Weg, aber schon mehreren Versuchungen ausgesetzt (vv. 141–798) – er gibt ihnen (jedenfalls nach der Auffassung des Dyable) nach (vv. 799–884) – Reue und Fortsetzung des rechten Weges (vv. 885–1436).

Gemeinschaft mit Peché mortel auf den Weg des Heils kann als der zweite (aufwärts führende) Teil einer allegorischen Wanderung aufgefaßt werden, deren erster Teil (der Aufenthalt im Paradies und der auf ihn folgende Sündenfall) zwar nicht dramatisch dargestellt, aber als geschehen vorausgesetzt wird. Der *Omme-pecheur*-Typus erscheint in diesem Stück somit gleichsam halbiert. Im Zusammenhang mit dem stark kollektiven Charakter von Genre humain stellt die Wanderung hier weniger ein Bild für den Lebensweg des Menschen – d. h. jedes einzelnen Menschen – als vielmehr für den Weg der *Menschheit* durch die gesamte Heilsgeschichte dar; der formal bestimmte Handlungstypus wird aber davon nicht berührt.

In den Stücken *Mundus, Caro, Demonia* und *Le Pelerinage de vie humaine* ist zwar die typische Handlungskurve des Omme pecheur nicht mehr zu verfolgen; immerhin verläuft die Wanderung des Chevalier chrestien und des Pelerin insgesamt nach oben, d. h. zum Heil, und stimmt insofern noch mit der Generallinie des *Omme-pecheur*-Weges überein.

Anders in der *Moralité d'Argent!* Ihr Stationenweg ist sehr kurz und umfaßt nur den letzten Abschnitt des Menschenlebens: L'Homme, in reiferen Jahren zu Geld gekommen, gelangt zuerst zu Bon Advis, dann zu Fort Despenseur auf den Weg der Sünde, den er bis zu seinem Tod (verbildlicht durch die Station La Terre) nicht mehr verläßt, und wird verdammt. Im Schema also:

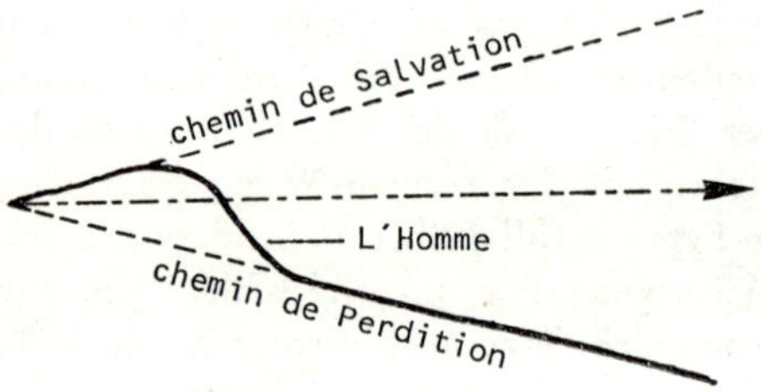

Damit ist dieses Stück die einzige traditionelle *Moralité religieuse*, in deren Handlungsstruktur ein Abstieg zum Bösen nicht durch eine Gegenbewegung nach oben abgelöst oder ausgeglichen wird. Es bleibt zu fragen, was den Autor Jazme Oliou bewogen haben mag, mit dem uneingeschränkt düsteren Schluß seines Stücks den heilsgeschichtlich begründeten Optimismus der ganzen Gattung – offenbar bewußt – umzustoßen. Aller Wahrscheinlichkeit nach ist hinter der Änderung nicht ein genereller Zweifel an der Rettungsmöglichkeit des Menschen zu suchen, sondern nur der Wunsch des Autors, die Zuschauer auf diese Weise besonders drastisch vor dem falschen Gebrauch des Geldes zu warnen[808]. Die theologisch fundierte Gattungskonven-

---

[808] So auch der Herausgeber Aebischer: ...»si l'impression finale est pénible, le public, à cause de cela précisément, devait être vivement ému par le spectacle« (*Arch. rom.* 13, 1929, p. 455; ähnlich neuerdings in seinem Aufsatz über Jazme

tion des guten (= seligen) Endes wird also, wenn diese Deutung zutrifft, durch die didaktische Intention aufgehoben, d. h. durch ein ebenfalls zum Wesen der Gattung gehörendes Moment, das aber hier einseitig zur Abschreckung eingesetzt wird.

In drei Stücken – *Bien advisé, Mal advisé*, *L'Homme juste et l'Homme mondain* und *Les Enfans de Maintenant* – wird die menschliche Gattung durch zwei gegensätzliche Figuren verkörpert[809]. Da die beiden Menschenvertreter getrennte Wege einschlagen, die Aufmerksamkeit der Zuschauer sich aber zur gleichen Zeit nur einem von ihnen zuwenden kann, wird jeweils der eine auf einer kurzen Etappe seines Weges verfolgt, worauf die dramatische Handlung auf den andern übergeht. Dieser technisch bedingte häufige Szenenwechsel, der gelegentlich durch Aktivitätspausen des bisher im Mittelpunkt der Aufmerksamkeit stehenden Menschenvertreters auch inhaltlich motiviert wird[810], bietet außerdem den dramatischen Vorteil, durch die dauernde Kontrastwirkung zwischen zwei Szenen den begrifflichen Gegensatz zwischen den Protagonisten und den durch sie verkörperten Prinzipien schärfer herauszustellen und einer Ermüdung des Zuschauers durch szenische Abwechslung entgegenzuwirken.

In der folgenden Wiedergabe der in den drei genannten Stücken realisierten Stationenwege ist die dramatische Handlung auf das in diesem Zusammenhang Wichtigste reduziert. Die Instanzenkumulation wird auch diesmal zur Vereinfachung außer acht gelassen.

Bien advisé, Mal advisé setzt nach dem Prolog mit der These ein, jeder Mensch strebe nach Perfektion. Dies scheint anfangs auch für Mal advisé zu gelten. Gemeinsam mit Bien advisé begibt er sich zu Franche Voulenté, die ihnen die beiden möglichen Lebenswege vor Augen führt. Bien advisé entscheidet sich für den guten Weg; er wird darauf von Franche Voulenté zu Raison und von dieser zu Foy gebracht. Von dort gelangt er über Contricion und Humilité zu Confession. Sein Pendant Mal advisé ist schon bei der ersten Instanz eingeschlafen und begibt sich nach dem Erwachen sofort auf den Weg der Verdammnis, der ihn über die Stationen Tendresse, Rebellion

---

Oliou, in *Neuf études*, p. 54). Aebischers Bemerkung, die Änderung habe möglicherweise auch dazu gedient, dem nur teilweise des Französischen mächtigen Publikum das Stück durch die stärkere Betonung der *mise en scène* verständlicher zu machen (Einl. der Edition, p. 455), ist mir allerdings nicht recht einsichtig: auch die sonst übliche Umkehr und Buße des Sünders am Ende einer Moralité hätte sich wohl visuell höchst eindrucksvoll wiedergeben lassen.

809 Das von Aebischer ebenfalls unter dieser Rubrik genannte Stück *Le Desesperé* rechne ich nicht mehr der traditionellen *Moralité religieuse* zu. Es ist erst 1595 in Aix-en-Provence aufgeführt worden und auch formal von den Gattungskonventionen der Moralité schon recht weit entfernt.

810 So schläft etwa Mal advisé bei Franche Voulenté ein (*Bien advisé, Mal advisé*, fol. a iii^{v}) oder versteckt sich aus Scham (fol. c iiii^{v}), und Bien advisé versenkt sich bei Oraison längere Zeit ins Gebet (fol. e iiii^{r}), so daß die Aufmerksamkeit des Zuschauers wie von selbst auf die Gegenfigur übergeht.

und Folie zu Houllerie in die Schenke führt, wo er beim Glücksspiel ausgeplündert wird. Unterdessen setzt Bien advisé konsequent den einmal eingeschlagenen Weg fort. Von Confession begibt er sich zu Occupation, die ihn über den Wert der Arbeit belehrt, und sodann zu Penitence und Satisfaction mit ihren Töchtern Aumosne, Jeusne und Oraison. Mal advisé gerät unterdessen in immer schlimmere Verstrickungen. Die weiteren Stationen seiner Wanderung heißen Desesperance, Povreté, Mallemeschance, Larrecin und Honte, bis er durch Malle Fin ein unrühmliches Ende findet und seine Seele den Teufeln überlassen muß. Bien advisé dagegen durchläuft die sieben Tugenden und gelangt zu Honneur, bis er schließlich bei Bonne Fin stirbt[811].

Ähnlich verlaufen die Lebenswege des Homme juste und des Homme mondain. Nachdem sie aus ihrer Mutter La Terre hervorgegangen sind, werden sie zuerst zu Le Monde und Fortune, danach zu Eglise und Baptesme gebracht. Auf Innocence, Enfance und Adolescence folgen – immer noch für beide gemeinsam – die Stationen Congnoissance und Raison. Beide werden von Ignorance, Liberté, Le Monde (als Lasterinstanz!), Honneur mondain, La Chair und Le Diable versucht. L'Homme juste widersteht ihnen und setzt die Wanderung auf dem *chemin de Salvation* geradlinig fort, der ihn über die sieben Tugenden, Bon Vouloir und Perseverance zur Royne de Salvation führt. L'Homme mondain hingegen erliegt der Versuchung und gelangt dadurch auf den *chemin de Perdition*, auf dem er die sieben Todsünden und die Royne de Perdition besucht. Bei einigen Stationen dieses Weges (Gloutonnye, Luxure, Tromperie, Prodigalité, Usure und Symonie) hält er sich länger auf. Die Warnungen der Naturübel Adversité, Necessité und Povreté beantwortet er damit, daß er auf dem eingeschlagenen Weg fortschreitet zu Mauvaise Voulenté und Obstination. Danach erreicht er in schneller Folge die Stationen Larrecin, Reproche, Infameté, Desconfort, Impacience, Desesperance und Malle Fin, bis endlich La Mort seinem Weg ein Ende setzt. Den Homme juste bringen die Naturübel dagegen zu den Bußstationen Contriction, Confession, Devotion, Penitence und Satisfaction; er passiert sodann die theologischen Tugendinstanzen Foy, Esperance und Charité und endet bei Bonne Fin.

Ich habe auf die Nachzeichnung der langen Stationenwege in den beiden Stücken nicht verzichtet, um dem Leser einen Eindruck zu vermitteln von dem allegorischen Prinzip, die verschiedenen menschlichen Möglichkeiten nicht durch mehrere psychologisch glaubhafte und moralisch fein abgestufte Zwischenpositionen, sondern durch schroffe Antithesen darzustellen.

---

811 Die vier *estatz* Regnabo, Regno, Regnavi und Sine regno haben zwar durchaus den Charakter von Menschenvertretern, können aber in dieser Zusammenfassung außer Betracht bleiben, da sie im wesentlichen nur in einer Nebenhandlung auftreten und erst ganz am Schluß in das Zwei-Wege-Schema der Haupthandlung einmünden.

Die wichtigsten Parallelstationen[812] der beiden Wege (Honneur / Honte, Salvation / Perdition, Bonne Fin / Malle Fin etc.) sind begriffliche Gegensätze. Die dazwischenliegenden Einzelheiten sind für jeden Weg verschieden ausgeführt, innerhalb der Gattung aber weitgehend konventionalisiert, wie die Ähnlichkeit zwischen den Stationenwegen der drei gattungsbestimmenden großen *Moralités religieuses* zeigt.

Die Stationenwege der *Enfans de Maintenant* sind kürzer, aber in der Auswahl der Stationen nicht weniger konventionell als die der anderen Stücke. Malduict und Finet werden von ihren Eltern zu Instruction und Discipline gebracht, verlassen aber bald die hilfreichen Instanzen und begeben sich auf den bösen Weg. Hier begegnet ihnen zuerst Jabien, der sie mit Luxure zusammenführt. Während Malduict noch rechtzeitig seinen Irrweg erkennt und abbricht, setzt Finet den seinen fort, gelangt zu Honte und Desespoir und endet bei Perdition, die ihn am Galgen erhängt. Malduict kommt voller Reue zu Bon Advis, der ihn wieder auf den Heilsweg zu Instruction und Discipline schickt. Von dort kehrt er zu seinen Eltern zurück[813].

Die Ähnlichkeiten im Handlungsverlauf der drei Stücke sind evident: die beiden Menschenvertreter gehen jeweils eine Strecke zusammen, dann trennen sich ihre Wege. Alle Stücke zeigen am Schluß den Guten am Ziel seiner Wanderung. Aber auch die Unterschiede treten klar zutage. Sie betreffen vor allem die relative Länge der gemeinsam zurückgelegten Wegstrecke. Zur Verdeutlichung greife ich auch hier auf bildliche Handlungsschemata zurück, wobei ich zum besseren Vergleich für alle Stücke, ungeachtet ihrer absoluten Länge, die gleichen Größenverhältnisse wähle.

Für *Bien advisé, Mal advisé* ergibt sich folgendes Bild:

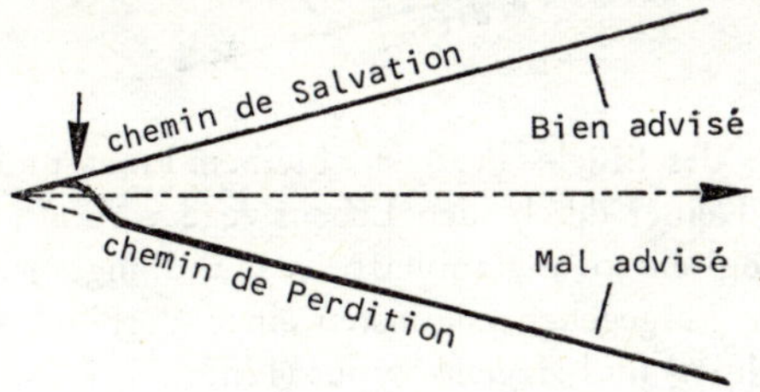

Die beiden Lebenswege treten sehr früh auseinander (↓), fallen also praktisch mit dem objektiv vorgezeichneten *chemin de Salvation* (= *chemin*

[812] Um die parallel gelagerten Stationen als solche wiederzugeben, müssen die beiden im fortlaufenden Text bruchstückweise aneinandergesetzten Handlungsstränge voneinander isoliert werden, wie es in den unten gegebenen schematischen Handlungsskizzen geschieht.

[813] Hier fehlt also der traditionelle Abschluß der großen Moralités: Tod und Errettung des guten Menschenvertreters. Das Stück ist insofern weniger gattungstypisch als etwa *Bien advisé, Mal advisé* oder *L'Homme juste*.

destre) bzw. *chemin de Perdition* (= *chemin senestre)* zusammen. Im *Bien-advisé*-Typus wird damit das Zwei-Wege-Schema, das offenbar nicht ohne Grund im Prolog wie im übrigen Text eine so große Rolle spielt, in besonders reiner Form realisiert.

L'Homme juste stellt sich vom Wanderungsmotiv her ungefähr so dar:

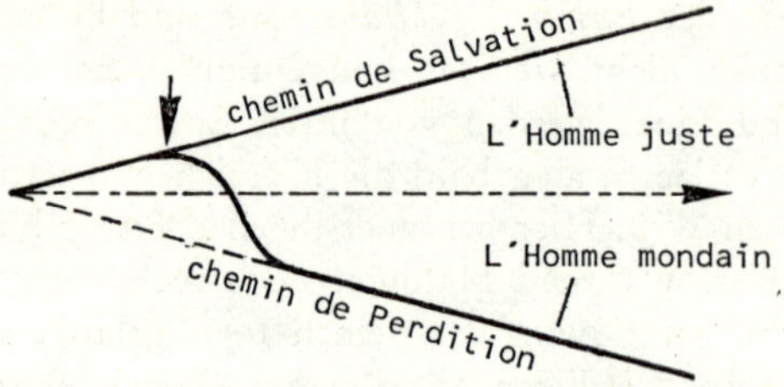

Der gemeinsame Weg ist länger: er führt über zehn Instanzen. Auch L'Homme mondain befindet sich zuerst auf dem Heilsweg[814]. Die Lebenskurve des Homme juste entspricht im wesentlichen der des Bien advisé, während die des Homme mondain an die Entwicklung des Menschenvertreters in der *Moralité d'Argent* erinnert.

Hier die Wege der *Enfans de Maintenant:*

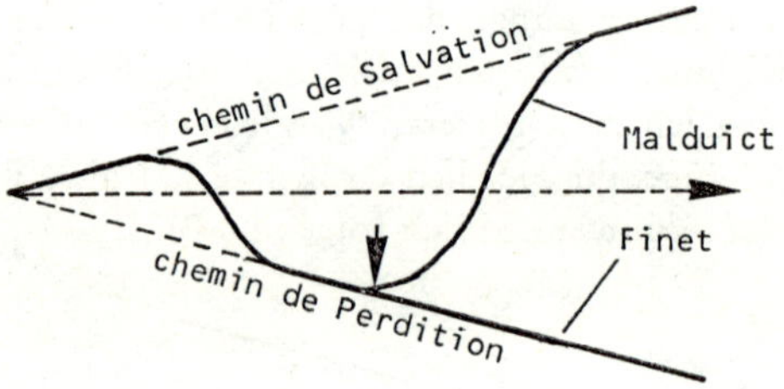

Auf die Gesamtlänge des Stücks bezogen, bleiben Finet und Malduict am längsten beisammen. Keiner der beiden Lebenswege verläuft geradlinig; die klare – und psychologisch so unglaubhafte – Handlungsstruktur von *Bien advisé, Mal advisé* ist aufgegeben zugunsten einer Verbindung von *Ommepecheur*-Typus (Malduict) und *Argent*-Typus (Finet).

Abschließend soll noch der Handlungsverlauf zweier Moralités beleuchtet werden, die die menschliche Gattung dramatisch in mehr als zwei Repräsentanten aufspalten und daher in Petit de Jullevilles und Aebischers Einteilung nicht in Erscheinung treten: *Les Blasphemateurs* und *Charité.* In beiden Stücken geht die verhältnismäßig große Anzahl von Menschenvertretern – fünf im ersten Fall, sechs im zweiten – zu Lasten der übrigen Per-

---

[814] Dies wird vor allem darauf zurückgeführt, daß er die Taufe erhalten hat. Cf. BAPTESME: ... » a ceste heure vous estes tous deux en la voye de Salvation« (*L'Homme juste*, fol. b ii^{r}).

sonifikationen: eine einzige Instanz verkörpert jeweils ein ganzes metaphysisches Lager[815]. Es liegt auf der Hand, daß unter diesen Verhältnissen kein *Stationenweg* wie in den großen Moralités entstehen kann. Das Wanderungsmotiv bildet aber auch hier die Grundlage der allegorischen Handlung.

Die Menschenvertreter des Stücks *Les Blasphemateurs* werden nacheinander von den Teufeln zum Fluchen verführt und damit auf den Weg der Verdammnis gebracht, auf dem sie immer tiefer in Schuld geraten. Alle Ermahnungen der Eglise bleiben wirkungslos. Erst unter dem unmittelbaren Eindruck der Instanz La Mort lassen L'Injuriateur und Briette vom bisher verfolgten Weg ab und flüchten sich zu Eglise, während Le Blasphemateur und Le Regnieur ihren Weg fortsetzen und verdammt werden. Das Ende des Filz de l'Injuriateur bleibt unklar.

Die Handlung der *Moralité de Charité* beginnt damit, daß Le Monde sich von seinem schlimmen Wandel zu Charité bekehrt. Er tröstet mit ihr Vieillesse und tadelt Jeunesse, der (*sic*) sich der Tricherie angeschlossen hat. Bald verläßt aber Le Monde selbst den Weg der Charité und wendet sich der Gegeninstanz Tricherie zu. Charité klagt jetzt zusammen mit dem Pouvre den Riche avaricieux wegen seiner Hartherzigkeit an; Le Riche vertueux wird ihm als Kontrastfigur gegenübergestellt. Auch Le Pouvre läßt sich auf den Weg der Tricherie verleiten, kehrt aber bald reuig zu Charité zurück. Plötzlich erscheint La Mort und macht dem Treiben ein Ende. Le Riche vertueux stirbt bei Charité; Le Riche avaricieux ruft zuerst Charité an, verschiebt aber dann seine Buße und bleibt auf dem Weg der Verdammnis; desgleichen Jeunesse. Die Hauptfigur Le Monde bekehrt sich im letzten Augenblick. Die Wanderung des Pouvre wird nach seiner Umkehr nicht weiter verfolgt; es besteht aber nach dem Vorhergehenden kein Zweifel, daß er sich – ebenso wie die frühzeitig aus dem Blickfeld tretende Vieillesse – auf dem rechten Weg befindet.

Das Handlungsschema des Stücks *Les Blasphemateurs* hat etwa folgendes Aussehen:

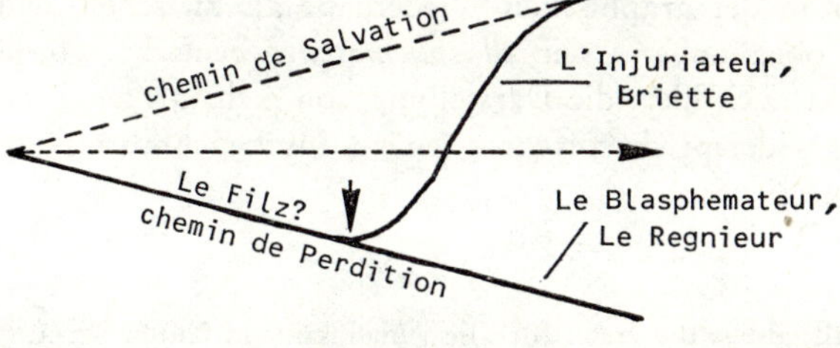

Die größere Zahl der Menschenvertreter ist also nicht zu einer größeren Mannigfaltigkeit der Lebenswege genutzt worden: das dualistisch-antithe-

[815] Dies sind in *Charité* die Figuren Charité und Tricherie, in *Les Blasphemateurs* Eglise, während die Gegenseite nur durch metaphysische Personen vertreten wird.

tische System wird auch in der dramatischen Handlung nicht überschritten. Mit dem gemeinsamen Abstieg und der späten Trennung der beiden Wege erinnert das Schema an das der *Enfans de Maintenant*[816].

Komplizierter wirkt auf den ersten Blick das Handlungsschema, das der *Moralité de Charité* zugrunde liegt:

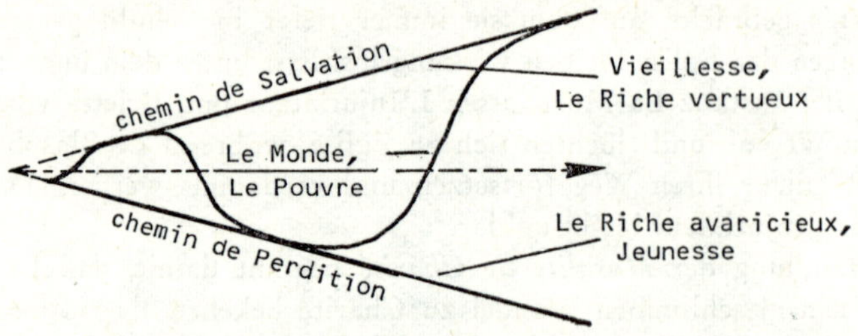

Es ist aber leicht zu erkennen, daß der Weg der Figur Le Monde nach ihrer ersten Bekehrung im Prinzip mit dem des Pouvre identisch ist und daß beide dem *Omme-pecheur*-Typus angehören[817], während die Paare Vieillesse – Le Riche vertueux und Jeunesse – Le Riche avaricieux, soweit sie dramatisch in Erscheinung treten, den geradlinigen Weg zum Guten bzw. zum Bösen wiederholen, wie wir ihn aus *Bien advisé, Mal advisé* kennen[818].

Die obige Skizze darf nun nicht so interpretiert werden, als verkörperten Le Monde und Le Pouvre über einen längeren Zeitraum religiös-moralische Zwischenpositionen zwischen dem *chemin de Salvation*, wo sich auf Dauer Vieillesse und Le Riche Vertueux befinden, und dem *chemin de Perdition*, dem Jeunesse und Le Riche avaricieux folgen. Vielmehr gehören auch sie in jeder Phase ihrer Entwicklung zu einem der beiden antithetischen Wege. Das Gleiche gilt für alle Menschenvertreter des *Omme-pecheur*-Typus. Die Übergänge von einem zum anderen Weg gehören tendenziell (im bildlichen Schema: ihrer Richtung nach) bereits zum jeweils erstrebten Weg und erscheinen nur in der graphischen Wiedergabe als zwischen beiden Wegen stehend. Was oben anhand der *Blasphemateurs* bemerkt worden ist, gilt uneingeschränkt auch hier: die Darstellung von mehr als zwei menschlichen Möglichkeiten widerspricht offenbar einem fundamentalen Gattungsgesetz der *Moralité religieuse*.

---

[816] Hier fehlt allerdings die erste, für alle gemeinsam im Guten verlaufende Phase.

[817] Für Le Monde gilt dies allerdings nur, wenn man von seiner ersten Phase, in der er dem bösen Lager angehört, absieht und seinen Weg mit der ersten Bekehrung beginnen läßt.

[818] Im Fall Vieillesse – Jeunesse kann freilich nicht im strengen Sinn von einem *Lebens*weg gesprochen werden. Beide Figuren altern (im Unterschied etwa zu L'Homme juste und L'Homme mondain) nicht, sondern verkörpern statisch eine bestimmte Lebensetappe.

Der Handlungsverlauf der *Moralité de Charité* offenbart sich als eine einfache Koppelung zweier Formen des Wanderungsmotivs: des *Ommepecheur*-Typus und des *Bien-advisé*-Typus. Aus diesen beiden Grundmustern lassen sich durch leichte Variationen (Verdoppelung, Halbierung, frühere oder spätere »Gabelung« der beiden Wege etc.) oder durch Überlagerung (wie im letztgenannten Beispiel) alle Wanderungsmotive der *Moralité religieuse* herleiten. Die Handlungsvielfalt der Stücke, soweit sie auf dem Wanderungsmotiv aufbauen, bezieht sich im wesentlichen nur auf die bildliche Realisierung.

2. Agonale Motive

Unter der Sammelbezeichnung *agonale Motive* wird eine Reihe allegorischer Handlungsschemata zusammengefaßt, die in Bildern aus verschiedenen Lebensbereichen Auseinandersetzungen zwischen dramatischen Personifikationen wiedergeben. Die einzelnen Bildvorstellungen sind nicht immer scharf voneinander abgegrenzt und können sich gelegentlich auch überlagern; die Einteilung in zwei Teilmotive hat also mehr pragmatischen Charakter.

Obwohl die agonalen Handlungsmotive zum überwiegenden Teil von personifizierten Instanzen getragen werden, rückt doch der Mensch hier keineswegs aus dem Blickfeld. Die Richtung seines Lebenswegs wird durch den Ausgang jeder Auseinandersetzung zwischen antagonistischen Kräften entscheidend bestimmt[819]. Als Kampfobjekt steht er auch hier, explizit oder nicht, im Mittelpunkt des Bühnengeschehens.

Der allegorische Kampf. – Das agonale Handlungsmotiv, dem ich mich zunächst zuwende, umfaßt den Bildbereich Kampf, Krieg, Schlacht, Feldzug etc. Zur besseren Anschaulichkeit beginne ich auch hier mit einigen Textbelegen. Ich entnehme sie der Moralité, in der das Motiv des allegorischen Kampfes quantitativ und qualitativ wohl am stärksten dramatisch entfaltet ist: *L'Homme juste*. Durch das ganze Stück zieht sich ein allegorischer Krieg zwischen den personifizierten Tugenden und Lastern, der sich in eine Reihe von neun wohlunterschiedenen Feldzügen aufgliedert. Diese sind jeweils zwischen Szenen eingelagert, in denen das Fortschreiten der Menschenvertreter auf ihrem Stationenweg dargestellt wird. Eine Untersuchung des Handlungsverlaufs der einzelnen Kampfszenen soll Aufschluß geben über die grundlegenden Darstellungskonventionen und die dramatische Struktur des gesamten Motivkomplexes.

---

[819] Insbesondere gehen den großen Richtungsänderungen des Lebensweges, die in den Schemata des vorhergehenden Abschnitts als Übergang vom Steigen der Kurve zum Fallen und umgekehrt wiedergegeben werden und inhaltlich als Sündenfall und Buße aufzufassen sind, meist agonale Handlungen unmittelbar voraus.

1. Szene (fol. f ii^{r} – g vi^{r}): Die bösen Mächte (Perdition *et toute sa bende,* d. h. Le Monde, La Chair, Le premier Dyable, Le second Dyable, Oultrecuydance, Liberté, Ignorance und Honneur mondain) begeben sich zusammen zu Congnoissance, Raison, den beiden Engeln und den übrigen Tugenden und versuchen, die Menschenvertreter durch Überredung von ihnen abzubringen. Während L'Homme juste sich frühzeitig von den Versuchern zurückzieht, gelingt es ihnen, den Homme mondain mit sich wegzuführen.

2. Szene (fol. i v^{v} – k iii^{r}): Congnoissance und Raison machen sich auf, den Homme mondain zurückzugewinnen, werden aber von Ignorance und Oultrecuydance vertrieben. Als die sieben Haupttugenden für sie in die Bresche springen, werden auch diese nacheinander von den ihnen jeweils begrifflich entgegenstehenden Todsünden geschlagen und zurückgeworfen.

3. Szene (fol. m ii^{r} – m vi^{r}): Jetzt versuchen die bösen Mächte ihrerseits, auch den Homme juste auf ihre Seite zu ziehen. Er weist sie zurück, und die Tugenden treiben sie mit Schlägen aus dem Haus.

4. Szene (fol. n ii^{v} – o vi^{v}): Sie nehmen einen neuen Anlauf, erleiden aber wieder eine Niederlage. Dabei wird diesmal jede Todsünde von der ihr antithetisch entsprechenden Tugend geschlagen.

5. Szene (fol. s ii^{v} – s v^{v}): Die Tugenden unternehmen einen neuen Rettungsversuch am Homme mondain, dessen schlimme Gefolgschaft inzwischen um die Instanzen Mauvaise Voulenté, Obstination und andere angewachsen ist. Bald kommt es zum Kampf. Folle Plaisance schlägt Congnoissance, Raison und Bon Vouloir zurück, Mauvaise Voulenté, Obstination und Ignorance besiegen sie entscheidend. Auch der abschließende Gruppenkampf endet mit dem Sieg der Laster.

6. Szene (fol. v v^{v} – & ii^{v}): Nach himmlischer Beratung ziehen die Tugenden in Begleitung der natürlichen Übel Adversité, Necessité und Povreté zum Homme mondain. Fortune, die jetzt ebenfalls als Naturübel auftritt, treibt Folle Plaisance, Orgueil und Honneur mondain zurück. Die Laster fassen aber wieder Mut, nachdem L'Homme mondain sich zu Mauvaise Voulenté und Obstination bekannt hat, und kehren zur Kampfstätte zurück. Nach einigen Zwischenszenen mit wechselnden Schauplätzen (fol. x v^{v} – z vi^{r}) führt Le Dyable die Mächte Larrecin, Reprouche, Infameté, Desconfort, Impacience, Desesperance und Male Fin als Verstärkung heran, worauf der Kampf von neuem beginnt. Larrecin drängt die natürlichen Übel zurück, Mauvaise Voulenté und Obstination verjagen Congnoissance, Bon Vouloir und Raison.

7. Szene (fol. A ii^{v} – B i^{v}): Die Tugenden erscheinen mit einem neuen Plan beim Homme mondain. Sie wollen ihn durch den Anblick der Instanz La Terre erschrecken und damit wieder auf ihre Seite ziehen. Nach längerem Wortgefecht werden sie von Obstination vertrieben.

8. Szene (fol. C iiii^{r} – C v^{r}): In ihrem letzten Feldzug kommen die Tugenden mit den Bußpersonifikationen zum Homme mondain, der im Sterben liegt. Mauvaise Voulenté behält mit ihren Scharen auch diesmal die Oberhand.

9. Szene (fol. E ii^r – G ii^r): Umgekehrt erscheinen die bösen Mächte am Sterbebett des Homme juste. Ein langes Wortgefecht geht allmählich zu kriegerischen Handlungen über. Dabei besiegt zuerst jede Tugend die ihr entgegenstehende Todsünde im Einzelkampf, darauf schlagen alle guten Mächte die bösen insgesamt in die Flucht. Mit dem Tod der beiden Menschenvertreter ist der allegorische Krieg beendet.

Einige gemeinsame Züge dieser neun agonalen Szenen verdienen besondere Beachtung:

Das Objekt aller Kampfhandlungen ist der Mensch.

Als Gegner treten auf der einen Seite die Tugenden (zum Teil von den Naturinstanzen als Hilfstruppen unterstützt), auf der anderen die Laster auf.

Die Kämpfe sind gewöhnlich nach einem festen Schema aufgebaut: auf das einleitende Wortgefecht mit Argumenten und Invektiven folgt (mit Ausnahme der ersten agonalen Szene) die eigentliche Kampfhandlung, die sich wiederum in Einzel- und Gruppenkämpfe gliedert.

Im Einzelkampf treten jeweils die Instanzen gegeneinander an, die im Rahmen der traditionellen Tugend- und Lasterskala oder in der Lebenswirklichkeit im Gegensatz zueinander stehen und somit einander ausschließen[820].

Diese Züge stehen in einer langen epischen Tradition, die sich im wesentlichen von der *Psychomachia* des Prudentius herleitet[821]. Dem frühchristlichen Dichter ist es gelungen, dem schon vor ihm gelegentlich verwendeten Motiv der Auseinandersetzung zwischen Tugenden und Lastern[822] die zukunftsweisende Form eines allegorischen Epos zu geben. – Nach einer Vorrede, in der Abrahams Kampf um die Befreiung Loths als *figura* des geistlichen Kampfs um die Befreiung unserer Seele von ihren schlimmen Neigungen gedeutet wird, stellt Prudentius diesen Kampf um die Seele selbst dar. Nacheinander treten die guten und bösen Personifikationen im Einzelkampf

---

[820] Ein eindrucksvolles Beispiel für allegorische Feindseligkeiten zwischen Instanzen außerhalb der begrifflichen Tugend-Laster-Oppositionen enthält die besonders breit ausgeführte 6. Kampfszene: Larrecin drängt Povreté, Adversité und Necessité zurück, obwohl beide Seiten nicht in einem logisch-generellen Gegensatz wie etwa Orgueil und Humilité, sondern nur in einem praktisch-kontextbezogenen Gegensatz zueinander stehen. Die hier wiedergegebene allegorische Handlung läßt sich ohne Schwierigkeit in die Bedeutungsebene übersetzen: 'der böse Mensch beseitigt durch Diebstahl eine materielle Notlage'. *Diebstahl* und *Not* sind nur insofern gegensätzlich, als sie sich dem Menschen in einer konkreten Lebenslage als Alternativen darbieten.

[821] Cf. dazu etwa die folgenden neueren Arbeiten: J. Hagenauer, *Die Synthese von national-römischem Kulturgut und christlichem Ideengehalt im Werke des Prudentius*, Phil. Diss. Wien 1955; Ch. Gnilka, *Studien zur Psychomachia des Prudentius*, Wiesbaden 1963 (Klass.-philol. Studien. 27); R. Herzog, *Die allegorische Dichtkunst des Prudentius*, München 1966 (Zetemata. 42).

gegeneinander an: Fides gegen Veterum Cultura Deorum[823], Pudicitia gegen Sodomita Libido, Patientia gegen Ira, Mens humilis gegen Superbia, Sobrietas gegen Luxuria, Operatio (= Caritas) gegen Avaritia und schließlich Concordia gemeinsam mit Fides gegen Discordia oder Heresis[824]. Die einzelnen Kampfhandlungen sind sehr vielgestaltig, enden aber alle mit dem Sieg der Tugenden. Nach dem letzten Gruppenkampf wird von den Siegern der Tempel der Seele errichtet[825].

Die *Psychomachia* hat in der episch-didaktischen Literatur und in der bildenden Kunst eine überaus reiche Wirkung entfaltet[826], wobei das Zentralmotiv des allegorischen Kampfes sich teilweise völlig von der Prudentius-Imitation gelöst hat und zum frei verfügbaren literarischen Topos geworden ist. Relativ spät dringt es auch in die dramatische Dichtung ein[827], wo es wegen der größeren Plastizität der Bühnenfiktion vor der epischen eine neue Qualität gewinnt.

---

822 So bei Tertullian, Cyprian, Ambrosius, Augustin; cf. dazu M. Lavarennes Einleitung zu seiner kritischen Ausgabe der *Psychomachia* (Prudence, [*Œuvres*] III, 2e éd. Paris 1963), p. 23 sq. Christlicher Ausgangspunkt des Motivs sind die Paulinischen Briefe (Eph. 6,14; II Cor. 6,7; I Thess. 5,8 u. a.), wie schon K. Raab, *Über vier allegorische Motive in der lateinischen und deutschen Literatur des Mittelalters*, in *Jahresbericht des Landes-Obergymnasiums zu Leoben* 1885, p. 25 erkannt hat. Auch in der heidnischen allegorischen Literatur finden sich Vorformen; cf. dazu M. C. Waites, *Some Features of the Allegorical Debate in Greek Literature*, in *HSCP* 23 (1912) pp. 1–46.

823 Mit Recht ist bemerkt worden, ein solcher Name stehe an Länge dem von Honte-de-dire-ses-pechiés und ähnlichen Gestalten der Moralité kaum nach (cf. Lavarenne, *ib*., p. 52 n. 1). Vergleichbares findet sich auch schon bei Vergil und Laktanz (cf. Ch. Gnilka, *Studien*, p. 31 Anm. 4).

824 Dazu kommen viele Nebenkämpfer wie Honestas, Ieiunia, Pudor, Fraus, Spes, Iocus, Petulantia, Venustas, Cura, Fames, Metus, Anxietas, Ratio, Labor, Vis etc.

825 Zu einem genaueren Inhaltsüberblick cf. Lavarennes Edition, p. 7 sq.

826 In seiner Einleitung zur *Psychomachia* (pp. 26–32) nennt Lavarenne an literarischen Nachfolgern des Werkes u. a. Isidor von Sevilla, *Sententiae* II, 37; Vincent de Beauvais, *Speculum historiale* XXII, 50; Aldhelm, *De laude virginum*; Theodulf, *De septem vitiis capitalibus*; Hugo von St. Viktor, *De anima*; Alanus ab Insulis, *Anticlaudianus*; Raoul de Houdenc (Houdan), *Voie de Paradis*; Huon de Méry, *Li Tornoiemenz Antecrit*; Rutebeuf, *La Bataille des Vices contre les Vertus*; Gringore, *Le Chasteau de Labour*. Hierher gehören ferner Werke wie Bruno von Toul, *De conflictu vitiorum et virtutum*; Matthias Farinator, *De septem apparationibus* etc. – Zur bildenden Kunst cf. *Psychomachia* (ed. Lavarenne), pp. 41–45; É. Mâle, *L'art religieux du XIIIe siècle en France* (bes. pp. 100–106); id., *L'art religieux à la fin du Moyen Age en France* (bes. pp. 365–370); A. Katzenellenbogen, *Die Psychomachie in der Kunst des Mittelalters von den Anfängen bis zum 13. Jahrhundert*, Phil. Diss. Hamburg 1933 und L. Réau, *Iconographie* I, pp. 176–191.

827 Zwar hat das Motiv, wie H. de Lubac (*Exégèse* II/2, p. 198 n. 4) bemerkt, schon bei Gregor dem Großen, *In Ezech.* I,12, n. 25 (*PL* LXXVI, col. 930 sq.) gewisse dramatische Züge angenommen, es wird aber dort noch in einen nicht-dramatischen Rahmen eingebettet.

Für die Moralité *L'Homme juste* habe ich einige wesentliche Parallelen zur *Psychomachia*-Handlung schon herausgestellt. Aber auch die inzwischen eingetretenen Änderungen sind nicht zu übersehen:

Der Mensch als Kampfobjekt, verkörpert durch zwei gegensätzliche Gestalten, tritt in der allegorischen Handlung selbst auf.

Die Polemik gegen die Häresie als Hintergrund des Kampfes ist entfallen; das Kampfmotiv hat sich zu einem festen allegorischen Handlungstopos formalisiert.

Die eine allegorische Schlacht der *Psychomachia* ist in eine Vielzahl einzelner Feldzüge aufgelöst, die bald von den Lastern, bald von den Tugenden ins feindliche Lager unternommen werden und alle das Ziel verfolgen, den Menschenvertreter aus der Gemeinschaft mit den Gegeninstanzen abzuziehen.

Der Handlungsgang der einzelnen Kämpfe wird weniger variiert als bei Prudentius; die kriegerischen Accessoires der *Psychomachia*-Kämpfer (Waffen, Pferde etc.) sind nur zum geringen Teil ins Dramatische umgesetzt.

Die aus heutiger Sicht grausam anmutenden Details der *Psychomachia* sind gemildert, wenn auch nicht vollständig getilgt[828]. Bei Prudentius werden die Laster von den Tugenden beschimpft und durch Erwürgen, Kopfabschlagen, Steinigen etc. umgebracht. Man mag hierin epische Reminiszenzen sehen oder auch einen allegorischen Reflex konkreter Greuelszenen der Märtyrerzeit, wie sie im *Peristephanon* anklingen. Jedenfalls ist die Tötung hier im Unterschied zu den möglichen Vorlagen nicht mehr wörtlich aufzufassen, sondern als bildlicher Ausdruck für die Überwindung der bösen Mächte in der menschlichen Seele[829]. Nichtsdestoweniger bleiben die harten Züge in der Darstellungsebene erhalten und kollidieren hier mit der anderen allegorischen Konvention, nach der die Instanzen bevorzugt mit solchen Zügen ausgestattet werden, die ihrem begrifflichen Namen entsprechen: die Tugenden also mit Eigenschaften wie Demut, Mitleid und Feindesliebe[830].

---

[828] Gelegentlich beklagen sich die Laster noch über Mißhandlungen durch die Tugenden, so z. B. LUXURE: »Chasteté necte et blanche / M'a lourdement rompu la hanche, / Tant m'a poussee rudement« (fol. o iii^{v}) oder GLOTONNIE: »el [= Abstinence] m'a rompu ung coste« (*ib.*). Es ist aber nicht ganz auszuschließen, daß es sich dabei um verleumderische Übertreibungen aus dem Mund der bösen Gestalten, d. h. um einen epischen Topos handelt.

[829] Also etwa im Sinn der bildlichen Redewendung 'das Böse in sich abtöten'.

[830] Lavarenne bemerkt dazu: »Nous savons bien qu'il s'agit pour les personnages d'une question de vie ou de mort: si l'on veut que la vertu triomphe, il faut que le vice succombe; mais est-il indispensable que ces filles du Dieu d'amour et d'humilité attaquent avec tant d'ardeur, tuent avec tant de joie, invectivent avec tant de prétention?« (Einleitung zur *Psychomachia*, p. 12). Immerhin bleibt festzuhalten, daß die von Lavarenne mit einer aus der klassischen Ästhetik übernommenen, d. h. historisch inadäquaten Kategorie als »terrible faute de goût« gebrandmarkte Art, die Tugenden im allegorischen Kampf als »cruelles et bavardes« (*ib.*) darzustellen, dem großen Erfolg der *Psychomachia* offenbar nicht geschadet hat. Kritik an der »Grausamkeit« der Tugenden im Kampf

Bei konsequentem Befolgen dieser Konvention wäre aber die Überlegenheit der Tugenden nicht mehr im Rahmen des allegorischen Kampfmotivs wiederzugeben. Es liegt nahe, daß spätere Autoren, die der *Psychomachia*-Tradition folgen, dieses Dilemma durch einen Kompromiß zu überspielen suchen, indem sie sich bemühen, die Kampfdarstellung zu mildern, »christlicher« zu machen, ohne das für die Bedeutung essentielle Motiv des Sieges der Tugenden aufzugeben. So hat Simon Bougouin, der Kompilator der soeben behandelten Moralité, die Tötung der Laster auf dem Schlachtfeld durch das weniger drastische, aber allegorisch gleichbedeutende Bild des In-die-Flucht-Schlagens ersetzt.

Ein anderes Stück, *Les sept Pechie morteil et les sept Vertus*, geht in dieser Hinsicht noch einen entscheidenden Schritt weiter. Hier wird eine *Psychomachia*-Konstellation – die Tugenden treten unter der Führung eines Engels einzeln gegen die Todsünden an[831] – in der abgeschwächten Form einer Serie von sieben Wortgefechten[832] dramatisch realisiert, an deren Ende die Todsünden nicht getötet oder auch nur vertrieben[833], sondern bekehrt werden. Damit ist der kriegerische Bildbereich verlassen, die Verbindung zum *Psychomachia*-Motiv mit seiner Darstellungsproblematik abgebrochen. Aber diese radikale Lösung ist mit einer neuen Ungereimtheit erkauft, die aus dem Blickwinkel der allegorischen Form schwerer wiegt als die bildliche »Grausamkeit« der Tugenden im Kampf: das Bild der Bekehrung widerspricht einem Wesensmerkmal der allegorischen Instanzen, der Unveränderbarkeit ihres metaphysischen Status. Die weitreichende Neuerung erweist sich, vom Allegorischen her betrachtet, als nicht unbedenklich.

üben auch C. S. Lewis, *Allegory of Love*, p. 69 und Ch. Gnilka, *Studien*, p. 47 sq., während R. Herzog, *Allegorische Dichtkunst*, p. 105 die Tötungen richtig, nämlich als metaphorische Handlungen, erkennt. Cf. auch den Deutungsversuch von O. Seel, *Allegorik*, p. 44 sq. Anm. 32.

831 v. 1015 sqq.

832 Der Kampf wird auch im Text ausdrücklich nur als »disputaison / des VII vertus contre les visce« (v. 1009 sq.) bezeichnet.

833 In der dramatischen Rede der Figuren sind die beiden aus der *Psychomachia*-Tradition stammenden Bilder 'Tötung' und 'Vertreibung' noch durchaus gegenwärtig. Auf die biblische Erzählung vom reichen Mann und armen Lazarus verweisend, rühmt sich Avarisce:

Carité ai(e) eschacie
et sa copaigne, Cortoisie,
si qu(e) ons ne les saroit où quere,
ne où troueir, en nulle terre.
Bien le sachies, chacune est mort[e],
quant le ladre fu à la porte
de riche home à qui seruoie;
faire almoyne ne ly laisoie (vv. 326–333).

Die beiden Gegeninstanzen sind also unter ihrem Einfluß 'verjagt worden' bzw. 'gestorben'; aber diese Bilder erscheinen nicht mehr im Munde einer Tugend, geschweige denn in der Bühnenhandlung.

Die meisten Verfasser von Moralités sind denn auch zurückhaltender in der Variierung überlieferter Handlungselemente aus dem Komplex der *Psychomachia*.

Dies gilt beispielsweise von André de La Vigne, der in seinem Stück *Onneur des dames* einen Kampf zwischen Franc Vouloir und Cueur loyal auf der einen und Dangier, Envie und Mallebouche auf der anderen Seite um die Titelgestalt in den Mittelpunkt der Handlung stellt[834]. Die Kampfbildlichkeit ist hier im Vergleich mit *L'Homme juste* eher noch gesteigert. Während die Tugenden auf ihre Verteidigungsanlagen vertrauen[835], entfalten die Laster ihr Banner zum Zeichen des Angriffs[836], rufen ihre Hilfstruppen herbei[837] (die aber dramatisch nicht in Erscheinung treten) und blasen zur Schlacht[838]. Die Verteidiger gewinnen bald die Oberhand und schlagen die Angreifer zurück, wobei auch großsprecherische und grausame Züge nicht fehlen[839]. Bemerkenswert ist, daß der bloß bildhafte Charakter des Tötungsmotivs im Text selbst angedeutet wird[840].

Auch die *Moralité de Langue envenimee* ist voller Kampfmetaphorik[841]; die eigentliche Schlacht nimmt aber verhältnismäßig wenig Raum ein (fol. C iiii^{r} – D i^{r}). Die Laster erreichen sofort ihr Ziel, Bonne Renommee gefangenzunehmen. Die eigenartige Form, die das Kampfmotiv hier angenommen

---

834 Die Konstellation erinnert stark an den allegorischen Kampf zwischen Amour, Largesse, Franchise etc. und Dangier, Male Bouche, Honte, Peur etc. im zweiten Teil des *Roman de la Rose*.

835 »Nous avons chasteau et donjon, / Lances, espees, albardes« (fol. P i^{v}).

836 *Icy desployent leur estandart* (Bühnenanweisung fol. P i^{r}).

837 Es sind dies »Rigueur avec Oultrecuidance, / Maulsecret et son aliance, / Desespoir, Chagrin et Soucy, / Calamité et Doleance« (fol. P iii^{r}). Die Tugenden erhalten Hilfe von »vraye Esperance, / La belle vertus Pascience, / Bon Conseil et Justice aussi« (*ib.*). Auch das Motiv der Nebenkämpfer gehört, wie gezeigt, zur *Psychomachia*-Tradition.

838 »A l'assault! – A l'escarmouche!« (fol. P iiii^{r}).

839 Envie zu Onneur des dames: »Je te osteray du corps la vie« (fol. P iii^{v}); Franc Vouloir: »La mort bieu[!], j'en tueray quatre«; Cueur loyal: »Nous les batrons / Comme vieulx plastre« (*ib.*); *Icy les foullent aux piedz et les batent* (Bühnenanweisung fol. P iiii^{r}); Onneur des dames selbst ermuntert seine Scharen zum Zuschlagen (*ib.*).

840 Dangier:

Vous estes mors.

Cueur loyal:

Voyre, toussaincts,
Je ne sens encore nul mal.

Mallebouche:

Mortellement [!] de vous me plains (fol. P iii^{r}).

841 »Malle Bouche la tant guerroye« (fol. A v^{v}); »Je pry a Dieu que l'en me tonde / se je ne les vois assaillir« (fol. C ii^{r}); »[Langue envenimee] nous avoit menee / Dure bataille et dur assault« (fol. E i^{r}) etc. Die Kampfmetaphorik knüpft wohl an das latent kriegerische Schwert-Attribut der Titelfigur an. Schon vom Ende des 12. Jahrhunderts ist ein *Conflictus amoris Dei et linguae dolosae* überliefert (*PL* CCXIII, col. 851–864).

hat, ergibt sich aus dem spezifischen Charakter der auftretenden Lasterinstanzen: das bloße Zusammentreffen mit den Personifikationen der Verleumdung nimmt den Angegriffenen ihre Begleiterin Bonne Renommee, ohne daß sie sich mit Kampfmitteln dagegen wehren könnten. Sie »siegen« schließlich durch bloßes Erdulden der Angriffe und direkte Intervention Gottes, nicht etwa motivisch konsequent auf dem Schlachtfeld. Hier ist offenbar eine durch die Figur Langue envenimee bestimmte Konstellation recht äußerlich ins traditionell vorgeprägte Handlungsschema einer allegorischen Schlacht gepreßt worden, die sich somit von der spezifischen Form der *Psychomachia* zu einem fast beliebig verwendbaren Handlungstopos entleert hat.

Es liegt von daher nahe, auch das Aufeinandertreffen anderer Gestalten nach dem Modell eines allegorischen Kampfes darzustellen, vor allem die als feindlich empfundene Begegnung zwischen dem Menschenvertreter und den Personifikationen natürlicher Übel. Im Stück *Les Blasphemateurs* treten Guerre, Famine und La Mort, als *gens d'armes*[842] gewappnet, mit kriegerischen Parolen gegen die Sünder an, nehmen im Verlauf der Schlacht zwei von ihnen gefangen und töten sie[843]. *La Condamnacion des Bancquetz* stellt die körperliche Schädigung der Fresser durch Krankheiten in der Form eines zweimaligen allegorischen Überfalls durch zehn Krankheitspersonifikationen dar. Beim ersten Angriff, der von Soupper initiiert wird, schlagen sie auf die Essenden ein und verwunden einige von ihnen im Kampf[844] – *et pourra durer ce conflit le long de une patenostre ou deux*[845]. Beim zweiten töten sie unter der Führung von Bancquet vier von ihnen trotz ihrer Bitten um Schonung, während die übrigen mit knapper Not fliehen können[846]. Die Grausamkeit der Naturmächte wird im Unterschied zu der der Tugenden offenbar nicht als anstößig empfunden, da sie auch begrifflich zu ihrem Wesen gehört.

Gelegentlich wird die *Psychomachia*-Bildlichkeit durch die Einführung anderer allegorischer Motive aus dem Bildbereich des Kampfs wirkungsvoll unterstützt. Dazu gehört einmal das Motiv der *armatura Dei* nach Eph. 6, 11–17, einer Bibelstelle mit ausgesprochen allegori-

---

842 fol. K iiii^r.

843 fol. L i^v–M i^v. Auch hier scheint die Metapher 'Schwert' das auslösende Moment für die kriegerische Handlung zu sein. Cf. dazu folgende Bemerkung des Crucifix gegenüber Sathan:

> Tien trois glaives emmy ta main,
> De quoy Guerre c'est le premier,
> Le second Mort, le tiers est Fain,
> A la fin de les chastier (fol. K ii^v–K iii^r).

844 fol. k v^v–k vi^r.

845 Bühnenanweisung fol. k vi^r.

846 fol. m ii^r–m iii^v.

schem Charakter[847]. In *Le Pelerinage de vie humaine* zieht der Menschenvertreter vor den Augen der Zuschauer die geistliche Rüstung als Pilgerkleid für seine Lebensreise an[848], setzt also die an sich statische Kleiderallegorie wenigstens ansatzweise in allegorische Handlung um. Auch in *Mundus, Caro, Demonia* wird das Motiv durch die Bezeichnung des Menschenvertreters als Chevalier chrestien sowie Anspielungen auf das 'Schwert des Geistes'[849] wieder aufgenommen. Dazu kommen Verweise auf Job 7, 1 »Militia est vita hominis super terram«[850] und – so bereits im Titel – auf das latent kriegerische Motiv der *trois ennemis de l'homme.* An die Stelle der Opposition von Tugenden und Lastern tritt die von Geist und Fleisch, die sich vor allem im Anschluß an die Paulinischen Briefe zu einem besonderen Kampfmotiv entwickelt hat[851]. In der Moralité *L'Homme et le Ciel* erscheint es in der Form einer doppelten Auseinandersetzung um den Menschen, bei der zuerst La Chair, dann aber endgültig L'Esprit die Oberhand behält[852].

Die drei zuletzt behandelten Stücke bringen trotz aller kriegerischen Metaphorik in den Reden der Figuren den allegorischen Kampf nur noch abgeschwächt als Einflußwettstreit der Mächte um den Menschen auf die Bühne. Auch in einer Reihe anderer Moralités bleibt von der *Psychomachia*-Handlung nur die dramatische Konstellation des Menschen im Spannungsfeld zwischen Tugenden und Lastern erhalten, wobei nur noch das Vokabular gelegentlich an das alte Kampfmotiv erinnert. Hierzu gehören etwa *Bien advisé, Mal advisé, Charité, Les quatre Elemens, Les Enfans de Maintenant, Le Gouvert d'Humanité, Le Jour Saint Anthoine, Vouloir divin,*

---

847 Cf. etwa E. Eidem, *Pauli bildvärld. Bidrag till belysande af apostelns omgifning, uttryckssätt och skaplynne. I: Athletae et milites Christi*, Theol. Diss. Lund 1913. Das Motiv läßt sich noch weiter zurückverfolgen; cf. dazu H. Emonds, *Geistlicher Kriegsdienst. Der Topos der militia spiritualis in der antiken Philosophie*, in *Heilige Überlieferung. Festschr. J. Herwegen*, hg. v. O. Casel, Münster 1938, pp. 21–50.

848 vv. 721–1227. Die *armatura Dei* wird dabei weit über die biblische Vorlage hinaus bis ins Kleinste allegorisch ausgedeutet (cf. besonders vv. 913–920 und 940–1069).

849 fol. A iii^r^ und A iiii^r^.

850 »Car Job disoit que toute la vie / De l'homme est chevalerie« (fol. B i^v^).

851 Cf. etwa Gal. 5,17 »Caro enim concupiscit adversus spiritum, spiritus autem adversus carnem«; ähnlich Rom. 8,5–9 und viele andere Stellen. Der hier zitierte Beleg wird u. a. von Augustin, *Civ. Dei* 21,15 wieder aufgenommen und durch die Worte »multis et variis certaminibus« ergänzt; die Opposition Geist-Fleisch ist also schon hier als Kampfmotiv ausgebildet. – Aus der Tatsache, daß das Motiv stark paulinisch geprägt ist und daß andererseits Paulus eine dominierende Stellung in der protestantischen Theologie einnimmt, darf nicht geschlossen werden, das Auftauchen des Motivs in einem Stück sei ein zwingendes Indiz für dessen reformatorische Tendenz; es gehört vielmehr zum Gemeingut der christlichen Tradition. Cf. etwa W. Seibel, *Fleisch und Geist beim heiligen Ambrosius*, München 1958 (Münchener theol. Studien. 2,14).

852 pp. 100–107 und 119–130.

Argent und schließlich auch das Stück *L'Omme pecheur*, in dessen agonalen Szenen der juristische Bildbereich gegenüber dem kriegerischen deutlich in den Vordergrund tritt. Diesem Motivkomplex wende ich mich im folgenden Absatz zu.

Der allegorische Rechtsstreit. – Einige Auseinandersetzungen zwischen Figuren der *Moralité religieuse* werden nicht in den Formen eines Kampfes, sondern in denen eines mehr oder weniger prozessual eingefärbten Streits zweier Parteien vor einem Richter ausgetragen. Zur besseren Anschaulichkeit gebe ich auch hier zunächst einige Beispiele.

In *L'Omme pecheur* sind zwischen die einzelnen Etappen der allegorischen Wanderung des Menschenvertreters vier Gerichtsszenen eingeschoben, deren Ausgang das Geschick des Menschen entscheidend bestimmt.

1. Szene (fol. h v^{v} – i iiii^{r}): Nachdem Le Pecheur in Sünde gefallen ist, wenden sich Raison und Entendement an Gott um Hilfe. Daraufhin entwickelt sich vor Gott eine Auseinandersetzung zwischen zwei Parteien: Justice divine plädiert für die Verdammung des Sünders, Misericorde – später von Marie unterstützt[853] – für einen Strafaufschub. Gott entscheidet sich für die zweite Möglichkeit und schickt dem Sünder Maladie, um ihn zur Umkehr zu bewegen.

2. Szene (fol. l iiii^{r} – l v^{v}): Als sich herausstellt, daß die Begegnung mit Maladie keinen nachhaltigen Eindruck beim Pecheur hinterläßt, appellieren Raison und Entendement erneut an Gott. Der Streit zwischen den himmlischen Instanzen wiederholt sich. Gott greift zu einem härteren Mittel: er schickt dem Sünder Maladie und La Mort gemeinsam.

3. Szene (fol. n iiii^{r} – o vi^{r}): Unter dem Eindruck des nahenden Todes beschließt der Sünder, sein Leben zu ändern. Daraufhin senden die bösen Mächte einen Teufel zu Justice divine, um auf eine Bestrafung des Sünders wegen seines bisherigen Lebens hinzuwirken. Justice divine lädt den Pecheur zu einem ordentlichen Prozeß. Gemeinsam mit Conscience und seinem Bon Ange begibt er sich vor Gericht. Der Teufel klagt ihn aller sieben Todsünden an und ruft, als er leugnet, Conscience als Zeugin auf. Sie legt das große Sündenregister des Sünders vor; das Buch seiner guten Werke, das Le Bon Ange öffnet, ist hingegen leer. Le Pecheur ruft Compassion an – ohne Erfolg. Justice divine verurteilt ihn zum ewigen Tod.

---

[853] Metaphysische Personen und überpersönliche Instanzen sind einander also nicht nur als Glieder des statischen allegorischen Kosmos, sondern auch als Teilnehmer an der allegorischen Bühnenhandlung weitgehend gleichgestellt. Die dramatisch-funktionale Annäherung geht im vorliegenden Fall (cf. auch fol. t ii^{r}–t iiii^{v}) bis zu gestischen und sprachlichen Parallelen (Kniefall, Fürbitteformeln etc.) zwischen Marie und Misericorde. – Dies darf aber nicht zu dem Schluß verleiten, den überpersönlichen Instanzen komme schlechthin die gleiche Realität zu wie den metaphysischen Personen (so H. Siepmann, *Die allegorische Tradition*, p. 121 Anm. 3): trotz aller funktionalen Gemeinsamkeiten im Rahmen der allegorischen Darstellung repräsentieren sie verschiedene Seinsweisen.

4. Szene (fol. x iiii^r – x v^v): Nachdem sich der Sünder auf den Rat von Raison hin nicht der Verzweiflung überlassen, sondern seine Sünden gebeichtet und sein Gewissen gereinigt hat, führt Confession ihn zur Berufungsverhandlung vor die Appellationsinstanz Misericorde. Der Teufel bringt erneut seine Anklagen vor und präsentiert zum Beweis wieder das Sündenregister, sieht aber zu seiner Überraschung, daß alle Eintragungen getilgt sind[854]. Als auch die Zeugin Conscience jetzt günstig für den Sünder aussagt, spricht Misericorde ihn frei.

Der allegorische Rechtsstreit um Verdammung oder Erlösung des Menschen verläuft hier in zwei großen Abschnitten, deren jeder wiederum in zwei eng aufeinander bezogene Szenen unterteilt ist. Der erste Abschnitt umfaßt zwei einander ähnliche Beratungen himmlischer Mächte über den Menschen, die nach dem (Bühnen-)Ort des Geschehens herkömmlicherweise als *Procès de Paradis* bezeichnet werden[855]. Erst der zweite Abschnitt enthält den eigentlichen *Procès de l'Homme,* der sich über zwei nach verschiedenem Recht urteilende Instanzen erstreckt und an dem der Mensch als Angeklagter teilnimmt.

Die hier skizzierte Handlungsstruktur läßt sich auch in der Moralité *L'Homme juste* aufzeigen. Der *Procès de Paradis,* auch hier auf zwei Szenen verteilt[856], entspricht mit geringen Abweichungen im Figurenbestand[857], über weite Strecken sogar Wort für Wort, der Darstellung in *L'Omme pecheur.* Ihm folgt das *Jugement de l'Ame devote,* das bei einigen Veränderungen im allegorischen Detail in seiner Figurenkonstellation und in seinen wesentlichen Handlungszügen einer Aneinanderreihung der beiden Szenen des *Procès de l'Homme* entspricht[858]. Die Wiedergabe des allegorischen Rechtsstreits ist also in beiden Stücken im wesentlichen gleich.

---

854 Die Vorstellung von dem durch Christus getilgten Sündenregister dürfte auf Col. 2,14 »delens quod adversus nos erat chirographum decreti« zurückgehen.

855 Ihnen geht eine weitere himmlische Szene voraus, in der u. a. Justice divine auftritt, die aber nach ihrem Handlungsverlauf noch nicht zum *Procès de Paradis* gerechnet werden kann (fol. a iiii^v–a vi^v).

856 *1. Szene*: fol. s vi^r–v ii^r; *2. Szene*: fol. B ii^v–B v^v.

857 Statt Raison und Entendement treten Raison, Congnoissance und Bon Vouloir auf; Maladie wird zuerst durch die drei natürlichen Übel Adversité, Necessité und Povreté, in der zweiten Szene durch La Terre ersetzt; außerdem ist die Gruppe der himmlischen Instanzen hier um Divine Bonté, Sapience divine und Divin Vouloir vermehrt. Die Gesamttendenz im Vergleich mit *L'Omme pecheur* ist deutlich auf Erweiterung gerichtet. Cf. dazu auch die himmlische Einleitungsszene in *L'Homme juste*, fol. c i^v–c v^r.

858 fol. H iiii^r–L iiii^v. Hier eine kurze Zusammenfassung des Inhalts dieser Szene: Justice ruft zur Gerichtsverhandlung über die arme Seele auf, bei der Sathan wie üblich als Ankläger fungiert. L'Ame devote hat selbst in einem Bündel zwei Bücher mit der Aufschrift *Bien* bzw. *Mal* mitgebracht. Als Justice jedes von ihnen in eine Waagschale legt, zeigt sich, daß das Buch mit den bösen Werken schwerer wiegt als das andere. Daraufhin wird die Seele von Justice zum ewigen Tod verdammt. In ihrer Not wendet sie sich an Misericorde und fleht ver-

Auch *Le Gouvert d'Humanité* enthält in vergleichsweise einfacher und wenig prozessual anmutender Form das Handlungsgerüst eines *Procès de l'Homme*[859], und selbst die himmlische Beratungsszene in der Moralité *Les Blasphemateurs,* in der die »Leitinstanzen« Justice divine und Misericorde nicht dramatisch personifiziert werden, ist bei näherer Betrachtung ihres Handlungsverlaufs unschwer als *Procès de Paradis* zu erkennen[860].

Die Vorgeschichte dieses Motivkomplexes, bei dem aus dem Relationenmotiv der 'Töchter Gottes' eine Streit- oder Prozeßhandlung hervorgewachsen ist, ist verhältnismäßig gut erforscht[861], so daß ich mich hier auf wenige Angaben beschränken kann. Ausgangspunkt der Entwicklung ist Ps. 84 (85), 11:

> Misericordia et veritas obviaverunt sibi;
> justitia et pax osculatae sunt.

Die Begegnung der vier Personifikationen wird von einigen mittelalterlichen Theologen, entgegen dem ursprünglichen Sinn der Psalmstelle, als Auseinandersetzung zwischen den höchsten Attributen Gottes um die Notwendigkeit der Menschwerdung Christi mit anschließender Versöhnung der

---

schiedene Heilige sowie Nostre Dame um Fürbitte an. Nostre Dame tritt vor Gott für die arme Seele ein und erhält darauf von ihm »grace de Dieu en façon d'une lectre seellee comme ung pardon« (fol. L iv). Sie gibt den Brief an Misericorde weiter; diese legt ihn zu den guten Werken in die Waagschale, die dadurch schwerer wird als die Gegenseite. Für die Ame devote bedeutet dies Freispruch. – Die Reihenfolge der Instanzen (erst Justice, dann Misericorde) ist also dieselbe wie in der entsprechenden Szene von *L'Omme pecheur*, nur die Einzelheiten der allegorischen Fiktion sind variiert.

[859] vv. 1572–1684: Als Humanité sich nach seinem zweiten Sündenfall erneut bei den bösen Instanzen befindet, tritt unvermittelt Justice divine auf, verkündet ihm den ewigen Tod und ergreift ihn, um ihn der Strafe zuzuführen. Da erscheint im letzten Augenblick Misericorde und bittet um Milde. Justice divine gewährt Strafaufschub, wenn Humanité sich bekehrt. Misericorde ruft den Menschen zur Buße auf, der er sich, sichtlich erleichtert, unterwirft.

[860] fol. I iiii^{r}–K iii^{r}: Sathan und Behemoth erscheinen vor dem Crucifix und bitten im Namen von »Justice et Equité« (fol. K ii^{r}) um die Verurteilung der Sünder. Marie plädiert dagegen für »sainte Misericorde« (*ib.*). Le Crucifix schiebt die Verdammung auf, erlaubt aber den Teufeln, Guerre, La Mort und Famine über die Sünder zu bringen.

[861] Cf. A. Långfors, *Le thème des quatre filles de Dieu. Excursus bibliographique. Textes français de l'allégorie des quatre filles de Dieu, avec introduction*, in *Notices et extraits des manuscrits de la Bibliothèque nationale et autres bibliothèques*, publiés par l'Académie des Inscriptions et Belles-Lettres 42 (1933) pp. 172–282. Die einzelnen Etappen dieses Umformungsprozesses werden für die lateinische, englische und französische Tradition von H. Traver, *The Four Daughters of God*, Bryn Mawr 1907 (im Anhang versucht sie, ein Motivstemma zu erstellen), für die deutschen Belege neuerdings von E. J. Mäder, *Der Streit der 'Töchter Gottes'*, Bern, Frankfurt a. M. 1971 (hier auch weitere Literaturangaben) dargestellt. Zu den theologischen Aspekten cf. J. Rivière, *Le conflit des 'Filles de Dieu'*, in id., *Le dogme de la rédemption au début du moyen-âge*, Paris 1934, pp. 309–362; zur Ikonographie S. Chew, *The Virtues Reconciled*, Toronto 1947.

Gegner umgedeutet[862] und, wohl in Anlehnung an einen Midrasch zur Genesis, zu einer längeren allegorischen Handlung ausgeweitet[863]. In immer neuen Umgestaltungen tritt das Motiv in der lateinischen Erbauungsliteratur auf, wird im *Processus Belial* des Jacobus von Theramo (J. Palladini) mit der Darstellung des Jüngsten Gerichts verschmolzen und auch von der volkssprachlichen episch-didaktischen Literatur – *Le Chasteau d'amour* von Robert Grosseteste, *La Vie de Tobie* von Guillaume le Clerc, *Les quatre Sereurs* von Richard de Fournival (?), Maerlants *Merlijn, Le Pelerinage de l'Ame* und *Le Pelerinage de Jesucrist* von Guillaume de Deguileville etc. – übernommen [864]. Durch seine dramatische Anlage begünstigt, gelangt der Töchterstreit im 15. Jahrhundert auch auf die Bühne, und zwar sowohl im Mystère[865] wie auch in der Moralité, hier allerdings nur in einer verkürzten Variante, bei der die traditionelle Vierergruppe Misericordia, Veritas, Justitia und Pax reduziert ist auf die theologisch und dramatisch entscheidende Opposition von Justice divine und Misericorde[866], des Gegensatzpaares also, das – nicht personifiziert, sondern als begrifflich-ideelle Grundlage – unter anderem auch die Rechtsvorstellungen Dantes entscheidend geprägt hat[867].

Die Auseinandersetzung zwischen den 'Töchtern Gottes' ist sicher das bekannteste, aber nicht das einzige in den Formen eines Rechtsstreits ablaufende Handlungsmotiv.

In der *Moralité des quatre Elemens* entsteht aus der Weigerung von La Terre, den Leib des Menschen nach dessen Tod aufzunehmen, ein Streit zwischen den vier Elementen, der nach Anhörung der Parteien durch ein theologisch wohlbegründetes Urteil des Richters geschlichtet wird[868]. Das ver-

---

862 Zu den theologisch bedenklichen Momenten dieser Umdeutung cf. Mäder, *Streit*, pp. 14, 131 sq.

863 Besonders relevante Texte sind in diesem Zusammenhang die *Adnotationes elucidatoriae in quosdam psalmos David*, cap. 63, des Hugo von St. Viktor (*PL* CLXXVII, col. 623–625), der *Sermo I in annunciatione dominica* des Bernhard von Clairvaux (*Opera* V, rec. J. Leclercq et H. Rochais, Romae 1968, pp. 13–29) und eine anonyme Parabel des 12. Jahrhunderts, die unter den Homilien Bedas überliefert ist (*PL* XCIV, col. 505). Cf. dazu Traver, *Daughters*, pp. 11–18; Mäder, *Streit*, pp. 9–30.

864 Näheres bei Traver, *Daughters*, pp. 29–78 (andere nicht-dramatische Versionen: *ib.*, pp. 147–162) und Mäder, *Streit*, pp. 30–83.

865 Darüber ausführlicher unten in Kapitel VII,1.

866 In der englischen Morality *The Castle of Perseverance* ist die Vierzahl der Töchter Gottes hingegen erhalten. Cf. dazu Traver, *Daughters*, pp. 135–138.

867 Cf. dazu H. Friedrich, *Die Rechtsmetaphysik der Göttlichen Komödie. Francesca da Rimini*, Frankfurt a. M. 1942 (Das Abendland. 6).

868 fol. C i^{v}–C v^{v}. Die Streitenden haben sich vorher ausdrücklich auf eine mündliche Verhandlung geeinigt:

L'Air:

Voulons nous mestre par escript?

Le Feu:

Nennil, plaidons de vive vois (fol. C ii^{v}).

wandte Motiv des allegorischen Rangstreits ist zweimal vertreten: in der Moralité *Le Ventre et les Jambes* als Auseinandersetzung zwischen dem Magen und den Gliedern und in *Le Pelerinage de vie humaine* als Streit zwischen Nature und Grace de Dieu. In beiden Fällen kommt eine außergerichtliche Einigung der Kontrahenten zustande[869].

Die Beliebtheit des Rechtsstreits als Handlungsschema erklärt sich wohl nicht zuletzt aus der juristischen Vorbildung vieler Autoren. Ganz deutlich wird dieser Zusammenhang für die *Condamnacion des Bancquetz* des *professor utriusque juris* Nicolas de La Chesnaye[870]. Hier schließt sich an den Überfall durch die Krankheiten ein Strafverfahren gegen Soupper und Bancquet an, das bis ins Detail den prozessualen Gepflogenheiten der Zeit nachgebildet ist[871]. Es endet mit einer Verurteilung der Übeltäter, einem Handlungselement, das auch in *Langue envenimee* angedeutet ist[872].

Selbst die Auseinandersetzung der guten und bösen Mächte um den Menschen, meist im Bild eines Kampfes dargestellt, wird gelegentlich als Prozeß aufgefaßt, nachdem schon im *Procès de l'Homme* der Teufel als Ankläger des Menschen gegen Misericorde bzw. Marie aufgetreten ist. So hat etwa die Begegnung zwischen Cognoissance und Malice in der *Moralité d'Aulcun* den Charakter eines Rechtsstreits[873], und auch die *Moralité de Charité* stellt

---

[869] Zum Verlauf des Streits cf. oben p. 132 sq.

[870] Belege bei É. Fournier, *Théâtre*, p. 216.

[871] fol. m iiii^r–q i^r. Bonne Compaignie, Passetemps und Accoustumance, die Überlebenden beim Massaker, rufen Dame Experience um Gerechtigkeit an. Diese läßt durch ihre Diener Secours, Sobresse, Clistere, Pillule, Saignie und Remede die Übeltäter Soupper und Bancquet festnehmen und macht ihnen den Prozeß. Sie gestehen ihre Taten, nachdem die medizinischen Gutachter Ypocras, Galien, Avicenne und Averroys ihre Gefährlichkeit bestätigt haben. Das Geständnis wird protokolliert, um in allem »forme de procés« (fol. O iii^v) einzuhalten. Nach längerer Beratung verkündet Experience das Urteil: Soupper darf sich Disner auf nicht mehr als sechs Meilen nähern, was im Strafantrag von Avicenne so entschlüsselt wird:

> C'est qu'entre eulx fault ordonner
> Six heures par digestion (fol. p i^v);

ferner sollen ihm Bleigewichte an die Arme geschmiedet werden,

> Affin que principallement
> Il ne puist si legerement
> Servir de boire et de manger (*ib.*).

Bancquet wird zum Tod durch den Strang verurteilt und hingerichtet. – Als Beleg für die juristische Sprache cf. besonders das Urteil (fol. p iiii^r–p iiii^v).

[872] Hier wird die Titelgestalt vom Erzengel Michel im Auftrag Gottes verurteilt (fol. E iiii^v).

[873] Die erste Auseinandersetzung wird von Aulcun ausdrücklich als »procés« bezeichnet (fol. 109^v), und auch die zweite erhält durch Floskeln wie »je m'y oppose« (fol. 154^r) oder »j'en appelle« (fol. 156^r) eine juristische Färbung.

durch das verwendete Vokabular den Kampf zwischen Charité und Tricherie in einen juristischen Rahmen[874].

In den zuletzt gegebenen Belegen zeigt sich die Tendenz, den ursprünglich zum Ausdruck einer bestimmten Konstellation gezielt verwendeten allegorischen Rechtsstreit zum beliebig einsetzbaren Handlungs- und Ausdrucksschema für agonales Bühnengeschehen zu entleeren[875]. Es ist nicht verwunderlich, daß er in dieser ausgeweiteten Funktion mit dem Nachbarmotiv des allegorischen Kampfes verschmilzt.

3. Privations- und Restitutionsmotive

Unter diesem Sammeltitel fasse ich eine Reihe von Handlungsmotiven zusammen, die die Aufhebung eines als Mangel empfundenen Zustandes darstellen und allegorisch deuten. (Teilweise wird auch die Genese des Mangelzustands dramatisch ausgeführt, meist aber nur berichtet oder als bekannt vorausgesetzt.) Dieses Grundschema kann durch verschiedene aus der äußeren Wirklichkeit übertragene Bilder ausgefüllt werden. Ihre Anzahl ist nicht prinzipiell, wohl aber durch den Erfahrungshorizont von Autor und Zuschauer und zudem wohl durch eine lückenhafte Überlieferung begrenzt. Ich beschränke mich hier auf die Wiedergabe einiger besonders häufig gebrauchter Bilder, um anhand dieser Paradigmata das dem Motivtypus zugrunde liegende Darstellungsschema zu erhellen.

Gefangenschaft und Befreiung. – Die allegorische Relation 'Zwangsherrschaft von bösen Instanzen über den Menschenvertreter' wird in einigen Szenen in dramatische Handlung umgesetzt. L'Homme mondain wird gegen Ende seines Lebens nacheinander von allen Todsünden und Lastern mit einem Strick gebunden[876] und, vielfach gefesselt, als Gefangener an Perdition überstellt[877]. Dort legen ihm Desesperance und Malle Fin eine Schlinge

---

[874] Cf. etwa Charité: »Adjourné l'ay devant Raison / Ou devant nostre seur Justice, / Qui pugnition bien propice / En fera, si tu la veulx croire« (fol. C ii^r^); Tricherie: »S'il est mestier, je playderay / Et demerray bien le procés« (fol. C ii^v^).

[875] Zu dieser Entwicklung cf. etwa F. W. Strothmann, *Die Gerichtsverhandlung als literarisches Motiv in der deutschen Literatur des ausgehenden Mittelalters*, Jena 1930 (Dt. Arbeiten d. Univ. Köln).

[876] *L'Homme juste*, fol. x v^v^–y iiii^v^.

[877] In einer Bühnenanweisung wird die Situation des Homme mondain anschaulich wiedergegeben: *Icy Maulvaise Voulenté tient l'Homme mondain d'ung costé et Obstination de l'autre, Larrecin tout au plus pres, qui tiennent le bout de leurs cordeaulx, l'Ange a costé dextre et le Dyable a senestre. Orgueil et tous les pechez et vices prennent chascun le bout de leurs cordeaulx, Infameté, Reproche, Desconfort et Impacience aprés les vices et s'en vont tous ensemble devers Perdicion* (*ib.*, fol. & iii^v^).

um den Hals[878] und überantworten ihn dem Tod. Ähnlich ergeht es dem bekehrungsunwilligen Finet: er wird von den ihn umgebenden bösen Mächten gefesselt, geschlagen, zum Galgen geschleppt und erhängt[879]. Die allegorische Funktion des Fesselungsmotivs – der bildhafte Ausdruck extremer metaphysisch-moralischer Unfreiheit des Menschen – ist ebensowenig zweifelhaft wie seine biblische Herkunft[880].

In den beiden bisher angeführten Beispielen wird der Übergang vom positiven zum negativen Zustand jeweils an dem Menschenvertreter dargestellt, der seiner Verdammnis entgegengeht; daher fehlt ihnen das Komplementärmotiv der Befreiung. Einen zentralen Platz hat es dagegen in der *Moralité [...] laquelle demonstre comment Jhesucrist est mis en prison pour racheter le Genre humain qui estoit en servitude et captivité en la prison de Peché mortel*. Der ausführliche Titel deutet bereits die Grundzüge des Handlungsverlaufs und seine Bedeutung an. Genre humain schmachtet seit dem Sündenfall im Gefängnis von Peché mortel[881]. Secret divin und Joyeulx Espoir besuchen ihn und verkünden ihm baldige Befreiung:

> Quelque jour, sans dilacion,
> Tu seras de ce mal delivre (fol. a iii^{r}).

Während Peché mortel mit der unmittelbar bevorstehenden Exekution des Gefangenen droht[882], begeben sich die beiden göttlichen Mächte zur Vierge und bitten sie um ihren Sohn, der allein Genre humain befreien könne. Schweren Herzens willigt sie ein, daß ihr Sohn mit Secret divin und Joyeulx Espoir wegzieht. Le Filz geht freiwillig ins Gefängnis, um stellvertretend die der sündigen Menschheit zugedachten Strafen zu erleiden, und eröffnet damit Genre humain den Weg in die Freiheit[883]. Seine Mutter sucht er mit dem Hinweis auf die Heilsnotwendigkeit seines Leidens zu trösten:

---

878 fol. A ii^{v} (Bühnenanweisung); cf. auch fol. C i^{v} »Il est lyé des pechez tous / Estroictement dedans leurs las«. Ähnlich in *Les quatre Elemens*, fol. B ii^{r} »Il est bien lyé de la chaine / De dame Paresse, seur d'Oiseuse«; hier fehlt aber die dramatische Ausführung.

879 *Les Enfans de Maintenant*, fol. E ii^{r}–F iii^{v}.

880 Hierher gehören Stellen wie II Reg. 22,6 »funes inferni circumdederunt me, praevenerunt me laquei mortis« oder Prov. 5,22 »Iniquitates suae capiunt impium, et funibus peccatorum suorum constringitur«; cf. auch Ps. 17 (18),6; 114 (115),3; 118 (119),110 und 139 (140),6.

881 Im Unterschied zu den bisher behandelten Stücken wird die Gefangennahme nicht auf der Bühne dargestellt, sondern nur im Bericht von Genre humain angedeutet:

> La laide laisarde,
> Felonne langarde,
> Qui mort, point et larde,
> M'a mis en ce point (fol. a ii^{r}).

882 »A mon gibet sera pendu, / Devant qu'il soit midy demain« (fol. a iiii^{v}).

883 Die beiden komplementären Akte werden auf der Bühne auch als solche sichtbar gemacht, wie die Bühnenanweisungen *Le Filz entre en prison* (fol. b iiii^{v}) und *Genre humain sort de prison* (fol. c i^{v}) zeigen.

Mere, la mort me fault souffrir
Pour delivrer l'Omme de mort (fol. c ii^r)[884].

Am Anfang der christlich bestimmten Tradition des Motivs 'Gefangenschaft und Befreiung' steht wohl die Rückführung des jüdischen Volkes aus der babylonischen Gefangenschaft, die schon in den prophetischen Schriften zugleich als Bild einer geistlichen Befreiung des Gottesvolkes aus schlimmer Lage verstanden wird[885]. Von hier aus ist nur noch ein kleiner Schritt zur figurativen Übertragung auf Christi Erlösungstat gegenüber dem 'in der Sünde gefangenen' Menschen[886]. In diesem Sinn wird das Motiv dann besonders in den Paulinischen Briefen verwandt und gelangt über Augustin und andere kirchliche Autoritäten in den allgemeinen christlichen Sprachgebrauch[887].

Blindheit und Erleuchtung. – Aus der allegorischen Gefangenschaft von Genre humain leitet sich durch Weiterspinnen des Bildes (*continua metaphora*!) ein zweites wichtiges Privationsmotiv ab. Der Gefangene ist im Kerker nicht nur der Freiheit, sondern auch des Lichts beraubt:

Privé d'eternelle lumiere
Et condempné en la taniere
De Mort, qui tout fine et consomme,
De Vie ay perdu la lumiere
Pour le mors d'une seulle pomme

(*Jhesucrist est mis en prison*, fol. a ii^v)[888].

---

884 Verschwiegen wird an dieser Stelle, daß *mort* und *mort* nicht dasselbe bedeuten: dem Menschengeschlecht drohte der Tod der Seele, d. h. die Verdammnis als Sündenstrafe, Jesus dagegen erleidet stellvertretend nur den natürlichen Tod, dem auch die gerettete Menschheit in der Zeitlichkeit noch unterworfen ist – ein Unterschied, der in anderen Moralités in der Ekphrasis der Instanz La Mort besonders herausgestellt wird, etwa in *L'Homme juste*, fol. E i^r und *L'Omme pecheur*, fol. & iiii^r. Die allegorische Darstellung gibt hier nur ein unzulängliches Bild eines begrifflich komplizierten theologischen Sachverhalts.

885 Cf. etwa Is. 45,13; 49,9.25; 61,1; Jer. 29,14; 31,23; 32,44; Am. 9,14.

886 Die Stelle Is. 61,1 wird bei Luc. 4,18 sq. frei zitiert und durch v. 21 »Quia hodie impleta est haec scriptura in auribus vestris« auf Christus übertragen.

887 Zu Paulus cf. etwa Rom. 7,23; II Cor. 10,5; Eph. 4,8; II Tim. 2,26. Ausführlich über die Entwicklung des Bildes informiert Ph. Haerle, *CAPTIVUS-CATTIVO-CHETIF. Zur Einwirkung des Christentums auf die Terminologie der Moralbegriffe*, Bern 1955 (Romanica Helvetica. 55); cf. hier vor allem die altchristlichen Belege pp. 17–31.

888 Er begrüßt daher den Befreier zugleich als Boten des Lichts:

O splendeur eternel, o cierge
Paree de clarté admirable!
[...]
Viens guarir le povre accident
De ceulx qui ont mort incurable
Et in ombra [sic] *mortis sedent*

(fol. b iiii^v; das Zitat folgt Luc. 1,79).

Bei der dramatischen Darstellung der Restitution tritt allerdings das Motiv 'ans Licht bringen' gegenüber dem dominanten Befreiungsmotiv zurück.

Er ist also aufgrund seiner ungünstigen Lage gleichsam blind. In einigen anderen Stücken wird die Genese dieser Einschränkung der Sinneswahrnehmung auch ohne Verbindung mit dem Bild des Gefängnisses in allegorische Handlung umgesetzt. Dem Negateur, der sich gegenüber allen Einflußversuchen der Eglise sperrt, werden von zwei Engeln die Augen verbunden[889]. L'Eglise erklärt ihm die geistliche Bedeutung seiner Behinderung:

L'en dit souvent, sans nulle doubte
Tel a beaulx yeulx qui ne voit goutte,
Qui par droicture ainsi s'entent
Que c'est peché qui le deboute
D'avoir la grace qui se boute
Es yeulx de son entendement (fol. H i^r)[890].

In *L'Homme juste* sind es die Lasterinstanzen Le Monde und Honneur mondain, die dem Sünder vor der Ankunft von Congnoissance und Raison zugleich Augen und Ohren verbinden[891]. Zur allegorischen Blindheit kommt hier noch die allegorische Taubheit[892]. Der gewünschte Erfolg läßt nicht auf sich warten. L'Homme mondain sieht und hört die beiden Tugenden nicht, so daß deren Initiative zu seiner Rettung wirkungslos bleibt. Als Perdition ihm die Binde von den Augen nimmt, erkennt er seine Verlorenheit und erschrickt[893], fällt aber bald in den Zustand der Verblendung zurück[894]. Auch die zweite Aufhebung der Blindheit, diesmal durch Adversité[895], führt nicht mehr zur Umkehr. Mit offenen Augen geht er der Verdammnis entgegen.

Eine echte Aufhebung der allegorischen Blindheit im Sinne einer Erleuchtung erfährt dagegen der Menschenvertreter Aulcun im gleichnamigen Stück, das sich auch dadurch auszeichnet, daß in ihm das Privationsmotiv nacheinander in seinen beiden Varianten – als Aufenthalt in einem dunklen Raum und als Gehen mit verbundenen Augen – auftritt. Aulcun betritt die *abbaye de Malice* und klagt über die dort herrschende Finsternis:

---

889 *Angeli cooperiant oculos negatorii(s)* (*Les Blasphemateurs*, fol. G iiii^v).

890 In der Folge zitiert L'Eglise Joh. 12,35 »Qui ambulat in tenebris, / nescit quo vadat« und bezieht diese Stelle auf den Negateur: »Je le dis pour ton estat, / que repute ort et apostat« (*ib.*). Der so Geblendete befindet sich also wie Genre humain in der Finsternis, nur die dramatische Realisierung des Motivs hat sich gewandelt.

891 Honneur mondain:

Tenez ce bendeau d'ung costé,
Qui l'aveuglera, com me semble,
Et luy fermera tout ensemble
Les oreilles, s'il n'est osté (fol. i iiii^r).

Cf. auch die entsprechende Bühnenanweisung fol. i iiii^v.

892 Zu diesem Bildbereich gehört auch das 'Weghören' des Homme mondain, sobald eine Tugend ihn anspricht (*ib.*, fol. i v^r, k i^v etc.). Im allgemeinen tritt das Taubheitsmotiv nicht so stark hervor wie das der Blindheit; es wird daher hier nicht besonders behandelt.

893 fol. l vi^r.

894 fol. r v^r.

895 fol. x i^v.

Ha, sancq bieu, qu'il y fait obscur!
Clarté n'y fait aparoir.
Si je n'avoye mon miroir,
Rien n'i voy, ou Dieu me fonde (fol. 114^r)[896].

Trotzdem läßt er sich von Malice überreden, seinen *miroir de Cognoissance* beiseitezulegen[897], und büßt damit seine moralische Sehfähigkeit ein. Um seine Blindheit doppelt sinnfällig zu machen, verbinden ihm später Puissance und Auctorité auch noch die Augen mit einem Tuch, angeblich um auf diese Weise zu verhindern, daß er weiter nach irdischen Gütern strebe[898]. Dieser Vorwand wird indessen durch die der allegorischen Handlung inhärente begriffliche Komponente – auch hier ist die allegorische Ambiguität wirksam – selbst widerlegt: die Blendung durch die Repräsentanten von Macht und Ansehen ist ja gerade ein Ausdruck seines Strebens nach irdischen Gütern, vor dem er angeblich bewahrt werden soll! Bald erscheint Maleureté und verdrängt die Repräsentanten irdischer Güter aus der Nähe von Aulcun, der diesen Umschwung lebhaft beklagt und eben dadurch auch im Unglück verblendet bleibt. Erst als ihm die Erkenntnis dämmert, innerweltliches Unglück sei kein wirklicher Verlust für die Seele, werden ihm von Cognoissance die Augen wieder aufgetan[899].

Auch zwei auffällige Privationsmotive der Moralité *L'Omme pecheur:* das Zurücktreten von Conscience hinter den Sünder und das Unsichtbarwerden des Schutzengels beim Sündenfall – Handlungen, deren statischer Aspekt schon untersucht worden ist[900] – lassen sich als Ausdruck einer vorübergehenden Einschränkung der Sinneswahrnehmung des Menschenvertreters unter dem Einfluß der Sündeninstanzen hier anschließen.

Die begriffliche Bedeutung des Blindheitsmotivs und seiner Aufhebung ist evident, nicht zuletzt dank der offen zutage tretenden biblischen Parallelen. Die allegorische Blindheit ist ein Bild für die Einschränkung der Erkennt-

---

[896] Die Stelle bereitet einige interpretatorische Schwierigkeiten: Bei engem syntaktischem Zusammenhang zwischen den Versen 3 und 4 wäre statt *voy* eher die Konditionalform *verroye* zu erwarten; syntaktische Trennung (Aposiopese in v. 3 und selbständiger Aussagesatz in v. 4) ist unwahrscheinlich. – Malice bemerkt im Anschluß an das obige Zitat, sie lese in dieser Finsternis ihre täglichen Meßgebete (Fortsetzung der *abbaye*-Fiktion). Darauf AULCUN: »Qui fait mal, il het la lumiere: / C'est une vraye auctorité« (*ib.*). Er entschlüsselt also dem Zuschauer die allegorische Bedeutung des Motivs.

[897] fol. 115^r.

[898] PUISSANCE:

Or est ainsi que le plaisir
Des choses que l'on peut choisir
En ceste machine presente,
Premier a nostre œil se presente.
Affin doncques que plus n'y tendez,
Vous en avez les yeulx bendez (fol. 138^v).

[899] fol. 151^v–154^r, besonders fol. 153^v.

[900] Cf. oben p. 148 sq.

nisfähigkeit gegenüber Gut und Böse[901]. Die *caecitas cordis* verschmilzt bildlich und begrifflich mit der Vorstellung der allegorischen Finsternis als eines Zustands der Unwissenheit und Sündhaftigkeit, besonders deutlich in der *Moralité d'Aulcun* [902]. Diesem Bildbereich steht bereits in biblischen und antiken Texten eine ausgedehnte Lichtmetaphorik gegenüber, bei der das Licht für positive Werte wie Erkenntnis, Wahrheit, Seligkeit eintritt, ja oft geradezu als bildliche Umschreibung des Namens Gottes verwendet wird[903]. Indem sowohl die Überwindung der Finsternis durch das Licht wie auch die Aufhebung der allegorischen Blindheit mit dem Bild der Erleuchtung (*illuminatio*) wiedergegeben werden, gehen die beiden Motivstränge auch in der Phase der Restitution ineinander über[904].

901 An biblischen Belegen cf. etwa Ps. 68 (69),24 (zitiert in Rom. 11,7); 113* (115),5; 134 (135),16 sq.; Is. 6,9; 29,10; Matth. 23,17.26; Marc. 3,5 »contristatus super caecitate cordis eorum«; 6,52 »erat enim cor eorum obcaecatum«; 8,17; Joh. 12,40; Rom. 11,25. Zur Patristik siehe den oben in Anm. 794 gegebenen Beleg aus Gregor d. Gr. – Cf. L. Cerfaux, *'L'aveuglement d'esprit' dans l'évangile de saint Marc*, in *Recueil L. Cerfaux*, t. II, Gembloux 1954, pp. 3–15.

902 Auch dies ist nicht etwa eine Erfindung der Moralité. Dieselbe Verschmelzung findet sich bereits Eph. 4,17 sq. »Hoc igitur dico, et testificor in Domino, ut jam non ambuletis sicut et gentes ambulant in vanitate sensus sui: *tenebris obscuratum habentes intellectum*; alienati a vita Dei, per ignorantiam quae est in illis, *propter caecitatem cordis ipsorum*« (Hervorhebung von mir). Das entscheidend Neue der Moralité ist die Überlagerung der beiden Bilder *als Elemente einer Bühnenhandlung*.

903 Hier eine Auswahl biblischer Belege: Ps. 35 (36),10; 42 (43),3; 88 (89),16; 106 (107),14 »Et [Dominus] eduxit eos de tenebris et umbra mortis, et vincula eorum disrupit« (mit dem Befreiungsmotiv gekoppelt); 111 (112),4; 118 (119), 105; Is. 9,2 »Populus qui ambulabat in tenebris, vidit lucem magnam; habitantibus in regione umbrae mortis, lux orta est eis« (mit geringen Änderungen zitiert in Matth. 4,16); Joh. 1,5.7–9; 8,12 »Ego sum lux mundi; qui sequitur me non ambulat in tenebris, sed habebit lumen vitae«; 9,5; 12,46 etc.; II Cor. 6,14; Eph. 5,8–13 (die Christen als »filii lucis«); I Thess. 5,4 sq.; I Joh. 2,8. Aus der klassischen Antike sei hier nur auf die Lichtmetaphorik am Ende des 6. und Anfang des 7. Buchs von Platons *Politeia* hingewiesen.
Literatur: C. Baeumker, *Witelo. Ein Philosoph und Naturforscher des XIII. Jahrhunderts*, Münster 1908 (pp. 357–514; reiche Belegsammlung); S. Aalen, *Die Begriffe 'Licht' und 'Finsternis' im Alten Testament, im Spätjudentum und im Rabbinismus*, Oslo 1951; W. Beierwaltes, *Lux intelligibilis. Untersuchungen zur Lichtmetaphysik der Griechen*, Phil. Diss. München 1957; H. Blumenberg, *Licht als Metapher der Wahrheit. Im Vorfeld der philosophischen Begriffsbildung*, in *SG* 10 (1957) pp. 432–447; C. J. Claßen, *Sprachliche Deutung als Triebkraft platonischen und sokratischen Philosophierens*, München 1959 (Zetemata. 22), pp. 53–56; ferner M. Lettner, *Bildersprache*, pp. 23–49.

904 Ps. 26 (27),1 »Dominus illuminatio mea et salus mea«; Ps. 145 (146),8 »Dominus illuminat caecos«; Luc. 1,79; Joh. 1,9; Eph. 1,18. Besonders enge Verbindung der beiden Restitutionsvorstellungen Is. 29,18 »Et audient in die illa surdi verba libri, et *de tenebris et caligine oculi caecorum videbunt*« (Hervorhebung von mir). Zur Aufhebung der Blindheit (und Taubheit) cf. auch Is. 35,5; 42,7 (zusammen mit dem Befreiungsmotiv); 42,18–20; Luc. 4,19. – Näheres zur Illuminationslehre Augustins bei R. Jolivet, *Dieu soleil des esprits ou la doctrine augustinienne de l'illumination*, Paris 1934.

Krankheit und Heilung. – In der Moralité *Jhesucrist est mis en prison* ist dem Befreiungs- und Erleuchtungsmotiv eine dritte allegorische Restitution überlagert: die 'Heilung von der Sündenkrankheit'. Ausgangspunkt des Krankheitsbildes ist die Vorstellung, Genre humain habe sich durch den Genuß des verbotenen Apfels im Paradies einen körperlichen Schaden zugezogen. Secret divin untersucht ihn und stellt ihm nach den medizinischen Anschauungen der Zeit die Diagnose:

Par trois choses grant maladie
En corps humain prent son estanc:
Par froidure, par gourmandie
Et par corruption de sang.
Tu es plus froit que marbre blanc.
Dieu qui rechauffe et enlumine
Les cieulx, ne vient point sur ton banc,
Plain d'ordure et puente vermine.
Adam qui menga sans famine
La pomme dont j'ay fait recorps –
S'en as, comme je determine,
De tresmauvais sang en ton corps (fol. a iii^v^).

Heilung soll ihm nach alten Prophezeiungen eine Blume bringen, die einem Zweig (*verge*[905]) aus der Wurzel Jesse entsprossen ist. Das traditionelle messianische Bild nach Isaias 11, 1 wird hier in die medizinische Sphäre übertragen und zu einem größeren allegorischen Komplex ausgesponnen[906]. Genre humain bittet nun seine Helfermächte Secret divin und Joyeulx Espoir inständig, ihm diese wunderbare *medecine* zu beschaffen.

---

[905] Das Wort wird traditionsgemäß etymologisierend als *Vierge*, die Jungfrau Maria, gedeutet.

[906] SECRET DIVIN:

[...] une fleur,
Issue de l'arbre de Jessé,
Garira ta griefve douleur.
Mais il fault que la fleur soit meure
Et que de presser on s'aquitte
Tant le jus que rien n'y demeure,
Car fleur et feuille tout prouffite.
Et mais qu'elle soit bien confite
En huile de Misericorde,
Tu seras de ton meschef quitte,
Paix auras a Dieu et concorde (fol. a iiii^r^).

Das Auspressen der heilenden Blume meint offenbar Christi Passion, der Saft bedeutet das dabei vergossene Blut. Die Wendung *confite en huile de Misericorde* beruht wohl auf einer Rekonkretisierung des fig. Ausdrucks *confit en* 'tout pénétré de qch, qui est dans les grandes pratiques de (p. ex. doctrine, malice etc.)', der zur Abfassungszeit des Stücks bereits bekannt ist (Erstbeleg nach *FEW* II/2, p. 1032: R. Estienne 1538; cf. Huguet II, p. 431), im Sinne von afr. mfr. *confire* 'préparer, composer (une liqueur, une sauce, etc.)' oder, in spezieller Verwendung, 'traiter des fruits avec un liquide, avec du sucre pour les conserver' (*FEW* II/2, p. 1031 s. v. *conficere*). Über die ästhetische Qualität dieser *continua metaphora* mag der Leser selbst entscheiden.

Sie machen sich auf die Suche. Nature, bei der sie zuerst vorsprechen, kann dem Menschen mit den ihr zur Verfügung stehenden irdischen Heilmitteln – *oingnement, fin cirotz et basme* (fol. b i[v]) – nicht helfen und meint bedauernd:

> Sa maladie est incurable.
> C'il estoit mon frere germain,
> C'est il en dangier miserable.
> [...]
> Je le tiens comme habandonné
> Des plus grans medecins du monde *(ib.).*

Die Prophezeiungen von einer überirdischen Medizin sind ihr unverständlich.

Secret divin und Joyeulx Espoir gehen weiter und finden das Gesuchte, aber nicht etwa in der Fortsetzung des medizinischen Bildes als Sachallegorien *verge* und *fleur*, sondern personal als La Vierge und Le Filz, d. h. Maria und Christus[907]. Von dieser Stelle an tritt das Bild der Krankenheilung in der dramatischen Handlung ganz zurück und taucht nur noch gelegentlich im Text auf[908]. Die Bühnenhandlung wird bis zum Ende des Stücks überwiegend vom Befreiungsmotiv getragen.

Es braucht wohl nicht besonders hervorgehoben zu werden, daß die Überlagerung der beiden Motive unbefriedigend gelöst ist. Dies gilt auch für die dramatische Realisierung des Heilungsmotivs selbst. In der christlichen Tradition entspricht dem geläufigen Bild der Sündenkrankheit gewöhnlich die Vorstellung von Gott (Christus) als Arzt[909], die sich etwa im

---

[907] Zwar finden sich noch Anspielungen auf das Bild der *verge*, so im Marienlob von SECRET DIVIN:

> Je voy en ce vergier plaisant
> La vierge d'Arron florissant,
> La vierge de Jessé issant,
> La varge Moyse fort disne [= digne],
> Le lis entre espines croissant,
> La fleur du champ replendissant
> Et la rossette guarissant
> Gens de morsure serpentine (fol. b iii[r]),

aber in der Bühnenrealität geht es ausschließlich um La Vierge als Person.

[908] GENRE HUMAIN: »Viens guarir le povre accident / De ceulx qui ont mort incurable« (fol. b iiii[v]); LE FILZ: »La fleur suis meure et espanye, / Qui te donra certain secours. / [...] / Tu as esté remply tousjours / De mauvais sang, mais les humains / Auront de mon sang le grant cours« (fol. c i[r]). Christus *spricht* hier zwar in medizinischer Terminologie, *handelt* aber als Befreier, d. h. in einem anderen allegorischen Bild.

[909] Ex. 15,26 »ego enim Dominus sanator tuus«; cf. auch Deut. 32,39; Job 5,18; Ps. 6,3; 40 (41),5; 59 (60),4; 102 (103),3; 146 (147),3; Is. 53,5; 57,18; Jer. 17,14; 30,12–17; 33,6; Os. 6,2; 7,1; Matth. 9,12; Marc. 2,17; Luc. 5,31 etc. – Literatur zu den biblischen Belegen: J. Hempel, *Heilung als Symbol und Wirklichkeit im biblischen Schrifttum*, Göttingen 1958; zu Augustin: R. Arbesmann, *The Concept of 'Christus medicus' in St. Augustine*, in *Traditio* 10 (1954) pp. 1–28 und *Christ the 'Medicus humilis' in St. Augustine*, in *Augustinus Magister*, t. II,

Deutschen in der Bezeichnung Christi als 'Heiland' niedergeschlagen hat. Durch die unglückliche Verbindung des allegorischen Heilungsmotivs mit der Pflanzenmetaphorik von Is. 11, 1 tritt dagegen im vorliegenden Stück an die Stelle des *Christus medicus* das Bild von Christus als *medecine*, also eine Sachallegorie, die mit der dramatischen Funktion Christi als Bühnenperson (Le Filz) nicht in Einklang zu bringen ist.

In anderen traditionellen *Moralités religieuses* ist der Motivkomplex 'Krankheit und Heilung', soweit ich sehe, nicht zum Handlungselement entwickelt worden.

Schlaf und Erweckung. – Als letztes Motiv aus dieser Reihe sei noch das Bild der 'Erweckung aus dem Sündenschlaf' kurz betrachtet. Als Einschränkung der Sinneswahrnehmung wird der allegorische Schlaf gern an das Motiv der allegorischen Taubheit angeschlossen.

Bien advisé, Mal advisé zeigt die beiden Repräsentanten des Menschen bei Franche Voulenté. Während Bien advisé sich mit ihr unterhält, legt Mal advisé sich nieder und schläft ein[910]. Dadurch entgehen ihm ihre Informationen und Ratschläge, so daß er sich später für den falschen Weg entscheidet. – Während der Bußpredigt des Religieux in der *Moralité de Charité* schlafen Le Riche avaricieux und Jeunesse ein, so daß sie ihn nicht hören können[911]. Dadurch versäumen sie den Augenblick der möglichen Umkehr und werden verdammt.

Das Komplementärmotiv der Erweckung wird in höchst unterschiedlichen Bedeutungen gebraucht. »Dea, j'ay sommeil, mon cueur [!] s'en dort«[912], ruft Le Blasphemateur unvermittelt aus, legt sich nieder und schläft ein. In seinem geistigen Schlaf wird er von Sathan zum Fluchen verführt. Als später alle betrunken eingeschlafen sind, werden sie von Sathan und Behemoth zu neuem Fluchen wieder geweckt[913]. In *Le Gouvert d'Humanité* vergißt der Menschenvertreter nach seiner ersten Umkehr die Lehren

---

Paris 1954, pp. 623–629; P. C. J. Eijkenboom, *Het Christus-Medicusmotief in de preken van Sint Augustinus*, Assen 1960; zu Prudentius: F. Kudlien, *Krankheitsmetaphorik im Laurentiushymnus des Prudentius*, in *Hermes* 90 (1962) pp. 104–115; zu Origenes: M. Lettner, *Bildersprache*, pp. 61–95; zur außerbiblischen Tradition: H. Ruess, *Gesundheit – Krankheit – Arzt bei Plato. Bedeutung und Funktion*, Phil. Diss. Tübingen 1957 (bes. pp. 28–34, 74–94 und 121–144).

910 *Mal advisé fait semblant a dormir* (Bühnenanweisung fol. a iii^{v}).

911 Le Riche avaricieux:

Pourtant je ne l'ay point ouy,
Car certes, je me suis endormy
Trestout au long du preschement.

Jeunesse:

Et moy aussi, par mon serment,
Je n'y ay oncques esveillé (fol. F ii^{v}).

912 *Les Blasphemateurs*, fol. A iii^{v}.

913 fol. D iiii^{r}–D iiii^{v}.

von Caresme und Remort de conscience und schläft ein[914]. Von Temptation wird er wieder geweckt[915] und erneut zum Sündigen gebracht.

Hier bedeutet die Erweckung aus dem Schlaf nicht die Aufhebung des sündigen Zustands, sondern geradezu dessen Bekräftigung[916]. Nur unter dem Einfluß der Erkenntnisinstanzen kommt es zu einer Erweckung, die dem Schlafmotiv auch von der Bedeutung her entgegensteht.

Ein Beleg dafür findet sich in der Moralité *Les quatre Elemens*. Sathan rühmt sich, den Sündenschlaf über den Menschen gebracht zu haben:

> J'ay tant soufflé que l'Homme dort
> Avec sa Plaisance mondaine (fol. B ii^r)[917].

Raison versucht ihn aufzuwecken; aber er bleibt noch längere Zeit benommen – *estourdis* und *pensifz*[918] –, bis er durch die Einwirkung von Congnoissance endlich vollständig erwacht und sich bekehrt.

In *L'Omme pecheur* wird das Motiv des Sündenschlafs und seiner Aufhebung nur in der Rückschau kurz erwähnt[919]. *Jhesucrist est mis en prison* spielt insofern auf das Motiv an, als die Krankheit von Genre humain gelegentlich als eine Art Schlafsucht oder Lethargie aufgefaßt wird[920]; die Erweckung ist aber ebensowenig wie in *L'Omme pecheur* als solche dramatisch ausgestaltet.

Auch die Allegorie von Schlaf und Erweckung ist christliches Gemeingut. Als Beispiele erwähnt seien hier neben einigen biblischen Belegen[921] vor allem Augustins berühmte Schilderung seines geistigen Schlafs in den *Confessiones* (8, 7, 12)[922] und die Unterscheidung der verschiedenen Arten des

---

914 *Icy se dort Humanité* (Bühnenanweisung nach v. 1374).

915 v. 1399.

916 Zum Teil dürfte die Erweckung einfach auf dramatisch-technischen Erfordernissen beruhen. Da der schlafende Menschenvertreter (im Unterschied zum gefangenen, blinden oder kranken) vollkommen handlungsunfähig ist, muß dieser Zustand vom Autor möglichst kurz gehalten und auf die Zeit beschränkt werden, in der eine andere Figur (etwa der komplementäre Menschenvertreter) die dramatische Handlung trägt.

917 Das Schlafmotiv hat in diesem Kontext einen sexuellen Nebensinn, der zum Seitenmotiv 'Begegnung mit Luxuria-Instanzen' (cf. den folgenden Abschnitt) hinüberführt.

918 fol. B iii^r, B iiii^v.

919 CONSCIENCE nach der Bekehrung des Omme pecheur: »Plus ne sera si endormy / com il a esté longuement« (fol. z ii^v).

920 JOYEULX ESPOIR bei der Diagnose seiner Krankheit zu Genre humain: »Vous avés la chere endormye; / Je ne vis oncques nulle telle« (fol. a iii^v). Ähnlich fol. b iii^v »Genre humain est endormy / Puis cinq mil ans en servitude«.

921 Prov. 6,9 »Usquequo, piger, dormies? quando consurges a somno tuo?«; 20,13; Matth. 24,42; 25,13, 26,40–43; Marc. 13,35; 14,37–41; Luc. 12,37; 21,36; 22,45 sq.; Rom. 13,11; I Cor. 11,30; 16,13; Eph. 5,14 »Surge, qui dormis, et exsurge a mortuis, et illuminabit te Christus«; I Thess. 5,6; I Petr. 5,8 u. a.

922 *Somnus* und *morbus* erscheinen dort nebeneinander zur Bezeichnung desselben Seelenzustands. – Zur Verbindung von Schlaf- und Krankheitsmetaphorik in

Schlafs in den *Sermones in Cantica canticorum* Nr. 51 und 52 des Bernhard von Clairvaux[923].

Dem Leser ist sicher nicht entgangen, daß sich die im vorliegenden Abschnitt behandelten Motive auf vielfältige Weise überlagern und durchdringen können. Dies ist in der Tradition vorgebildet. An der schon mehrfach angeführten Stelle Luc. 4, 18 sq. lesen wir:

> Spiritus Domini super me, propter quod unxit me, evangelizare pauperis misit me, *sanare contritos corde, praedicare captivis remissionem, et caecis visum*[924].

In diesem Isaias-Zitat[925] sind auf engstem Raum mehrere – nicht unbedingt allegorische, aber jederzeit allegorisierbare – Restitutionsmotive ('Heilung', 'Befreiung', 'Erleuchtung') nebeneinandergestellt, ähnlich wie in der Moralité *Jhesucrist est mis en prison* der sündige Zustand der Menschheit zugleich als Gefangenschaft Blindheit, Krankheit und Schlaf aufgefaßt wird. Und doch bestehen zwischen den beiden Arten der Bilderhäufung tiefgreifende Unterschiede. Während die biblischen Bilder durchaus gleichgewichtig nebeneinanderstehen und sich gegenseitig nicht beeinträchtigen, gewinnt im Zusammenhang der allegorischen Bühnenhandlung ein Motiv, hier die Befreiung aus der Gefangenschaft, das Übergewicht und drängt die konkurrierenden Vorstellungen aus der Haupthandlung in Episoden und bloße metaphorische Wendungen zurück. Wo dies längere Zeit nicht gelingt – wie im Fall des Heilungsmotivs –, wo also verschiedene Bilder unabhängig voneinander allegorisch weitergesponnen werden, kann es zwischen ihnen leicht zu Ungereimtheiten und Störungen der Bildharmonie kommen.

4. Instanzenspezifische Motive

Die bisher dargestellten Handlungsmotive sind stark konventionalisierte Bilder, die je nach den Erfordernissen der einzelnen Stücke durch verschiedene, begrifflich oft weit auseinanderliegende Bühnenfiguren dramatisch ausgefüllt werden. So können die verschiedenartigsten Instanzen auf dem allegorischen Stationenweg des Menschenvertreters auftauchen oder zum Kampf

---

der allegorischen Lethargie cf. W. Schmid, *Philosophisches und Medizinisches in der »Consolatio« des Boethius*, in *Festschr. B. Snell zum 60. Geburtstag*, München 1956, pp. 113–144 (Erwecker und Heiland ist hier freilich nicht Christus, sondern die Philosophie).

923 *Opera* II, rec. J. Leclercq, C. H. Talbot et H. M. Rochais, Romae 1958, pp. 83–95; bes. *Sermo* 52,3 (*ib.*, p. 91 sq.).

924 Hervorhebung von mir.

925 Is. 61,1. Die hervorgehobene Passage lautet hier (in der Vulgata-Fassung): … »ut mederer contritis corde, et praedicarem captivis indulgentiam, et clausis apertionem«.

gegeneinander antreten. Einige Motive sind nicht in dieser Weise beliebig verwendbar, sondern zeigen eine starke Affinität zu bestimmten Instanzen oder begrifflich eng zusammengehörenden Instanzengruppen, die ihnen vom Bildgehalt her nahestehen. Die wichtigsten Motive dieses Typus werden im vorliegenden Abschnitt zusammengefaßt.

Die Begegnung mit Gula und Luxuria. – Das Weltleben des Menschen wird in der personifizierenden Darstellung der *Moralité religieuse* gewöhnlich als Zusammentreffen des Menschenvertreters mit Sündeninstanzen wiedergegeben. Dabei heben sich die Begegnungen mit Luxure und Gloutonnie sowie den ihnen verwandten Instanzen deutlich von den übrigen ab. Sie werden oft zu besonderen Szenen mit instanzenspezifischen Handlungskonventionen ausgestaltet. Da solche Luxuria- und Gula-Szenen in mehreren Stücken ineinander übergehen, werden die beiden Motive hier gemeinsam behandelt.

Ausgangspunkt für alle dramatisierten Begegnungen des Menschenvertreters mit Luxuria ist die allegorische Liebesrelation, die aber durch das Wesen der beteiligten Instanz in sehr spezifischer Weise eingefärbt und dementsprechend in die dramatische Handlung umgesetzt wird. Die einfachste, noch kaum zur dramatischen Szene entwickelte Form, Kuß und Umarmung, findet sich in der *Moralité de Charité*[926] und in *L'Homme et le Ciel*[927]. Der Verfasser des Stücks *Les quatre Elemens* geht einen Schritt weiter und stellt auch den Vollzug der körperlichen Liebe auf der Bühne dar. Szenische Bemerkungen fehlen; das Geschehen ist aber aus der unmißverständlichen Einladung der beteiligten Luxuria-Instanz Plaisance mondaine an den Menschenvertreter[928] leicht zu erschließen und wird außerdem von einem nicht minder eindeutigen Kommentar des genüßlich zuschauenden Teufels begleitet:

Faictes bien devoir, benignette
Aplaniez cest homme fort,
Dormés a bras et crassinette (fol. B ii^{r}).

Das Stück *Les Enfans de Maintenant* ist in diesem Punkt zurückhaltender, erweitert aber dafür die Begegnung der beiden *enfans* mit Luxure durch das Motiv des allegorischen Tanzes[929] und eine längere Glücksspielszene, in deren Verlauf die *enfans* all ihr Geld an ihre allegorische Geliebte verlie-

---

926 fol. B iiii^{r}–B iiii^{v} (Jeunesse – Tricherie).

927 p. 106 (L'Homme – La Chair).

928
Aurez vous bon temps, que vous semble?
Et puis le lict, la courtinette ...
Et affin que on y assemble
Le galant et la godinette ... (fol. B ii^{r}).

929 fol. D ii^{r}.

ren[930]. Nachdem Malduict rechtzeitig die Gefahr erkannt und die Gesellschaft verlassen hat, spielt Finet allein weiter, verpfändet sein Kleid, verliert es und wird – begrifflich konsequent – zu Honte gebracht[931].

Die für die Gattung typische Koppelung von Luxuria- und Gula-Motiven zeigt in verhältnismäßig einfacher Form *Le Gouvert d'Humanité*. Der Repräsentant der Menschheit küßt Luxure und setzt sich mit ihr zu Tisch. Peché mortel trägt Wein auf und empfiehlt die Freuden der Luxuria:

> Cartes, dez, aussi jeux de tables.
> *Luy monstre Luxure*
> Et ses tetins tant delectables
> Pour vous deduyre a vostre ayse (vv. 326–328).

Jetzt beginnt ein großes Gelage, das aber durch das Dazwischentreten von Remort de conscience gestört wird[932]. Der Neigung des Stücks zur Motivverdoppelung entsprechend, wird auch die Luxuria-Szene mit kleinen Veränderungen später in verkürzter Form wiederholt[933] und diesmal von Justice divine unterbrochen.

In den großen *Moralités religieuses* ist die Begegnung mit Gula und Luxuria, wie zu erwarten, noch breiter ausgestaltet, enthält aber im wesentlichen dasselbe motivische Material.

L'Omme pecheur läßt die dramatische Sonderrolle von Luxure gegenüber den anderen Hauptsünden besonders stark hervortreten. Nachdem Le Pecheur die gesamte Sündenskala einschließlich Luxure durchlaufen hat[934], wird er von Concupiscence, Pechié und Sensualité erneut zum *siege de Luxure* geführt[935]. Nach Liebesbeteuerungen und Kuß[936] folgt eine längere Würfelspielszene, an der auch Luxures Dienerin Finete und die vier *empeschemens* teilnehmen[937]. Der allegorisch-bedeutsame Hintergrund dieser nur auf den ersten Blick (im modernen Wortsinn) »realistisch« wirkenden Szene wird durch eine vorausgehende Erklärung des Teufels unterstrichen, in der er den Zahlenpunkten der Würfel einen negativen Sinn unterlegt:

---

[930] fol. D iii^r–E^r. Die Hinzufügung des Spielmotivs zur Luxuria-Handlung wird allegorisch motiviert durch die gemeinsame Beziehung zum begrifflich allgemeineren Laster der *oysiveté*: als »fille d'Oyseuse« (fol. D ii^v) hat Luxure eine natürliche Affinität zum Glücksspiel als reinstem Ausdruck des sündigen *divertissement*: »Les jeux que j'aime soubz la nue, / Se [= Ce] sont les jeux d'oysiveté« (fol. E iii^r).

[931] fol. E^v–E ii^v.

[932] v. 359 sqq.

[933] vv. 1966–1971. Die Lasterinstanzen sind um die Gestalt Erreur vermehrt; das Tanzmotiv wird neu eingeführt.

[934] fol. g^r–h iiii^v.

[935] Bühnenanweisung fol. k ii^r.

[936] fol. k iiii^v.

[937] fol. k vi^r–l ii^v. Der Spielverlauf ist dem der *Enfans de Maintenant* analog: Le Pecheur büßt seine gesamte Habe ein.

Quant au regart du premier point,
– comme il est pointé, vous appere –
c'est en despit de Dieu le Pere;
Le second point, je vous affis,
en despit du Pere et du Filz;
Les points de la ternité
en despit de la Trinité [etc.] (fol. k v^v^)[938].

Nach dem Spiel begibt sich Luxure mit ihrem Liebhaber ins Haus von Orgueil zu einem Mahl, das durch einen gemeinsamen, vom Gastgeber angeführten Tanz beschlossen wird, bei dem Luxure und Finete den Sünder in ihre Mitte nehmen. Die Anordnung der Tänzer, die in einer Bühnenanweisung ausdrücklich festgelegt ist[939], stellt also eine Art allegorischer Choreographie dar.

L'Homme juste bringt die traditionellen Szenen des Gula-Luxuria-Komplexes in eine andere Reihenfolge und vermehrt die Zahl der daran beteiligten Instanzen. Am Anfang steht hier ein *bancquet de Gloutonnie*[940], in seiner strengen Sitzordnung ein getreues Bild der religiös-moralischen Lage des Sünders[941]. Im Verlauf des Mahls gewinnt das Bild 'Essen und Trinken' gegenüber der statisch-allegorischen Figurenkonstellation immer mehr Eigengewicht. Die Instanz Gloutonnie tritt stärker in den Vordergrund; L'Homme mondain betrinkt sich und beginnt zu singen, »comme yvrongnes font en une taverne«[942]. Nach Aufhebung der Tafel weist Folle Plaisance den Sünder auf die günstige Gelegenheit hin, bei Luxure *charnel plaisir*[943] zu suchen. Diese hat inzwischen zusammen mit Paresse und La Chair – *en une chambre dans la maison de Perdicion*[944], wie eine Bühnenanweisung zur Verdeutlichung des allegorisch-moralischen Kontexts präzisiert – ein Bett bereitet. Nach ausführlich dargestelltem Beilager[945], einer Szene, die im religiös-

---

938 Cf. dazu den Exkurs XVI: *Zahlensprüche* in E. R. Curtius, *Europäische Literatur*, pp. 499–502.

939 *Notez que Orgueil en l'ordre des dances doit estre premier, et puis aprés Luxure et Finete qui tiendront le Pecheur* (fol. l vi^v^).

940 fol. p iiii^v^–p vi^v^.

941 *Icy Perdicion s'assiet tout au bout de la table et l'Homme mondain avecques elle, le Monde d'ung des costez auprés de l'Homme au hault bout, Oultrecuydance, Liberté et Ignorance aprés le Monde. Et de l'autre costé au hault bout sera Orgueil, Luxure, Gloutonnie, Paresse, Envie, Ire, Symonie, Usure et Larrecin aprés. Et Folle Plaisance, Prodigalité, Mauvaise Voulenté et Obstinacion servent avec Tromperie, l'Ange et le Dyable seront derriere l'Homme mondain* (fol. p v^r^).

942 fol. p vi^r^. 943 fol. p vi^v^. 944 fol. q i^v^.

945 fol. q ii^v^ sq.; cf. bes. die Bühnenanweisungen. Diese Liebesumarmung hat übrigens in der Sterbeszene des Homme juste eine antithetische Parallele. Hier spricht Bonne Fin zum Homme juste:

De moy auras tous bons appuys,
Car tout bien je te vueil brasser
Et des ceste heure t'embrasser
Et entre mes bras te tenir.

didaktischen Theater vor der rigoristischen Wendung der Reformationszeit offenbar nicht als anstößig empfunden wird, wird das Zechgelage im Bett fortgesetzt, und Luxure läßt sich vom Homme mondain ihre Liebesdienste mit reichen Geschenken entgelten. Den Abschluß der Luxuria-Handlung bildet die traditionelle Glücksspielszene[946], an der hier Prodigalité und Tromperie mitwirken. Wegen eines Täuschungsvorwurfs geraten Tromperie und L'Homme mondain in Streit. Die Szene endet mit einer Prügelei, bei der der Menschenvertreter den kürzeren zieht. Dem Glücksspiel ist nicht wie in *L'Omme pecheur* eine besondere allegorische Zusatzbedeutung unterlegt. Die Einführung von Tromperie bringt ein neues, fast farcenhaft wirkendes Handlungselement mit sich, durch das die Szene sich inhaltlich weit von der eigentlichen Luxuria-Handlung entfernt[947].

In *Bien advisé, mal advisé* wird dieser Weg konsequent weiterverfolgt. Die Begegnung mit Luxuria ist hier in ein Wirtshaus verlegt, so daß die sekundären Motive (Trinken, Spiel, Schlägerei) noch stärker hervortreten[948]. Die Luxuria-Instanz Houllerie fungiert als *taverniere*. Ihr Eingreifen in die Handlung beschränkt sich auf ein Gespräch mit Mal advisé; eine dramatisierte Liebesbeziehung ist nicht entwickelt[949]. Dem Zechgelage des Mal advisé mit Folie und Hoquellerie folgt ein Würfelspiel, bei dem er sich am Geld seiner Kumpane vergreift und daraufhin von ihnen verprügelt und beraubt wird. Besonders dieser sehr bewegte Szenenschluß wird klar von der Instanz Hoquellerie, nicht mehr von Houllerie bestimmt[950].

La Condamnacion des Bancquetz steht ganz im Zeichen der Gula. Dem entspricht der große Stellenwert des Handlungsmotivs 'Essen und Trinken',

---

Icy Bonne Fin prent l'Homme juste entre ses bras et seront tous deux couchez a plat de terre (fol. G iiii^r^).

946 fol. r i^r^–r iii^v^.

947 Das Motiv des allegorischen Tanzes, das sich an diese Szene anschließt (cf. die Bühnenanweisung fol. r v^v^) und später noch mehrfach erscheint (etwa fol. s i^r^, s ii^v^), steht nicht mehr in unmittelbarem Zusammenhang mit der Luxuria-Handlung. Die Laster tanzen, weil sie sich des Homme mondain in seiner Verblendung sicher sind.

948 fol. c i^v^–c iiii^v^.

949 Auch hier ist der Tanz der Laster kein Teil des Luxuria-Motivs, sondern Ausdruck ironischer Trauer, d. h. Freude über die Verlorenheit des Sünders. LARRECIN:

> Il faut dire la chantepleure
> A Mal advisé qui cy est.
> Or ça, mes seurs, or commenson:
> Prenez de la et moy de ça.
> [...]

Adonc font une dance (fol. e vi^r^–e vi^v^).

950 Die äußere Lebendigkeit dieser beiden allegorischen Instanzen darf nicht mit wirklicher Individualität verwechselt werden. Houles Bemerkung zu dieser Szene: »Some of the *dramatis personae* represent real people (Hoquellerie and Houllerie mentioned above)« (*A Comparative Study*, p. 39) ist geeignet, ein solches Mißverständnis zu bestärken.

das sich in drei längeren Gastmahlszenen[951] konkretisiert. Dabei treten die Gula-Instanzen Disner, Soupper und Bancquet als Initiatoren der szenischen Einheiten auf, die ihren begrifflichen Namen dramatisch nachbilden, machen also das im modernen Wortsinn weithin »realistisch« wirkende Bühnengeschehen als allegorische Veranstaltung erkennbar.

Auch in der *Moralité des Blasphemateurs* steht neben dem Zentralmotiv des Fluchens die Sünde der Gula auf weite Strecken[952] im Mittelpunkt der dramatischen Handlung, aber nicht als personifizierte, innerhalb der allegorischen Fiktion auftretende Instanz, sondern nur als begriffliches Substrat einer Reihe von Bühnenszenen, in denen fünf menschliche Figuren sich exzessiv dem Essen und Trinken hingeben. Es ist nicht verwunderlich, daß diese Handlungen weniger »instanzengesteuert« und damit fürs unmittelbare Zuschauen auch weniger allegorisch erscheinen als die entsprechenden Szenen der *Condamnacion des Bancquetz*. Das gilt auch für die kurze in das Gelage eingefügte Luxuria-Handlung, die sich von denen der vorher behandelten Stücke auf bezeichnende Weise unterscheidet. Briette geht mit dem Filz de l'Injuriateur hinaus »soubz le houx / Pour lever ung peu ma chemise«[953]. Ein Handlungsmotiv, das seinen allegorischen Charakter wesentlich der Teilnahme der verursachenden Instanz verdankt, wird hier ganz in den menschlichen Bereich gezogen und damit weitgehend entallegorisiert. Selbst das Zentrallaster des Fluchens wird ohne besondere Bildkonventionen – wie etwa eine besonders ausgestaltete Begegnung mit einer Blasphemie-Instanz – unmittelbar, eben durch häufiges Fluchen der Menschenvertreter, auf der Bühne dargestellt. In der *Moralité des Blasphemateurs* sind die instanzenspezifischen Motive ihrer allegorischen Züge so weit entkleidet, daß andere allegorische Indizien – für die Gastmahlszene beispielsweise das Dazwischentreten der Personifikation L'Eglise[954] – herangezogen werden müssen, um den bildlich-exemplarischen Charakter auch dieser Teile des Bühnengeschehens zu retten.

Zusammenfassend läßt sich sagen: Die instanzenspezifischen Handlungsmotive unterlegen verschiedenen aus der äußeren Wirklichkeit bekannten Handlungen einen allegorischen Sinn, indem sie sie in dramatischer Form auf personifizierte Instanzen beziehen. Entscheidend für den Bildgehalt der Handlungsmotive ist das Wesen der Instanzen, mit denen sie in Beziehung gesetzt werden[955]. Für die Instanzen Gula und Luxuria hat sich ein verhält-

---

[951] fol. i vi^{r}–k ii^{r}, k iii^{v}–k v^{v}, l ii^{r}–m ii^{r}.

[952] fol. B iiii^{v}, C i^{v}–D i^{v}, D iiii^{v}–F ii^{r}.

[953] fol. E ii^{r}.

[954] fol. C ii^{r} sq., C iiii^{r}, E iiii^{v}–F ii^{v}.

[955] Instanzenspezifische Handlungsmotive stellen also eine Übertragung der allegorischen Darstellungskonvention, nach der die personifizierten Instanzen mit den ihrem Namen entsprechenden Eigenschaften ausgestattet werden, auf die Ebene der dramatischen Handlung dar: die Instanz *handelt* auf der Bühne so, wie ihr begrifflicher Name sagt.

nismäßig fester Fundus von Handlungsmotiven herausgebildet. Allerdings bestehen von einem Stück zum andern beträchtliche Unterschiede im allegorischen Gehalt der Motive. Er ist dann am größten, wenn *alle* Handlungsmomente auf einen von der daran beteiligten Instanz begrifflich ableitbaren allegorischen Sinn verweisen. Wächst sich die Handlung nach der ihr innewohnenden Eigendynamik weiter aus, ohne daß dies durch besondere allegorische Sinngebungsakte begründet oder wenigstens zusätzlich gerechtfertigt wird (wie beispielsweise das Würfelspiel in *L'Omme pecheur* durch die Würfelallegorie), so verliert sie an Bedeutsamkeit, wird also weniger allegorisch. Ist kein Bezug zu einer sinngebenden dramatischen Instanz mehr erkennbar, ist die Sphäre des Allegorischen verlassen. In diesem Sinn nimmt der allegorische Gehalt des Gula-Luxuria-Handlungskomplexes von *L'Omme pecheur* über *L'Homme juste*, *Bien advisé, Mal advisé* und *La Condamnacion des Bancquetz* zu *Les Blasphemateurs* deutlich ab.

Der Mensch auf dem Rad der Fortuna. – Stark vom Wesen der beteiligten Instanzen geprägt ist die Begegnung zwischen den Repräsentanten des Menschen und Fortuna. Die lange Tradition der Gestalt und ihrer Sachallegorie braucht hier nicht rekapituliert zu werden; sie ist im wesentlichen bekannt[956]. Hier interessiert ausschließlich, wie in der *Moralité religieuse* auf dieser Grundlage eine dramatische Handlung aufgebaut wird. Dies geschieht in zwei Stücken: in *Bien advisé, Mal advisé* und *L'Homme juste.*

Bien advisé, Mal advisé führt eigens für die Fortuna-Szene[957] vier zusätzliche Menschenvertreter ein, die *estas du Monde* Regno, Regnabo, Regnavi und Sine regno. Sie setzen sich nacheinander in kreuzförmiger Anordnung auf die *roue de Fortune*, wie es die Abbildung fol. g iii^r^ zeigt: oben sitzt Regno und trägt eine Krone – zum Zeichen, daß er im Augenblick in Macht und Ehren steht, seitlich mit dem Gesicht nach oben Regnabo, nach unten Regnavi, ganz unten Sine regno. Indem nun Fortune das Rad um eine Vierteldrehung weiterbewegt, ändern die darauf befindlichen Menschenvertreter ihre Lage: Regnabo gelangt in die Position von Regno, dieser auf die Seite, wo sich vorher Regnavi befunden hat, etc. So geschieht es unter Freudenbekundungen der aufsteigenden und Klagen der fallenden *estas* exemplarisch viermal, bis die Ausgangslage, die den Namen der Figuren entspricht, wieder erreicht ist. Die Handlung versinnbildlicht in höchst eindrucksvoller dramatischer Form die Wandelbarkeit irdischer Herrschaft durch die Macht der Fortuna. Bien advisé, der diese Szene bisher nur von außen verfolgt hat, gibt überraschend seine passive Haltung auf und versucht, den vier *estas* die Narrheit ihres Vertrauens auf Fortuna vor Augen zu führen[958]. Regnavi und Sine regno, wegen ihrer augenblicklichen Ohnmacht weltverneinendem

---

[956] Cf. oben Anm. 386.
[957] fol. g ii^{v}–h iiii^{v}.
[958] fol. h i^{r}–h i^{v}.

Rat eher aufgeschlossen, steigen daraufhin vom Rad herab[959] und gehen mit Bien advisé zu Confession, die ihnen die Absolution erteilt, und schließlich zu Bonne Fin; Regno und Regnabo dagegen hoffen weiter auf die Gunst der Fortuna, bis sie von den Lastern schließlich zwangsweise vom Rad geholt, zu Malle Fin gebracht und dort von der Seele des inzwischen getöteten Mal advisé erwürgt werden[960].

Die Moralité *L'Homme juste* modifiziert das Motiv auf zweifache Weise: indem sie den Handlungsgang unterbricht und ihn später neu einsetzen läßt; indem sie zum andern auf die Einführung zusätzlicher Menschenvertreter verzichtet, statt dessen den Homme mondain von Anfang an aktiv an der Handlung beteiligt und diesen somit stärker ins Stück integriert. In der ersten Szene[961] wird L'Homme mondain mit verbundenen Augen zu Fortune geführt. Le Monde und Fortune setzen ihn auf den höchsten Punkt des allegorischen Rades; Orgueil und Honneur mondain nehmen zu seinen Seiten auf dem Rad Platz[962], reichen ihm eine Krone und huldigen ihm. Dann steigen alle vom Rad herunter, um dem Homme mondain die Welt in ihrer Vielfalt zu zeigen. Perdition hebt seine Verblendung auf und läßt ihn seine schlimme moralische Lage erkennen[963]. Es folgen jetzt die schon referierten Gula- und Luxuria-Szenen. Die durch das verlorene Kartenspiel eingetretene materielle Not wird durch Usure und Symonie wieder behoben; die Verblendung setzt wieder ein und mit ihr die zweite Fortuna-Szene[964]. L'Homme mondain, Orgueil und Honneur mondain nehmen wieder ihre Plätze auf dem Rad der Fortuna ein. Während die Aufmerksamkeit sich vorübergehend anderen Schauplätzen zuwendet, bleibt L'Homme mondain triumphierend in seiner hohen Stellung bis zur Ankunft von Adversité. Gemeinsam mit Fortune setzt diese das Rad in heftige Bewegung, so daß die darauf Sitzenden herunterfallen und am Boden liegen *comme gens tous effroyez*[965]. Darauf werden dem Homme mondain die Augen geöffnet.

Bei einem Vergleich der Realisierung des Fortuna-Motivs in beiden Stücken zeigt sich, daß sich aus den oben angedeuteten äußeren Modifikationen auch Unterschiede in der allegorischen Bedeutung ergeben. In der Version von *Bien advisé, Mal advisé* nimmt das eigentlich dynamische Moment, die Veränderung der Positionen auf dem Glücksrad, im Verhältnis zur Länge der gesamten Fortuna-Handlung einen breiteren Raum ein als in *L'Homme juste*, wo vor allem die erste Szene mehr ein aus der allegorischen Näherelation abgeleitetes statisches Bild – der Sünder mit seinem Hochmut

---

959 fol. h i^{v}.
960 fol. h iiii^{r}–h iiii^{v}.
961 fol. k iiii^{r}–l i^{v}.
962 Man beachte die Näherelation.
963 fol. l vi^{r}.
964 fol. r v^{r}–s i^{r}, v v^{v}–v vi^{v}.
965 fol. v vi^{v}.

und seinen weltlichen Ehren in der Gunst der Fortuna – darstellt als eine wirklich dramatische Handlung. Durch die mehrfach wiederholte geringe Lageveränderung des Rads, die jeden der vier Menschenvertreter nacheinander alle möglichen Positionen im Verhältnis zur irdischen Macht durchlaufen läßt, gewinnt das Wirken der Fortuna im ersten Stück einen gesetzmäßig-evolutionären Anstrich, während im zweiten durch die einmalige starke Drehung des Glücksrads, die den Fall des Homme mondain aus großer Höhe ins tiefe Unglück nach sich zieht, mehr das Plötzliche, Abrupte ihres Wirkens betont wird. Die erste Realisierung des Motivs entspricht eher der distanzierten Betrachtung eines abwägenden Zuschauers, die zweite der spontanen Identifizierung eines vorwiegend emotional angesprochenen Zuschauers mit seinem auf der Bühne agierenden Ebenbild.

Gemeinsam ist beiden Versionen der im Vergleich mit dem Gula-Luxuria-Komplex stark allegorische Charakter der Fortuna-Handlung, der in *L'Homme juste* noch durch die Koppelung mit dem ebenfalls leicht als allegorisch erkennbaren Motiv 'Verblendung und Erleuchtung' unterstrichen wird. Die Handlung baut so unmittelbar auf dem in vielen literarischen und bildlichen Darstellungen vorgeprägten allegorischen Topos des Rades der Fortuna auf, daß ihre Verweisungsfunktion auf eine jenseits der Bühnendarstellung liegende Bedeutung nie in Frage steht.

Die Lehrinstanzen beim Unterricht. – Wie die Liebesrelation ist auch die Lehrer-Schüler-Relation in einigen Stücken zum Ausgangspunkt einer dramatischen Handlung gemacht worden.

Als Lehrerin des Bösen tritt in der *Moralité d'Aulcun* die Instanz Malice in einer Unterrichtshandlung auf. Nachdem Aulcun wegen des Erwerbs von Puissance und Auctorité an sie herangetreten ist, verspricht sie ihm sofortige Unterweisung in dieser Materie:

> Mon filz, je te vouldroye aprandre
> La forme et la subtilite,
> Par laquelle d'Auctorité
> Pourras user a ta plaisance.
> [...]
> Nous yrons en nostre couvent,
> Et la te liray si souvent
> Mon art digne et aprecié
> Que tu seras licencié,
> Avant qu'il soit une sepmaine (fol. 113^r–113^v).

Diese Aussicht lockt Aulcun. Er besieht sich ihre *escolles*, eine Art pervertierter Klosterschule[966], und läßt sich dort als Schüler aufnehmen. Zur allge-

[966] Zur Motivgeschichte des allegorischen Klosters cf. R.D. Cornelius, *The Figurative Castle. A Study in the Medieval Allegory of the Edifice with Especial Reference to Religious Writings*, Phil. Diss. Bryn Mawr College (Penns.) 1930, pp. 49–57.

meinen Einführung belehrt sie ihn ausführlich über das Schulgebäude, die *abbaye de Malice*, und über die Sündeninstanzen, denen sie als Äbtissin vorsteht[967]. Dann folgt die Unterweisung in dem gewünschten Lehrstoff. Um Aulcun die Mühen eines langen ordentlichen Studiums zu ersparen, empfiehlt ihm Malice einen Schnellkurs nach einem besonderen, von ihrer Schwester Fraude verfaßten Lehrbuch (*breviaire*). Nach den Lehrsätzen dieses Buches gibt sie dem Schüler sogleich einige konkrete, aber in allegorisch-personifizierende Form gekleidete Anweisungen, wie er durch Betrügereien aller Art zu Puissance und Auctorité gelangen könne[968]. Aulcun verspricht, das Lehrbuch aufmerksam zu lesen. Als er sich nach einer kurzen Zwischenszene wieder mit Malice trifft, beherrscht er den Lehrstoff theoretisch vollauf, so daß er jetzt darangehen kann, gemeinsam mit seiner Lehrerin das Gelernte in die Praxis umzusetzen[969]. Damit leitet der Text zu einem neuen Handlungsmotiv über.

In *Le Cuer et les cinq Sens* bildet eine allegorische Schulstunde den Mittelpunkt der gesamten Handlung. Gott gibt der Lehrinstanz Raison sechs Schüler:

Cuer, Tast, Langue, Flair, Oeil, Oÿe,
Affin que ma doctrine bonne
Par toy, Raison, d'eulx soit oÿe (vv. 6–8).

Raison teilt jedem Schüler seine spezifische Lektion mit, warnt sie alle vor der »male escole d'iniquité« und übergibt ihnen ein kleines Lehrbuch mit den *X commans*[970]. Kaum hat sie sich einen Augenblick aus dem Schulraum entfernt, kümmern sich die Schüler nicht mehr um ihre Ermahnungen. Als sie zurückkommt, findet sie den Raum voll Unrat[971]. Auf das Zeugnis von Conscience hin, die in der Abwesenheit der Lehrerin die Aufsicht geführt hat, bestraft Raison den Schüler Le Cuer als Hauptübeltäter, ohne die fünf anderen dabei zu vergessen. La Langue, auch La Bouche genannt, muß den Schulraum wieder von Unrat befreien, begrifflich ausgedrückt: 'durch die Beichte muß der Mensch sich wieder von seinen Sünden reinigen' – eine Deutung, die vom Kommentar der Figur Conscience nachdrücklich bestätigt

---

[967] fol. 115v–118r.
[968] fol. 120r–126r. Hier ein Beispiel:

Se volonté as de regner
En court de grant preheminence,
Quiers la devant, comme je pense.
Tu trouveras qu'il [= le breviaire] te devise
Que tu doiz user en Faintise
Et de Dissimulacion [etc.] (fol. 122r–122v).

[969] fol. 127v–128r.
[970] vv. 15–26, 28, 49.
[971] v. 103 sq.

wird[972]. Das Stück schließt mit einer langen Bußpredigt von Conscience an die einzelnen Sinne.

Die Moralité *Les Enfans de Maintenant* enthält gleich mehrere Unterrichtsszenen, an denen sowohl gute wie böse Instanzen als Lehrer mitwirken. Das Motiv spielt hier wohl nicht zuletzt deshalb eine zentrale Rolle, weil es sich, wie eine Bemerkung des Epilogs vermuten läßt, um ein Schulstück handelt[973]. Zum besseren Verständnis des Zusammenhangs zwischen den einzelnen Szenen sei der Handlungsverlauf des Stücks, soweit er das Unterrichtsmotiv betrifft, kurz dargestellt.

Die *enfans* Finet und Malduict werden auf Anraten des Bon Advis von ihren Eltern Maintenant und Mignotte zur Lehrinstanz Instruction gegeben, damit sie einen ordentlichen und vor allem einträglichen Beruf erlernen. Instruction bietet ihnen eine bunte Auswahl möglicher Lehrstoffe an:

Je leur apprendray voulentiers
Partie de ce que je sçay:
S'ilz veullent sçavoir l'A. B. C.
Ou le Psaultier ou le Donnet[974],
Les enseignemens Cathonnet[975],
Les acteurs Boece et Thobie,
Logicque et poeterie,
Le droit civil ou canonicque
Ou aultre mestier mecanique,
Comme masson ou charpentier,
Couvreur ou bourssier ou gantier,
[...]
Prennent celluy qui leur plaira;
Je leur apprendray loyaulment (fol. A iiii^r).

Mignotte, deren Reden zum Teil farcenhafte Züge tragen, wünscht zuerst, ihre Kinder sollten alle Wissenschaften und Gewerbe auf einmai erlernen, reduziert ihre Berufserwartungen dann auf »prelat d'Eglise« und »juge ou advocat«[976] und erklärt schließlich in aller Bescheidenheit:

---

972 Bien va: le Cuer gemist et pleure
Et la Langue, a yceste heure,
Met hors abhominacion,
Par entiere confession.
Certes ainsi fault nettoyer
Souvent l'escole et baloyer
A l'yaue de contriction,
Venir a reparacion
Par ferule et discipline,
Et par ainsy tout mal se fine (vv. 141–150).

973 »L'acteur est encor apprenant / Qui a cest œuvre composee« (fol. G iiii^v). Auch R. Lebègue bezeichnet das Stück als »œuvre d'écoliers« (*Tragédie*, p. 149).

974 Wohl die *Ars minor* des Donatus; cf. E. R. Curtius, *Europäische Literatur*, pp. 53 und 58–64.

975 Der Spruchdichter Cato aus dem 3. Jh. n. Chr., der ebenfalls zu den Schulautoren gehörte; cf. *ib.*, pp. 59–61.

976 fol. A iiii^v.

Nous voulissons tant seullement
Que ilz apprissent bien a lire
Et dedans les livres escripre
Et a parler grec et latin –
Et tout dedans lundy matin (fol. A iiii^{v}).

Schließlich einigt man sich auf ein solides Handwerk, und der Unterricht kann beginnen. Doch kaum hat Instruction den Schülern etwa über die Notwendigkeit von Züchtigungen erzählt, läßt deren Lerneifer merklich nach[977], und sie verlassen ihren Lehrmeister schon nach der ersten Unterrichtsstunde. Ähnlich geschieht es in der Schule von Discipline[978]. Schließlich gelangen sie in die Schule von Jabien, dessen Lehrangebot – »A jouer a cartes et detz / En tous les ars de Tromperie, / De Finesse et de Mocquerie«[979] – ihnen besser zusagt. Bei ihm wollen sie Unterricht nehmen. Unter Berufung auf ein Lehrbuch mit dem Titel *liber perditionis* gibt Jabien seinen Schülern folgende Verhaltensregeln:

Faictes tousjours contentz et noyses.
Regnier Dieu debvez et sainctz
Pour une espingle et pour moins;
Et qui vous vouldra corriger,
Ne vous tenez point de frapper,
Et qui vouldra a vous combatre,
Pour ung soufflez baillez en quatre (fol. C iiii^{r}).

Finet und Malduict beweisen ihre Gelehrigkeit, indem sie fluchen und obszöne Verse in makkaronischem Latein aufsagen. Jabien ist über die Kenntnisse der beiden *escolliers de malle doctrine*[980] hoch erfreut und erklärt sie feierlich zu Magistern[981]. Finet setzt die hiermit beendete Lehre später bei Desespoir fort, während Malduict zu Instruction und Discipline zurückkehrt und seine früher abgebrochenen Studien bei ihnen wieder aufnimmt[982].

---

[977] FINET:

Sire, nous n'avons point appris
D'estre en tel subjection.
Nous n'avons point l'intention
D'estre long temps a voz escolles (fol. B ii^{r}).

[978] fol. C ii^{r}.

[979] fol. C iii^{r}.

[980] fol. D^{v}.

[981] »Soyez maistres, enfans Jabien, / En mal prouffit allez, amen, / Et tousjours me portez honneur« (*ib.*).

[982] MALDUICT:

Instruction, il me desplaist
Que l'aultre foys vous refusay
Et vostre doctrine prins n'ay.
Donnez la moy, je vous en prie (fol. F iiii^{r}–F iiii^{v}).

Instruction empfiehlt ihm darauf »ung petit livre / Qui [= Que] fist aultre foys Cathonnet« (fol. F iiii^{v}) und schickt ihn weiter zu Discipline. Nachdem er von dieser gezüchtigt worden ist (fol. G ii^{v}), kleidet er sich als ihr *escolier* ein (fol. G iiii^{r}). Sie lehrt ihn Sprüche der Autoritäten und gibt ihm Verhaltensmaßregeln fürs Leben.

Vergleicht man den Unterricht der Lehrinstanzen mit den beiden vorher behandelten instanzenspezifischen Motiven, so zeigt sich, daß der allegorische Charakter der Schulszenen relativ stark ausgeprägt ist. Dies liegt hier nicht so sehr daran, daß die Handlung von einem allgemein bekannten allegorischen Bild getragen wird, wie etwa die Fortuna-Handlung vom Bild des Glücksrades, als vielmehr an der Tatsache, daß in den Unterrichtsszenen mehrere eindeutig als allegorisch erkennbare Seitenmotive verwendet werden: das allegorische Buch (*liber perditionis*)[983], die auf Personifikationen beruhende Lebensregel etc. Besonders stark allegorisiert ist die Schulstunde in *Le Cuer et les cinq Sens*, wo die allegorische Bedeutung von Lehrern und Schülern, Lehrbuch und Lehrstoff, Verschmutzung und Säuberung des Schulraums etc. nicht nur aus den begrifflichen Namen der mitwirkenden Instanzen vom Zuschauer erschlossen werden muß, sondern zum Teil im Text ausdrücklich genannt wird. So stellt etwa Raison ihren Schülern für gute Leistungen einen akademischen Grad in Aussicht – »Le chancelier vous maistri(s)era«[984] – und fügt sogleich erklärend hinzu: »C'est Dieu qui vous glorifiera«[985]. Die dramatische Personifikation tritt also selbst aus der allegorischen Fiktion (hier: 'Schule') heraus und unterlegt ihr einen geistlichen Sinn. Dagegen ist in der ersten Instruction-Szene der *Enfans de Maintenant* die allegorische Differenz zwischen Fiktion und Bedeutung deutlich reduziert, am auffälligsten in der im Zitat wiedergegebenen Aufzählung des Lehrangebots von Instruction: die hier genannten Berufe und Wissenschaften haben keinen besonderen, jenseits der Fiktion liegenden Sinn, so daß nur noch der überindividuelle Charakter der beteiligten Bühnenfiguren die Szene vor dem Hinübergleiten ins Unallegorische, im modernen Wortsinn »Realistische«, bewahrt.

5. Handlungsrelevante *vers ambigus*

Das Phänomen, daß eine bildliche Darstellung neben ihrer Bildkomponente eine Bedeutungskomponente enthält, die von der ersteren durch die sogenannte allegorische Differenz getrennt ist, bezeichne ich in dieser Untersuchung als allegorische Ambiguität. Sie ist ein tragendes Prinzip jeder allegorischen Darstellung, nicht zuletzt auch des personifizierenden Theaters. Allegorische Ambiguität auf der Stufe der dramatischen Handlung besagt, daß sich ein Element der Bühnenhandlung neben seinem vordergründigen Bildgehalt bei Anwendung des richtigen exegetischen Schlüssels zugleich als Träger einer allgemeinen Bedeutung erweist. Einige Beispiele aus der Reihe der bisher angeführten Handlungsmotive sollen den Schematismus dieser

---

983 Cf. dazu bei E. R. Curtius, *Europäische Literatur*, die reichen Angaben s. v. *Buchmetaphorik* (p. 593).

984 v. 45.

985 v. 46.

Entschlüsselung verdeutlichen. 'Sündeninstanzen verbinden dem Menschenvertreter die Augen' bedeutet: 'der Sünder gerät in geistige Verblendung'. 'Als Larrecin Adversité vertreibt, zieht Honneur mondain sich zurück' ist zu verstehen als: 'Diebstahl beseitigt zwar äußere Not, nimmt aber dem Dieb die Ehrbarkeit'. 'Aulcun durchläuft den Stationenweg Cognoissance – Malice – Puissance/Auctorité – Maleureté – Cognoissance' heißt zugleich: 'Jemand kommt zur rechten Erkenntnis, gelangt dann aber durch Bosheit (Betrug) zu Macht und Ansehen, gerät schließlich ins Unglück und wird auf diesem Weg wieder zur rechten Erkenntnis zurückgeführt'.

Gemeinsam ist all diesen Beispielen von Handlungsambiguität im allgemeinen Sinn die Tatsache, daß gerade der dynamische, die eigentliche Bühnenhandlung bezeichnende Teil der Handlungsmotive (das *Verbinden* der Augen, die *Vertreibung* der Gegeninstanz etc.) nicht unmittelbar dem Text der Stücke zu entnehmen ist. Er ergibt sich vielmehr erst aus der Zusammenfassung des Bühnengeschehens im Bewußtsein des Zuschauers oder Lesers, setzt also bereits einen abstrahierenden Denkakt voraus. Das Ambiguitätszentrum, d. h. der Punkt, an dem die Bild- und die Bedeutungsebene zusammenstoßen, liegt in diesem Fall jenseits der Sprache, in einer mehr oder weniger bewußten Vorstellung des Betrachters (»verdeckte« Ambiguität). Bei der sprachlichen Formulierung treten die beiden Komponenten auseinander: ein Satz über ein allegorisches Handlungselement bezieht sich gewöhnlich, wie die Beispiele zeigen, *entweder* auf seine Bild- *oder* auf seine Bedeutungskomponente. Gelegentlich aber tritt das Ambiguitätszentrum in *vers ambigus* bis an die Oberfläche der dramatischen Rede. Diese »offene« Ambiguität, die uns auf der Betrachtungsebene der Einzelgestalten als Doppeldeutigkeit eines Nomens und auf der des allegorischen Kosmos als Doppeldeutigkeit einer Relation[986] begegnet ist, zeigt sich auch auf der Ebene der dramatischen Handlung. Die handlungsrelevanten *vers ambigus* werden – im Unterschied zu den vorher genannten Formen – in einem besonderen Abschnitt dargestellt, weil sie in ihrer Bildkomponente, d. h. als Bühnenhandlungen, einen verhältnismäßig hohen Grad an Eigenständigkeit erlangt haben und damit einen besonderen Handlungstypus verkörpern, der den übrigen Handlungsmotiven als durchaus ebenbürtig an die Seite gestellt werden kann. Hier einige Beispiele in ihrem Handlungszusammenhang:

Nachdem L'Omme pecheur in der nach ihm benannten Moralité sich aus freien Stücken der Instanz Paresce unterworfen und damit gesündigt hat, wird seiner Begleiterin Conscience von Paresce und Pechié ein Zeichen angeheftet[987]. Conscience bemerkt dazu: »Or suis de Pechié soullee / Par

[986] Die Relationen-Ambiguität ist grammatisch nicht an einer bestimmten Wortklasse festzumachen. Sie kann sich an Nomina (*maistre-serviteur, frere-seur*), Verben (*aimer, servir*), präpositionalen und adverbialen Verbindungen (*avecq, pres de, au dessoubz*) oder anderweitig manifestieren.

[987] *Adonc Paresce et Pechié mettront aucun signe dessus le vestement de Conscience, et incontinent Conscience est maculee* (*L'Omme pecheur*, fol. f iii^{v}).

Paresce qui m'a moullee«[988], eine Äußerung, die der Zuhörer oder Leser ebensogut auf den dramatischen Vorgang selbst wie auf dessen Bedeutung, die Veränderung im moralischen Status des Menschen, der nach dem Sündigen 'kein reines Gewissen mehr hat', beziehen kann. Die hier skizzierte Handlung wiederholt sich in ähnlicher Form bei der Begegnung des Pecheur mit allen anderen Hauptlastern[989], wobei neben dem Bild vom 'befleckten Gewissen' gelegentlich auch das gleichbedeutende vom 'beschwerten Gewissen' die Ambiguität des Vorgangs zum Ausdruck bringt[990]. Die doppelte Beeinträchtigung von Conscience wird später durch die bildlich entsprechenden Gegenhandlungen (Reinigung und Entlastung) aufgehoben[991], die wiederum von sprachlichen Formeln mit Ambiguitätscharakter begleitet werden. So zielt die Vorankündigung des Priesters: »Confession la lavera«[992] zwar vordergründig auf die Handlungsfiktion, ist aber zugleich als Aussage über die geistliche Bedeutung dieses Vorgangs zu verstehen: 'durch die Beichte wird dein Gewissen gereinigt werden'. Noch stärker auf die Bedeutungskomponente weisen die *vers ambigus*, die sich auf das Bild der Gewissensentlastung beziehen:

Le Pecheur
J'en sens ma Conscience
de tous ces maulx icy chargee;
affin qu'elle en soit deschargee,
m'en confesse et fais repentant.
Le Prestre
[...] j'espoire que sainctement,
o l'aide de Dieu tout puissant,
deschargé en es a present (fol. t^v)[993].

Wohl jedem damaligen Zuschauer ist die Bedeutung des hier referierten Handlungskomplexes und der damit verbundenen *vers ambigus* ohne weite-

---

988 *ib.*

989 fol. g ii^v, g iii^v, g iiii^v, h^v, h ii^r, h iiii^r. An diesen Stellen wird deutlich, daß es sich bei dem *signe* offenbar um das Wappen der jeweils betroffenen Sündeninstanz handelt. Cf. etwa Luxure: »je te donne ce signe cy, / mes armes y sont ainsi« (fol. h^r); Pechié: »Conscience, en toy je affiche / d'Avarice cest escusson« (fol. h ii^r) etc.

990 Conscience zum Pecheur: »par toy je porte si gref faitz« (fol. g ii^v); »O quel grief fais, quel piteux cheoir, / je ne me puis plus soustenir« (fol. g iii^v) etc. Pechié verwendet das Bild auch in einem handlungsrelevanten *vers ambigu*, wenn er in bezug auf das Wappen der Avarice verkündet: »sa Conscience en chargeray« (fol. h ii^v). Die Bildkomponente dieses Verses wird sogleich wörtlich in dramatische Handlung umgesetzt.

991 Es handelt sich also auch hier vom Bildgehalt her um ein Privations- und Restitutionsmotiv.

992 fol. s vi^v; bildlich realisiert fol. t^v *Adonc Confession lavera et oindra petit a petit Conscience de l'eaue des larmes du Pecheur.*

993 Die Antwort des Priesters durchschlägt die allegorische Fiktion der Conscience als einer dramatischen Figur (»affin qu'*elle* [= Conscience] en soit deschargee«) und wendet sich mit der Formulierung »deschargé en *es*« unmittelbar an den durch die Sünde letztlich betroffenen Menschen.

res verständlich, weil die sprachlichen Bilder vom befleckten und gereinigten, beschwerten und erleichterten Gewissen, auf denen die allegorische Fiktion beruht, ihm aus der einfachsten moraltheologischen Unterweisung, ja aus der Alltagssprache bereits geläufig sind[994].

Das gilt auch für eine Reihe kleinerer Handlungsmotive, deren Ambiguitätscharakter im wesentlichen auf die bildhafte Redewendung *estre frappé [= être atteint] de quelque mal*[995] zurückgeht. Der Bildgehalt dieser Formel wird wörtlich in dramatische Handlung umgesetzt. Die ihr beigegebenen *vers ambigus* lassen aber den Sinn der Redewendung immer wieder durch die Bühnenfiktion durchscheinen. Als Maladie dem Omme pecheur zum erstenmal begegnet, entspinnt sich zwischen ihnen folgender Dialog:

MALADIE
Je te frappe sans contredire
de mes verges estroictement.
LE PECHEUR
Malade suis je droictement;
tu m'as frappé bien pres du cueur (*L'Omme pecheur*, fol. i v^r)[996].

---

[994] Hier einige literarische Belege für den bildlichen Gebrauch der genannten Ausdrücke: »La vanité du monde vai, / Ki t'a saoillié de sen tai« (Renclus, *Miserere* CCXXXII, 4; zit. nach Godefroy X, p. 695 s.v. *souiller*); »Toutes œuvres precedentes des pecheurs sont souillées par l'impurité de leur cœur« (Calvin, *Inst.* VI, p. 380; zit. nach Huguet IV, p. 585 s.v. *impurité*); »De ses lermes lava [Marie Madeleine] as piez Deu ses pechiez« (*S Thom. W* 1337; zit. nach Tobler/Lommatzsch V, col. 224 s.v. *laver*). – »L'ame est chargie d'une charge / Dont trop a envis se de[s]charge (Rutebeuf II, 189; zit. nach Tobler/Lommatzsch II, col. 1495 s.v. *deschargier*). Weitere ältere sprachliche Belege zur Vorstellung von der Sündenlast bei Tobler/Lommatzsch II, col. 264 sq. s.v. *chargier*; III, col. 1591 s.v. *fais*.

[995] Cf. aus der Sprache des 16. Jahrhunderts *frappé de peste* (Belege bei Huguet IV, p. 199 s.v. *fraper*) und *frappé d'ambition* (*ib.* IX, p. 656 s.v. *fraper*).

[996] Der Sünder berichtet den Vorgang der Instanz Orgueil mit den Worten:

Ceste paillarde Maladie,
[...]
laquelle m'est venu saisir,
me frapper par grant desplaisir,
dont j'ay souffert tresgrandement (fol. i vi^r).

Wie *frapper* hat hier auch *saisir* Ambiguitätscharakter angenommen: es meint zugleich ein wörtliches und ein figürliches 'Ergreifen'. Ähnlich Adversité in *L'Homme juste*: »Je le vueil griefvement saisir / Et pugnir sans remission« (fol. x ii^r). – Auch in *Argent* wird der Vorstellungskomplex als Ambiguitätsmotiv verwendet, allerdings mit einem anderen Übertragungsmechanismus zwischen Bild und Bedeutung. L'OMME (*capiat eum [= Argent] subtus brachium et teneat eum bene et habeat magnum gaudium*): »A, dia, vous ne m'eschapperés pas, / Argent, ores que je vous tien« (v. 287 sq. mit vorausgehender Bühnenanweisung; ähnlich v. 749 sqq.). Das heißt: 'der Mensch bekommt (hat) Geld'. Der Unterschied zu den vorhergehenden Beispielen besteht darin, daß die Bühnenfigur Argent die Personifikation einer konkreten Sache darstellt, auf deren Inbesitznahme durch den Menschen außerhalb der allegorischen Darstellung die Ausdrücke *saisir, prendre, tenir* u. ä. als *verba propria* angewandt werden können. Die allegorische Ambiguität beruht also in diesem Fall nicht auf dem

Die Ankündigung von Maladie wird offenbar – eine entsprechende Bühnenanweisung fehlt – sogleich in die Tat umgesetzt. Die Antwort des Pecheur bringt zuerst die begriffliche Entschlüsselung der bildlichen Handlung und übersetzt sie dann wieder in bildliche Rede, in der aber die soeben ausdrücklich genannte Bedeutung noch nachklingt. Auch wenn andere Übel – wie etwa La Mort, Adversité oder Famine – den Menschen 'schlagen', werden diese bildlichen Handlungen gern von erklärenden *vers ambigus* begleitet[997]. Eine besondere Rolle spielt das Motiv in der Moralité *La Condamnacion des Bancquetz*. Mit Knüppeln bewaffnet, schlagen die personifizierten Krankheiten auf die Speisenden ein, wobei das doppeldeutige Verb *frapper* immer wieder in der dramatischen Rede erscheint[998]. Doch der Autor findet auch eigene, kühnere Wege, die Bildkomponente einer sprachlichen Wendung dramatisch nutzbar zu machen und sie zugleich in *vers ambigus* wieder mit der gemeinten Bedeutung zu verbinden. Als Je-boy-a-vous von Colique und Gravelle mit einer Lanze gestochen wird, ruft er klagend aus:

> Vous me percez chausse et pourpoint
> Ung peu plus bas que la seinture,
> Et puis la Gravelle me point
> Aux rains, qui me fait grant torture (fol. m iii^r).

Diese Verse machen klar, daß das Stechen mit der Lanze eine allegorische Wiedergabe des 'stechenden' Schmerzes ist, den man – *ung peu plus bas que la seinture* und *aux rains* – empfindet, wenn man von Koliken und Nie-

---

Wörtlichnehmen einer bildlichen Redewendung, sondern auf der Übertragung eines durchaus unbildlichen Ausdrucks von einer Sache auf eine (fiktive) Person als Objekt.

997 La Mort: »Homme mondain, pour ton guerdon / Mourir te convient tout a coup / Et avoir de mon dart ce coup, / Qui est pour la fin de ta vie«. *Icy la Mort frappe de son dart l'Homme mondain* (*L'Homme juste*, fol. D iiii^r).
Maladie: »Voy cy au pres de toy la Mort, / qui te veult de son dart frapper« (*L'Omme pecheur*, fol. m^v).
La Mort: »Je te battray de maladie. / [...] / Ton corps sera mortifié / Des grans verges de Maladie, / Tant battu et mollifié / Que ta chair sera bien pugnie« (*Les Blasphemateurs*, fol. L ii^v–L iii^r).
Adversité: »Je te batray soingneusement / Despuis tes pieds jusq'a ta face« (*L'Homme juste*, fol. x ii^r).
Le Negateur: »Haro, la fain, la fain, je crie. / De me lever n'ay pas vertu, / Car Famine son bras deslie / Tant qu'il m'a de coups abatu, / De ces [= ses] verges je suis batu« (*Les Blasphemateurs*, fol. L ii^v). Diese Verse übertragen den für die Zuschauer sichtbaren dramatischen Vorgang 'Le Negateur wird von Famine geschlagen' in seine begriffliche Bedeutung 'der Sünder leidet Hunger' (für die anderen Beispiele gilt Entsprechendes) und geben ihm damit eine sprachliche Interpretationshilfe zum Verständnis des Bühnengeschehens.

998 Soupper: »Vous frapperez sur leur manteaulx« (fol. k ii^r); Paralisie: »Frappez, frappez« (fol. m ii^v); Goutte: »Et je suis preste cy decoste / Pour frapper sur de ma potence« (fol. m iii^v). Die Vorstellung des Schlagens ist der eigentliche Träger der Handlungsambiguität. Die verschiedenen allegorischen Attribute (*verges, dart, bastons* etc.) sind selbst nicht mehrdeutig; sie dienen als Hilfsmittel zur dramatischen Realisierung der bildlichen Handlung.

ren- oder Blasensteinen geplagt wird. Selbst der didaktische Zentralsatz des Stücks, »Banquet fait tuer les gens«[999], ist ein *vers ambigu:* gleichermaßen Zusammenfassung der allegorischen Bühnenhandlung und allgemeine Sentenz.

Ein anderer handlungsrelevanter Ambiguitätskomplex rankt sich in *Langue envenimee* um die Formel *oster (perdre) bonne renommee*, die in verschiedenen Varianten immer wieder in den dramatischen Reden der Figuren anklingt:

LANGUE ENVENIMEE
Mais il convient, comme qu'il soit,
Leur oster Bonne Renommee (fol. B iiii^r^).
DANGER
Allons a eulx et sans faillir
Tant ferons par nostre criee
Qu'ilz perdront Bonne Renommee (fol. C ii^r^)[1000].

Der Bildinhalt beschreibt die Aufhebung einer allegorischen Näherelation, die als Teil eines allegorischen Feldzugs dynamische Züge gewinnt. Formal betrachtet, handelt es sich bei diesem Bild um die Dramatisierung einer beim Wort genommenen bildlichen Redewendung ('jemandem seinen guten Ruf nehmen' bzw. 'seinen guten Ruf verlieren') und bei den zitierten Sätzen um *vers ambigus.* Auf ähnliche Weise werden in anderen Stücken der noch stärker formalisierte Ausdruck *perdre patience*[1001] und die Wendung *garder l'onneur des dames*[1002] zur Grundlage von handlungsrelevanten *vers ambigus* gemacht.

In einer Szene der *Moralité de Charité* werden gleich zwei bildliche Ausdrücke beim Wort genommen und gemeinsam in eine konkrete allegorische Handlung umgesetzt. Jeunesse beschließt, sich an Le Monde, der ihn einst wegen seiner Hartherzigkeit getadelt und geschlagen hatte, zu rächen. Er erscheint hoch zu Roß (*monté a cheval*[1003]) und verkündet:

A ceste foys auray bon gaige,
Puis que je suis ainsi monté.
[...]
Je m'en voys piller
Le Monde, qui fier
Si n'en sera pas:
Je le mettray a bas (fol. F iiii^v^).

---

[999] fol. i iii^v^.

[1000] Ähnlich mehrfach, etwa fol. A ii^r^, C iii^v^, D ii^r^, D iii^r^ etc.

[1001] LE PECHEUR zur Instanz Pacience: »Je cuide, / Pacience, que je te pers« (*L'Omme pecheur*, fol. z iiii^r^).

[1002] CUEUR LOYAL: »Bon gré, maulgré Juno Pallas, / Nous garderons l'Onneur des dames« (*Onneur des dames*, fol. O vi^r^); FRANC VOULOIR: »Nous sommes cy expressement / Pour bien garder l'Onneur des dames« (*ib.*); FRANC VOULOIR: »L'Onneur des dames garderay« (fol. P ii^r^). In der Bühnenhandlung wird dieses *garder* als allegorischer Verteidigungskampf wiedergegeben.

[1003] So ausdrücklich in einer Bühnenanweisung fol. F iiii^v^.

Diesem Vorhaben stellt sich La Mort entgegen:

Je m'en voys Jeunesse assaillir,
Qui veult ainsi piller le Monde.
Il est temps que je le confonde.
D'autant qu'il est plus hault monté,
Plus tost a mort je le mettray (fol. Gv – G iir).

Die Wendungen *monté* und *piller le Monde*, die in der Rede von Jeunesse im Sinn der Handlungsfiktion konkret verwendet werden ('die Bühnenfigur Le Monde zu Pferd angreifen'[1004]), gewinnen bei ihrer Wiederholung durch La Mort eine stärker figürliche Bedeutung (etwa: 'hochmütig gegen die Welt, d. h. die etablierte Ordnung, anrennen'[1005]), die der vorausgehenden Bühnenhandlung erst ihren Sinn verleiht. Der Reiterangriff von Jeunesse beruht also auf dem Wörtlichnehmen figürlicher Rede; er ist ein dramatisches Wortspiel.

Wortspielhandlung in einem ganz anderen Sinn zeigt ein *vers ambigu* aus *L'Onneur des dames* an, mit dem ich die Reihe der Beispiele schließen will. Die Lasterinstanzen Dangier, Envie und Mallebouche blasen zum Angriff gegen die Verteidiger von Onneur des dames: *Icy trompetent*[1006]. Darauf Franc Vouloir: »Fy, fy de vostre tromperie«[1007] – eine Bemerkung, die das angesprochene Handlungselement im nachhinein als dramatisierten Kalauer (*tromperie* = 'Trompetenspiel' und 'Betrug') erkennen läßt[1008].

Die Handlungsambiguität im engeren Sinn erweist sich nach den angeführten Beispielen als ein komplexes und vielgestaltiges Phänomen. Ihr sprachlicher Ansatzpunkt ist meist der Verbalkomplex als Träger der Handlung. Dieser steht aber im allgemeinen nicht allein, sondern im Satzverband. Das bedeutet, daß die Handlungsambiguität die am Anfang dieses Abschnitts noch einmal aufgegriffenen einfacheren Ambiguitätsformen, so vor allem die für das personifizierende Theater so typische Namen-Begriffs-Ambiguität, die an einem Nominalkomplex ansetzt, gewöhnlich mit einbezieht.

Generell beruht die Handlungsambiguität darauf, daß die allegorische Differenz zwischen einer (Bühnen-)Handlung und ihrer Bedeutung durch

---

1004 Zur Bedeutung von *piller* 'attaquer violemment' cf. Huguet V, p. 783 s.v. *piller*.

1005 Belege für *monté* 'élevé, fier, hautain' bei Godefroy V, p. 399 und Tobler/Lommatzsch VI, col. 242 s.v. *monter*.

1006 Bühnenanweisung fol. P iiiv.

1007 *ib.*

1008 Auf ähnliche Weise doppeldeutig ist das Verb *purger* im folgenden Satz, den Secours bei der gerichtlichen Vorführung der Übeltäter Soupper und Bancquet an Dame Experience richtet: »Pour les condempner ou purger, / Ma dame, veez les cy en place« (*La Condamnacion des Bancquetz*, fol p iiiv). Es läßt neben seiner zur Prozeßhandlung passenden juristischen Bedeutung ('disculper, justifier un accusé') seinen medizinisch-diätetischen Nebensinn ('faire sortir les impuretés du corps au moyen de médications') mitklingen, der auf die Gula-Thematik verweist. (Cf. *FEW* IX, p. 612 sq. s.v. *purgare*.) Das Wortspiel wird allerdings nicht dramatisch realisiert, da Experience sich ja für die (nicht doppeldeutige) *condamnacion* entscheidet.

eine doppelsinnig interpretierbare sprachliche Formel überbrückt wird. Je nach der Erzeugung der allegorischen Differenz lassen sich verschiedene Formen der Handlungsambiguität unterscheiden.

Die wichtigste Form ist zweifellos die *Ambiguität konventionalisierter Sprachbilder*. Hier wird der Bildgehalt eines figürlichen Ausdrucks konkret (wörtlich) in dramatische Handlung umgesetzt und in *vers ambigus* mit der durch die Sprachkonvention abgeschwächten, d. h. abstrakter gewordenen (figürlichen) Bedeutung des Ausdruckes konfrontiert. Hinter der dramatischen Rekonkretisierung sprachlicher Bilder steht in der *Moralité religieuse* meist die ernsthafte Intention, den religiös-moralischen Wahrheitsgehalt traditioneller biblischer Bilder – das Tragen der Sündenlast[1009], die Reinigung von der Schuld[1010] etc. – neu ans Licht zu heben. Die Erneuerung des Bildcharakters der Sprache durch die allegorische Ambiguität steht danach letztlich im Dienst der Bibelexegese.

Natürlich kann das Prinzip, figürliche Rede wörtlich auszuspielen, auch zu einem schematischen Verfahren formalisiert und auch auf nicht theologisch relevante Bilder ausgedehnt werden. Dieser mehr spielerische Typus wird etwa durch die Beispiele *poindre* und *monté* repräsentiert.

Von hier aus ist nur noch ein kleiner Schritt zur Homonymen-Ambiguität. Dabei wird ein bloßer Gleichklang zweier sprachlicher Formen (ob etymologisch begründet oder nicht, spielt keine Rolle) allegorisch so genützt, daß die eine Form in dramatische Handlung umgesetzt wird, während die andere die Bedeutung abgibt. In *vers ambigus* werden beide miteinander gekoppelt. Als Paradigma kann hier *tromper* dienen. Diese Form der allegorischen Ambiguität vertritt noch stärker als die vorausgehende den Typus des dramatisierten Wortspiels und gibt der auf ihr beruhenden Bühnenhandlung farcenhafte Züge. Sie ist innerhalb der *Moralité religieuse* eine verhältnismäßig seltene Erscheinung.

6. Die Gesamthandlung und ihre Grundcharakteristika

Aus der bisherigen Darstellung ist leicht zu ersehen, daß die einzelnen Motive am Aufbau der dramatischen Gesamthandlung der Stücke einen verschieden großen Anteil haben. Als Hauptmotive können nur die Wanderung auf dem Stationenweg und der allegorische Agon angesehen werden. Sie bilden zusammen den Grundstock der meisten Bühnenhandlungen[1011].

[1009] Cf. etwa Lev. 10,17; 20,17.20.

[1010] Cf. Ps. 50 (51),4.9; Is. 1,16; 4,4; Apoc. 1,5; ähnlich die Vorstellung vom *Bad der Wiedergeburt* Eph. 5,26; Tit. 3,5.

[1011] In der amerikanischen Forschung hat sich um die Frage, ob der Lebensweg oder aber die *Psychomachia* als grundlegendes allegorisches Handlungsmotiv (»basic metaphor«) der Moralität anzusehen sei, in jüngster Zeit eine kleine Kontroverse entwickelt, die auch die französischen Stücke berührt. E. T. Schell vertritt in seinem Aufsatz *On the Imitation of Life's Pilgrimage in »The Castle of Perseverance«* (in *JEGP* 67, 1968, pp. 235–248), wie schon in seiner Disser-

Die übrigen Motive fungieren nur in wenigen Stücken als Träger der Haupthandlung: in *Jhesucrist est mis en prison* die Befreiung aus der allegorischen Gefangenschaft, in *Le Cuer et les cinq Sens* die allegorische Schulstunde. Meist treten sie nur ergänzend zu der von den Hauptmotiven bestimmten Handlung hinzu. Dies gilt insbesondere von den handlungsrelevanten *vers ambigus*. Das Beschmutzen und Reinigen des Gewissens basiert auf dem Stationenschema; die Schläge der Naturübel, das Vertreiben von Bonne Renommee und das Anrennen gegen Le Monde werden in der dramatischen Fiktion als Kampfhandlungen aufgefaßt, und selbst das Wort *tromperie* gehört in seiner Bildkomponente 'Trompetenspiel' als militärisches Signal zu einer allegorischen Schlacht.

Die meisten Moralités koppeln auf diese Weise mehrere Handlungsmotive miteinander. Die komplexeste Gestalt bietet dabei – von der Länge des Stücks und der Vielzahl der beteiligten Figuren her verständlich – *L'Homme juste et l'Homme mondain:* in die Wanderung auf dem Stationenweg sind als Nebenmotive die allegorische Gefangenschaft und Verblendung sowie längere Luxuria-, Gula- und Fortuna-Episoden eingelagert; der agonale Motivkomplex ist sowohl durch den Kampf der Tugenden und Laster wie durch den himmlischen Rechtsstreit um den Menschen vertreten; dazu kommen noch einzelne handlungsrelevante *vers ambigus*. In ähnlicher Weise läßt sich die Gesamthandlung vieler anderer Stücke aus einem verhältnismäßig kleinen Fundus von allegorischen Handlungsmotiven synthetisieren. Die Handlungsvielfalt der *Moralité religieuse* beruht weniger auf der Verwendung vieler verschiedenartiger Grundmotive als auf den verschiedenen Möglichkeiten der Motivüberlagerung und den damit zusammenhängenden Ausführungsvarianten.

Die Tektonik der Stücke wird meist durch den natürlichen Verlauf der Hauptmotive bestimmt. Der Lebensweg beginnt mit der Geburt oder dem Sündenfall und endet mit dem Tod oder der endgültigen Entscheidung der Menschenvertreter für eine der beiden metaphysisch bestimmten Mächtegruppierungen; der allegorische Kampf setzt gewöhnlich mit der ersten Versuchung durch die Laster ein und schließt mit dem Sieg der einen oder

tation, die Auffassung, die Handlung der englischen *Morality* beruhe letztlich auf dem Motiv der Lebenspilgerschaft, nicht, wie bisher meist angenommen worden sei, auf dem des Seelenkampfes. P. J. Houle bestreitet in seiner *Comparative Study* diese These für das englische Stück entschieden, erkennt sie aber für *Bien advisé, Mal advisé*, wo die Kampfmetaphorik in der Tat zurücktritt, ebenso uneingeschränkt an. Für *L'Omme pecheur* sucht er sich mit dem Kompromiß zu behelfen, daß dort zwar die Psychomachie bzw. das allegorische Streitgespräch im Mittelpunkt der Bühnenhandlung stehe, das (von ihm selbst rekonstruierte) Bühnenbild aber dennoch auf dem Schema der Lebensreise basiere (cf. pp. 76–104 *passim*). Im Grunde wird durch diese bemühten Konstruktionen nur die Unhaltbarkeit der Alternative *Psychomachia or Pilgrimage of Life?* (so eine Kapitelüberschrift bei Houle) bestätigt. Fast immer erscheinen die beiden Motivkomplexe einander überlagert, mag auch der eine gelegentlich stärker hervortreten.

der anderen Seite. Entsprechendes gilt für den Verlauf der kleineren Handlungsmotive, wenn sie gelegentlich die Haupthandlung tragen. Nebenhandlungen, in denen andere Menschenvertreter als in der Haupthandlung im Mittelpunkt des Geschehens stehen – wie bespielsweise die Fortuna-Szene in *Bien advisé, Mal advisé* und die Auseinandersetzungen zwischen Vieillesse und Jeunesse sowie Le Bon Riche vertueux, Le Pouvre und Le Riche avaricieux in der *Moralité de Charité* –, werden ohne weiteres in den Gang der Haupthandlung integriert.

Nicht in allen Stücken bildet die Haupthandlung eine motivische Einheit; auch eine Reihe mehrerer tragender Handlungsmotive kommt gelegentlich vor. Ein tektonisch besonders eindrucksvolles Beispiel liefert die *Moralité des sept Pechie morteil.* Sie enthält zwei einander weitgehend entsprechende allegorische Szenen, das *Parlement d'Orguelh* und die sieben versöhnlich ausgehenden Wortgefechte zwischen den Tugenden und den Todsünden. Sie werden von drei kleineren Szenen eingeschlossen, in denen nur der Ermite sowie himmlische und höllische Personen, aber keine Tugend- und Sündenpersonifikationen auftreten. Daraus ergibt sich ein formal völlig symmetrischer, nach der Länge der Szenen leicht achterlastiger Handlungsaufbau[1012]. Auch die beiden Teilhandlungen des Stücks *Le Pelerinage de vie humaine,* der Streit zwischen Natur und Übernatur vor dem Zeugen Le Pelerin und die Ausrüstung des christlichen Pilgers zu seiner Wanderung, sind ungefähr von gleichem Gewicht (vv. 1–700 / 701–1227), wobei im Unterschied zum vorher genannten Stück der erste Teil dramatisch stärker bewegt ist[1013]. Die beiden Handlungsstränge sind über ein Bild miteinander verknüpft: das geistliche Brot der Eucharistie, dessen Geheimnis im Streitgespräch umkreist wird, gehört auch zur allegorischen Ausrüstung des Pilgers.

[1012] Einleitungsszene: Gespräch zwischen Ermite und Dyable (vv. 1–129) – erste allegorische Hauptszene: *Parlement d'Orguelh* (vv. 130–620) – Zwischenszene: Auf die Intervention des Ermite und Marias Fürbitte hin beauftragt Gott den Cherubin, die Tugenden zum Streit gegen die Todsünden auf die Erde zu führen (vv. 621–1014) – zweite allegorische Hauptszene: Wortgefechte zwischen Tugenden und Todsünden (vv. 1015–2323) – Schlußszene: Wut des geprellten Teufels; Schlußrede des Ermite (vv. 2324–2561). Dies ergibt folgendes Handlungsschema: A^1, B^1, C, B^2, A^2. – Der überlieferte Text ist am Schluß nicht ganz vollständig (cf. auch die Schlußbemerkung des Herausgebers G. Cohen, p. 248); es handelt sich aber wohl um nur wenige Verse des Epilogs, so daß der Handlungsaufbau nicht wesentlich beeinträchtigt wird.

[1013] Er besteht aus zwei einander entsprechenden Szenen – dem ersten Streitgespräch zwischen Nature und Grace de Dieu (vv. 25–219) und dem zweiten zwischen Aristote und Sapience (vv. 498–700) –, denen jeweils eine Unterhaltung des Pelerin mit einem Repräsentanten der beiden Bereiche vorausgeht: im ersten Fall mit der Naturinstanz Raison (vv. 1–24), im zweiten mit der übernatürlichen Instanz Grace de Dieu (vv. 410–497). Die beiden Gesprächskomplexe werden durch Ansprachen von Penitance und Carité voneinander getrennt (vv. 220–409). Der Handlungsverlauf beruht also auf dem Prinzip der variierenden Doppelung (Handlungsschema: A^1, B^1, C, A^2, B^2).

Weniger ausgewogen sind die beiden Teile der Gesamthandlung in den Moralités *Les quatre Elemens* und *L'Homme juste*. Im ersten Stück folgt auf einen Stationenweg des *Omme-pecheur*-Typus ein Rechtsstreit zwischen den Elementen[1014], der mit der Haupthandlung nur locker inhaltlich verbunden ist; das Ganze vermittelt den Eindruck zweier weitgehend in sich geschlossener Moralités. Auch im zweiten Stück schließt sich an den vollendeten Lebensweg des Homme juste eine zweite, agonale Haupthandlung an. Die Grenze zwischen den beiden Teilen wird hier in einer Bühnenanweisung deutlich markiert: *Et a tant fine la premiere partie de ce livre et ensuyt la seconde qui traicte du Jugement de l'Ame devote avec l'execution de sa sentence*[1015]. Die *seconde partie* (fol. H ii^{v} – N vii^{r}), die neben der oben erwähnten Gerichtsszene[1016] eine Jenseitsreise der Seele durch Purgatorium, Hölle und Vorhölle ins Paradies enthält, ist nicht mehr durchgehend dramatisch konzipiert. Den Rahmen bildet ein vom Acteur erzählter allegorischer Traum[1017]. Die Handlung wird zwar weitgehend von dramatischen Figuren getragen; die sehr langen, strophisch gebundenen Reden lassen aber nur schwer einen dramatischen Eindruck aufkommen. Der Umfang des zweiten Teils, der in *Les quatre Elemens* noch fast ein Drittel der Gesamthandlung ausmacht, ist hier auf weniger als ein Sechstel reduziert. Obgleich das *Jugement de l'Ame devote* sich inhaltlich eng an die Haupthandlung anlehnt, ist es formal kaum in das Stück integriert und stört empfindlich die Tektonik seines Gesamtaufbaus.

Als Besonderheit der Handlungsstruktur der Moralité *Jhesucrist est mis en prison* muß schließlich noch die zweimalige Unterbrechung der Haupthandlung durch Zwischenspiele[1018] erwähnt werden, in denen neben Secret divin und Joyeulx Espoir zwei Hirten mit den typischen Pastourellen-Namen Robin und Roger auftreten, die die Ereignisse der Haupthandlung kommentieren und sie durch Lieder auflockern. Bedeutsam sind die beiden Szenen vor allem deshalb, weil die in ihnen aufgebaute Hirtenfiktion auch auf die Träger der Haupthandlung übergreift[1019] und damit der Moralité, ohne ihren allegorischen Charakter anzutasten, Züge einer *Bergerie religieuse* verleiht.

1014 *Les quatre Elemens*, fol. C i^{v}–C v^{v}.

1015 *L'Homme juste*, fol. H ii^{v}.

1016 Cf. oben Anm. 858.

1017 Der Anfang des Prologs erinnert an den Eingang des *Roman de la Rose*:

> Ung jour passé comme en mon lict estoye,
> Du rossignol les doulx chants j'escoutoye,
> Je m'endormy [etc.] (fol. H ii^{v}).

Die dramatische Handlung wird fol. I ii^{r}–I iii^{r} durch eine längere Erzählung des Acteur unterbrochen. Auch der Epilog (fol. N iiii^{v}–N vii^{v}) hat eher epischen Charakter. – Houle vermutet übrigens als Quelle der Traumvision *Le Pelerinage de l'Ame* von Guillaume de Deguileville (*A Comparative Study*, pp. 3 und 26), gibt aber keine Belege zur Stützung dieser nicht unplausiblen These.

1018 fol. b iii^{r} und c ii^{v}.

Der besondere Charakter der allegorischen Bühnenhandlung läßt sich wohl am besten an einigen signifikanten Abweichungen von den Handlungskonventionen nichtallegorischer Theaterstücke sinnfällig machen. Ich knüpfe dabei an einzelne oben ausführlicher dargestellte Phänomene an.

Wohl am stärksten befremdet es den heutigen Leser, der sich in die Rolle des Zuschauers versetzt, daß an einem beliebigen Punkt einer *Moralité religieuse* nicht nur der bereits realisierte, sondern gewöhnlich auch der noch ausstehende Teil der Handlung in den Grundzügen – und oft genug bis in Details – bekannt ist. Dafür sorgen einmal die häufigen *Ankündigungen des zukünftigen Handlungsverlaufs* im Untertitel[1020], im Prolog[1021], aber auch in den dramatischen Verweisungen durch Instanzen, die nicht nur den Menschenvertreter auf die jeweils folgende Station seines Weges vorbereiten, sondern auch den Zuschauer über den zu erwartenden Handlungsverlauf unterrichten[1022]. Auf ähnliche Weise werden dem Zuschauer gelegentlich auch größere Handlungsabschnitte eines Stücks im voraus bekanntgemacht[1023].

Auch die starke Schematisierung vieler allegorischer Bühnenvorgänge liefert dem Zuschauer Vorinformationen. Wenn er beispielsweise einen

---

[1019] Auch Secret divin und Joyeulx Espoir erscheinen neben ihrer begrifflichen Bedeutung als *bergiers* (fol. a ii^r^). Sie sprechen von den Menschen als ihren *moutons* (fol. a i^v^) oder *brebis* (fol. a ii^v^) und verweisen auf die *pasteurs* Abel, Jacob, Joseph und David (fol. b iii^v^), auf die Hirten der Weihnachtsgeschichte (*ib.*) und vor allem auf Christus selbst, der zugleich als der gute Hirte – »Pastourie est son mestier. / Il destruira grans loups famis, / Et son ame, s'il est mestier, / Exposera pour ses brebis« (*ib.*) – und als *aygnel innocent* (fol. c iii^r^) bezeichnet werden kann. All diese Belege weisen eher auf die spezifisch biblische Tradition des Hirtenbildes (cf. etwa Ps. 22 (23); Is. 53,7; Joh. 1,29.36; 10,12) zurück als auf Vergil.

[1020] So z. B. in *Mundus, Caro, Demonia* und *Les Enfans de Maintenant* (cf. die Liste der Stücke im Literaturverzeichnis, wo auch die Untertitel genannt werden).

[1021] *L'Omme pecheur*, fol. a ii^r^; *L'Homme juste*, fol. a ii^r^–a iii^r^; *Bien advisé, Mal advisé*, fol. a ii^r^–a ii^v^ etc.

[1022] Cf. die oben p. 169 sq. gegebenen Beispiele.

[1023] Hierzu zwei Belege aus *L'Omme pecheur*, die sich durch solche aus anderen Stücken beliebig ergänzen ließen.

ESPERANCE:

L'Adolescent n'a cause d'estre seur,
car briefvement aura divers assaulx.
S'il est sage, pas ne doit estre asseur,
car l'ennemy vient a luy a grans assaulx,
qui luy fera des tormens et des maulx (fol. a iiii^r^).

PECHIÉ:

Tempté sera de telle guyse
que de Dieu perdra la franchise.
Incontinent sa Conscience
sera en grande variance,
commaculee et viciee (fol. e^v^).

Kampf oder ein Bekehrungsgespräch zwischen dem ersten der sieben traditionellen Tugend-Laster-Paare auf der Bühne gesehen hat, kann er mit ziemlich großer Sicherheit damit rechnen, daß die sechs übrigen Kämpfe oder Gespräche – mit kleinen instanzenspezifischen Varianten – nach demselben Grundschema verlaufen werden[1024]. Ebenso darf er mit Recht erwarten, daß Malduict nach seiner Bekehrung gerade den Instanzenweg geht, dessen Ablehnung beim erstenmal zu seinem Sündenfall geführt hat. Vor allem kann der Zuschauer schon aus dem Figurenbestand auf den Handlungsverlauf schließen: Von zwei Menschenvertretern wird stets einer gerettet, der andere verdammt; wird die menschliche Gattung nur durch eine Figur verkörpert, so ist mit hoher Wahrscheinlichkeit eine Handlung des *Omme-pecheur*-Typus zu erwarten.

Die Folge dieser direkten oder indirekten Vorinformation des Zuschauers ist ein weitgehender V e r z i c h t a u f d i e l i t e r a r i s c h e K a t e g o r i e d e r S p a n n u n g, die ja auf der Unsicherheit über den Ausgang, d. h. letztlich auf der Kontingenz eines Geschehens beruht. Der Sieg des Guten steht trotz aller Widrigkeiten von vornherein fest: ebenso der Handlungsverlauf, der diesen Sieg in bildliche Form umsetzt. Nur in den seltenen Fällen, wo die Gattungserwartungen nicht erfüllt werden, kann in dem oben umschriebenen Wortsinn von Spannung gesprochen werden: so in der *Moralité d'Argent* durch die Umkehrung und (in geringerem Maß) in *Le Gouvert d'Humanité* durch die Verdoppelung des *Omme-pecheur*-Handlungstypus[1025]. Gattungstypisch sind solche Erscheinungen nicht.

Mit dem bisher Gesagten soll keineswegs die unhistorisch den Eindruck des modernen Lesers verallgemeinernde Behauptung wiederholt werden, die meisten *Moralités religieuses* seien langweilig. Wie aus verschiedenen Indizien hervorgeht, von denen im folgenden Kapitel zu reden sein wird, können die Verfasser dieser Stücke sogar von einer starken Anteilnahme des Zuschauers durch Identifizierung mit dem Menschenvertreter ausgehen; aber diese Anteilnahme ist von einer wirklichen Unsicherheit über den Ausgang eines Stücks offenbar weit entfernt.

In dieselbe Richtung weist eine andere Eigenart des allegorischen Handlungsfortgangs: neue Instanzen tauchen oft gerade dann auf, wenn von ihrem Begriffsinhalt gesprochen worden ist. So erscheint etwa Langue envenimee unmittelbar nach einer Serie lateinischer Zitate über die Sündhaftigkeit der üblen Nachrede[1026]. Der Zuschauer ist bereits auf die Instanz eingestimmt, er weiß oder ahnt zumindest nach der vorweggenommenen

---

1024 Bis zur Eintönigkeit getrieben ist dieses Prinzip vor allem in *Les sept Pechie morteil.*

1025 Auch P. Aebischer deutet die Abweichung des Stücks von der Norm in dieser Richtung. Jean d'Abundance habe durch den unerwarteten zweiten Fall des Sünders Spannung im Zuschauer erzeugt: »il a su, jusqu'à la fin, tenir ses auditeurs en haleine et en suspens« (*BHumR* 24, 1962, p. 286).

1026 *Langue envenimee*, fol. A ii^r^.

Ekphrasis, wer ihm da auf der Bühne entgegentritt. Da der genannte Begriff sogleich durch eine Personifikation dramatisch mit Leben erfüllt wird, läßt sich die Vorerwähnung im nachhinein als allegorischer *vers ambigu* auffassen[1027]. Dieses »Herbeizitieren« personifizierter Instanzen kann gelegentlich sogar die Züge einer religiösen Anrufung annehmen[1028]. Der *begriffsevozierte Szenenwechsel*, wie ich die verschiedenen Ausprägungen dieses Phänomens zusammenfassend bezeichne, hat in allegorischen Stücken offenbar eine ganz andere Bedeutung als die ihm vergleichbare literarische Konvention im nicht-allegorischen Theater. Wenn etwa Schiller im zweiten Teil der *Wallenstein*-Trilogie eine Szene mit dem Auftritt einer Figur abschließt, von der gerade gesprochen wird[1029], so steht hinter solcher Koinzidenz von Namensnennung und Erscheinen die literarisch genutzte Kategorie des Zufalls. Das begriffsevozierte Auftauchen allegorischer Instanzen dagegen ist – ebenso wie die direkte oder indirekte Vorankündigung künftigen Geschehens – ein Ausdruck der logischen und moralischen Notwendigkeit des Handlungsfortgangs. Diese Deutung wird auch durch die Verwendung von Formeln wie *il fault* oder *convient* in den allegorischen Verweisungen auf die jeweils nächste Instanz unterstrichen. Im Reich der Wesenheiten geschieht nichts zufällig. Das einzige Moment der Freiheit und damit Unberechenbarkeit liegt in der Willensentscheidung des Menschen. Die durch sie in Gang gesetzte Handlungsdynamik der Stationenabfolge wird ihm hingegen zwingend vorgeschrieben.

Das zweite Grundcharakteristikum der allegorischen Bühnenhandlung ist ihr besonderes Verhältnis zur Geschichte und damit zur Zeitlichkeit überhaupt. Aufschlußreich ist dabei vor allem die Wiedergabe des Leidens

---

1027 Hier nur zwei besonders auffällige Beispiele. CHARITÉ zum Riche avaricieux: »Plus ne veulx estre en ta maison, / Car tu es de maulvaise vie. / Tu ne veulx sinon Tricherie / Et trestoute Deception«. Unmittelbar darauf erscheint Tricherie als Personifikation und bestätigt das soeben begrifflich Gesagte durchs allegorische Bild: »Vuidez tost, car il en est saison. / Que venez vous faire ceans?« (*Charité*, fol. D iii^r^). L'Homme bittet: »que j'aye tost Confession« – und die Instanz Confession steht vor ihm (*Les quatre Elemens*, fol. B iiii^v^).

1028 So im folgenden Beleg. VIEILLESSE klagt:

Helas, ou es tu, Charité?
Jeunesse en deffault(e) de toy
Me laisse mourir en destresse.

Darauf CHARITÉ:

Monde, allon conforter Vieillesse,
El m'appelle piteusement (*Charité*, fol. B ii^r^).

1029 QUESTENBERG:

Mein würdiger Freund! Ich hab die beste Meinung
Vom Oberst Piccolomini – doch – wenn –
Bedenken Sie –

OCTAVIO:

Ich muß es darauf wagen –
Still! Da kommt er (*Die Piccolomini* I,3).

und Sterbens Christi als des zentralen heilsgeschichtlichen Ereignisses in den Moralités *Jhesucrist est mis en prison* und *Les Blasphemateurs*.

Von der Handlung des ersten der beiden Stücke ist bei der Darstellung der Privations- und Restitutionsmotive schon gesprochen worden[1030]. Sie schildert in ihrem Hauptteil die Heilstaten des Filz von der Trennung von seiner Mutter bis zum unmittelbar bevorstehenden Opfertod. Der Zuschauer sieht aber auf der Bühne nicht etwa eine historisierende Nachgestaltung von Christi Erdenleben, sondern eine zeitlich nicht fixierbare dramatische Fiktion, in der fast alle historischen Momente getilgt und nur die heilsrelevanten Grundtatsachen erhalten sind. Nicht historische Individuen werden Christus töten, sondern Peché!

Das zweite Stück enthält gar eine Kreuzigungsszene nach biblischem Muster[1031]; aber sie soll nicht etwa das Ereignis von Golgatha als solches (*historice*) wiedergeben, sondern den Bildgehalt einer Metapher, die im Stück von Eglise in die Form gebracht wird: »Qui blasme Jesus, le lapide / Et l'occist par son arrogance«[1032]. Auch diese Handlung ist bildhaft-allegorisch; der Unterschied zu *Jhesucrist est mis en prison* besteht nur darin, daß als Bildvorlage nicht irgendeine Fiktion (wie etwa die freiwillige Gefangenschaft) genommen wird, sondern das zentrale heilsgeschichtliche Ereignis, das aber in dieser Funktion seinen historisch-einmaligen Charakter eingebüßt hat und *allegorice*[1033], d. h. als Chiffre eines jederzeit wiederholbaren Vorgangs (*blasmer Jesus*) verwendet wird.

Die Handlungsfiktionen der *Moralité religieuse* sind im übrigen nur selten in der hier dargestellten Weise aus heilsgeschichtlichen Ereignissen abgeleitet. Die Bibel – einschließlich der auf ihr aufbauenden kirchlichen Tradition – ist für die Moralité weit mehr als Lehrbuch denn als Geschichtsbuch relevant. Ausgesprochen lehrhaft-gnomische Passagen der Bibel (Sprüche, Psalmen, neutestamentliche Lehrbriefe), in denen das Historisch-Einmalige zugunsten des Überhistorisch-Allgemeinen zurücktritt, dienen der *Moralité religieuse* am ehesten als Anknüpfungspunkt für die dramatische Fiktion. Liegt der allegorischen Handlung aber doch Historisches zugrunde, dann nicht im Sinn einer Geschichtsschreibung aus menschlich-irdischer Perspektive. *Jhesucrist est mis en prison* schildert in bildlicher Form Ereignisse aus einer besonderen transzendenten Sphäre, der Präexistenz Christi,

---

1030 Cf. besonders oben p. 196.

1031 fol. F iiii^r–G iiii^r. Die einzelnen Etappen der Kreuzigung sind an den Bühnenanweisungen gut abzulesen: *Dispoliant euz* [lies: *eum*] *et ponant super crucem* (fol. F iiii^r); *Ilz boutent les cloux* (fol. G i^r); *Capiant courgias* (*ib.*); *Percutit* (*ib.*); *Tunc habeant coronam de spinis et malleos* (fol. G i^v) etc.

1032 fol. F i^r. Eine ähnliche Deutung gibt Cannon in der Einleitung seiner kritischen Ausgabe, p. 33. Cf. auch fol. C ii^v »Non minus peccant / Qui Deum blasphemant / Regnantem in celis / Quam crucifigentes / Eum in terris«.

1033 Oder, um mit dem Text des Stücks zu sprechen, »jouxte les yeulx d'entendement« (fol. F iii^v).

die der irdischen Geschichtlichkeit entrückt ist, und auch die Kreuzigungsszene hat in ihrer moralischen Allgemeingültigkeit und Wiederholbarkeit in einer innerweltlichen Chronologie – auch religiös als Heilsgeschichte verstanden – keinen festen Platz. Die allegorische Handlung beruht hier zwar auf dem in der Bibel verbürgten Heilsereignis, steht aber selbst ebenso wie die an ihr beteiligten Instanzen und metaphysischen Personen außerhalb des historischen Geschehensablaufs. Die Geschichtlichkeit der Welt wird gleichsam von der Transzendenz her betrachtet, unter einem Blickwinkel, von dem aus irdische Vergangenheit, Gegenwart und Zukunft zu *einem* Punkt zusammenschrumpfen können.

Anders ist es kaum zu verstehen, daß in vielen Moralités – vor allem gegen Schluß – Vorgänge aus dem Bereich der Wesenheiten dargestellt werden, die der gegenwärtigen heilsgeschichtlichen Situation insgesamt nicht entsprechen. Ich greife zwei Beispiele heraus: In *Langue envenimee* werden die Laster nach ihrer Niederlage verdammt, woraufhin Doulx Parler den Zuschauer mit der tröstlichen Versicherung entläßt: »Danger plus ne fera dannieu«[1034], obwohl beide Laster gegenwärtig noch sehr großen Schaden anrichten, da das Stück sonst kaum so sehr vor ihnen warnen würde. In der *Condamnacion des Bancquetz* wird die Titelgestalt am Schluß exekutiert, was aber offenbar nicht bedeutet, daß es keine Gelage mehr gäbe. Dieselbe Überlegung ließe sich an jeden Sieg der Tugenden über die Laster anschließen: Der Vorgang ist in der gegenwärtigen Situation nicht allgemeingültig, wird es aber nach christlicher Endzeiterwartung einst sein und sollte schon jetzt in möglichst vielen Fällen verwirklicht werden.

Von dieser Einsicht aus läßt sich die Deutung auf eine breitere Grundlage stellen. Die allegorische Handlung der *Moralité religieuse* ist zugleich die bildliche Darstellung

- eines ontologischen Sachverhalts im Seinsbereich der Wesenheiten (z. B. der Überlegenheit des Guten über das Böse);
- einer moralischen Forderung an jeden Menschen, diesem Sachverhalt auch in seinen konkreten Entscheidungen Geltung zu verschaffen;
- eines endzeitlichen Geschehens, bei dem der ontologische Sachverhalt umfassend verwirklicht werden wird.

Die allegorische Handlung enthält also drei Sinnebenen von verschiedenem Gewicht: einen *allegorisch-ontologischen,* einen *moralisch-tropologischen* und einen *anagogisch-eschatologischen* Sinn. Ihnen entspricht eine Trias möglicher Deutungen, die sich der mehrfachen Schriftexegese der mittelalterlichen Theologie vergleichen läßt.

In einem Punkt indessen besteht ein grundlegender Unterschied: Der *historische* Sinn oder Literalsinn, der in der biblischen Allegorese – jedenfalls bei den meisten Exegeten – vor allen biblischen Deutungen seine Gültigkeit behält, existiert als zusammenhängendes Sinngefüge in der allegori-

---

[1034] fol. F vi^r; ahnlich fol. D iiii^r über Langue envenimee.

schen Handlung nicht. Das Bühnengeschehen der *Moralité religieuse* ist, anders als der biblische Text, von vornherein als Bild konzipiert.

Allerdings soll nicht verschwiegen werden, daß gelegentlich einzelne Elemente in die allegorische Handlung eingelagert sind, deren Bedeutung unmittelbar, d.h. ohne eine besondere Rückübersetzung aus der Bildersprache, vor den Augen des Zuschauers steht. Dazu zählen einmal die sakralen Handlungen wie Taufe und Beichte, die – wohl wegen ihrer besonderen Würde – als solche auch im allegorischen Kontext erhalten bleiben[1035], ferner die aus allegorischen Konventionen erwachsene, aber zum Teil verselbständigte Darstellung des sündigen Weltlebens sowie die farcenhafte Anfangsszene der *Enfans de Maintenant*[1036]. Im engeren Sinn historisch fixiert sind die Exempelfiguren zur Demonstration metaphysischer Macht und einige konkrete Anspielungen auf Zeitereignisse[1037]; beide gehören nicht zur dramatischen Handlung. Auch die zuerst genannten nicht-allegorischen Elemente sind innerhalb der Gesamthandlung der betreffenden Stücke isoliert und reichen nicht aus, für die Handlung der *Moralité religieuse* einen eigenständigen Literalsinn zu konstituieren.

[1035] Die Taufe der Menschenvertreter (*L'Homme juste*, fol. b ii^{r}) wird zwar von Baptesme vollzogen und ist insofern mit der personifizierenden Darstellung verknüpft, der Taufakt selbst aber wird nicht in ein allegorisches Bild gekleidet. Noch weniger allegorisch ist die Beichte wiedergegeben, die sowohl in *L'Omme pecheur* (fol. s ii^{r}) wie auch in *La Condamnacion des Bancquetz* (fol. p v^{v}–pvi^{r}) von einem Priester abgenommen wird, nicht etwa durch die Instanz Confession.

[1036] Cf. oben pp. 208–210 und 215 sq. – Analogien aus englischen *Moralities* bringt W. Habicht, *Studien*, p. 57 sq.

[1037] So finden sich zum Beispiel in *L'Omme pecheur* Hinweise auf die Befreiung der Normandie von den Engländern (fol. b iii^{r}) und eine verheerende Seuche in Savoyen (fol. m iii^{r}), die auch zur Datierung herangezogen werden können. – Die Anspielungen auf die Geldentwertung in der *Moralité d'Argent* nehmen eine Sonderstellung ein.

L'Omme:

(Respiciat eum [= Argent] bene in facie)
Helas! que vous estes fondu!...
Vous estes changé grandement!
Mauldit soit qui vous a tenu!
C'est pitié vous voir maintenent:
Vous souliés estre si freschant,
Si fin, si beau, si bon ousi
Et de grande beauté luyssant!

Argent:

Et oures?

L'Omme:

Trestout que noirsi...
Vous estes chargé lordement
Et d'une meschante matiere... (vv. 271–280).

Sogar das konkrete historische Faktum einer Münzverschlechterung ist hier – als körperlicher Verfall der Personifikation Argent – in die allegorisch-allgemeine Darstellung übertragen worden!

Kapitel IV

Moralités religieuses auf der Grundlage christlicher Allegorese

Unter der Gattungsbezeichnung *Moralité religieuse* habe ich bisher ausschließlich solche Stücke zusammengefaßt, in denen dramatische Personifikationen eine handlungsbestimmende Rolle spielen. Diesen personifizierenden Moralités sollen hier in einem kurzen Anhang die wenigen Stücke zur Seite gestellt werden, deren allegorischer Charakter auf dem Prinzip der christlichen Allegorese beruht: in ihnen wird einem vorgegebenen Handlungsmotiv nachträglich ein allegorisch-moralisierender Sinn unterlegt[1038]. In dem Fall, daß das vorgegebene Motiv selbst noch keine allegorischen Züge aufweist, spreche ich von primärer, ist es bereits allegorisch, von sekundärer Allegorese.

1. Primäre Allegorese

Zur ersten Gruppe gehört die *Histoire de l'Enfant prodigue par personnages, par laquelle est demonstree la vie miserable où parviendront ceux qui despendent leurs biens prodigalement*[1039]. Das Stück setzt das Handlungsschema des biblischen Gleichnisses vom verlorenen Sohn (Luc. 15, 11–32) mit einigen poetischen Freiheiten in dramatische Form um, wie es in dieser Zeit vielfach geschieht[1040]. Besonders ausführlich im Vergleich mit der Vorlage wird das Sündenleben des Verschwenders in der Gesellschaft einer Kupplerin und zweier Dirnen, Fin Cœur doux und La Gorriere, dargestellt. Neu eingeführt ist ferner die Gestalt des Amy de Bonne Foy, der bei der Rückkehr des verlorenen Sohnes ins Elternhaus als Vermittler fungiert und den Vater bittet, ihm zu verzeihen. Eine Eigentümlichkeit des Stücks besteht darin, daß in der zweiten Hälfte der Acteur strophenweise das biblische

---

1038 R. Lebègue bezeichnet diese Art der Allegorie treffend als »surajoutée« (*Tragédie*, p. 100).

1039 Ich nenne hier den gesamten Titel, um das Stück von einem anderen abzuheben, mit dem es den Haupttitel gemein hat: der *Histoire de l'Enfant prodigue reduitte et estendue en forme de comédie* von Antoine Tiron (Anvers 1564). Es handelt sich dabei um ein Renaissancedrama in Prosa mit Akt- und Szeneneinteilung, das für meine Fragestellung nicht von Interesse ist.

1040 Cf. dazu F. Spengler, *Der verlorene Sohn im Drama des XVI. Jahrhunderts. Zur Geschichte des Dramas*, Innsbruck 1888.

Gleichnis nacherzählt[1041], während der Inhalt seiner Worte zu dramatischen Szenen ausgespielt wird.

Nichts in den Figuren und der Handlung des Stücks weist auf eine jenseits der Bildebene liegende allgemeine Bedeutung hin. Das Ganze soll zwar, dem Tenor der biblischen Vorlage entsprechend, exemplarisch und didaktisch verstanden werden – als »remonstrance, / Belle pour enfans de maison, / Qui despendent outre raison / Et courroucent peres et meres«[1042] –, spezifisch allegorische Züge finden sich aber im Text selbst nicht. Dem Stück ist jedoch ein – allem Anschein nach sekundäres – *Advertissement au lecteur* vorangestellt, das dem Gleichnis eine neue, allegorisch-moralisierende Bedeutung zuschreibt:

> En ceste presente histoire sont plusieurs personnages, mais trois principaux: le Pere et ses deux fils, desquels le plus jeune est dict Enfant prodigue. Et moralement celuy Pere est Dieu, et ses deux enfans font deux manieres de gens, les uns bons et les autres pecheurs. Par l'enfant aisné sont entendus les justes, qui tousjours demeurent avec Dieu, leur pere par grace; par l'enfant prodigue, les pecheur[s] qui despendent leurs biens receux de Dieu follement, en volupté et plaisance mondaine. La viande des porceaux, c'est a dire des diables, dont cherchent se saouller, sont les pechez esquels se delectent, et le(s) pays lointain de Dieu, auquel habitent, est l'estat de peché, car lointains de Dieu sont tous pecheurs, jusques à ce qu'ils se retournent à luy par penitence. Et comme l'enfant prodigue est retourné à son pere, ainsi que l'histoire monstre, et comme le pere a receu son enfant et pardonné et festoyé, nostre Seigneur reçoit les pecheurs qui se retournent à luy, comme dit est, leur faisant misericorde et promettant de donner la gloire de Paradis (p. 3 sq.).

Durch diese Vorrede wird das dramatisierte biblische Gleichnis zu einer *Moralité religieuse* mit zwei gegensätzlichen Repräsentanten des Menschen nach Art der Stücke *Bien advisé, Mal advisé* oder *L'Homme juste et l'Homme mondain* umgedeutet, ohne daß sich dies unmittelbar in der Handlung des Stücks niederschlüge.

Der Literalsinn der *Histoire de l'Enfant prodigue*, durch die im Text zitierte Quelle mit der religiösen Autorität der Schrift gestützt, wird in der Vorrede nicht etwa negiert, sondern nur um eine zusätzliche allegorische Deutung erweitert. Damit steht das *Advertissement* ganz in der Tradition der christlichen Bibelallegorese.

Ein anderes Verfahren allegorischer Umdeutung zeigt die Moralité *Pyramus et Tisbee*. Sie dramatisiert den in Ovids *Metamorphosen* (4, 55 –166) überlieferten und später vor allem durch die komische Verwendung in Shakespeares *Midsummer-Night's Dream* bekanntgewordenen Stoff von den beiden Liebenden Pyramus und Tisbee, die, in benachbarten Häusern wohnend, durch einen Spalt in der Wand ein Stelldichein am Brunnen neben

[1041] pp. 79, 88, 97 sq., 112, 115.
[1042] p. 128.

erkennt den blutbefleckten Schleier, glaubt, seine Geliebte sei getötet worden, einem Maulbeerbaum vereinbaren. Tisbee begibt sich zum Treffpunkt, muß aber bald vor einem Löwen fliehen, der am Brunnen seinen Durst löscht. Sie läßt ihren Schleier zurück, den der Löwe mit seinem von der Beute noch blutigen Maul berührt, bevor er verschwindet. Jetzt erscheint Pyramus, und ersticht sich. Tisbee kehrt zurück, findet Pyramus sterbend und folgt ihm in den Tod.

Le Bergier und La Bergiere, die die Zwischenräume zwischen den einzelnen Szenen der dramatischen Handlung überbrückt und dem Stück damit einen pastourellenartigen Rahmen gegeben haben, erscheinen erneut und unterlegen im nachhinein dem Bühnengeschehen in allen Einzelheiten einen geistlichen Sinn:

La Bergiere
Par Pyramus on peult entendre
Le filz de Dieu, j'en suis certaine,
Et par Tisbee l'ame humaine.
[...]
Le Bergier
Vous dictes vray, car il me semble
Qu'ilz estoient tresprochains voisins,
Et l'ung avecque l'aultre affins,
J'entends de semblable nature.
[...]
La Bergiere
Il y avoit une paroy
Qui les mettoit en ce desroy:
C'est le peché d'Adam et de Eve.
Toutefoys, en parole briefve,
Ensemble assez souvent parloient
Par prophettes, et devisoient;
Si conclurent, comme il me semble,
Ung jour de convenir ensemble,
Affin qu'il en fust mention,
Par la saincte incarnation
De Jesus, enfant droicturier (vv. 553–580).

Auf dieselbe Weise wird sodann der Maulbeerbaum als »saincte croix precieuse«, der Brunnen als »sacrement de baptesme« und der Löwe als Bild des Teufels aufgefaßt[1043]. Für die ihren Geliebten beklagende Tisbee wird schließlich noch eine zweite geistliche Deutung vorgeschlagen:

Ou prenons la vierge Marie,
Qui fut si courcee et marrye
De veoir son filz mort endurer,
Qu'elle ne sceust oncques durer
Sans que son corps fut transpercé
De douleur (vv. 620–625).

Nach der geistlichen Ausdeutung des Geschehens, die hier – im Gegensatz zu *L'Enfant prodigue* – in den dramatischen Text integriert ist, setzen die

[1043] vv. 583–595.

Hirten die Haupthandlung fort, indem sie sich anschicken, die Leiber der beiden Liebenden zu begraben.

Die Allegorisierung der antiken Geschichte folgt, wie É. Picot durch einen Textvergleich überzeugend nachgewiesen hat[1044], fast wörtlich einer zeitgenössischen Übersetzung des *Ovidius moralisatus* und gehört damit zur Tradition der christlichen Allegorese heidnischer Schriften. Der grundlegende Unterschied zur *Histoire de l'Enfant prodigue* besteht darin, daß der Literalsinn der Bühnenhandlung sich gegenüber der mehrfachen geistlich-allegorischen Ausdeutung fast ganz verflüchtigt. Von der Vorstellung des doppelten tragischen Liebestods der Ovidischen Vorlage ist nichts in unsere Moralité übernommen worden.

Durch die allegorische Umdeutung werden die beiden Stücke *L'Enfant prodigue* und *Pyramus et Tisbee* zu *Moralités religieuses* mit den konstitutiven Elementen der personifizierenden Darstellung. Die ursprünglich als Individuen aufzufassenden Figuren verwandeln sich in personifizierte Gattungswesen und metaphysische Personen (Les deux Enfans = *deux manieres de gens, les uns bons et les autres pecheurs*, Le Pere = *Dieu*; Tisbee = *l'ame humaine*, Pyramus = *le filz de Dieu* etc.)[1045]. Die zwischenmenschlichen Beziehungen (hier vor allem solche der Verwandtschaft und der Liebe) werden zu allegorischen Relationen umgedeutet; die Bühnentopographie nimmt allegorischen Charakter an (der Ort, an dem der verlorene Sohn lebt, wird zum Bild des *estat de peché*, der Treffpunkt von Pyramus und Tisbee am Brunnen in der Nähe des Maulbeerbaums zum Ort der Versöhnung zwischen Taufe und Kreuz). Die vorgeprägten Handlungsmotive schließlich gewinnen, ungeachtet ihrer verschiedenen Herkunft, infolge der allegorischen Umdeutung gleichermaßen theologische Relevanz und moralische Allgemeingültigkeit.

2. Sekundäre Allegorese

Neben der an zwei Stücken exemplarisch aufgezeigten Allegorese ursprünglich nicht-allegorischer Stoffe besteht natürlich jederzeit die Möglichkeit, einer auf dem Prinzip der Personifizierung beruhenden Moralité zusätzlich zu ihrem allegorischen Primärsinn, wie er sich aus der unmittelbaren Betrachtung der bildlichen Handlung ergibt, weitere allegorische Ausdeutungen zu geben. So ist es nach dem Zeugnis der epischen Literatur durchaus üblich, daß einer heidnischen Dichterallegorese, beispielsweise Vergils oder Ovids, sekundär ein christlicher allegorischer Sinn unterlegt wird. Allerdings

---

1044 *Bull. du Bibliophile* 1901, p. 7 sq.

1045 Personifizierte Instanzen sind nicht ausgebildet. Die als Anknüpfungspunkte geeigneten Begriffe sind statt dessen als Sachallegorien verbildlicht; so beispielsweise *le(s) peche(z)* als *la viande des porceaulx* (*L'Enfant prodigue*) bzw. als *la paroy* (*Pyramus et Tisbee*).

ist diese Möglichkeit im spätmittelalterlichen religiösen Theater Frankreichs nur selten genutzt worden – soweit die überlieferten Stücke überhaupt ein allgemeines Urteil erlauben.

Immerlin gibt es zumindest *eine* traditionelle *Moralité religieuse*, die eine solche sekundäre Allegorese nahelegt und damit wenigstens deren Schema erkennen läßt, nämlich die Moralité *Le Ventre et les Jambes*. Der Stoff dieses primär allegorischen Stücks, das im Bild eines Streits zwischen Körperteilpersonifikationen die Störung und Wiederherstellung der gottgewollten Harmonie zwischen Naturmächten behandelt, ist nicht nur auf die Situation der Mitglieder eines Staatsverbands, sondern, vom Text angeregt, auch im spezifisch christlichen Sinn auf die der verschiedenen Gruppierungen in der Kirche hin interpretiert worden, die zur Einigkeit in Christus aufgefordert werden[1046]. Eine solche Zusatzdeutung erschließt dem Stück zwar eine weitere Sinnebene, verändert aber damit nicht grundlegend seine ohnehin von der allegorischen Differenz zwischen Bild und Bedeutung geprägte Struktur.

[1046] Zur Deutung auf die Kirche cf. die *conclusion* des Ventre:

Nous sommes tous membres, branches ausy.
Christ, nostre corps et tronce, par ainsy
Nous joinct en luy, pour nous fruict produyra,
Ou aultrement, en douleur et soulcy,
Membre du corps divisé perira (fol. 178^{r}).

Hinweise auf die verschiedenen Interpretationen des Stoffs finden sich bei H. Gombel, *Fabel*, *passim*; W. Nestle, *Fabel*, besonders p. 360; ferner im *Répertoire*, p. 101. Cf. auch die vermittelnde Position von I. Maxwell: »Whether or no the final union of the members in Christ symbolizes the hope for a purged and reunited Catholic Church may be uncertain, but the general didactic intent is unmistakable« (*Farce*, p. 25 n. 2).

Kapitel V

Die didaktische Intention

Der Begriff der Moralité ist, wie in der Einleitung gezeigt, frühzeitig eng mit der Vorstellung der Lehrhaftigkeit verbunden. Dies gilt auch für das Selbstverständnis der Autoren. Als Beispiel sei der Beginn des Prologs der *Moralité d'Argent* angeführt:

> Paix entre vous, seigneurs et dames!
> Pour passer temps joyeusement
> Et oussi pour pancer des ames
> En aquerant leur sauvement,
> Avons empris l'esbatement
> De une moralité notable:
> Dieu don que nostre enseignement
> Peust estre a toux profitable!
> On dist que est demostracion,
> Belle doctrine et exemplere (vv. 1–10).

Nachdem zuerst (Vers 2–4) die traditionelle Doppelformel *delectare et prodesse* anklingt, gewinnt die lehrhafte Intention bald das Übergewicht, so daß der Terminus Moralité schließlich von einer ganzen Flut von Ausdrücken aus dem Begriffsfeld der Lehrhaftigkeit umgeben ist. Andere Stücke stehen der *Moralité d'Argent* in der Betonung des didaktischen Elements, wie die weiteren Ausführungen belegen, nichts nach. Auch die Forschung ist sich über kaum ein Wesensmerkmal des allegorischen Theaters, insbesondere der Moralité, so einig wie über den stark lehrhaften Charakter[1047].

Ungeachtet dieses allgemeinen Konsenses scheint es angebracht, die besondere Art der Lehrhaftigkeit, die auf der dramatisch-personifizierenden Darstellung beruht, näher zu beleuchten. Dabei müssen zwei Untersuchungskomplexe unterschieden werden, die ich verkürzt mit den Termini *explizite*

[1047] Cf. oben Anm. 109. – Gelegentlich wird die massive didaktische Intention des spätmittelalterlichen allegorischen Theaters mit ähnlichen Tendenzen im Theater der Gegenwart in Verbindung gebracht, so etwa von H. R. Jauß in seiner Rezension des Buches *Das epische Theater* von Marianne Kesting, in *RJb* 10 (1959) p. 260; ähnlich M. Lazar, *Enseignement et spectacle. La* Disputatio *comme »scène à faire« dans le drame religieux du moyen-âge*, in *Studies in the Drama*, ed. A. Sachs, Jerusalem 1967, p. 127 n. 5. Wollte man einen solchen Vergleich näher ausführen, dürfte natürlich weder die Verschiedenheit des Lehrinhalts noch die der literarischen Darstellungsmittel und der Publikumserwartungen außer acht gelassen werden.

und *implizite Didaktik* bezeichne. Der erste Bereich umfaßt die in den traditionellen *Moralités religieuses* enthaltenen manifesten Lehraussagen, die auf ihren didaktischen Gehalt, ihre Adressaten, ihre Einbettung in die dramatische Handlung, ihre Begründungsverfahren und ähnliche Fragestellungen hin zu analysieren sind. Der zweite, der sich der Aufmerksamkeit der Literaturwissenschaftler bisher weitgehend entzogen hat, betrifft die fundamentalen didaktischen Implikationen der personifizierenden Darstellung überhaupt. Die Erkenntnis dieser didaktischen Tiefenschicht gibt den im engeren Sinn lehrhaften Textpassagen, denen ich mich nun zunächst zuwende, im nachhinein eine umfassende Begründung.

1. Explizite Didaktik

In die Untersuchung der allegorischen Formelemente sind bereits mehrfach Motive aus dem didaktischen Bereich eingegangen, aber nur soweit sie sich ausschließlich oder überwiegend auf Elemente der in sich geschlossenen allegorischen Fiktion beziehen, vor allem auf den allegorischen Kosmos ('Lehrer-Schüler-Relation') und die allegorische Handlung ('Lehrinstanzen beim Unterricht'). Kaum ins Blickfeld getreten ist bisher der eigentliche Adressat der didaktischen Intention: der Zuschauer. Seine Rolle soll hier besonders betrachtet werden. Dabei müssen neben den unmittelbar von der Bühne an ihn gerichteten Lehransprachen auch die didaktischen Reden untersucht werden, die zwar primär dem Menschenvertreter auf der Bühne gelten und insofern Teil der allegorischen Fiktion sind, letztlich aber doch für den Zuschauer als Zeugen des Bühnengeschehens bestimmt sind.

Betrachten wir zunächst die direkten Zuschauerbelehrungen, die sich vor allem im Prolog und Epilog vieler Stücke finden. Die Prologe beschränken sich meist auf allgemeine Hinweise zur moralischen Bedeutsamkeit des jeweils folgenden Stücks, Hinweise, die gewöhnlich einer nur schwach in die allegorische Fiktion integrierten Figur in den Mund gelegt werden[1048]. Gelegentlich übernimmt auch eine dramatische Personifikation die didaktische Funktion des Prologsprechers[1049]. Der Lehrinhalt der Epiloge, die

[1048] Cf. die Eingangsrede des Ermite in *Les sept Pechie morteil*, vv. 1–30, besonders v. 23 sq. »Grant profit y poroit avoir, / chascuns de vous sache de voyr«; Nuncius in *Argent*: »Aprandre y pourrés, si vous plet, / Doctrine, exemple, a mon adviz« (v. 28 sq.); »Nostre intendit et vouloir principal / Est de monstrer a tous humains pecheurs / L'iniquité icy en general / Que font vers Dieu les faulx blasphemateurs« (*Les Blasphemateurs*, fol. A i^{v}). Ähnlich in *La Condamnacion des Bancquetz*, fol. i iii^{v}; *L'Homme juste*, fol. a ii^{r}–a iii^{r}.

[1049] Cf. den Prolog des Ciel in *L'Homme et le Ciel*, p. 98 sq. sowie die Ankündigung von Raison in *Les quatre Elemens*: »Nous vous ferans [*lies*: ferons] personnaiges venir, / Sans lesquels nul ne se peut soustenir: / Nostre matiere est a tous necessaire« (fol. A i^{v}), wo der toposhaften Ankündigung des moralischen Nutzens der folgenden Aufführung geistvoll ein weiterer Sinn unterlegt wird:

wiederum bald Instanzen, bald besonderen Epilogsprechern übertragen werden, ist meist vielfältiger und konkreter, da er sich auf die vom Zuschauer am jeweiligen Stück gemachten Erfahrungen berufen kann. Im Epilog wird der geschlossene Raum der allegorischen Fiktion durchbrochen und das durch sie bildlich Ausgedrückte in einer »Moral« begrifflich zusammengefaßt[1050], wobei die gnomische Prägnanz im allgemeinen recht gering ist. Das Bühnengeschehen wird exemplarisch als Bild des menschlichen Lebens gedeutet, wodurch die Rolle des dramatischen Menschenvertreters auf den Zuschauer übergeht, der seinerseits für alle Menschen steht. Eine wichtige Aufgabe des Epilogs ist damit die Hilfe bei der allegorischen Entschlüsselung der Stücke, allerdings nur in ihren theologisch-moralisch besonders relevanten Grundzügen. Sie wird ergänzt durch die unmittelbare Aufforderung an den Zuschauer zum moralisch richtigen Verhalten.

Das relative Gewicht der beiden didaktischen Teilfunktionen ist von Stück zu Stück verschieden: im Epilog von *Bien advisé, Mal advisé*[1051] überwiegt beispielsweise das allegorisch-exegetische, in dem der Stücke *Le Lymon et la Terre*[1052] und *L'Omme pecheur*[1053] das moralisch-adhortative Moment. Relativ ausgewogen ist in dieser Hinsicht der Epilog des Stücks *Le Gouvert d'Humanité*, dessen didaktisch relevanter Teil lautet:

> Retenés, noblë assistence,
> En grande curiosité
> De notre jeu la vray sustance
> Et le gouvert d'Humanité!

---

da ohne die vier Elemente (= die angekündigten *personnaiges* in ihrer Bedeutungskomponente) niemand leben kann, ist die *matiere* des Stücks auch physisch nützlich!

1050 Eine Ausnahme bildet hier der Epilog der *Sept Pechie morteil*, in dem L'Ermite ausdrücklich erklärt, daß das allegorische Bild sich nicht einfach ins Begriffliche übersetzen lasse:

> *Le miroir de vie* appellons
> *et de mort* ce que fait auons.
> Si comme aués veyut en present,
> en cest exemple apertement;
> mies ne le vus puit on descrire
> ne plus tres apertement dire (vv. 2527–2532).

Es folgt eine versuchsweise Deutung der Spiegelallegorie, die aber nicht die eigentliche allegorische Handlung betrifft. Das Stück weicht auch insofern von der Norm ab, als es neben Prolog und Epilog zwischen seinen beiden Handlungsteilen eine weitere didaktische Zuschaueranrede des Ermite einfügt (vv. 1001–1014).

1051 Bonne Fin: »Il fait bon tenir bon chemin. / Vous en povez bien apercevoir, / car l'on s'en va a Bonne Fin« etc.; die *adhortatio* beschränkt sich auf den Vers: »Faison comme ceulx sans faintise« (fol. i v^v).

1052 Raison: »Mirez vous y, jeunes et vieulx« etc. (fol. c vi^v); die Mahnrede geht, dem Inhalt des Stücks entsprechend, in ein *Memento mori* über.

1053 Allerdings ist die Aufforderung zum rechten Handeln hier in die Form eines Gebets gekleidet: »Nous prirons la trinité haulte / que ung chascun pecheur puisse faire / penitence« etc. (fol. & x^v).

Ne suyvés pas Lubricité,
Evictés la fureur divine,
Deslaissés toute vanité,
Ou vous tumberés en ruine.
Se [= Ce] mortel monde n'est qu'abus,
Lac de pleurs, de misere aussi,
Acquerons ung tresor lassus
Pour nous gecter de tout soucy (vv. 1685–1696)[1054].

Auf die allegorische Exegese (Zeile 1–4) folgt eine gleichlange Mahnrede an die Zuschauer (Zeile 5–8), und das Schlußquartett enthält auf halbem Raum – man könnte in musiktheoretischer Terminologie von einer Art Engführung sprechen – wiederum einen religiös informierenden (Zeile 9–10) und einen adhortativen Teil (Zeile 11–12), die in einem engen logischen Abhängigkeitsverhältnis zueinander stehen.

Unmittelbar vor seinem Tod tritt bisweilen auch der Menschenvertreter halb aus der allegorischen Fiktion heraus und wendet sich ermahnend und warnend unmittelbar ans Publikum[1055]. Gegen Ende der Moralité *L'Omme pecheur* (etwa von fol. & iii^v an) ist diese Tendenz, verbunden mit einer Zunahme gnomischer Formulierungen, auch in den Reden der übrigen Bühnenfiguren zu spüren.

Einige Epiloge geben Aufschluß über das Verhältnis der *Moralité religieuse* zur sozialen Gliederung ihres Publikums und damit zur mittelalterlichen Ständegesellschaft. Bemerkenswert ist unter diesem Gesichtspunkt vor

---

[1054] Das Stück schließt übrigens bei all seinem religiösen Lehranspruch nicht wie *Bien advisé, Mal advisé* und *L'Omme pecheur* mit einem *Te Deum laudamus*, sondern mit der weltfreudigen Erlaubnis »Vous avés congé d'aller boyre« (v. 1704), die man eher in einer Farce als in einer *Moralité religieuse* erwarten würde.

[1055] CHASCUN:

Las, toutes gens, cy regardez
Ne tant voz faulx desirs prenez.
Vous voyez que par les pechez
Dont toutes gens sont entachez,
Mourir leur fault devant my aages
(*Le Lymon et la Terre,* fol. c vi^r–c vi^v).

In der *Moralité d'Argent* wird sogar der Verdammte am Schluß im guten Sinn lehrhaft:

Bonnes gens, metés en memoire
Ceste istoire ...
Je m'en vois en pourriture:
Vous voiés bien que peu dure
La vesture
De ceste vie mortelle,
Qui a toux est naturele ... (vv. 1374–1380)
Prenés en moy trestoulx regard,
Ayés en Dieu vostre pancée,
Et emploiés vostre jornée
Plus tost a faire bien que mal (vv. 1504–1507).

allem der Schlußabschnitt der *Moralité d'Argent*, der im Manuskript durch den Hinweis *la fin du jueu* vom übrigen Text abgesetzt ist. Hier wendet sich der Messatgier[1056] mit einer *excusatio* an die Zuschauer:

> Bonnes gens, n'obliés pas
> De nous pardonner humblement;
> Pourtant vous pri, tout maintenent,
> Tant seigneurs, chevaliers que dames,
> Escuyrs, borgois, nobles fames,
> Borgoyses et gens de renom,
> Gent d'eglise et tout le mont,
> Que vous playse nous pardonner,
> Et si vous plet des encuser,
> Si n'avons bien fait a vostre gré (vv. 1628–1637).

Die detaillierte Aufzählung der angesprochenen sozialen Gruppen bezeugt, daß das Stück sich prinzipiell an *alle* Stände richtet. Die kurz vorher gebrauchte Pauschalanrede des Publikums als »noble compaignie«[1057], die auch in den Epilogen anderer Stücke in ähnlicher Form mehrfach begegnet[1058], impliziert also wohl nicht, wie man ohne Kenntnis dieses Ständekatalogs vielleicht annehmen könnte, daß die *Moralité religieuse* sich ausschließlich an die höheren Stände richtet[1059].

Überhaupt ist für sie die ständische Gliederung der Gesellschaft nur der Ansatzpunkt für eine allgemeinere, ständeübergreifende didaktische Intention. Dies wird vor allem dann deutlich, wenn man auch den ersten Teil des *Argent*-Epilogs in die Betrachtung einbezieht. Er lautet:

> Bonnes gens de trestoulx estas,
> Vous avés veu tout maintenent
> – Si avés entendu le cas –
> Comment en ce monde present
> L'ung a heu des biens a grant tas
> Par les mains de faulce fortune,
> Laquelle n'est jamais commune,
> Comme avés veu expressement.
> Or regardés donc, ung chascun,
> Que vous en aurés tel payement:
> Riches et gras serés tout ung
> Avec le povre, vrayement (vv. 1610–1621).

1056 So jedenfalls nach Aebischers Vermutung (*Arch. rom.* 13, 1929, p. 501 *note*).

1057 v. 1609.

1058 Etwa als »noble assistence« (*Le Gouvert d'Humanité*, v. 1685), »seigneurs« (*L'Omme pecheur*, fol. & x^v^) etc.

1059 Die Tatsache, daß die Angehörigen des niederen Standes hier nicht erwähnt werden, bedeutet vielleicht nur, daß sie gerade wegen ihrer untergeordneten gesellschaftlichen Stellung keiner besonderen Anrede würdig erscheinen, oder aber – was wahrscheinlicher ist – es handelt sich bei den zitierten »hohen« Anreden um weitgehend topisch gewordene literarische Formeln, die das Publikum insgesamt dem Stück geneigt machen sollen. Jedenfalls besagen die Anreden nicht zwingend, das einfache Volk (*tout le mont*) sei im Publikum nicht vertreten gewesen.

Alle ökonomischen und sozialen Unterschiede zwischen den Ständen treten schließlich zurück gegenüber der Einheit der menschlichen Gattung[1060]. Die Betonung der Gleichheit aller Menschen vor Gott *vor* ihrer gesellschaftlichen Ungleichheit kann innerhalb des allegorischen Theaters geradezu als Gattungsmerkmal der *Moralité religieuse* angesehen werden[1061].

Alle direkten Zuschaueranreden werden an Zahl und didaktischer Relevanz weit von denjenigen lehrhaften Passagen übertroffen, die zwar formal im Rahmen der allegorischen Fiktion bleiben, letztlich aber für das Publikum bestimmt sind. Ob die Belehrungen und Ermahnungen den Menschenvertretern gelten wie in *Aulcun*[1062], *Bien advisé, Mal advisé*[1063], *L'Homme et le Ciel*[1064], *L'Homme juste*[1065] und *Le Lymon et la Terre*[1066] oder aber Instanzen wie in *Les sept Pechie morteil*[1067] und gelegentlich auch in *L'Omme pecheur*[1068]: der eigentliche Adressat ist immer der Zuschauer.

Dies gilt in besonderem Maße für die längeren Lehrgespräche, die entweder zu didaktisch-exemplarischen Nebenhandlungen mit Demonstrationscharakter ausgebaut sind oder aber sich in predigtähnlichen Darlegungen zeitweilig von der dramatischen Form überhaupt entfernen.

1060 Konsequenterweise wird sie trotz der im Epilog angesprochenen ständischen Vielfalt in der allegorischen Darstellung des Stücks durch *eine* Figur verkörpert. Wenn in der traditionellen *Moralité religieuse* trotzdem gelegentlich Repräsentanten sozialer Stände auftreten, verkörpern sie *am Schluß* nicht mehr einen sozialen, sondern einen religiös-moralischen Antagonismus innerhalb der grundsätzlich als Einheit gesehenen Gattung, wie ich in Kapitel I,2 am Beispiel der *Moralité de Charité* gezeigt habe.

1061 Im Stück *Les sept Pechie morteil* wird es an einer Stelle, auf deren allgemeine Bedeutung O. Jodogne aufmerksam gemacht hat (*ECl* 37, 1969, p. 340), von Humilité offen ausgesprochen:

car nos sume trestous parelh(e),
riche et poure, clerc et lay (v. 1103 sq.).

1062 Cognoissance belehrt Aulcun ausführlich über Stellung und Aufgabe des Menschen in der Welt und gibt ihm – in allgemein verbindlicher Form – Anweisungen zum rechten Handeln (fol. 96^{v}–105^{r}).

1063 Cf. hier etwa die didaktischen Reden der Instanzen Franche Voulenté (fol. a iii^{v}–a iiii^{v}), Humilité (fol. b ii^{v}–b iii^{r}), Penitence (fol. d v^{r}), Jeusne (fol. e ii^{r}–e ii^{v}) und der sieben Haupttugenden (fol. f i^{v}–f v^{v}).

1064 Hier bemüht sich vor allem L'Esprit, dem Menschenvertreter – und mit ihm dem Publikum – die rechte Lebenseinstellung zu vermitteln (pp. 100–107). Cf. auch die didaktische Rede des Ciel (p. 130 sq.).

1065 Einen über den dramatischen Zusammenhang der Bühnenfiktion hinausreichenden allgemeinen Anspruch haben z. B. die Lehren von Congnoissance (fol. b vi^{v}–c i^{v}) und Raison (fol. d ii^{r}) sowie die der sieben Haupttugenden (fol. d ii^{r}–d iiii^{r}, h ii^{r}–h ii^{v}, l iii^{r}–l iiii^{r}, n v^{r}–n vi^{r}, v iii^{r}–v iii^{v}). Es ließen sich aber fast von jedem Blatt weitere Belege anführen.

1066 Cf. die Lehren von Le Lymon, La Terre und Raison (fol. a iii^{v}–a iiii^{v}) über die natürliche und übernatürliche Bestimmung des Menschen.

1067 Hierher gehören alle Bekehrungsreden der sieben Tugenden an die Sünden (v. 1085 sqq.).

1068 Nach seiner Begegnung mit Contricion wird L'Omme pecheur gegenüber den Lastern, die ihn bedrängen, selbst lehrhaft (fol. q v^{v} sqq.).

Reich an didaktischen Exkursen jeder Art ist vor allem die Moralité *Bien advisé, Mal advisé*. Confession und Satisfacion beantworten dem Bien advisé ausführlich eine Reihe theologischer Fragen zu Problemen der Buße und der guten Werke[1069], die wohl viele Kleriker und interessierte Laien der Zeit besonders bewegt haben. Occupation überzeugt ihn in einem Lehrgespräch vom Wert der Arbeit und läßt dabei, was in diesem Rahmen besonders bemerkenswert ist, Ansätze zu einer am gesellschaftlichen Nutzen orientierten Arbeitsethik erkennen, indem sie etwa die Tätigkeit des *laboureur* höher einschätzt als die eines Herstellers von Luxusgütern, weil diese nur den schon Gesättigten, jene aber dem hungernden Volk zugute komme[1070]. Die schärfste Kritik gilt der *oysiveté*, die weniger als allgemein menschliches denn als standesspezifisches Laster des »grant bourgois« aufgefaßt wird[1071]. Ähnlichen Fragen ist auch in *L'Omme pecheur* ein längeres Gespräch gewidmet, in dessen Verlauf die Titelgestalt sich durch herbe Klagen über die Ungerechtigkeit der Ständeordnung, über die Steuerlasten und ähnliches[1072] vom allgemeinen Menschenvertreter vorübergehend fast

---

[1069] fol. c v^v–d ii^r, d v^v–d vi^r.

[1070]

Il est bien chose veritable
que (d')un mestier dont on ne fait feste,
est au peuple plus prouffittable
aucunesfois que plus honneste.
Ung laboureur, c'est chose vraye,
prouffitte plus a nostre vie
que s'il ouvroit en drap de soye
ou en drap d'or, je n'en doubte mye.
Peu prouffitteroit pour certain
que fussions vestuz de drap d'or,
pourtant que mourussions de fain,
peu nous vauldroit nostre tresor (fol. d iii^v).

[1071] »Oysiveté tous maulx nous donne, / car c'est la porte de tout vice« (fol. d iiii^v). Die Frage

Lequel te semble mieulx valoir:
Ung grant bourgois qui ne fait riens
Ou ung homme qui matin et soir
Labeure et gaigne les biens? (fol. d iii^v)

wird eindeutig zugunsten des letzteren entschieden.

[1072] Etwa:

J'endure langueur et froidure
et intollerable misere,
chascun monseigneur se procure
et n'est nul qui ne m'impropere (fol. d ii^r).

Oder:

[...] quant j'ay semé et cueilly
ce petit de blé et de vin,
s(o)urviendra a ung beau matin
ung tas de pilleurs, de gens d'armes,
portans halleberdes, guysarmes,
qui gasteront tout hault et bas.
Et si je y veulx mettre debas,

zum Repräsentanten des Bauernstands wandelt, die *Moralité religieuse* den Ton einer ständekritischen *Moralité politique* annimmt. Doch dies sind Ausnahmen. Wenn ansonsten soziale Probleme erörtert werden, so geschieht es unter sozialethischem, nicht unter politischem Aspekt.

Drei Lehransprachen in *Bien advisé, Mal advisé* basieren auf der Beschreibung allegorischer Attribute: Foy unterrichtet den Zuschauer über die zwölf Glaubensartikel, indem sie die Bedeutung der zwölf Fenster ihrer *lanterne* erläutert[1073]; Contricion versucht, ihm die wesentlichen Elemente der Reue durch die detaillierte Allegorese eines ihr als Attribut beigegebenen Mörsers nahezubringen[1074]; Oraison schließlich informiert ihn über das rechte Gebet mit Hilfe einer allegorischen Ausdeutung ihrer Flügel[1075].

In den Traktat der Contricion ist die erste von drei didaktischen Nebenhandlungen eingelagert, ein Dialog zwischen dem Povre und Enfermeté über den besonderen Charakter der Reuetränen[1076]. Die zweite enthält ein Lehrgespräch zwischen dem Povre und Vaine Gloire, das die richtige und falsche Motivation zum Almosengeben behandelt[1077]. Die dritte ist die in Kapitel III, 4 in ihren Grundzügen wiedergegebene Fortuna-Szene.

Eine für das Problem der allegorischen Didaktik wesentliche Gemeinsamkeit dieser drei dramatischen Exkurse liegt darin, daß sie eine dramatisch-allegorische Fiktion zweiter Ordnung bilden, bei der Bien advisé nur als Zuschauer fungiert[1078]. Trotzdem wird aus seinen Gesprächen mit den begleitenden Instanzen, die den Exkursen unmittelbar folgen, deutlich, daß diese als Demonstrationshandlungen unmittelbar für ihn bestimmt waren, der doch außerhalb der Sekundärfiktion stand. In der Stellung des Men-

---

me payeront en monnoye de coups,
me rompront l'eschine et le doux [= dos].
Veez me la en piteux arroy!
Puis viendra ung sergent de roy
pour la taille m'executer.
Brief, je ne sçay ou me bouter,
je me defferoye voulentiers.
Et puis la taille des archiers,
le guet et aussi la gabelle (fol. d v^{r}).

1073 fol. a v^{v}–a vi^{v}.

1074 fol. a vi^{v}–b ii^{r}. Näheres zu Gestalt und Bedeutung dieses allegorischen Gegenstandes oben in der Anm. 236.

1075 fol. e iii^{r}–e iiii^{r}.

1076 fol. a viii^{r}–b i^{r}. Zur Motivtradition cf. J.-Ch. Payen, *Le motif du repentir dans la littérature française médiévale (des origines à 1230)*, Genève 1967 (siehe Index p. 601 s.v. *larmes*) und L. Gnädinger, *Eremitica. Studien zur altfranzösischen Heiligenvita des 12. und 13. Jahrhunderts*, Tübingen 1972 (siehe Index p. 437 s.v. *Tränen.*)

1077 fol. d vi^{r}–e i^{v}. Aumosne belauscht das Gespräch aus einem Versteck (cf. fol. d vi^{v}).

1078 In der Fortuna-Szene ändert er allerdings nach einiger Zeit seine Haltung (fol. h i^{r}), greift aktiv ein und läßt dadurch den Exkurs mit der Haupthandlung verschmelzen.

schenvertreters Bien advisé gegenüber dem didaktischen Spiel im Spiel kann der (wirkliche) Zuschauer seine eigene Funktion als Adressat auch derjenigen Lehren, die sich formal im Rahmen der Bühnenhandlung (der Primärfiktion[1079]) halten, um eine Fiktionsstufe verschoben, wiedererkennen.

Eine vergleichbare Szene, in der der Menschenvertreter eine Zeitlang die Rolle des Zuschauers übernimmt, findet sich auch in der Moralité *Le Pelerinage de vie humaine*. Hier versucht Grace de Dieu zuerst, das Geheimnis der Eucharistie dem Pelerin selbst begreiflich zu machen:

Beals amis, or entens bien
cest lechon et ne t'anuy, si ie te tien
longement por toy ensengnier,
car ie cognois que tu en as bien mestier.
Tu dois entendre que ce relief qui est donné
est, aucune foy, char et sanc nomé,
autre foy est il appellé pain et vin,
qui est viande à pellerin.
C'est char et sanc en verité,
mains pain et vin est figureit (vv. 420–429)[1080].

Le Pelerin tritt wenig später aus der Haupthandlung zurück und verfolgt als Zuschauer ein Lehrgespräch, in dessen Verlauf Sapience in Aristote die Einsicht weckt, daß das eucharistische Wunder dem natürlichen Denken unzugänglich bleiben muß, weil es wie die zum Vergleich angeführten philosophischen Paradoxien[1081] eine höhere Art von Wahrheit verkörpert:

Certe localment
n'entens ie pas, mais aultrement.
Vertual(e)ment entendent unc
et ymagin[alm]ent aulcuns
et ossi representamment
aucuns cest[e] coze entendent (vv. 681–686)[1082].

Indem Le Pelerin, stellvertretend auch für den Zuschauer, die in der Demonstrationshandlung gegebene Lösung des Problems für sich anerkennt und Grace de Dieu um das geistliche Brot bittet[1083], tritt er wieder ins Zentrum der Bühnenhandlung. – Die beiden zitierten Stellen sind vor allem dadurch bedeutsam, daß sie die belehrten dramatischen Figuren und damit auch die Zuschauer unter wechselnden Bezeichnungen (*figureit – verité*, *localment –*

1079 Über die Identifikation mit dem dramatischen Menschenvertreter (Näheres im folgenden Abschnitt) gelten natürlich auch die Lehren der didaktischen Nebenhandlungen (= der Sekundärfiktion) letztlich dem Zuschauer.

1080 Die metrischen Unebenheiten der Passage gehen auf Ungeschicklichkeiten des Bearbeiters – »de l'arrangeur ou du dérangeur« nennt ihn der Herausgeber ironisch in der Anmerkung zu v. 424 – bei der dramatischen Umsetzung der epischen Vorlage zurück.

1081 Cf. besonders vv. 584–672.

1082 Die Manuskriptform *ymaginent* in v. 684 ist von mir nach der epischen Vorlage gebessert worden.

1083 vv. 701–708.

representamment etc.) auf die allegorische Differenz zwischen Bild und Bedeutung hinweisen und ihnen damit zum adäquaten Verständnis biblischer Tatsachen die Notwendigkeit des Übergangs von der wörtlichen zur allegorischen Deutung im weitesten Sinn (unter Einschluß der Figuraldeutung) nahezubringen suchen. Die Moralité *Le Pelerinage de vie humaine* wirbt also *expressis verbis* für die allegorische Schriftexegese.

Die übrigen Stücke enthalten, soweit ich sehe, keine solchen didaktischen Nebenhandlungen, wohl aber innerhalb der Haupthandlung zahlreiche theologische Exkurse über Reue und Buße[1084], die Glaubensartikel und die zehn Gebote[1085], die Heilsfunktion Marias[1086] etc. Sie alle richten sich vordergründig zwar an Bühnenfiguren, letztlich aber ans Publikum.

Dies gilt auch für die Lehren der didaktisch nicht minder aktiven Sündeninstanzen, allerdings mit ganz anderer Absicht der Verfasser. Diese Gegenlehren sind nämlich im allgemeinen so offensichtlich böse, daß sie zwar den in die dramatische Handlung verstrickten Menschenvertreter auf der Bühne, für den sie vordergründig bestimmt sind, zeitweise verführen, den außenstehenden Zuschauer aber nur abschrecken können. Beispiele dafür sind in jedem Stück in großer Zahl zu finden, so daß ich auf Einzelbelege verzichte. Es kommt aber auch gelegentlich vor, daß Sündenpersonifikationen innerhalb der allegorischen Bühnenfiktion in offenem Widerspruch zu ihrem Wesen für das Gute werben. Zwei Fälle dieser Art will ich exemplarisch anführen. In der soeben erwähnten zweiten didaktischen Nebenhandlung von *Bien advisé, Mal advisé* lehrt Vaine Gloire, nachdem sie sich eindeutig als böse vorgestellt hat[1087], man solle Almosen »par Aumosne et par Charité« geben, und fährt dann fort:

> Mais qu'on se gart de Vaine Gloire,
> car c'est le chief de la besongne,
> mais il est bon priveement faire
> son aumosne, je le conseille;
> Car moy qui ay nom Vaine Gloire
> voy si cler que c'est merveille,
> pour tant garde t'en, se tu veulx (fol. e i^v).

Vaine Gloire warnt also in aller Offenheit den Povre und ungewollt auch den Bien advisé sowie den Zuschauer vor sich selbst! Ganz unfreiwillig für die Gegenseite wirbt dagegen die Zentralsünde Orgueil in *Le Lymon et la*

1084 *L'Omme pecheur,* fol. q^r–q ii^r, x v^r–x vi^r; *Le Gouvert d'Humanité,* vv. 1103–1159, 1246–1311.

1085 *L'Omme pecheur,* fol. c iiii^v–c v^r; *L'Homme juste,* fol. e vi^r–e vi^v.

1086 *Les sept Pechie morteil,* vv. 663–802.

1087 »Moy qui suis nommee Vaine Gloire / et suis au chemin perilleux« etc. (fol. d vi^v). Die Zuordnung wird auch durch Aumosne bestätigt:

> Tousjours est vers moy envieuse,
> A moy nuyre tousjours s'applicque,
> se [*lies:* sa] venue est moult perilleuse
> et pire que le baselique (*ib*).

Terre, denn der Satz »Pourtant, Chascun, pas ne la crez / Ou t'en repentiras vrayement«[1088], mit dem sie Chascun vor Raison warnen will, hat einen Hintersinn, den nur der in allegorischen *vers ambigus* bewanderte Zuhörer erkennen kann. Während Orgueil den Nachsatz nur als formelhafte Drohung verstanden wissen will (*en = d'avoir cru Raison*)[1089], kann der Zuhörer ihn auch als unfreiwillige Ankündigung einer objektiv guten Konsequenz auffassen, indem er dem Verb *se repentir* seine religiöse Grundbedeutung beläßt (*en = de tes pechés*). Die zweite Deutung wird schließlich auch durch den Fortgang der Handlung bestätigt: kurz vor seinem Tod wendet Chascun sich wirklich an Raison und bereut[1090]. Hier werden beide Adressaten böser Lehren, der Menschenvertreter und der Zuschauer, in gleicher Richtung beeinflußt; häufiger ist aber das Gegenteil der Fall.

Die zentralen Lehrsätze der *Moralité religieuses* werden gern nach scholastischer Methode durch die Berufung auf anerkannte Autoritäten gestützt. Zitiert wird dabei oft in Latein mit nachfolgender volkssprachlicher Paraphrase; genaue Quellenangaben sind, den gelehrten Gepflogenheiten der Zeit entsprechend, ausgesprochen selten.

Die wichtigste Autorität ist natürlich die Bibel. Bevorzugt zitiert werden unter anderem: das Buch Job[1091], die Psalmen[1092], die theologisch wichtige Prophetenstelle Ezechiel 33, 11 »Nolo mortem peccatoris, sed convertatur et vivat«[1093], *Memento-mori*-Ermahnungen[1094] (wie etwa Genesis 3, 19); aus dem Neuen Testament neben den liturgisch vorgeprägten Formeln wie »Gloria in excelsis Deo«[1095], »Ave tu gratia plena«[1096], »In manus tuas«[1097] vor allem Gnomisches wie »Ille qui querit, invenit«[1098] (Matth. 7, 8), »Qui non laborat, non manducet«[1099] (II Thess. 3, 10) etc. Mehrere Stücke wer-

---

1088 fol. c ii^r.

1089 So versteht es an dieser Stelle offenbar Raison selbst, denn sie antwortet: »Orgueil malle leçon t'apprend, / Chascun, pas ne le deubsses croire« (*ib.*)

1090 fol. c vi^r.

1091 *L'Omme pecheur*, fol. c viii^r, r iii^r; *L'Homme juste*, fol. a ii^r, a ii^v (insgesamt sind Autoritätenzitate in diesem Stück im Vergleich etwa mit *L'Omme pecheur* auffällig selten); *Argent*, v. 1138 sq.

1092 *L'Omme pecheur*, fol. n ii^v, p ii^v, p v^r, s v^r; *Bien advisé, Mal advisé*, fol. b i^v, e iiii^r; *Les Blasphemateurs*, fol. A i^v; *Les Enfans de Maintenant*, fol. G ii^v. Auf Stellen wie Ps. 11 (12),3–4; 56 (57),5; 58 (59),8 etc. weisen Zitate zu *mala lingua, labia dolosa* u. ä. in *Langue envenimee*, fol. A ii^r, A iiii^v, A vi^r, B i^v, B iii^r, D ii^v, D iii^r, E i^r, E i^v.

1093 *L'Omme pecheur*, fol. l v^r, p ii^v, p v^r; *Le Gouvert d'Humanité*, v. 1283. (Ich gebe die Zitate jeweils in der Fassung der Moralités, die hin und wieder leicht vom Vulgatatext abweicht.)

1094 *Argent*, v. 1131 sq.

1095 *Bien advisé, Mal advisé*, fol. f v^r.

1096 *ib.*, fol. b ii^v.

1097 *L'Omme pecheur*, fol. & vi^r.

1098 *ib.*, fol. d ii^r.

1099 *ib.*, fol. d^r; *Les Enfans de Maintenant*, fol. A iiii^v.

den durch ein Bibelwort als Motto eingeleitet[1100]. Besonders zahlreiche Schriftzitate enthält die schon oben erwähnte didaktische Ansprache von Contricion[1101]. Selbst der Teufel zitiert im *Procès de l'Homme* den Römerbrief[1102]. Die *Enfans de Maintenant* parodieren schließlich die gesamte Methode durch obszöne Umdeutungen[1103]. – Schon aus den wenigen hier angeführten Beispielen wird die Tendenz der *Moralité religieuse* ersichtlich, sich vor allem auf theologisch-lehrhafte und ethisch-allgemeingültige biblische Formeln mit gnomischem Klang zu berufen.

Neben der Bibel werden andere Lehrautoritäten zitiert, so unter anderen Augustin[1104], Bernhard von Clairvaux[1105], Gregor der Große[1106], Hieronymus[1107] und Boethius[1108], aber auch Cato, d. h. die *Disticha Catonis*[1109], Sokrates[1110] und Aristoteles[1111]. Die christlichen Autoren sind, wie man sieht, in der Überzahl; aber auch heidnische werden, vor allem ihrer moralischen Sentenzen wegen, in den Kreis der Autoritäten aufgenommen[1112]. Vor diesem Hintergrund mittelalterlicher Bildungstradition wird auch die Verwendung eines gelehrten, abstrakten, stark latinisierenden Vokabulars verständlich, das mit zur verhältnismäßig gehobenen Stillage der *Moralité religieuse* beiträgt[1113].

1100 So die *Moralité de Charité* durch «Charitas patiens est, benigna est« (I Cor. 13,4); *Les Blasphemateurs* durch »Benedicentes Deo hereditabunt terram, maledicentes autem disperibunt« (Levit. 24,16); *L'Omme pecheur* durch »Formavit Dominus Deus hominem de lymo terre« (Gen. 2,7).

1101 *Bien advisé, Mal advisé*, fol. a vi^{v}–b ii^{r}. Contricion zitiert u. a. (wörtlich oder paraphrasierend) Ezechiel, Isaias, Sapientia, Jeremias, Petrus, Seneca (der als Weisheitslehrer ohne weiteres in diese Reihe gestellt wird!), die Apokalypse, Matthäus, Paulus und die Psalmen.

1102 *L'Omme pecheur*, fol. o iii^{r}.

1103
Par le corps bieu, c'est le latin mettre
Intro et non foras.
[...]
Nonne dicit sacra pagina:
»Erunt duo in carne una«?
Ainsi veult estre decliné (fol. D^{r}).

1104 *Le Jour Saint Anthoine*, vv. 214, 1045–1053 (cf. die *Notes* zu den genannten Versen, pp. 86, 88); *L'Omme pecheur*, fol. s v^{v}; *Bien advisé, Mal advisé*, fol. a v^{v}, f v^{v}.

1105 *Le Jour Saint Anthoine*, vv. 731–734 (cf. *Notes*, p. 87); *Les Blasphemateurs*, fol. A i^{v}; *Argent*, vv. 770–774, 1131 sq.; *L'Omme pecheur*, fol. q vi^{r}, r v^{r}.

1106 *Le Jour Saint Anthoine*, vv. 61–64, 573 (cf. *Notes*, pp. 85, 87).

1107 *Les Enfans de Maintenant*, fol. G iii^{r}.

1108 *ib.*, fol. A iii^{r}, C ii^{r}.

1109 *ib.*, fol. A ii^{v}, B ii^{r}, F iiii^{v}, G iii^{r}; *Argent*, v. 801 sq.; *L'Omme pecheur*, fol. v iii^{v}.

1110 *L'Omme pecheur*, fol. v iii^{v}.

1111 *Les Enfans de Maintenant*, fol. C ii^{v}, G iii^{r}.

1112 Cf. dazu in E. R. Curtius, *Europäische Literatur* die Kapitel 3,5 (*Die Schulautoren*) und 3,7 (*Sentenzen und Exempla*).

1113 Hier einige wahllos herausgegriffene Beispiele zur Veranschaulichung; aus *L'Omme pecheur: celsitude, amaritude* (fol. n iii^{v}), *malivolence* (fol. n v^{v}), *occiosité* (fol. o ii^{v}), *timoracion* (fol. q^{r}), *impediteurs* (fol. r iiii^{r}), *maculation*

Einige der lehrhaften Reden dramatischer Instanzen haben fast predigtartigen Charakter. Daß dieser Eindruck mit dem Selbstverständnis der sprechenden Figuren übereinstimmt, zeigt etwa die Bemerkung von Charité: »Or convient il, sans plus en preschier, / en paradis m'en aller tout le cours«[1114]. Auch La Terre bezeichnet ihre Ansprache an die beiden Menschenkinder Homme juste und Homme mondain selbst als *sermon*[1115], also mit einem Terminus, der in der allgemeinen Bedeutung 'Rede' durchaus eine spezifisch religiöse Komponente mitschwingen läßt.

Vor allem sind es aber die bösen Gestalten, die die langen Lehransprachen immer wieder mit der Predigt in Verbindung bringen. Wenn beispielsweise in *Mundus, Caro, Demonia* L'Esprit mit lehrhaften Reden den Chevalier chrestien zu beeinflussen sucht, sind sich die drei Titelgestalten in ihrem ironischen Urteil einig:

Le Monde
Quel homelier en latin!
La Chair
Qu'il est fascheux en ses paroles!
[an L'Esprit gewandt:]
Pense tu que tu le consoles
Avec tes beaux preschemens?
[...]
Le Dyable
Voila une belle homelie (fol. B ii^r – B ii^v).

Andere Stücke zeigen ähnliche Reaktionen der bösen Mächte und Menschenvertreter[1116]. Erst in ihrem Mund erhält das didaktische Element den negativen Beiklang des Langweiligen und Abgeschmackten, der die gesamte Gattung auf Jahrhunderte hinaus in Mißkredit bringt. Dabei steht hinter der ästhetisch begründeten Abwertung des Didaktischen durch die Lasterpersonifikationen in Wirklichkeit der Versuch, den religiös-moralischen Einfluß der Tugenden auf den Menschen zu schwächen.

(fol. x iii^r), *molestation* (fol. &^{v}) etc.; aus *L'Homme juste: ancelle* (fol. a vi^r), *plasmateur* (fol. c ii^r), *decretiste* (fol. F i^v) etc. Entsprechende Belege aus *Le Gouvert d'Humanité* bringt P. Aebischer in *BHumR* 24 (1962) p. 293 sq. – Bedenklich erscheint es mir, allein aufgrund solcher Indizien – ohne genauere Kenntnis des Publikums und seines Rezeptionsverhaltens – die Moralité kurzerhand dem »elite theater« zuzuschlagen, wie es bei P. J. Houle (*A Comparative Study*, p. 26) geschieht. Auch die von ihm zur Stützung seiner These vorgebrachte Behauptung: »These moralities were certainly influenced by earlier aristocratic literature« (*ib.*) entbehrt jeder Beweiskraft.

1114 *L'Omme pecheur*, fol. a iiii^r.

1115 *L'Homme juste*, fol. a iii^v.

1116 Ignorance: »Congnoissance, c'est grant folie / De venir icy sermonner« (*L'Homme juste*, fol. s iiii^r); Orgueil zu Raison, die Chascun belehrt hat: »Allez vous en ailleurs prescher« (*Le Lymon et la Terre*, fol. c ii^r); L'Homme im Sündenstand zu Raison, die ihn beeinflussen will: »Ho, sçavés quoy: alés precher / Les malades de Saint-Mathelin« (*Les quatre Elemens*, fol. B iii^r); »Et allez sy prescher aval / Que j'estouperé mes oreilles« (*ib.*, fol. B iii^v).

Auch in der Moralité *Le Cuer et les cinq Sens* bezeichnen die ungehorsamen Schüler die Mahnrede ihrer Lehrerin Raison verächtlich als *sermon*[1117]. Damit kommen sie wohl gerade in diesem Stück, wenn auch in einem anderen als dem intendierten Sinn, der Wahrheit recht nahe. Wie nämlich der Herausgeber R. Bossuat in der Einleitung seiner kritischen Ausgabe nachweist[1118], hat Jean Gerson das allegorische Motiv vom Herzen und den fünf Sinnen dreimal in Predigten verwendet, so daß in diesem besonderen Fall der Predigtton der Moralité durchaus auf die Übertragung aus einer wirklichen Predigt zurückgehen könnte. Es hat darüber hinaus auch Versuche gegeben, die Gattung *Moralité religieuse* insgesamt als dramatische Filiation der Predigt zu deuten[1119].

2. Die implizite Didaktik

Bei aller möglichen gattungsgeschichtlichen Verwandtschaft zwischen der *Moralité religieuse* und der Predigt kann andererseits der tiefgreifende Unterschied zwischen der zentralen Rolle, die den sichtbaren dramatischen Personifikationen als Hauptträgern der Lehrhaftigkeit in der Moralité zukommt, und dem beiläufigen und wenig bildkräftigen Gebrauch der Personifikation in Predigtexempeln nicht stark genug hervorgehoben werden. Die beste Selbstinterpretation liefert in dieser Hinsicht die *Moralité du Jour Saint Anthoine*. Sie liest sich über weite Strecken fast wie ein Traktat über die lehrhaften Implikationen der personifizierenden Verbildlichung schlechthin, dargestellt am Beispiel der Figur Pechié[1120]. Im Prolog untersucht Le Docteur die Frage, warum die Menschen die Sünde nicht meiden, obwohl sie doch Kenntnis von Gut und Böse haben:

> Puis donc qu'il est ainsi nuisible,
> On le devroit tous jours fuïr,
> Mais pour ce qu'il est invisible,
> On ne craint pas tant l'ensuïr (vv. 45–48).

1117 v. 58.

1118 *Mélanges E. Hoepffner*, pp. 351–353.

1119 Schon E. N. S. Thompson (*Moral Plays*, pp. 293–312) vertritt die These, die religiösen *Moralities* seien aus dialogisierten Predigten über allegorische Themen hervorgegangen, und gibt eine Reihe von Einzelbelegen. P. M. Pickrel (*Religious Allegory*) weist viele allegorische Moralitätenmotive in Predigten nach; auch M. E. Collins (*Allegorical Motifs*, bes. p. 190) übernimmt weitgehend Thompsons Auffassung. Cf. dazu G. R. Owst, *Literature and Pulpit in Medieval England*, 2nd ed. rev. New York 1961. Prägnant zusammenfassend formuliert W. Habicht in bezug auf die englische Gattung: »Die Moralität ist zugleich Schaustück und abstrakte Lehre, Spiel und Demonstration, spectaculum und speculum, Theater und Predigt« (*Studien*, p. 23). Für die französische Moralité liegt hier leider noch recht wenig Material vor.

1120 Sie ist neben dem Menschenvertreter die einzige Personifikation des Stücks.

Das heißt mit anderen Worten: die Sünde wird gleichsam aus mangelnder Vorstellungskraft des Menschen begangen. Daraus ergibt sich von selbst die Forderung, die Sünde zur Abschreckung als Personifikation zu verbildlichen.

Die Zuversicht über die Wirksamkeit der in den Dienst religiöser Unterweisung gestellten Personifizierung schöpft Le Docteur aus der Berufung auf ein fiktives Werk des antiken Gelehrten Varro (116–27 v. Chr.), der wegen seiner rühmenden Erwähnung in Augustins *Gottesstaat* (vor allem in den Büchern IV, VI und VII) als angeblicher Feind des heidnischen Polytheismus in die mittelalterliche Tradition eingegangen ist[1121]. Varro habe, berichtet der Prologsprecher, Gott, den Teufel, den Menschen und die Sünde (als weibliche Personifikation[1122]) in einem Bild dargestellt und als Bildlegende je einen lateinischen Ausspruch (*dit*) der Sünde an die drei anderen Gestalten hinzugesetzt[1123]. Pechié bestätigt anschließend die Worte des Docteur in einer an Varro gerichteten Klage. Durch die *pourtraitture* des Varro sei ihr und dem Teufel großer Schaden zugefügt worden, vor allem später in der christlichen Ära, wo die Menschen durch die ihnen zuteil gewordene religiöse Unterweisung schon über die Gefahren, die ihnen von der Sünde drohen, vorinformiert gewesen seien[1124]. Daraus zieht Pechié den Schluß:

> Brief par vous [= Varro] mon fait est destruit,
> Car combien que soye terrible
> Plus qu'on ne peut paindre et horrible,
> On ne me voit point neantmoins
> Par quoy j'en puis attraper mains.
> [...]
> Or m'avez vous fait desplaisir
> Trop plus grant que dire ne puis,
> *Car par vous, vueille ou non, je suis*
> *Contraint de monstrer le dommage*
> *Qui vient par moy*, de quoy j'enrage.
> On me voit cy en pourtraiture,
> Tant hideuse que jamais cure
> Plusieurs n'aront de moy n'envie (vv. 168–183)[1125].

Der Nachteil der bloß begrifflichen religiösen Unterweisung, ihre Abstraktheit und (als deren Folge) ihre verhältnismäßig geringe Wirksamkeit, ist also durch Varro – und das bedeutet: durch die plastische Personifizierung der Wesenheit Pechié – aufgehoben worden. Durch sie wird Pechié *gezwungen*, ihre Gefährlichkeit zu offenbaren und damit den Menschen von sich abzuschrecken. Die personifizierende Darstellung wird also von ihrer didakti-

---

[1121] Cf. dazu A. und R. Bossuats Einleitung zur kritischen Ausgabe der *Moralité du Jour Saint Anthoine* in *Deux moralités*, pp. 23 sq. und 85 (Anmerkungen zu vv. 83–92).

[1122] Cf. oben Anm. 241.

[1123] vv. 101–112.

[1124] vv. 141–167.

[1125] Hervorhebungen von mir.

schen Aufgabe her dadurch gerechtfertigt, daß sie dem menschlichen Verhaftetsein im Sichtbaren entgegenkommt und dennoch zuverlässig über das Wesen unsichtbarer Mächte informiert.

Die *Moralité du Jour Saint Anthoine* versteht sich in bezug auf ihre didaktische Intention als Nachfolgerin der (pseudo-)Varronischen Darstellung. In diesem Sinn kündigt Le Docteur an:

Pour ce voulons par personnages,
Par exemples et par figure
Monstrer Pechié par quoy les sages,
Se Dieu plaist, en auront moins cure (vv. 65–68).

Et pour tant pour nostre profit,
Se Dieu plaist, et pour cognoissance
De Pechié, comme Varro fit,
Le descrirons de no puissance (vv. 125–128).

Diese Verse enthalten *in nuce* das didaktische Programm der *Moralité religieuse* schlechthin. Nur das Darstellungsmedium hat sich gegenüber dem (pseudo-)Varronischen Vorbild geändert: die statische Verbildlichung der Sünde ist durch ein »lebendes Bild« ersetzt worden, das in der Unmittelbarkeit der Anschauung dem ersteren weit überlegen ist. Die in der (pseudo-)Varronischen Allegorie nur graphisch realisierten *dis* der Sünde werden in der Moralité als Zitate[1126] in das lebendige dramatische Reden und Handeln der Figur Pechié eingebracht[1127]. Die Figurenkonstellation des Vorbilds bleibt erhalten, gewinnt aber durch die Umsetzung in dramatische Form nochmals an sinnlicher Unmittelbarkeit und damit auch an didaktischer Wirksamkeit.

In der Handlung des Stücks wirkt sich das folgendermaßen aus: Noch bevor der Teufel bei der Verführung des schwachen und unschlüssigen Menschenvertreters erste Erfolge verbuchen kann, beginnt Pechié wie unter einem inneren Zwang, ihr Wesen zu schildern und dem Menschen immer wieder in düstersten Farben die schlimmen Folgen des Umgangs mit der Sünde auszumalen[1128], und dies, obwohl der Mensch sie darum bittet, ihm

---

1126 vv. 194 sq., 204 sq., 214 sq.

1127 Auf diese wichtige formale Änderung weist auch der Prolog hin:

Elle fut [in Varros Darstellung] Pechié appellee
Et adressoit *par son escript*,
Comme toute desesperee,
Aux aultres trois chascun un dit.
Vous *orrés* les dis *exposer*,
Qui sont moult graves et pesans
(vv. 109–114; Hervorhebung von mir).

Der Schritt von der bloßen Lektüre eines Texts (v. 110) zur unmittelbaren Zeugenschaft des Publikums gegenüber dem Bühnengeschehen (v. 113) bezeichnet exakt die Zunahme an sinnlicher Präsenz der Personifikation beim Übergang ins dramatische Medium, von der ich in den einleitenden Bemerkungen zur Allegorie gesprochen habe. Cf. auch vv. 154–156.

1128 vv. 210–219, 380–395, 408–455, 590–596, 613–670.

nichts mehr von sich zu erzählen[1129]. Auch der Teufel sucht Pechié zum Schweigen zu bringen[1130], da ihre Selbstoffenbarung dem eigenen Lager Schaden zufügt; er bleibt aber erfolglos. Als er gar argwöhnt, Pechié wolle sich bewußt gegen ihn stellen – »il semble / Que tu heyes nostre profit«[1131] –, erfährt auch er den wahren Grund der zwanghaft wiederholten Selbstekphrasis:

> Non fais, mais quant Varro me fit
> Pourtraire, comme je disoie,
> Contredire je ne pourroye (vv. 533–535).

Der personifizierenden Darstellung wird damit eine fast magische Kraft zugeschrieben, die die bösen Mächte zur objektiv richtigen Information über ihr Wesen und damit zur Zerstörung ihres eigenen Werks treibt. Unter der Drohung der Verdammnis durch Pechié wendet sich der Mensch an Gott um Hilfe[1132]. Dieser schickt die beiden bösen Mächte weg und unterrichtet den Menschen über seine metaphysischen Feinde. Er verspricht, sich an Gottes Wort zu halten.

Nach Ausweis der *Moralité du Jour Saint Anthoine*, die sich vor anderen dadurch auszeichnet, daß sie die Lehrhaftigkeit der Instanzen nicht nur praktiziert, sondern auch zum Objekt der Reflexion macht, liegt der didaktische Charakter der Gattung nicht nur im Auftreten spezifischer Lehrinstanzen begründet, die offen für die eine oder andere Seite werben, sondern im Akt des Personifizierens unsichtbarer metaphysischer Mächte selbst.

Von der Kenntnis dieser Moralité her gewinnt auch die wie unter einem Zwang wiederholte Selbst- und Fremdekphrasis der Lasterinstanzen in anderen Stücken eine neue, spezifisch didaktische Bedeutung[1133]. Zwar ist ihre Selbstekphrasis gewöhnlich nicht von der brutalen Offenheit der Figur Pechié, aber im Verein mit den ebenso häufigen Warnekphraseis der Laster durch die Tugenden und der Aussagekraft der dramatischen Handlungen der Laster ist sie doch klar genug, um auch dem im abstrakt-begrifflichen Denken wenig geübten Zuschauer zur objektiv richtigen Erkenntnis ihres Wesens zu verhelfen.

Wesenserkenntnis durch dramatische Personifizierung: so läßt sich kurz die zentrale Intention der *Moralité religieuse* zusammenfassen. Wesenserkenntnis für den Zuschauer – nicht aber unbedingt für jeden dramatischen Menschenvertreter auf der Bühne!

Der Menschenvertreter, der sich von einer Instanz mit negativem begrifflichem Namen und ebenso eindeutiger Ekphrasis angezogen fühlt, kümmert

---

1129 vv. 357, 376–379.

1130 vv. 403–407. Er gebraucht dabei sogar die Formel »c'est trop preschié« (v. 324), die sonst vorwiegend gegenüber den göttlichen Lehrinstanzen angewandt wird!

1131 vv. 531 sq.

1132 vv. 885–925.

1133 Als Beispiel sei hier die fünfmalige Ekphrasis der Hauptsünden in *L'Omme pecheur* (fol. b vi^r–c iii^r, e ii^v–e iii^v, e iiii^r–e iiii^v, g^r–h iii^v, l iii^r–l iii^v) erwähnt.

sich im allgemeinen nicht um deren Wesen, sondern nur um die äußere Gestalt. Er begibt sich beispielsweise in Abhängigkeit von einer schönen Frau, ohne darauf zu achten, daß sie in Wirklichkeit die Luxuria verkörpert. Nach dem Fall wird er vollends blind für die Erkenntnis der Sündeninstanzen, denen er anhängt. Er nimmt nicht mehr auf, was sie ganz offen Schlimmes von sich sagen[1134], reagiert nicht auf die Anrede *Omme pecheur*[1135], hält Inobedience, Jactance, Conptemcion, Ypocrisye etc. für »dames d'auctorité [...] et de bel aceul [*sic*]«[1136] und verhält sich bei der Erwähnung des *livre de Perdition*[1137] so, daß der Zuschauer erkennt, daß er die Bedeutung des Begriffs *perdition* nicht versteht. Auch eine vorhergehende Warnung durch die Tugendinstanzen kann ihn nach dem Sündenfall nicht vor dieser spezifischen Begriffs- oder Wesensblindheit bewahren[1138]. Dieses »Vergessen« des begrifflichen Hintergrunds der personifizierten Instanzen kann bis zu dem grotesk anmutenden Fall gehen, daß der Menschenvertreter von einer Instanz das genaue Gegenteil dessen erwartet, was ihren begrifflichen Namen und damit ihr Wesen ausmacht. So glaubt etwa in der *Moralité de Charité* Le Monde (in der dramatischen Funktion des Sünders) ausgerechnet von der Figur Tricherie, sie spreche die Wahrheit[1139].

Es ist bezeichnend für das Selbstverständnis der *Moralité religieuse* als eines allegorischen Lehrtheaters, daß sie den Zustand der Sündhaftigkeit gerade als Unverständnis gegenüber dem allegorischen Prinzip der Doppelheit von Bild und Bedeutung darstellt. Der sündige Menschenvertreter hält sich an die angebliche Realität der äußeren Gestalt und gelangt dadurch nicht zur eigentlichen Realität, die gerade nicht durch äußerliches *Schauen*, sondern durch das *Hören des Worts*, d. h. der mannigfachen Lehr- und Bekehrungsansprachen, vermittelt wird[1140]. Der alte Antagonismus von Schein

---

1134 z. B. *L'Omme pecheur*, fol. f iiii^{v} sqq., l iii^{r}–l iii^{v}.

1135 *ib.*, fol. f v^{v}.

1136 *Aulcun*, fol. 115^{v}.

1137 *Les Enfans de Maintenant*, fol. C iiii^{r}.

1138 In *Les quatre Elemens* nennt der Mensch die Instanz Plaisance mondaine, die ihm als schönes Mädchen gegenübertritt, mehrfach erfreut bei ihrem Namen (fol. A iiii^{v}), ohne dessen Begriffsinhalt, vor dem ihn Droicture Raison vorher ausdrücklich gewarnt hat (fol. A ii^{v}), zu verstehen.

1139
Vrayement, dame, je vous mercye,
Car vous me dictes verité.
[...]
Vrayement vous ne mentez de rien;
De cela ay bien congnoissance (fol. C^{r}).

Dieser für die personifizierende Darstellung offensichtliche Widersinn wird wenig später von Charité korrigiert:

Tricherie faict son mestier:
Son maistre triche(rie) le premier (fol. C iii^{r}).

1140 In diesem spezifisch didaktischen Sinn hat Creizenach zweifellos recht, wenn er in seiner *Geschichte des neueren Dramas* schreibt, bei den Moralitäten sei das Hören wichtiger gewesen als das Sehen (I, p. 482).

und Sein ist hier in eine spezifisch allegorische Fassung gebracht[1141]. Die Überwindung des sündhaften Zustands und die Erkenntnis des allegorischen Prinzips, auf die jede *Moralité religieuse* immer wieder hinzuwirken sucht, bedingen einander.

Ein typisches Beispiel für die Verknüpfung von Wesensblindheit und Sündenstand auf der einen, von wiedergewonnener Wesenserkenntnis und Bekehrung auf der anderen Seite liefert die zweifache Begegnung des Omme pecheur mit den vier *empeschemens*. Während er im Sündenstand ihre »Hilfe« blind akzeptiert, ohne sich um ihre begriffliche Komponente zu kümmern[1142], erkundigt er sich beim zweiten Zusammentreffen, das in die Zeit nach seiner Reue und Buße fällt, nach Namen und Wesen und weist sie, von beidem unbefriedigt, von sich[1143].

Nicht selten wird die Aufhebung der Wesensblindheit als *allegorische Anamnesis* dargestellt: der Menschenvertreter erinnert sich unvermittelt der früher empfangenen guten Lehren, erkennt dadurch das Wesen der ihn umgebenden Instanzen sowie seine eigene jämmerliche *condition humaine* und bekehrt sich[1144].

Indem der Menschenvertreter wenigstens zeitweilig die Wesenserkenntnis verfehlt, soll sie nach der didaktischen Intention der Moralité der Zuschauer um so sicherer erlangen. Das Auseinanderklaffen im Erkenntnisstand zwischen dem Sünder auf der Bühne und dem Zuschauer macht eine besondere

---

1141 Genauer müßte es heißen: er ist auf seine platonischen Grundlagen zurückgeführt. Näheres im folgenden Kapitel.

1142 *L'Omme pecheur*, fol. k v^{v} sqq.

1143 *ib.*, fol. q vi^{r}–r vi^{v}.

1144 In *Les quatre Elemens* kommt dem Sünder plötzlich der Name Congnoissance ins Gedächtnis zurück (fol. B iii^{v}); darauf erkennt er das Wesen von Oultrecuidance und Plaisance mondaine und entfernt sich von ihnen. Malduict, einer der *Enfans de Maintenant*, wird sich bei Luxure auf einmal seiner Lage bewußt, indem er sich an Instruction und Discipline erinnert:

> Haro, j'ay esté icy trop.
> Le Dyable s'en peult resjouyr.
> [...]
> Se j'eusse creu Instruction,
> Je ne fusse pas en ce point.
> Je m'en repens et mauldis l'heure.
> [...]
> Tresglorieuse Vierge mere,
> Adressez moy a Discipline (fol. E^{r}–E^{v}).

In *Le Lymon et la Terre* denkt Chascun unter dem Eindruck des nahenden Todes an Raison und an seine Eltern Le Lymon und La Terre (fol. c vi^{r}). In einer Anwandlung von Reue löst er zugleich die Bindung an die Sündeninstanzen Orgueil, Avarice, Luxure und Liesse. – Das Mädchen Memore, das den christlichen Pilger in *Le Pelerinage de vie humaine* als Waffenträgerin (*sommiere*) auf seine Reise ins himmlische Jerusalem begleiten soll (vv. 1192–1209, 1220 sq.), kann geradezu als dramatische Verkörperung dieser Anamnesis verstanden werden.

Eigenart der personifizierenden Darstellung aus. Der Zuschauer steht außerhalb des Verblendungszusammenhangs, der ein Teil der allegorischen Bühnenfiktion ist. Diese Position gibt ihm den zum Erkennen notwendigen Abstand. Zugleich weiß er sich aber mit dem Menschenvertreter auf besondere Weise verbunden: vor ihm steht ein Repräsentant der menschlichen Gattung, der auch er selbst angehört. Der Mechanismus der Identifikation mit einer Bühnenfigur, der im Zuschauer ausgelöst werden soll, ist also von besonderer Art: Der Zuschauer soll sich hier nicht unmittelbar über die psychologische Einfühlung mit den Taten und Leiden eines auf der Bühne stehenden Individuums identifizieren, was im übrigen bei der undifferenzierten Schwarzweiß-Darstellung der Menschenvertreter – die entweder abgrundtief böse oder extrem gut oder aber nacheinander beides zugleich sind – kaum möglich wäre. Die Identifikation kann vielmehr nur *mittelbar über die intellektuelle Einsicht in die gemeinsame Gattungszugehörigkeit* und den exemplarisch-stellvertretenden Charakter der Taten und Leiden überindividueller Repräsentanten der Gattung geschehen. Von der Wesensblindheit des Menschenvertreters, die von außen nur deshalb so seltsam wirkt, weil die Namen und Wesenheiten der Mächte in der personifizierenden Fiktion so überaus klar bezeichnet sind, kann der Zuschauer über den gedanklichen Zwischenschritt der Zugehörigkeit zu *einer* Gattung zur Erkenntnis der Verblendung gebracht werden, der er in seinem eigenen Leben unterliegt, wo die Versucher leider nicht personifiziert auftreten und keine wesenserhellenden Namen tragen. Die didaktische Aufgabe der *Moralité religieuse* besteht also nicht zuletzt darin, dem Zuschauer den Alltag auf seine religiös-moralischen Kategorien hin durchschaubarer zu machen.

Kapitel VI

Philosophische und dichtungstheoretische Voraussetzungen

1. Der Ideenrealismus

Die dramatischen Personifikationen der *Moralité religieuse* sind Bilder von Allgemeinem, wie immer man es bezeichnen will: ob als Gattung, Wesenheit, Idee oder Begriff. Nur wenn diesem Allgemeinen Realität beigelegt wird, besteht Anlaß, es mit so großem didaktischem Anspruch und so viel sinnlicher Eindringlichkeit vor Augen zu führen, wie dies hier geschieht. Ein direktes Indiz für die Auffassung der begrifflich allgemeinen Figuren der *Moralité religieuse* als Realitäten ist die objektive Macht der Instanzen über den Menschen, und zwar sowohl über den einzelnen Menschen (Exempelfiguren!), wie auch über den Menschen als Gattungswesen, verbildlicht im Menschenvertreter. Instanzen wie Justice oder La Mort müssen *als Mächte* (nicht in ihrer fiktiven äußeren Gestalt als Personifikationen) eine ontologische Realität besitzen; sie müssen in dieser Funktion nach mittelalterlich-allegorischer Auffassung mehr sein als nur durch begriffliche Abstraktion aus Einzelnem geschaffene bloße Gedankendinge.

Daß die *Moralité religieuse* und mit ihr letztlich die gesamte personifizierende Darstellung des Mittelalters ohne die Grundlage eines wie auch immer verstandenen Ideen- oder Wesenheitenrealismus nicht zu denken sind, wird in vielen Arbeiten hervorgehoben[1145]. Es fragt sich nun, wie diese Nähe zum Ideenrealismus historisch-genetisch einzuordnen ist.

Eine unmittelbare philosophische Beeinflussung der personifizierenden Dichtung durch die (ultra-)realistische Position im Universalienstreit (etwa bei Wilhelm von Champeaux oder Anselm von Canterbury) ist wohl trotz des gemeinsamen Ansatzes (die Allgemeinbegriffe sind *realia*) kaum schlüs-

[1145] Nur einige wenige Stimmen seien angeführt. So sagt etwa H. Brinkmann: »Sie [= die Allegorie] ist Symptom der idealistischen Auffassung, der das Allgemeine das Reale ist« (*Wesen und Form*, p. 88). M.-R. Jung: »Mieux que le verbe français *personnifier*, l'allemand *verkörpern* ou l'anglais *embody* font sentir qu'une idée prend corps. Cette présence corporelle est au moyen âge beaucoup plus réelle que nous avons tendance à croire. Pour le ›réaliste‹, le concept est une réalité« (*Études*, p. 21). Ähnlich schon M. E. Collins, *The Allegorical Motifs*, pp. 55–60; R. Gruenter, *Bemerkungen*, p. 16; R. Guiette, *Symbolisme*, p. 109, 116 und besonders H. R. Jauß in mehreren Aufsätzen, so in *Form und Auffassung*, p. 193; *Entstehung und Strukturwandel*, p. 175; *Ernst und Scherz in mittelalterlicher Literatur*, in *Mélanges de langue et de littérature du Moyen Age et de la Renaissance, offerts à Jean Frappier*, Genève 1970 (Publications romanes et françaises. 112), t. I, p. 433.

sig nachzuweisen. Sie ist zudem recht unwahrscheinlich, wenn man sich einmal den beträchtlichen Niveauunterschied zwischen den diffizilen philosophischen Problemen dieser Auseinandersetzung und der bei aller Gelehrsamkeit doch recht hausbacken anmutenden religiös-moralischen Unterweisung eines zum Großteil philosophisch ungebildeten Publikums vor Augen führt und außerdem bedenkt, daß zur Zeit der vollen Entfaltung der Personifikation philosophiegeschichtlich bereits der Nominalismus die Oberhand gewonnen hat.

Gerade diese zeitliche Korrelation hat nun vor allem von germanistischer Seite zur Gegenthese geführt, die allegorische Darstellung sei wesentlich vom nominalistischen Denken geprägt, das in den Allgemeinbegriffen bloße *nomina* ohne ontologische Realität sieht[1146]. Diese These ist mit Recht kritisiert und, jedenfalls in dieser Allgemeinheit, zurückgewiesen worden[1147]. Sie mag mit Einschränkungen für späte weltliche Dichtungen gelten, in denen das Personifizieren zum bloßen poetischen Spiel geworden ist; für die traditionelle *Moralité religieuse*, die die Personifikationen mit großem Ernst als *realia* behandelt, ist sie unbrauchbar.

Wahrscheinlich ist es richtiger, auf den direkten Anschluß der personifizierenden Dichtung an einzelne philosophische Positionen zu verzichten und statt dessen die realistischen[1148] Voraussetzungen der *Moralité religieuse* mit der »platonischen« Grundströmung in Zusammenhang zu bringen, die nach Meinung maßgeblicher Kenner der mittelalterlichen Philosophie das gesamte mittelalterliche Denken durchzieht und auch durch die Aristoteles-Rezeption der Hochscholastik *nicht* abgerissen ist[1149]. »The safest general

---

1146 So F. Ranke, *Zur Rolle der Minneallegorie in der deutschen Dichtung des ausgehenden Mittelalters*, in *Germanist. Abhandlungen* 67 (1933) [*Festschr. f. Theodor Siebs*], bes. p. 205. Ähnlich W. Stammler, *Allegorische Studien*, in *DVjs.* 17 (1939) p. 3; er verweist dabei auf seinen früheren Aufsatz *Ideenwandel in Sprache und Literatur des deutschen Mittelalters*, in *DVjs.* 2 (1924) p. 754, wo er anstelle der Opposition Realismus / Nominalismus das Begriffspaar Augustinismus / Aristotelismus gebraucht, die er als völlige Gegensätze auffaßt. Auch darüber denkt die neuere Forschung anders (s. u.). – Von romanistischer Seite vertritt etwa F. Frese, *Allegorische und mythologische Gestalten* (cf. bes. p. 10) die Theorie von einer Verbindung der Allegorie mit dem Nominalismus.

1147 H. Hatzfeld, *Geist und Stil der flamboyanten Literatur in Frankreich*, in *Estudis Univ. Catalans* 22 (1936) [*Homenatge a Antoni Rubió i Lluch*] p. 150: »Nicht die Allegorie als solche ist eine Folge des nominalistischen Denkens [...], sondern vielmehr ihre Rückbildung zum Fetisch.« Ähnlich R. Gruenter, *Bemerkungen*, bes. p. 16. Sehr differenziert neuerdings W. Blank, *Minneallegorie*, pp. 233–241; auch er hält es aber für unerlaubt, für das Auftreten der Allegorie generell den Nominalismus verantwortlich zu machen (p. 237).

1148 Wenn nicht ausdrücklich anders vermerkt, beziehen sich die Termini *realistisch* und *Realismus* hier immer auf den mittelalterlichen Ideen- oder Wesenheitenrealismus, nicht auf den neuzeitlichen philosophischen und nicht auf den literarischen Realismus in der Mimesis-Tradition.

1149 In diese Richtung geht bereits C. Baeumkers Aufsatz *Der Platonismus im Mittelalter* von 1916 (in id., *Studien und Charakteristiken zur Geschichte der Philosophie, insbesondere des Mittelalters*, hg. v. M. Grabmann, Münster 1927,

characterization of the European philosophical tradition is that it consists of a series of footnotes to Plato«, schreibt A. N. Whitehead[1150].

Dabei handelt es sich, wie zuerst E. Hoffmann eingewandt hat[1151], nicht um authentischen Platonismus, sondern um eine Vermengung verschiedener platonischer und, stärker, neuplatonischer Strömungen, die, vor allem durch Augustin, Dionysius Pseudo-Areopagita, Maximus Confessor und Johannes Scotus Eriugena christlich umgebildet, ins mittelalterliche Denken eingegangen sind[1152]. Dieser *Plato christianus*[1153] aber stimmt, und dies allein ist hier von Bedeutung, in seiner ideenrealistischen Wirklichkeitsauffassung mit dem authentischen im Prinzip überein. Er hat nicht nur der ultra-realistischen philosophischen Position, sondern darüber hinaus auch der »wesensmäßig realistischen Denkrichtung der gesamten mittelalterlichen Geisteskultur«[1154] den entscheidenden Impuls gegeben – einen Impuls, der nicht nur im eigentlichen Universalienstreit gegenwärtig ist (und dort selbst noch in den Auffassungen des sogenannten gemäßigten Nominalismus!), sondern auch in der einfachen religiösen Unterweisung ungebrochen fortwirkt und als populärer, unreflektierter Ideenrealismus noch über Jahrhunderte erhalten bleibt.

Die Verbindung der symbolisch-allegorischen Darstellung des Mittelalters mit dieser allgemeinen (neu)platonischen Grundströmung darf nach der Forschungslage im wesentlichen als gesichert gelten[1155].

---

pp. 139–179; cf. bes. pp. 172–174). Ähnlich A. E. Taylor, *Platonism and its Influence*, London 1925 (cf. bes. p. 23); R. Klibansky, *The Continuity of the Platonic Tradition during the Middle Ages*, London 1950 (bes. pp. 29, 32). Cf. auch E. Garin, *Studi sul platonismo medievale*, Firenze 1958 und T. Gregory, *Platonismo medievale. Studi e ricerche*, Roma 1958 (Studi storici. 26/27). – Zusammenfassend zum Forschungsstand J. Hirschberger, *Platonismus und Mittelalter*, in *Görres-Jb.* 63 (1954) pp. 120–130. Einige Aufsätze zu diesem Problem (u. a. die von Baeumker und Hirschberger) sind neuerdings im Sammelband *Platonismus in der Philosophie des Mittelalters*, hg. von W. Beierwaltes, Darmstadt 1969, zusammengestellt und durch eine ausführliche Bibliographie ergänzt.

1150 *Process and Reality*, New York 1960, p. 63.

1151 *Platonismus und Mittelalter*, in *Vorträge der Bibl. Warburg* 1923/24 (1926) pp. 17–82; jetzt, teilweise stark erweitert, in E. Hoffmann, *Platonismus und christliche Philosophie*, Zürich, Stuttgart 1960, pp. 230–311 (bes. pp. 305–308). Aphoristisch zugespitzt É. Gilson: »Platon lui-même n'est nulle part, mais le platonisme est partout; disons plutôt, il y a partout des platonismes« (*La philosophie au moyen âge*, 2e éd. Paris 1952, p. 268). Vom authentischen Platon kennt das Mittelalter nur den *Timaios*, vereinzelt den *Parmenides*.

1152 Cf. auch R. Klibansky, *Continuity*, pp. 23, 36 sq.; J. Koch, *Platonismus im Mittelalter*, Krefeld 1948, p. 14 sqq.

1153 So der Titel eines Buches von E. von Ivánka, das *Übernahme und Umgestaltung des Platonismus durch die Väter* behandelt (Einsiedeln 1964).

1154 J. Huizinga, *Herbst des Mittelalters*, p. 289.

1155 So etwa E. C. Knowlton, *Notes*, p. 181; L. L. Camp, *Studies in the Rationale*, pp. 66–71; B. H. Bronson, *Personification*, p. 167. Detaillierter J. Chydenius, *The Theory of Medieval Symbolism*, Helsingfors 1960 (Soc. Scient. Fenn., Comm. Scient. litt. 27,2), der neben Dionysius Ps.-Areopagita vor allem die

Schon Johan Huizinga hat diesen Zusammenhang erkannt und zu interpretieren versucht. Im 15. Kapitel seines berühmten Buchs *Herbst des Mittelalters* verknüpft er zunächst den mittelalterlichen »Symbolismus« mit dem Ideenrealismus[1156] und überträgt diese Affinität wenig später auch auf die Personifikationen:

> Aller Realismus im mittelalterlichen Sinn ist letzten Endes Anthropomorphismus. Will der Gedanke, der der Idee selbständiges Wesen zuerkannt hat, sichtbar werden, so kann er das nicht anders als durch Personifikation. Hier liegt der Übergang von Symbolismus und Realismus zur Allegorie. Die Allegorie ist der auf die oberflächliche Einbildungskraft projizierte Symbolismus, der vorsätzliche Ausdruck, und damit auch das Erschöpfen eines Symbols, die Übertragung eines leidenschaftlichen Schreies in einen grammatikalisch korrekten Satz (p. 290).

Er faßt also die Allegorie als Verfallsform des Symbolismus auf; die Goethesche Unterscheidung von Symbol und Allegorie (die er gleich darauf zustimmend zitiert) wird bei ihm mit der Vorstellung der hochmittelalterlichen Blütezeit und der spätmittelalterlichen »Zeit der Überreife und des Ausblühens«[1157] verknüpft.

In diesem Schema nimmt die Personifikation eine hybride Stellung ein: sie gehört zwar zum Symbolismus und Realismus[1158], befördert aber zugleich die Entstehung des von Huizinga negativ bewerteten spätmittelalterlichen Denkens. An ihr setzt auch Huizingas Deutung des mittelalterlichen Symbolismus und Ideenrealismus an. Beide faßt er als Ausdruck einer »sehr primitiven Geisteshaltung«[1159] auf, die noch nicht kausal, sondern nur in Analogien und Anthropomorphismen denken könne:

---

umfassende Augustinische Zeichentheorie in *De doctrina christina* als theoretische Grundlage der verschiedenen Arten des mittelalterlichen Symbolismus (darunter auch der Allegorie) erkannt hat (cf. etwa p. 38). C. Schreiber führt in ihrem lesenswerten Aufsatz *L'univers compartimenté du théâtre médiéval* (in *FR* 41, 1967/68, pp. 468–478) sogar das in *lieux* aufgeteilte und hierarchisch gegliederte Bühnenbild auf neuplatonische Tradition zurück. Was sie hier vorwiegend am Mystère herausstellt, gilt gleichermaßen für die *Moralité religieuse*.

1156 Der Symbolismus ist »unverbrüchlich mit jener Weltanschauung verbunden [...], die im Mittelalter Realismus hieß und die wir, weniger zutreffend, platonischen Idealismus nennen. Nur dann hat die symbolische Gleichsetzung auf Grund gemeinschaftlicher Merkmale Sinn, wenn diese das Wesentliche der Dinge sind, wenn die Eigenschaften, die das Symbol und das Symbolisierte gemeinsam haben, wirklich als Wesenheiten aufgefaßt werden« (p. 288). Gleich darauf heißt es statt »Wesenheiten« noch deutlicher: »als Realien, als Wirklichkeiten« (p. 289).

1157 *ib.*, p. 303. – Gegen die Bewertung dieser Zeit als Spätstil und Übergang wendet sich mit guten Argumenten M.-R. Jung in seinem Aufsatz *Poetria. Zur Dichtungstheorie des ausgehenden Mittelalters in Frankreich*, in *VR* 30 (1971) pp. 44–64.

1158 So betont er mehrfach, die Personifikationen des *Roman de la Rose* hätten für die Zeitgenossen in hohem Maße Realität besessen (cf. etwa pp. 297 und 300 sq.).

1159 p. 288.

> Für den primitiven Geist nimmt alles, was benennbar ist, sofort Wesen an, seien es nun Eigenschaften, Begriffe oder was auch immer. Sie projizieren sich sogleich automatisch an den Himmel. Ihr Wesen kann fast stets (braucht es aber nicht immer) als persönliches Wesen aufgefaßt werden; jeden Augenblick kann der Reigen anthropomorpher Begriffe beginnen (p. 289 sq.)[1160].

Huizinga sieht in den Wesenheiten keine ontologischen Realitäten, sondern bloße Hypostasierungen von Begriffen mit nur logischer (oder gar nur psychologischer) Existenz[1161]. Genau dies aber war die Auffassung der Nominalisten! Das heißt: Huizinga verbindet zwar Symbol und Personifikation mit dem Ideenrealismus, deutet diesen aber sodann von nominalistischer Position aus. Daß diese »Erklärung« dem mittelalterlichen Ideenrealismus und dem damit verknüpften Denken einer *analogia entis* nicht gerecht wird, liegt auf der Hand[1162]. Dem Nominalisten muß die Allegorie als eine Spielerei mit bloßen *Begriffen* erscheinen; dem Realisten bedeutet sie Welterkenntnis durch Verbildlichung von *Wesenheiten*, die als solche real sind. Beide Denkweisen sind in ihrer reinen Ausprägung so entgegengesetzt, daß sie einander nicht erklären, sondern nur ausschließen oder *ad absurdum* führen können.

So fremd dem mittelalterlichen Realismus die Vorstellung ist, die Welt der Sinne sei die eigentliche Wirklichkeit, so allgemein ist sie für uns. Huizingas Deutung hat nur darum so intensiv wirken können, weil sie der uns heute »natürlichen« Denkweise entspricht – und die ist durchaus nominalistisch. Der fundamentale Unterschied in der Denkrichtung (mittelalterlich-realistisch: vom Allgemeinen her / neuzeitlich: vom Einzelnen, Konkreten her) dürfte der entscheidende Grund sein, daß das Verständnis der mittelalterlichen Allegorie heute so schwierig ist[1163].

1160 Wenig später heißt es in etwas anderer Formulierung, aber mit gleicher Zielrichtung: »Die Funktion der symbolischen Gleichsetzung und der Personifizierung war so entwickelt, daß sich jeder Gedanke fast von selbst in einen ›personnage‹, das heißt in ein Schauspiel, umsetzen konnte. Wurde doch jede Idee als Wesen gesehen, jede Eigenschaft als Substanz, und als Wesen verlieh ihr der gestaltende Blick sogleich persönliche Form« (p. 296).

1161 H. Hatzfeld hat in seiner Dissertation *Über die Objektivierung subjektiver Begriffe im Mittelfranzösischen. Ein Beitrag zur Bedeutungslehre*, Borna–Leipzig 1915, versucht, ein sprachpsychologisches Korrelat für diese Begriffshypostasierungen zu finden.

1162 In ähnlicher Weise hat Kant geglaubt, den ontologischen Gottesbeweis Anselms von Canterbury, der auf ideenrealistischem Denken beruht, »widerlegt« zu haben, indem er das *ens realissimum* (die höchste ontologische Realität nach realistischer Sehweise!) als bloßen *Begriff* von Gott, d. h. als ein ontologisch nicht reales Gedankending auffaßte. In Wahrheit ist dadurch der ontologische Beweis nicht widerlegt, sondern nur nominalistisch mißverstanden worden. – Darüber sehr erhellend W. Cramer, *Gottesbeweise und ihre Kritik. Prüfung ihrer Beweiskraft*, Frankfurt a. M. 1967.

1163 Cf. M. J. Wolff, *Zur Allegorie in der Dichtung*, in *Arch. rom.* 21 (1937) p. 135.

Der moderne nominalistische Grundzug zeigt sich bereits in der geläufigen Bezeichnung der allegorischen Instanzen als *abstractions*, die auch in vielen wissenschaftlichen Arbeiten zur Allegorie auftaucht. Sie setzt voraus, daß die Wesenheiten erst durch gedankliche Abstraktion aus Einzelnem gewonnen sind und daher keine ontologische Realität besitzen. Die Instanzen der *Moralités religieuses* sind mit Sicherheit von den Zuschauern nicht so aufgefaßt worden[1164].

Besonderes Gewicht hat in der Allegorieforschung die Hypostasierungsthese in der Form erlangt, die allegorischen Instanzen seien nach außen projizierte seelische Kräfte. Sie ist im wesentlichen an der mittelalterlichen Epik entwickelt[1165], aber auch auf das religiöse Theater ausgedehnt worden[1166].

Auch diese Interpretation ist, vor allem für die religiös gebundene mittelalterliche Allegorie, historisch inadäquat oder zumindest mißverständlich. Sie geht von der Auffassung aus, den Instanzen komme keine ontologische, sondern nur eine psychologische Realität zu. Dies widerspricht zutiefst dem mittelalterlichen Ideenrealismus. Noch die »innerlichsten« Instanzen wie

---

[1164] Cf. P. Zumthor: »ce qui nous apparaît comme une simple abstraction stylistiquement personnifiée est réalité parce que Nom« (*Poétique médiévale*, p. 127). Erst wenn die Personifikation zum bloßen poetischen Stilmittel entleert ist und sich in dieser Gestalt noch eine Zeitlang hält, ohne daß sie als Verkörperung realer Wesenheiten geglaubt wird, ist sie zur personifizierten Abstraktion geworden.

[1165] H. F. Dunbar definiert die allegorischen Instanzen als »psychological abstractions« (*Symbolism*, p. 500); C. S. Lewis meint, sie stellten »the inner world« dar (*The Allegory of Love*, p. 60), und konkretisiert das psychologisch: »Passions become People for the Allegorist« (*ib.*, p. 61 n. 1); H. Hatzfeld faßt die den Personifikationen zugrunde liegenden Realitäten in der Form von »psychischen Sachverhalten« auf (*Geist und Stil*, p. 150); ähnlich Ch. Muscatine, *The Emergence of Psychological Allegory in Old French Romance*, in *PMLA* 68 (1953) pp. 1160–1182 (bes. p. 1165 sq.). Sogar die psychoanalytische Interpretation ist in jüngster Zeit herangetragen worden; cf. etwa P. Piehler, *The Visionary Landscape*.

[1166] So fast von der gesamten klassikorientierten französischen Forschung zur Moralité; auffallend vorsichtig in der Formulierung dagegen Gröber/Hofer: »Durch die Allegorie hat sich *eine Art Psychologie* entwickelt, indem auf die Beweggründe der Handlungen eingegangen wird« (*Geschichte der mittelfranzösischen Literatur* I, p. 239; Hervorhebung von mir). Stark zur psychologischen Deutung neigt auch W. R. Mackenzie, der die Instanzen in »external« oder »outside forces« und »internal« oder »inner forces acting in the heart« einteilt (*Moralities*, pp. 98, 117 etc.) und damit immer wieder vor schwierigen Zuordnungsproblemen steht, die häufig recht willkürlich entschieden werden. Diese Zweiteilung der Instanzen findet sich auch bei L. L. Camp, *Studies in the Rationale* und, für das barocke *Auto sacramental*, in L. Pfandls *Geschichte der spanischen Nationalliteratur in ihrer Blütezeit*, Freiburg i. Br. 1929 (Nachdr. Darmstadt 1967), p. 435 sq. Noch in jüngster Zeit erklärt O. B. Hardison, Jr., kategorisch: »the morality play is of necessity psychological drama« (*Christian Rite and Christian Drama in the Middle Ages. Essays in the Origin and Early History of Modern Drama*, Baltimore 1965, p. 289).

Franc Arbitre oder Conscience, die dem Menschenvertreter sogar mit dem Possessivpronomen zugeordnet werden, sind zugleich objektive Wesenheiten, wie die Analyse der Texte gezeigt hat.

Der Terminus *psychologisch* verleitet dazu, das allegorische Geschehen im Sinn der modernen Individualpsychologie aufzufassen, es also wie die Handlung einer klassischen Tragödie oder eines (im literarischen Wortsinn!) realistischen Romans zu interpretieren. Dies aber geht mit Sicherheit in die Irre, da die Personifikationen, wie oben an der Moralité gezeigt, keine Individuen, sondern Repräsentanten einer Gattung oder Wesenheit sind.

Hinzu kommt, daß das psychologische Verständnis einen säkularisierten Seelenbegriff voraussetzt, der, zumindest was die *Moralité religieuse* anbelangt, im Mittelalter nicht gegeben ist. Es geht hier nicht primär um differenzierende Analyse der menschlichen Psyche, sondern um die *eine* Grundentscheidung, um das Seelenheil des Menschen schlechthin. Damit fallen die am klassischen Theater orientierten Einwände gegenüber der angeblich primitiven, undifferenzierten Psychologie der Moralité; denn was hier als Psychologie erscheint, ist in Wahrheit religiös geprägte Ontologie[1167]. Auch die scheinbar psychologischen Momente (Verzweiflung über die eigene Verdammnis, Nachgeben gegenüber einer Versuchung) *bedeuten* ontologische Sachverhalte[1168]. Diese sind die *realia*, während die »psychologische« Motivierung letztlich zur *fictio* gehört.

Die ideenrealistische Denkweise als Voraussetzung der allegorischen Darstellung zeigt sich nicht zuletzt in der Sprachauffassung der *Moralités religieuses*, in deren *vers ambigus* den Begriffen die ontologische Realität von Wesenheiten zukommt. Dies ist nur möglich, wenn der begriffliche Name und die Sache, die er bezeichnet, in einem ursprünglichen Konnex gesehen werden.

Für diese Anschauung finden sich in den Stücken auch außerhalb der *vers ambigus* mehrere direkte Belege. In *Bien advisé, Mal advisé* bemerkt Honneur auf die Selbstnennung von Bien advisé hin:

> Vostre nom est bien et honneste
> Et est consonant a la chose;
> Bonne chose est d'avoir bon nom (fol. f vi^{v}).

An anderer Stelle errät Rebellion den begrifflichen Namen des Komplementärvertreters Mal advisé allein aus dessen Wesen (das sich hier bildhaft in der Wahl des von ihm eingeschlagenen Weges zeigt):

1167 Die Unangemessenheit der psychologischen Betrachtungsweise gegenüber dem allegorischen Theater hat, soweit ich sehe, zum erstenmal W. Benjamin am allegorischen deutschen Barockdrama nachgewiesen. Auch er ersetzt den Begriff *psychologisch* durch *ontologisch* (*Ursprung*, p. 308).

1168 Wenn diese Momente später als Psychologie im modernen Wortsinn interpretiert werden, wird die Fiktionsebene für die Wirklichkeit genommen, während die allegorische Bedeutung (für das Selbstverständnis der Moralité das eigentlich Entscheidende!) verschwindet.

N'as tu pas nom Mal advisé?
Ouy, pour certain je te l'affie.
T'ay je ton nom bien devisé?
S'il n'est ainsi, si me le nye
Et regarde ton ordonnance
Et le chemin que tu as prins (fol. b vi^{r}).

Der Name einer Personifikation gibt also die durch sie verkörperte Sache, der Begriff die Wesenheit richtig wieder, weil er durch sie selbst unmittelbar bestimmt wird, und zwar so zwingend, daß er allein aus der Kenntnis der Sache zuverlässig erschlossen werden kann.

Fehlt die Wesenserkenntnis, so ist auch der Name nicht bekannt. Viele Instanzen nennen ihren Namen erst, nachdem sie dem Menschen in einer langen Ekphrasis ihr Wesen mitgeteilt haben. Ändert sich das Wesen, so muß sich auch der Name ändern. So wird in der *Moralité d'Argent* das Schwinden des Silbergehalts im Geld als Wesensverlust und damit als Verlust des Anrechts auf den alten Namen verstanden[1169]. Wo Bedeutung und Bezeichnung offenbar nicht übereinstimmen, werden große Anstrengungen unternommen, beide durch pseudo-etymologische Kunstgriffe dennoch miteinander in Einklang zu bringen[1170]. Ambivalente Namen werden durch begriffliche Distinktionen und Zusätze ebenfalls wesensadäquat gemacht[1171].

All diese Indizien weisen darauf hin, daß nach der Auffassung der *Moralité religieuse* die Namen, um die bekannten Termini aus der antiken Diskussion wieder aufzunehmen, nicht willkürlich gesetzt (θέσει), sondern naturgegeben (φύσει) sind[1172], und zwar nach dem *eidetischen* Naturbegriff[1173] des platonischen Ideenrealismus; denn das hier als Sache oder Natur Bezeichnete ist nichts anderes als die im platonischen Sinn als real aufgefaßte Idee. Aber auch dieser »Platonismus« ist christlich gestützt durch parallele Zeugnisse der Bibel, wo Gott selbst den Dingen bei der Schöpfung die (richtigen) Namen gibt (Gen. 1, 5. 8. 10), wo ein Abram zum Abraham, ein Saulus zum Paulus umbenannt werden, weil sich ihr Wesen geändert hat[1174]. Platon und die Schrift treffen sich in der Vorstellung, es gebe eine

---

1169 BON ADVIS: Vous sçavés que Argent pert son nom:
Il n'est plus nommé Argent fin (v. 686 sq.).

1170 Ein anschauliches Beispiel liefert die Erklärung des Namens Le Monde (cf. oben p. 78).

1171 Cf. oben pp. 82–84 die Bemerkungen zur Figur Honte.

1172 Cf. zur antiken Sprachdiskussion E. Coseriu, *Die Geschichte der Sprachphilosophie von der Antike bis zur Gegenwart. Eine Übersicht (Teil I: Von der Antike bis Leibniz)*, Stuttgart 1969, pp. 29–51. Zu dem hier besonders relevanten *Kratylos*-Dialog cf. an neueren Arbeiten etwa J. Derbolav, *Der Dialog »Kratylos« im Rahmen der Platonischen Sprach- und Erkenntnisphilosophie*, Saarbrücken 1953 (Schriften d. Univ. d. Saarlandes); A. Pagliaro, *Struttura e pensiero nel »Cratilo« di Platone*, in id., *Nuovi saggi di critica semantica*, Messina, Firenze 1956, pp. 47–76.

1173 Näheres im folgenden Abschnitt.

1174 Auf der biblischen Komponente der mittelalterlichen Sprachauffassung insistiert mit Recht P. M. Pickrel, *Religious Allegory* (cf. bes. p. 107).

natürliche *unio rerum et vocabulorum*[1175]. Sie prägt auch die Sprachauffassung der *Moralité religieuse.*

2. Die Abkehr von der Theorie der Dichtung als Mimesis der Dingwelt

Es ist nun zu untersuchen, ob die ideenrealistische Grundfassung, ohne die das allegorisch-personifizierende Theater des Spätmittelalters nicht verstanden werden kann, mit der Mimesis-Lehre vereinbar ist, nach der die Aufgabe der Kunst – hier insbesondere der Dichtkunst – in der *Nachahmung* bzw. *Darstellung der Wirklichkeit* besteht[1176]. Die Klärung dieses Problems hängt weitgehend davon ab, was die mimetischen Theorien unter der Wirklichkeit verstehen.

Im berühmten 10. Buch der *Politeia* behandelt Platon die Frage nach dem Wesen der künstlerischen Mimesis (595 c sqq.). Im Verlauf des Gesprächs werden anhand einer Reihe von Beispielen drei Realitätsstufen unterschieden: 1. die der Ideen als Wahrheit und höchste Wirklichkeit, 2. die der Einzeldinge als Welt der bloßen Erscheinungen, 3. die der künstlerischen Nachbildungen. Die Kunst bildet nach dieser Lehre nur die Einzeldinge der Erscheinungswelt (der zweiten Realitätsstufe), nicht die Wesenheiten der Ideenwelt (der ersten Realitätsstufe) nach und ist daher weit von der Wahrheit entfernt (598 b). Diese an der Malerei entwickelte Lehre wird auch auf die Dichtung übertragen: indem auch sie nur Erscheinungen nachbildet, ist sie weit von der wahren Wirklichkeit entfernt (597 e, 599 a, 600 e, 602 c), woraus sich wiederum ihr geringer Wert herleitet (so besonders 602 b)[1177].

Als Objekte speziell der dichterischen Mimesis nennt Platon »handelnde Menschen«[1178] – eine Formulierung, die uns in ähnlicher Weise auch im

[1175] Cf. dazu J. Jolivet, *Quelques cas de »platonisme grammatical« du VIIe au XIIe siècle*, in *Mélanges offerts à René Crozet*, éd. P. Gallais et Y.-J. Riou, Poitiers 1966, t. I, pp. 93–99.

[1176] In seiner Züricher Habilitationsschrift *Die Mimesis in der Antike. Nachahmung, Darstellung, Ausdruck*, Bern 1954 (Dissertationes Bernenses. I,5) weist H. Koller dem Mimesisbegriff primär das Wortfeld 'Darstellung' zu (cf. die Zusammenfassung pp. 119–121), während sein Gebrauch im 10. Buch von Platons *Politeia* eine semantische Sonderentwicklung bezeichne (cf. p. 104). Auch E. Auerbach verwendet den Begriff in seiner ursprünglichen Bedeutung, wie der Untertitel seines *Mimesis*-Buchs (*Dargestellte Wirklichkeit*) zeigt. – Mir geht es hier weniger um die Art der Übernahme aus der Wirklichkeit (ob *Nachahmung* oder *Darstellung*) als vielmehr um den dabei implizierten *Wirklichkeits*begriff.

[1177] Cf. dazu auch W. J. Verdenius, *Mimesis. Plato's Doctrine of Artistic Imitation and its Meaning to us*, Leiden 1962 (Philosophia antiqua. 3), pp. 14–17; ferner W. Jaeger, *Paideia. Die Formung des griechischen Menschen*, 3. Aufl. Berlin 1959, Bd. III, p. 93 sq.

[1178] πράττοντας, φαμέν, ἀνθρώπους μιμεῖται (603c).

2. Kapitel der Aristotelischen *Poetik* begegnet[1179]. Hier wird der Mimesisbegriff als Grundlage der Dichtkunst (1447 a 1) wieder aufgenommen, und zwar wie an der eben referierten Platonstelle offenbar als Mimesis der Welt der Einzeldinge; denn ihr gehören die »handelnden Menschen« ebenso an wie die als Parallelen aus dem Gebiet der Malerei angeführten »Gestalten von abstoßenden Tieren oder von Leichnamen« (1448 b 3). Nur ist für Aristoteles eben die Welt der Einzeldinge die Wirklichkeit schlechthin, nicht mehr bloßer Schein wie bei Platon. Komplementär dazu existieren für ihn die Allgemeinbegriffe nicht wie die Platonischen Ideen als höchste ontologische Wirklichkeit, die die Einzeldinge erst ermöglicht, sondern sie werden nur sekundär vom Geist durch Abstraktion (= Zusammenfassung gleicher Merkmale) aus ihnen gewonnen, sind also nur logische Gebilde und damit weniger real als die Einzeldinge[1180]. Trotz dieser Umkehrung hat sich aber das Objekt der dichterischen Mimesis nicht verschoben. Es ist in beiden Fällen die Welt der Einzeldinge, nicht die der Ideen oder Allgemeinbegriffe.

Dem scheint auf den ersten Blick die bekannte Stelle aus dem 9. Kapitel der *Poetik* entgegenzustehen, nach der die Dichtung philosophischer und bedeutender sei als die Geschichtsschreibung, weil sie eher vom Allgemeinen, die Geschichtsschreibung aber vom Besonderen rede[1181]. Wird hier die Dichtung plötzlich als Mimesis der Allgemeinbegriffe und nicht der Dingwirklichkeit aufgefaßt? Glücklicherweise erklärt Aristoteles sogleich, was hier unter den Termini Allgemeines und Besonderes zu verstehen sei:

> Ἔστιν δὲ καθόλου μέν, τῷ ποίῳ τὰ ποῖα ἄττα συμβαίνει λέγειν ἢ πράττειν κατὰ τὸ εἰκὸς ἢ τὸ ἀναγκαῖον, οὗ στοχάζεται ἡ ποίησις ὀνόματα ἐπιτιθεμένη· τὸ δὲ καθ'ἕκαστον, τί Ἀλκιβιάδης ἔπραξεν ἢ τί ἔπαθεν (1451b 4)[1182].

Diese Erklärung besagt nur, daß die Dichtung bestrebt ist, das für eine bestimmte Menschengruppe *Typische* herauszuarbeiten, um auf diese Weise größere Allgemeingültigkeit und damit Glaubwürdigkeit zu erreichen, nicht aber, daß sie die Welt der Allgemeinbegriffe, der ja nach aristotelischer

---

1179 Ἐπεὶ δὲ μιμοῦνται οἱ μιμούμενοι πράττοντας (1448a 1). Die sprachliche Ähnlichkeit dürfte nach Koller (*Mimesis*, p. 104) eher auf eine gemeinsame Tradition als auf direkten Einfluß Platons zurückgehen. – Zum Gesamtproblem cf. die bei J. Hirschberger, *Geschichte der Philosophie*, 7. Aufl. Basel, Freiburg, Wien 1963, Bd. I, pp. 158–160 referierte Forschungsdiskussion.

1180 Cf. besonders *Met.* A,6; A,9; M,9.

1181 ἡ μὲν γὰρ ποίησις μᾶλλον τὰ καθόλου, ἡ δ'ἱστορία τὰ καθ'ἕκαστον λέγει (1451b 3). Das Mittelalter liest in der lateinischen *Poetik*-Übersetzung des Wilhelm von Moerbeke (1278): »poesis enim magis que uniuersaliter, hystoria autem particularia dicit« (*De arte poetica*, Guillelmo de Moerbeke interprete, ed. E. Valgimigli, Bruges, Paris 1953 [Aristoteles latinus, XXXIII], p. 12).

1182 In der mittelalterlichen Übersetzung: »est autem uniuersaliter quidem, quali qualia quedam accidit dicere aut agere secundum uerisimile et necessarium, quod coniecturat poesis nomina imponens, particulare autem quid Alkibiades egit aut quid passus est« (*ib.*, p. 12 sq.).

Anschauung gar keine ontologische Realität zukommt, selbst nachahmt oder darstellt. Der scheinbare Widerspruch der Stelle 1451 b 3 zu den früheren Aussagen löst sich auf in eine Abwertung der »niederen«, aufs Historisch-Individuelle zielenden Mimesis, während die »höhere«, durch Typisierung auf Allgemeingültigkeit ausgehende Mimesis nicht angetastet wird[1183]. Das Objekt der Mimesis bleibt die Dingwelt. Ihre Gesetze liefern auch die Kriterien dafür, was (in der höheren Mimesis) als möglich oder wahrscheinlich anzusehen ist.

Soweit die klassische Form der mimetischen Theorie, die (mit vielen Ergänzungen und Variationen, aber unverändert in ihrem Wirlichkeitsbegriff) in der Tradition der neuzeitlichen Dichtungslehren eine bestimmende Rolle gewinnt[1184]. Für den Realisten im platonischen Sinn läuft sie allemal auf eine Abwertung der Kunst hinaus! Wer auf der Grundlage der platonisch-realistischen Wirklichkeitsauffassung der Kunst einen höheren Wahrheits- und Realitätsgehalt geben will, muß von der Mimesis der Dingwelt abrücken und versuchen, die Wirklichkeit der Ideen selbst in irgendeiner Form künstlerisch wiederzugeben.

Auch dazu findet sich schon ein Ansatz bei Platon. Was er nämlich im 10. Buch der *Politeia* auch für die Dichtung ausdrücklich verneint hat, scheint er an anderer Stelle (401 c, 472 d) für möglich zu halten: die künstlerische Wiedergabe der *Idee* selbst als der *wahren Natur*. Auf diesem oft vernachlässigten Aspekt insistiert Kurt Flasch in seinem höchst lesenswerten Aufsatz *Ars imitatur naturam*[1185]. Platons Abwertung jeder Kunst als Nach-

---

1183 Als niedere Mimesis aufzufassen wäre weitgehend ein die Dingwirklichkeit wahllos und unstilisiert abbildender Naturalismus oder Verismus, während der literarische Realismus (sowohl im allgemeinen stiltypologischen Sinn wie auch als historisch-einmaliges Phänomen des 19. Jahrhunderts) zumindest soweit als höhere Mimesis bestehen könnte, als er bei aller Treue zum historischen Detail und bewußt einfacher sprachlicher Form aus der Dingfülle nach künstlerischen Prinzipien auswählt und typisiert. – Ich vermeide hier nach Möglichkeit die Verwendung des literarischen Realismusbegriffs als Äquivalent der Mimesis, wie es gelegentlich geschieht, da er diese zu sehr auf eine bestimmte Darstellungsweise, ja auf eine Stilebene einengt und außerdem zu Verwechslungen mit dem grundverschiedenen platonischen Realismusbegriff Anlaß geben könnte.

1184 So etwa in der Renaissance, in der französischen Klassik, im Realismus des 19. Jahrhunderts etc. Noch E. Auerbach schließt seine Betrachtungen ausdrücklich an das 10. Buch der *Politeia* an (cf. *Mimesis*, p. 515).

1185 *Platonischer Naturbegriff und mittelalterliche Philosophie der Kunst*, in *Parusia. Festgabe für Johannes Hirschberger*, Frankfurt a. M. 1965, pp. 265–306. Flasch schreibt: »Diese Physis [= die Idee] in der Techne nachzuahmen, das hieße nicht länger Trugbilder, Schatten von Schatten verfertigen, sondern dem wahren Sein Ausdruck geben, soweit das möglich ist. Platon hat sich nämlich nicht auf die Kritik der trugbildnerischen Kunst beschränkt. Die verächtlichen Bemerkungen über die Malerei – *Rep.* 597 – sind nicht sein letztes Wort; schon gar nicht sind sie repräsentativ für die Kunstphilosophie des Platonismus. Platon kennt, wie *Rep.* 401c und 472d zeigen, eine Kunst, die die Idee selbst nachahmt. *Diese* Mimesis kann kein exaktes Kopieren sein; für sie gilt abgewandelt

bildung der Dingwelt versucht er als Relikt zu erklären[1186]. Welche der beiden gegensätzlichen Kunstauffassungen auch immer als die für Platon gültigere angesehen werden mag (die abwertende wird entschiedener vorgetragen), jedenfalls stehen beide in seinem Werk nebeneinander.

Eindeutiger als Platon selbst ist hier der Platonismus[1187]. Er hat sich klar für die These von der Kunst als Darstellung der Idee entschieden. In Plotins *Enneaden*, die vor allem indirekt über Augustin auf das Mittelalter wirken, heißt es in dieser Beziehung unmißverständlich:

> ἔπειτα δεῖ εἰδέναι, ὡς οὐχ ἁπλῶς τὸ ὁρώμενον μιμοῦνται, ἀλλ' ἀνατρέχουσιν ἐπὶ τοὺς λόγους, ἐξ ὧν ἡ φύσις
>
> (5, 8, 1 [Z. 34–36])[1188].

Verwandte Züge in der Kunstauffassung finden sich, wie Flasch gezeigt hat, bei Johannes Scotus Eriugena, den Theoretikern und Dichtern der platonisierenden Schule von Chartres (Wilhelm von Conches, Bernardus Silvestris, Alanus ab Insulis und dem anonymen Verfasser von *Librum hunc*), bei Thomas von Aquin und Cusanus.

Das Grundproblem einer solchen Auffassung besteht darin, daß sich die Welt der Ideen als solche prinzipiell der künstlerischen, und das heißt: sinnlichen Wiedergabe entzieht. Zwei Lösungsmöglichkeiten bieten sich an:

1. Nicht die Idee selbst, sondern nur die von ihr durchdrungene Natur wird als unmittelbares Objekt der Mimesis aufgefaßt. Dieser philosophisch reflektierteren Lösung scheinen in verschiedenen Varianten die meisten der von Flasch genannten Theoretiker zuzuneigen, wobei sich bei einigen durch

---

der metaphysische Begriff der Mimesis, der das Verhältnis von Ideat und Idee bestimmt: Die Dinge wollen sein wie die Idee, vermögen es aber nicht. Diese Mimesis ist Annäherung an ein *Prinzip*, nicht der sinnlose Versuch, ein *Ding* zu verdoppeln« (p. 270; Hervorhebungen vom Autor). Hier wird deutlich, wie sehr sich mit dem Naturbegriff als dem Objekt der Mimesis auch der Mimesisbegriff selbst gewandelt hat.

1186 »Sein eidetischer Naturbegriff kommt noch nicht durchgreifend der Kunsttheorie zugute; dazu ist er noch zu befangen in seiner Kritik an den bloß mimetischen Technai. Doch hat er den Grund dafür gelegt, die Kunst als ausdrücklichere Nachahmung der Urbilder, nicht der abbildenden Dinge zu verstehen« (*ib.*, p. 271).

1187 Cf. zum Folgenden *ib.*, pp. 272–296. – Zur Entwicklung der »eidetischen« Mimesisauffassung in der Nachfolge Platons cf. auch H. Blumenberg, *'Nachahmung der Natur'. Zur Vorgeschichte der Idee des schöpferischen Menschen*, in *SG* 10 (1957) pp. 266–283.

1188 In der Übersetzung von R. Harder: »Sodann muß man wissen, daß die Künste das Geschehene nicht schlechtweg nachahmen, sondern sie steigen hinauf zu den rationalen Formen, aus denen die Natur kommt« (Plotin, *Schriften* IIIa, Hamburg 1964, p. 37). – Nach einem solchen Bekenntnis zur Kunst als sinnlicher Darstellung der Idee ist es nur konsequent, wenn der Neuplatonismus dem in der *Politeia* 599c–600e abgewerteten Homer eine Ehrenstellung einräumt und ihn allegorisch ausdeutet. Cf. dazu L. Petersen, *Geschichte*, pp. 63–72; L. L. Camp, *Studies in the Rationale*, pp. 110–116; E. R. Curtius, *Europäische Literatur*, p. 212 sq. und P. Giannantonio, *Dante*, pp. 74–81.

die weniger scharf bestimmte Funktion der Idee fließende Übergänge zur höheren Mimesis der *Ding*welt ergeben[1189].

2. Die Idee selbst wird dargestellt, aber nur in allegorisch-bildlicher, insbesondere in personifizierender Form[1190]. Diese bei aller Naivität für den (neu)platonischen Ideenrealismus konsequente Lösung haben neben Prudentius schon Bernardus Silvestris und Alanus ab Insulis gewählt, indem sie in *De universitate mundi*, im *Planctus Naturae* und im *Anticlaudianus* in epischer Form Wesenheiten zu Personifikationen verbildlichen[1191].

Nach langer Entwicklung der Personifikation innerhalb der anderen Gattungen greift schließlich auch das Theater diese Darstellungsweise auf und macht sie in der personifizierenden *Moralité religieuse* zum konstitutiven Element der dramatischen Form. Das (neu)platonisch-augustinische *Schauen der Idee* wird hier von einem außersinnlichen zu einem sinnlichen Akt verbildlicht, behält aber dabei das ganze Erkenntnispathos seines ideenrealistischen Ursprungs[1192]. Gerade dieses Pathos der unmittelbaren sinnlichen Anschauung der realen Wesenheiten mit seinen lehrhaften Implikationen begründet die Sonderstellung der dramatischen Personifizierung gegenüber der epischen und lyrischen, die auf die innere Vorstellungskraft des Lesers oder Hörers rekurrieren müssen.

1189 Flasch weist darauf hin, daß die eidetisch gesehene Natur (= das Objekt der Mimesis) im allgemeinen nicht einfach mit der Idee identifiziert wird: »Dieser Idealismus im Naturbegriff verkennt also nicht, daß die Natur etwas anderes ist als reiner Begriff. Er betont die Notwendigkeit, die ›Materie‹ als Prinzip anzuerkennen; auf sie beziehen sich die Ideen« (p. 297). Und selbst diese vermittelnde Auffassung ist, wie er zugesteht, im Mittelalter durchaus nicht bei jedem Vorkommen des Grundsatzes *ars imitatur naturam* als platonisches Erbteil reflektiert worden (p. 298; ähnlich p. 302). – Die relativ weite Fassung des Begriffs *eidetisch gesehene Natur* in Flaschs Aufsatz erklärt sich wohl daraus, daß er versucht, den mittelalterlichen Naturbegriff überhaupt und die auf ihm beruhende Kunsttheorie vor allem vom modernen Naturbegriff und der ihm entsprechenden niederen mimetischen, d. h. tendenziell naturalistischen Theorie abzugrenzen. Mein Ziel hingegen ist es, die personifizierende Darstellung (auch innerhalb der mittelalterlichen Literatur) von *allen* mimetischen Auffassungen abzuheben, die nicht im strengsten – oder, wenn man will, naivsten – Sinn von der Mimesis der Idee ausgehen. Flaschs Deutung des Grundsatzes *ars imitatur naturam* als Forderung, die Kunst habe »in Gestalten, Farben und Tönen etwas darzustellen, was ohne Gestalt, ohne Farbe usw. ist« (p. 303) oder, noch prononcierter, sie habe »sinnlich darzustellen, was die Philosophie denkt: Die Anwesenheit der Idee« (p. 306) beschreibt *in ihrer engsten Auslegung* die Intention der personifizierenden Darstellung.

1190 Natürlich kann hier im strengen Sinn nicht mehr von Mimesis als ‘Nachahmung’ gesprochen werden. »A personification does not copy an idea; it *embodies* it«, bemerkt zu Recht L. L. Camp (*Studies in the Rationale*, p. 16).

1191 Cf. dazu E. R. Curtius, *Europäische Literatur*, pp. 118–131; H. de Lubac, *Exégèse* II/2, pp. 201–208; M.-R. Jung, *Études*, pp. 60–113.

1192 Charakteristisch hierfür die Ermahnung von Raison an den Menschenvertreter Pluseurs in der *Moralité de Pouvre Peuple*:

Lieve les yeulx de ton entendement!
Pense et regarde (v. 1640 sq.).

Auch die personifizierende Darstellung von Wesenheiten ist auf die Realitätsebene der Einzeldinge (platonisch gesprochen: der Erscheinungswelt) angewiesen. Sie entlehnt ihr vor allem den Begriff der menschlichen Person und, darauf aufbauend, einige grundlegende zwischenmenschliche Beziehungen und Handlungsschemata und überträgt sie als bewußte Fiktion auf analoge Elemente aus der Welt der Wesenheiten. Diese werden durch die Personifizierung nicht zu »handelnden Menschen« im Sinne der traditionellen mimetischen Theorie, d. h. zu historisch-individuellen oder für bestimmte Gruppen von Menschen typischen Einzelwesen; sie bleiben allgemeine Wesenheiten, die nur innerhalb der allegorischen Fiktion unter einigen Gesichtspunkten wie menschliche Personen agieren. Auch die von ihnen getragenen allegorischen Relationen und Handlungen gehören nur scheinbar der Dingwelt an, während sie in Wahrheit eine spezifische Art von Beziehungen und Handlungslabläufen aus der Welt der Wesenheiten repräsentieren, die zu denen der Dingwelt nur in einem Analogieverhältnis stehen.

Der tiefgreifende Unterschied zwischen der allegorisch-personifizierenden und der mimetischen[1193] Konzeption der Dichtung zeigt sich gerade an der verschiedenartigen poetischen Funktion solcher Entlehnungen aus der Welt der Einzeldinge. Während sie im mimetischen Theater in ihrem Eigenwert erscheinen und damit den Realitätsgehalt der Dingwirklichkeit selbst, nur mehr oder weniger typisiert, in die dramatische Darstellung hineintragen sollen[1194], spielen sie im allegorisch-personifizierenden Theater nur die unselbständige Rolle eines technisch-künstlerischen Hilfsmittels ohne eigenen Realitätsanspruch, eines bloß formalen *Zeichens* also, dessen Aufgabe nur darin besteht, den Zuschauer auf die allein bedeutsame Realität der Wesenheiten zu verweisen[1195].

1193 Der Begriff *mimetisch* wird im folgenden stets im Sinn der aristotelischen Theorie von der Kunst als *Mimesis der Dingwirklichkeit* verwendet, bezieht sich also *nicht* auf die bildliche Wiedergabe der Ideenwelt. Damit soll möglichst die Doppeldeutigkeit des Mimesisbegriffs vermieden werden, die u. a. zwei neuere amerikanische Untersuchungen zur Moralité belastet. So bezeichnet E. Th. Schell in seiner Dissertation über *The Pilgrimage of Life* das allegorische Motiv der Lebenspilgerschaft mißverständlich als *imitation of an action* (in seinem Aufsatz in *JEGP* 67, 1968, p. 236 sogar unter ausdrücklicher Berufung auf Aristoteles!), und auch P. J. Houle (*A Comparative Study*, p. 91) schließt sich dieser Terminologie an. Eindeutig verwendet den Mimesisbegriff dagegen V. Calin, die damit wie ich – wenn auch auf anderem Weg – zu einer Opposition *allegorisch / mimetisch* gelangt (*Alegoria*, cf. bes. die Einleitung).

1194 Eine jenseits der Handlung stehende begriffliche Bedeutung, etwa eine moralische Nutzanwendung, kann zwar auch hier hinzutreten, bleibt aber beiläufig und hebt den Realitätsgehalt des Bühnengeschehens nicht auf.

1195 Die unterschiedliche Funktion der mimetischen und der allegorisch-personifizierenden Darstellung im Hinblick auf die Wiedergabe der dichtungstranszendenten Wirklichkeit läßt sich etwa an folgendem Satz demonstrieren: »Abstractions cannot *express dubilities of mind and struggles of conscience*, for they are not human beings« (H. Craig, *Drama*, p. 341). Dieser Satz gilt unter der Voraussetzung, daß mit dem von mir hervorgehobenen Passus die getreue Nach-

Ich fasse zusammen: Die *Moralité religieuse* als Prototyp des spätmittelalterlichen allegorischen Theaters impliziert auf platonisch-realistischer Grundlage eine besondere Auffassung von der Dichtung als der sinnlichen Darstellung der Welt der Wesenheiten und metaphysischen Personen im dramatisch lebendigen Bild menschlicher Personen[1196]; sie folgt nicht wie etwa die Tragödie und die Komödie der traditionellen Theorie von der Dichtung als Mimesis der Dingwelt[1197].

Aus diesen unterschiedlichen Voraussetzungen ergeben sich natürlich für jede der beiden Gruppen dramatischer Werke eigene literarische Kategorien und Formkonventionen[1198]. Die aus der mimetischen Grundthese abgeleite-

---

bildung individueller Seelenregungen (innere oder psychische Mimesis) gemeint ist. Er wird dann falsch, wenn man darunter die bildliche Wiedergabe eines seelischen Geschehens versteht, das sich in jedem Menschen vollzieht; denn dies ist gerade eine Aufgabe allegorischer Personifikationen. Der Terminus *express dubilities of mind and struggles of conscience* ist also äquivok: er kann mimetisch und allegorisch aufgefaßt werden, wobei sich der Wahrheitsgehalt des Satzes umkehrt.

1196 Dies schließt auch diejenigen Moralités ein, die auf der christlichen Allegorese beruhen, mit der einzigen Einschränkung, daß der Zuschauer die Intention dieser Stücke, die Welt der Wesenheiten und metaphysischen Personen, nicht aber die Dingwelt darzustellen, unter Umständen nicht aus der direkten Betrachtung des Bühnengeschehens, sondern erst mit Hilfe einer besonderen exegetischen Anleitung erkennen kann.

1197 Meine Unterscheidung zwischen allegorischer und mimetischer Dichtung beruht, um es nochmals zu betonen, prinzipiell auf zwei verschiedenen Auffassungen von Wirklichkeit (1. Welt der Ideen, 2. Welt der Einzeldinge) und ist nur von dort aus zu verstehen. – Wie wichtig es ist, diese *Voraussetzungen* zu nennen, da sonst eine heillose Begriffsverwirrung entsteht, zeigt ein Blick in das Bändchen *Realismus von Brant bis Brecht*, München 1972 (UTB. 171) von F. Gaede. Der Autor unterscheidet zwischen der »mimetisch-idealistischen« und der »antimimetisch-realistischen« Tradition (pp. 11–21), wobei er mit der ersten die Tradition der höheren aristotelischen Mimesis und mit der zweiten die Tradition des satirischen und polemischen modernen Realismus meint, der die Stilisierungen der höheren Mimesis *von unten her*, d. h. von der konkreten Dingwirklichkeit aus, angreift und darum schlicht als »antimimetisch« bezeichnet wird, obwohl er als *Darstellung der Dingwelt* durchaus zur aristotelischen Mimesis gehört! Der »mimetisch-idealistischen« Richtung ordnet Gaede nun das Symbol, der »antimimetisch-realistischen« die Allegorie zu, die dadurch zum »Mittel realistischer Gestaltung« (p. 24) im obengenannten Sinn umgedeutet wird. Die ganze Konstruktion ist nur von ihrem Zielpunkt Sebastian Brant her zu verstehen, bei dem in der Tat (wie übrigens in vielen *Moralités politiques*) die allegorische Form zum Mittel der Satire wird, aber damit nicht realistisch im Sinn des neuzeitlichen literarischen Realismusbegriffs! Die (neu)platonische Tradition der Mimesis, die der aristotelischen vom Objekt her (Mimesis der Idee statt Mimesis der Einzeldinge) entgegensteht, wird bei Gaede mit keinem Wort erwähnt.

1198 Der grundlegende Gegensatz zwischen allegorischem und mimetischem Theater schließt nicht aus, daß sich in einigen dramatischen Gattungen – wie beispielsweise dem Mystère, der Sottie und der *Farce moralisée* – Mischformen finden, die in verschiedenem Maß an beiden Dichtungskonzeptionen Anteil haben. Sie

ten Konventionen sind in ihren historischen Wandlungen allgemein bekannt, sei es aus der Kenntnis expliziter Dichtungslehren von der Aristotelischen *Poetik* über die italienischen Renaissancepoetiken und die Doktrin der französischen Klassik bis zur Realismus- und Naturalismusdiskussion, sei es auch nur aus der praktischen Erfahrung mimetischer Theaterstücke von der Renaissancetragödie bis zum historischen Drama des 19. Jahrhunderts. Für das allegorisch-personifizierende Theater gilt das weit weniger. Ich habe daher anhand einer historisch fixierten Gattung einige aus der allegorischen Form entwickelte Konventionen darzustellen versucht. Dabei hat sich gezeigt, daß grundlegende Kategorien der mimetischen Auffassung wie die psychologische Glaubwürdigkeit der Charaktere, die Wahrscheinlichkeit der Handlung in Raum und Zeit, ihre Geschichtlichkeit überhaupt, die dramatische Spannung, die Identifizierung des Zuschauers mit dem Protagonisten etc. hier keine oder eine wesentlich andere Rolle spielen als im mimetischen Theater. Es ist von daher leicht einzusehen, daß eine Untersuchung und Bewertung des allegorischen Theaters ihrem Stoff nur dann gerecht werden kann, wenn sie dessen besondere philosophische und dichtungstheoretische Voraussetzungen in Betracht zieht und keine seiner Konzeption fremden Kategorien ungeprüft auf ihn überträgt.

Gerade das aber hat die literarhistorische Forschung bisher fast ausnahmslos getan. Indem sie die traditionelle *Moralité religieuse* (explizit oder implizit) vom klassischen Theater her betrachtete, hat sie sie nicht nur am ästhetischen Ideal einer anderen Epoche, sondern auch an dem einer anderen Dichtungskonzeption gemessen; denn das Theater der französischen Klassik ist ja durchaus von der Tradition der aristotelischen Mimesis geprägt. Auf diese Weise ist die *Moralité religieuse* gleich in zweifacher Hinsicht mißverstanden worden.

Sowohl die pauschale Abwertung der Gattung insgesamt als abstrakt, langweilig, schematisch, psychologisch unglaubwürdig etc. wie auch das einhellige Lob, das ein einziges Stück aus diesem Bereich, *Les Enfans de Maintenant*, von literarhistorischer Seite erfahren hat[1199], beruhen nicht nur auf der unvermeidbaren Verzeichnung einer Epoche durch eine andere, sondern darüber hinaus auf der unzulässigen Übertragung von mimetischen Kategorien auf ein Objekt, dessen Selbstverständnis der mimetischen Dichtungstheorie im herkömmlichen aristotelischen Sinn zutiefst widerstreitet.

---

können aber als solche nur erkannt werden, wenn zuvor die unterschiedlichen Voraussetzungen des allegorischen und des mimetischen Theaters begrifflich klar gegeneinander abgegrenzt sind.

[1199] Cf. etwa W. Creizenach, *Geschichte* I, p. 472 (»manches hübsch nach dem Leben beobachtet«); H. Hatzfeld, *Geist und Stil*, p. 152 (»ästhetisch deutlich wertvoll«); G. Frank, *Drama*, p. 264 (»Once the modern distaste for allegory and personified abstractions has been conquered, it will be found that a play like *Les Enfants de Maintenant* is both imaginative and entertaining«); H. Kindermann, *Theatergeschichte* I, p. 439 (»trotz ihrer pädagogischen Grundhaltung doch sehr lebensnah«) etc.

ZWEITER TEIL

Die Entwicklung der allegorischen Form in anderen religiösen Stücken der spätmittelalterlichen Gattungstradition

Allegorische Elemente finden sich im spätmittelalterlichen religiösen Theater auch außerhalb des eng abgegrenzten Bereichs der traditionellen *Moralités religieuses*, an denen ich im ersten Teil meiner Untersuchung exemplarisch die Konstituentien der dramatischen Allegorie dargestellt habe. Für die Behandlung der noch ausstehenden Stücke ist eine so detaillierte Analyse schon aus Raummangel nicht möglich, wohl auch nicht wünschenswert, da bei einer erneuten grundlegenden Darstellung der allegorischen Feinstruktur nach der bisher angewandten Methode zum größten Teil schon Bekanntes wiederholt werden müßte. Der Sache angemessener scheint vielmehr das Verfahren, vor dem Hintergrund der allegorischen Tradition der *Moralité religieuse* nur die neu ins Blickfeld tretenden allegorischen Elemente zu betrachten, und zwar nach Möglichkeit im Handlungszusammenhang der einzelnen Stücke. Es ist das Ziel, die Möglichkeit einer Beeinflussung zwischen Moralité und Mystère über das Medium der in beiden Gattungen verwendeten allegorischen Elemente zu prüfen und die wesentlichen Entwicklungstendenzen aufzuzeigen, denen die dramatische Allegorie im religiösen Theater des 15. und 16. Jahrhunderts unterliegt.

Kapitel VII

Allegorische Elemente in den Mystères

Die Mystères, die im 14. Jahrhundert aus dem liturgischen und halbliturgischen Theater[1200] hervorgegangen sind, setzen Ereignisse der Heilsgeschichte, wie sie aus den historischen Passagen der Bibel einschließlich der Apokryphen und aus Heiligenlegenden, zum Teil auch aus anderen Quellen bekannt sind, in dramatische Handlung um. Sie gehören damit – ungeachtet der in ihnen wie auch in ihren dramatischen Vorläufern enthaltenen figuralen Weltsicht, auf die Auerbach aufmerksam gemacht hat[1201] – primär zum historisch-mimetischen[1202], nicht zum allegorischen Thater. Die frühen Mystères wie die *Passion du Palatinus*, die *Passion d'Autun* und *Le Jour du Jugement* enthalten noch keine allegorischen Personifikationen[1203]. Erst im 15. Jahrhundert, in der eigentlichen Blütezeit der Gattung, als die Mystères immer stärker anwachsen und sich zu großen dramatischen Zyklen zusammenschließen, zeigen sich auch hier in stärkerem Maße allegorische Elemente,

---

1200 Unter den noch unmittelbar mit der Liturgie verbundenen und daher fast ausschließlich in lateinischer Sprache im Kirchenraum selbst aufgeführten frühesten Stücken finden sich neben den Oster- und Weihnachtsspielen auch dramatische Darstellungen der Prophetenprozession, der Auferstehung des Lazarus, der Bekehrung des Paulus, des Gleichnisses von den klugen und törichten Jungfrauen etc. Die liturgischen Spiele werden um die Mitte des 12. Jahrhunderts durch die Gruppe der von G. Cohen so bezeichneten halbliturgischen Stücke abgelöst, die nicht mehr für die Aufführung im Kirchenraum bestimmt sind, bereits überwiegend die Volkssprache verwenden und dem religiösen Theater neue biblische und hagiographische Stoffbereiche erschließen. Zu ihnen gehören etwa das Adamsspiel, die *Seinte Resurreccion*, das Nikolausspiel von Jean Bodel, Rutebeufs *Miracle de Theophile*, die 40 *Miracles de Nostre-Dame* des Ms. Cangé u. a. – Zum frühen religiösen Theater cf. etwa die Darstellungen von E. K. Chambers, *The Mediaeval Stage*; K. Young, *The Drama of the Medieval Church*; G. Cohen, *Le théâtre en France au Moyen Age* I und G. Frank, *The Medieval French Drama.*

1201 Zum Adamsspiel cf. *Mimesis*, p. 152 sq.

1202 Der Begriff des Historischen darf hier freilich nicht auf seinen modernen säkularisierten, wissenschaftlichen Sinn verengt werden. Die Mystères sind nicht historisch in der Art der Historienstücke des 19. Jahrhunderts, aber doch insofern, als sie versuchen, nach dem religiös bestimmten Geschichtsverständnis ihrer Zeit historische Begebenheiten nachzubilden.

1203 Die Figur Enfer in der *Passion du Palatinus* ist nicht etwa eine Personifikation der Hölle, sondern ein als Einzelgestalt gezeichneter Teufel mit sprechendem Namen.

die in einigen späteren Stücken sogar die ursprünglich klar gezogene Grenzlinie zwischen Mystère und Moralité unscharf werden lassen.

Diese allegorischen Elemente, ihre Einbettung in die Gesamthandlung und ihre Entwicklung im Verlauf der Gattungsgeschichte bilden das Untersuchungsobjekt des vorstehenden Kapitels; für alle übrigen mit den Mystères zusammenhängenden Fragen verweise ich auf die einschlägigen Arbeiten von Louis Petit de Julleville[1204], Émile Roy[1205] und Grace Frank[1206].

Die folgende Darstellung setzt bei den konventionellen allegorischen Szenen der Mystères an und geht dann zu immer freieren Entwicklungen der Allegorie in einzelnen Stücken über. Dabei werde ich in die Betrachtung am Rande auch einige okzitanische Mystères einbeziehen, die durch die Verwendung bestimmter allegorischer Motive geeignet sind, zufällige Lücken in der nordfranzösischen Überlieferung zu schließen und damit allegorische Traditionsstränge erkennbar zu machen.

1. Die konventionellen allegorischen Handlungsmotive

Der Streit der 'Töchter Gottes'. – Omer Jodogne führt in seinem Aufsatz *La structure des Mystères français*[1207] eine Reihe von »principes structurels« auf, nach denen sich aus einfachen biblischen und hagiographischen Darstellungen die langen, handlungstektonisch komplizierten Mystères entwikkelt haben. Eines dieser generativen Prinzipien besteht darin, daß sich am Rande der irdischen Haupthandlung sogenannte »drames extra-terrestres« ausbilden, die sich etwa bei den Passionsstücken daraus erklären, daß der Tod Christi nicht nur für den irdischen, sondern auch für den transzendenten Bereich von großer Tragweite ist[1208]. Die wichtigste dieser außerirdischen Nebenhandlungen, der Streit der 'Töchter Gottes' oder *Procès de Paradis*, bildet die eigentliche Keimzelle der Allegorie im Mystère. Das Motiv, über dessen Herkunft ich schon im ersten Teil einiges ausgeführt habe[1209], liegt in mehreren Varianten vor, unter denen innerhalb der Gattung der Mystères diejenige am einflußreichsten geworden ist, die man gemeinhin durch die Namen Mercadé und Gréban bezeichnet.

Eustache Mercadé (oder Marcadé), ein zu seiner Zeit hochberühmter Dichter, Theologe und Jurist (er stirbt 1440 als Dekan der Fakultät für

---

[1204] *Les Mystères,* Paris 1880. Wichtig ist hier vor allem das grundlegende Repertorium von Stücken und Aufführungen in Bd. II.

[1205] *Le Mystère de la Passion en France du XIVe au XVIe siècle. Étude sur les sources et le classement des Mystères de la Passion,* Dijon et Paris 1905.

[1206] *The Medieval French Drama,* Oxford 1954. – Zur Aufführungspraxis cf. ferner M. Peitz, *Das mittelalterliche Mysterienspiel in Frankreich. Eine theaterwissenschaftliche Untersuchung,* Phil. Diss. München 1957.

[1207] *Rbph* 4 (1964) pp. 827–842.

[1208] *ib.,* p. 841.

[1209] Cf. oben p. 192 sq. (dort auch Literaturangaben).

kanonisches Recht in Paris), ist der mutmaßliche Verfasser der *Passion d'Arras*[1210], aufgeführt ca. 1440[1211], des ersten französischen Mystère, das in der exegetischen Tradition von Ps. 84, 11 einen allegorischen Rechtsstreit zwischen den personifizierten göttlichen Attributen um die Erlösung der Menschheit auf die Bühne bringt. Von den in der Psalmstelle genannten vier Personifikationen wird Paix nicht dramatisch realisiert, sondern nur genannt[1212]; an ihrer Stelle treten – unter dem Einfluß des *Pelerinage de Jesucrist* von Guillaume de Deguileville, wie H. Traver nachgewiesen hat[1213] – die Gestalten Carité und Sapience auf. Die allegorische Handlung ist in zwei Szenen unterteilt, von denen die erste den eigentlichen Prozeß enthält. Der Handlungsverlauf läßt sich wie folgt zusammenfassen:

1. Szene (vv. 83–1056): Misericorde beklagt das Los des Menschengeschlechts, das sich in der Gefangenschaft der Sünde befinde[1214] und nur durch Carité daraus befreit werden könne. Verité bittet um einen Bericht seiner Verfehlung. Nun erzählt Justice die Geschichte von Luzifers und Adams Fall und schließt daraus, beiden gebühre die gleiche ewige Strafe. Misericorde wendet dagegen ein, Adam habe im Unterschied zu Luzifer früh bereut und sei zudem durch die Vertreibung aus dem Paradies schon zusätzlich bestraft worden; sein Fall müsse also milder bewertet werden. Schließlich einigt man sich auf die Formel, nur durch einen besonderen Gnadenakt Gottes, der als Mensch auf Erden sterben müsse, könne dem Menschengeschlecht geholfen werden. Die Tugenden beschließen nun, ihre Auseinandersetzung durch Sapience Gott vortragen zu lassen. Dieser erklärt sich auf Bitten von Carité hin mit ihrer Lösung einverstanden und schickt Gabriel auf die Erde, um Maria die bevorstehende Geburt des Erlösers anzukündigen. (Es folgt die mimetische Darstellung des irdischen Lebens und Sterbens Jesu.)

2. Szene (vv. 24595–24872): Nach seinem Tod kommt Jesus zu seinem himmlischen Vater zurück und fragt die Tugenden, ob sie mit seinem Erlösungswerk einverstanden seien. Als sie bejahen, befiehlt Gott ihnen, nunmehr ihren Streit mit Umarmung und Kuß in aller Form zu beenden. Mit dieser Versöhnungsszene[1215] nach Ps. 84, 11 schließt die Handlung.

[1210] Ed. J.-M. Richard, Arras 1891. Zur Verfasserfrage cf. die Literatur bei G. Frank, *Drama*, p. 179 n. 2.

[1211] Als *terminus ante quem* für ihre Entstehung nennt Richard in der Einleitung seiner Edition (p. XI) das Jahr 1414.

[1212] vv. 935, 978, 24 840.

[1213] *The Four Daughters of God*, pp. 74–78; zur *Passion d'Arras* cf. *ib.*, pp. 78–82.

[1214] Das Motiv der allegorischen Gefangenschaft, das hier nur im Bericht erscheint, wird in der Moralité *Jhesucrist est mis en prison* auf der Bühne dargestellt; cf. oben p. 196.

[1215] Sie ist in einer Bühnenanweisung ausdrücklich vermerkt: *Cy est comment les vertus, c'est assavoir Misericorde, Justice et Verité, baisent et acollent l'une l'aultre* (nach v. 24 848).

Die dramatisierte Psalmstelle gewinnt als Endpunkt des gesamten Geschehens einen eschatologischen Charakter. Der allegorische Prozeß bildet mit der auffälligen Stellung seiner beiden Teilszenen am Anfang und am Schluß des Mystère den Rahmen der historisch-mimetischen Haupthandlung, und zwar nicht nur ästhetisch im Hinblick auf die tektonische Einheit des Stücks[1216], sondern auch theologisch im Sinn einer transzendenten Begründung und Erfüllung der irdischen Heilsgeschichte.

Arnoul Gréban, Organist und Kantor im Kloster Notre-Dame in Paris und *notable bachelier en theologie* (gestorben wohl vor 1471), hat bei der Abfassung seiner auf etwa 1450 datierten *Passion Nostre Sauveur Jhesucrist*[1217], die bereits vier Aufführungstage erfordert, neben anderem Quellenmaterial die *Passion d'Arras* als Textvorlage benutzt und dabei auch die Gesamtkonzeption des *Procès de Paradis* als Rahmenhandlung in dem soeben skizzierten doppelten Sinn in sein Werk übernommen, das Motiv aber in einigen Einzelheiten verändert und ergänzt[1218].

Im ersten Teil des *Procès* (vv. 2056–3376), dem hier noch ein längerer dramatisierter Prolog über Erschaffung, Sündenfall und Tod der ersten Menschen sowie eine Einleitungsszene mit prophetischen Weissagungen an die im Limbus weilenden menschlichen Stammeltern vorausgeht, wird der Gang der Handlung leicht abgewandelt und dabei ihr juristischer Charakter noch mehr betont als in der Vorlage. Misericorde und Justice plädieren wie zwei Anwälte vor dem göttlichen Richter, während Verité und Paix, die bei Gréban wieder anstelle von Carité auftritt, zwischen beiden zu vermitteln suchen. Als Gott sich der Misericorde zuneigt, erkundigen sich die Tugenden bei Sapience, wie Justice trotzdem befriedigt werden könne. Von ihr kommt die Lösung, Christus müsse sich opfern, mit der Gottvater nach anfänglichem Zögern einverstanden ist. Deutlicher als sein Vorgänger bemüht sich Gréban in dieser Szene um die logische Motivierung des transzendenten Geschehens.

In der allegorischen Schlußszene (vv. 33941–34402) zeigt sich vor allem die Tendenz, die Bühnenhandlung auf ihren theologischen Sinn hin transparent zu machen. So erläutert der auferstandene Christus ausführlich seine heilsgeschichtliche Funktion als zweiter Adam, und Sapience zitiert und glossiert dem Publikum zuerst den entscheidenden Text aus Psalm 84, bevor er in dramatische Handlung umgesetzt wird. – Die vorstehende Szene trägt

---

1216 Diesen Aspekt betont M. Peitz, wenn sie schreibt, Mercadé habe die allegorische Rahmenhandlung aufgegriffen, »um die einzelnen Szenen [der Lebensgeschichte Jesu] nicht auseinanderfallen zu lassen« (*Mysterienspiel*, p. 70).

1217 Ed. O. Jodogne, Bruxelles 1965. Diese auch von mir benutzte Ausgabe folgt dem Ms. *B* (B.N., fr. 815), das Jodogne als das älteste erkannt und auf 1458 datiert hat, während die inzwischen überholte Edition von G. Paris und G. Raynaud (Paris 1878) vom jüngeren Ms. *A* (B.N., fr. 816) ausging, das einige Texterweiterungen aufweist.

1218 Einzelnachweis der aus der *Passion d'Arras* übernommenen Szenen bei Roy, *Mystère*, pp. 207–239; zum *Procès* cf. Traver, *Daughters*, pp. 82–90.

übrigens im Manuskript die Überschrift *Moralité finable.* Der Begriff Moralité bezeichnet also auch in diesem Rahmen eine Verbindung von didaktischer Intention und allegorischer Form, was mit den Ergebnissen der einleitenden Gattungsdiskussion gut übereinstimmt[1219].

Abweichend von der Vorlage der *Passion d'Arras* erweitert Gréban die allegorische Rahmenhandlung um eine kurze allegorische Zwischenszene (vv. 18771–18886), die mitten in die Darstellung der neutestamentlichen Ereignisse eingelagert ist. Auf Jesu Gebet im Garten Gethsemane hin fragt Gottvater die Justice, ob sie nicht bereit sei, auf den Opfertod zu verzichten; sie beharrt aber trotz des Einspruchs von Misericorde auf ihrem Recht. Darauf schickt Gott die Erzengel aus, Jesus zu trösten, und die mimetische Handlung wird mit seiner Gefangennahme fortgeführt. Diese Zwischenszene wirkt in ihrem mimetischen Handlungskontext für den Zuschauer wie eine Art »Fenster ins Jenseits«, ein Durchblick von der irdischen Geschichte auf ihre außerirdischen Triebkräfte.

Die *Passion Gréban* enthält wohl die für die literarische Wirkungsgeschichte bedeutendste Fassung des *Procès de Paradies.* Von ihr aus läßt sich die Motivfiliation in anderen Mystères verfolgen.

Zwar fehlt der Töchterstreit auffälligerweise in der wichtigen Neubearbeitung des Grébanschen Werkes, der *Passion Jesuscrist* von Jean Michel (aufgeführt 1486 in Angers)[1220]; er erscheint aber in einer gegenüber Gréban nur leicht veränderten Form in der 1501 gespielten *Passion de Mons*[1221] und in dem zeitlich nicht genau fixierbaren Stück *Le Procès que a fait Misericorde contre Justice*[1222], das ich im 3. Abschnitt ausführlicher behandeln werde.

[1219] Cf. oben p. 21 sq.

[1220] Ed. O. Jodogne, Gembloux 1959. In der Einleitung erklärt der Herausgeber Michels Verzicht auf das allegorische Motiv damit, es sei inzwischen veraltet gewesen (p. XXIX), während er an anderer Stelle eine eher textimmanente Deutung versucht: »N'ayant pas repris les faits à la naissance du Rédempteur, Michel ne pouvait pas s'embarasser de cette intrigue purement interprétative« (*Rbph* 42, 1964, p. 838).

[1221] Vom Text dieses Mystère ist nur ein Fragment erhalten (ed. G. Cohen, *Le mystère de la Passion joué à Mons en Juillet 1501*, Gembloux 1951), das keine größeren allegorischen Elemente aufweist; außerdem aber glücklicherweise das Regiebuch (ed. G. Cohen, *Le livre de conduite du régisseur*, Strasbourg, Paris 1925) mit einem *Abregiet*, der von jeder dramatischen Rede die beiden Anfangsverse wiedergibt, so daß die Handlungsstruktur recht gut zu erschließen ist. Danach dürfte die *Passion de Mons* auf Gréban und Michel zurückgehen (cf. *Livre de conduite*, p. XXXI). Die *seconde journée* enthält einen *Procès de Paradis* (*ib.*, pp. 40–46), der weitgehend dem ersten Teil des Motivs bei Gréban zu folgen scheint.

[1222] Erhalten in einer undatierten Inkunabel (B.N., Rés. Yf 101), die Petit de Julleville (*Mystères* II, p. 425) noch ins ausgehende 15. Jahrhundert setzt. Die eigentliche Prozeßszene (fol. b iiii^{v}–e vi^{r}) folgt weitgehend Gréban, allerdings greifen hier David und Adam in die Handlung ein. Cf. Traver, *Daughters*, p. 99.

Der Verfasser des zwischen 1481 und 1496 aufgeführten *Mistere de la Conception, Nativité, Mariage et Annonciation de la benoiste Vierge Marie*[1223], einer Erweiterung der ersten *journée* von Gréban, hat den *Procès de Paradis* (fol. H ii^v–I ii^r) durch ein neues Seitenmotiv, die Suche nach einem unschuldigen Menschen[1224], ergänzt und die Versöhnungsszene zwischen den Tugenden an eine frühere Stelle als bei Gréban vorgezogen[1225], um im Rahmen seines Stücks, das schon mit der Kindheit Jesu endet, den allegorischen Streit gleichwohl zu seinem heilsökonomisch notwendigen Abschluß zu bringen.

An die *Conception et Nativité* und damit auch an die Mercadé-Gréban-Tradition knüpfen die beiden sogenannten Valencienner Passionen[1226] an, die noch um die Mitte des 16. Jahrhunderts in der Provinz gespielt worden sind. Während die *Passion de Valenciennes en 20 journées* (aufgeführt zwischen 1541 und 1549)[1227] sich im wesentlichen darauf beschränkt, den allegorischen Streit aus *La Conception et Nativité* in anderen Worten zu wiederholen[1228], hat die nach der Titelangabe des Manuskripts im Jahr 1547 auf die Bühne gebrachte *Passion de Valenciennes en 25 journées*[1229] trotz starker Anlehnung an dieselbe Quelle den *Procès de Paradis*, der hier die Blätter 2^v–4^v, 12^v–13^v und 26^v–30^v einnimmt, in einigen Punkten variiert und erweitert. Die wichtigste Neuerung besteht in der Einführung der Gestalt Oraison – lange nach dem Auftreten gleichnamiger Personifikationen in den Moralités *Bien advisé, Mal advisé* und *L'Omme pecheur*! Oraison wird von den im Limbus auf Erlösung hoffenden Seelen als Verkörperung ihrer

---

1223 Ich benutze den Trepperel-Druck B.N., Rés. Yf 1604; eine neuere Ausgabe fehlt. Inhaltsangaben und Textproben bietet K. Kraatz, *Le mystère de la conception [etc.]*, Phil. Diss. Greifswald 1906. Die Datierung stammt von Roy, *Mystère*, p. 319. Zum Handlungsverlauf des *Procès* cf. Traver, *Daughters*, p. 100 sq.

1224 Die allegorische Handlung folgt hier Gréban, bis Gott entscheidet, es müsse jemand gefunden werden »qui meure par charité / et ne soit de sa mort coulpable« (fol. A iii^r). Die Tugenden machen sich auf, einen solchen Menschen zu suchen, kehren aber unverrichteter Dinge zurück.

1225 fol. I ii^r entspricht inhaltlich der Schlußszene der *Passion Gréban* (etwa vv. 34 294–34 389).

1226 Textvergleiche zur Ermittlung der Quellenlage und des gegenseitigen Abhängigkeitsverhältnisses bringen die 1905–1911 erschienenen Greifswalder Dissertationen von Giese, Kneisel, Schreiner, Kruse, Mokroß, Schaab und Koeppen (weitere Angaben in meinem Literaturverzeichnis). Cf. ferner Roy, *Mystère*, pp. 310–312.

1227 Datierung nach Lebègue, *Tragédie*, p. 227. Zur angeblichen Verfasserschaft Jean Molinets cf. die Literatur bei G. Frank, *Drama*, p. 189 n. 1. Das Stück liegt nicht im Druck vor; ich folge dem Ms. 449 der Bibl. municipale de Valenciennes.

1228 Cf. etwa fol. 33^v–37^r der *Passion de Valenciennes en 20 journées* mit fol. A ii^r–A iiii^r der *Conception et Nativité*.

1229 Unveröffentlicht; ich zitiere nach dem Ms. B.N., fr. 12 536. Einzelheiten der Aufführung von 1547 überliefern die Bemerkungen am Schluß der Handschrift (abgedruckt auch bei Petit de Julleville, *Mystères* II, pp. 144–156).

Gebete zu Misericorde gesandt und überbringt ihnen nach der Versöhnung der 'Töchter Gottes' die frohe Botschaft[1230]. Die Einführung einer solchen allegorischen Vermittlerinstanz kann als ein erster Schritt in Richtung auf eine größere Kommunikation zwischen den verschiedenen Seinssphären nach Art der *Moralité religieuse* angesehen werden.

Einen gegenüber den bisher betrachteten Mystères relativ eigenständigen Handlungsverlauf bei im wesentlichen unverändertem Figurenbestand zeigt der Töchterstreit in den Stücken *L'Incarnation et Nativité*, *La Vengance Nostre Seigneur* und *Les Actes des Appostres*.

Gut zu erkennen ist die Motivtradition in der 1474 in Rouen aufgeführten *Incarnation et Nativité de Nostre Saulveur et Redempteur Jesuchrist*[1231], da der theologisch gebildete Verfasser seine Quellen (es handelt sich im Hinblick auf den *Procès* vor allem um Bonaventura und Thomas von Aquin) am Rand der Handschrift vermerkt hat. Die allegorische Handlung ist auch hier in zwei Teile aufgespalten, die aber durch mehrere kurze Zwischenszenen miteinander verkoppelt werden. Im ersten Teil (I, pp. 116–146), der den Beginn der Auseinandersetzung darstellt, zeigt sich die vertiefte theologische Durchdringung unter anderem an dem großen Stellenwert, der im Rahmen dieses Motivs der Bibelberufung eingeräumt wird[1232]. Er schließt mit Gottes Auftrag an die Kontrahenten, einen unschuldigen Menschen zu suchen, der stellvertretend für alle sterben wolle. Dieses Seitenmotiv wird nun im Unterschied zur *Conception et Nativité* in drei Szenen dramatisch ausgespielt[1233]. Im zweiten Teil (I, p. 194–207) treffen die Tugenden wieder zusammen und versöhnen sich sogleich, nachdem Gott das Opfer seines eigenen Sohnes angekündigt hat. Bemerkenswert an der Motivversion der *Incarnation et Nativité* ist vor allem die starke Bindung an den biblischen Text. Nicht Misericorde und Justice sind die eigentlichen Gegenspieler wie in der Mercadé-Gréban-Tradition, sonden Misericorde und Verité, wäh-

---

1230 fol. 25v–26r, 30v. Zum allegorischen Handlungskomplex insgesamt cf. Traver, *Daughters*, pp. 101–103.

1231 Ed. P. Le Verdier, vol. I–III, Rouen 1886. Ausführliche Rekonstruktion der Aufführung 1474 bei I. M. Fanger, *The Theatrical Production of »Le Mystère de l'incarnation et nativité de notre sauveur et rédempteur Jésus-Christ« at Rouen, 1474*, Phil. Diss. Tufts Univ. 1972. Entstanden ist das Stück nach Le Verdier (I, p. XXI) zwischen 1454 und 1474. Zum *Procès* cf. Traver, *Daughters*, pp. 103–109.

1232 Während Misericorde bei ihrem Eintreten für die Erlösung des Menschen allein solche Stellen zitiert, die Gott als barmherzig bezeichnen, besteht Verité auf der Verdammung, da Justice in einem fast philologisch zu nennenden Verfahren nachweisen kann, daß Misericorde ihre Textbelege aus dem Zusammenhang des *Dominus misericors et justus* gerissen und somit verfälscht hat.

1233 Verité sucht auf der Erde (in den weltlichen und geistlichen Zentren, Rom und Jerusalem), Misericorde im Himmel, aber sie finden weder Menschen noch Engel, die würdig und bereit wären, für Adams Schuld Genugtuung zu leisten (I, pp. 161 sq., 177–181, 182–186).

rend Justice und Paix zurücktreten – ganz nach dem Wortlaut von Ps. 84, 11[1234].

Das Mystère *La Vengance Nostre Seigneur*, für dessen erweiterte Fassung (und nur diese ist hier von Interesse) sich das Jahr 1491 als *terminus ante quem* angeben läßt[1235], geht von einer neuen heilsgeschichtlichen Situation aus. Bei seinem Beginn ist die Erlösung der Menschen durch Christi Tod bereits geschehen, der *Procès* im bisher dargestellten Sinn also schon als abgeschlossen zu denken. Nun entspinnt sich zwischen den vier Tugenden ein erneuter Streit über Verdammung oder Erlösung der Juden, die Christus gekreuzigt haben (fol. A vi^{r} – B iiii^{r}). Justice und Verité plädieren für strenge zeitliche und ewige Strafen für alle Juden, Misericorde und Paix versuchen zu mildern. Gottes Urteil gibt Justice recht in bezug auf die verlangte Zerstörung der jüdischen Nation; verdammt sollen aber nur diejenigen werden, die sich nicht bekehren. Beide Seiten sind mit dieser Regelung einverstanden, und die Szene schließt mit dem Hinweis *Icy fine le sens moral*[1236].

Noch stärker umgebildet erscheint das konventionelle Motiv in dem Stück *Les Actes des Appostres*, das zwischen 1452 und 1475 von Simon (und Arnoul?) Gréban oder Jean du Prier verfaßt und im Jahr 1536 in Bourges aufgeführt worden ist[1237]. Nach dem ausführlich dargestellten Tod Marias beantragt Misericorde die Aufnahme ihres Leibes in den Himmel. Verité, Paix und Justice pflichten ihr bei und unterstützen sie mit weiteren theologischen Argumenten, worauf Gott dem Antrag zustimmt[1238]. Von Streit und Versöhnung ist hier nichts mehr zu spüren; nur die Figurenkonstellation der 'Töchter Gottes' erinnert noch an Ps. 84, 11. Besonders auffällig ist, daß die allegorische Szene nur in den Handschriften erscheint, in den späteren Druckfassungen (seit 1538) aber getilgt ist, eine Änderung, die

---

1234 Sogar die Versöhnungsgesten Umarmung und Kuß sind streng nach dem Wortlaut der Quelle auf die beiden Instanzenpaare verteilt.

1235 In diesem Jahr erscheint der Erstdruck von Anthoine Vérard (B.N., Rés. Yf 72), den ich auch als Textvorlage benutze. Diese Version umfaßt vier *journées* und ist nach B. Oldörps vergleichender Analyse (*Untersuchungen über das Mystère »La Vengance Nostreseigneur [etc.]«*, Phil. Diss. Greifswald 1907) eine Erweiterung des titelgleichen Stückes in drei *journées* von Eustache Mercadé (erhalten im Ms. 697 der Bibl. municipale d'Arras), das noch keinen *Procès de Paradis* enthält.

1236 fol. B iiii^{r}. Zu Einzelheiten des Streitverlaufs cf. Oldörp, *Untersuchungen*, p. 17 sq. und Traver, *Daughters*, p. 109 sq.

1237 Datierung nach R. Lebègue, *Le Mystère des Actes des Apôtres. Contribution à l'étude de l'humanisme et du protestantisme français au XVIe siècle*, Paris 1929, p. VII. Das Werk enthält ausführliche Analysen der einzelnen Szenen und Vergleiche zwischen den verschiedenen erhaltenen Textfassungen. Zur Aufführung in Bourges cf. *ib.*, pp. 22–31, 77–109; ferner J. Hashim in *TR* 12,1 (1972) pp. 29–73. – Ich folge dem Ms. *Al* (Bibl. de l'Arsenal, mss. 3360–3363).

1238 Arsenal 3361, fol. 401^{v}–405^{v}, 417^{r}. In einer anderen Szene, dem sog. *Procès Belial*, tritt übrigens Justice divine als Richterin auf (*ib.*, fol. 223^{r}–230^{r}); cf. die Inhaltsangabe bei Lebègue, *Actes*, p. 176 sq.

Lebègue als eine bewußte Abkehr von den »superstitions médiévales« interpretiert[1239].

In der Tradition des *Viel Testament* und des okzitanischen *Jutgamen general* ist die Vierergruppe der 'Töchter Gottes' wie in den *Moralités religieuses* und im *Paaschspel* von Maestricht[1240] auf die beiden Hauptfiguren Misericorde und Justice reduziert worden[1241].

Der Kompilator des riesigen *Mistére du Viel Testament*, das seit etwa 1500 in Sammelausgaben vorliegt, aus dem aber zumindest Einzelstücke längere Zeit vor diesem Datum gespielt worden sind[1242], hat neben der Verkürzung auf zwei Figuren auch die Stellung des Motivs im dramatischen Handlungsgefüge wesentlich verändert. An die Stelle zweier großer Szenen am Anfang und am Schluß, die nur den Aufbau und die Lösung des allegorischen Konflikts darstellen, tritt hier eine Vielzahl kleinerer allegorischer Streitszenen, die die Wiedergabe der alttestamentlichen Ereignisse immer wieder unterbrechen. Solche Szenen finden sich nach dem Sündenfall, bei Kains Brudermord, nach Adams Tod, vor der Sintflut, beim Turmbau zu Babel, bei Abrams und Saras Bedrohung durch den Pharao, vor Isaaks Geburt, nach der Darstellung der sodomitischen Sünden, bei Isaaks Opferung, in den Josephsgeschichten, beim ägyptischen Kindermord und schließlich beim Auszug Israels aus Ägypten unter Führung des Moses[1243].

Die häufige Wiederaufnahme des *Procès* erklärt sich vielleicht daraus, daß der Kompilator versucht hat, die ihm vorliegenden heterogenen Teilstücke mit Hilfe eines durchlaufenden allegorischen Motivs miteinander zu verknüpfen[1244]. Mit dieser neuen Darstellungsweise hat sich aber auch die

---

1239 *ib.*, p. 173.

1240 Cf. M. Wilmotte, *Les Passions allemandes du Rhin dans leur rapport avec l'ancien théâtre français*, Bruxelles 1896–98, p. 97 sq.

1241 É. Roy (*Mystère*, p. 302 sq., n. 1) hat zwar auch ein Fragment aus einem Töchterstreit, in dem alle *vier* Tugenden auftreten (B.N., n. acq. fr. 934, fol. 33), zum *Viel Testament* gestellt, die Zuordnung ist aber nach seiner eigenen Einschätzung ganz unsicher.

1242 Cf. dazu die chronologische Übersicht in Petit de Julleville, *Mystères* II, pp. 180–185; ferner in der krit. Ausgabe des *Viel Testament* von J. de Rothschild (t. I–VI, Paris 1878–1891, SATF) die Einleitung (I, p. VII sq.) sowie die Belege in den Vorbemerkungen zu den einzelnen Teilstücken.

1243 vv. 1295–1560; 2341–2388, 2788–2838; 3883–4016; 5038–5164, 5382–5445, 5606–5649; 6753–6802; 7651–7675; 8304–8367; 8743–8807; 9435–9515, 9610–9712, 9829–9879; 16 711–16 793, 16 930–16 979, 17 211–17 262; 21 625–21 705, 22 112–22 169, 23 088–23 105; 23 389–23 422.

1244 So jedenfalls Traver, *Daughters*, p. 96 n. 1 und p. 98. Allerdings ist dieser Versuch – aus welchen Gründen auch immer – nicht bis zum Schluß durchgeführt worden: mit v. 23 422 (also noch vor der Mitte des Gesamttextes!) bricht der allegorische Streit unvermittelt ab. Auch die traditionelle Versöhnungsszene fehlt – ob aufgrund der im zweiten Teil unterbliebenen Allegorisierung oder aber deshalb, weil im Alten Testament die Erlösung durch Christus ja noch nicht erfüllt ist, läßt sich nicht mit Sicherheit entscheiden.

Vorstellung vom Wesen des Töchterstreits gewandelt. Er gibt den irdischen Ereignissen nicht mehr allein einen überzeitlichen Rahmen, sondern begleitet sie kontinuierlich, ohne dabei aber selbst der Zeitlichkeit im irdischen Sinn unterworfen zu sein. Nach dieser Konzeption vollziehen sich in verschiedenen Seinssphären zwei aufeinander bezogene Geschehensabläufe: ein transzendenter, der nur allegorisch sichtbar gemacht werden kann, und ein innerweltlicher, der sich in theologisch bedeutsamen Augenblicken wie ein Vorhang zurückzieht und den Blick auf den metaphysischen Hintergrund aller irdischen Geschichte freigibt[1245].

In der dramatischen Praxis impliziert diese Konzeption einen häufigen Wechsel zwischen mimetischer und allegorischer Darstellung. Als Übergangsglieder von der einen zur anderen Ebene fungieren oft Gebete und Anrufungen, die von den metaphysischen Mächten gehört werden und unter ihnen eine allegorische Handlung auslösen[1246].

Die Streitszenen verlaufen, vor allem zu Beginn des *Viel Testament*, meist nach folgendem Schema: Nach einer schweren Sünde verlangt Justice die sofortige Verdammung der Menschheit, Misericorde plädiert für Milde, Gott schickt den Menschen zwar eine zeitliche Strafe (Vertreibung aus dem Paradies, Sintflut, babylonische Sprachverwirrung, Feuerregen auf Sodom, ägyptische Plagen), schließt aber die Möglichkeit einer zukünftigen Erlösung der Bußfertigen nicht aus. Später wird dieser Handlungstyp von einem anderen überlagert, der nicht von einer Sünde, sondern von einem ausdrücklich im Heilsplan vorgesehenen Ereignis des Alten Testaments ausgeht, das als *Präfiguration* eines heilbringenden neutestamentlichen Geschehens aufgefaßt wird[1247]. In diesen allegorischen Szenen besteht nicht nur Justice, sondern auch Misericorde trotz einiger Klagen über das persönliche Leid der betroffenen Menschen darauf, die *figure* müsse wegen der mit ihr verbundenen Heilszusage Gottes ausgeführt werden. Es herrscht also kein prinzipieller Gegensatz mehr zwischen den Kontrahenten, d. h. das traditionelle Streitmotiv wird durch die starke Betonung der Präfiguration als eines Vorgriffs auf die zukünftige Versöhnung zurückgedrängt.

1245 Ansätze zu dieser Sehweise finden sich schon in der oben behandelten Gethsemane-Zwischenszene der *Passion Gréban*.

1246 So schreit etwa La Voix du sang d'Abel nach Justice, die das Gehörte zum Anlaß nimmt, den Streit fortzuführen (v. 2752 sqq.); der sterbende Adam ruft Misericorde an, die seine Bitte an Gott weiterleitet und so wiederum den Widerspruch der Justice hervorruft (v. 3785 sqq.); ähnlich bei Isaaks Gebet um Nachkommen (v. 11 318 sqq.), bei Rebekkas Bitte, Gott möge Jakob vor Esau schützen (v. 12 906 sqq.) etc.

1247 So erscheinen etwa die von Gott befohlene (aber schließlich auf sein Geheiß nicht ausgeführte) Opferung Isaaks durch seinen Vater Abraham (vv. 9435–10 357), Josephs Leid und spätere Erhöhung (vv. 16 711–18 279) und die Tatsache, daß Moses dem ägyptischen Kindermord entgeht, um danach das Volk Israel aus der Gefangenschaft zu führen (vv. 22 112–22 169), allesamt als *figurae* der Heilstaten Christi.

Der *Procès de Paradis* ist in der Form, die er im *Mistére du Viel Testament* angenommen hat, auch in zwei Teilstücke aus dieser Kompilation eingegangen, die einzeln aufgeführt und ediert worden sind: die *Moralité nouvelle* du *Sacrifice de Abraham*[1248] und die *Moralité de la Vendition de Joseph*[1249], die auffälligerweise in den Einzelausgaben beide eine neue Gattungsbezeichnung tragen, obwohl zumindest das erste Stück in allegorischer Hinsicht keine nennenswerten Veränderungen gegenüber dem entsprechenden Abschnitt des *Viel Testament* aufweist.

Während das *Mistére du Viel Testament* nur die erste Phase des metaphysischen Streits darstellt, führen zwei andere Stücke, das okzitanische Mystère *Lo Jutgamen general* und sein später französischer Nachfahre *Le Jugement de Dieu*, das Motiv bis zum Jüngsten Gericht weiter.

Das nach 1481 im Rouergue entstandene *Jutgamen general*[1250] enthält in der überlieferten Fassung drei Streitgespräche zwischen Misericordia und Justicia, in denen das Seitenmotiv des allegorischen Rangstreits stärker hervortritt[1251]. Ein förmlicher Abschluß mit Umarmung und Kuß fehlt; das Motiv hat sich also schon recht weit von seinem biblischen Ursprung entfernt. Dies gilt auch für das *Jugement de Dieu*, das in der vorliegenden Form als Teil eines größeren Mystère noch im Jahr 1580 in Modane (Savoyen) gespielt worden ist und damit zu den letzten Ausläufern der Gattung gehört[1252]. Die beiden Kontrahenten rufen hier gemeinsam zum Jüngsten

---

1248 Ed. *Rec. Trepperel, fac-sim.*, Nr. I; gedruckt vor 1512 (*ib.*, p. 14), einzeln aufgeführt 1507 »sur le grant pavé de Laval« (Beleg bei Petit de Julleville, *Mystères* II, p. 91 sq.). Das Stück entspricht im wesentlichen dem Abschnitt XVII des *Viel Testament* (= vv. 9365–10 598), weist aber einen anderen Schluß auf (fol. D iiii^r–D vi^r). Im Trepperel-Druck fehlen die Blätter B iii–D i.

1249 Paris: pour Pierre Sergent o. J. [ca. 1538], beschrieben im *Viel Testament* I, pp. XXXI–XXXIII als Ed. *G* (B.N., Rés. Yf 28); aufgeführt 1538 (*Viel Testament* II, p. XLV). Der *Procés de Paradis* (hier fol. B iiii^r–B iiii^v, C ii^r–C ii^v, E i^v–E ii^r) folgt dem *Viel Testament*, der übrige Text ist teils gekürzt, teils erweitert, wobei besonders die figurativen Beziehungen Joseph–Christus noch verstärkt werden.

1250 Ed. M. Lazar, *Le Jugement dernier (Lo Jutgamen general). Drame provençal du XVe siècle*, Paris 1971 (Bibl. française et romane. Sér. B,10); Datierung *ib.*, p. 16.

1251 vv. 980–1065, 1128–1139, 1241–1355 (cf. besonders v. 1333, wo Misericordia darauf besteht, ihre Kontrahentin an Rang zu übertreffen); zusätzlicher Einzelauftritt von Misericordia vv. 1442–1464. A. Jeanroy, der Herausgeber der älteren Edition des *Jutgamen general*, nimmt übrigens an, die allegorischen Szenen seien erst relativ spät in das Stück eingefügt worden (Jeanroy/Teulié, *Mystères*, p. 226 *note*).

1252 Vom Text der dreitägigen Aufführung in Modane, die ein *Mystère de l'Antéchrist et du Jugement de Dieu* umfaßte, sind nur zwei Bruchstücke erhalten:
1. ein Fragment aus der ersten *journée* (ed. L. Gros, *Étude sur le mystère de l'Antéchrist [etc.]*, Chambéry 1962);
2. ein Fragment aus der zweiten sowie die gesamte dritte *journée* in einem Manuskript (B.N., fr. 15 063), das nach dem Nachweis von É. Roy *(Mystère*, p. 416) einen Vorentwurf zum eigentlichen Aufführungstext darstellt und lei-

Gericht auf, disputieren über die Erlösungsmöglichkeit der ungetauft verstorbenen Kinder und bitten Jesus um das Schlußurteil[1253]. Auch hier fehlt die eigentliche Versöhnungsszene nach Ps. 84, 11, von der die Motiventwicklung ihren Ausgang genommen hat.

Späte Reste des Töchterstreits lassen sich noch bis zum Anfang des 17. Jahrhunderts nachweisen, ja noch im Jahr 1634 ist ein *Procès de Paradis* auf der Bühne dargestellt worden[1254].

Das Gespräch des Judas mit Desesperance. – Dieses Motiv steht (wie auch das folgende) sowohl nach seiner Verbreitung als auch nach seinem Stellenwert in der Gattungsgeschichte der Mystères bereits deutlich hinter dem Töchterstreit zurück, bringt aber eine wichtige Neuerung mit sich. Während der *Procès* stets in einer vom irdischen Geschehen getrennten Sphäre stattfindet, kommt es hier *auf der Erde* zu einem dramatischen Zusammenspiel zwischen einem menschlichen Individuum und einer metaphysischen Instanz.

Die zentrale Stellung im Motivstemma innerhalb der Mystères kommt auch hier der *Passion Gréban* zu. Die Handlung verläuft dort in folgender Weise: Nach seinem Verrat an Jesus ruft Judas in seiner Verzweiflung die Teufel an. Lucifer bittet seine Tochter Desesperance, sich seiner anzunehmen. Sie stellt sich ihm vor, redet ihm die letzte Hoffnung aus, seine Sünde könne vergeben werden, und rät ihm zum Selbstmord. Judas erhängt sich, ein Teufel nimmt das Geschehen zu Protokoll, und Desesperance bringt die Seele in die Hölle (vv. 21683–21988).

Diese Szene, die G. Cohen zu den schönsten des ganzen französischen Theaters gezählt hat[1255], wird mit nur geringen Veränderungen in spätere Stücke übernommen, so in die *Passion Michel*[1256] (wo sie als einziges allegorisches Handlungsmotiv erhalten ist!), die *Passion de Mons*[1257] und die *Passion de Valenciennes en 20 journées*[1258]. Nur die im Manuskript auf 1488

der auch in seiner äußeren Form (schwer lesbare Schrift, viele Randzusätze und Verweise, Doppelfassungen der gleichen Szenen u. a.) dem vorläufigen Charakter einer solchen Skizze entspricht. Die vollständig überlieferte dritte *journée*, die im Ms. fol. 1r–67v einnimmt, bildet das *Jugement de Dieu*, dem hier allein das Interesse gilt, denn nur dieser Teil enthält allegorische Elemente.

Zur Textüberlieferung cf. auch J. Chocheyras, *Le théâtre religieux en Savoie au XVIe siècle, avec des fragments inédits*, Genève 1971 (Publications romanes et françaises. 115), pp. 20 sq. und 181. Detaillierte Inhaltsangabe des gesamten, teils erhaltenen, teils erschlossenen Mystère bei Roy, *Mystère*, pp. 416–421; ferner bei Lazar, *Jugement*, pp. 22–28 und Chocheyras, *Théâtre religieux*, pp. 182–197.

1253 B.N., fr. 15 063, fol. 5r, 50r–52v, 55v.

1254 Belege bei Lebègue, *Actes*, p. 173 sq. und id., *Quelques survivances de la mise en scène médiévale*, in *Mélanges Gustave Cohen*, p. 222.

1255 *Le théâtre en France* I, p. 59.

1256 vv. 23 557–24 038.

1257 Zu erschließen aus dem *Livre de conduite*, pp. 302–305.

1258 Bibl. municipale de Valenciennes, ms. 449, fol. 303r–305v.

datierte, aber früher entstandene *Passion de Semur* bringt eine andere Fassung, in der die neue Personifikation Mors inferni die Rolle der Verzweiflungsinstanz einnimmt[1259].

Der Disput zwischen Kirche und Synagoge. – Die Geschichte dieses in Literatur und Ikonographie sehr verbreiteten, in den erhaltenen Mystères wohl unterrepräsentierten Motivs ist relativ gut erforscht[1260]. Als Quelle gilt eine dem Augustin zugeschriebene dialogisierte Predigt, *De altercatione Ecclesiae et Synagogae dialogus*[1261]. Das Motiv hat in zwei Mystères Eingang gefunden, die in allegorischer Hinsicht von der Mercadé-Gréban-Tradition abweichen: *La Passion Sainte-Geneviève* und *La Passion de Semur*.

Das erste der beiden Stücke liegt in einem ca. 1440 verfaßten Manuskript vor, wird aber vom Herausgeber der vor kurzem erschienenen kritischen Edition nach sprachlichen Kriterien bis zur Mitte des 14. Jahrhunderts zurückdatiert[1262]. Der allegorische Disput nimmt hier die Verse 3061–3166 ein. Nach der Kreuzigung Christi versucht Saincte Eglise, Vielle Loy ou Synagogue über die Heilsbedeutung dieses Ereignisses aufzuklären. Daraufhin bittet Synagogue um eine Erläuterung der Dreifaltigkeit, die sie nicht versteht, da sie die Schrift nicht zu lesen vermag. Als sie eingestehen muß, daß auch das Alte Testament eine *figure* enthält, nach der ihre Herrschaft einst durch einen Menschen zerbrochen werden soll, wird sie in ihrem Unglauben schwankend und gibt ihre Niederlage zu[1263]. Ein Engel erklärt Eglise zum Sieger des Disputs. Der Stellenwert der Szene, übrigens der einzigen allegorischen der *Passion Sainte-Geneviève*, wird noch dadurch erhöht, daß sie unmittelbar nach dem zentralen Kreuzigungsgeschehen eingefügt ist, um dessen allegorische Bedeutung, das *quid credas*, zu erläutern: die Ablösung des Alten Bundes durch den Neuen.

1259 Ed. É. Roy (*Mystère*, pp. 3–204), vv. 6652–6684.

1260 Hier einige neuere Arbeiten: H. Pflaum, *Die religiöse Disputation in der europäischen Dichtung des Mittelalters. I: Der allegorische Streit zwischen Synagoge und Kirche*, Genève, Firenze 1935; M. Schlauch, *The Allegory of Church and Synagogue*, in *Speculum* 14 (1939) pp. 448–464; B. Blumenkranz, *Altercatio Aeclesie contra Synagogam*, in *RMAL* 10 (1954) pp. 1–159 (cf. besonders den einleitenden Überblick pp. 9–30); A. Serper, *Le débat entre Synagogue et Église au XIIIe siècle*, in *REJ* 123 (1964) pp. 307–333. Zur Ikonographie cf. die in der Einleitung (oben Anm. 42) genannten Handbücher sowie É. Mâle, *L'art religieux de la fin du Moyen Age en France*.

1261 *PL* XLII, col. 1131–1140.

1262 Ed. G. A. Runnals, *Le Mystère de la Passion Nostre Seigneur du manuscrit 1131 de la Bibliothèque Sainte-Geneviève*, Genève, Paris 1974 (TLF. 206), pp. 23 und 26. Damit kann auf die veraltete Ausgabe von A. Jubinal, *Mystères inédites du quinzième siècle*, t. II, Paris 1837, pp. 139–311 verzichtet werden.

1263 Pflaum (*Disputation*, p. 62) und Runnals (Einleitung der Ed., p. 62) nehmen aufgrund der ikonographischen Parallelen an, die Niederlage der Synagoge sei hier durch eine allegorische Handlung wie etwa das Verbinden der Augen (v. 3166 *aveuglee*), das Zerbrechen der Gesetzestafeln (v. 3162 *escrips deffaciez*) o. ä. auch sichtbar gemacht worden.

Das gleiche didaktische Ziel versucht die *Passion de Semur* dadurch zu erreichen, daß sie den Disput zur Geburt Christi stellt, also an die Nahtstelle von Altem und Neuem Testament. Die Handlung ist gegenüber der *Passion Sainte-Geneviève* recht frei entwickelt[1264] und auf mehrere Szenen verteilt. Zunächst verkündet Ecclesia die bevorstehende Erlösung durch Christus und ihre baldige Herrschaft. Sinagogua fragt einen Schriftgelehrten, was sie dagegen unternehmen solle. Nach einer eingeschobenen satirischen Szene mit antijüdischem Affekt nennt er ihr die auf Christus deutenden Prophezeiungen, worauf sie sich geschlagen gibt und ihre Krone an Ecclesia abtritt. Diese stimmt im Wechsel mit Innocentia und Temperantia den Ambrosianischen Hymnus *Veni redemptor gentium* an, weist die Hirten auf die Geburt Christi hin und sagt zugleich seinen Tod voraus[1265].

Der diesem Motiv inhärente Widerspruch zwischen der richtigen Entscheidung der Synagoge als der Verkörperung des auserwählten Volkes und der fortdauernden Verblendung der einzelnen konkreten Glieder dieses Volkes, wie sie in der satirischen Zwischenszene geschildert wird, ist ein weiterer Beleg für meine in Kapitel VI ausführlich begründete These, daß die allegorische Personifikation nicht etwa die aus konkreten Individuen sekundär abstrahierten begrifflichen Gemeinsamkeiten verkörpert, sondern *Ideen* als etwas primär Allgemeines (hier: wie das auserwählte Volk sich *idealiter* verhält), selbst wenn sie in der äußeren Realität nicht einmal im Ansatz verwirklicht sind. Das spezifische Erkenntnisziel dieser allegorisch-mimetischen Szenenfolge besteht darin zu zeigen, daß die einzelnen Juden ihrer eigenen Wesenheit zuwiderhandeln, indem sie deren Entscheidung für Christus nicht nachvollziehen.

2. Das Auftreten neuer allegorischer Elemente in einzelnen Stücken

Neben den weit verbreiteten und insofern bereits als feste Bestandteile der Gattungskonventionen aufzufassenden allegorischen Motiven erscheinen in einigen biblischen und hagiographischen Mystères auch neue, innerhalb der Gattung stärker vereinzelte Personifikationen und allegorische Szenen. Mit dem Epitheton *neu* soll keineswegs behauptet werden, diese zusätzlichen allegorischen Elemente stünden nicht ebenfalls in der literarischen Tradition, seien also von den Verfassern der Mystères erfunden worden. Neu sind sie nur für die Mystères (sofern die Quellenlage eine solche Aussage über die Gattung überhaupt zuläßt!), nicht aber unbedingt für die Moralités und die

---

1264 Die von Roy (*Mystère*, pp. 87*–90*) behauptete direkte Abhängigkeit der *Passion de Semur* von der *Passion Sainte-Geneviève* wird heute aufgrund neuer Textvergleiche bestritten (cf. *Passion Sainte-Geneviève*, ed. Runnals, pp. 77–79).

1265 vv. 1436–1459, 2342–2363, 2437–2519, 2840–2899. Ausführliche Darstellung der Szenenfolge bei Pflaum, *Disputation*, pp. 62–67, allerdings mit einer unzulässig psychologisierenden Deutung (p. 67).

allegorische Epik. Die Grenze zwischen mehr und weniger verbreiteten allegorischen Motiven ist natürlich fließend. Ich habe in meiner Darstellung, vorwiegend aus pragmatischen Gründen, die erste Gruppe relativ eng begrenzt, um vor dem Hintergrund der mit Sicherheit als konventionell empfundenen allegorischen Motive die Neuerungen einzelner Stücke in diesem Bereich desto klarer hervortreten zu lassen.

Biblische Mystères. – Die zuletzt behandelte *Passion de Semur* enthält neben der Judasszene und dem Disput zwischen Kirche und Synagoge eine Reihe weiterer allegorischer Elemente: die Krönung Luzifers durch Orgueil, Despit und Dame Oyseuse[1266], die Tötung Adams durch Mors naturalis[1267], drei weitere Szenen mit Mors inferni[1268] sowie ein himmlisches Gespräch, in dem Esperance und Charité Gott um die Erlösung des Menschen bitten[1269]. Auf diese Weise ist die mimetische Handlung von verschiedenartigen allegorischen Einschüben durchsetzt, die aber insgesamt nur etwa 4 % des Textes einnehmen – gegenüber immerhin 6 %, die in der *Passion Gréban* allein auf den Töchterstreit entfallen.

Ein größeres Gewicht kommt dem allegorischen Geschehen im *Jutgamen general* zu, das in zwei langen eschatologischen Prozeßszenen La Mort, La Vida und alle sieben Todsünden auftreten läßt[1270]. Das späte, auf dieselbe Quelle zurückgehende *Jugement de Dieu* führt bei der Verurteilung der Todsünden als Ankläger auch noch die ihnen entsprechenden Tugenden ein[1271], so daß Petit de Julleville und G. Frank angesichts einer solchen Vielzahl dramatischer Personifikationen bereits von einer Moralité sprechen[1272]. Eine durchgängig allegorische Darstellung ist allerdings in diesem Stück noch längst nicht erreicht.

Auch aus dem Stoffbereich des *Viel Testament* haben sich einige einzeln aufgeführte Stücke allegorisch weiterentwickelt. An erster Stelle ist hier die im Zusammenhang mit dem *Procès de Paradis* schon erwähnte *Moralité de la Vendition de Joseph* zu nennen. Sie entspricht inhaltlich etwa den Abschnitten XXIII–XXVI des *Viel Testament* (= vv. 15844–21624), ist aber um eine neue allegorische Szene erweitert, in der die außerpersönliche Macht Envye, nachdem sie sich den Zuschauern durch eine ausführliche allegorische Ekphrasis vorgestellt hat, auf die Söhne Jakobs einwirkt und ihnen rät, den vom Vater bevorzugten Joseph zu töten[1273]. Die Szene erinnert

---

1266 vv. 255–298; weitere allegorische Folgeszenen: vv. 388–403, 754–792 (hier tritt außerdem Deesperance auf).

1267 vv. 922–939.

1268 vv. 839–846 (nach Kains Selbstmord), 5348–5397, 8425–8505.

1269 vv. 1725–1791.

1270 vv. 1465–1698, 1825–2698.

1271 fol. 8r–14r, 48r–49v. Die gemeinsame Quelle ist der *Processus Belial* des Jacobus von Theramo (cf. Lazar, *Jugement*, p. 18 sq. und Roy, *Mystère*, pp. 411–414).

1272 Petit de Julleville, *Mystères* II, p. 461; G. Frank, *Drama*, p. 134.

1273 fol. C iiiir–D iiir.

zwar in manchen Einzelheiten an die allegorischen Darstellungskonventionen der Moralité[1274], bleibt aber durchaus in den historisch-mimetischen Handlungsablauf eingebettet, der für das Mystère charakteristisch ist. Josephs Brüder werden auch innerhalb der Envye-Szene primär als historische Individuen, nicht als allgemeine Repräsentanten der menschlichen Gattung gezeichnet.

Die Geschichte Jobs, die im *Viel Testament* die Verse 36536–37848 einnimmt, ist auch vielfach in Einzelstücken dargestellt worden, unter denen im Hinblick auf seine allegorischen Neuerungen das Mystère *La Pacience de Job* hervorzuheben ist, das in einer Handschrift aus dem Jahr 1478 vorliegt und von dem seit 1514 auch Aufführungen belegt sind[1275]. Dieses Stück, das nach der Zahl der Verse und der dramatischen Figuren gegenüber dem entsprechenden Passus des *Viel Testament* stark erweitert ist, weist gegen Schluß eine allegorische Szene auf, in der die Personifikationen von Jobs Zentraltugenden, Pacience, Foy und Esperance, vor Gott erscheinen und ihn bitten, sich über Jobs Elend zu erbarmen. Die Bitte wird ihnen gewährt. Darauf legen sie Job neue Kleider an[1276] und gehen mit ihm in sein Haus, um fortan immer bei ihm zu bleiben (allegorische Näherelation!)[1277]. Trotz dieses Einschubs ist der Gesamtcharakter der *Pacience de Job* historisch nach Art der Mystères. Job selbst erscheint zwar als ein *exemplum* der Geduld, dabei aber durchaus als individuelle Gestalt.

Ein überindividueller Repräsentant des Menschen tritt dagegen in der Schlußpassage des *Mistére du Viel Testament* (vv. 49147–49386) auf, die in leicht veränderter Form auch als Einzelstück überliefert ist[1278] und gewöhnlich als *Les douze Sibilles* bezeichnet wird. In diesem Text, der auch getrennt vom *Viel Testament* aufgeführt worden ist[1279], prophezeien die zwölf Sibyllen der Menschheit die Ankunft des Erlösers. Ihr Gesprächspartner, der

---

[1274] Der Herausgeber des *Viel Testament* hat denn auch die Gattungsangabe *Moralité* im Titel auf die Einführung der neuen allegorischen Figur zurückführen wollen (*Viel Testament* II, p. XLVI), ohne dabei aber zu bedenken, daß dem ebenfalls als *Moralité* bezeichneten *Sacrifice de Abraham* eine solche Voraussetzung fehlt. Eher dürfte die Kürze der Stücke bei der Benennung eine gewisse Rolle gespielt haben.

[1275] Ed. A. Meiller, *La Pacience de Job. Mystère anonyme du XVe siècle (ms. fr. 1774)*, Paris 1971 (Bibl. française et romane. Sér. B,11). Meiller datiert die Entstehung des Stückes auf die Zeit zwischen 1448 und 1478 (p. 8); Aufführungsbelege *ib.*, p. 169 sq.

[1276] Den allegorischen Aspekt dieser Handlung (Kleiderübergabe durch eine Instanz als Zeichen ihrer Herrschaft über den Menschen; cf. dazu oben Kapitel II,2) hat Meiller (p. 8) nicht erkannt.

[1277] vv. 6084–6460.

[1278] B.N., fr. 2362 (vom Herausgeber des *Viel Testament* als Ms. *M* bezeichnet). Das Stück trägt hier weder Titel noch Verfassernamen und ist der Königinmutter Louise von Savoyen gewidmet.

[1279] Cf. Lebègue, *Tragédie*, p. 37.

im *Viel Testament* Les Humains, im Einzelmanuskript *M* L'Humain genannt wird[1280], bezieht die Weissagungen auf sich selbst, versteht sich also als Vertreter der gesamten erlösungsbedürftigen Menschheit[1281]. Les Humains stellt zwar im Gesamtrahmen des *Viel Testament* nur eine Randfigur dar, gewinnt aber bei einer Einzelaufführung im Verhältnis zum übrigen Text an Gewicht.

Die *Passion de Mons* ist auf dem hier angedeuteten Weg ein beträchtliches Stück weitergegangen. Die erste *journée*, deren Handlungsverlauf mit Hilfe des erhaltenen Regiebuchs rekonstruiert werden kann, enthält neben der historischen Wiedergabe der alttestamentlichen Ereignisse auf einer zweiten Geschehensebene eine allegorische Darstellung des Sündenfalls, die an Versuchungsszenen in den großen Moralités erinnert: Sathan verführt Humain Lignaige mit Hilfe der Versucherinstanzen Le Monde und Le Char sowie aller sieben Todsünden[1282]. Danach wird die historische Handlung weitergeführt, die allegorische Gestalt Humain Lignaige bleibt aber stets gegenwärtig, um das gesamte irdische Heilsgeschehen betrachtend zu verfolgen und es dabei auf seine spirituelle Bedeutung hin zu kommentieren[1283]. Sie garantiert somit der *Passion de Mons* eine durchgehende allegorische Sinnebene. Mit Humain Lignaige tritt erstmals in einem Mystère ein Repräsentant der leidenden und auf ihre Erlösung wartenden Menschheit auf, mit dem sich der Zuschauer während der gesamten Aufführung in der oben in Kapitel V beschriebenen Weise identifizieren kann. Damit nähert sich die *Passion de*

[1280] Die verschiedenen Namensformen berühren nicht die Bedeutung der Figur. So wird etwa Les Humains im *Viel Testament* trotz seiner Pluralbezeichnung ebenso im Singular angesprochen (vv. 49 197, 49 343) wie L'Humain im Ms. *M*, wo überdies bei der Aufzählung der Figuren als weitere äquivalente Bezeichnung »L'Humain Genre« (fol. 1ᵛ) gebraucht wird.

[1281] Les Humains:

Sibille Libica revelle
Motz plaisans pour *nature humaine*:
Que une Vierge, de beaulté pleine,
Descendra l'un de ces demains
Pour *me* sauver (*Viel Testament*, vv. 49 192–49 196; ähnlich im Ms. *M*, fol. 11ʳ); Hervorhebungen von mir.

[1282] *Livre de conduite*, pp. 18–22.

[1283] Humain Lignaige verhält sich im Stück stets so, wie es nach biblischer Darstellung die Menschheit als Ganzes in der Heilsgeschichte getan hat. Er verwirft Noes Bußaufruf, um weiter in der Gemeinschaft der Todsünden zu bleiben (*ib.*, pp. 24, 26 sq.), klagt über seine Verlorenheit und wird daraufhin von den Propheten getröstet (pp. 33 sq., 35, 39 sq.), wird Zeuge der Geburt Jesu (p. 69), bekundet erneut seine Erlösungsbedürftigkeit (pp. 93, 139, 175 [dies im Text der *IIIᵉ matinée* erhalten: *La Passion de Mons*, ed. G. Cohen, p. 132]), bezieht die Geschehnisse des Neuen Testaments auf sein eigenes Heil (*Livre de conduite*, pp. 264, 344, 347, 393, 444). Humain Lignaige tritt dabei besonders am Anfang und Schluß der einzelnen *journées* auf und gibt ihnen mit seinen Kommentaren einen exegetisch-didaktischen Rahmen.

Mons in einem wesentlichen Punkt den didaktischen Implikationen der *Moralité religieuse*[1284].

Hagiographische Mystères. – Auch in diejenigen Mystères, die über den begrenzten Handlungsfundus der biblischen Geschehnisse hinaus nach meist legendarischen Quellen Leben und Wundertaten von Heiligen darstellen, sind bis zum Anfang des 16. Jahrhunderts zahlreiche allegorische Elemente eingedrungen. Da diese Stücke nach den verschiedenen Lebensgeschichten ihrer Protagonisten stofflich stärker voneinander abweichen als die biblischen Mystères, ist es hier aber nicht zur Ausbildung konventioneller Motive nach Art des Töchterstreits gekommen; vielmehr hat jede der im folgenden an einigen Stücken exemplarisch dargestellten Allegorisierungsmöglichkeiten im Rahmen dieser Gruppe den Charakter eines literarästhetischen Novums.

Eine sehr einfache Form der Allegorisierung weist das Stück *La Vie de Monsieur sainct Fiacre [...] a quinze personnaiges* auf, das in einem undatierten, aus dem frühen 16. Jahrhundert stammenden Druck vorliegt[1285]. Es stellt dar, wie der Heilige, von Force de couraige unterstützt, allen Versuchen seiner Eltern widerstrebt, ihn zu verheiraten, wie er sich schließlich nach dem Vorbild des Alexius sogar der ihm zugedachten Braut entzieht und aus Schottland nach Frankreich flieht. Force de couraige erscheint immer wieder auf S. Fiacres Gebete hin, um ihn in seiner Haltung zu bestärken, und wird auch von sich aus aktiv, wenn er in Gefahr gerät, seine »virginité« zu verlieren[1286]. Sie begleitet ihn auch auf der Flucht nach Frankreich[1287]. Die allegorischen Züge des Stücks beruhen im wesentlichen auf der im historisch-mimetischen Handlungsfortgang konsequent durchgehaltenen allegorischen Näherelation zwischen S. Fiacre und der Instanz Force de couraige. Erst zum Schluß hin verstärken sich zusehends die allegorischen Elemente. Der Schiffer, der den Heiligen nach Frankreich brin-

[1284] G. Cohen nimmt an, Humain Lignaige sei vielleicht aus der Gattung der Moralité übernommen worden, die sich in den literarischen Zirkeln der *Rhétoriqueurs* im Hennegau, dem Ursprungsgebiet der vorliegenden *Passion*, großer Beliebtheit erfreut (*Livre de conduite*, p. XXXII). Weitere mögliche Quellen der Figur nennt R. Lebègue in seiner Rezension der Cohenschen Ausgabe (*RhlF* 33, 1926, p. 448). Die Anregung könnte aber auch von der *Passion Gréban* ausgegangen sein, in der »humain lignaige« (Ed. Jodogne, v. 2694) zwar noch nicht dramatisch personifiziert, aber immerhin im allegorischen Kontext des *Procès de Paradis* als Objekt der künftigen Erlösung genannt wird.

[1285] Paris: pour Jehan Sainct-Denis o. J. (B.N., Rés. Yf 1605). Es ist nicht identisch mit einem Mystère gleichen Titels aus dem Ms. 1131 der Bibliothèque Sainte-Geneviève (ed. J. F. Burks, B. M. Craig and M. E. Porter, Lawrence/Kansas 1960), das 25 Rollen umfaßt und keine allegorischen Elemente aufweist. Zur Stofftradition cf. M. E. Porter and J. H. Baltzell, *The Medieval French Lives of Saint Fiacre*, in *MLQ* 17 (1956) pp. 21–27.

[1286] fol. B i^{r}, B iiii^{v}–C i^{v}, D i^{r}, D iii^{r}.

[1287] fol. D iii^{v}–D vi^{r}. Die Begleiterfunktion der Instanz wird schon vorher ausdrücklich betont, etwa in der Bühnenanweisung *Force de couraige le suyt* (fol. B ii^{v}).

gen soll, setzt ein Segel namens *Singularité de Grace* und erläutert den Sinn dieser Handlung in einem typischen *vers ambigu*: »C'est Singularité de Grace / Qui nous conduira«[1288]. Damit wird die ursprünglich durchaus lokal gemeinte Fahrt in eine allegorische Reise umgedeutet.

Anders verteilt sind mimetische und allegorische Elemente im *Mystère des trois Doms*, das 1509 in Romans aufgeführt worden ist[1289]. Es enthält insgesamt acht dramatische Personifikationen, von denen vier nur in einem rein allegorischen Vorspiel (vv. 1–114) erscheinen, das, für sich genommen, als Moralité aufgefaßt werden könnte: Dame Silence lädt die Zuschauer zur Betrachtung des folgenden Mystère ein; die drei Erdteilpersonifikationen Asie, Affricque und Europpe treten auf und begehren, dem Schauspiel ebenfalls beiwohnen zu dürfen[1290], werden aber mit Ausnahme der letzteren aus religiösen Gründen zurückgewiesen. Vier weitere Instanzen begegnen in relativ kurzen Szenen der eigentlichen Mystèrehandlung: Soulas humain, die Repräsentantin weltlichen Genusses[1291], führt vier *tirans* in ihren Garten und beschenkt sie beim Verlassen desselben mit *ribans* von ihrer Kleidung[1292]. Die allegorischen Gottesboten Inspiration divine, Grace divine und Confort divin erscheinen den Heiligen in Visionen, um sie zu trösten und ihre Leidensbereitschaft zu stärken[1293]; nach erlittenem Martyrium bringen sie gemeinsam ihre Seelen in den Himmel[1294]. Sie fungieren damit – ähnlich wie vorher Force de couraige – als Mittler zwischen Gott und den Menschen, mischen sich aber nicht ins irdische Geschehen ein, so daß die traditionelle Trennung von mimetischen und allegorischen Szenen im Mystère stärker gewahrt bleibt.

1288 fol. D v^r^.

1289 Ed. P. Giraud et U. Chevalier, *Le Mystère des Trois Doms joué à Romans en MDIX, publié d'après le manuscrit original*, Lyon 1887.

1290 Dabei ausführliche Ekphraseis mit Hervorhebung ihrer Macht: vv. 27–34, 59–66 (Asie); 35–42, 71–78 (Affrique); 43–50, 79–86 (Europpe).

1291 Soulas humain wird wie Silence gegen die allegorische Konvention als weibliche Gestalt verbildlicht und von einer Frau gespielt (cf. das Figurenverzeichnis des Manuskripts, abgedruckt in der Edition, pp. 593–598).

1292 vv. 7136–7245. Hier werden offensichtlich die allegorischen Motive des *jardin du monde* und der Kleiderübergabe variiert. Der Auftritt der Instanz Soulas humain vollzieht sich übrigens streng nach der allegorischen Konvention des *begriffsevozierten Szenenwechsels*:

Le tiers Tirand:

Esvellions pour cognoistre
Soulas humain, qui de nous c'est [= s'est] mussé.

Le quart Tirand:

Faisons tous tant qu'il veullet comparoistre.

Le premier Tirand:

Que mandement par nous luy soit dressé (vv. 7132–7135).

Unmittelbar darauf erscheint Soulas humain *in persona* auf der Bühne!

1293 vv. 2502–2529, 2592–2607 (Inspiration divine); 6771–6789, 6870–6917 (Grace divine); 8944–8967, 8968–8987 (Confort divin).

1294 vv. 9367–9412.

Einen größeren Stellenwert als in *Les trois Doms* erhalten die allegorischen Elemente in dem Dominicusspiel *L'Institucion de l'ordre des Freres prescheurs*[1295]. Die drei Stände L'Eglise, Noblesse und Labour sind von Obstinacion verblendet und von Heresie und Sathan beherrscht[1296]. S. Dominique, der Gottes Strafe über die Schlechtigkeit der Welt abwenden und Heresie ausrotten will, begibt sich nach Rom, wo der Pariser Rechtsgelehrte S. Regnault, durch Divine Inspiracion bewogen[1297], sein Gefährte wird. Auf wunderbare Weise von einer schweren Krankheit geheilt, wird S. Regnault von Nostre Dame zur Bekämpfung der Heresie gesalbt und mit einem weißen Gewand – der Mönchskutte der Dominikaner in der allegorischen Bedeutung eines Reinheitsgewands – bekleidet[1298]. Sathan ruft die Heresie zur Verteidigung seiner Machtstellung auf[1299], die aber durch die folgenden (mimetisch wiedergegebenen) Wundertaten der Heiligen geschwächt wird. – Im Unterschied zu den beiden vorher behandelten Stücken steht das irdische Geschehen hier ganz im Zeichen der übergeordneten metaphysischen Auseinandersetzung, die als ein allegorischer Machtkampf zwischen Obstinacion, Heresie und Sathan auf der einen und den himmlischen Mächten mit Divine Inspiracion auf der anderen Seite dargestellt wird. Diese vorwiegend metaphysische Betrachtungsweise der Heilsgeschichte führt auf die *Moralité religieuse* zu. Allerdings würde man die in den Eingangsszenen auftretenden Ständepersonifikationen eher in einer *Moralité politique* erwarten.

Dies gilt auch für einen Teil des heterogenen Figurenbestands von Pierre Gringores unvollendetem Mystère *La Vie Monseigneur sainct Loys*[1300], das stofflich weitgehend den *Grandes Chroniques de France* folgt. Gringore läßt in seinem Stück, auf dessen komplizierte Handlung ich hier nicht näher eingehen kann[1301], neben vielen historischen und typisierten Einzelfiguren

1295 Paris: Jehan Trepperel o. J. (B.N., Rés. Yf 1611). Nach der Druckerangabe im Kolophon ist diese Edition auf 1504–1512 zu datieren (cf. E. Droz, *Rec. Trepperel, fac-sim.*, p. 8).

1296 fol. A ii^r^–A v^r^, C v^r^, C vii^v^–C viii^r^. Die Verblendung der Stände wird dramatisch durch das Verbinden der Augen angedeutet (cf. Bühnenanweisung fol. A ii^v^) und durch den *vers ambigu* »Les trois estas si ne voyent goutte« (fol. C vii^v^) als allegorisches Motiv bestätigt.

1297 fol. C ii^r^–C ii^v^.

1298 fol. F i^v^ »Hic est habitus ordinis tui«.

1299 fol. F iiii^v^–G i^r^.

1300 Ed. A. de Montaiglon et J. de Rothschild, *Mystère inédit de Saint Louis* (= Gringore, *Œuvres complètes*, t. II), Paris 1877. Die Herausgeber datieren das Stück zwischen 1498 und 1515 (*ib.*, p. XXIII); neuere Ansätze bei É. Picot, *Sotties* II, p. 113 (*vers 1527* nach einer historischen Anspielung in vv. 2060–2063), Ch. Oulmont, *Pierre Gringore*, Paris 1911, p. 16 n. 2 *(entre 1512 et 1517)* und W. Dittmann, *Pierre Gringore als Dramatiker. Ein Beitrag zur Geschichte des französischen Theaters*, Berlin 1923, p. 50 (*1507–1508*).

1301 Eine ausführliche Inhaltsübersicht gibt Petit de Julleville, *Mystères* II, pp. 584–597; cf. auch das Vorwort zur Edition von Montaiglon, pp. XXVIII–XXX und Dittmann, *Gringore*, p. 60 sq.

auch eine Reihe dramatischer Personifikationen auftreten. Bon Conseil und die Ständevertreter Chevallerie, Esglise und Le Populaire (de Paris) helfen S. Loys in seinem Kampf, während auf seiten seiner Gegner die Instanzen Oultraige und La Loy payenne stehen. Personifikationscharakter haben auch die »Pluralallegorien« (Dittmann) Les Prelatz de France, Les Admiraulx de France und Les Seigneurs d'Engleterre, da sie – ähnlich wie Les Humains im *Viel Testament* – trotz ihrer Kollektivbedeutung als Einzelfiguren erscheinen[1302]. Die Forschung hat durch genaue Quellenvergleiche ermittelt, daß Gringore seine allegorischen Gestalten zumindest teilweise dadurch gewonnen hat, daß er sprachliche Wendungen der *Grandes Chroniques* zu Ambiguitätswortspielen umgedeutet und die dort verwendeten Begriffe dramatisch personifiziert hat[1303]. Das Modell für ein solches Verfahren dürfte die allegorische Moralité geliefert haben[1304]. Die eigenartige und keineswegs gattungstypische Verbindung von religiös-moralischen und politisch-sozialen Personifikationen ergibt sich wohl aus der Tatsache, daß der hier dargestellte Heilige in seiner weltlichen Funktion als König zugleich eine Figur der politischen Geschichte ist.

Allegorische Elemente finden sich über die vier ausführlicher behandelten Beispiele hinaus auch in einer Anzahl weiterer Heiligenmystères, die hier wenigstens am Rande erwähnt werden sollen, so im *Mystère de saint Remy*[1305], im okzitanischen *Mystère de sant Anthoni de Viennès*[1306] und in zwei Stücken, von denen nur Inhaltsangaben erhalten sind: dem *Mystère de saint Jean Baptiste*[1307] und dem von einem Bretonen in französischer Sprache verfaßten *Jeu de saint Maxent*[1308].

1302 Ihrer äußeren Gestalt entsprechend, reden sie von sich selbst im Singular: vv. 2605, 3112, 3154, 3417, 3888 etc. Dittmann sieht in solchen Kollektivpersonifikationen ein »unkünstlerisches Mittel« zum Ersatz für die dramatisch glaubhaften Massenszenen (*Gringore*, p. 91), geht also bei seiner Bewertung von mimetischen Kategorien aus. Anders Oulmont, *Gringore*, p. 144.

1303 Cf. dazu Oulmont, pp. 145–167 und Dittmann, pp. 93–95. Dieses Verfahren zeigt sich im Stück an den zahlreichen *vers ambigus* wie »Sans Bon Conseil je ne fais rien« (v. 583), »J'ai Bon Conseil avecques moy / Et Chevallerie« (v. 1500 sq.), »Hélas, nous voyons aprocher / L'Oultraige des Turcs« (v. 2935 sq.) etc.

1304 So übereinstimmend auch die Herausgeber der Edition im Vorwort, p. XXXV und Dittmann, *Gringore*, p. 90 sq.

1305 Bibl. de l'Arsenal, ms. 3364. Hier tritt die Instanz Charité auf.

1306 Ed. P. Guillaume, Gap et Paris 1884. Es enthält die Personifikationen Discordio (pp. 21–23), Otracudanso (pp. 23–26, 117 sq., 127, 133) und die sieben Todsünden (pp. 100–110).

1307 Ed. É. Jolibois, *La Diablerie de Chaumont [...] contenant les mystères de la nativité, de la vie et de la mort de M. saint Jean-Baptiste*, Chaumont, Paris 1838. Das Stück enthält nach dem Resümee einen allegorischen Prolog zwischen der personifizierten Stadt Chaumont, den drei geistlichen und den vier weltlichen Tugenden.

1308 Ed. S. Ropartz in *Mélanges de la Soc. des Bibliophiles bretons* I (1878) pp. 51–81. Hier erscheinen, wenn der Verfasser des Resümees den Charakter der Figuren richtig wiedergibt, die Personfikationen Instruction, Maulduict, Envie,

In einigen Fällen ist nicht mit Sicherheit über den allegorischen Charakter der Figuren zu entscheiden. So tritt beispielsweise in der fragmentarisch überlieferten *Ystoyre de Monseigneur saint Sebastien*[1309] die deutlich als Personifikation gekennzeichnete Gestalt Perdition in einer Szene zusammen mit vier *fils* namens Caffre, Griffon, Fouldre und Tempeste auf, die hier – vor allem durch ihre allegorische Verwandtschaftsrelation mit Perdition – ebenfalls den Anschein von überindividuellen Instanzen erwecken[1310]. Im Fortgang der Handlung aber agieren sie als *tyrans*, d. h. als typisierte Henkersknechte, wie sie in vielen Mystères erscheinen, und büßen im mimetischen Kontext ungeachtet ihrer begrifflichen Namen alle allegorischen Züge ein[1311]. Ähnlich unsicher ist die Wesensbestimmung der Figuren Desespoir in der *Histoyre de la vie du glorieulx sainct Martin*[1312], Ostinacion in der *Istoria Petri et Pauli*[1313] und Anima im *Mystère de saint Eustache*[1314], das ebenso wie die *Istoria* aus dem okzitanischen Sprachgebiet stammt.

Detraction, Bon Conseil, Bonne Foy etc. – Häufiger anzutreffen sind allegorische Heiligenmystères in *bretonischer* Sprache wie etwa *La Vie de sainte Nonne* (ed. É. Ernault in *Rev. celtique* 8, 1887, pp. 230–301, 405–491), *Le grand Mystère de Jésus* (ed. Hersart de la Villemarqué, Paris 1865) und *Le Mystère de sainte Barbe* (ed. É. Ernault, Paris 1888).

1309 Ed. F. Rabut, *Le Mystère de Monseigneur saint Sébastien, première journée. Drame en vers, joué à Lanslevillard, en Maurienne, au mois de mai 1567*, in *Mémoires et documents de la Soc. savoisienne d'hist. et d'archéol.* 13 (Chambéry 1872) pp. 257–452. Der Text ist nicht identisch mit dem von L. R. Mills edierten *Mystère de saint Sébastien (B.N., nouv. acq. fr. 1051)*, Genève, Paris 1965 (TLF. 104), das keine allegorischen Züge aufweist.

1310 pp. 302–306 (Perdition belehrt ihre 'Söhne' darüber, wie sie sich in der Welt verhalten sollen, um größtmöglichen Schaden zu stiften).

1311 pp. 360–382, 417–444 *passim*.

1312 Ed. F. Truchet in *Travaux de la Soc. d'hist. et d'archéol. de la Maurienne* 5 (Saint-Jean-de-Maurienne 1882) pp. 193–367. Desespoir hat zwar die dramatische Funktion der traditionellen Verzweiflungsinstanz, die einen Menschen zum Selbstmord treibt (cf. p. 339), wird aber hier als Teufel aufgefaßt. Keine erkennbaren allegorischen Züge weisen die Soldaten Tout Pervers, L'Enragé und Sans Raison auf; es handelt sich um typisierte Nebenrollen mit sprechenden Namen. Auch für den Offizier Plaisir dürfte das Ambiguitätswortspiel »Faictes de moy vostre plaisir« (p. 339), mit dem er sich in seiner Verzweiflung den Teufeln überantwortet, als einziges allegorisches Indiz kaum ausreichen.

1313 Ed. P. Guillaume, Gap et Paris 1887. Ostinacion erscheint als Höllengestalt; wegen der Kürze ihres Auftritts – sie spricht nur die Verse 5921 sq. – ist aus dem Text nicht zu entscheiden, ob der begriffliche Name noch eine Personifikation bezeichnet oder wie oben Desespoir zum Teufelsnamen geworden ist.

1314 Ed. P. Guillaume in *RLaR* 21 (1882) pp. 106–122, 290–301; 22 (1882) pp. 5–19, 53–70, 180–199, 209–237. Anima meint hier die in der Hölle weilende verdammte Seele (cf. vv. 828–833), unklar bleibt aber, ob sie individuell oder wie etwa in *Bien advisé* überindividuell aufgefaßt werden soll. Infernus ist wie in der *Passion du Palatinus* ein bloßer Teufelsname (cf. vv. 708 sqq., 1265 sqq.) ohne überindividuelle Komponente. Das Stück wird übrigens im Ms. *moralitas* genannt, was aber bei den recht vagen Gattungsbezeichnungen der Zeit über seinen allegorischen Charakter nichts Sicheres aussagt.

Die in diesem Abschnitt zusammengestellten Stücke haben den allegorischen Motivfundus der Mystères beträchtlich erweitert. Einige von ihnen räumen den allegorischen Elementen bereits einen relativ großen Anteil an der Gesamthandlung ein, ohne daß allerdings die Allegorie das Übergewicht erlangte oder daß gar das historisch-mimetische Bühnengeschehen selbst – etwa nach dem Muster von *L'Enfant prodigue* – allegorisch umgedeutet würde. Diese letzte Stufe der Allegorisierung hat das Mystère erst in den nachfolgend behandelten Texten erreicht.

3. Der Übergang vom Mystère zur Moralité

Einige Mystères haben so reichen Gebrauch von allegorischen Darstellungsmitteln gemacht, daß sie sich den Gattungskonventionen der *Moralité religieuse* annähern.

Am Anfang dieser Entwicklung steht das im Zusammenhang mit dem Töchterstreit schon erwähnte Stück *Le Procès que a fait Misericorde contre Justice*, in dem vier verschiedenartige Handlungsstränge miteinander verbunden sind. In der Eingangsszene (fol. a i^{v} – a v^{r}) stellt La Terre sich als Mutter aller Geschöpfe vor und erklärt zwei überindividuellen Repräsentanten des Menschen, die die Namen L'Un und L'Autre tragen, ihre armselige *condition* als Folge des ersten Sündenfalls. Dem schließt sich die aus der *Passion Gréban* bekannte Limbusszene an (fol. a v^{r} – b iiii^{v}), in deren Verlauf eine Reihe von Propheten den menschlichen Stammeltern die bevorstehende Erlösung ankündigt. Jetzt folgt an zentraler Stelle (fol. b iiii^{v} – e vi^{r}) ein ausführlicher *Procès de Paradis* nach Gréban, und den Abschluß bildet eine kurze Verkündigungsszene (fol. e vi^{r} – f iiii^{r}). Der Unterschied zum Handlungsaufbau der traditionellen Mystères ist signifikant: die mimetischen Partien sind stark zurückgedrängt, der allegorische *Procès* tritt in den Mittelpunkt des Geschehens (er nimmt allein ca. 63 % des Gesamttextes ein und erscheint jetzt auch im Titel), und ein neu hinzugesetztes allegorisches Vorspiel, das an die Eingangsszenen von Moralités wie *L'Homme juste*, *L'Omme pecheur* und *Le Lymon et la Terre* erinnert, vergrößert den Anteil allegorischer Passagen auf 72 % des Textes. Obwohl mit der mimetisch wiedergegebenen *annunciatio* ein Moment der historischen Mystèrehandlung erhalten bleibt, ist durch das quantitative Übergewicht allegorischer Partien der Gesamtcharakter des Stücks deutlich zum Allegorischen hin verschoben.

Diese Bewegung setzt sich im okzitanischen *Jutgamen de Jhesus de Nazaret* und in der inhaltlich verwandten französischen *Passion Secundum legem debet mori* fort. Auch im Zentrum dieser beiden Stücke steht ein allegorischer Prozeß um die Erlösung der Menschheit durch die Inkarnation Christi, der aber beträchtlich von der Handlung des Töchterstreits abweicht.

Lo Jutgamen de Jhesus, das wie das *Jutgamen general* aus dem Rouergue stammt und im gleichen Manuskript überliefert ist[1315], besteht im wesentlichen aus einem minutiös durchgeführten dreifachen Prozeß, den Natura humana vor den Gerichtsinstanzen *Ley de Natura*, *Ley de Escreptura* und *Ley de Gracia* gegen Jesus anstrengt, um ihn zu zwingen, Mensch zu werden und so das Erlösungswerk zu vollenden. Nacheinander plädieren die Personifikationen Caritat, Veritat und Necessitat für Natura humana, während Ignocensia, Fidelitat und Humilitat für den Angeklagten eintreten, dem außerdem La Mayre (die Gottesmutter) und Bona Paciensa beistehen. Als Richter und Gutachter erscheinen in der ersten Instanz Adam, Joseph, Noe, Abraham und Jakob, in der zweiten David, Salomon, Zacharias und Jeremias, in der dritten die Evangelisten und die Apostel, die alle in dieser überzeitlichen Funktion ihren historisch-individuellen Charakter abgelegt haben und – wie etwa Aristoteles im *Pelerinage de vie humaine* – zu metaphysischen Wesenheiten geworden sind. Jesus wird dreimal verurteilt, das heißt: Naturgesetz, Altes und Neues Testament stimmen darin überein, daß die Inkarnation heilsnotwendig ist.

Wie der Töchterstreit beruht auch das *Jutgamen de Jhesus* auf dem Gegensatz zwischen den auf Erfüllung des Gesetzes dringenden und den für Milde und Schonung des Angeklagten eintretenden Mächten, aber die Bedeutung der beiden Seiten hat sich wegen des grundlegend anders gearteten Falls ins Gegenteil verkehrt. Die »strengen« Mächte, die die Verurteilung des Angeklagten verlangen, siegen, weil sie für die von Gott beschlossene Erlösung des Menschen eintreten und insofern gerade die Rolle der Misericorde im Töchterstreit weiterführen; die »milden«, denen sich hier auch La Mayre anschließt, müssen unterliegen, weil sie mit der angestrebten Schonung Jesu den Menschen um seine Erlösung brächten, heilsökonomisch also das genaue Gegenteil von Milde repräsentierten.

Wie im *Procès que a fait Misericorde* nimmt auch hier der allegorische Prozeß mit seinen zahlreichen Personifikationen, die der Herausgeber auf den Einfluß der nordfranzösischen Moralités zurückführt[1316], fast den gesamten Text ein. Erst ganz am Schluß wird das Geschehen wieder auf die historische Ebene des nachfolgenden Lazarusspiels zurückgeführt. *Lo Jutgamen de Jhesus* steht noch im Verband eines Mystèrezyklus, in dem mimetische und allegorische Partien miteinander abwechseln. Nur bei der Betrachtung als Einzelstück gewinnt es Züge einer Moralité.

Das Zentralmotiv des *Jutgamen de Jhesus*, das letztlich auf eine allegorische Ausgestaltung von Joh. 19, 7 »Nos legem habemus, et secundum legem debet mori« zurückgeht, erscheint über die Vermittlung lateinischer Predig-

---

1315 Ed. Jeanroy/Teulié, *Mystères*, pp. 22–60. Als *terminus post quem* der Abfassung nennt Roy (*Mystère*, p. 450) das Jahr 1481.

1316 Jeanroy/Teulié, *Mystères*, p. XIII.

ten[1317] auch in dem Stück *Moralité, mystère et figure de la Passion de Nostre Seigneur Jesus Christ, nommee Secundum legem debet mori*[1318] von Jean d'Abundance, dem Verfasser der Moralité *Le Gouvert d'Humanité*.

Die Handlung ist gegenüber dem *Jutgamen* im Detail variiert und mit einem neuen Schluß versehen. Nach einem Prolog der Devotion erscheint Nature humaine[1319] und bittet den Roy souverain um Heilung ihrer Sündenkrankheit, wird aber belehrt, nur der Tod des Innocent könne ihr helfen. Da La Dame debonnaire (Maria) die Tötung ihres Sohnes nicht zulassen will, wird der Fall nacheinander den Richtern Noe (für *Loy de Nature*), Moyse (für *Loy escripte*), S. Jean Baptiste und S. Symeon (für *Loy de Grace*) vorgelegt: »Chascune loy a sa mort se consent«[1320]. Abweichend vom *Jutgamen* holt L'Innocent noch das Urteil des Roy souverain ein, der die vorausgehenden Beschlüsse bestätigt. Darauf erscheinen Envie judaïcque und Le Gentil Trucidateur, die den Verurteilten quälen und erhängen. Nature humaine freut sich über das dadurch erlangte Heil, und Devotion beschließt das Stück mit einem Epilog[1321].

Der Prozeß, der bis auf einige kleinere Änderungen[1322] dem aus dem *Jutgamen* bekannten Schema folgt, wird nun mit einem zweiten allegorischen Handlungsmotiv verknüpft, das vor allem aus der Moralité *Jhesucrist est mis en prison* bekannt ist: der Heilung der Sündenkrankheit durch das Blut des getöteten Innocent[1323]. Doch damit nicht genug! Auch der im

---

1317 Teilweise abgedruckt in Roy, *Mystère*, pp. 461–502; zur Motivtradition cf. *ib.*, pp. 433–454. – Vor dem Hintergrund dieser Entwicklung erscheint auch die Predigtabkunft der Moralité *Le Cuer et les cinq Sens* nicht mehr als Sonderfall.

1318 Ed. D. H. Carnahan, *Jean d'Abundance*, Urbana 1909, pp. 49–123. Carnahan schließt sich p. 20 der von É. Fournier (*Théâtre*, p. 438) vorgeschlagenen Datierung auf 1544 mangels weiterer Informationen an, Roy (*Mystère*, p. 503) datiert den Erstdruck auf ca. 1540.

1319 Sie wird hier im Unterschied zum *Gouvert d'Humanité* nach der Genuskonvention als Frau dargestellt: *habillée en femme, comme lepreuse* (Bühnenanweisung nach v. 38).

1320 v. 1517.

1321 Ausführliche Inhaltsübersicht bei Roy, *Mystère*, pp. 503–506.

1322 Wechsel der Richtergestalten, Erweiterung um eine Appellationsinstanz, Verstärkung der juristischen Terminologie bis zu dem fast parodistisch anmutenden Urteilstext des Noe: »Veu par nous, Noe, pere ancient de la loy de nature, juge accepté par les parties en la matiere presente, le discord et procès intenté et ventillé en premiere instance par devant nous« etc. (nach v. 791).

1323 Dem entspricht die stark medizinisch gefärbte Sprache vv. 118–121, 352 sq., 1127–1141, 2226 sq. Die Heilung selbst wird durch weitere konventionelle Bilder ergänzt: einen Kleidertausch, der zugleich als Übergang von der Finsternis ins Licht des Tages erscheint.

NATURE HUMAINE:

A ceste heure est enfer destruit,
En lieu d'habit obscur denuyt
De noire couleur qui me nuyt

Unterschied zum *Jutgamen* im Stück selbst dargestellte Tötungsakt hat allegorischen Charakter, da er nicht von historischen Individuen, sondern von den Personifikationen Envie judaïcque und Le Gentil Trucidateur ausgeführt wird[1324]. Die allegorische Verallgemeinerung geht zwar nicht so weit wie in der Moralité *Les Blasphemateurs*, wo die Kreuzigung nach dem *sensus moralis* als eine jederzeit wiederholbare metaphorische Handlung erscheint, entfernt sich aber doch deutlich von einer mimetischen Wiedergabe des neutestamentlichen Berichts. Eine weitere signifikante Neuerung gegenüber dem okzitanischen Stück besteht darin, daß nicht nur Gottvater, sondern auch Jesus und Maria anstelle ihrer in den Mystères üblichen Namen mit Appellativen bezeichnet werden, die besonders auf ihre Rolle in der allegorischen Handlung zugeschnitten sind – ein Verfahren, das uns in den im Schlußkapitel behandelten späten Moralités mehrfach begegnen wird.

Angesichts der vielen von den Mystèrekonventionen abweichenden Züge und der Titelangabe *Moralité, mystère et figure* drängt sich natürlich die Frage auf, welcher Gattung das Stück am ehesten zuzurechnen ist[1325]. Während der Herausgeber Carnahan aus Gründen der Stofftradition der Deutung als Mystère den Vorzug gibt[1326], neigt Petit de Julleville einer vermittelnden Antwort zu, die aber – meinem Urteil nach zu Recht – die formalen Berührungspunkte mit der Moralité stärker hervorhebt[1327]. Die *Passion Secundum legem debet mori* mag zwar stofflich noch mit der Tradition der Mystères verbunden sein, sie enthält aber im Unterschied zum *Jutgamen de Jhesus* keine Passagen mehr, die auf Nachbarstücke in einem Zyklus hin-

---

> Prens blanche couleur lumineuse,
> [...]
> Blanche comme l'aube du jour (vv. 2221–2231).

1324 Ihre Tat ist nichts anderes als die Umsetzung der vorausgehenden *vers ambigus* »Et puis les gentilz le pendront« (v. 1721) und »Il sera pendu par Envie« (v. 1727) in allegorische Handlung.

1325 Auch im Epilog wird das Stück als *mystère* (v. 2356) und *figure* (v. 2353) bezeichnet. Der Begriff *figure* verweist wohl auf die besondere Rolle der Figuraldeutung in der Konzeption der aufeinander verweisenden *loys* des Alten und Neuen Testaments (cf. vv. 837–857, 1287–1298). Da sich dergleichen aber in Mystères (*Le Viel Testament*) und Moralités (*Le Pelerinage de vie humaine*) findet, impliziert der Begriff keine bestimmte Gattungszugehörigkeit.

1326 »The term *mystère* seems more fitting, perhaps, since, with the exception of the brevity of the piece and the use of abstractions as *personnages*, it resembles a mystery more than it does a morality. It possesses many of the characteristics of the *Procès de Paradis*, and, in its entirety, might well be regarded as one of the *journées* of a passion play« (Ed., p. 20 sq.). Der erste Satz ist tautologisch, und die im zweiten genannten Zuordnungsgründe sind beide nicht stichhaltig: weder ist der *Procès* aufs Mystère beschränkt noch liegen (im Unterschied zum *Jutgamen de Jhesus*) Anhaltspunkte für die Zugehörigkeit zu einem Zyklus vor.

1327 »Ainsi le fond de cette pièce est celui des mystères, mais le cadre et la forme sont ceux des moralités. Jamais les mystères n'ont présenté la Passion comme elle est mise en scène ici, sous figure d'allégorie« (*Répertoire*, p. 94).

weisen, sondern ist als Einzelstück konzipiert. Ihre Handlung ist durchgehend allegorisch und berührt sich bis in motivische Details hinein mit der Moralité *Jhesus est mis en prison.* Allerdings ist sie in der Tötungsszene nicht ganz bis zu der für die Moralité charakteristischen Überzeitlichkeit und Wiederholbarkeit der allegorischen Handlung vorgedrungen. Sie steht im Grenzbereich zwischen den beiden Gattungen (wenn sich ein solcher überhaupt festlegen läßt); die Unentschiedenheit der Titelangabe trifft also durchaus ein Moment der Wahrheit[1328].

Alle bisher genannten Übergangsstücke spielen in *höheren Sphären.* Ihr allegorischer Charakter beruht entscheidend darauf, daß sich die in den Mystères nur sekundären, die irdische Heilsgeschichte begleitenden himmlischen Szenen zu ganzen Stücken ausgeweitet und die mimetischen Szenen teilweise oder ganz ausgeschieden haben. Daß aber auch irdisch-historische Passagen der Mystères allegorisch umgebildet werden können, zeigt die *Moralité des Freres de Maintenant*[1329]. Ihr Handlungsverlauf läßt sich wie folgt zusammenfassen:

Die Eltern freuen sich darüber, daß Amour fraternel unter ihren drei Söhnen herrscht. Die beiden älteren Brüder, Jehan und Pierre, spüren allerdings, daß der Vater seinen jüngsten Sohn Anathoile mehr liebt als sie. In zwei Anläufen lassen sie sich von Envie bewegen, Anathoile in eine Grube zu werfen. Remort de conscience erscheint und macht ihnen moralische Vorhaltungen, tröstet sie aber auch, indem er ihre Sünde als verzeihlich darstellt, damit sie nicht der Hoffnungslosigkeit verfallen. Sie gestehen dem Vater ihre Tat, gehen zusammen zur Grube und finden Anathoile noch lebend vor, der ihnen zur allgemeinen Freude verzeiht.

Das Handlungsgerüst folgt im wesentlichen dem ersten Teil der biblischen Erzählung von Joseph und seinen Brüdern, die in anderer Form auch im *Viel Testament* und in der *Vendition de Joseph* erscheint[1330]. Ein Vergleich zwischen den drei Fassungen ein und desselben Stoffs macht deutlich, wie sich der Übergang von der überwiegend mimetischen Darstellung des Mystère zur allegorischen der Moralité im einzelnen vollzieht.

[1328] Ob es sich bei den verlorenen Stücken *Mystère de la redemption de Nature humaine* (aufgeführt 1502 in Angers) und *L'Innocent* (aufgeführt 1507 in Laval), die wohl einen ähnlichen Stoff darstellen wie die *Passion Secundum legem debet mori*, um Mystères oder Moralités gehandelt hat, läßt sich nicht mehr ausmachen (Aufführungsbelege bei Lebègue, *Tragédie*, p. 91). Eine stärkere Allegorisierung ist aber zumindest für das erstgenannte Stück schon vom Titel her wahrscheinlich.

[1329] So der Kolophontitel. Die ausführliche Titelangabe lautet: *Moralité nouvelle contenant / Comment Envie, au temps de Maintenant, / Fait que les freres, que Bon Amour assemble, / Sont ennemys et ont discord ensemble [etc.].* Ed. *Rec. British Museum, fac-sim.*, Nr. LII (Paris: Nicolas Chrestien o. J.). Der Druck dürfte aus den Jahren 1547–1557 stammen, da in dieser Zeit Nicolas Chrestien die Pariser Druckerwerkstatt von Jehan Trepperel weiterführt (cf. *ib.*, p. x).

[1330] Cf. dazu oben p. 290.

Das *Mistére du Viel Testament* stellt den Streit der Söhne Jakobs als ein zwar figurativ bedeutsames, aber historisch fixiertes Ereignis zwischen Individuen dar; an allegorischen Elementen ist nur der konventionelle *Procès de Paradis* vertreten. *La Vendition de Joseph* vergrößert den allegorischen Anteil durch die Einführung der Personifikation Envye, die übrigen Figuren werden aber weiterhin als historisch-individuell aufgefaßt. Das Stück *Les Freres de Maintenant* bringt demgegenüber folgende wesentliche Veränderungen: Als Gegenspieler von Envie, deren Charakter als metaphysische Macht durch die fast magische Art ihrer Wirksamkeit unterstrichen wird[1331], treten zwei weitere allegorische Instanzen, Amour fraternel und Remort de conscience, auf, deren Namen häufig auch in begrifflicher Funktion in *vers ambigus* erscheinen[1332]. Die ehemals biblischen Figuren erhalten hier neue, nicht mehr historisch gebundene Eigennamen oder werden nur noch appellativisch bezeichnet (Le Pere, La Mere). Die biblische Geschichte ist auf ihren ersten Teil verkürzt und von zwei korrespondierenden Zusatzszenen eingerahmt, wodurch das Stück geschlossener wirkt als die beiden Vergleichstexte. Vor allem aber wird der alttestamentliche Handlungsverlauf nicht mehr einfach nachgebildet, sondern auf sein moralisch-begriffliches Substrat reduziert und so in einen (gemeinsamen) *allegorischen Stationenweg* der älteren Brüder umgesetzt, der folgende Etappen umfaßt: Amour fraternel – Envie – Remort de conscience – Envie – Remort de conscience – [Amour fraternel][1333]. Die diesem Weg entsprechende Kurve

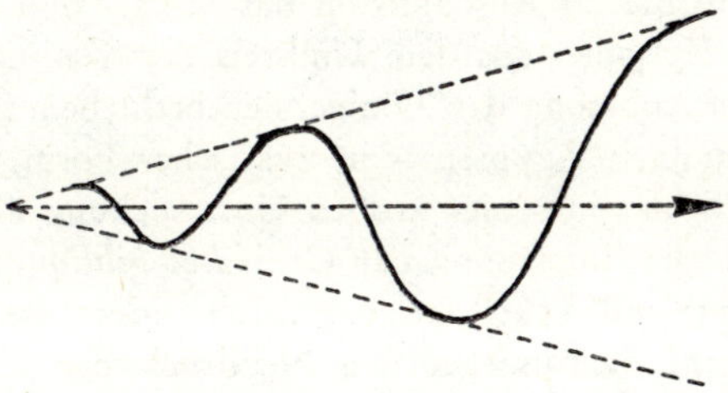

[1331] Sie beeinflußt die Brüder hier nicht wie in der *Vendition de Joseph* durch ein Gespräch, sondern indem sie ihre Pfeile auf sie abschießt, worauf sie sich unvermittelt neidisch verhalten (fol. B ii^v).

[1332] Le Pere: »Et ce qu'ilz ont bon Amour fraternel / En toute place avec eulx, me plaist bien« (fol. A^v); La Mere: »Et avec eulx ont tousjours, ce me semble, / Leur Fraternel Amour« (fol. A ii^r); Jehan: »Je cognois par experience / Que par Remort de conscience / Nous nous devons tost desister« (fol. B^r); Amour fraternel: »Mais gardez bien qu'Envye ne vous blesse« (fol. A iii^v; das allegorische Handlungsmotiv des Pfeilschusses hat offenbar in diesem *blesse* seine sprachliche Quelle!); Anathoile: »Freres et amys, laissez tost vostre Envie« (fol. C iiii^r) etc.

[1333] Amour fraternel tritt zwar am Schluß nicht mehr auf, ist aber insofern *begrifflich* präsent, als die Brüder jetzt wieder 'Liebe untereinander haben' wie am Anfang.

läßt ein allegorisches Handlungsschema des *Omme-pecheur*-Typus erkennen, und zwar in einer verdoppelnden Variante wie in der Moralité *Le Gouvert d'Humanité*[1334].

Am Vergleich zwischen diesem hochstrukturierten, abstrakten Handlungsschema und seiner Vorlage, der von konkreten Einzelheiten geprägten, vergleichsweise wenig strukturierten biblischen Erzählung von Joseph und seinen Brüdern, läßt sich vielleicht am besten der Abstand ermessen, um den sich das vorliegende Stück von den Grundlagen der Mystères entfernt hat. Die Historizität des biblischen Stoffs, an der die Mystères grundsätzlich festhalten, ist aufgegeben zugunsten seiner moralischen Allgemeingültigkeit. An die Stelle der figurativen Bedeutung, die die historische Einmaligkeit eines Ereignisses nicht aufhebt, tritt hier die allegorisch-moralische und damit überhistorische Bedeutung. Nur in der Übernahme biblisch vorgeprägter Einzelmotive der Josephsgeschichte ist das Stück noch der Mystèretradition verpflichtet; alle anderen Züge weisen in die Richtung der Moralité.

4. Die *Comédies bibliques* der Marguerite de Navarre

Es ist nicht möglich, die allegorische Umbildung der Mystères darzustellen, ohne wenigstens am Rande auch auf das biblische Theater der Marguerite de Navarre einzugehen[1335]. Es handelt sich dabei um vier Stücke von jeweils ca. 1100–1600 Versen, die im Anschluß an das Lukas- und das Matthäusevangelium wichtige Episoden aus dem Umkreis der Weihnachtsgeschichte – die Geburt Jesu, die Anbetung der Könige, den bethlehemitischen Kindermord und die Flucht nach Ägypten – in zyklischer Form auf die Bühne bringen. Pierre Jourda hat in seiner großen Untersuchung über Leben und Werk der Marguerite die Entstehung der *Comédies bibliques* auf die Zeitspanne zwischen 1535 und 1540 datiert[1336]. Ich zitiere sie im folgenden nach dem von F. Frank herausgegebenen Neudruck der ursprünglich im Jahre 1547 erschienenen *Marguerites de la Marguerite des Princesses,* t. II (Paris 1873).

Die *Comédie de la Nativité de Jesus Christ*[1337] weist keine offenen dramatisch-allegorischen Züge auf und bleibt daher außer Betracht. Die Hirten der eingelagerten *Bergerie*[1328] tragen zwar sprechende gräzisierende Namen wie Sophron, Elpison, Philetine etc., sind aber nicht zweifelsfrei als

---

[1334] Cf. oben p. 173.

[1335] Das »profane« Theater behandle ich gesondert im nächsten Kapitel; dort werde ich mich auch der umstrittenen religiösen Position der Verfasserin zuwenden, soweit sie für die allegorische Deutung ihrer Stücke von Interesse ist.

[1336] *Marguerite d'Angoulême, Duchesse d'Alençon, Reine de Navarre (1492–1549),* Paris 1930 (ristampa anastat. Torino 1966), t. I, p. 431.

[1337] *Marg.* II, pp. 1–65; ausführliche Inhaltsangabe bei Jourda, *Marguerite* I, pp. 436–442.

[1338] *Marg.* II, p. 23 sqq.

Personifikationen erkennbar. Ein latenter allegorischer Nebensinn – und diese Einschränkung gilt für das gesamte Theater der Marguerite de Navarre – kann allerdings nicht ausgeschlossen werden.

Die *Comédie de l'Adoration des Trois Roys*[1339] gehört dagegen eindeutig zum allegorischen Theater. Sie stellt dar, wie Gott die Instanzen Philosophie, Tribulation und Inspiration zu den drei Königen schickt, um ihnen die bevorstehende Geburt des Erlösers kundzutun. Balthasar wird von Philosophie, Melchior von Tribulation, Gaspard von Inspiration zu Intelligence divine geleitet. Diese legt ihnen die messianischen Weissagungen aus. Sie glauben ihr und machen sich auf den Weg nach Bethlehem. Von nun an folgt die Handlung im wesentlichen dem biblischen Bericht bis zur Rückreise der Könige; allegorische Figuren treten nicht mehr auf.

Der erste Teil des Stücks mischt biblisches Geschehen zwischen historischen Individuen mit allegorischen Elementen, und zwar nicht nur auf der Ebene der einzelnen Figuren, sondern auch auf der der dramatischen Handlung. Wenn etwa Philosophie den König Balthasar zu Intelligence divine *führt*[1340], so steht dahinter ein handlungsrelevanter *vers ambigu* und zugleich ein allegorischer Instanzenweg mit dem charakteristischen Moment der Notwendigkeit des Fortschreitens von der einen zur anderen Instanz[1341]. Die in der Bibel überlieferte historische Handlung (die Reise der drei Könige nach Bethlehem) erhält so eine allegorische Vorgeschichte, in der drei Wege zur Gotteserfahrung bildlich dargestellt werden: die intellektuelle Erkenntnis, die Heimsuchung durch das Leid und die unmittelbare persönliche Eingebung. Die allegorische Einleitung beschränkt sich aber hier im Unterschied zur Rolle des *Procès de Paradis* im traditionellen Mystère nicht darauf, die irdische Heilsgeschichte zu motivieren, sondern lenkt über das Zwischenglied des doppeldeutigen Wanderungsmotivs auch die Interpretation des irdischen Geschehens auf eine allegorisch-moralische Deutung hin: die historische Reise nach Bethlehem läßt sich zugleich als eine von Intelligence divine geleitete *allegorische Reise* zur Gotteserfahrung verstehen[1342]. Dem konkreten historischen Bericht des Neuen Testaments wird auf diese Weise implizit ein neuer Sinn unterlegt: er wird zum Bild für ein überhistorisches, spirituelles Geschehen, das in der Einzelseele (*moraliter*) jederzeit nachvollziehbar ist[1343]. Eine solche Umdeutung ginge noch über die Allegorisierungs-

---

1339 *ib.*, pp. 66–134.

1340 p. 77.

1341 Cf. dazu die Rede der PHILOSOPHIE: »Pour en avoir congnoissance parfaicte, / Trouver te fault Divine Intelligence. / Mener t'y veulx« (*ib.*).

1342 Diese Interpretation impliziert natürlich eine Entindividualisierung der drei biblischen Könige zu Repräsentanten dreier verschiedener Arten des Weges zu Gott.

1343 Schon Jourda deutet in seiner Besprechung der *Adoration* solche Tendenzen bei Marguerite an: »Le but qu'elle vise n'est pas celui des poètes médiévaux. Le côté pittoresque des mystères l'intéresse moins que leur portée morale« (*Marguerite* I, p. 444).

stufe der in der *Passion Secundum legem debet mori* wiedergegebenen Kreuzigungsszene hinaus in Richtung auf die moralische Verallgemeinerung desselben Ereignisses in der Moralité *Les Blasphemateurs*; sie wird aber im Gegensatz zu jenem Stück in der *Adoration* nur durch die allegorische Einleitung *nahegelegt*, nicht durch eine entsprechende Umbildung der biblischen Handlung selbst zwingend vorgeschrieben.

In der *Comédie des Innocens*[1344] zeigen sich wiederum keine offenen allegorischen Elemente; es bleibt aber auch hier die bei der *Nativité* gemachte Einschränkung zu bedenken.

Stark allegorisch geprägt ist hingegen das letzte Stück des Zyklus, die *Comédie du Desert*[1345], die den Aufenthalt der Heiligen Familie in der Wüste auf der Flucht vor Herodes zum Gegenstand hat. Während Josephs Abwesenheit schickt Gott der schlafenden Maria drei allegorische Mächte, die ihr seine Geheimnisse offenbaren: Contemplation zeigt ihr *le livre de Nature*, Memoire die *Vieille Escriture*, Consolation *le livre de Grace*. Engel bringen ihr Früchte und Blumen, und einer von ihnen verkündet Joseph, die Familie könne wieder nach Judäa zurückkehren. Sie folgen der Stimme und erfahren unterwegs den Tod des Herodes.

Die *Comédie du Desert* entfernt sich weiter als die drei vorausgehenden Stücke vom biblischen Text, indem sie ihn lyrisch ausmalt und durch neue Handlungselemente ergänzt, vor allem durch das Aufzeigen dreier allegorischer Bücher – eine Variante des aus dem *Jutgamen de Jhesus* und der *Passion Secundum legem debet mori* bereits bekannten Motivs der drei aufeinanderfolgenden Gesetze *(loys)* oder Phasen der Heilsgeschichte[1346]. Die allegorische Szene ist hier nicht wie in der *Adoration* der übrigen Handlung vorangestellt, sondern in sie eingelagert (vv. 199–227) und prägt auch die scheinbar mimetischen Elemente des Textes zum Allegorischen hin um. So wird etwa die Wüste, wie in der exegetischen Tradition durchaus geläufig, zum Bild für die sterile, sündige Welt, die durch den Erlöser wieder zum Blühen gebracht wird[1347]. Auch solche Passagen münden aber wieder in die biblisch vorgeprägte Handlung ein.

[1344] *Marg.* II, pp. 135–183; zum Inhalt cf. Jourda, *Marguerite* I, p. 446 sq.

[1345] *Marg.* II, pp. 184–251.

[1346] Jourda (*Marguerite* I, p. 453 n. 1) nimmt unter Berufung auf Ph.-A. Becker an, das Motiv sei durch Briçonnet an Marguerite herangetragen worden. Von Briçonnet dürfte die Motivgeschichte zu der oben in der Anm. 1317 erwähnten Predigttradition zurückführen.

[1347] *Desert*, v. 1200 sqq. Die Wüste gilt in der Bibel als Ort des Bösen und der Sünde (cf. etwa Matth. 4,1; I Cor. 10,5 sq.; Hebr. 3,17); zur Tradition cf. die Belege in *PL* CCXIX, col. 148, 183, 189 (*desertum = daemones, gentilitas, impii, cor peccatorum*), die ebenfalls vorhandenen positiven Bildkomponenten (*mens sancta, sancta conversatio, coelum*) gehen von spezifischen Wüstenheiligen wie Johannes dem Täufer aus! – Jourda betont stärker den *sensus moralis*, wenn er (leider ohne Belege anzuführen) schreibt: »Le désert où se repose Marie pourrait symboliser l'âme du pécheur que la grâce vient toucher, et Marie

Die *Comédies bibliques* der Marguerite sind mit ihrem neutestamentlichen Handlungsgerüst, der Mischung irdischer und himmlischer Szenen, den allegorischen Einschüben und der noch fehlenden Akteinteilung nur aus der Gattungstradition der spätmittelalterlichen Mystères zu verstehen[1348]. Ob Marguerite den Text älterer Mystères als Vorlage benutzt hat, ist umstritten[1349]; immerhin hat sie zwischen 1536 und 1538 eine Kopie der *Actes des Appostres* anfertigen lassen und damit ihr Interesse an der Gattung bekundet.

In einigen Punkten entfernen sich ihre Stücke allerdings deutlich von den großen Mystères des 15. Jahrhunderts, so etwa in der Reduzierung des biblischen Stoffs auf wenige kurze Episoden mit geringer Figurenzahl, der damit verbundenen Straffung der Komposition, der Tilgung der traditionellen komischen Partien und nicht zuletzt in der neuen Gattungsbezeichnung *Comédie*[1350].

Stärkere Abweichungen von der Mystèretradition werden vor allem für die *Comédie du Desert* geltend gemacht. Ihr gelockertes Verhältnis zum historischen Bericht der Schrift und ihre Tendenz zur freieren allegorischen Ausgestaltung, die schon Jourda hervorgehoben hat[1351], haben H. Sckommodau bewogen, von einer »christlichen Moralité« zu sprechen[1352]. Diese Gattungszuordnung, so anfechtbar sie sein mag[1353], hat immerhin den großen

---

l'âme qui reçoit la grâce et par là même engendre Dieu en son cœur. En réalité Marguerite moralise à tout propos; tout lui est prétexte à leçons, à sermons, à symboles« (*Marguerite* I, p. 479).

1348 In diesem Punkt stimmt die Forschung im wesentlichen überein. Cf. etwa Picot in *BSHP* 11 (1892) p. 561; Petit de Julleville, *Mystères* I, p. 334 (»des pièces sacrées tout à fait dans le genre des mystères«), weniger bestimmt allerdings *ib.*, II, p. 625 (»tient à la fois du mystère, de la moralité, de l'hymne sacrée«); Jourda, *Marguerite* I, p. 448 (cf. auch pp. 431–454 *passim*); H. Sckommodau, *Die religiösen Dichtungen Margaretes von Navarra*, Köln, Opladen 1955, p. 109.

1349 Während Jourda (*Une princesse de la Renaissance. Marguerite d'Angoulême, reine de Navarre [1492–1549]*, Paris 1932, p. 137) diese Möglichkeit für unwahrscheinlich hält, nimmt Sckommodau (*Dichtungen*, p. 110 sq.) aufgrund von Textvergleichen an, Marguerite habe zumindest die *Passion Gréban* gekannt.

1350 Jourda stellt sogar die rhetorische Frage: »N'a-t-elle pas voulu, en appelant ses pièces ›comédies‹, marquer son intention de ne pas écrire des mystères?« (*Princesse*, p. 138) Zu bedenken ist allerdings, daß dem Begriff *Mystère*, obgleich bei Huguet (IV, p. 387) noch vielfach belegt, zur Entstehungszeit der *Comédies bibliques* wohl bereits das Stigma der Antiquiertheit anhaftet, so daß seine Ersetzung durch eine zeitgemäßere, auch von den Renaissancepoetiken anerkannte Gattungsbezeichnung nicht unbedingt als eine Absage an alle Eigentümlichkeiten der mittelalterlichen Gattung gewertet werden muß.

1351 »La source, ici, n'est pas le théâtre médiéval, mais l'Écriture, librement et habilement utilisée« (*Marguerite* I, p. 447).

1352 *Dichtungen*, p. 112. Wenig später dehnt er die Bezeichnung »christliche Moralité« auf alle vier Stücke aus (*ib.*).

1353 Sie ist von E. Lorenz in einer Rezension kritisiert worden (*RJb* 8, 1957, p. 260). Weit kritikwürdiger sind freilich die Bewertungskriterien einer so verstandenen »christlichen Moralité«, die sich etwa in folgendem Satz aus dem Schlußwort

heuristischen Wert, auf ein für das allegorische Theater der Marguerite de Navarre zentrales Problem aufmerksam zu machen: Wenn man überall dort, wo der allegorische Charakter der *Comédies bibliques* nicht durch manifeste allegorische Indizien eindeutig feststeht, eine rein historisch-mimetische Darstellung annimmt, bleibt der Allegorisierungsgrad dieser Stücke – einschließlich der *Comédie du Desert* – weit hinter dem in einigen Mystères erreichten Stand zurück. Sieht man aber in ihnen eine Art Moralité mit durchgängig allegorischer Handlung, dann kann es sich dabei über weite Strecken nur um allegorische Nebenbedeutungen, die latent in der vordergründig mimetischen Handlung mitklingen, also um *verdeckte Allegorie* handeln. (In der Tat weist einiges im »profanen« Theater der Marguerite auf eine solche Möglichkeit hin, wie das folgende Kapitel zeigen wird.) Dies wiederum impliziert einen gegenüber der traditionellen Norm erweiterten Begriff von allegorischem Theater und läßt die *Comédies* sowohl aus der Tradition der *Moralités religieuses* wie der allegorischen Mystères heraustreten.

5. Die Ausbreitung der Allegorie in den Mystères

Ich habe in den vorausgehenden Abschnitten die Entwicklung der allegorischen Elemente in den Mystères verfolgt und dabei, primär im Interesse einer übersichtlichen Darstellung, mehrere Stufen der Allegorisierung unterschieden.

In vielen großen biblischen Mystères sind die allegorischen Elemente auf einen konventionell festgelegten Motivfundus begrenzt und nehmen gegenüber der historischen Haupthandlung nur einen geringen Raum ein. Auf den weiteren Allegorisierungsstufen vergrößert sich das relative Gewicht der allegorischen Elemente im Verhältnis zum Gesamttext der Stücke:

auf der *ersten Stufe* durch die Einführung neuer, zum Teil kumulierend verwendeter allegorischer Motive und Figuren (vor allem eines überindividuellen Vertreters der Menschheit) sowie durch eine stärkere Verschmelzung allegorischer und mimetischer Szenen;

auf der *zweiten Stufe* dadurch, daß einzelne überwiegend allegorische Szenen aus dem Gesamtverband größerer Mystères gelöst und als unabhängige Stücke aufgeführt werden oder aber eine ursprünglich historisch aufge-

---

zeigen: »Ihre [= Marguerites] biblische Tetralogie überragt an formaler Vollendung sicherlich alles, was an Moralitätendichtung der französischen Frührenaissance überliefert ist und in seinem rein ästhetischen Wesen oft durch theologische Voreingenommenheit beeinträchtigt wird« (*Dichtungen*, p. 155). Die rein ästhetische Betrachtungsweise, die sich in einem solchen Urteil äußert, erweist sich als historisch inadäquat angesichts einer Gattung, der die »theologische Voreingenommenheit« (selbst im Sinne der Konfessionspolemik!) nicht als Beeinträchtigung des Ästhetischen, sondern als Wesensmerkmal zugehört.

faßte Handlung zum allegorischen Geschehen umgedeutet wird (hierher sind wohl auch die *Comédies bibliques* der Marguerite de Navarre zu stellen).

Die allegorische Umbildung der Mystères, die nach dem Befund der erhaltenen Texte erst zu einer Zeit einsetzt, in der die Moralité als zentrale allegorische Gattung bereits fest etabliert ist[1354], dürfte sich nicht ohne deren Einfluß vollzogen haben[1355]. Die Gemeinsamkeit der konstitutiven allegorischen Elemente beider Gattungen, vor allem die Übereinstimmung in den wichtigsten Handlungsmotiven, 'Weg' und 'Agon', führt auf der stärksten Allegorisierungsstufe der Mystères zu einer weitgehenden Annäherung an die traditionelle *Moralité religieuse*.

Eine allgemeine Aussage zur Chronologie der Allegorisierung ist schwierig, da sich zwei gegenläufige Tendenzen gegenüberstehen. Aufs Ganze gesehen, nimmt im Verlauf des 15. und frühen 16. Jahrhunderts die Rolle der Allegorie in den Mystères zu, die Reihenfolge der von mir unterschiedenen Allegorisierungsstufen entspricht also *statistisch* (bei größeren Abweichungen einzelner Stücke vom Mittelwert) etwa dem historischen Ablauf. Andererseits zeigt sich aber seit dem Ende des 15. Jahrhunderts auch die Tendenz, die Allegorie aus den Mystères auszuscheiden. Zu dieser Gegenbewegung gehören die *Passion Michel* und, besonders signifikant, die Editionen der *Actes des Appostres* seit 1538. R. Lebègue deutet zwei mögliche Gründe für dieses Phänomen an, die einander auch überlagern und gegenseitig verstärken können: einmal die aufkommende klassizistische Ästhetik, zum andern – zumindest gilt dies für die *Actes des Appostres* – eine zunehmende Rücksichtnahme auf die protestantische Neigung, unter Ausschluß der mittelalterlich-allegorischen Exegese unmittelbar auf den Literalsinn der Schrift zu rekurrieren[1356]. In der Provinz hält sich die Allegorie allerdings in einigen späten Mystères bis zum Ausgang des 16. Jahrhunderts.

1354 Wenn Kindermann (*Theatergeschichte* I, p. 435) u. a. die allegorischen Elemente der Mysterien als »Etüden und Präludien« für die Moralitätenspiele bezeichnet, so gilt dies für das französische Theater nicht im chronologischen, sondern allenfalls im phänomenologischen Sinn.

1355 Diese Ansicht wird auch in der Forschung allgemein vertreten. Schon Petit de Julleville meint, das Auftreten von Personifikationen im Mystère beruhe auf einem »certain mélange qui commença à s'établir entre le mystère et la moralité, et qui rend parfois assez indistinctes les limites des deux genres« (*Mystères* I, p. 255); Creizenach nimmt wenigstens in manchen Fällen eine »Rückwirkung der Moralitäten auf die Mysterien« an (*Geschichte* I, p. 459), und Sckommodau schreibt sogar: »Wieviel die Mysterien des 15. Jahrhunderts schon an Stileigentümlichkeiten der *Moralité* rezipiert haben, könnte man am Wuchern der allegorischen Gestalten zeigen« (*Dichtungen*, p. 112) – ein Satz, der geradezu als Programm des vorstehenden Kapitels aufgefaßt werden kann.

1356 *Le problème du salut dans les mystères et dans les tragédies protestantes*, in *Le théâtre tragique*, p.p. J. Jacquot, 2e éd. Paris 1965, p. 83 sq.

Kapitel VIII

Späte *Moralités religieuses* vor dem Hintergrund neuer theologischer Strömungen

Bei der einleitenden Gliederung des spätmittelalterlichen allegorischen Theaters habe ich aus der traditionellen *Moralité religieuse* eine Gruppe von späten Stücken ausgegrenzt, die unter dem Einfluß neuer, für das frühe 16. Jahrhundert charakteristischer religiöser Bewegungen entstanden sind und daher unter theologischen Gesichtspunkten von der Haupttradition der Gattung abweichen. Es handelt sich dabei um allegorische Marienstücke aus den *Puys des palinods* von Rouen und Dieppe, das Pierre Du Val und dem Kreis der *Libertins spirituels* zugeschriebene *Théâtre mystique*, die *Moralité du Porteur de Pacience* und das »profane« Theater der Marguerite de Navarre.

Die religiöse Position dieser Stücke ist alles andere als einheitlich. Teils stehen sie noch innerhalb des Rahmens der katholischen Lehre, folgen aber hier stark ausgeprägten lokalen Sondertraditionen, teils haben sie sich in einzelnen Punkten mehr oder weniger offen von katholischen Auffassungen gelöst und vertreten »spirituelle« Tendenzen der verschiedensten Art; auch der Übergang zwischen beiden ist fließend. Dem *spätmittelalterlichen religiösen* Theater sind sie insofern zuzurechnen, als in ihnen die für Renaissancestücke charakteristischen Züge wie Akteinteilung, Orientierung an den Gattungen des antiken Theaters u. ä. noch ganz zurücktreten und in der didaktischen Intention das religiös-erbauliche Moment nach Art der traditionellen *Moralité religieuse* gegenüber der bloßen Konfessionspolemik, wie man sie in anderen allegorischen Stücken der Zeit antrifft, klar überwiegt. Wenn einzelne Stücke aus dieser Gruppe gelegentlich dennoch als *Moralités polémiques* bezeichnet werden[1357], so liegt hier eine Ausweitung des Polemikbegriffs vor, deren entscheidender Nachteil darin besteht, die wichtige Grenzlinie zwischen dem religiösen und dem politisch-satirischen allegori-

---

[1357] So É. Picot in seinem unvollendeten Repertorium *Les moralités polémiques, ou la controverse religieuse dans l'ancien théâtre français*, in *BSHP* 36 (1887) pp. 169–190, 225–245, 337–364; 41 (1892) pp. 561–582, 617–633; 55 (1906) pp. 254–262, das u. a. die Stücke *L'Inquisiteur* von Marguerite de Navarre (Nr. 13) und *Le Porteur de Pacience* (Nr. 18) umfaßt. F. Holl verwendet statt dessen den vageren Terminus *Tendenzdrama.* Den fundamentalen Unterschied zwischen einem *théâtre de polémique* und dem *théâtre d'édification* des Kreises um Pierre Du Val und der Marguerite de Navarre betont mit der wünschenswerten Deutlichkeit G. D. Jonkers in seinem Werk *Le protestantisme et le théâtre de langue française au XVIe siècle*, Groningue, Batavia 1939, p. 98.

schen Theater ohne Not zu verwischen. Ich werde mich einer solchen Terminologie nicht anschließen.

Im Unterschied zu den genannten älteren Arbeiten von Holl und Jonkers, die sich fast ausschließlich mit dem religiösen Aspekt dieser Stücke befassen, untersuche ich primär in Einzelanalysen ihre *allegorische Form* und mache nur am Rande einige Angaben zur Charakterisierung ihrer religiösen Position, soweit dies überhaupt möglich ist. Das Untersuchungsziel des vorstehenden Kapitels ist mehrfacher Art. Es gilt,

1. die wesentlichen Gemeinsamkeiten der allegorischen Form der Stücke zu erkennen, durch die sie sich von der Norm der traditionellen *Moralité religieuse* abheben und damit ihre formale Sonderstellung erweisen;

2. eventuelle Gemeinsamkeiten der verschiedenen theologischen Positionen aufzuzeigen, in deren Umkreis die Stücke entstanden sind;

3. die Möglichkeit zu prüfen, daß zwischen den allegorischen und den theologischen Besonderheiten dieser Gruppe ein ursächlicher Zusammenhang besteht.

1. Allegorische Marienstücke aus den normannischen *Puys des palinods*

Seit dem Ende des 15. Jahrhunderts bilden sich in den Städten der Normandie religiös-literarische Vereinigungen, die sogenannten *Puys*, die aus Anlaß der großen, mit Prozessionen, Theateraufführungen etc. begangenen lokalen Kirchenfeste Dichterwettkämpfe (*palinods*) veranstalten und die Sieger mit symbolischen Ehrengeschenken auszeichnen[1358]. Die in den *Puys* gepflegte religiöse Dichtung, meist dem Marienlob gewidmete lyrische und dramatische Werke in kunstvoller allegorischer Form, entfaltet sich primär durchaus im Rahmen katholischer Religiosität, betont aber so stark bestimmte mariologische Glaubenssätze, vor allem die Lehre von der Unbefleckten Empfängnis, die um diese Zeit in der Normandie bereits besondere Verehrung genießt, daß sich eigene religiöse und literarische Sondertraditionen entwickeln, die allmählich vom Kanon der traditionellen *Moralité religieuse* wegführen. Größere Bedeutung erlangt haben in Dieppe der *Puy de l'Assomption*, in Caen der *Puy de l'Immaculée Conception*, in Rouen schließlich der *Puy de la Passion Nostre Seigneur* und vor allem der *Puy de l'Immaculée Conception*, aus dem allein drei der im folgenden in chronologischer Ordnung behandelten Marienstücke hervorgegangen sind.

[1358] Zur Geschichte der *Puys des palinods* cf. im einzelnen die folgenden Werke: J.-A. Guiot, *Les trois siècles palinodiques, ou histoire générale des palinods de Rouen, Dieppe etc.*, p.p. l'abbé A. Tougard, t. I–II, Rouen, Paris 1898; G. Lebas, *Les palinods et les poètes dieppois. Étude sur les confréries religieuses et littéraires des pays de Dieppe et sur les poètes de la région depuis le Moyen Age jusqu'à nos jours*, Dieppe 1904; E. de Robillard de Beaurepaire, *Les puys de palinod de Rouen et de Caen*, ouvrage posthume, p.p. Ch. de Robillard de Beaurepaire, Caen 1907.

An erster Stelle zu nennen ist der dramatische Text *Le Triumphe des Normans* von Guillaume Tasserie, der auf die Jahre 1490–1499 datiert wird[1359]. Sein Verfasser, in dem der Herausgeber einen Verwandten von Pierre Tasserie, dem Autor des *Monologue du pelerin passant*, vermutet, hat in der genannten Zeit am *Puy de l'Immaculée Conception* von Rouen mehrere Auszeichnungen erhalten und ist schließlich sogar zum *Prince* der Dichtervereinigung berufen worden[1360].

Das Stück *Le Triumphe des Normans,* das stofflich einem älteren *Chant royal* desselben Verfassers folgt[1361], stellt die Einsetzung und theologische Rechtfertigung des Kults der Immaculata dar. Der Normannenherzog Wilhelm der Eroberer feiert mit seinen Rittern das Fest der Unbefleckten Empfängnis, während ein Häretiker namens Sarquis die Berechtigung dieses Kults anzweifelt. Beide Seiten beschließen, den Streitfall vor den Richter Salomon zu bringen. Figure l'ancienne, Auctorité, Raison, Exemple und Le Commun Peuple de la Basse Normendie treten für Guillaume als Zeugen auf, für Sarquis die Teufel Machomet und Sathan. Salomon fällt sein Urteil zugunsten der Verehrung der Immaculata, und das Stück endet mit einem Hymnus auf das Marienfest.

Nachdem die Anfangsszene mit ihren scheinbar individuellen Figuren eher eine historische Mystèrehandlung erwarten läßt, geht das Bühnengeschehen bald in einen allegorischen Rechtsstreit über, der in der Konzeption der verschiedenen *loys* an die *Passion Secundum legem debet mori* erinnert. Figure l'ancienne verkörpert als »amie de loy de nature«[1362] die figurativen Hinweise des Alten Testaments auf die Immaculata[1363], Auctorité – »aagee de la loy escripte«[1364] – die in dieselbe Richtung weisenden direkten Prophezeiungen samt ihrer patristischen Auslegung[1365], Raison gibt die theologisch-philosophische Begründung der Lehre[1366], Exemple stützt die vorausgehenden Zeugen durch die Erzählung von Mirakeln, in denen die Immaculata selbst den durch ihr Eingreifen Geretteten ihren Kult aufträgt[1367], und Le Commun Peuple bestätigt das bisher Vorgebrachte durch das Zeugnis des im normannischen Volk lebendigen Glaubens an die Unbefleckte Empfängnis[1368]. Salomon ist wie im *Jutgamen de Jhesus* zum Sinnbild des gerechten Richters entindividualisiert; die Handlung ist ungeachtet der individuellen Namen keine Nachbildung historischer Ereignisse, sondern eine allegorische Fiktion, die ein überzeitliches theologisches Problem verbildlicht.

1359 Ed. P. Le Verdier, *G. Tasserie*, pp. 1–70; Datierung *ib.*, p. XI.

1360 Zur Biographie und den übrigen Werken von Guillaume Tasserie cf. *ib.*, pp. XVIII–XXIII und XXXII–XXXV.

1361 Abgedruckt *ib.*, pp. 71–73.

1362 v. 689. 1363 Cf. vv. 694–783. 1364 v. 791.

1365 Cf. vv. 798–905. 1366 vv. 910–1026. 1367 vv. 1041–1093.

1368 vv. 1132–1224. Am überindividuellen Charakter der Figur Le Commun Peuple besteht kein Zweifel. Von Salomon nach ihrem Namen gefragt, antwortet sie, sie könne einen solchen, d. h. offensichtlich: einen Eigennamen, nicht angeben, da sie das gesamte »quemun peuple« (v. 1101) vertrete. Auch ein bestimmtes

Le Triumphe des Normans erweist sich damit trotz der ans Mystère erinnernden Einleitung als eine in ihren Grundzügen allegorische Moralité[1369], deren Thematik stark durch die spezifische Religiosität des *Puy de l'Immaculée Conception* geprägt wird.

Ganz der mystèrehaften Anklänge entledigt hat sich die im Dezember 1520 im gleichen literarischen Zirkel aufgeführte Moralité *La Dame a l'aigneau et la Dame a l'aspic* von Guillaume Thibault[1370], die in der älteren Forschung häufig mit dem eben besprochenen Stück verwechselt worden ist.

Sie stellt in allegorischer Form einen Rangstreit zwischen den beiden Titelgestalten dar, der in einen Disput über die Macht ihrer Wappentiere übergeht: die Schlange (*l'aspic*) herrscht über alle Menschen, aber das Lamm (*l'aigneau*) hat ihre Macht überwunden. Dieses Machtverhältnis wird schließlich noch durch einen allegorischen Zweikampf der beiden *champions*, die die Damen begleiten, dramatisch versinnbildlicht: Noble Cœur versetzt Cœur felon einen Hieb mit dem »trenchant cousteau d'anatheme«[1371]; dieser fällt und ergibt sich seinem Widersacher, der damit für die Dame a l'aigneau den Sieg errungen hat.

Mit der Dame a l'aigneau ist zweifellos die Gottesmutter gemeint[1372], das Lamm ist Christus[1373]. Schwieriger ist die theologische Entschlüsselung der Kontrastfigur La Dame a l'aspic, deren Schlange den Teufel symbolisiert[1374]:

Alter komme ihr nicht zu, denn sie umfasse alle »de pieux chinq ans juq'a siez vingtz« (v. 1103); darauf antwortet Salomon mit einer allegorischen Ekphrasis:

J'approuve ceste consequence
Que depuis les ans d'innocence
Jusq'ès ans de decrepité
C'est le peuple et communité (vv. 1105–1108).

Le Commun Peuple repräsentiert nicht etwa den dritten Stand wie ähnlich bezeichnete Figuren in der *Moralité politique*, sondern das gesamte Volk der Normandie, das als religiöse Instanz – und nicht als Menschenvertreter im Sinn der traditionellen *Moralité religieuse*! – die Wahrheit einer Glaubenslehre bezeugt. Zur Charakterisierung spricht Le Commun Peuple normannischen Dialekt und verteidigt diesen ausdrücklich gegenüber der Hochsprache (vv. 1110–1118) – eine Besonderheit im religiösen allegorischen Theater, die wohl auf der starken Bindung an den *Puy* von Rouen und der dort gepflegten religiösen Lokaltradition beruht.

1369 Im *Explicit* des Manuskripts (B.N., fr. 24315, fol. 142r) wird das Stück als *mistere* bezeichnet, der Herausgeber Le Verdier spricht in seiner Einleitung einmal von einem Mystère (p. XI), ein andermal von einer Moralité (p. XXXIV).

1370 Ed. Le Verdier, *G. Tasserie*, pp. 75–104. Zur literarischen Bedeutung des Autors, dessen Name im Titel der Moralité und des im Manuskript vorausgehenden stoffgleichen *Chant royal* genannt wird, cf. *ib.*, pp. XXIII–XXV und XXXV–XLV.

1371 v. 373.

1372 Cf. etwa v. 34 »Dieu pour sa mere me salue«.

1373 So bei Joh. 1,29; I Petr. 1,19 und vielfach in der Apokalypse (5,8.12.13; 12,11; 19,7 etc.) belegt.

1374 Cf. Gen. 3,1 sqq.; dazu auch NOBLE COEUR: »Marie son chef brise et rompt« (v. 199) nach Gen. 3,15 und Rom. 16,20. Auch die Dame a l'aspic selbst wird in diesem Sinn als »vipere« (v. 25) bezeichnet.

eine Stelle scheint konkret auf Eva hinzudeuten[1375]; nach ihrer Aussage, sie herrsche über alle Menschen außer über Maria (vv. 71–74), dürfte es sich aber eher um eine Personifikation der Erbsünde handeln, der nach katholischer Auffassung alle Menschen außer der Gottesmutter als einer *loy generalle* unterworfen sind[1376], bis sie durch *grace* überwunden wird[1377]. Da die *loy generalle* als Naturinstanz verstanden wird, spielt in das Stück auch der aus dem *Pelerinage de vie humaine* geläufige Gegensatz von Natur und Übernatur hinein[1378].

Die Namen der *champions*, Noble Cœur und Cœur felon (oder Cœur villain), erinnern an die höfisch-allegorische Tradition des Rosenromans, die aber ähnlich wie in *L'Onneur des dames* zu einer geistlichen Ritterschaft[1379] umgedeutet ist, hier speziell im Dienst der Immaculata. Im Unterschied zur traditionellen *Moralité religieuse* werden nun auch die metaphysischen Personen in ihrer Bezeichnung und ihrer dramatischen Rolle ganz dem gewählten allegorischen Fiktionsbereich angepaßt: Nostre Dame wird wie ihre Gegenspielerin zur *Dame* eines Ritters, Christus und Satan werden zu allegorischen Wappentieren transformiert[1380]. Vor einer so weitgehenden Angleichung der *realen* metaphysischen Personen an die allegorische Darstellung der *fiktiven* Personifikationen ist die ältere Moralité, wohl aus religiösen Bedenken, stets zurückgewichen.

1375 Noble Coeur: »Eve rendit l'Homme suspent / Et Marie en grace l'afferme« (so im Ms. der Bibl. municipale de Rouen, ms. 1062 [Y 18], fol. 97^{r}, während Le Verdier in der ersten Zeile [= v. 101] *Et ne* anstelle von *Eve* liest). Die Lesart *Eve* ist auch von der figurativen Deutung her, nach der Maria als »zweite Eva« gilt, durchaus stimmig.

1376 La Dame a l'aspic:

Adam devint plus nud que ung ver,
Dont promut la loy generalle.

La Dame a l'aigneau:

Pour mon innocence prouver
Dieu me feist par loy specialle (vv. 109–112).

1377 Zur Opposition *loy – grace* cf. vv. 73, 135, 170, 173, 187, 276, 319.

1378 La Dame a l'aspic führt beispielsweise *nature* als Autorität an (v. 119) und rechnet – ganz wie Nature im *Pelerinage de vie humaine* – die naturbezogenen *artes* ihrem Herrschaftsbereich zu (vv. 127–164).

1379 Im Verlauf des allegorischen Kampfs wird ausdrücklich auf die *armatura Dei* angespielt (v. 322).

1380 Dies impliziert eine eigenartige Umsetzung religiöser Sachverhalte in *heraldische* Sprache.

La Dame a l'aigneau:

Mon aigneau a voullu champ prendre
En la maison de charité,
Champ de gueulles le faict comprendre,
La laine blanche, en purité.
[...]
Les trois fleurs de lys d'esperance,
Sur champ d'azur de dignité,
D'ung seul Dieu donnent congnoissance
Que j'ay comprins en trinité (vv. 209–212, 217–220).

Im ästhetischen Bereich weist das Stück eine Reihe von Eigenheiten, vor allem sprachlicher Art, auf (kunstvolle Reim- und Wortspiele in der Manier der *Rhétoriqueurs*, eine oft hermetisch wirkende Ausdrucksweise etc.), die wohl auf die im *Puy de l'Immaculée Conception* gepflegten literarischen Sondertraditionen zurückgehen. Theologisch bleibt es durchaus im Rahmen katholischer Auffassungen. Die Bezeichnung der Stadt Rouen als »seconde Sion«[1381] weist zwar auf ein neues theologisches Selbstverständnis hin, aber nur im Sinn einer innerkirchlichen Erneuerung, wie die Berufung auf das Basler Konzil[1382] zeigt, das einst die Lehre von der Unbefleckten Empfängnis proklamiert hatte.

Das dritte allegorische Marienstück in chronologischer Folge, die *Moralité tresexcellente a l'honneur de la glorieuse assumption de la Vierge* von Jean Parmentier, ist 1527 vom *Puy de l'Assomption* in Dieppe ausgezeichnet und im Zusammenhang mit einem allegorischen Festumzug anläßlich des Friedensschlusses zwischen Franz I. und Heinrich VIII. aufgeführt worden[1383]. Ihr Autor, der 1494 in Dieppe geboren und nach einem sehr bewegten Leben als Dichter und Seefahrer 1529 auf Sumatra gestorben ist[1384], hat nach einer Versicherung im Prolog des Erstdrucks außer dem vorliegenden Stück »plusieurs bonnes et excellentes moralités, farces et sermons joyeulx et en grande quantité«[1385] verfaßt, die aber nicht erhalten sind.

Da ausführliche Nacherzählungen des Inhalts der *Assumption de la Vierge* zugänglich sind[1386], kann ich mich hier mit einem knappen Resümee des Handlungsverlaufs begnügen: Nachdem Le Bien Naturel in einem von den Reihen der Zuschauer aus[1387](!) gesprochenen Prolog seine Frau (La Bien Humaine) und seine Töchter (La Bien Parfaicte und Les trois Filles de Sion) vorgestellt hat, gesteht La Bien Parfaicte ihre Liebe zum Bien Souverain und erfährt von Bien Gracieux und Bien Vertueux dessen Gegenliebe. Le Bien Souverain erscheint schließlich selbst und führt die Geliebte in einem von Bien Triumphant geschmückten Wagen in sein Haus, wo sie zur Himmelskönigin gekrönt wird.

1381 v. 240.

1382 vv. 229–236.

1383 Kritisch ediert in Jean Parmentier, *Œuvres poétiques*, ed. F. Ferrand, Genève et Paris 1971 (TLF. 175), pp. 66–90. Zur Aufführung cf. die Bemerkungen *ib.*, pp. LVII–LXII.

1384 Näheres bei K. von Posadowsky-Wehner, *Jean Parmentier. Leben und Werk*, München 1937 (Münchener romanistische Arbeiten. 7) und in der Edition Ferrand, pp. XI–XIX (dort auch weitere Literaturhinweise: pp. 157–162).

1385 Paris: Pierre Crignon 1531, fol. a iii^r^ (Neudruck in der *Collection de poésies, romans, chroniques [etc.]*, Nr. 5, Paris: Silvestre 1839).

1386 Posadowsky-Wehner, *Parmentier*, pp. 53–59; Ed. Ferrand, p. LXII sq.

1387 Cf. die einleitende Bühnenanweisung: *[...] et ce pendant commence le Bien Naturel, lequel est parmy le peuple, faygnant n'estre point de la bende* (Ed. Ferrand, p. 68).

Im Epilog erklärt Le Bien Triumphant dem Publikum die allegorische Bedeutung des Stücks:

»In perpetuum coronata triumphat.«
Et luy donnant maint tiltre et predicat,
nous conclurrons que la Vierge Marie,
Mere de Dieu qui jamais ne varie,
par bien aymer et vertueusement,
est parvenu à haulte seigneurie,
coronnée de royal armarie,
en triumphant perpetuellement (vv. 533–540).

La Bien Parfaicte verkörpert die Jungfrau Maria[1388], Le Bien Souverain Gott selbst[1389]. Weniger eindeutig ist der Sinn der übrigen Figuren (mit Ausnahme der unmißverständlich bezeichneten 'Töchter Zion'). Le Bien Naturel und La Bien Humaine vertreten gemeinsam die rein naturhafte Existenz des Menschen, dem die Wunder der Übernatur noch verborgen sind[1390]. Le Bien Gracieux, Le Bien Vertueux und Le Bien Triumphant sind allegorische Diener Gottes[1391], nehmen also etwa die Rolle der traditionellen Tugendpersonifikationen ein.

Die eigenartige Benennung aller Figuren außer den Filles de Sion durch *Bien* mit einem qualifizierenden Adjektiv führt Posadowsky-Wehner auf die christliche Übernahme des antiken *summum bonum* zur Bezeichnung Gottes zurück, das ähnliche Bildungen nach sich gezogen habe[1392]. Wie dem auch

---

1388 Auch das Marienlob v. 384 sqq. und viele andere Textstellen geben hier deutliche Hinweise.

1389 Cf. die Ekphrasis vv. 110 sq., 168–174; vv. 202–241 spielen auf Episoden aus der Lebensgeschichte Jesu an.

1390 So ist offensichtlich ihr Unverständnis gegenüber der göttlichen Auszeichnung ihrer 'Tochter' (v. 335 sqq.) zu deuten. Der Abstand zu den metaphysischen Gestalten zeigt sich, wie F. Ferrand (Ed., pp. LXVI–LXVIII) nachgewiesen hat, auch an ihrer Sprache. – Der ausführlicher charakterisierte Vater Le Bien Naturel liebt das angenehme Leben, erinnert sich mit Freuden des guten Weins bei der Hochzeit zu Kana (vv. 218–228) etc.; doch würde man nicht allen Komponenten der Figur gerecht, wollte man mit Petit de Julleville in ihr bloß einen Repräsentanten der »sentiments humains et grossiers« (*Répertoire*, p. 36) sehen. Le Bien Naturel trägt nicht nur Züge der geschaffenen (»nature naturée« v. 284), sondern auch der schaffenden Natur, die die Menschen hervorbringt und ihre Güter an sie verteilt (vv. 60–67).

1391 Le Bien Gracieux wird als Gottes »grand mignon« (v. 44) und »secretaire« (v. 183) dargestellt, Le Bien Vertueux ist sein »loyal compaignon« (v. 45). Beide waren in der irdischen Heilsgeschichte wirksam und sind der Bien Parfaicte dabei mehrfach begegnet, etwa bei der *annunciatio* (vv. 196–201) oder bei der Suche nach dem zwölfjährigen Jesus in Jerusalem (vv. 208–211). Le Bien Triumphant erscheint als Gottes himmlischer Vertrauter (vv. 297–319).

1392 Er kann zur Stützung seiner These auf die kurz vorher in Dieppe erschienene Übersetzung von Ciceros *De officiis* durch David Miffant hinweisen, wo in der Einleitung versucht wird, den Begriff des *summum bonum* der katholischen Lehre anzunähern (*Parmentier*, p. 53). Er glaubt, in vv. 300–310 eine Anspielung auf diese philosophische Diskussion zu erkennen (*ib.*, p. 56); allerdings

sei – die einheitliche Namengebung trägt jedenfalls wesentlich dazu bei, die inhaltlich heterogenen Figuren formal einzuebnen: nicht nur die außerpersönlichen Instanzen, auch die metaphysischen Personen (und als solche wird auch Maria dargestellt) tragen allgemein-begriffliche Namen, deren Bedeutung aus dem Textzusammenhang erschlossen werden muß.

Die Handlung beruht im wesentlichen auf zwei miteinander verknüpften Einzelmotiven: der allegorischen Liebe, die hier von einer bloßen Relation zu einem handlungstragenden Element ausgeweitet worden ist[1393], und dem allegorischen Triumphzug, der nach meiner Kenntnis in der älteren *Moralité religieuse* noch nicht erscheint und nach Posadowsky-Wehner italienischen Einfluß verrät[1394]. Die *assumptio* und ihre Vorbereitung ist, wie für die Moralité charakteristisch, von der Historizität der biblischen bzw. legendarischen Vorlage ganz abgelöst und in einer allegorischen Handlungsfiktion frei ausgestaltet.

---

taucht der Begriff *summum bonum* an dieser Stelle nicht auf. In den *Bien*-Bezeichnungen sieht er einen Versuch, die »christliche Wertskala« zu verdeutlichen, wobei er gewisse »Pedantismen und Gewaltsamkeiten« einräumt (p. 53). Interpretatorische Unklarheiten ergeben sich vor allem daraus, daß der weibliche Artikel das *Bien* weniger als 'bonum' denn als Adverb zum folgenden femininen Adjektiv erscheinen läßt. Der sicherste Weg, dem Bedeutungsfeld der Namen näherzukommen, führt wohl über die den zugesetzten Adjektiven innewohnenden Begriffe: Nature, Grace, Vertu etc.

1393 Dies gilt auch für einen anderen normannischen Text, *Le Laz d'amour divin*, gedruckt in Rouen von Thomas l'Aisné o. J. (B.N., Rés. Yf 2939), der hier wenigstens am Rande als Motivparallele erwähnt werden soll. Er verbindet eine aus dem Liebesmotiv entwickelte allegorische Hochzeit zwischen Jesucrist und L'Ame (fol. b vi^v, d vii^r–d vii^v) mit dem Töchterstreit (fol. b iiii^r–b vi^v) und einer allegorischen Kreuzigungsszene (fol. d ii^r) nach Art der *Blasphemateurs*. Seine Gattungszugehörigkeit ist umstritten. Während Traver (*Daughters*, pp. 120–123) mehrfach den Terminus »play« verwendet, ist Petit de Julleville (*Répertoire*, p. 408) der auch von mir geteilten Ansicht, es handle sich nicht um ein dramatisches Werk. Dafür spricht m. E. nicht nur der auf epische Rezeption zugeschnittene Prolog (»Pour ce lisez ce livre, s'il vous plaist« fol. a ii^r), sondern auch die Länge der Reden der einzelnen Sprecher. Hier ist ein durchaus epischer Text, der in gleichförmigen Strophen zu acht Versen angeordnet ist, auf einzelne Rollen verteilt worden, ohne dadurch dramatischen Charakter zu gewinnen. Auch É. Gosselin gibt übrigens in seinen *Recherches*, p. 71 sq. nur einen Frühdruck »vers 1500« an, keinen Aufführungsbeleg, wie gelegentlich behauptet wird.

1394 Er stützt seine recht plausible These aber nur durch einen einzigen literarischen Beleg aus Dantes *Purgatorio*. Nicht erwähnt wird das für die Geschichte des Motivs wohl bedeutendste Werk, Petrarcas *Trionfi*, das im *Petrarca spirituale* (1536) allegorisiert wird und in dieser Form in allen möglichen geistlichen Triumphzügen (des Kreuzes, des Glaubens, der Kirche etc.) nachwirkt. Zur Motivtradition in Literatur und Malerei cf. W. Weisbach, *Trionfi*, Berlin 1919; Curtius, *Europäische Literatur*, p. 130 Anm. 1; E. Müller-Bochat, *Der allegorische Triumphzug. Ein Motiv Petrarcas bei Lope de Vega und Rubens*, Krefeld 1957 (Schriften und Vorträge des Petrarca-Instituts Köln. 11); van Marle, *Iconographie* II, pp. 111–151; *Lexikon der christlichen Ikonographie* (hg. v. E. Kirschbaum u. a.) IV, col. 359 sq.

Die ästhetische Form des Stücks ist von der älteren Kritik sehr negativ bewertet worden. Petit de Julleville urteilt: »Cette moralité est peut-être ce que le genre a produit de plus mauvais«[1395]; Lebègue spricht abfällig von einem »logogriphe ultra allégorique«[1396]. Posadowsky-Wehner dagegen vernachlässigt völlig die allegorische Darstellung und wertet die *Assumption* ganz nach den mimetischen Kategorien des bürgerlichen Dramas[1397]. Erst F. Ferrand rühmt die Ausgewogenheit der allegorischen Komposition[1398]. Religiös geht auch dieses Stück nach übereinstimmendem Urteil der Forschung nicht über katholische Auffassungen hinaus[1399].

Im Jahr 1544 wird, wiederum in Rouen *en la feste de la conception*, eine weitere Marienmoralité mit dem Titel *Sapience divine, Ignorance, la Vierge et les sept Artz liberaulx* aufgeführt[1400], die derselben Sondertradition wie die bisher behandelten Stücke angehören dürfte.

Im Zentrum der Handlung steht ein Streitgespräch zwischen den Instanzen Sapience divine und Ignorance über die Heilsfunktion Marias. Nach dem Willen der Sapience soll La Vierge in Begleitung der Artz liberaulx auf die Erde gehen, um dort das Heil zu verkünden. Personifikationen der einzelnen Künste beweisen gegen die Einwände der Ignorance die herausgehobene Stellung der Gottesmutter, vor allem wieder ihre Freiheit von der Erbsünde. Ignorance erklärt sich endlich für überwunden und nimmt daraufhin den Namen Congnoissance an.

Der allegorische Agon, hier in Form eines mit Kampfmetaphern[1401] durchsetzten Gesprächs, endet wie in der Moralité *Les sept Pechie morteil*

1395 *Répertoire*, p. 36.

1396 *Tragédie*, p. 91.

1397 »Wir sehen bereits, daß wir weder ideelle noch sprachliche Allegorie vor uns haben [*sic*], sondern eine Vermischung bürgerlicher, höfischer und religiöser Stil- und Sprachelemente, die für ein ganz bestimmtes Publikum berechnet war, unter flüchtiger Typisierung der Handlungsträger« ... (*Parmentier*, p. 54 sq.). Das Urteil, an dem nur der Hinweis auf die Lokaltradition richtig ist, zeigt ein so starkes Unverständnis gegenüber der Allegorie, daß es nicht mehr verwundert, wenn Posadowsky-Wehner einzig die »kleine Familienszene« der Werbung, in der La Bien Parfaicte »wie ein altkluges, etwas geziertes Bürgerkind« wirke, und das »Familiendrama« beim Abschied von den Eltren wegen ihrer »Natürlichkeit« rühmt (*ib.*, pp. 54–57 *passim*).

1398 Parmentier, *Œuvres*, p. LXIV.

1339 Ferrand, *ib.*, p. IX; Holl, *Tendenzdrama, p.* 74 Anm. R. Lebègue bezeichnet aufgrund der Analyse eines *Chant royal* von Jean Parmentier den Autor als »Chrétien fervent« (*BHumR* 18, 1956, p. 432), ohne ihn einer außerhalb der Orthodoxie stehenden Gruppierung zuzuordnen.

1400 Bibl. municipale de Rouen, ms. 1065 (Y 17), fol. 188ʳ–204ʳ; das Stück ist meines Wissens bisher nicht ediert. Das Aufführungsdatum ist im Titel angegeben, der Name des Autors wird nicht genannt.

1401 Etwa »J'obtiendray sur vous la victoire« (fol. 194ᵛ); »Tu n'auras sur moy le dessus« (fol. 200ᵛ) u. ä.

mit der Bekehrung der bösen Instanz, die durch einen Kleiderwechsel[1402] allegorisch sinnfällig gemacht und am Schluß in dem viermal wiederholten Refrain »Ignorance est tournee en Congnoissance«[1403] begrifflich zusammengefaßt wird. Die Mächte der Natur und der Übernatur werden nicht wie im *Pelerinage de vie humaine* in Auseinandersetzung, sondern von vornherein in Harmonie dargestellt: die Artz liberaulx haben einen hohen Rang, da sie von Sapience divine und der Gottesmutter geführt werden. Das gesamte Bühnengeschehen spielt in der überirdischen Präexistenz Marias *vor* ihrem Erdenleben und ist ganz auf den Marienpreis hin ausgerichtet.

Zwei weitere Marienstücke, die *Moralité de Nostre Dame* (aufgeführt 1514 in Draguignan) und die *Moralité de l'Annonciation* (aufgeführt 1546 in Béthune), sind nicht erhalten[1404], so daß nicht nachgeprüft werden kann, ob sich etwa auch außerhalb der Normandie vergleichbare allegorische Sondertraditionen im Zusammenhang mit dem Marienkult entwickelt haben.

2. Das *Théâtre mystique* aus Rouen

Im Jahr 1882 hat Émile Picot unter dem Titel *Théâtre mystique de Pierre Du Val et des Libertins spirituels de Rouen au XVIe siècle*[1405] sechs Texte herausgegeben, die mit einer Ausnahme alle dem ca. 1575 entstandenen *Manuscrit La Vallière* (B. N., fr. 24341)[1406] entnommen sind. Die 74 Stücke dieser Sammelhandschrift, die dem 15. und 16. Jahrhundert angehören, sind trotz ihrer gemeinsamen Herkunft aus dem Gebiet um Rouen in inhaltlicher und formaler Hinsicht sehr heterogen und erlauben auch keine einheitliche Aussage über den religiösen Hintergrund der Sammlung[1407].

Picot hat die von ihm edierten Texte der religiösen Gruppierung der *Libertins spirituels* zugeordnet. Diese Sekte, die sich seit etwa 1534 um die Prediger Quintin und Pocque gebildet hat und einem größeren Publikum vor allem durch Calvins Angriffe bekannt geworden ist, vertritt eine Reihe von Glaubenssätzen, die sich deutlich vom orthodoxen katholischen Standpunkt entfernen, so die Lehre von den drei Stadien (des Vaters, des Sohnes und des Geistes) in der Heilsgeschichte und (*moraliter*) in der religiösen Entwicklung jedes Gläubigen, die Auffassung, daß der vom Geist Gottes Erfaßte nicht mehr sündigen könne und weder der Erkenntnis noch der

---

1402 Die allegorische Bedeutung des Motivs wird dabei offen ausgesprochen:
IGNORANCE:

J'ay recouvert ung aultre habillement.
Je sens mon cœur tenir aultre ordonnance,
Changer d'estat, changer de contenance (fol. 203^r).

1403 fol. 203^r–204^r.

1404 Nachgewiesen bei Lebègue, *Tragédie*, p. 90.

1405 Fotomech. Nachdruck Genève 1969.

1406 Ed. *Manuscrit La Vallière, fac-sim.*, Genève 1972.

1407 Cf. meine Einleitung zum Faksimile-Nachdruck, p. IV sq.

guten Werke bedürfe, die Lehre von der Indifferenz gegenüber dem Bösen – und all dies bei äußerlicher Anpassung an den überlieferten Kult[1408].

In die Nähe der *Libertins spirituels* stellt Picot auch Pierre Du Val, der nach der von ihm gebrauchten Devise »Riens sans l'esprit« als Verfasser zweier Stücke gilt. Der religiöse und literarische Werdegang dieses Autors ist sehr bezeichnend für die Wege, auf denen sich die im vorliegenden Kapitel untersuchte Literatur allmählich von der katholischen Tradition entfernt. In den Jahren 1533–1540 beteiligt Du Val sich an den *palinods* von Rouen, zweifellos noch als Katholik; aber sein »goût pour les subtilités de la théologie«[1409] führt ihn wie manchen anderen aus diesen Kreisen bald weiter von der Orthodoxie weg. 1543–1544 vertritt er in seinen lyrischen Beiträgen zum *Puy du Souverain Amour* und zum *Cercle d'Amour* eine platonisierende Liebestheologie, 1552 finden wir ihn im Londoner Exil als Verfasser eines antikatholischen Pamphlets, und 1558 stirbt er, nach dem Tod Eduards VI. aus England vertrieben, als Pastor der französischen reformierten Gemeinde in Emden[1410].

Seine beiden Theaterstücke gehören wohl in die Periode des Übergangs vom Katholizismus zum Calvinismus. Gerade hier nimmt Picot eine stärkere Berührung Du Vals mit den Ideen der *Libertins spirituels* an, während Saulnier begründete Einwände gegen diese Zuordnung erhebt, da in den Stücken wesentliche libertinistische Lehren wie die von den drei Weltaltern und der Indifferenz gegenüber dem Bösen fehlen; er stellt Pierre Du Val in dieser Zeit als Anhänger eines an Erasmus orientierten Evangelismus dar, der vielfältige religiöse Einflüsse aufgenommen habe[1411].

Auch die übrigen Stücke des *Théâtre mystique* sind in ihrer religiösen Position wohl weniger einheitlich, als es nach Picots Ausführungen den Anschein hat. Gemeinsam aber ist allen Texten der Ausgabe der im Vergleich zu den Marienstücken größer gewordene Abstand vom traditionellen Katholizismus (ohne daß sie darum *in toto* dem protestantischen Theater zugerechnet werden dürften!) und die starke Betonung einer jenseits der konfessionellen Polemik stehenden theologischen Lehrintention[1412].

[1408] Eine kurze Zusammenfassung ihrer Lehren gibt V.-L. Saulnier in seiner Edition des *Théâtre profane* von Marguerite de Navarre, nouv. éd. Genève, Paris 1963 (TLF), pp. 246–249. Cf. ferner Picot, *Théâtre mystique*, pp. 62–65; K. Müller, *Calvin und die »Libertiner«*, in *ZK* 40 (1922) pp. 83–129; H. Busson, *Le rationalisme dans la littérature française de la Renaissance (1533–1601)*, nouv. éd. Paris 1957, pp. 296–317.

[1409] Picot, *Théâtre mystique*, p. 68.

[1410] Nähere Angaben *ib.*, pp. 13–79 und V.-L. Saulnier, *L'évangélisme de Pierre Du Val et le problème des Libertins spirituels*, in *BHumR* 14 (1952) pp. 205–218.

[1411] Cf. besonders *ib.*, p. 217 sq.

[1412] Jourda stellt sie als »comédies de doctrine« zu Recht den polemischen Stücken entgegen (in É. de Moreau, P. Jourda et P. Janelle, *La crise religieuse du XVIe siècle* [Histoire de l'Église. 16], Paris 1950, p. 246).

Ich wende mich nun der allegorischen Form der einzelnen Stücke des *Théâtre mystique* zu[1413], zuerst dem *Dialogue du Contemnement de la mort* von Pierre Du Val[1414]. Ob er wirklich aufgeführt worden ist, bleibt unklar; er ist aber, seinen lebendigen Wechselreden nach zu urteilen, wohl für die Bühne bestimmt gewesen.

Le Contemnement de la mort stellt dar, wie L'Indiscret, der nicht an die Unsterblichkeit glaubt und daher maßlos den Tod eines Freundes beklagt, vom Discret belehrt wird, daß der Tod nur den Leib, nicht die Seele des Gläubigen zu töten vermag. L'Amour erscheint, unterrichtet sie über das Wesen des Todes als Lohn der Sünde und seine Überwindung durch Christus. Nachdem so der Disput zugunsten des Discret entschieden ist, bekehrt sich auch L'Indiscret zu dessen Auffassung.

Die bildliche Ausgestaltung des handlungstragenden Streitgesprächs ist nur schwach entwickelt; traditionelle allegorische Motive wie der Sündenschlaf werden zwar angesprochen[1415], aber nicht dramatisiert. An die *Moralité religieuse* erinnern allerdings die starke Lehrhaftigkeit und die Konstellation der dramatischen Figuren. Wie die jeweilige Ekphrasis zeigt, verkörpert Le Discret die vom Glauben erleuchtete, L'Indiscret die verblendete Seele »qui n'a foy ny entendement / Ny espoir«[1416]. Sie setzen also die Moralitétradition der beiden gegensätzlichen Menschenvertreter fort. Über ihnen steht die metaphysische Macht Amour als Personifikation eines göttlichen Attributs[1417]. Eine auffällige Neuerung gegenüber der traditionellen *Moralité religieuse* besteht nun darin, daß Amour sich als mit Christus identisch beschreibt[1418], d. h. daß hier sogar eine göttliche Person als außerpersönliche Wesenheit dargestellt wird! Daß eine solche »totale Allegorisierung« über den ästhetischen Bereich hinaus auch theologische Implikationen hat, kann hier nur angedeutet werden; Näheres im Schlußabschnitt.

Stärker an die Theatertradition der *Puys des palinods* erinnert Pierre Du Vals zweites Stück, die wohl zur gleichen Zeit entstandene Moralité *Nature, Loy de Rigueur, Divin Pouvoir, Amour, Loy de Grace, la Vierge*[1419]. Nature wird wegen ihrer Sünde von Loy de Rigueur fast zur

---

[1413] Nur den als Nr. III abgedruckten *Monologue de Memoyre* schließe ich aus der Betrachtung aus, weil er der dramatischen Interaktion entbehrt.

[1414] Ed. Picot, *Théâtre mystique*, pp. 121–135 (Erstdruck in *Deux dialogues de Platon*, Rouen 1547, pp. 68–82). Ungeachtet der Gattungsangabe des Titels, die sich an den beiden anderen im Erstdruck enthaltenen Texten, den Dialogen *Achiochus* und *Hipparchus* von Estienne Dolet, orientiert, wird das Stück von der Forschung (Picot, Petit de Julleville, Holl, Jonkers, Saulnier) einhellig zu den Moralités gerechnet. Datierung nach Saulnier, *Évangélisme*, p. 211.

[1415] v. 235 sq.

[1416] v. 144 sq. Nach den Titelholzschnitten des Erstdrucks sind offenbar beide als Greise aufzufassen (cf. *Théâtre mystique*, p. 110).

[1417] Cf. v. 176 »Je suys Amour divin et pasiphique«; ähnlich v. 257.

[1418] AMOUR: »En croix mourant vaincq le peché de l'homme« (v. 230).

[1419] Ed. Picot, *Théâtre mystique*, pp 137–161 (*Ms. La Vallière, fac-sim.*, Nr. 46).

Verzweiflung getrieben, bis Divin Pouvoir, von Amour bewogen, ihr Loy de Grace sendet, die baldige Hilfe verspricht. In einem Rangstreit siegt Loy de Grace über Loy de Rigueur. Darauf empfängt Nature die von der Erbsünde befreite Vierge als Garanten der künftigen Erlösung.

Im Unterschied zum *Contemnement de la mort* ist *Nature, Loy de Rigueur* stark mit überkommenen allegorischen Motiven durchsetzt. So führt der Rangstreit zwischen den beiden Gesetzen das Motiv des *Procès de Paradis* fort, inhaltlich wie in der traditionellen *Moralité religieuse* auf die Hauptpositionen *Justice* und *Grace* verkürzt[1420]. Die Ablösung von Loy de Rigueur durch Loy de Grace stellt zugleich eine Variante des unter anderem aus der *Passion Secundum legem debet mori* und dem *Triumphe des Normans* bekannten Motivs der drei *loys* dar, bei der die erste Gerichtsinstanz (das Naturgesetz) zwar fehlt, aber noch im Namen der zum Menschenvertreter umgebildeten Figur Nature erkennbar ist[1421]. Weiterhin finden sich im Text mehrere allegorische Privationsmotive wie die Sündenkrankheit[1422], die Entbehrung des Gnadenlichts[1423] und andere körperliche Mangelzustände mit geistlicher Bedeutung[1424], die zusammen stark an die Bildersprache der Moralité *Jhesucrist est mis en prison* erinnern. Parallelen bestehen auch insofern, als beide Stücke eine analoge metaphysische Situation, den Beginn der Gnadenzeit, darstellen, wobei aber *Nature, Loy de Rigueur*, der marianischen Tradition der normannischen *Puys* folgend, die Unbefleckte Empfängnis vor allem gegen Schluß stärker in den Mittelpunkt der Handlung rückt[1425]. Wie im *Contemnement* bezeichnet Amour auch hier die zweite göttliche Person[1426].

Die drei übrigen Stücke des *Théâtre mystique* tragen im Manuskript allesamt die Gattungsbezeichnung *Moral*. Die stärksten Verbindungen mit der

---

[1420] vv. 275–299 (im Schlußvers dieser Passage wird mit *Paix* auch die dritte konventionelle Figur der Gruppe angedeutet); cf. dazu Traver, *Daughters*, p. 119 sq.

[1421] Für die Deutung von Nature als *Nature humaine* spricht nicht nur die dramatische Funktion der Figur als Objekt metaphysischer Mächte, sondern auch ein direkter Hinweis aus dem Munde von Divin Pouvoir:

> C'est moy, c'est moy qui d'un rien ay faict tout
> Et creé *l'homme* a mon plaisir et goust;
> Et toutefoys, par sa grand forfaicture,
> A obligé a Peché *sa Nature*
>
> (vv. 119–122; Hervorhebungen von mir).

[1422] Nature liegt, von *Peché* gequält, krank im »lict mortel« (vv. 90 sq., 240, 338), aus dem später La Vierge unbefleckt hervorgeht (Bühnenanweisung vor v. 353).

[1423] Cf. vv. 24, 43–45.

[1424] Nature:

> Fain me detient, Frayeur m'a amortie;
> Froid, Maladye et Langueur sy m'asaillent;
> Je vis en mort et sy meurs en la vye (vv. 32–34).

[1425] Gerade die starke Betonung der Marienfrömmigkeit zeigt, daß Pierre Du Val trotz der Erwähnung der Prädestinationslehre (vv. 174–176) sich hier noch nicht völlig dem Calvinismus verschrieben hat.

[1426] Cf. vv. 224–231.

traditionellen *Moralité religieuse* dürfte unter ihnen das Stück *L'Homme fragille* aufweisen[1427]. Sein Handlungsverlauf ist sehr einfach: L'Homme fragille folgt bald den Glücksversprechungen von Concupicence, bald den Ermahnungen der Gegeninstanz Loy. Diese ruft, als er sich erneut für Concupicence entscheidet, Foy und Grace zu Hilfe, und gemeinsam gelingt es ihnen, den Menschen auf den rechten Weg zurückzubringen.

Das Stück zeigt den Menschen in traditioneller Weise im Spannungsfeld zwischen guten und bösen Mächten, deren Werben er jeweils sofort nachgibt, so daß ein Lebenswegschema vom *Omme-pecheur*-Typus (in dreimaliger Wiederholung) entsteht. Die Verbindung zwischen dem Homme fragille und Concupicence wird wie vergleichbare Relationen in den großen Moralités als allegorische Liebe dargestellt[1428]. Auch die handlungsrelevanten *vers ambigus*[1429] weisen auf bekannte allegorische Ausdrucksschemata zurück.

Loy und Grace (gemeinsam mit Foy) werden hier nicht wie in *Nature, Loy de Rigueur* in ihrem Gegensatz, sondern stärker in ihrem Zusammenwirken gezeigt[1430]. Dabei kommt dem Glauben zwar ein theologisches Übergewicht zu[1431], in der konkreten dramatischen Darstellung aber sind Glaubensstand und moralische Position in herkömmlicher Weise miteinander verknüpft. L'Homme fragille ist in der Gemeinschaft der Concupicence nicht nur ungläubig, sondern auch moralisch böse, und dementsprechend wird sein Weg zu den Glaubensinstanzen wie in *L'Omme pecheur* zugleich als Bußweg zum moralisch richtigen Verhalten aufgefaßt[1432].

Eine stärkere Ablösung der Glaubensfragen von ihren traditionellen moralischen Implikationen zeigt sich in dem Stück *Le Fidelle, le Ministre, le Suspens, Providence divine, la Vierge*[1433], das ganz im Zeichen der Prädestinationslehre steht. Le Fidelle bittet den Ministre, die Prädestination zu erläutern; Le Suspens, der anfangs eher der Werkgerechtigkeit zuneigt und Einwände gegen die neue Lehre erhebt, zeigt sich schließlich davon überzeugt und wird von da an L'Israelite genannt. Providence divine führt nun die beiden Menschenvertreter zum himmlischen Jerusalem, wo ihnen La

---

[1427] Ed. Picot, *Théâtre mystique*, pp. 199–220 (*Ms. La Vallière, fac-sim.*, Nr. 52). Datierung unsicher (ca. 1545?).

[1428] Cf. vv. 1–39. Dies ist um so verständlicher, als Concupicence begrifflich zum semantischen Feld 'körperliche Liebe' gehört und traditionell als schöne Frau dargestellt wird, obgleich sie dem geistlichen Auge »orde« (v. 238) erscheint.

[1429] »Je sens que Grace m'a touché« (v. 219) zeigt eine dramatisch-allegorische Rekonkretisierung einer bildlichen Ausdrucksweise der theologischen Sprache an; »avoir Foy« (v. 229) heißt im Kontext sowohl 'die Gestalt Foy bei sich haben' (allegorische Fiktion) wie auch 'glauben' (allegorische Bedeutung).

[1430] Cf. vv. 281, 308–310. Loy und Foy werden dementsprechend nach der allegorischen Konvention als Schwestern bezeichnet (v. 194).

[1431] Sogar die Rechtfertigung *sola fide* wird ausdrücklich gelehrt (v. 321 sq.).

[1432] Dies zeigt sich besonders in der Beichtszene (vv. 266–287).

[1433] Ed. Picot, *Théâtre mystique*, pp. 171–198 (*Ms. La Vallière, fac-sim.*, Nr. 36). Datierung unsicher (ca. 1545?).

Vierge anhand einer allegorischen Topographie die Heilstaten Gottes erläutert.

Im ersten Teil (vv. 1–310) sind kaum allegorische Motive ausgebildet, die Funktion der traditionellen Lehrinstanzen übernimmt hier Le Ministre, der die Bezeichnung des protestantischen Pastors trägt[1434]. Der zweite Teil (vv. 311–579) bringt die aus der allegorischen Schriftdeutung bestens bekannte Allegorie Jerusalems, die – ähnlich wie im *Pelerinage de vie humaine* – wenigstens ansatzweise zu einer dramatischen Handlung, dem Gang zur »saincte cité«, ausgeweitet wird.

Die große Bedeutung der Prädestinationslehre, die im zweiten Teil dadurch unterstrichen wird, daß Providence divine als allegorische Führerin auftritt, hat Petit de Julleville bewogen, von einem protestantischen Verfasser zu sprechen[1435], während Jonkers einwendet, daß die hier ebenfalls stark herausgehobene Heilsfunktion Marias einer solchen konfessionellen Zuordnung entgegenstehe[1436]. Wichtiger als die abstrakte theologische Position des Stücks ist für meinen Forschungsansatz aber ihre Auswirkung auf die allegorische Bühnenfiktion.

Hier hat die neue Auffassung vom Glauben als einzigem Rechtfertigungsgrund und Heilskriterium dazu geführt, daß die Opposition zwischen den beiden Menschenvertretern nicht mehr auch ihr moralisches Verhalten betrifft, wie es noch für *L'Homme fragille* selbstverständlich ist, sondern nur noch den Grad ihrer theologischen Einsicht. Le Suspens wird nicht als der dem weltlichen Genuß hingegebene Sünder dargestellt, sondern ausschließlich als der religiös Zaudernde, der den rechten Glauben noch nicht besitzt. Dementsprechend wird diese Phase auch nicht in herkömmlicher Weise durch eine formelle Bekehrung mit Buße abgeschlossen, sondern nur durch einen religiösen Erkenntnisprozeß (vv. 220–249), der den Suspens zum »parfaict Israelite«[1437], d. h. zum Bürger des himmlischen Jerusalem macht. Die theologisch begründete Abweichung von der alten Darstellungsweise schlägt sich auch in einer Neuerung des Lebenswegschemas nieder: beide Menschenvertreter werden gerettet – ein Handlungstypus, der in der traditionellen *Moralité religieuse* noch nicht erscheint.

Die Ablösung von den Konventionen der alten Moralité setzt sich auch im letzten Stück der Ausgabe von Picot, *L'Afligé, Ignorance et Congnoisance*[1438], fort, das nach einer Bemerkung im Text, auf die ich weiter unten noch eingehe, als einziges sicher datiert werden kann, und zwar auf das Jahr 1545. Seine Handlung läßt sich ohne unzulässige Vereinfachung in einem einzigen Satz zusammenfassen: L'Afligé klagt darüber, daß Ignorance

---

[1434] Cf. besonders v. 311 »A Dieu pasteur, ministre de l'Eglise«.

[1435] *Répertoire*, p. 65.

[1436] *Protestantisme*, p. 34.

[1437] v. 279.

[1438] Ed. Picot, *Théâtre mystique*, pp. 221–236 (*Ms. La Vallière, fac-sim.*, Nr. 62).

Gewalt über ihn habe, ruft Congnoisance herbei, die Ignorance mit Argumenten bezwingt und dadurch dem Afligé zum Glauben verhilft.

Dieses Bühnengeschehen wirkt zunächst ganz traditionell: als eine allegorische Auseinandersetzung zwischen antagonistischen Mächten um die Vorherrschaft über den Menschen. Die Kampfbildlichkeit ihres Gesprächs beruht wesentlich auf der geläufigen Metapher vom 'Schwert des Geistes' (nach Eph. 6, 17), das hier als allegorisches Attribut der Congnoisance in die dramatische Handlung eingeführt wird[1439]. Congnoisance richtet dieses Schwert, das im Widerspruch zu der ihm inhärenten Bildlichkeit nicht Tod, sondern Leben bringt[1440], gegen Ignorance, um so die 'Unwissenheit' zu vernichten[1441]. Im Bewußtsein ihrer Niederlage bittet Ignorance selbst um den Schwertstreich, *fällt* aber daraufhin nicht (wie es der Logik des Bildes entspräche), sondern *bekehrt* sich wie ein veränderbarer Mensch zu Congnoisance und bekennt ihre Schuld:

> Je me congnoys pour pecheresse et folle.
> A! Congnoisance, en trufle et faribolle
> L'Homme afligé j'ey trop long temps instruict (vv. 230–232).

Nun kommen zwar auch in der traditionellen *Moralité religieuse* vereinzelt Bekehrungen allegorischer Instanzen vor, aber nur als Ersatz für die Bekehrung der in den entsprechenden Stücken nicht dramatisch realisierten Menschenvertreter, wie ich ausführlich nachgewiesen habe[1442]. Eine solche Deutung scheidet für *L'Afligé* aus, da hier mit der Titelfigur ein echter Repräsentant des Menschen auftritt, der zudem selbst durch das Schwert des Geistes bekehrt wird[1443]. Die Bekehrung von Ignorance ist also auch über die genannte theatertechnische Hilfskonstruktion nicht mehr mit der Auffassung vom unveränderbaren metaphysischen Status der Wesenheiten vereinbar, auf der die allegorische Darstellung der traditionellen *Moralité religieuse* wesentlich mit beruht.

In der Tat wird Ignorance, die formal den Charakter einer allegorischen Instanz hat, in *L'Afligé* nicht mehr durchgängig als zeitlose, statische Wesenheit aufgefaßt wie ähnliche Personifikationen in traditionellen Stücken, sondern soll offenbar *auch* die alte, d. h. nicht reformierte Kirche als eine

---

1439 Congnoisance: »Mon flambant glaive, au feu d'Amour forgé / Ay en mon poing« (v. 128 sq.).

1440 Nicht das Schwert (d. h. der Geist) tötet, sondern der Buchstabe (nach II Cor. 3,6). Cf. dazu Ignorance: »Le glaive occit«; Congnoisance: »Ainsy faict bien la lestre« (v. 184).

1441 Congnoisance: »Mon flambant glaive ay contre toy dresé; / Ne le crains point: y [= il] donne vye a l'ame« (v. 218 sq.). Schon der zweite Vers dieses Zitats, der das in v. 184 Gesagte verdeutlicht, wendet sich nicht an die Instanz 'Unwissenheit', sondern an eine quasi menschliche Gestalt.

1442 Cf. oben pp. 88–92.

1443 L'Afligé:

> Ce flambant glaive a faict mon ame monde,
> Et mon esprit en Foy fortifyé (v. 248 sq.).

historische und insofern auch als wandelbar gedachte Institution verkörpern. Dafür spricht nicht nur ihre zur Datierung herangezogene Bemerkung, sie herrsche seit nunmehr 1545 Jahren (seit dem Beginn der christlichen Zeitrechnung!) über den Menschen[1444], sondern auch die Tatsache, daß sie nach der katholischen Lehre die Tradition als religiöses Wahrheitskriterium hervorhebt[1445] und den besonderen Priesterstand verteidigt[1446], während umgekehrt Congnoisance für das allgemeine Priestertum aller Gläubigen und die Rechtfertigung *sola fide* eintritt[1447] und damit Züge einer Verkörperung reformerischer Ideen annimmt[1448].

Die Bekehrung von Ignorance ist insofern weder als bildlicher Ausdruck eines überzeitlichen (ontologischen oder moralischen) Sachverhalts noch als Vorwegnahme eines eschatologischen Geschehens zu verstehen, sondern vielmehr als allegorische Verschlüsselung eines als historisch, ja sogar als aktuell gedachten Ereignisses: der Reform der Kirche in der Gegenwart. Gerade die historische Einmaligkeit aber gehört *nicht* zu den Darstellungsprinzipien der traditionellen *Moralité religieuse*! Damit ist an einem Beispiel aufgezeigt, wie die neue religiöse Position auf die überkommene allegorische Form zurückwirkt und sie verändert.

3. Die *Moralité du Porteur de Pacience*

Eine Sonderstellung nimmt in mancherlei Hinsicht die *Moralité du Porteur de Pacience* ein, die ebenfalls im *Manuscrit La Vallière* überliefert ist[1449]. Auffällig ist aber hier vor allem die Verbindung von ernsthafter religiöser Aussage und farcenartiger Form, die sich nicht nur in niederer Sprachebene, Farcenschluß, eingeschobener Liedstrophe, lebhaftem, gelegentlich witzigem Dialog und typisierender Bezeichnung der Figuren äußert, sondern auch in der Handlungsvorlage eines alltäglichen Ehestreits, wie er sich in vielen Farcen findet.

Le Maistre klagt über die Sünden- und Bußlast, die ihm aus einer ehelichen Verfehlung erwachsen ist, und möchte einen Teil davon seiner Frau

---

1444 »Mil cinq cens ans, quarante cinq compris, / J'ey eu de luy cure, et pour sa sequelle« (v. 206 sq.).

1445 v. 48.

1446 vv. 158–160.

1447 vv. 161–168.

1448 Ich möchte das Stück allerdings weder pauschal dem Protestantismus (*Répertoire*, p. 32) noch den *Libertins spirituels* (Holl, *Tendenzdrama*, p. 130; cf. auch Jonkers, *Protestantisme*, p. 35 sq.) zuordnen und es vor allem nicht auf die Konfessionspolemik reduziert wissen: stärker als die zweifellos vorhandenen polemischen Ansätze ist auch hier noch der Wille zur ernsthaften religiösen Belehrung des Publikums.

1449 Ed. *Ms. La Vallière, fac-sim.*, Nr. 25 (fol. 117^r–123^v). Picot datiert das Stück auf ca. 1535 (*BSHP* 41, 1892, p. 578), allerdings nur nach einem vagen Indiz (cf. *ib.*, p. 580 n. 1).

aufbürden. Darüber kommt es zwischen ihnen zum Streit, der vom Badin mit dem sprechenden Namen Rinche Hanaps (etwa 'Leer-die-Becher', 'Saufaus') weiter geschürt wird, bis ein Lied die Gemüter beruhigt. In der nächsten Szene erscheinen zwei Hermites, denen der Diener sogleich die Streitfrage vorlegt, ob die Frau die Sündenlast ihres Mannes mittragen müsse. Sie bejahen. Die Frau sträubt sich zuerst vehement gegen dieses Ansinnen, geht dann darauf ein, kann die Last aber nicht tragen. Auch Le Badin ist nicht bereit, seinem Herrn in dieser Hinsicht beizustehen. Die Frau fordert schließlich ihren Mann auf, die ihm vom Priester auferlegte Buße selbst zu tragen, und jetzt stimmen ihr auch die Hermites zu: »Tout pecheur doibt porter la somme / de tous les pechés qu'il a fais«[1450].

Diese Schlußmoral wird von Petit de Julleville und Picot als protestantisches Indiz gewertet[1451], während Holl und Jonkers aufgrund der Erwähnung der kirchlichen Beicht- und Bußpraxis die These vertreten, der Verfasser sei Katholik[1452]. Beide Seiten behaupten mehr, als sie positiv am Text belegen können. Das Stück ist konfessionell nicht eindeutig zu fixieren; es ist zwar – schon wegen seiner farcenhaften Elemente – nicht der traditionellen *Moralité religieuse* zuzurechnen, hebt sich aber auch vom protestantischen Theater im engeren, konfessionspolemischen Sinn ab, von dem im zweiten Band meiner Untersuchung zu reden sein wird. Die didaktische Intention des *Porteur de Pacience* ist trotz einiger kritischer Bemerkungen gegenüber den Hermites[1453] primär auf die religiöse Unterweisung des Zuschauers, nicht auf die konfessionelle Auseinandersetzung gerichtet.

Die allegorischen Züge des Stücks treten nicht sogleich zutage, da die Figuren nicht durch begriffliche Namen als Personifikationen charakterisiert sind. Als allegorisch erkennbar ist immerhin der wichtigste Teil der Bühnenhandlung, der auf dem wörtlichen Ausspielen der konkreten Grundbedeutung des Verbs *porter* in figürlichen Wendungen wie *porter ses pechés* oder *porter ses penitences* beruht und dem Stück auch seinen Titel gegeben hat. Da Bühnenanweisungen fehlen, muß der Vorgang aus dem Dialog erschlossen werden.

1450 fol. 123^{v}.

1451 »Pièce protestante, au moins de tendance, car elle est directement hostile au dogme de la communion des Saints« (*Répertoire*, p. 98); ähnlich Picot (*BSHP* 41, 1892, p. 579), der das Stück infolge dieser Beurteilung unter die *Moralités polémiques* einreiht. Vergegenwärtigt man sich einmal das unverschämte Ansinnen des Maistre an seine Frau, so stellen sich einige Zweifel ein, ob hier wirklich die recht verstandene Lehre von der *communio sanctorum* in Frage steht.

1452 Holl, *Tendenzdrama*, p. 72; ähnlich Jonkers (*Protestantisme*, p. 26), der hinzufügt: »Il est bien probable que l'auteur ne s'est nullement douté qu'il s'écartait de la doctrine de l'Église«.

1453 Cf. etwa Le Badin: »A veoir leur vesture et layne, / se [= ce] sont deulx couvers ypochrites« (fol. 119^{v}). Auch die Darstellung ihres sich je nach den Umständen rasch wandelnden theologischen Urteils (cf. fol. 119^{v} und 123^{r}) könnte in diese Richtung gehen.

Nachdem die Frau sich bereit erklärt hat, ihres Mannes Sündenlast zu übernehmen, laden ihr die Hermites mit den Worten »Pourtant cecy vous porterés«[1454] ein schweres Bündel auf, unter dessen Gewicht sie zu stöhnen beginnt und schließlich trotz der Unterstützung ihres Mannes zusammenbricht:

Le premier Hermite
Marchés, marchés, faulce deablesse!
La Femme
An, Jesus!
Le Badin
Vous la greverés.
Voyés qu'el est en grand detresse;
et [= hé!] ne portés plus, ma metresse,
pourveu qu'il ne vienne a plaisir.
Le Maistre
Pour vous oster de desplaisir,
sa, sa, je vous suporteray.
La Femme
A, Nostre Dame, je cherray.
Me voela toute plate a terre (fol. 121v–122r)[1455].

Von dem handlungsrelevanten Ambiguität-Wortspiel mit *porter* ausgehend, das sich übrigens in ähnlichem Kontext schon in der traditionellen *Moralité religieuse* findet[1456], könnte man versuchen, auch auf den allegorischen Charakter anderer dramatischer Elemente zu schließen, also etwa die an Farcentypen erinnernden Figuren zugleich als Repräsentanten religiöser Haltungen oder Lehrmeinungen zu interpretieren. Ein gewisses Maß an Plausibilität erreicht eine solche allegorische Deutung aber nur für den Maistre als die Verkörperung des sündenbeladenen Menschen, kaum für die übrigen Figuren. Die Tatsache, daß trotz des allegorischen Charakters der zentralen Handlung ein *durchgehender* allegorischer Sinn des gesamten Stücks nicht mit Sicherheit konstatiert werden kann, läßt *Le Porteur de Pacience* wohl am deutlichsten aus der Tradition der *Moralité religieuse* heraustreten.

1454 fol. 121v.

1455 Der Wortspielcharakter der *porter*-Handlung wird unmittelbar im Anschluß an diese Szene vom Badin dadurch unterstrichen, daß er noch eine dritte Bedeutungsnuance des Verbs ('ein Kind tragen') in seiner Rede anklingen läßt:
Dea, vous debvés sçavoir et croire
qu'el ne porte que sus le ventre,
encor se [= ce] fardeau luy entre
jusques aulx eschines (fol. 122r).
Auch das Wort *somme* der oben zitierten Schlußmoral enthält neben der Bedeutung 'Totalität' (< *summa*) die der 'Last' (< *sagma*) und unterstützt so nochmals die dramatische Rekonkretisierung von *porter*.

1456 Cf. den Beleg oben Anm. 990.

4. Das »profane« Theater der Marguerite de Navarre

Ich habe im vorigen Kapitel die biblischen Stücke der Marguerite deshalb an den Schluß gestellt, weil sie zwar aus der Tradition der Mystères hervorgewachsen sind, sich aber in mancher Beziehung weit von deren Gattungskonventionen entfernt haben. Ähnliches gilt von den meisten ihrer anderen Stücke im Verhältnis zur *Moralité religieuse*. Saulnier hat sie in einem Sammelband unter dem etwas mißverständlichen Titel *Théâtre profane* herausgegeben – mißverständlich deshalb, weil es sich ja seiner didaktischen Intention nach zumindest überwiegend um religiöses, wenn auch nicht um biblisch gebundenes Theater handelt. Sckommodau hat denn auch zu Recht den größeren Teil des *Théâtre profane* den *Religiösen Dichtungen Margaretes von Navarra* (so der Titel seines Buches) zugerechnet[1457].

Die religiöse Position der Marguerite de Navarre, der für die Einzelinterpretation der Stücke großes Gewicht zukommt, ist in der Forschungsgeschichte sehr verschieden gedeutet worden. Die Auffassung Abel Lefrancs[1458], Marguerite sei Protestantin, darf in dieser undifferenzierten Form als überwunden gelten. Man weiß heute aufgrund genauer biographischer Untersuchungen, daß sie im Lauf ihres Lebens vielfältigen religiösen Einflüssen ausgesetzt gewesen ist, darunter denen des Erasmus, der *Libertins spirituels*, vor allem aber der sogenannten Reformer von Meaux (Lefèvre d'Étaples, Briçonnet, Roussel und Michel d'Arande)[1459]. Wenn auch die Kontroverse im einzelnen noch nicht abgeschlossen ist, so besteht doch für den hier interessierenden Zeitraum zwischen ca. 1535 und 1549 eine gewisse Einigkeit über die Grundlinie ihrer Religiosität, eine manchmal als »mystisch« bezeichnete, besser: spiritualistische Haltung in Distanz sowohl zu den offiziellen Verlautbarungen der Sorbonne wie auch zur Strenge eines Calvin.

[1457] Zur Frage, wieweit der Terminus »profan« hier angemessen ist, cf. *Théâtre prof.*, p. 22. Ich benutze den Titel von Saulniers Edition im folgenden nur als Chiffre zur Bezeichnung der Gesamtheit der nicht-biblischen Stücke Marguerites.

[1458] *Les idées religieuses de Marguerite de Navarre d'après son œuvre poétique (Les »Marguerites« et les »Dernières Poésies«)*, in *BSHP* 46 (1897) pp. 7–30, 72–84, 137–148, 295–311, 418–442; 47 (1898) pp. 69–81, 115–136.

[1459] Zu ihrer religiösen Entwicklung cf. etwa P. Jourda, *Marguerite d'Angoulême*; L. Febvre, *Autor de l'Heptaméron. Amour sacré, amour profane*, Paris 1944, 2e éd. 1971 (verzichtet ausdrücklich auf eine Etikettierung ihrer religiösen Position!); H. Sckommodau, *Die religiösen Dichtungen* (betrachtet Marguerite im wesentlichen als Mystikerin); A. Renaudet, *Humanisme et Renaissance*, Genève 1958 (zu Marguerite cf. pp. 217–235, sie gilt als Protestantin mit zwei »mystischen« Perioden 1521 und 1542); J. L. Allaire, *L'évangélisme de Marguerite de Navarre*, Phil. Diss. Wayne State Univ. 1966. – Zum Einfluß der Reformer von Meaux, besonders des Bischofs Briçonnet, cf. neben den genannten Werken Ph. A. Becker, *Marguerite, duchesse d'Angoulême, et Guillaume Briçonnet, évêque de Meaux, d'après leur correspondance manuscrite, 1521–1524*, Paris 1901; H. Heller, *Marguerite de Navarre and the Reformers of Meaux*, in *BHumR* 33 (1971) pp. 271–310 (mit weiteren Literaturangaben).

Eine solche vergleichsweise vage Abgrenzung von Marguerites religiöser Position mag vorläufig als Hintergrund für die Interpretation ihres *Théâtre profane* genügen. Ich betrachte dabei die Stücke nicht primär als religionsgeschichtliche Dokumente, sondern als Glieder der allegorischen Theatertradition des 15. und 16. Jahrhunderts.

Saulnier hat die Stücke seiner Sammlung mit historisch-kritischen Einleitungen versehen[1460] und in folgende chronologische Reihenfolge gebracht:

1. *Le Mallade* (1535),
2. *L'Inquisiteur* (1536),
3. *Deux Filles, deux Mariées* (1542),
4. *Trop, Prou, Peu, Moins* (1544),
5. *Comédie sur le Trespas du Roy* (1547),
6. *Comédie de Mont de Marsan* (1548),
7. *Comédie du Parfait Amant* (1549).

Seine Jahresangaben beruhen mit Ausnahme der im Titel datierten *Comédie de Mont de Marsan* auf zum Teil anfechtbaren historisch-biographischen Deutungen des Inhalts der Stücke und sind daher nicht unumstritten. So datiert etwa Jourda die drei ersten Texte gemeinsam auf ca. 1545[1461], während Sckommodau sie unter Berufung auf R. Marichals Manuskriptstudien chronologisch weiter auseinanderrückt[1462].

Aus pragmatischen Gründen behandle ich die einzelnen Stücke in der von Saulnier vorgeschlagenen Reihenfolge, ohne mich damit all seinen Datierungen und den dahinterstehenden biographischen Deutungen anzuschließen. Nur Nr. 3 und Nr. 7, deren Zugehörigkeit zum religiösen allegorischen Theater nicht gesichert ist, stelle ich gemeinsam an den Schluß meiner Einzelanalysen, die auch hier vorwiegend der allegorischen Form gelten.

Das erste Stück, *Le Mallade*[1463], zeigt folgenden Handlungsverlauf: Der Kranke lehnt die ihm von seiner Frau angebotenen abstrusen Hausmittel ab und schickt nach einem Arzt, während seine Dienerin ihm Heilung durch unmittelbare Hilfe Gottes verspricht. Der auf sein Wissen bauende Arzt untersucht den Kranken und verschreibt ihm eine Medizin, die Dienerin aber heilt ihn plötzlich auf wunderbare Weise. Der Arzt wird selbst Zeuge dieses Geschehens, bleibt aber skeptisch.

Einer vordergründigen Betrachtung mag dies als mimetische Handlung zwischen typisierten Einzelgestalten erscheinen; es gibt aber unbezweifelbare Indizien dafür, daß Marguerite ihrem Stück einen zweiten, geistlichen Sinn unterlegt hat. In den Unterhaltungen zwischen dem Mallade und der

---

[1460] Für besonders schwierige Textstellen sei auf seine textkritischen Anmerkungen verwiesen: *Études critiques sur les comédies profanes de Marguerites de Navarre*, in *BHumR* 9 (1947) pp. 36–77.

[1461] *Marguerite* II, p. 1123 sq.

[1462] *Le Mallade*: 1530–1543, *L'Inquisiteur*: 1535–1543, *Deux Filles*: vor 1547 (*Dichtungen*, p. 120, bes. Anm. 513).

[1463] Ed. Marguerite de Navarre, *Théâtre prof.*, pp. 3–33.

Chambriere tritt immer mehr die religiöse Problematik in den Mittelpunkt, wird die Krankheit als *Sündenkrankheit* erkennbar[1464]. Die allegorische Bedeutung der Heilung wird zusätzlich durch das Homonymenwortspiel *sain / sainct* gestützt[1465]: die 'Heilung' erscheint damit vollends als ein Bild der 'Heiligung', d. h. der Erlangung des Gnadenstandes.

Steht aber eine allegorische Bedeutung des vordergründigen Bühnengeschehens einmal fest, dann verlieren auch die Figuren den Charakter bloßer Typen und werden zu Repräsentanten religiöser Haltungen, Institutionen oder ähnlicher außerpersönlicher Wesenheiten. Einig ist sich die Forschung im wesentlichen über die Bedeutung des Kranken, seiner Frau und des Arztes: Le Mallade verkörpert die dumpfe und von der Sünde beschädigte menschliche Seele, daneben vielleicht *auch* die Christenheit insgesamt; La Femme den Aberglauben, der Heil aus der Befolgung abstruser Praktiken verspricht; Le Medecin schließlich die auf ihre geistliche Autorität pochende, aber gegenüber dem freien Wirken des Geistes weitgehend verschlossene Kirche[1466]. Dagegen gehen die Ansichten über den *sensus allegoricus* der Chambriere je nach der Auffassung von Marguerites Religiosität weit auseinander: für Jourda repräsentiert sie die evangelische Lehre[1467], für Sckommodau eine mystische Instanz in schroffem Gegensatz zum »neuen Glauben«[1468], für Saulnier »la Foi qui sauve, sans saignée, l'enthousiasme nu, l'élan pur d'amour vers Dieu«[1469].

Wie immer man sich in der Einzelinterpretation entscheidet, fest steht, daß die vier Figuren nach ihrer dramatischen Funktion im Stück nicht auf einer Ebene nebeneinanderstehen, wie es nach ihrer Charakterisierung als »les quatre attitudes possibles de l'âme entre monde et Dieu«[1470] scheinen könnte, sondern deutlich zweigeteilt sind: einem Vertreter des sündigen

---

1464 Cf. vv. 61–122, 241–288; ganz deutlich v. 275 »Vostre mal, qui vient de péché«. Auch die Heilmittel gewinnen vor diesem Hintergrund allegorische Bedeutung: statt *saignée* und anderer *traitemens* wird »seulle foy« (v. 373; cf. v. 79) empfohlen. Das allegorische Motiv 'Krankheit und Heilung' ist sowohl in der traditionellen *Moralité religieuse* (cf. oben pp. 201–203) wie auch in der protestantischen Konfessionspolemik (*La Maladie de Chrestienté*, *Le Pape malade* etc.; Näheres im II. Band) weit verbreitet. Saulnier nimmt unter Berufung auf ihren Briefwechsel an, Marguerite habe die Arztmetaphorik von Briçonnet übernommen (*Théâtre prof.*, pp. 5–7); bei der großen Verbreitung des Motivs sind aber auch andere, weniger persönliche Herleitungen möglich.

1465 La Chambriere verspricht dem Kranken: »Car sainct serez en vérité« (v. 280), und dieser bestätigt gleich darauf dem Arzt: »Monsieur, je suis sain« (v. 295). An beiden Stellen ist ungeachtet der Schreibung sowohl *sain* wie *sainct* zu hören, beide sind *vers ambigus*!

1466 So etwa Jonkers, *Protestantisme*, p. 51 sq.; Jourda, *Marguerite* I, p. 494; Saulnier, *Théâtre prof.*, p. 8; Sckommodau, *Dichtungen*, pp. 123–125.

1467 *Marguerite* I, p. 494; noch dezidierter im Handbuch *La crise religieuse du XVIe siècle*, p. 245.

1468 *Dichtungen*, p. 125.

1469 *Théâtre prof.*, p. 8.

1470 *ib.*, p. 7.

Menschen (Le Mallade) stehen als Ratgeber drei Heilsinstanzen von verschiedener Machtfülle gegenüber. Der kategoriale Unterschied zwischen beiden Arten von Figuren tritt an den Kriterien der metaphysischen Macht und Unveränderbarkeit zutage: Le Mallade wandelt sich im Verlauf des Stücks vom Sünder zum Geretteten und ist in seiner Patientenrolle im wesentlichen Objekt fremder Heilungsversuche, während seine drei Ratgeber ihre jeweilige Haltung unverändert beibehalten und als Mächte auftreten. Bei der funktionalen Analyse der vier Figuren wird somit eine bekannte Konstellation der *Moralité religieuse* erkennbar.

Damit soll freilich nicht gesagt werden, daß die traditionelle Darstellungsweise hier noch in allen Punkten gültig wäre. Die Ratgeber sind beispielsweise nicht einfach moralisch polarisiert, sondern vertreten abgestufte religiöse Positionen. Die Tatsache, daß die Figuren überhaupt eine über die Vordergrundhandlung hinausweisende Bedeutung haben, muß im Unterschied zur traditionellen *Moralité religieuse*, deren Personifikationen im allgemeinen durch begriffliche Namen und allegorische Ekphraseis charakterisiert sind, die *unmittelbar* auf ihre Bedeutung hinzielen, hier erst aus anderen, im Text versteckten allegorischen Indizien erschlossen werden. Anders als im personifizierenden Theater des 15. Jahrhunderts ist die Vordergrundhandlung des *Mallade* (die Darstellung einer wunderbaren Heilung) weitgehend auch mimetisch schlüssig. Das Stück erinnert insofern an die in Kapitel IV behandelten Moralités auf der Grundlage christlicher Allegorese, allerdings mit dem wichtigen Unterschied, daß Marguerite die mimetische Stoffvorlage nicht aus der literarischen Tradition übernommen und dann allegorisiert, sondern selbst erfunden, aber zugleich auf eine allegorische Deutung hin angelegt hat.

Scheinbar mimetisch ist auch der Inhalt des Stücks *L'Inquisiteur*[1471]. Der Inquisitor ruft die Kinder, die vor seinem Fenster spielen, verärgert dazu auf, sich lieber um nützliche Dinge wie die Kenntnis von Gut und Böse zu kümmern, wird aber von ihnen verlacht. Die Kinder rechtfertigen ihre fröhliche Sorglosigkeit und bekehren am Ende sogar den Inquisitor und seinen Diener zu ihrer Lebensauffassung.

Den ersten Ansatzpunkt für eine nicht-buchstäbliche Deutung bieten hier die *enfans*. Trotz ihrer »Kindersprache«[1472] weisen sowohl der von ihnen gesungene Psalm (in der französischen Übersetzung von Marot)[1473] wie auch ihr theologisch wohlfundiertes Glaubensbekenntnis[1474] darauf hin, daß es sich nicht um Kinder im wörtlichen Sinn handelt. Was bedeuten die *enfans* aber dann? Die Antworten der Forschung sind auch hier vielfältig. Lefranc sieht in den Kindern »le peuple simple et droit« als Repräsentanten des Protestantismus[1475]. Saulnier deutet sie als allegorische Verschlüsselungen historischer Personen, nämlich der Gruppe von Reformern und Intellek-

---

1471 Ed. *ib.*, pp. 35–81. 1472 Cf. vv. 389–433. 1473 vv. 283–365.
1474 vv. 440–471. 1475 *BSHP* 46 (1897) p. 146.

tuellen verschiedenster Couleurs, die Marguerite im Jahr 1536 um sich versammelt hat[1476]. Diese Idee wird von Jonkers in seiner Amsterdamer Antrittsvorlesung mit großer Zurückhaltung aufgenommen[1477]; desgleichen von Sckommodau, der auch Lefrancs These verwirft und in den Kindern vielmehr ein Symbol für Menschen sieht, »die im Stande aktueller Sündlosigkeit leben«[1478].

Dem biblischen Pathos von Marguerites Religiosität am ehesten angemessen scheint mir bei der allegorischen Entschlüsselung das Verfahren, das Bild der Kinder von den biblischen Stellen herzuleiten, die dem kindlichen Sein eine besondere Gottesnähe und damit Vorbildlichkeit für alle Menschen zuschreiben. Ich denke dabei nicht nur an die schon von Petit de Julleville herangezogene Stelle Ps. 8, 3[1479], sondern auch an Marc. 10, 14 sq. = Luc. 18, 16 sq. »Sinite parvulos venire ad me, et ne prohibueritis eos: talium enim est regnum Dei. Amen dico vobis, quisquis non receperit regnum Dei velut parvulus, non intrabit in illud.« Gerade das *velut* des zuletzt zitierten Satzes führt von wirklichen Kindern zum 'Kindsein' als bildlichem Ausdruck eines Zustands des Vertrauens und der sorglosen Erlösungsgewißheit, den auch Erwachsene erlangen, wenn sie 'Kinder Gottes' werden[1480]. Als entscheidendes Charakteristikum der Gotteskindschaft nennt das Stück die Abwesenheit jeglicher Anmaßung gegenüber Gott[1481] als Folge der geistlichen

---

1476 »Et les enfants de notre farce, les Janot, Perot, Jacot, Thierrot, Clerot, Thienot, représentent en fait ses protégés vivants, ses propres ›enfans‹ à elle« (*Théâtre prof.*, p. 38). Saulnier nennt die Namen Antoine du Moulin, Boysonné, Bonaventure des Périers, Dolet, Nicolas Bourbon, Visagier, Clément Marot. Er versucht sogar konkrete Identifikationen: »On peut reconnaître, sous Janot, Calvin (plutôt que Visagier); Clérot est évidemment Clément Marot; Thiénot peut être Dolet« (p. 39 note), setzt aber hinzu: »On pourrait d'ailleurs se refuser à ces identifications de détail sans rejeter l'identification collective des Enfants avec les clients de la reine« (*ib.*). Leider trägt eine solche Entschlüsselung, die sich aus Saulniers insgesamt biographischer Deutung des *Théâtre profane* ergibt, gerade zum Motiv der *Kinder* nur wenig Erhellendes bei. So gibt er nicht etwa Belege dafür, daß Marguerite ihre Schützlinge als »enfants« bezeichnet habe, sondern tut es nur seinerseits (s. o.) – ein philologisch wenig beweiskräftiges Verfahren, wie man zugeben wird.

1477 *De tolerantie-gedachte in »L'Inquisituer« van Marguerite de Navarre*, Groningen 1965, p. 9.

1478 *Dichtungen*, p. 125.

1479 »Ex ore infantium et lactantium perfecisti laudem propter inimicos tuos« (Matth. 21,16 von Christus zitiert); cf. *Répertoire*, p. 76.

1480 Die Bezeichnung der Erwählten als *filii Dei* gehört zum Gemeingut der biblischen Bildersprache; sie findet sich besonders in den Paulinischen Briefen (Rom. 8,14.16.21; 9,8.26; Gal. 3,26), aber auch anderweitig (etwa Deut. 14,1; Ps. 88 (89),7; Matth. 5,9; Luc. 20,36; Joh. 1,12; I Joh. 3,1 sq.). In *L'Inquisiteur* wird der Begriff wörtlich übernommen (v. 450); cf. auch vv. 211–242.

1481 PÉROT: Enfance ne cuyde rien estre,
Ne rien pouvoir, ne rien valloir:
Dieu seul tient pour père et pour mestre,
Qui est seul aistre et seul pouvoir (vv. 464–467).

Wiedergeburt[1482]. Von der allegorischen Tradition her gesehen, gehört Marguerites »Wörtlichnehmen« der Gotteskindschaft zum Verfahren der allegorischen Rekonkretisierung, d. h. des buchstäblichen Ausspielens konventioneller Sprachbilder.

Durch den allegorischen Charakter der Kinder gewinnen auch der Inquisitor und sein Diener sekundär gewisse überindividuelle Züge[1483]; ein allegorisches Handlungsmotiv nach Art des *Mallade* ist aber nicht ausgebildet. Immerhin tritt nach der Bekehrung der Verfolger die allegorische Bildlichkeit stärker hervor:

PÉROT
Venez, et vous nous mènerons
Dedans nostre maison de paix.
JACOT
Jamais nous ne vous laisserons,
Mais voullons soustenir voz faiz.
THIERROT
Les dames de nostre maison,
C'est Unyon et Charitté.
CLÉROT
L'on y menge toute saison
Le pain de vye et véritté (vv. 656–661).

Mit diesen Worten führen die Gotteskinder die Neubekehrten ins Gottesreich, das in biblischer Tradition als allegorisches Haus verbildlicht wird[1484], und geben damit dem Text einen eindeutig allegorischen Abschluß[1485].

Besonders stark allegorisiert und schwer verständlich ist das dritte Stück, *Trop, Prou, Peu, Moins*[1486]. Es führt zwei große Herren mit den Namen Trop und Prou vor, die darüber bekümmert sind, ihre großen Ohren nicht verbergen zu können. Peu und Moins, die ihnen gegenüberstehenden Niederen, die Hörner auf der Stirn tragen und darüber große Freude zeigen, möchten sie von ihrer Trauer abbringen, vermögen es aber nicht.

[1482] vv. 403–405 (nach Joh. 3,3–7). Auf die geistliche Wiedergeburt (und nicht etwa auf einen Geburts- oder Gesinnungsadel!) bezieht sich auch der Satz des Kindes THIÉNOT:

Rabbi, celle [= Enfance] qui est bien née
Sçait tout ce qu'il luy fault entendre (v. 185 sq.).

(Es dürfte sich übrigens lohnen, auch andere *bien né*-Belege, vor allem die berühmte Stelle von den »gens liberes, bien nez, bien instruictz« aus Rabelais' *Abbaye de Thélème*, einmal systematisch auf die Möglichkeit eines spezifisch *religiösen* Sinns hin zu untersuchen.)

[1483] Saulnier sucht allerdings auch diese Gestalten historisch-individuell zu entschlüsseln (*Théâtre prof.*, p. 40 sq.).

[1484] So etwa Joh. 14,2; II Cor. 5,1; I Petr. 3,5; Hebr. 3,6. Zur weiteren Ausgestaltung des Bildes *domus = patria coelestis* cf. *PL* CCXIX, col. 201 s.v. *domus*.

[1485] Jonkers' abwertendes Gesamturteil, *L'Inquisiteur* entbehre ebenso wie *Le Mallade* der »vraisemblance« (*Protestantisme*, p. 52), fällt mit der Unangemessenheit der mimetischen Wahrscheinlichkeitskategorie im allegorischen Bereich.

[1486] *Théâtre prof.*, pp. 127–201.

Schon die kurze Wiedergabe des Inhalts vermittelt einen Eindruck vom hermetischen Charakter des Stücks. Das Ganze ist so wenig auf einen kohärenten mimetischen Sinn festzulegen, daß sich bildliche Auslegungen geradezu aufdrängen. Sie setzen gewöhnlich bei der Entschlüsselung der vier Figuren und ihrer auffälligen Attribute an.

Die literarhistorische Forschung hat eine große Zahl von Deutungsmöglichkeiten vorgebracht. Wenig überzeugend ist der Versuch von Petit de Julleville, Trop und Prou als historische Personen (Kaiser und Papst), Peu und Moins als Repräsentanten des niederen Standes zu interpretieren[1487]. Die meisten Forscher haben denn auch in einer anderen Richtung nach Lösungen gesucht. Für sie verkörpern die vier Figuren paarweise zwei gegensätzliche religiöse Haltungen oder Gruppen, wobei sich die konkrete Füllung dieses Schemas jeweils nach der Deutung von Marguerites religiöser Position richtet. In Trop/Prou gegen Peu/Moins stehen nach den verschiedenen Ansätzen Katholizismus gegen *libre pensée* (F. Frank), innerhalb des Katholizismus *pharisiens* gegen *publicains* (P. Jourda), Katholizismus gegen Evangelismus (V.-L. Saulnier), Profane gegen »Erleuchtete«, d. h. mystische Quietisten (H. Sckommodau)[1488]. Es hieße über den Rahmen dieser Untersuchung hinausgreifen, wollte ich hier die einzelnen Deutungen fundiert, d. h. vom Text her und unter Einbeziehung der neuesten Forschungsergebnisse, gegeneinander abwägen, zumal die Reihe mit meiner Aufzählung noch keineswegs abgeschlossen ist und auch die jüngsten Deutungen nicht alle Fragen klären. Der Herausgeber des *Théâtre profane* entscheidet sich wegen der Komplexität der Bilder bewußt nicht für eine eindeutige Entschlüsselung der vier Figuren, sondern gibt eine ganze Palette sich überlagernder Deutungsmöglichkeiten, die hier nicht im einzelnen referiert werden können[1489].

Bunte Vielfalt herrscht auch bei der Interpretation der allegorischen Attribute. Saulnier deutet die Ohren zugleich als Zeichen der Narrheit[1490] und des Ausspähens[1491], die Hörner gar dreifach als antike Souveränitätszeichen, christliche Symbole und (über die Bedeutung *corne* 'Jagdhorn') als

---

[1487] *La comédie et les mœurs*, p. 194; cf. auch *Répertoire*, p. 249 sq. (hier erscheinen Peu und Moins als »la Réforme«). Ähnlich noch Jonkers, *Protestantisme*, p. 50. Cf. Saulniers Kritik in *Théâtre prof.*, p. 132 (auch die von Saulnier dort vorgeschlagene Variante der politisch-individuellen Deutung läßt nach seinem eigenen Eingeständnis viele Fragen offen).

[1488] Einen Überblick über die älteren Deutungen geben Saulnier, *ib.*, p. 128 sq. und Sckommodau, *Dichtungen*, pp. 127–133.

[1489] *Théâtre prof.*, pp. 131–141 *passim.*

[1490] Trop und Prou verkörpern danach die *sapientia hujus mundi*, die nach I Cor. 3,19 als *stultitia apud Deum* erscheint, während sie umgekehrt gerade die Vertreter des Gottesworts für Narren halten (nach I Cor. 1,18 und 2,14); cf. dazu vv. 707–714.

[1491] *Théâtre prof.*, p. 138 sq. Die Vorstellung des Ausspähens beruht auf der von Saulnier angenommenen Parallele in der Figurenkonstellation zwischen *Trop, Prou* und *L'Inquisiteur* (*ib.*, pp. 135–137), nach der Trop und Prou die Rolle des Inquisiteur und seines Varlet, Peu und Moins die der Kinder einnehmen.

Anspielung auf den »cri de la pensée nouvelle«[1492]. Auch Sckommodau plädiert für eine solche allegorische Mehrdeutigkeit der Attribute[1493], während H. Weinrich in seiner instruktiven Rezension von Sckommodaus Buch auf einer eindeutigen Interpretation besteht, derzufolge in den Ohren Zeichen der Täuschung und des Betrugs, in den Hörnern Zeichen der Wahrheit zu sehen wären[1494]. Es ist beim gegenwärtigen Forschungsstand nicht mit letzter Sicherheit zu entscheiden, ob die Vielzahl möglicher Entschlüsselungen, die zusammen kein kohärentes exegetisches System bilden, nur darauf verweist, daß das Sesam-öffne-dich des hermetischen Textes noch nicht gefunden ist, oder ob vielmehr Marguerite die *allegorische Polysemie* selbst intendiert[1495] und damit den Schritt von der *allegoria* zur rhetorischen Nachbarform des *aenigma* vollzogen hat. Gewisse Indizien scheinen eher für die zweite Möglichkeit zu sprechen[1496].

[1492] *ib.*, p. 140 sq. (ältere Interpretationen p. 140 n. 3 und 5). Saulniers dritter Deutungsvorschlag erscheint insgesamt wenig fundiert; beim zweiten gibt er nur allgemeine Hinweise auf Lamm und Widder als christliche Symbole, erwähnt aber nicht so naheliegende Schriftstellen wie II Reg. 22,3; Ps. 17 (18),3 oder Luc. 1,69, wo das 'Horn des Heils' (*cornu salutis*) als Bild für den göttlichen Schutz der Erwählten verwendet wird – eine mögliche Quelle, die mir um so wichtiger scheint, als der Hörnerträger Moins sich ausdrücklich auf den »beau compte« (= εὐαγγέλιον!) als Ursache seiner metaphysischen Heiterkeit beruft (v. 473).

[1493] Bei den Ohren denkt er an die des Midas, bei den Hörnern an Ovid- und Pliniusreminiszensen, betont aber vor allem den »magisch-vieldeutigen« Charakter beider Symbole (*Dichtungen*, p. 128).

[1494] *AnS* 192 (1955/56) p. 235 sq. Nach Weinrich folgt Marguerite hier dem etymologisierenden Mythos Homers von den beiden Traumpforten (*Odyss.* 19, 562 sqq.): der *hörnernen* für die Wahrträume (wegen der sprachlichen Ähnlichkeit von κέρας und κραίνω), der *elfenbeinernen* für die Trugträume (wegen der etymologischen Nähe von ἐλέφας und ἐλεφαίρομαι). Der Mythos findet sich auch bei Vergil (*Aen.* 6, 894–897). Weinrich nimmt sogar an, Marguerite habe in dem Synonymenwortspiel »Ne jouez vous jamais aux trompes?« (*Trop, Prou,* v. 581) die etymologisierende griechische Allegorie im Französischen nachzubilden versucht (*trompe* 'Rüssel', 'Trompete' und *tromper* 'Trompete blasen', 'betrügen') – ein Wortspiel übrigens, das uns schon in der traditionellen *Moralité religieuse* begegnet ist (cf. oben p. 223), wobei allerdings die semantische Komponente 'Rüssel' keine Rolle spielte. Gerade sie aber braucht Weinrich für seine Herleitung von ἐλέφας! Nicht durch Texte belegt scheint mir in Weinrichs geistvollem Interpretationsversuch auch der semantische Übergang vom Elefanten zum (Elefanten-)Ohr, ein Nexus, an dem die gesamte Deutung hängt. – Die *biblische* Symbolik des Horns wird auch bei Weinrich nur kurz gestreift.

[1495] Was aber nicht impliziert, daß alle vorgebrachten Deutungsvorschläge gleichermaßen schlüssig wären!

[1496] So verwendet Marguerite in ihrem Briefwechsel mit Briçonnet vielfach bewußt mehrdeutige Metaphern; cf. Sckommodau, *Dichtungen*, pp. 39–41. Schon Lefranc hat daher die Vermutung ausgesprochen: »La vérité c'est peut-être qu'elle ne se soucie guère de conclure, et qu'il ne lui répugne pas d'accorder une part de vérité à plusieurs systèmes mis en présence« (*Les dernières poésies de Marguerite de Navarre,* Paris 1896, p. XXXIII). Ähnlich Jourda, *Marguerite* I, p. 496.

Trotz seines hermetischen, vieldeutigen Charakters, der es von der allegorischen Norm der *Moralité religieuse* abhebt, weist das Stück *Trop, Prou* eine Reihe traditioneller allegorischer Elemente auf: die begrifflichen Namen der Figuren[1497] als Ausdruck eines Ideen- und Sprachrealismus[1498], ausführliche allegorische Ekphraseis[1499], Kleidersymbolik[1500], allegorische Relationen wie etwa die Bekanntschaft als Zeichen der Wesensgemeinschaft[1501] sowie die herkömmlichen Privations- und Restitutionsmotive[1502]. Ein tragendes Handlungsmotiv fehlt aber auch hier, so sehr ist das gesamte Bühnengespräch auf die Beschreibung allegorischer Attribute, Zustände, Eigenschaften etc. der beiden Figurengruppen ausgerichtet, die sich in unüberbrückbarer Distanz gegenüberstehen. Da ganz im Gegensatz zu den Darstellungskonventionen der älteren *Moralité religieuse* auch am Schluß keine Bekehrung oder ähnliche Wesensveränderung einer Figur eintritt, hinterläßt *Trop, Prou* bei aller sprachlichen Bewegtheit nach den Kriterien der dramatischen Allegorie einen Eindruck völliger Statik.

Nur am Rande zu erwähnen ist die *Comédie sur le Trespas du Roy*, eine stark rhetorische Totenklage in Form einer dramatischen *Bergerie*[1503]. Sie zeigt die trauernde *bergere* Amarissime, die den Tod des großen Pan beklagt, ohne sich von ihrem Gemahl Securus trösten zu lassen. Auch der Freund Agapy gibt sich seinem Leid hin, bis die Himmelsbotin Paraclesis erscheint und alle ermahnt, ihre Trauer einzustellen, da der Verstorbene selig im Paradies lebe.

1497 Die einzelnen Namen, die nach ihrer Bedeutung allesamt Stufen einer begrifflichen Hierarchie der Quantitäten zwischen *Tout* und *Rien* darstellen (cf. *Théâtre prof.*, p. 129 sq.), erinnern zwar äußerlich an ähnlich bezeichnete Personifikationen im politischen und satirischen Theater (etwa in den Stücken *Tout, Rien et Chascun, La Croix Faubin, Les Sotz qui remettent en point Bon Temps* etc.), gehören aber in ihrem spezifisch religiösen Gehalt wohl eher zur theologischen Tradition des *Tout-Rien*-Themas, die über Briçonnet zu Dionysius Ps.-Areopagita zurückführt. Cf. dazu H. Heller in *BHumR* 33 (1971) pp. 289–291.

1498 Saulnier weist darauf hin, daß es sich bei den vier Figuren um »entités proverbiales« handelt (*Théâtre prof.*, p. 130), d. h. um Verkörperungen von Wesenheiten, die in konventionell verfestigten Sprachformen erscheinen. Er erwähnt u. a. als mögliche sprachliche Quelle zweier Figuren den biblischen Spruch Matth. 20,16 (= 22,14), den Marguerite in der Form »*Prou* d'appellez y a, mais *peu* d'esluz« in ihrer *Nativité* (v. 886) zitiert. Das Wesen der Figuren wird ganz nach der allegorischen Tradition als Ausfluß ihres begrifflichen Namens verstanden (*Trop, Prou*, vv. 11–20, 71).

1499 Trop und Prou: vv. 1–110, 139–186; Peu und Moins: vv. 247–266.

1500 vv. 41–50.

1501 vv. 267–273.

1502 Etwa der geistliche Schlaf (vv. 73–76), Blindheit und Heilung (vv. 322–325) etc.

1503 Ed. *Théâtre prof.*, pp. 203–240. Zum besonderen Charakter des pastoralen Elements cf. A. Hulubei, *L'églogue en France au XVIe siècle. Époque des Valois (1515–1589)*, Paris 1938, pp. 273–275; M. I. Gerhardt, *La Pastorale. Essai d'analyse littéraire*, Assen 1950, pp. 217–220.

Die Figuren sind bis auf Paraclesis als Schäfer dargestellt[1504] und tragen überdies latinisierende bzw. gräzisierende begriffliche Namen. Es fragt sich nun, wieweit ihnen (und damit dem Stück) ein allegorischer Charakter zugeschrieben werden kann. Jourda spricht von »pasteurs allégoriques« und sieht auch in der 'Trösterin' Paraclesis eine Personifikation, die das Erwachen christlicher Gefühle in der Seele der drei Gesprächspartner symbolisiere[1505]. Saulnier versucht dagegen auch hier eine historisch-biographische Entschlüsselung, nach der das Stück den Tod von Marguerites königlichem Bruder Franz I. reflektiere[1506]. Danach steht Amarissime für Marguerite selbst, Securus für ihren Gemahl Henri d'Albret und Agapy für den Dauphin, den späteren König Heinrich II., d. h. die *bergers* sind nur scheinallegorische Verschlüsselungen historischer Individuen, und nur Paraclesis wahrt als Verkörperung des gottgesandten Trostes ein gewisses Maß an Allgemeinheit[1507], ob als metaphysische Person[1508] oder als Personifikation, sei dahingestellt. Nur eine Interpretation, der es gelänge, eine stärkere Ablösung vom konkreten historischen Anlaß in Richtung auf moralische Allgemeingültigkeit der Figuren und der Bühnenhandlung glaubhaft zu machen, könnte das Stück in die allegorische Tradition der *Moralité religieuse* einordnen.

Die *Comédie de Mont de Marsan*[1509] führt wieder stärker in den Bereich überindividueller Wesenheiten zurück. Sie stellt zunächst dar, wie La Mondaine und La Superstitieuse durch La Sage zum rechten Glauben bekehrt werden. Da erscheint überraschend die *bergere* La Ravie de l'amour de Dieu, die in höchster religiöser Ekstase von der Liebe zu ihrem Freund singt, ohne auf die verwunderten Fragen der drei anderen einzugehen. Diese erklären sie schließlich für närrisch, da eine rationale Verständigung mit ihr nicht möglich ist.

Daß die vier Figuren keine Einzelpersonen sind, sondern Repräsentanten verschiedener religiöser Lebensauffassungen, Seelenhaltungen oder Seinsformen, wird von der Literaturwissenschaft allgemein anerkannt[1510]. Umstritten

---

[1504] Selbst Gott wird als der »grand pasteur« in die bukolische Fiktion einbezogen (vv. 358, 366 etc.).

[1505] *Marguerite* I, p. 592.

[1506] *Théâtre prof.*, pp. 203–208.

[1507] *ib.*, p. 212. Ob man mit Saulnier in Paraclesis zugleich den »héraut de l'Évangélisme« (*ib.*) sehen will, hängt natürlich von der Einschätzung von Marguerites religiöser Position ab.

[1508] Cf. Joh. 14,26 »Paraclitus autem Spiritus Sanctus«.

[1509] Ed. *Théâtre prof.*, pp. 241–323. Cf. auch hierzu Hulubei, *Églogue*, p. 269 sq. und Gerhardt, *Pastorale*, p. 216 sq.

[1510] Saulnier, *Théâtre prof.*, pp. 242 und 258; Sckommodau, *Dichtungen*, p. 133. Ähnlich Jourda: »Ils ne sont pas des êtres vivants, mais des entités conçues au gré du poète« (*Marguerite* I, p. 601); wenig später spricht er von Symbolen, allerdings mit dem mißverständlichen Zusatz »des symboles vivants et peints d'après nature« (*ib.*, p. 604), der fälschlicherweise dazu verleiten könnte, den in Kap. VI behandelten Mimesisbegriff an das Stück heranzutragen. Marguerite

ist allerdings auch hier, *welche* Haltungen sie verkörpern und welche Figur Marguerite zum Sprachrohr ihrer eigenen religiösen Auffassung gemacht hat. Den Identifikationen Lefrancs (La Supersticieuse = der Katholizismus, La Sage = der Protestantismus, La Ravie = die *Libertins spirituels*)[1511] stellt Saulnier eine andere Deutung entgegen, die sich weitgehend durchgesetzt hat: »La Mondaine, ou le matérialisme amoral. La Superstitieuse, ou la bigoterie. La Sage, ou la foi intelligente. La Ravie, ou l'amour mystique d'union immédiate avec Dieu«[1512]. La Ravie vertritt, wie Saulnier ausführlich darlegt, Lehren Briçonnets und der *Libertins spirituels*[1513], deren Führer Pocque und Quintin Marguerite im Jahr 1543 an ihrem Hof in Nérac aufgenommen hat; der These vom direkten Einfluß des *Théâtre mystique* auf die *Comédie de Mont de Marsan* steht er aber sehr reserviert gegenüber[1514]. Die Folgefrage *Marguerite Sage ou Ravie?* beantwortet er mit einem abwägenden Teils-teils[1515], während Sckommodau, wie übrigens vor ihm bereits Jonkers[1516], uneingeschränkt für die Lösung *Marguerite Ravie* eintritt[1517].

Ich habe die religiöse Thematik nicht um ihrer selbst willen referiert, sondern wegen ihrer Relevanz für die allegorische Struktur von *Mont de Marsan* vor dem Hintergrund der bisher behandelten Stücke. Die religiöse Konstellation der vier Figuren entspricht nämlich weitgehend der des *Mallade*[1518], während die allegorische Struktur der beiden Stücke stark voneinander abweicht. *Le Mallade* zeigt in der funktionalen Trennung Kranker/Ratgeber noch Reste der für Moralité charakteristischen Scheidung von Menschenvertretern und Mächten, in *Mont de Marsan* aber ist dieser Unterschied weitgehend eingeebnet. Im ersten Teil (vv. 1–572) erinnert immerhin

---

selbst verwendet in diesem Zusammenhang den Terminus *estat*: »Voila l'estat de la bergère« (*Mont de Marsan*, v. 1013).

1511 *BSHP* 47 (1898) p. 124 sqq.

1512 *Théâtre prof.*, p. 242 (ausführliche Analyse der Figuren *ib.*, pp. 252–257). Ähnlich schon Jourda, *Marguerite* I, pp. 602–604. Sckommodau betont in seiner Interpretation des Stückes besonders stark den Gegensatz zwischen der Bibelgläubigkeit der Sage und der »mystischen« Frömmigkeit der Ravie, die der heiligen Texte nicht mehr bedürfe (*Dichtungen*, p. 139); dazu kritisch Weinrich in seiner oben genannten Rezension.

1513 *Théâtre prof.*, pp. 242–249 und 259 sq.

1514 *ib.*, p. 259 n. 1.

1515 *ib.*, pp. 262–266 (mit einer Übersicht über die älteren Auffassungen). Die Quintessenz seines diesbezüglichen Urteils lautet: »La Sage, c'est ce qu'elle est; la Ravie, ce qu'il lui pourrait être doux de devenir« (p. 265). Ähnlich unentschieden bleiben L. Febvre, *Autor de l'Heptaméron*, pp. 273–281 und B. Graciannette, *Essai sur la Comédie de Mont-de-Marsan*, in *BSBorda* 87, Nr. 312 (1963) p. 392.

1516 *Protestantisme*, p. 49.

1517 *Dichtungen*, bes. pp. 133 und 138.

1518 Schon Saulnier hat auf diese Parallele aufmerksam gemacht und folgende Analogien aufgestellt: La Mondaine ≃ Le Mallade, La Supersticieuse ≃ La Femme, La Sage ≃ Le Medecin, La Ravie ≃ La Chambriere (*Théâtre prof.*, p. 259).

noch die allegorische Dynamik des Bekehrungsmotivs an *Le Mallade*[1519] und insofern an die Tradition der *Moralité religieuse*; der zweite Teil (vv. 573–1015) bringt aber mit dem Auftritt der Ravie eine ganz neue Figurenkonstellation, die eher der von *Trop, Prou* ähnelt: zwei Gruppen (La Mondainne, La Supersticieuse, La Sage / La Ravie) stehen einander gegenüber, die sich gegenseitig nicht einmal zu beeinflussen suchen, zwischen denen also nach den ideenrealistischen Kriterien der mittelalterlichen Allegorie *nichts mehr geschieht*. Das zentrale allegorische Motiv, die Liebesrelation der Ravie zu ihrem *amy*, ist rein statischer Natur, und auch die anderen konventionellen Bilder[1520] werden nicht in dramatische Handlung umgesetzt. Die innere Statik der *Trop-Prou*-Konstellation führt deutlich aus der Tradition der *Moralité religieuse* heraus[1521].

Für die zwei restlichen Stücke, *Deux Filles, deux Mariées*[1522] und die der Marguerite zugeschriebene *Comédie du Parfait Amant*[1523], ist die Zugehörigkeit zum religiösen allegorischen Theater unsicher. Vor allem Saulnier betont, Marguerite habe hier keine symbolischen Intentionen wie in den anderen Stücken verfolgt, sondern »die Dinge *realistisch* beim Namen genannt«[1524]. Sein Urteil soll im folgenden kurz am Text geprüft werden.

In *Deux Filles* erörtern vier Frauen Fragen der Liebeskasuistik, worauf ihnen La Vieille eine Art Liebesorakel verkündet – ein Thema, das in Farcen wie *Le Pelerinage de mariage* oder *L'Ordre de mariage* durchaus

---

1519 Allerdings wird dort nur Le Mallade 'geheilt', hier aber neben La Mondaine auch La Supersticieuse, die vorher versucht hat, die erstere zu ihrer eigenen Lebensauffassung zu bekehren.

1520 So etwa die Wegmetapher (vv. 485, 814–823), das Bild vom sündenbefleckten Herzen (vv. 489 sq., 495 sq.) und vom geistlichen *mirouer* (v. 568), die Näherelation (v. 666) etc. Wenn La Ravie ihre Liebe zugleich mit Krankheitsmetaphern beschreibt:

> Jugé avez ma maladie,
> Avant que me toucher le poux (v. 716 sq.),

so paßt sie sich mit diesem Bild nur dem Vorstellungsbereich ihrer verständnislosen Gesprächspartnerinnen an, die sie für krank halten (v. 638). Es handelt sich hier nicht um das Motiv der Sündenkrankheit wie vv. 555–566 oder in *Le Mallade*.

1521 Die Bemerkung von M. I. Gerhardt: »La pièce [= *Mont de Marsan*] est toute statique et se rattache directement à la moralité médiévale« (*Pastorale*, p. 217) ist *in dieser Form* höchst mißverständlich, da sie zwischen den beiden Einzelurteilen einen Kausalnexus suggeriert, der gerade nicht besteht. Nur dort, wo das Stück *nicht* statisch ist (in seinem ersten Teil), schließt es an die traditionelle *Moralité religieuse* an.

1522 Ed. *Théâtre prof.*, pp. 83–125. Hier wird das Stück in der ersten Auflage als *Comédie à dix personnages*, in der zweiten als *Comédie des quatre femmes* bezeichnet, während Fournier in seiner Sammelausgabe den Titel *La Vieille* gewählt hat.

1523 Ed. *Théâtre prof.*, pp. 325–340.

1524 *ib.*, p. 83.

unter Verwendung allegorischer Motive behandelt wird[1525]. Hier dagegen gibt es in der Tat keine Anhaltspunkte dafür, daß die dramatische Handlung den Rahmen eines Geschehens zwischen Einzelmenschen an irgendeiner Stelle überschritte. Die Figuren weisen sich weder als Repräsentanten von *estas* noch als Verkörperungen anderen überindividuellen Seins aus. Die wenigen auf den ersten Blick allegorisch wirkenden Elemente des Dialogs bleiben bloße Ausdrucksschemata und gewinnen kein dramatisches Eigenleben[1526]. Daß Marguerite dem Gespräch dennoch einen geheimen religiösen Hintersinn beigelegt habe, ist zwar wenig wahrscheinlich, kann aber ebenso wie bei ihrer *Nativité* nicht völlig ausgeschlossen werden[1527].

Die *Comédie du Parfait Amant*, die nur 186 Verse umfaßt, zeigt eine weibliche Gestalt, die sich die Aufgabe gestellt hat, die vollkommenen Liebenden mit einer Krone auszuzeichnen. Drei Mädchen bewerben sich vergeblich um die Ehrung, bis die vierte sie zusammen mit ihrem Freund schließlich erlangt. Auch hier geht es allem Anschein nach um konkrete irdische, nicht um spirituelle Liebe, aber die Ebene der mimetischen Darstellung scheint immerhin verlassen zu sein. Die Bemerkungen der Frau über die schier endlose Zeit ihrer Suche nach einem wahrhaft Liebenden[1528], die im Munde eines Individuums nur als hyperbolische Wendungen einen notdürftigen Sinn erhielten, werden leicht verständlich, wenn man sie als Hinweise auf die Überzeitlichkeit einer Wesenheit auffaßt, die ja traditionell gern als hohes Alter verbildlicht wird[1529], d. h. wenn man in der Frau eine Verkörperung der Liebe sieht. Gestützt wird eine solche allegorische Deutung auch durch ihr Schlußwort:

> Vous avés bien ouy, comme je pence,
> Ce qu'amour a dict, conclud, arresté:
> Or soit mon cours par vous deux arresté (vv. 182–184),

da anzunehmen ist, daß *amour* sich auf die sprechende Figur bezieht[1530], diese sich also – der personifizierenden Tradition entsprechend – in der dritten Person bezeichnet, um dem Zuhörer ihr begriffliches Substrat ein-

---

[1525] Im Band II meiner Untersuchung werde ich ausführlicher auf diese Stücke eingehen. Zur literarischen Tradition des Themas cf. *Théâtre prof.*, pp. 87–90 und Sckommodau, *Dichtungen*, p. 483 sq.

[1526] Die häufigen *abstracta agentia* wie *Amour, Liberté, Honnesteté* etc. (vv. 27–30, 39 sq., 174, 346–363) erreichen nicht die Plastizität echter Personifikationen.

[1527] Jourda prüft an einer Figur aus *Deux Filles* die Möglichkeit einer von der Verfasserin intendierten christlichen Allegorese und kommt dabei zu einem ähnlichen Schluß (*Marguerite* I, p. 493).

[1528] La Femme:

> Mille ans y a que je suis vaguabonde
> Sans nul trouver qui me donne allégence.
> Desja cent fois j'ay circuict le monde,
> Cherché partout avecque diligence (vv. 1–4).

Ähnlich vv. 22 sq. und 168 sq. (»le long eage / Que j'ay couru«).

[1529] Cf. oben pp. 53 sq. und 93 sq.

sichtig zu machen. Bei dieser Interpretation wird auch die mimetisch unerklärliche Aktivität der Frau einsichtig. Da es zum Wesen jeder metaphysischen Macht gehört, sich in ihren menschlichen Anhängern oder Untergebenen verwirklichen zu wollen, ist ihre Suche nach dem *parfait amant* ein Zeichen für das Streben nach idealer Selbsterfüllung ihrer Wesenheit. So betrachtet, ist ihre Begegnung mit den Liebenden eine allegorische Handlung. Ob auch in diesem Stück ein religiöser Hintersinn intendiert ist, nach dem etwa die vollkommene irdische Liebe als Bild einer mystischen Vereinigung der Seele mit ihrem *amy* zu gelten habe, muß mangels Indizien offen bleiben.

Im Anschluß an die Einzelbetrachtungen ist die Frage nach der Gattungszugehörigkeit des *Théâtre profane* zu erörtern. Die Handschriften (B. N., fr. 12485 und 24298) bezeichnen *Le Mallade, L'Inquisiteur* und *Trop, Prou* als »farce«, *Le Trespas du Roy* und *Mont de Marsan* als »comedie« (*Deux Filles* und *Le Parfait Amant* sollen ihrer unklaren Stellung wegen hier außer Betracht bleiben). Diesen Angaben kommt natürlich, wie einleitend an der Moralité gezeigt, kein absoluter Wert zu, zumal auch hier gelegentlich eine Bezeichnung in einer späteren Ausgabe durch eine andere ersetzt wird. Immerhin geben sie dem Literaturwissenschaftler gewisse Hinweise auf das Selbstverständnis der Verfasserin im Hinblick auf die literarische Tradition.

Stellen wir einmal einige Zuordnungsvorschläge zusammen. Unumstritten ist, daß es sich nicht um *Comédies* im Sinn der Renaissancekomödien handelt[1531], sondern um Stücke in der Tradition des mittelalterlichen Theaters. Petit de Julleville[1532] und Picot[1533] behandeln übereinstimmend nur *L'Inquisiteur* als Moralité, während sie für *Le Mallade* und *Trop, Prou* die Gattungsbezeichnung des Manuskripts übernehmen. Jourda stellt die Stücke trotz ihres hybriden Charakters im Verhältnis zu den überlieferten dramatischen Gattungen insgesamt eher zur Moralité[1534], wohingegen Saulnier grundsätzlich für die Bezeichnung Farce plädiert, ohne indessen ganz auf die Begriffe Moralité und Sottie (!) zu verzichten[1535], an anderer Stelle aber

---

1530 Dies bedeutet keinen Widerspruch zur Genuskonvention, da *amour* auch hier feminin gebraucht wird (v. 25).

1531 Die Bezeichnung *Comédie* ist vielleicht auch hier als Anpassung an den antikisierenden Zeitgeschmack zu deuten (cf. oben Anm. 1350); sie bedeutet einfach 'Theaterstück' *(Théâtre prof.*, p. xx).

1532 *Répertoire*, Nr. 42, 131, 205.

1533 *BSHP* 41 (1892) p. 561.

1534 *Marguerite* I, p. 487. Von *Mont de Marsan* schreibt er ohne alle Einschränkung: »son objet purement didactique fait d'elle une moralité« (*ib.*, p. 601).

1535 Bei der Analyse des *Mallade* stellt er fest, von allen vorgeschlagenen Gattungsbegriffen sei der der Farce der adäquateste, wenn man ihn in der weiten Bedeutung des 16. Jahrhunderts verwende (*Théâtre prof.*, p. 4). Zur Brauchbarkeit der Begriffe Moralité und Sottie cf. besonders die Einleitung von *Trop, Prou* (*ib.*, p. 127 sq.). – Im Anschluß an Saulnier schlägt auch H. Lewicka diese

eine für alle Stücke gültige Gattungsangabe bewußt vermeidet und die einzelnen Texte nur beschreibend charakterisiert[1536]. Das Dilemma ist offenkundig. Im folgenden will ich dennoch eine Lösung vorschlagen, die nach meinem Darfürhalten den verschiedenen Gesichtspunkten der Zuordnung wenigstens ansatzweise Rechnung trägt.

Nach seinem didaktischen Anspruch gehört das *Théâtre profane* (vielleicht mit Ausnahme der Stücke *Deux Filles* und *Le Parfait Amant*) dem religiösen Theater an. Nicht die gesellschaftliche, sondern die religiöse Bestimmung des Menschen steht im Zentrum der allegorischen Darstellung, und die Intention der Verfasserin ist eindeutig darauf gerichtet, den Zuschauer dahingehend zu belehren, daß er ebendiese Bestimmung nicht verfehlt. Insofern weist das *Théâtre profane* auf die Tradition der *Moralité religieuse* zurück, was von allen genannten Forschern wohl am deutlichsten Jourda ausgesprochen hat[1537].

In ihrer äußeren Form dagegen nehmen die meisten Stücke – ähnlich wie die *Moralité du Porteur de Pacience* – Züge der volkstümlichen, d. h. sozial und literarästhetisch als niedrig angesehenen Theatertradition auf, wie sie in der Farce vorliegt: so etwa die typisierende Darstellung von Figuren des niederen Standes, die Beschränkung auf eine kurze, auf den ersten Blick eher der niederen Mimesis angehörende Bühnenhandlung und der im Vergleich zur traditionellen *Moralité religieuse* bisweilen sehr lebhafte, mit einfachen sprachlichen Mitteln geführte Dialog. Durch allegorische Umdeu-

---

schwierig einzuordnenden Stücke *faute de mieux* der Farce zu (*BHumR* 25, 1963, p. 325).

[1536] In der Gesamteinleitung zum *Théâtre profane* bezeichnet er *Le Mallade*, *L'Inquisiteur* und *Trop, Prou* einfach als »pièces de satire religieuse«, *Deux Filles* und *Le Parfait Amant* als »divertissements mondains«, *Le Trespas du Roy* und *Mont de Marsan* als »méditations lyriques« (p. xx sq.). Aber auch damit sind nicht alle Schwierigkeiten beseitigt. Vor allem tritt in Marguerites Stücken die Satire gegenüber der dominanten religiösen Didaktik deutlich zurück und ist daher als Beschreibungskategorie wenig geeignet.

[1537] Cf. oben Anm. 1534. Dabei ist anzumerken, daß Jourda diese Zuordnung durchaus negativ bewertet. So schreibt er beispielsweise zu *Mont de Marsan*: »C'est une moralité plus vivante que beaucoup d'autres, mais ce n'est qu'une moralité« (*Marguerite* I, p. 606). Seine Bewertungskriterien werden erkennbar, wenn er an demselben Stück bemängelt: ... »les interlocuteurs arrivent sans que rien ne justifie leur venue; Marguerite soumet leur entrée à sa fantaisie et non pas à l'évolution de données vraisemblables« (*ib.*, p. 601). Er beurteilt also Marguerites allegorische Stücke nach dem gleichen inadäquaten, an den literarästhetischen Normen des klassischen Theaters orientierten mimetischen Maßstab mit der Zentralkategorie der *vraisemblance*, den viele Literarhistoriker auch an die traditionelle *Moralité religieuse* angelegt haben. – Einen vergleichbaren Hinweis gibt übrigens auch Saulnier, der zu Marguerite bemerkt: »Au théâtre médiéval, elle doit son cadre: celui des mystères dans ses comédies bibliques, celui des moralités dans ses comédies profanes« (*Théâtre prof.*, p. xxii). Hier scheint allerdings der Begriff *cadre* nicht glücklich gewählt, handelt es sich doch zumindest im zweiten Fall nicht um bloße Formkonventionen, sondern um Gemeinsamkeiten in der didaktischen Grundintention.

tung werden aber auch die Farcenelemente ins Religiöse transponiert[1538]. Auch die Gattungsbezeichnung *farce* im Titel einiger Stücke verweist auf ein *genus humile*, das sich von der anspruchsvolleren, theologisch »gelehrten« *Moralité religieuse* deutlich abhebt.

Es ist denkbar, daß Marguerite mit der Form und der Gattungsbezeichnung ihrer Stücke bewußt an eine niedere literarische Tradition anzuknüpfen sucht, um auf diese Weise ihre Theologie der *humilitas*, nach der im Anschluß an die biblische Lehre gerade die Kleinsten (die Chambriere, die Kinder, Peu und Moins etc.) den Stand der Erwählten verkörpern, auch ein formales Korrelat zu verschaffen[1539]. Durch die Verschmelzung der religiösen Didaktik der Moralité mit Farcenelementen, deren Anteil freilich von einem Stück zum anderen stark variiert[1540], hat Marguerite eine neue, ihrer persönlichen religiösen Erfahrung gemäße dramatische Form von unverwechselbarer Eigenart entwickelt, in der die *humilitas* der literarischen Darstellung mit Hilfe der Allegorie zum Ausdruck der höchsten spirituellen Religiosität erhoben wird.

1538 Ein instruktives Beispiel hierfür liefert der Schluß des *Inquisiteur*:

CLÉROT:

Allons soupper, la table est mise.

LE PETIT ENFANT:

Allons, allons, allons meignan [= manger] (v. 670 sq.).

Ähnliche topische Schlußaufforderungen zum einfachen körperlichen Vergnügen (»allez boire«, »allons chanter« u. a.) findet man in vielen Farcen. Was aber dort ganz vordergründig gemeint ist, erhält hier einen allegorischen, ins Religiöse weisenden Hintersinn, der sich aus den vorausgehenden Versen ergibt: die 'Kinder' freuen sich nicht einfach aufs Abendessen zu Hause, sondern begehren eine geistliche Speise, »Le pain de vye et véritté« (v. 663) im Haus des Friedens, d. h. im Gottesreich.

1539 Hier zeigt sich innerhalb der *allegorischen* Darstellung eine ähnliche Durchbrechung des aus der antiken Rhetorik überkommenen Prinzips der Stiltrennung, wie sie E. Auerbach für den mimetischen Bereich nachgewiesen hat. Sogar die Ursachen des Phänomens sind in beiden Fällen durchaus verwandt, nämlich spezifisch christlich: im Mimetischen ist es das christliche Grundereignis der Inkarnation, das in seiner Einfachheit und zugleich Erhabenheit die Stilmischung und damit die Entwicklung des abendländischen Realismus (im modernen literarischen Wortsinn) entscheidend fördert (cf. *Mimesis*, p. 515 sq.); hier dagegen nur ein individueller christlicher Demutsakt Marguerites, dessen literarische Auswirkungen daher auch auf ihr eigenes Werk beschränkt bleiben.

1540 In *Le Trespas du Roy* zum Beispiel ist der Farceneinfluß ganz zurückgedrängt, zu ernst ist hier das Thema und sein biographischer Hintergrund. Die einzige adäquate Gattungsbezeichnung ist hier wohl *Bergerie allégorique* als Sonderform der *Moralité religieuse*.

5. Die Veränderungen der dramatischen Allegorie im Zusammenhang mit neuen Tendenzen in der Schriftexegese

Überblickt man die bisher in Einzelanalysen behandelten Stücke, so fallen sogleich einige Gemeinsamkeiten auf. Ihre Kürze, das fast vollständige Fehlen eines hierarchisch gegliederten allegorischen Kosmos und die geringe Rolle des überlieferten Systems von zentralen und ergänzenden Handlungsmotiven heben sie zwar vom Durchschnitt der traditionellen *Moralités religieuses* ab, sind aber kein Spezifikum dieser Gruppe, sondern aller späten Moralités überhaupt, auch derer, die in traditioneller allegorischer Form katholische Positionen vertreten. Letztlich dürften sich die bisher genannten Neuerungen sogar auf eine einzige zurückführen lassen, nämlich auf den geringen Umfang der späten Stücke, aufgrund dessen es kaum noch zur Ausbildung eines allegorischen Kosmos und einer komplexen allegorischen Gesamthandlung kommt. Ob die Kürze, die eine weniger aufwendige Aufführungspraxis im kleineren Rahmen mit sich bringt, ihrerseits auf einem Wandel des Publikumsgeschmacks oder auf anderen literarästhetischen, sozialen und ökonomischen Momenten beruht, mag dahingestellt bleiben; theologische Gründe scheiden aber wohl aus.

Andere Gemeinsamkeiten haben keine Parallelen außerhalb der hier behandelten Stücke und sind daher von ungleich größerem Interesse für die Erkenntnis ihres Sondercharakters. Unter diesen spezifischen Neuerungen verdienen zwei allegorisch relevante Komplexe besondere Bedeutung:

1. Das Motiv der allegorischen Liebe gewinnt quantitativ und qualitativ auf allen Ebenen der Darstellung – durch die Einführung neuer Liebesinstanzen, die Betonung der Liebesrelation und ihre dramatische Ausgestaltung zum Handlungsmotiv – stark an Bedeutung, wohingegen die meisten anderen aus der Moralité überkommenen allegorischen Motive zurücktreten. Die allegorische Bildlichkeit wird also auf *einen* semantischen Bereich konzentriert.

2. Auch der Bereich der metaphysischen Personen wird im Unterschied zur älteren Moralité jetzt meist in die Allegorisierung einbezogen; vor allem die göttlichen Personen treten formal nur noch als Personifikationen außerpersönlicher Wesenheiten auf, unter denen L'Amour und L'Esprit dramatisch und begrifflich eine besondere Bedeutung erlangen. Dazu kommt vor allem bei Marguerite die Tendenz, auch im scheinbar nur vordergründig Gemeinten durch Hinweise auf die geistliche Allegorese eine religiöse Bedeutung (oder auch ein ganzes Bündel möglicher Bedeutungen) anklingen zu lassen. Beide Einzelphänomene dieses Komplexes laufen auf eine Verstärkung des allegorischen Moments hinaus.

Die gruppenspezifischen allegorischen Merkmale haben nun eine auffällige Parallele in gewissen Tendenzen der allegorischen Schriftexegese sowohl in den Stücken selbst wie auch bei Theologen, denen die Verfasser nahestehen, so verschieden die hier in Frage kommenden theologischen Positionen im einzelnen auch immer sein mögen. Diese gemeinsamen Tendenzen bestehen kurz gesagt darin, vom Literalsinn der Schrift ganz abzurücken zugunsten der geistlichen Auslegung, die sich inhaltlich im allgemeinen als mehr oder minder schwärmerische Geist- und Liebestheologie darstellt.

Die *hyperallegorische Exegese* zeigt sich in Ansätzen schon bei der in den *Puys des palinods* gepflegten Religiosität, etwa im Stück *Sapience divine*, wo die Titelfigur den Literalsinn der Bibel als Grundlage der geistlichen Auslegung *expressis verbis* zurückzudrängen sucht, indem sie der Ignorance vorwirft:

> Tu suys trop prez les textes literaulx
> Sans regarder l'esprit et sens moraulx,
> Ou l'œil humain trouve la Dame [= la Vierge] entiere
> Par quoy ton sens se debvoye en arriere (fol. 191ᵛ).

Ausgerechnet die Verkörperung der höchsten göttlichen Weisheit neigt hier dazu, die allegorische Bedeutung vorschnell vom Korrektiv des allein zweifelsfreien biblischen Literalsinns zu lösen – ein exegetisches Verfahren, vor dessen theologisch bedenklichen Momenten Männer wie Hugo von St. Viktor und Albert der Große einst nachdrücklich gewarnt haben.

Ähnliche Tendenzen verraten die Stücke Pierre Du Vals. Wenn der Autor in *Nature, Loy de Rigueur* und *Le Contemnement de la mort* Christus als Amour personifiziert, so steht auch hinter dieser Darstellung letztlich die stark allegorische Schriftdeutung, die den Literalsinn mit seinen klaren Aussagen zur Personalität Christi bewußt vernachlässigt[1541]. Insofern berührt sich seine Auffassung mit der exegetischen Praxis der *Libertins spirituels*[1542], wie immer man sein sonstiges Verhältnis zu ihren Lehren beurteilt.

Natürlich ist Christus, wie ich im ersten Teil meiner Untersuchung gezeigt habe, auch in der traditionellen *Moralité religieuse* nicht auf das historische Individuum Jesus beschränkt, sondern wird stets in seiner *göttlichen* Natur gezeigt; er bleibt aber auch in dieser Natur *Person* und als solche von den außerpersönlichen Instanzen inhaltlich und formal geschieden. Dieser Darstellung entspricht in der alten Schriftexegese (mit geringen Ausnahmen) die Erhaltung des Literalsinns neben, ja *vor* allen Arten geistlicher Ausdeutung: Christus ist stets zuerst menschliche und göttliche Person und erst danach *auch* das inkarnierte Wort, die Liebe etc. Die ausschließliche Betonung des spirituellen Sinns in der Exegese der *Libertins spirituels* und Pierre Du Vals *anstelle* des Buchstabens nimmt aus neuem religiösem Antrieb exegetische Allegorisierungstendenzen wieder auf, wie sie sich bei Philon und anderen finden, bei denen der Literalsinn dem allegorischen Sinn wei-

---

[1541] Schon Picot urteilt in der Einleitung zum *Théâtre mystique*: »Notre auteur [...] n'attache aucune importance à la ›Lettre‹; il s'éloigne en cela aussi bien des théologiens protestants que des docteurs catholiques« (p. 62).

[1542] Auch nach der Auslegung der *Libertins* ist Christus nicht »littéralement« als Person, sondern ausschließlich »spirituellement« zu verstehen, nämlich als das Wort, das in der Seele des Menschen geboren werden muß. Cf. *ib.*, pp. 63–67.

chen muß, sobald nach der wörtlichen Auslegung auch nur der Schein einer Unglaubwürdigkeit entsteht. Diese Exegese, die der Schrift weithin nur den Stellenwert eines Textes zubilligt, der *sub fictionibus* geheime Wahrheiten ausspricht, und die insofern fast in die Verfahrensweisen der antiken Mythenallegorese zurückfällt, führt zwangsläufig zu einer ungehemmten Allegorisierung, die auch vor den für die Haupttradition der alten Kirche stets zweifelsfreien Heilstatsachen wie der Personalität Christi nicht haltmacht. Erscheint der auf diese Weise verstandene Christus auf der allegorischen Szene, dann nicht als Person, sondern als *Personifikation seiner geistlichen Bedeutung.*

Für das vereinzelt stehende Stück *Le Porteur de Pacience* scheinen mir die Angaben des Textes nicht auszureichen, es einer bestimmten exegetischen Richtung zuzuordnen.

In dem für die religiöse Position der Marguerite de Navarre sehr einflußreichen Kreis der Reformer von Meaux besteht hingegen nachweislich eine starke Neigung zur nicht-literalen Schriftexegese. Von ihr zeugen die von Jacques Lefèvre d'Étaples verfaßten *Commentarii initiatorii in quattuor evangelia*[1543] ebenso wie die Briefe, die der Bischof Briçonnet, der Vermittler der fabristischen Theologie, mit Marguerite gewechselt hat[1544].

Ich fasse zusammen: Für die vorstehend analysierte Gruppe von Stücken zeigt sich eine deutliche Korrelation von theologisch-exegetischen und literarästhetischen Tendenzen. Der im Übergangsfeld zwischen Katholizismus und Protestantismus aufkommenden Neigung zu rein spiritueller Auslegung der Bibel auf Kosten des Literalsinns entspricht auf seiten der dramatischen Darstellung eine Ausbreitung der Allegorie bis in den Bereich der metaphysischen Personen hinein. Die neue Zentrierung der theologischen Exegese auf bestimmte Grundwerte der Religiosität (Geist- und Liebestheologie) hat im allegorischen Theater ihr Analogon in der inhaltlichen Verengung der allegorischen Elemente auf einige wenige für diese theologische Konzeption besonders relevante Gestalten und Motive.

1543 Cf. dazu E. Amanns Artikel *Lefèvre d'Étaples* im *Dict. de Théol. cath.* IX/1, col. 138 und Sckommodau, *Dichtungen*, p. 34 (»Dieser Hang zur spiritualen Schriftauslegung entsprach Margaretes eigenen Neigungen«). Einige Beispiele für die fabristische Bibelallegorese gibt Moreau in *La crise religieuse du XVI*e *siècle*, p. 134.

1544 Einzelnachweise allegorischer Exegesen bei Sckommodau, *Dichtungen*, p. 35. Cf. dazu auch den bei Febvre, *Autour de l'Heptaméron*, p. 98 im Auszug abgedruckten Brief Briçonnets an Marguerite vom Januar 1523, in dem er in Übereinstimmung mit Lefèvre ausdrücklich die »intelligence spirituelle« der Schrift fordert. Heller weist nach, daß die Reformer von Meaux die Begründung ihrer stark allegorischen Auslegungspraxis zumindest teilweise aus den Schriften des Dionysius Ps.-Areopagita gewonnen haben (*BHumR* 33, 1971, p. 271 sqq., besonders pp. 274–276).

Das lebhafte theologische Interesse der hier in Frage stehenden Autoren, das sich sowohl im biographisch nachweisbaren Anschluß an theologisch orientierte literarische Zirkel bzw. rein theologische Gruppierungen wie auch in der wechselseitigen Durchdringung von ästhetischen und theologischen Aspekten in den Stücken selbst äußert, macht es wahrscheinlich, daß die soeben skizzierte Korrelation einer spezifischen theologischen Tendenz und einer ebenso spezifischen Form der dramatischen Allegorie einen *ursächlichen Zusammenhang* zwischen beiden anzeigt. Der neue religiöse Inhalt, in die überlieferte Form der *Moralité religieuse* eingebracht, verändert diese selbst, d. h. die religiöse Sondertradition induziert über das Zwischenglied des zu beiden Bereichen gehörenden Allegoriebegriffs auch eine ästhetisch-formale Sondertradition innerhalb des religiösen Theaters. Das neue, gegenüber der traditionellen *Moralité religieuse* sogar noch verstärkte Pathos der allegorischen Darstellung ist nur verständlich vor dem Hintergrund einer neuen allegorischen Schriftdeutung. Sie verhindert, daß sich in den späten *Moralités religieuses* die Allegorie zu einer nur noch mechanisch reproduzierten Form entleert, wie es gern als allgemeine Regel für die Spätphase einer literarischen Entwicklung angenommen wird.

Literaturverzeichnis

Spezialbibliographien

Lewicka, Halina. Bibliographie du théâtre profane français des XVe et XVIe siècles. Paris: C.N.R.S. 1972.

Lurker, Manfred. Bibliographie zur Symbolkunde. Unter Mitarbeit v. Ferdinand Hermann [u. a.]. Bd. I–III. Baden-Baden: Heitz 1964–68.

Pöschl, Viktor. Bibliographie zur antiken Bildersprache, bearb. von Helga Gärtner u. Waltraut Heyke. Heidelberg: Winter 1964 (Bibl. der klass. Altertumswissenschaften. N.F. 1. Reihe).

Texte

I. Sammelausgaben

Aebischer, *Moralité et farces* = Moralité et farces des manuscrits Laurenziana-Ashburnham nos 115 et 116, p.p. Paul Aebischer, in *Arch. rom.* 13 (1929), pp. 448–518.

Bossuat, *Deux moralités* = Deux moralités inédites composées et représentées en 1427 et 1428 au Collège de Navarre. Publiées avec une introduction, un commentaire historique et philologique et des notes critiques par André et Robert Bossuat. Paris: d'Argences 1955 (Bibliothèque elzévirienne. N.S.).

Carnahan, *Jean d'Abundance* = David Hobart Carnahan. Jean d'Abundance. A Study of his Life and Three of his Works. Urbana: UP 1909 (Univ. of Illinois Studies. III,5).

Cohen, *Nativités* = Nativités et moralités liégeoises du Moyen-Age, publiées avec une introduction et des notes d'après le ms. 617 du Musée Condé à Chantilly (Oise) par Gustave Cohen. Bruxelles: Palais des Académies 1953 (Mémoires de l'Académie royale de Belgique. Classe des Lettres. Sér. II, t. 12,1) [= verb. Neuaufl. von: Mystères et moralités du ms. 617 de Chantilly, p.p. G. Cohen. Paris: Champion 1920 (Bibl. du XVe siècle. 25)].

Fournier, *Théâtre* = Le théâtre français avant la Renaissance, 1450–1550. Mystères, moralités et farces. Précédé d'une introduction et accompagné de notes pour l'intelligence du texte par Édouard Fournier. Paris: Laplace et Sanchez 1872, Neudr. New York: Franklin o. J.

Gringore, *Œuvres* = [Pierre] Gringore: Œuvres complètes, réunies pour la première fois par Ch[arles] d'Héricault et A[natole] de Montaiglon (tome II: par A[natole] de Montaiglon et J[ames] de Rothschild), t. I–II [mehr nicht ersch.]. Paris: Janet (t. I), Daffis (t. II) 1858–77.

Jeanroy/Teulié, *Mystères* = Mystères provençaux du quinzième siècle, publiés pour la première fois, avec une introduction et un glossaire par A. Jeanroy et H. Teulié. Toulouse: Privat 1893 (Bibl. méridionale. I,3).

Le Roux, *Recueil* = Recueil de farces, moralités et sermons joyeux, publié d'après le manuscrit de la Bibliothèque royale par [Antoine Jean Victor] Le Roux de Lincy et Francisque Michel, t. I–IV. Paris: Techener 1837.

Le Verdier, *G. Tasserie* = G(uillaume) Tasserie. Le Triomphe des Normands, suivi de La Dame à l'agneau, par G(uillaume) Thibault. Œuvres inédites publiées avec introd. par P[ierre] Le Verdier. Rouen: L. Gy 1908 (Soc. des Bibliophiles normands. 72).

Marguerite de Navarre, *Marg.* = Les Marguerites de la Marguerite des Princesses. Texte de l'édition de 1547, publié avec introduction, notes et glossaire par Félix Frank, t. I–IV. Paris: Librairie des Bibliophiles 1873 (Cabinet du Bibliophile. 16).

Marguerite de Navarre, *Théâtre prof.* = Marguerite de Navarre. Théâtre profane. Première publication collective par V[erdun-] L[ouis] Saulnier. Nouv. éd. revue. Genève: Droz, Paris: Minard 1963 (TLF).

Ms. La Vallière, fac-sim. = Manuscrit La Vallière. Fac-similé intégral du manuscrit 24341 de la Bibliothèque Nationale de Paris, avec une introduction de Werner Helmich. Genève: Slatkine Reprints 1972.

Montaiglon, *Recueil* = Recueil de poésies françaises des XVe et XVIe siècles, morales, facétieuses, historiques. Réunies et annotées par Anatole de Montaiglon et James de Rothschild, t. I–XII. Paris: Daffis 1865–78.

Parmentier, *Œuvres* = Jean Parmentier. Œuvres poétiques. Éd. crit. par Françoise Ferrand. Genève: Droz, Paris: Minard 1971 (TLF. 175).

Picot, *Sotties* = Recueil général des sotties, publié par Émile Picot, t. I–III. Paris: Firmin Didot 1902–12 (SATF).

Picot, *Théâtre mystique* = Théâtre mystique de Pierre Du Val et des Libertins spirituels de Rouen au XVIe siècle. Publié avec une introduction par Émile Picot. Paris: D. Morgand 1882, réimpr. Genève: Slatkine Reprints 1969.

Rec. British Museum, fac-sim. = Le Recueil du British Museum. Fac-similé des soixante-quatre pièces de l'original, précédé d'une introduction par Halina Lewicka, avec un résumée de l'avant-propos en anglais. Genève: Slatkine Reprints 1970.

Rec. Trepperel I = Le Recueil Trepperel, t. I: Les Sotties, éd. Eugénie Droz. Paris: Droz 1935 (Bibl. Soc. Hist. Théâtre. 8).

Rec. Trepperel II = Le Recueil Trepperel, t. II: Les Farces, éd. E[ugénie] Droz et H[alina] Lewicka. Genève: Droz 1961 (Travaux d'Humanisme et Renaissance. 45).

Rec. Trepperel, fac-sim. = Le Recueil Trepperel. Fac-similé des trente-cinq pièces de l'original, précédé d'une introduction par Eugénie Droz. Genève: Slatkine o. J. [1967].

Roy, *Mystère* = Émile Roy. Le Mystère de la Passion en France du XIVe au XVIe siècle. Étude sur les sources et le classement des mystères de la Passion, accompagnée de textes inédits: La Passion d'Autun. La Passion bourguignonne de Semur. La Passion d'Auvergne. La Passion Secundum legem debet mori. Lyon: Damidot [etc.]; Paris: Champion, Rousseau [1905].

Thomas, *Fragments* = Fragments de farces, moralités, mystères, etc. (B.N. nouv. acq. fr. 10660.), p. p. A[ntoine] Thomas, in *Rom.* 38 (1909) pp. 177–195.
Viollet-le-Duc, *ATF* = Ancien théâtre françois ou Collection des ouvrages dramatiques les plus remarquables depuis les mystères jusqu'à Corneille. Publié avec des notes et éclaircissements par [Emmanuel Louis Nicolas] Viollet-le-Duc [vielm.: t. I–III par Anatole de Montaiglon, t. IV–X par Pierre Jannet]. Paris: Jannet 1854–57.

II. Verzeichnis allegorischer Stücke

(solche mit unsicherem allegorischem Charakter sind in[ ] gesetzt)

1. Traditionelle *Moralités religieuses*

Argent = Moralité a VII [VIII] personatges, c'est asçavoir: Le Messatgier, Argent, Bon Advis, l'Homme, Fort Despenseur, Terre, Bien et Mal, [le Fol]; von Jazme Oliou. – Ed.: Aebischer, *Moralité et farces*, pp. 453–501.

Aulcun = Moralité a six personnages, c'est assavoir: Aulcun, Cognoissance, Malice, Puissance, Auctorité et Maleureté. – B.N., fr. 25467, fol. 92^r–157^v.

Bien advisé, Mal advisé = Bien advisé, Mal advisé. Paris: Pierre le Caron pour Anthoine Vérard o. J. – B.N., Rés. Vélins 602. [Die krit. Edition von Jean Babelon, *La moralité de Bien advisé et Mal advisé*, précédée d'une étude sur les moralités en général. Thèse Paris: École nat. des Chartes 1910 (Masch.-Schr.) muß nach brieflicher Mitteilung des Herausgebers heute als verschollen gelten.]

Blasphemateurs, Les = Moralité tressinguliere et tresbonne des Blasphemateurs du nom de Dieu, ou sont contenus plusieurs exemples et enseignemens [etc.]. Et est ladicte moralité a dix-sept personnaiges, dont les noms s'ensuyvent cy après. Paris: pour Pierre Sergent o. J., Faks.-Nachdr. Paris: Silvestre 1831. [Da die Edition von William H. Cannon, Jr., *La moralité des Blasphemateurs du nom de Dieu*, Phil. Diss. Univ. of Kansas 1970 (Masch.-Schr.) die Sergent-Ausgabe fast unverändert reproduziert, zitiere ich stets nach der leichter zugänglichen Edition von Silvestre.]

Charité = Moralité nouvelle tresbonne et tresexcellente de Charité, ou est demonstré les maulx qui vienent aujourd'huy au Monde par faulte de Charité, et est ladicte moralité a XII personnaiges dont les noms s'ensuyvent cy après. Lyon: Barnabé Chaussard o. J. – Ed.: *Rec. British Museum, fac-sim.*, Nr. LXIV.

Condamnacion des Bancquetz, La = Comment l'acteur ensuyt en la Nef de Santé la Condamnacion des Bancquetz [etc.]; von Nicolas de La Chesnaye, in: La Nef de Santé avec le gouvernail du corps humain et la Condamnacion des Bancquetz a la louenge de Diepte et Sobrieté et le traictié des Passions de l'ame, Paris: Anthoine Vérard 1507, fol. i ii^r–q ii^r. – B.N., Rés. 4° Tc^{10} 51.

Cuer et les cinq Sens, Le = Doctor monitu Dei racione instruens sex scollares, scilicet cor et quinque sensus exteriores; von Jean Gerson? – Ed.: Robert Bossuat, Jean Gerson et la moralité »du cœur et des cinq sens«, in: Melanges de philologie romane et de littérature médiévale offerts à Ernest Hoepffner, Paris: Les Belles Lettres 1949, pp. 347–360.

Elemens, Les quatre = Moralité nouvelle des IIII elemens a XV personnaiges, c'est assavoir: Raison, l'Homme, l'Air, le Feu, l'Eaue, la Terre, Droicture Raison, Sathan, Oultrecuidance, Plaisance mondaine, Congnoissance, Confession, Penitence, la Mort, le Juge. Paris: Veuve Jehan Trepperel et Jehan Jehannot o. J. – Ed.: *Rec. Trepperel, fac-sim.*, Nr. XXII.

Enfans de Maintenant, Les = Moralité nouvelle des enfans de Maintenant qui sont des escoliers de Jabien, qui leur monstre a jouer aux cartes et aux dez et entretenir Luxure(z), dont l'ung vient a Honte, et de Honte a Desespoir, et de Desespoir au giget [*lies*: gibet] de Perdition, et l'aultre se convertist a bien faire. Et est a treize personnaiges. – Ed.: *Rec. British Museum, fac-sim.*, Nr. LI.

Enfant prodigue, L' = L'Histoire de l'enfant prodigue par personnages, par laquelle est demonstree la vie miserable ou parviendront ceux qui despendent leurs biens prodigalement. Lyon: Pierre Rigaud o. J. – B.N., Rés. Yf 2930.

Gouvert d'Humanité, Le = Le Gouvert d'Humanité a XI personnaiges, composé par Jan Abundance, bazochien et royal notaire habitant de la ville du Pont Sainct Esperit. – Ed.: Paul Aebischer, in *BHumR* 24 (1962), pp. 282–338.

Homme et le Ciel, L' = Autre dialogue moral, sus la devise de Monsieur le Reverendissime Cardinal de Tournon »Non quae super terram«, joué à Valence, devant luy, le dimenche de my caresme, 1549. Les personnages: Le Ciel, l'Esprit, la Terre, la Chair, l'Homme; von Guillaume des Autels, in: Repos de plus grant travail, Lyon: Jean de Tournes et Guillaume Gazeau 1550, pp. 97–141. – B.N., Rés. Ye 1406.

Homme juste, L' = L'Homme juste et l'Homme mondain, nouvellement composé et imprimé. Paris: Anthoine Vérard 1508. – B.N., Rés. Yf 125.

Jhesucrist est mis en prison = Moralité nouvelle tresbonne et de grant consequence a VII personnages, laquelle demonstre comment Jhesucrist est mis en prison pour racheter le Genre humain qui estoit en servitude et captivité en la prison de Peché mortel. Paris: Jehan Trepperel o. J. – Ed.: *Rec. Trepperel, fac-sim.*, Nr. XVIII.

Jour Saint Anthoine, Le = Cy s'ensuit une moralité faitte au college de Navarre a Paris, le jour Saint Anthoine, l'an mil IIII^{c} XXVI, a cinq personnages, c'est assavoir: Dieu, le Docteur, Pechié, le Dyable et l'Omme. – Ed.: Bossuat, *Deux Moralités*, pp. 17–88.

Langue envenimee = Farce nouvelle moralisee a XIII personnages, c'est assavoir: Dieu, Michel, Doulx Parler, Franc Cueur, Feaulté, Bonne Renommee, Danger, Langue envenimee, l'Ame, le Fol, Lucifer, Satan, Bellezebut. Paris o. J. – Ed.: *Rec. Trepperel, fac-sim.*, Nr. XXXIV.

Lymon et la Terre, Le = Moralité du Lymon et de la Terre qui contraignent par Raison et la Mort chascun Homme humain de retourner a eulx bon gré mal gré après qu'il a vescu en peché; o. O. u. J. – Ed.: *Rec. Trepperel, fac-sim.*, Nr. XIX.

Mundus, Caro, Demonia = Moralité nouvelle de Mundus, Caro, Demonia en laquelle verrez les durs assautz et tentations qu'ilz font au Chevalier chrestien, et comme par conseil de son Bon Esprit, avec la Grace de Dieu, les vaincra et a la fin aura le Royaume de paradis; o. O. u. J., Faks.-Nachdr. Paris: Silvestre 1838 (ed. D[urand] de L[ançon]).

Omme pecheur, L' = L'Omme pecheur par personnages, joué en la ville de Tours. Paris: Anthoine Vérard o. J. – Sächs. Landesbibl. Dresden, Inkunabel 2° 4152.

Onneur des dames = Comment au jardin d'Onneur par Cueur loyal et Franc Vouloir l'Onneur des dames est couronné maulgré Dangier, Envie et Mallebouche; von André de La Vigne, in: Le Vergier d'Honneur nouvellement imprimé a Paris, o. J., fol. O v^r–P v^v. – B.N., Rés. 4° LG^{28} 15.

Pechie morteil, Les sept = C'est li jeux des VII Pechie morteil et des VII Vertus, en demonstrant coment les Vertus convertirent les Pechie, par la grasce de Dieu et de sa benoiste mere. – Ed.: Cohen, *Nativités*, pp. 203–248.

Pelerinage de vie humaine, Le = Chi comenche le jeux de Pelerinage humaine [*sic*]. – Ed.: Cohen, *Nativités*, pp. 261–302.

Pyramus et Tisbee = Moralité nouvelle, recreatifve et profitable, a quatre personnaiges, c'est a savoir: Pyramus, Tisbee, le Bergier, la Bergiere; von Jean Daniel? – Ed.: Émile Picot, in *Bull. du Bibliophile* 1901, pp. 1–35.

(Reguard, Venus = Reguard, Venus, Armonie, Musicque, Retoricque, Ruid Entendement [Fragment, Gattungszuordnung unsicher]. – Ed.: Thomas, *Fragments*, p. 193 sq.)

Ventre et les Jambes, Le = Moral joyeulx a quatre personnages, c'est asçavoir: Le Ventre, les Jambes, le Cœur et le Chef. – Ed.: *Ms. La Vallière, fac-sim.*, fol. 172^v–178^r.

Vouloir divin = Dialogue moral. [...] Les personnages sont: Vouloir divin, Ignorance, le Temps, Verité; von Guillaume des Autels, in: Repos de plus grant travail, Lyon: Jean de Tournees et Guillaume Gazeau 1550, pp. 62–96. – B.N., Rés. Ye 1406.

2. Allegorische Mystères

Actes des Appostres, Les = Cy commence le premier volume des Actes des Appostres; von Simon (und Arnoul?) Gréban oder Jean du Prier. – Bibl. de l'Arsenal, mss. 3360–3363 (= Ms. *Al*).

Adoration des Trois Roys, L' = Comédie de l'Adoration des Trois Roys a Jesus-Christ; von Marguerite de Navarre. – Ed.: Marguerite de Navarre, *Marg.* II, pp. 66–134.

Conception et Nativité, La = Le mistere de la Conception, Nativité, Mariage et Annonciation de la benoiste Vierge Marie, avec la Nativité de Jesucrist et son enfance. Paris: Jehan Trepperel o. J. – B.N., Rés. Yf 1604.

Desert, Le = Comédie du Desert; von Marguerite de Navarre. – Ed.: Marguerite de Navarre, *Marg.* II, pp. 184–251.

Doms, Les Trois = Le Mystère des Trois Doms joué à Romans en MDIX, publié d'après le manuscrit original [etc.] per feu Paul-Émile Giraud et Ulysse Chevalier. Lyon: Brun 1887.

Freres de Maintenant, Les = Moralité nouvelle contenant Comment Envie, au temps de Maintenant, Fait que les Freres que bon Amour assemble, Sont ennemys et ont discord ensemble [etc.]. A neuf personnaiges, c'est assavoir: Le Preco, le Pere, la Mere, le premier Filz, le second Filz, le tiers Filz, Amour fraternel, Envie et Remort de Conscience. Paris: Nicolas Chrestien o. J. – Ed.: *Rec. British Museum, fac-sim.*, Nr. LII.

Incarnation et Nativité, L' = Mystère de l'Incarnation et Nativité de Nostre Sauveur et Rédempteur Jésus-Christ représenteé à Rouen en 1474. Publié d'après un imprimé du XVe siècle, avec introduction, notes et glossaire par Pierre Le Verdier, t. I–III. Rouen: Impr. de Espérance Cagniard 1886 (Soc. des Bibliophiles normands).

[*Innocens, Les* = Comédie des Innocens; von Marguerite de Navarre. – Ed.: Marguerite de Navarre, *Marg.* II, pp. 135–183.]

Institucion de l'ordre des Freres prescheurs, L' = S'ensuit ung mistere de l'institucion de l'ordre des Freres prescheurs, et commence sainct Dominique luy estant a Romme vestu en habit de chanoyne regulier, a XXVI personnaiges dont les noms s'ensuivent cy après. Paris: Jehan Trepperel o. J. – B.N., Rés. Yf 1611.

[*Istoria Petri et Pauli* = Istoria Petri et Pauli. Mystère en langue provençale du XVe siècle, publié d'après le manuscrit original [...] par Guillaume. Gap: Secrétariat de la Soc. d'Études des Hautes-Alpes, Paris: Maisonneuve 1887.]

Jugement de Dieu, Le = La 3e journee du Jugement de Dieu. – B.N., fr. 15063, fol. 1r–91v.

Jutgamen general, Lo = Le Jugement Dernier (Lo Jutgamen general). Drame provençal du XVe siècle, par Moshé Lazar. Éd. crit. avec traduction, introduction, notes et glossaire. Paris: Klincksieck 1971 (Bibliothèque française et romane, p.p. le Centre de Philol. et de Litt. romanes de l'Univ. des Sciences hum. de Strasbourg. Sér. B, 10).

Jutgamen de Jhesus, Lo = Ensec se lo Jutgamen de Jhesus de Nazaret. – Ed.: Jeanroy/Teulié, *Mystères*, pp. 22–60.

[*Nativité de Jesus Christ, La* = Comédie de la Nativité de Jesus Christ; von Marguerite de Navarre. – Ed.: Marguerite de Navarre, *Marg.* II, pp. 1–65.]

Pacience de Job, La = La Pacience de Job. Mystère anonyme du XVe siècle (ms. fr. 1774). Édité par Albert Meiller. Paris: Klincksieck 1971 (Bibliothèque française et romane p.p. le Centre de Philol. et de Litt. romanes de l'Univ. des Sciences hum. de Strasbourg. Sér. B, 11).

Passion d'Arras, La = Eustache Marcadé. Le Mystère de la Passion. Texte du manuscrit 697 de la Bibliothèque d'Arras. Publié par Jules-Marie Richard. Arras: Impr. de la Soc. du Pas-de-Calais 1891.

Passion Gréban, La = Arnoul Gréban. Le Mystère de la Passion. Éd. crit. par Omer Jodogne, t. I. Bruxelles: Palais des Académies 1965 (Académie royale de Belgique. Lettres. Mémoires. Sér. II, t. 12,3).

Passion Michel, La = Jean Michel. Le Mystère de la Passion (Angers 1486). Édité par Omer Jodogne. Gembloux: Duculot 1959.

Passion de Mons, La = Le mystère de la Passion joué à Mons en Juillet 1501. Livre des prologues. Matinée IIIe. Seuls conservés intégralement et publiés pour la première fois d'après les manuscrits de la Bibliothèque publique de Mons par Gustave Cohen. [Gembloux]: Duculot 1957 (Publications de la Soc. des Bibliophiles belges séant à Mons. 44).

Passion Sainte-Geneviève, La = Le Mystère de la Passion Nostre Seigneur du manuscrit 1131 de la Bibliothèque Sainte-Geneviève, éd. avec une introd. et des notes par Graham A. Runnals. Genève: Droz, Paris: Minard 1974 (TLF. 206).

Passion Scundum legem debet mori, La = Moralité, mystère et figure de la Passion de Nostre Seigneur Jesus Christ, nommee Secundum legem debet mori. Et est a unze personnages: Devotion, Nature humaine, le Roy souverain, la Dame debonnaire, l'Innocent, Noel, Moyse, S. Jean Baptiste, Symeon, Envie, le Gentil; von Jean d'Abundance. – Ed.: Carnahan, *Jean d'Abundance*, pp. 49–123.

Passion de Semur, La = La Passion Nostre Seigneur Jhesu Christ. – Ed.: Roy, *Mystère*, pp. 3–204.

Passion de Valenciennes en 20 journées, La = La Passion de Jesu Christ en rime franchoise. – Bibl. municipale de Valenciennes, ms. 449 (anc. 421).

Passion de Valenciennes en 25 journées, La = La Passion de Jhesus Christ jouee a Vallenciennes l'an 1547. – B.N., fr. 12536.

Procès que a fait Misericorde, Le = Le Procès que a fait Misericorde contre Justice pour la redemption humaine, laquel [*sic*] nous demonstre le vray mistere de l'Anunciation Nostre Seigneur Jhesucrist, o. O. u. J. – B.N., Rés. Yf 101.

Sacrifice de Abraham, Le = Moralité nouvelle du Sacrifice de Abraham, Ysaac son filz, a dix personnages, c'est assavoir: Abraham et sa femme Sarra et Ysaac leur filz, Dieu le Pere, Raphael ange, Uriel ange, Justice, Misericorde, Ismael et Nachor serviteurs d'Abraham. [Paris]: Jehan Trepperel o. J. – Ed.: *Rec. Trepperel, fac-sim.*, Nr. I.

[*Saint Eustache* = Le Mystère de saint Eustache, ed. P[aul] Guillaume, in *RLaR* 21 (1882) pp. 106–122, 290–301; 22 (1882) pp. 5–19, 53–70, 180–199, 209–237.]

Saint Fiacre = S'ensuyt la vie de Monsieur saint Fiacre, filz du roy d'Escosse, par personnaiges, contenant comment il vint en France et comment il demoura en Brie, avec plusieurs beaulx miracles, a quinze personnaiges dont les noms s'ensuyvent cy aprés. Paris: pour Jehan Sainct-Denis o. J. – B.N., Rés. Yf 1605.

Saint Jean Baptiste = Les Mystères de la nativité, de la vie et de la mort de M. saint Jean-Baptiste. (Nur Resümee erhalten: La Diablerie de Chaumont, ou recherches historiques sur le grand pardon général de cette ville [etc.], p.p. Émile Jolibois. Chaumont: Miot, Paris: Techener 1838.)

Sainct Loys = Cy commance la vie sainct Loys, Roy de France, par personnaiges, composee par Pierre Gringoire [*sic*]. – Ed.: Gringore, *Œuvres* II.

[*Sainct Martin* = Histoyre de la vie du glorieulx sainct Martin, evesque de Tours en Touraine [etc.], ed. Florimond Truchet, in: Travaux de la Soc. d'hist. et d'archéol. de la Maurienne 5 (1882) pp. 193–367.]

Saint Maxent = Le Jeu de saint Maxent. Mystère, composé par F. Nicolas Galiczon, prêtre, chanoine régulier du couvent de Sainte-Croix de Guingamp et prieur de Saint-Georges en Trémeur, représenté à Maxent, en Bretagne, en 1537 et en 1548, ed. S. Ropartz, in: Mélanges p.p. la Soc. des Bibliophiles bretons 1 (1878) pp. 51–81 (nur Resümee erhalten).

Saint Remy [Titelblatt fehlt]. – Bibl. de l'Arsenal, ms. 3364, fol. 1^r–117^v.

Saint Sebastien = Le Mystère de Monseigneur saint Sébastien, première journée. Drame en vers, joué à Lanslevillard, en Maurienne, au mois de mai 1567, ed. François Rabut, in: Mémoires et documents p.p. la Soc. savoisienne d'hist. et d'archéol. 13 (1872) pp. 257–452.

Sant Anthoni de Viennès = Mystère de sant Anthoni de Viennès, publié, d'après une copie de l'an 1503 [...], par Paul Guillaume. Gap: Soc. d'Études des Hautes-Alpes, Paris: Maisonneuve 1884.

Sibylles, Les douze = Il y a eu douze Sybilles dont les noms ensuyvent [etc.]. – B.N., fr. 2362.

Vendition de Joseph, La = Moralité de la Vendition de Joseph filz du patriarche Jacob, comment ses freres, esmeuz par Envye, s'assemblerent pour le faire mourir [etc.]. Paris: pour Pierre Sergent o. J. – B.N., Rés. Yf 28.

Vengance Nostre Seigneur, La = La Vengance Nostre Seigneur par personnages; von Eustache Mercadé. Paris: Anthoine Vérard 1491. – B.N., Rés. Yf 72.

Viel Testament, Le = Le Mistére du Viel Testament, publié, avec introduction, notes et glossaire, par James de Rothschild (et Émile Picot), t. I–VI. Paris: Firmin Didot 1878–91 (SATF).

3. Späte Moralités aus religiösen Sondertraditionen

Afligé, L' = Moral a troys personnages, c'est a sçavoir: L'Afligé, Ignorance et Congnoissance. – Ed.: Picot, *Théâtre mystique*, pp. 221–226.

Assumption de la Vierge, L' = Moralité a l'honneur de l'Assumption de la Vierge, a dix personnages; von Jean Parmentier. – Ed.: Parmentier, *Œuvres*, pp. 66–90.

Contemnement de la Mort, Le = Dialogue du contemnement de la mort, ou sont introduicts troys personnages, assavoir: L'Indiscret, le Discret et Amour; von Pierre Du Val ? – Ed.: Picot, *Théâtre mystique*, pp. 121–135.

Dame a l'aigneau = Moralité qui a IIII personnages, c'est assavoir: La Dame a l'aigneau et son champion nommé Noble Coeur, la Dame a l'aspic et son champion nommé C[o]eur villain; von Guillaume Thibault. – Ed.: Le Verdier, *G. Tasserie*, pp. 75–104.

Fidelle, Le = Moral a cinq personnages, c'est a sçavoir: Le Fidelle, le Ministre, le Suspens, Providence divine, la Vierge. – Ed.: Picot, *Théâtre mystique*, pp. 199–220.

[*Filles, deux Mariées, Deux* = Deux Filles, deux Mariées, la Vieille, le Vieillard et les quatre Hommes; von Marguerite de Navarre. – Ed.: Marguerite de Navarre, *Théâtre prof.*, pp. 83–125.]

Inquisiteur, L' = Farce: L'Inquisiteur, le Varlet; Janot, Perot, Jacot, Thierrot, Clerot, Thienot enfans, le petit enfant; von Marguerite de Navarre. – Ed.: Marguerite de Navarre, *Théâtre prof.*, pp. 35–81.

Mallade, Le = Farce: Le Mallade, la Femme, la Chambriere, le Medecin; von Marguerite de Navarre. – Ed.: Marguerite de Navarre, *Théâtre prof.*, pp. 3–33.

Mont de Marsan = Comedie jouee au Mont de Marsan, le jour de Caresme-prenant mil cinq sens quarente sept; von Marguerite de Navarre. – Ed.: Marguerite de Navarre, *Théâtre prof.*, pp. 241–323.

Nature, Loy de Rigueur = Morallité a six personnages, c'est a savoir: Nature, Loy de Rigueur, Divin Pouvoir, Amour, Loy de Grace, la Vierge; von Pierre Du Val. – Ed.: Picot, *Théâtre mystique*, pp. 137–161.

[*Parfait Amant, Le* = La Femme, les quatre Filles, l'Homme; wohl von Marguerite de Navarre. – Ed.: Marguerite de Navarre, *Théâtre prof.*, pp. 325–340.]

Porteur de Pacience, Le = Moralité du Porteur de Pacience a cinq personnages, c'est asavoir: Le Maistre, la Femme, le Badin, le premier Hermite, le IIe Hermite. – Ed.: *Rec. La Vallière, fac-sim.*, Nr. 25.

Sapience divine, Ignorance = Moral qui fut joué en la feste de la Conception audict Rouen [....] audict an mil cinq cenz quarante quatre, ou sont introduictz dix personnaiges, c'est assçavoir: Sapience divine, Ignorance, la Vierge et les sept Artz liberaulx. – Bibl. municipale de Rouen, ms. 1065, fol. 188r–204r.

Trespas du Roy, Le = Comédie sur le trespas du Roy a quatre personages, c'est assavoir: Amarissime, Securus, Agapy, bergers, et Paraclesis; von Marguerite de Navarre. – Ed.: Marguerite de Navarre, *Théâtre prof.*, pp. 203–240.

Triumphe des Normans, Le = Le Triumphe des Normans, composé par Guillaume Tasserie, traictant de l'Immaculée Conception Nostre Dame. – Ed.: Le Verdier, *G. Tasserie*, pp. 1–70.

Trop, Prou, Peu, Moins = Trop, Prou, Peu, Moins. Farce; von Marguerite de Navarre. – Ed.: Marguerite de Navarre, *Théâtre prof.*, pp. 127–201.

III. Nicht-dramatische Texte

Aristoteles. De arte poetica, Guillelmo de Moerbeke interprete. Ed. Erse Valgimigli, revis. Aetius Franceschini et Laurentius Minio-Paluello. Bruges, Paris: Desclée de Brouwer 1953 (Corpus Philosophorum Medii Aevi: Aristoteles latinus XXXIII).

Aristoteles. The Poetics, »Longinus« on the sublime, Demetrius on Style [griech. u. engl.]. With an Engl. Translation by W[illiam] Hamilton Fyfe and W[illiam] Rhys Roberts. Cambridge (Mass.): Harvard UP 1953 (The Loeb Classical Library. 199).

Augustinus, Aurelius. De doctrina christiana libri IV, ed. Joseph Martin. De vera religione liber unus, ed. K[laus]-D[etlef] Daur (= Augustinus. Opera IV,1). Turnholti: Brepols 1962 (Corpus Christianorum, ser. lat. 32).

Augustinus, Aurelius. In Johannis evangelium tractatus CXXIV, ed. D. Radbodus Willems (= Augustinus. Opera VII). Turnholti: Brepols 1954 (Corpus Christianorum, ser. lat. 36).

Bernhard von Clairvaux. Opera. Rec. J[ean] Leclercq, C[harles] H[ugh] Talbot et H. M. Rochais. [Bisher:] Vol. I–VI/1. Romae: Eds. cistercienses 1957 sqq.

Cicero, M. Tullius. Scripta quae manserunt omnia. Vol. III: De oratore, ed. Kazimierz F. Kumaniecki, Leipzig 1969. Vol. V: Orator, recogn. P. Reis [u. a.], Stutgardiae 1963.

Dante Alighieri. Die Göttliche Komödie [Divina Commedia], italienisch u. deutsch, übers. v. Hermann Gmelin, Bd. I–III und Kommentar I–III. Stuttgart: Klett 1949–57.

Du Bellay, Joachim. La Deffense et Illustration de la langue françoyse. Éd. crit. p.p. Henri Chamard. Paris: Didier 1948 (STFM).

Faral, Edmond (Ed.). Les arts poétiques du XIIe et du XIIIe siècle. Recherches et documents sur la technique littéraire du Moyen Age. Paris 1923 (Bibl. de l'École des Hautes Études. 238).

Gervais von Melkley. Ars poetica. Krit. Ausg. v. Hans-Jürgen Gräbener. Münster: Aschendorff (1965) (Forschungen zur roman. Philol. 17).

Gregor der Große. In librum primum Regum expositionum libri VI, rec. Patricius Verbraken. Turnholti: Brepols 1963 (Corpus Christianorum, ser. lat. 144).

Guillaume de Deguileville. Le Pelerinage de vie humaine. Ed. by J. J. Stürzinger. London: Nichols 1893. Printed for the Roxburghe Club.

Guillaume de Lorris et Jean de Meun. Le Roman de la Rose, p.p. Félix Lecoy. Vol. I–III. Genève: Droz 1965–70 (CFMA).

Halm, Carolus (Ed.). Rhetores latini minores, ex codicibus maximam partem primum adhibitis. Lipsiae: Teubner 1863; unveränd. Nachdr. Frankfurt a. M.: Minerva 1964.

Isidor von Sevilla. Etymologiarum sive originum libri XX. Recogn. brevique adnotat. crit. instruxit W[allace] M[artin] Lindsay. T. I–II. Oxonii: Clarendon 1948 (Scriptorum classicorum bibliotheca oxoniensis).

Le Laz d'amour divin, a VIII personnages, c'est assavoir: Charité, Jesucrist, l'Ame, Justice, Verité, Bonne Inspiracion, les Filles de Syon, les Pecheurs. Rouen: Thomas l'Aisné o. J. – B.N., Rés. Yf 2939.

Platon. The Republic [griech. u. engl.] with an Engl. Translation by Paul Shorey, vol. I–II. London: Heinemann [etc.] 1953–56 (The Loeb Classical Library. 237.276).

Plotin. Schriften. Übers. v. Richard Harder. Neubearbeitung m. griech. Lesetext u. Anm. fortgef. v. Rudolf Beutler u. Willy Theiler. Bd. IIIa: Die Schriften 30–38 der chronolog. Reihenfolge. Hamburg: Meiner 1964.

Prudentius, Aurelius P. Clemens. [Œuvres]. Psychomachie. Contre Symmaque. Texte établi et trad. par M[aurice] Lavarenne, 2e tirage revu et corr. Paris: Les Belles Lettres 1963.

Quintilianus, M. Fabius. Institutionis oratoriae libri XII. Ed. Ludwig Radermacher, vol. I–II. Lipsiae: Teubner 1959.

Rhetorica ad C. Herennium. Introduzione, testo critico, commento a cura di Gualtiero Calboli. Bologna: Pàtron 1969 (Editioni e saggi universitari di Filol. class. 11).

Sebillet, Thomas. Art poétique françoys. Éd. crit. avec une introduction et des notes publiée par Félix Gaiffe. Paris: Cornély 1910 (STFM).

Thomas von Aquin. Summa theologica. Ungekürzte deutsch-lat. Ausgabe, hg. vom Kath. Akademikerverband [...], hauptschriftl. Heinrich M[aria] Christmann. Bd. I–XXXVI, Leipzig [etc.] 1933–61.

Sekundärliteratur

Aalen, Sverre. Die Begriffe 'Licht' und 'Finsternis' im Alten Testament, im Spätjudentum und im Rabbinismus. Oslo: Dybwad 1951 (Skrifter utg. av Norske Vidensk.-Akad. i Oslo, Hist.-Filos. Kl. 1951,1).

Adam, Antoine, Georges Lerminier et Édouard Morot-Sir. Littérature française. T. I–II. Paris: Larousse 1967–68.

Adamov, Arthur. Farces, soties et moralités. In: Tableau de la littérature française. T. I: De Rutebeuf à Descartes. Paris: Gallimard [1962], pp. 42–49.

Aebischer, Paul. Neuf études sur le théâtre médiéval. Genève: Droz 1972 (Publications de la Fac. des Lettres de l'Univ. de Lausanne. 19).

Allaire, Joseph Leo. L'évangélisme de Marguerite de Navarre. Phil. Diss. Wayne State Univ. 1966.

Arbesmann, Rudolf. Christ the 'Medicus humilis' in St. Augustine. In: Augustinus Magister. Congrès international augustinien; Paris 21–24 Sept. 1954, Communications. Paris: Études augustiniennes 1954, t. II, pp. 623–629

– The Concept of 'Christus medicus' in St. Augustine. In *Traditio* 10 (1954) pp. 1–28.

Attinger, Gustave. L'esprit de la commedia dell'arte dans le théâtre français. Paris: Librairie Théâtrale, Neuchâtel: La Baconnière 1950 (Publications de la Soc. d'Histoire du Théâtre).

Auerbach, Erich. Gesammelte Aufsätze zur romanischen Philologie. Bern, München: Francke 1967.

– Neue Dantestudien. Istanbul 1944 (Istanbuler Schriften. 5).

– Figura. In *Arch. rom.* 22 (1938) pp. 436–489.

– Mimesis. Dargestellte Wirklichkeit in der abendländischen Literatur. 2. Aufl. Bern: Francke 1959 (Sammlung Dalp. 90).

– Typologische Motive in der mittelalterlichen Literatur. Krefeld: Scherpe 1953 (Schriften u. Vorträge d. Petrarca-Instituts Köln. 2).

Babelon, Jean. La moralité de Bien advisé et Mal advisé, précédée d'une étude sur les moralités en général. In: École nationale des Chartes. Positions des thèses soutenues par les élèves de la promotion de 1910. Abbeville: Paillart 1910, pp. 13–17.

Baes, Edgar. Le symbole et l'allégorie dans la figuration de la pensée. Bruxelles: Hayez 1899–1900 (Mémoires couronnées et autres mémoires publiés par l'Académie royale des Sciences, des Lettres et des Beaux-Arts de Belgique. 59,8).

Baeumker, Clemens. Der Platonismus im Mittelalter [1916]. In id., Studien und Charakteristiken zur Geschichte der Philosophie, insbesondere des Mittelalters. Ges. Vorträge u. Aufsätze. Hg. v. Martin Grabmann. Münster: Aschendorff 1927, pp. 139–179 (Beiträge zur Geschichte der Philosophie des Mittelalters. 25, 1/2); jetzt auch in: Platonismus in der Philosophie des Mittelalters (siehe unten), pp. 1–55.

– Witelo. Ein Philosoph und Naturforscher des XIII. Jahrhunderts. Münster: Aschendorff 1908 (Beitr. zur Geschichte d. Philosophie d. Mittelalters. Texte u. Untersuchungen. 3,12).

Baldwin, Charles Sears. Medieval Rhetoric and Poetic (to 1400), Interpreted from Representative Works. New York: Macmillan 1928.

Bastin, Julia. Trois *dits* du XIIIe siècle. 1. Mundus, Caro, Demonia. In *Rbph* 20 (1941) pp. 490–492.

Batey, Richard Alexander. The Church, Bride of Christ. Phil. Diss. Vanderbilt Univ. 1961.

Bayrav, Süheylâ. Symbole et allégorie. In *Dialogues* 4 (févr. 1956) pp. 31–60.

– Symbolisme médiéval. Béroul, Marie, Chrétien. Paris: PUF 1957.

Beauchamps, [Pierre François Godard] de. Recherches sur les théâtres de France, depuis l'année onze cens soixante-un jusques à présent. Vol. I–III. Paris: Prault père 1735, Nachdruck Genève: Slatkine Reprints 1968.

Beaurepaire, Eugène de Robillard de. Les puys de palinod de Rouen et de Caen. Ouvrage posthume, publié par Charles de Robillard de Beaurepaire. Caen: Delesques 1907.

Becker, Otfrid. Das Bild des Weges und verwandte Vorstellungen im frühgriechischen Denken. Berlin: Weidmann 1937 (Hermes Einzelschriften. 4).

Becker, Philipp August. Andry de La Vigne, ca. 1470–ca. 1515. Leipzig: Hirzel 1928 (Ber. d. sächs. Akad. d. Wiss., Phil.-hist. Klasse. 80,2).

– Marguerite, duchesse d'Angoulême, et Guillaume Briçonnet, évêque de Meaux, d'après leur correspondance manuscrite, 1521–1524. Paris 1901.

Bédier, Joseph. Les commencements du théâtre comique en France. In *Rddm* 99 (1890) pp. 869–897.
– et Paul Hazard. Littérature française. Nouv. éd. refondue et augmentée sous la dir. de Pierre Martino. T. I–II. Paris: Larousse 1952.
Beierwaltes, Werner. Lux intelligibilis. Untersuchungen zur Lichtmetaphysik der Griechen. Phil. Diss. München 1957.
Beirnaert, Louis. Le symbolisme ascensionnel dans la liturgie et la mystique chrétiennes. In *Eranos-Jb.* 19 (1950) pp. 41–63.
Benjamin, Walter. Ursprung des deutschen Trauerspiels. In id., Schriften. Hg. von Th[eodor] W[iesengrund] Adorno und Gretel Adorno unter Mitwirkung von Friedrich Podszus. Frankfurt a. M.: Suhrkamp 1955. Bd. I, pp. 141–365.
Beriger, Leonhard. Die literarische Wertung. Ein Spektrum der Kritik. Halle: Niemeyer 1938.
Bevington, David M. From *Mankind* to Marlowe. Growth of Structure in the Popular Drama of Tudor England. Cambridge (Mass.): Harvard UP 1962.
Black, Matthew. The Parables as Allegory. In *Bull. of the John Rylands Library* 42 (1959/60) pp. 273–287.
Blank, Walter. Die deutsche Minneallegorie. Gestaltung und Funktion einer spätmittelalterlichen Dichtungsform. Stuttgart: Metzler 1970 (Germanist. Abhandlungen. 34).
Bloom, Edward A. The Allegorical Principle. In *ELH* 18 (1951) pp. 163–190.
Bloomfield, Morton W.: Allegory as Interpretation. In *NLH* 3 (1971/72) pp. 301–317.
– A Grammatical Approach to Personification Allegory. In *MP* 60 (1963) pp. 161–171.
– The Seven Deadly Sins. An Introduction to the History of a Religious Concept, with Special Reference to Medieval English Literature. Michigan: State College Press 1952.
– Symbolism in Medieval Literature. In *MP* 56 (1958) pp. 73–81.
Blümner, H[ugo]. Laokoon-Studien. I: Über den Gebrauch der Allegorie in den bildenden Künsten. Freiburg i. Br., Tübingen: Mohr 1881.
Blumenberg, Hans. Licht als Metapher der Wahrheit. Im Vorfeld der philosophischen Begriffsbildung. In *SG* 10 (1957) pp. 432–447.
– 'Nachahmung der Natur'. Zur Vorgeschichte der Idee des schöpferischen Menschen. In *SG* 10 (1957) pp. 266–283.
Blumenkranz, Bernhard. Altercatio Aecclesie contre Synagogam. Texte inédit du Xe siècle. In *RMAL* 10 (1954) pp. 1–159.
Bonner, Campbell. Desired Haven. In *HTR* 34 (1941) pp. 49–67.
Borcherdt, Hans Heinrich. Das europäische Theater im Mittelalter und in der Renaissance. Neuaufl. Reinbek: Rowohlt 1969 (rde. 322–324).
Bornemann, W[ilhelm]. Die Allegorie in Kunst, Wissenschaft und Kirche. Freiburg i. Br., Leipzig, Tübingen: Mohr 1899.
Boros, Ladislas. Les catégories de la temporalité chez saint Augustin. In *APh* 21 (1958) pp. 323–384.
Bossuat, Robert. Gerson et le théâtre. In *BEC* 109 (1951) pp. 295–298.
Le Moyen Age. Paris: Duca-Gigord 1931 (Histoire de la littérature française, publ. sous la dir. de J. Calvet. 1).

– Le théâtre scolaire au Collège de Navarre (XIVme–XVIIme siècles). In: Mélanges Gustave Cohen [s. u.], pp. 165–176.

Bouyer, Louis. Zur Kirchenfrömmigkeit der griechischen Väter. In: Sentire Ecclesiam. Hugo Rahner dem Sechzigjährigen. Freiburg, Basel, Wien: Herder 1961, pp. 104–112.

Brecht, Walther. Die Vorläufer von Hofmannsthals *Jedermann*. In *Österr. Rundschau* 20 (1924) pp. 271–287.

Brinkmann, Hennig. Zu Wesen und Form mittelalterlicher Dichtung. Halle: Niemeyer 1928.

Bronson, Bertrand H. Personification Reconsidered. In *ELH* 14 (1947) pp. 163–177.

Brooke, Iris. *La Condamnation de Banquet* et les tapisseries de Nancy. In: Le lieu théâtral à la Renaissance. Études réunies et présentées par Jean Jacquot. Paris: C.N.R.S. 1964, pp. 357–361.

Brown, Howard Mayer. Musik in the French Secular Theater, 1400–1550. Cambridge (Mass.): Harvard UP 1963.

Bruyne, Edgar de. Études d'esthétique médiévale. Vol. I–III. Brugge: De Tempel 1946 (Rijksuniversiteit te Gent. Werken uitg. door de Fac. van de Wijsbegeerte en Letteren. 97–99).

Burckhardt, Jacob. Die Allegorie in den Künsten. In: id., Vorträge. Hg. v. Emil Dürr. Stuttgart: Deutsche Verl.-Anstalt 1933 (= J. Burckhardt-Gesamtausgabe. XVI), pp. 419–438.

Busson, Henri. Le rationalisme dans la littérature française de la Renaissance (1533–1601). Nouv. éd. rev. et augm. Paris: Vrin 1957.

Calin, Vera. Alegoria şi esenţele. Bucureşti: Ed. Pentru Lit. Univ. 1969.

Camelot, Pierre-Thomas. Mysterium Ecclesiae. Zum Kirchenbewußtsein der lateinischen Väter. In: Sentire Ecclesiam. Hugo Rahner dem Sechzigjährigen. Freiburg i. Br., Basel, Wien: Herder 1961, pp. 134–151.

Camp, Leo Leonhard. Studies in the Rationale of Medieval Allegory. Phil. Diss. Univ. of Washington 1942 [Masch.-Schr.].

Cannon, William H., Jr. *La moralité des Blasphemateurs* – siehe unter d. Stücktitel bei *Moralités religieuses*.

Carnahan, David Hobart. Jean d'Abundance – siehe *Sammelausgaben*.

Casel, Odo. Vom Spiegel als Symbol. Aus nachgelassenen Schriften zusammengestellt von Julia Platz. Maria Laach: Ars Liturgica 1961.

Cassirer, Ernst. Philosophie der symbolischen Formen. Bd. I–III. 2. Aufl. Oxford: B. Cassirer 1954–58 (Index Darmstadt: Wiss. Buchges.).

– Wesen und Wirkung des Symbolbegriffs. Darmstadt: Wiss. Buchges. 1965.

Cerfaux, Lucien. 'L'aveuglement d'esprit' dans l'evangile de saint Marc. In: Recueil L. Cerfaux. Études d'exégèse et d'histoire religieuse. Gembloux: Duculot 1954, t. II, pp. 3–15.

– La théologie de l'Église suivant saint Paul. 2e éd. Paris 1948.

Chambers, E[dmund] K. The Mediaeval Stage. Vol. I–II. Oxford: Oxford UP 1903, Lithograph. Repr. Oxford 1954.

Charity, A. C. Events and their Afterlife. The Dialectics of Christian Typology in the Bible and Dante. Cambridge: UP 1966.

Charland, Th.-M. Artes praedicandi. Contribution à l'histoire de la rhétorique au Moyen Age. Paris: Vrin, Ottawa: Institut d'Études médiév. 1936 (Publications de l'Institut d'Études médiév. d'Ottawa. 7).

Chenu, M[arie]-D[ominique]. La théologie au douzième siècle. Paris: Vrin 1957 (Études de philosophie médiév. 45).

Chew, Samuel. The Virtues Reconciled. An Iconographic Study. Toronto: UP 1947.

Chocheyras, Jacques. Le théâtre religieux en Savoie au XVIe siècle, avec des fragments inédits. Genève: Droz 1971 (Publications romanes et françaises. 115).

Chydenius, Johan. The Theory of Medieval Symbolism. Helsingfors: Centraltryckeriet 1960 (Soc. Scient. Fenn., Comm. Scient. litt. 27,2).

Classen, Carl Joachim. Sprachliche Deutung als Triebkraft platonischen und sokratischen Philosophierens. München: Beck 1959 (Zetemata. 22).

Cohen, Gustave. La grande clarté du Moyen-Age. Paris: Gallimard 1940.

– Études d'histoire du théâtre en France au Moyen Age et à la Renaissance. 6e éd. Paris: Gallimard 1956.

– Histoire de la mise en scène dans le théâtre religieux français du Moyen Age. Nouv. [3e] éd. rev. et augm. Paris: H. Champion 1951.

– Le livre de conduite du régisseur et le compte des dépenses pour le Mystère de la Passion joué à Mons en 1501, publiés pour la première fois et précédés d'une introduction. Strasbourg: Impr. Alsacienne (Publications de la Fac. des Lettres de l'Univ. de Strasbourg. 23) et Paris: H. Champion 1925 (Bibl. du XVe siècle. 30).
  Rez. Raymond Lebègue, in *RhlF* 33 (1926) pp. 446–449.

– Le théâtre en France au Moyen Age. I: Le théâtre religieux. II: Le théâtre profane. Paris: Rieder 1928–31 (Bibl. générale illustrée. 6.18).

– Le vocabulaire de la scénologie médiévale. In *ZfSL* 66 (1956) pp. 15–21.

Coleridge, Samuel Taylor. The Complete Works. With an Introductory Essay upon his Philosophical and Theological Opinions, ed. by W. G. T. Shedd. Vol. I–VII. New York: Harper 1884.

Collins, Mary Emmanuel. The Allegorical Motifs in the Early English Moral Plays. Phil. Diss. Yale Univ. 1936 [Masch.-Schr.].

Comparetti, Domenico. Virgilio nel Medio Evo. Nuova ed. a cura di Giorgio Pasquali. Vol. I–II. Firenze: La Nuova Italia 1943–46.

Cornelius, Roberta D. The Figurative Castle. A Study in the Mediaeval Allegory of the Edifice with Especial Reference to Religious Writings. Phil. Diss. Bryn Mawr College (Penns.) 1930.

Coseriu, Eugenio. Die Geschichte der Sprachphilosophie von der Antike bis zur Gegenwart. Eine Übersicht. (Teil I: Von der Antike bis Leibniz). Vorlesung, gehalten im WS 1968/69 an der Univ. Tübingen. Autoris. Nachschrift. Stuttgart: Polyfoto 1969.

Courcelle, Pierre. 'Trames veritatis'. La fortune patristique d'une métaphore platonicienne (Phédon 66 b). In: Mélanges offerts à Étienne Gilson. Toronto: Pontif. Inst. of Mediaeval Studies, Paris: Vrin 1959, pp. 203–210.

Craig, Hardin. English Religious Drama of the Middle Ages. Oxford: Clarendon Pr. 1955.

Cramer, Wolfgang. Gottesbeweise und ihre Kritik. Prüfung ihrer Beweiskraft. Frankfurt a. M.: Klostermann 1967.

Crawford, J. P. Wickersham. Spanish Drama before Lope de Vega. A rev. ed. Philadelphia: Univ. of Penns. Press 1937.

Creizenach, Wilhelm. Geschichte des neueren Dramas. Bd. I–V. Halle: Niemeyer 1893–1923.

Croce, Benedetto. Sulla natura dell'allegoria [1922]. In id., Nuovi saggi di estetica, 3ª ed. Bari 1948, pp. 329–338.

Cuillandre, Joseph. La droite et la gauche dans les poèmes homériques en concordance avec la doctrine pythagoricienne et avec la tradition celtique. Paris: Les Belles Lettres 1944.

Curtius, Ernst Robert. Europäische Literatur und lateinisches Mittelalter. 6. Aufl. Bern, München: Francke 1961.

– Zur Literaturästhetik des Mittelalters. In *ZrP* 58 (1938) pp. 1–50, 129–292, 433–479.

– Mittelalterliche Literaturtheorien. In *ZrP* 62 (1942) pp. 417–491.

– Topica. In *RF* 55 (1941) pp. 165–183.

Daniélou, Jean. Bible et liturgie. La théologie biblique des sacrements et des fêtes d'après les Pères de l'Église. Paris: Cerf 1951.

– Sacramentum futuri. Études sur les origines de la typologie biblique. Paris: Beauchesne 1950 (Études de Théologie historique).

Decharme, Paul. La critique des traditions religieuses chez les Grecs des origines au temps de Plutarque. Paris: Picard 1904, impr. anastaltique Bruxelles: Culture et Civilisation 1966.

Derbolav, Josef. Der Dialog *Kratylos* im Rahmen der Platonischen Sprach- und Erkenntnisphilosophie. Saarbrücken: West-Ost-Verl. 1953 (Schriften d. Univ. d. Saarlandes).

Deubner, L[udwig]. Personifikationen abstrakter Begriffe. In: Ausführliches Lexikon d. griechischen u. römischen Mythologie, hg. v. W. H. Roscher, Leipzig: Teubner 1902–09, Bd. III/2, col. 2068–2169.

Dittmann, Walter. Pierre Gringore als Dramatiker. Ein Beitrag zur Geschichte des französischen Theaters. Berlin: Ebering 1923 (Romanische Studien. 21).

Doren, A. Fortuna im Mittelalter und in der Renaissance. Leipzig, Berlin 1924 (Vorträge d. Bibliothek Warburg. II, 1922/23, 1. Teil).

Douhet, [Jules] comte de. Dictionnaire des mystères, ou collection générale des mystères, moralités, rites figurés et cérémonies singulières, ayant un caractère public et un but religieux et moral [etc.]. Paris: Migne 1854 (Nouv. Encyclopédie théol., p.p. [Jacques-Paul] Migne. 43).

Doutrepont, Georges. *La Condamnation de Banquet* de Nicole de La Chesnaye. Bruxelles: M. Lamertin 1930 (Mémoires de l'Académie royale de Belgique. Classe des Lettres. Sér. II, t. 28,3).

Dragonetti, Roger. La technique poétique des trouvères dans la chanson courtoise. Contribution à l'étude de la rhétorique médiévale. Brugge: De Tempel 1960 (Rijksuniversiteit te Gent. Werken uitg. door de Fac. van de Wijsbegeerte en Letteren. 127).

Dreger, Emil. Über die dem Menschen feindlichen allegorischen Figuren auf der Moralitätenbühne Frankreichs. Phil. Diss. Göttingen 1904.

Dubech, Lucien. Histoire générale illustrée du théâtre, avec la collaboration de J. de Montbrial et de Mme. Horn-Monval. T. I–V. Paris: Librairie de France 1931–34.

Dunbar, H[elen] Flanders. Symbolism in Medieval Thought and its Consummation in the Divine Comedy. New York: Russell & Russell 1929, repr. 1961.

Du Verdier – siehe La Croix du Maine.

Eidem, Erling. Pauli bildvärld. Bidrag till belysande af apostelns omgifning, uttryckssätt och skaplynne. I: Athletae et milites Christi. Theol. Diss. Lund 1913.

Eijkenboom, P. C. J. Het Christus-Medicusmotief in de preken van Sint Augustinus. Assen: van Gorcum 1960 (vorher Phil. Diss. Nijmegen).

Emonds, Hilarius. Geistlicher Kriegsdienst. Der Topos der militia spiritualis in der antiken Philosophie. In: Heilige Überlieferung. Festschr. Ildefons Herwegen, hg. von Odo Casel, Münster: Aschendorff 1938, pp. 21–50.

Emrich, Wilhelm. Das Problem der Symbolinterpretation im Hinblick auf Goethes *Wanderjahre*. In *DVjs. 26* (1952) pp. 331–352.

Ermatinger, Emil. Das dichterische Kunstwerk. Grundbegriffe der Urteilsbildung in der Literaturgeschichte. 3. neubearb. Aufl. Leipzig, Berlin: Teubner 1939.

Fabre, Adolphe. Les clercs du Palais. Recherches historiques sur les Bazoches des Parlaments et les Sociétés dramatiques des Bazochiens et des Enfans-sans-souci. 2e éd. Lyon: Scheuring 1875.

Fanger, Iris Mandel. The Theatrical Production of *Le Mystère de l'Incarnation et nativité de notre sauveur et rédempteur Jésus-Christ* at Rouen, 1474. Vol. I–II. Phil. Diss. Tufts Univ. 1972.

Faral, Edmond. Les arts poétiques – siehe *Nicht-dramatische Texte*.

Febvre, Lucien. Autor de l'Heptaméron. Amour sacré, amour profane. Paris: Gallimard 1944, 2e éd. 1971.

Flasch, Kurt. Ars imitatur naturam. Platonischer Naturbegriff und mittelalterliche Philosophie der Kunst. In: Parusia. Studien zur Philosophie Platons und zur Problemgeschichte des Platonismus. Festgabe f. Johannes Hirschberger, hg. von Kurt Flasch. Frankfurt a. M.: Minerva 1965, pp. 265–306.

Flasche, Hans. Die Struktur des Auto Sacramental *Los Encantos de la Culpa* von Calderón. Antiker Mythos in christlicher Umprägung. Köln u. Opladen: Westdeutscher Verl. 1968 (Arbeitsgem. f. Forschung d. Landes Nordrhein-Westfalen. Geisteswiss. 150).

Flecniakoska, Jean-Louis. La formation de l'*auto* religieux en Espagne avant Calderón (1550–1635). Montpellier: Impr. P. Déhan 1961 (zugl. Thèse Lettres. Paris 1962).

Fletcher, Angus. Allegory. The Theory of a Symbolic Mode. Ithaca: Cornell UP 1964.

Frank, Grace. The Medieval French Drama. Oxford: Clarendon Press 1954.

Frank, Hieronymus. Hodie caelesti sponso iuncta est Ecclesia. Ein Beitrag zur Geschichte und Idee des Epiphaniefestes. In: Vom christlichen Mysterium. Gesammelte Arbeiten zum Gedächtnis von Odo Casel, hg. v. A. Mayer [u. a]. Düsseldorf: Patmos 1951, pp. 192–226.

Frank, Robert Worth, Jr. The Art of Reading Medieval Personification – Allegory. In *ELH* 20 (1953) pp. 237–250.

Frappier, Jean: Variations sur le thème du miroir, de Bernard de Ventadour à Maurice Scève. In *CAI* 11 (1959) pp. 134–158.

Frese, Franz. Allegorische und mythologische Gestalten in den Dichtungen Eustache Deschamps'. Bottrop: Postberg 1934 (zugl. Phil. Diss. Münster).

Frey, Dagobert. Kunstwissenschaftliche Grundfragen. Prolegomena zu einer Kunstphilosophie. Wien: Rohrer 1946.

Friedrich, Hugo. Die Rechtsmetaphysik der Göttlichen Komödie. Francesca da Rimini. Frankfurt a. M.: Klostermann 1942 (Das Abendland. 6).

Frye, Northrop. Anatomy of Criticism. Princeton: UP 1957.

Gadamer, Hans-Georg. Symbol und Allegorie. In *AF* 2/3 (1958) pp. 23–28.

– Wahrheit und Methode. Grundzüge einer philosophischen Hermeneutik. 2. Aufl. Tübingen: Mohr 1965.

Gaede, Friedrich. Realismus von Brant bis Brecht. München: Francke 1972 (UTB. 171).

Galle, Richard. Die Personifikation als poetisches Kunstmittel und ihre Verwendung in der mittelhochdeutschen Dichtung bis zum Beginne ihres Verfalls. Leipzig: Hoffmann 1888 (vorher Phil. Diss. Leipzig 1887).

Garin, Eugenio. Studi sul platonismo medievale. Firenze: Le Monnier 1958.

Geffcken, Joh[annes]. Art. Allegory, Allegoric Interpretation. In: Encyclopaedia of Religion and Ethics, ed. by James Hastings. Edinburgh: Clark 1908 sqq. Vol. I, pp. 327–331.

Gerhardt, Mia I[rene]. La Pastorale. Essai d'analyse littéraire. Assen: van Gorcum 1950 (zugl. Phil. Diss. Leiden).

Giannantonio, Pompeo. Dante e l'allegorismo. Firenze: Olschki 1969 (Bibl. dell'Archivum romanicum. I, 100).

Giese, Hans. *La Passion de Jésus-Christ, jouée à Valenciennes l'an 1547.* Manuskript der Bibl. nat. zu Paris f. fr. 12 536, nach Quellen, Inhalt und Metrum untersucht. Phil. Diss. Greifswald 1905.

Gilson, Étienne. La philosophie au moyen âge des origines patristiques à la fin du XIVe siècle. 2e éd. revue et augm. Paris: Payot 1952.

Glasser, Richard. Abstractum agens und Allegorie im älteren Französisch. In *ZrP* 69 (1953) pp. 43–122.

Glunz, Hans H. Die Literarästhetik des europäischen Mittelalters. Wolfram, Rosenroman, Chaucer, Dante. 2. Aufl. Frankfurt a. M.: Klostermann 1963.

Gnädinger, Louise. Eremitica. Studien zur altfranzösischen Heiligenvita des 12. und 13. Jahrhunderts. Tübingen: Niemeyer 1972 (Beih. z. ZrP. 130).

Gnilka, Christian. Studien zur Psychomachie des Prudentius. Wiesbaden: Harrassowitz 1963 (Klass.-philolog. Studien. 27; vorher Phil. Diss. Bonn 1962).

Gofflot, L.-V. Le théâtre au collège du moyen âge à nos jours. Paris: Champion 1907.

Gombel, Heinrich. Die Fabel 'Vom Magen und den Gliedern' in der Weltliteratur (mit besonderer Berücksichtigung der romanischen Fabelliteratur). Halle: Niemeyer 1934 (Beih. z. ZrP. 80).

Goppelt, Leonard. Typos. Die typologische Deutung des Alten Testaments im Neuen. Gütersloh 1939, unveränd. Nachdr. Darmstadt: Wiss. Buchges. 1969.

Gosselin, É[douard-Hippolyte]. Recherches sur les origines et l'histoire du théâtre à Rouen avant Pierre Corneille. Rouen: Cagniard 1868.

Goth, Barbara. Untersuchungen zur Gattungsgeschichte der Sottie. München: Fink 1967 (Bochumer Arbeiten z. Sprach- u. Literaturwiss. 1; vorher Phil. Diss. Gießen 1966).

Gothein, Marie. Die Todsünden. In *AR* 10 (1907) pp. 416–484.

Graciannette, Bernhard. Essai sur la *Comédie de Mont-de-Marsan*. In *BSBorda* 87, n° 312 (1963) pp. 385–393.

Grant, R[obert] M. The Letter and the Spirit. London: SPCK 1957.

Gregory, Tullio. Platonismo medievale. Studi e ricerche. Roma: Istituto Storico Ital. per il Medio Evo 1958 (Studi storici. 26/27).

Gröber, Gustav. Geschichte der mittelfranzösischen Literatur. Bd. I–II. 2. Aufl., bearb. v. Stefan Hofer. Berlin, Leipzig: de Gruyter 1933 (Grundriß d. roman. Philologie. N.F. Geschichte d. franz. Lit. I).

Gros, Louis. Étude sur le *Mystère de l'Antéchrist et du Jugement de Dieu*, joué à Modane en 1580 et en 1606. Chambéry: Impr. Réunies 1962.

Gruenter, Rainer. Bemerkungen zum Problem des Allegorischen in der deutschen Minneallegorie. In *Euph.* 51 (1957) pp. 1–22.

Guiette, Robert. Symbolisme et *senefiance* au Moyen-Age. In *CAI* 6 (1954) pp. 107–122.

Guiot, Joseph-André. Les trois siècles palinodiques, ou histoire générale des palinods de Rouen, Dieppe etc., publiés [...] par l'abbé A. Tougard. T I–II. Rouen: Lestringant, Paris: Picard 1898 (Soc. de l'Hist. de Normandie).

Guy, Henry. Histoire de la poésie française au XVIe siècle. T. I: L'École des Rhétoriqueurs. Paris: Champion 1910 (Bibl. litt. de la Renaissance. N.S. 4).

Habicht, Werner. Studien zur Dramenform vor Shakespeare. Moralität, Interlude, romaneskes Drama. Heidelberg: Winter 1968 (Anglist. Forschungen. 96).

Haerle, Philipp. CAPTIVUS – CATTIVO – CHETIF. Zur Einwirkung des Christentums auf die Terminologie der Moralbegriffe. Bern: Francke 1955 (Romanica Helvetica. 55).

Hagenauer, Johann. Die Synthese von national-römischem Kulturgut und christlichem Ideengehalt im Werke des Prudentius. Phil. Diss. Wien 1955 [Masch.-Schr.].

Hamdorf, Friedrich Wilhelm. Griechische Kultpersonifikationen der vorhellenistischen Zeit. Mainz: von Zabern 1964 (vorher Phil. Diss. Heidelberg 1961).

Hansen, Jens-Godber. Bildhafte Sprache des Aischylos. See und Schiffahrt in metaphorischer Verwendung. Phil. Diss. Kiel 1955 [Masch.-Schr. vervielf.].

Hanson, R[ichard] P. C. Allegory and Event. A Study of the Sources and Significance of Origen's Interpretation of Scripture. London: SCM Press 1959.

Hardison, O[sborne] B[enett], Jr. Christian Rite and Christian Drama in the Middle Ages. Essays in the Origin and Early History of Modern Drama. Baltimore: The John Hopkins Pr. 1965.

Harvey, Howard Graham. The Theatre of the Basoche. The Contribution of the Law Societes to French Mediaeval Comedy. Cambridge (Mass.): UP 1941 (Harvard Studies. 17).

Hashim, James. Notes towards a Reconstruction of *Le Mystère des Actes des Apôtres* as Presented at Bourges, 1536. In *TR* 12,1 (1972) pp. 29–73.

Hasselrot, Bengt. Les vertus devraient être sœurs, ainsi que les vices sont frères. Accord genre – sexe dans les figures généalogiques. In: Actes du 4e Congrès des Romanistes Scandinaves. Copenhague: Akad. Forl. en comm. 1967 (Rev. romane, num. spéc. 1, 1967) pp. 35–44.

Hatzfeld, Helmut. Geist und Stil der flamboyanten Literatur in Frankreich. In: Estudis Univ. Catalans 22 (1936) [Homenatge a Antoni Rubió i Lluch] pp. 137–193.

– Über die Objektivierung subjektiver Begriffe im Mittelfranzösischen. Ein Beitrag zur Bedeutungslehre. Borna-Leipzig: Noske 1915 (zugl. Phil. Diss. München).

Hauser, Arnold. Sozialgeschichte der Kunst und Literatur. München: Beck 1967.

Heinimann, Siegfried. Das Abstraktum in der französischen Literatursprache des Mittelalters. Bern: Francke 1963 (Romanica Helvetica. 73).

Heitmann, Klaus. Fortuna und Virtus. Eine Studie zu Petrarcas Lebensweisheit. Köln u. Graz: Böhlau 1958 (Studi italiani. 1; vorher Phil. Diss. Freiburg i. Br. 1955).

Held, Julius. Art. Allegorie. In: Reallexikon zur deutschen Kunstgeschichte, hg. v. Otto Schmitt. Bd. I, Stuttgart: Metzler 1937, pp. 346–365.

Heller, Henry. Marguerite de Navarre and the Reformers of Meaux. In *BHumR* 33 (1971) pp. 271–310.

Hempel, Johannes. Heilung als Symbol und Wirklichkeit im biblischen Schrifttum. Göttingen: Vandenhoeck & Ruprecht 1958 (Nachr. d. Akad. d. Wissenschaften Göttingen, phil.-hist. Klasse. 3).

Henkel, Arthur, und Albrecht Schöne. Emblemata. Handbuch zur Sinnbildkunst des XVI. und XVII. Jahrhunderts. Stuttgart: Metzler 1967.

Hense, C[arl] C[onrad]. Poetische Personificationen in griechischen Dichtungen mit Berücksichtigung lateinischer Dichter und Shakespere's [*sic*]. Halle: Verlag d. Waisenhauses 1868.

Hersman, Anne Bates. Studies in Greek Allegorical Interpretation. Chicago: The Blue Sky Press 1906.

Hertel, Gerhard. Die Allegorie von Reichtum und Armut. Ein aristophanisches Motiv und seine Abwandlungen in der abendländischen Literatur. Nürnberg: Carl 1969 (Erlanger Beitr. z. Sprach- u. Kunstwissenschaft 33; vorher Phil. Diss. Erlangen 1968).

Herzhoff, Richard. Personificationen lebloser Dinge in der altfranzösischen Literatur des 10. bis 12. Jhs. Teil II: Personificationen von Abstracten. Phil. Diss. Berlin 1904.

Herzog, Reinhart. Die allegorische Dichtkunst des Prudentius. München: Beck 1966 (Zetemata. 42; vorher Phil. Diss. Kiel 1964).

Heß, Rainer. Das romanische geistliche Schauspiel als profane und religiöse Komödie. 15. und 16. Jahrhundert. München: Fink 1965 (Freiburger Schriften zur roman. Philologie. 4; vorher Phil. Diss. Freiburg i. Br. 1961).

Hinks, Roger. Myth and Allegory in Ancient Art. London: The Warburg Inst. 1939 (Studies of the Warburg Inst. 6), Nachdr. Nendeln (Liechtenstein): Kraus Reprint 1968.

Hirschberger, Johannes. Geschichte der Philosophie. Bd. I–II. 7. Aufl. Basel, Freiburg, Wien: Herder 1963.

– Platonismus und Mittelalter. In *Görres-Jb.* 63 (1954) pp. 120–130 (jetzt auch in: Platonismus in der Philosophie des Mittelalters [s. u.], pp. 56–72).

Histoire littéraire de la France, où l'on traite de l'origine et du progrès, de la décadence et du rétablissement des sciences [etc.], par des religieux Bénédictins de la Congrégation de S. Maur. [Bisher:] T. I–XXXIX. Paris: Palmlé (später: Impr. Nationale) 1838 sqq.

Hoepffner, Ernest. Date et composition des jeux dramatiques de Chantilly. In *Rom.* 48 (1922) pp. 62–92.

Hoffmann, Ernst. Platonismus und christliche Philosophie. Zürich, Stuttgart: Artemis 1960.

Holl, Fritz. Das politische und religiöse Tendenzdrama des 16. Jahrhunderts in Frankreich. Erlangen und Leipzig: Deichert 1903 (Münchener Beiträge z. roman. u. engl. Philologie. 26).

Hollander, Robert. Allegory in Dante's *Commedia.* Princeton (New Jersey): UP 1969.

Honig, Edwin. Dark Conceit. The Making of Allegory. Evanston: Northwestern UP 1959.

Houle, Peter Joseph. A Comparative Study of the English and French Full-Scope Morality Drama. Phil. Diss Univ. of Massachusetts 1972.

Howard, Donald R. The Three Temptations. Medieval Man in Search of the World. Princeton: UP 1966.

Hugedé, Norbert. La métaphore du miroir dans les Épîtres de saint Paul aux Corinthiens. Neuchâtel, Paris: Delachaux & Niestlé 1957.

Huizinga, Johan. Herbst des Mittelalters. Studien über Lebens- und Geistesformen des 14. und 15. Jahrhunderts in Frankreich und in den Niederlanden. 9. Aufl. Stuttgart: Kröner 1965 (Kröners Taschenausgabe. 204).

Hulubei, Alice. L'églogue en France au XVIe siècle. Epoque des Valois (1515–1589). Paris: Droz 1938.

Ivánka, Endre von. Plato christianus. Übernahme und Umgestaltung des Platonismus durch die Väter. Einsiedeln: Johannes Verl. 1964.

Jackson, W. T. H. Allegory and Allegorization. In *RSt* 32 (1964) pp. 161–175.

Jaeger, Werner. Paideia. Die Formung des griechischen Menschen. Bd. I–III. 3. Aufl. Berlin: de Gruyter 1954–59.

Jantsch, Heinz G. Studien zum Symbolischen in frühmittelhochdeutscher Literatur. Tübingen: Niemeyer 1959.

Jasinski, René. Histoire de la littérature française. Nouv. éd. rev. et complétée par Robert Bossuat [etc.]. T. I–II. Paris: Nizet 1965–66.

Jauß, Hans Robert. Allegorese, Remythisierung und neuer Mythos. Bemerkungen zur christlichen Gefangenschaft der Mythologie im Mittelalter. In: Terror und Spiel. Probleme der Mythenrezeption, ed. Manfred Fuhrmann, München: Fink 1971 (Poetik und Hermeneutik. 4), pp. 187–209.

– Brunetto Latini als allegorischer Dichter. In: Formenwandel. Festschr. z. 65. Geburtstag von Paul Böckmann, hg. von Walther Müller-Seidel und Wolfgang Preisendanz. Hamburg: Hoffmann und Campe 1964, pp. 47–92.

– Entstehung und Strukturwandel der allegorischen Dichtung. In *GRLMA* VI/1, Heidelberg: Winter 1968, pp. 146–244 (cf. dazu die Anmerkungen in Bd. VI/2, 1970, pp. 203–280).

– Ernst und Scherz in mittelalterlicher Allegorie. In: Mélanges de langue et de littérature du Moyen Age et de la Renaissance, offerts à Jean Frappier, Genève: Droz 1970 (Publications romanes et françaises. 112), t. I, pp. 433–451.

– Form und Auffassung der Allegorie in der Tradition der *Psychomachia* (von Prudentius bis zum ersten *Romanz de la Rose*). In: Medium Aevum vivum. Festschr. f. Walther Bulst. Heidelberg: Winter 1960, pp. 179–206.

– Genèse de la poésie allégorique française au Moyen-Age (de 1180 à 1240). Heidelberg: Winter 1962 (Probekapitel aus *GRLMA* VI/1).

– (Rez.). Marianne Kesting, Das epische Theater. Zur Struktur des modernen Dramas, Stuttgart: Kohlhammer 1959. In *RJb* 10 (1959) pp. 256–263.

– La transformation de la forme allégorique entre 1180 et 1240: d'Alain de Lille à Guillaume de Lorris. In: L'Humanisme médiéval dans les littératures romanes du XIIe au XIVe siècle, éd. Anthime Fourrier, Paris: Klincksieck 1964 (Actes et Colloques du Centre de Philol. et de Litt. romanes de l'Univ. de Strasbourg. 3) pp. 107–144 (Diskussion: p. 145 sq.).

Jodogne, Omer. La pastorale dramatique française au XVe siècle. In *StF* 8 (1964) pp. 201–213.

– Le souci du peuple dans les mystères français. In *ECl* 37 (1969) pp. 338–350.

– La structure des Mystères français. In *Rbph* 42 (1964) pp. 827–842.

– Le théâtre français du Moyen Age. II: Le théâtre profane. 2e éd. corr. et remaniée. Louvain 1963 [polytypé].

Jolivet, Jean. Quelques cas de »platonisme grammatical« du VIIe au XIIe siècle. In: Mélanges offerts à René Crozet, ed. P. Gallais et Y.-J. Riou, Poitiers: Soc. d'Études médiév. 1966, t. I, pp. 93–99.

Jolivet, Régis. Dieu soleil des esprits ou la doctrine augustinienne de l'illumination. Paris: Desclée de Brouwer 1934.

Jonen, Gerda Anita. Allegorie und späthöfische Dichtung in Frankreich. München: Fink 1974 (Beitr. z. romanischen Philologie d. Mittelalters. 9; vorher Phil. Diss. Tübingen 1972).

Jonkers, G[erard] D[irk]. Le protestantisme et le théâtre de langue française au XVIe siècle. Groningue, Batavia: Wolters 1939.

– De tolerantie-gedachte in *L'Inquisiteur* van Marguerite de Navarre. Groningen: Wolters 1965.

Joosen, J. C., und J[an] H[endrik] Waszink. Art. Allegorese. In: Reallexikon für Antike und Christentum. Hg. v. Theodor Klauser. Bd. I. Stuttgart: Hiersemann 1950, col. 283–293.

Jourda, Pierre. Marguerite d'Angoulême, Duchesse d'Alençon, Reine de Navarre (1492–1549). Étude biographique et littéraire. Vol. I–II. Paris: H. Champion 1930, ristamp. anastat. Torino: Bottega d'Erasmo 1966.

– Une princesse de la Renaissance. Marguerite d'Angoulême, reine de Navarre (1492–1549). Paris: Desclée de Brouwer [1932].

Jung, Marc-René. Études sur le poème allégorique en France au moyen âge. Bern: Francke 1971 (Romanica Helvetica. 82).

– Poetria. Zur Dichtungstheorie des ausgehenden Mittelalters in Frankreich. In *VR* 30 (1971) pp. 44–64.

Katzenellenbogen, Adolf. Allegories oft the Virtues and Vices in Mediaeval Art from Early Christian Times to the Thirteenth Century. London: The Warburg Inst. 1939 (Studies of the Warburg Inst. 19), Nachdr. Nendeln (Liechtenstein): Kraus Reprint 1968.

– Die Psychomachia in der Kunst des Mittelalters von den Anfängen bis zum 13. Jahrhundert. Phil. Diss. Hamburg 1933.

Kerdaniel, Édouard L. de. Un auteur dramatique du XVe siècle, André de La Vigne. Paris: H. Champion 1923.

Kindermann, Heinz. Theatergeschichte Europas. Bd. I: Das Theater der Antike und des Mittelalters. Salzburg: O. Müller 1957.

Kirschbaum, Engelbert [u. a.]. Lexikon der christlichen Ikonologie. [Bisher:] Bd. I–V. Rom, Freiburg, Basel, Wien: Herder 1968 sqq.

Klibansky, Raymond. The Continuity of the Platonic Tradition during the Middle Ages. London: The Warburg Institute 1939, reed. 1950.

Kneisel, Adolf. Das Mystère *La Passion de Jesu-Christ en rime franchoise*. Handschrift No. 421 der Städtischen Bibliothek zu Valenciennes. Teil I: Analyse, Varianten, Gegenüberstellungen, Textproben von Journée 1–10. Phil. Diss. Greifswald 1906.

Knowlton, E. C. Notes on Early Allegory. In *JEGP* 29 (1930) pp. 159–181.

Koch, Josef. Platonismus im Mittelalter. Akademische Festrede, gehalten am 26. Mai 1948 zur Univ.-Gründungsfeier. Krefeld: Scherpe 1948.

Koeppen, Bernhard. Die beiden Valencienner Passionen in ihrem Verhältnis zu den Quellen. Phil. Diss. Greifswald 1911.

Kohler, Pierre. L'esprit classique et la comédie. Paris: Payot 1925.

Koller, H[ermann]. Die Mimesis in der Antike. Nachahmung, Darstellung, Ausdruck. Bern: A. Francke 1954 (Dissertationes Bernenses, I,5; vorher Phil. Habil.-Schr. Zürich 1952).

Komornicka, Anna M. Métaphores, personnifications et comparaisons dans l'œuvre d'Aristophane. Wrocław 1964.

Kraatz, Karl. *Le Mystère de la Conception, Nativité, du Mariage et de l'Annonciation de la benoiste Vierge Marie avec la Nativité de Jésucrist et son Enfance* (Paris, Bibl. nat. Réserve Yf 1604). Personenverzeichnis, vergleichende Analyse, Metrisches und Textproben. Phil. Diss. Greifswald 1906.

Kruse, Kurt. Jean Michel: Das *Mystère de la Passion Jesu-Christ jouée à Paris et Angiers* und sein Verhältnis zu der Passion von Arnould Greban und zu den beiden Valencienner Passionen. Phil. Diss. Greifswald 1907.

Kudlien, Fridolf. Krankheitsmetaphorik im Laurentiushymnus des Prudentius. In *Hermes* 90 (1962) pp. 104–115.

Künstle, Karl. Ikonographie der christlichen Kunst. Bd. I–II. Freiburg i. Br.: Herder 1926–28.

Kuhl, Ferdinand. Die Allegorie bei Charles d'Orléans. Phil. Diss. Marburg 1886.

Kukenheim, Louis, et Henri Roussel. Guide de la littérature française du Moyen Age. 2e éd. rev. et corr. Leiden: Universitaire Pers 1959 (Leidse Romanist. Reeks. 3).

La Croix du Maine [d. i. François Grudé] et [Antoine] Du Verdier. Les Bibliothèques françoises [urspr. 1584–85]. Nouv éd. rev., corr. et augm., p.p. Rigoley de Juvigny. T. I–VI. Paris: Saillant & Nyon 1772–73, unveränd. Nachdr. Graz: Akad. Druck- u. Verlagsanstalt 1969.

Lancaster, Henry Carrington. A History of French Dramatic Literature in the Seventeenth Century. Part I: The Pre-Classical Period, 1610–1634. Baltimore: The John Hopkins Press, Paris: PUF 1929.

Långfors, Arthur. *Le Miroir de Vie et de Mort* par Robert de l'Omme (1266), modèle d'une Moralité wallone du XVe siècle. In *Rom.* 47 (1921) p. 511–531; 50 (1924) pp. 14–53.

– Le thème des quatre filles de Dieu. Excursus bibliographique. Textes français de l'allégorie des quatre filles de Dieu. In: Notices et extraits des manuscrits de la Bibliothèque nationale et autres bibliothèques, p.p. l'Acad. des Inscriptions et Belles Lettres 42 (1933) pp. 172–282.

Lanson, Gustave. Études sur les origines de la tragédie classique en France. Comment s'est opérée la substitution de la tragédie aux Mystères et Moralités. In *RhlF* 10 (1903) pp. 177–231, 413–436.

– Histoire de la littérature française, remaniée et complétée pour la période 1830–1950 par Paul Tuffrau. Paris: Hachette 1964.

Lausberg, Heinrich. Elemente der literarischen Rhetorik. Eine Einführung für Studierende der klassischen, romanischen, englischen und deutschen Philologie. 2., wesentl. erw. Aufl. München: Hueber 1963.

– Handbuch der literarischen Rhetorik. Eine Grundlegung der Literaturwissenschaft. München: Hueber 1960.

[La Vallière, L. C. duc de]. Bibliothèque du théâtre françois depuis son origine, contenant un extrait de tous les ouvrages composés pour ce théâtre, depuis les mystères jusqu'aux pièces de Pierre Corneille [etc.]. T. I–III. Dresde: M. Groell 1768, Nachdr. Genève: Slatkine Reprints 1969.

Lazar, Moshé. Enseignement et spectacle. La *Disputatio* comme »scène à faire« dans le drame religieux du moyen-âge. In: Studies in the Drama, ed. Arieh Sachs, Jerusalem: Magnes Press 1967, pp. 126–151.

Lebas, Georges. Les palinods et les poètes dieppois. Étude sur les confréries religieuses et littéraires des pays de Dieppe et sur les poètes de la région depuis le Moyen Age jusqu'à nos jours. Dieppe: Delevoye 1904.

Lebègue, Raymond. Un chant royal d'humaniste. In *BHumR* 18 (1956) pp. 432–435.

– *Le Mystère des Actes des Apôtres.* Contribution à l'étude de l'humanisme et du protestantisme français au XVIe siècle. Paris: H. Champion 1929.

– Le problème du salut dans les mystères et dans les tragédies protestantes. In: Le théâtre tragique, p.p. Jean Jacquot, 2e éd. Paris: Éds. du C.N.R.S. 1965, pp. 77–87.

– Quelques survivances de la mise en scène médiévale. In: Mélanges Gustave Cohen [s. u.], pp. 219–226.

– La tragédie religieuse en France. Les débuts (1514–1573). Paris: H. Champion 1929 (Bibl. litt. de la Renaissance, N.S. 17).

– La vie dramatique à Rouen de François Ier à Louis XIII. In *BCTh* 1955/56, pp. 399–422.

Lefranc, Abel. Les idées religieuses de Marguerite de Navarre d'après son œuvre poétique (Les *Marguerites* et les *Dernières Poésies*). In *BSHP* 46 (1897) pp. 7–30, 72–84, 137–148, 295–311, 418–442; 47 (1898) pp. 69–81, 115–136.

– (Ed.). Les dernières poésies de Marguerite de Navarre. Paris: Colin 1896.

Lenient, C[harles]. La satire en France au Moyen Age. 4e éd. Paris: Hachette 1893.

Lettner, Max. Zur Bildersprache des Origenes. Platonismen bei Origenes. Phil. Diss. München 1962.

Lévèque, Pierre. Aurea Catena Homeri. Une étude sur l'allégorie grecque. Paris: Les Belles Lettres 1959 (Annales litt. de l'Univ. de Besançon. II, 27).

Lewicka, H[alina]. Les plus récentes datations d'anciennes farces françaises. In *BHumR* 25 (1963) pp. 325–336.

– La langue et le style du théâtre comique français des XVe et XVIe siècles. [Bisher:] T. I–II. Warszawa: Państwowe Wydawnictwo Naukowe, Paris: Klincksieck 1960–68.

Lewis, C[live] S[taples]. The Allegory of Love. A Study in Medieval Tradition. London: Oxford UP 1936, repr. 1959.

Leyburn, Ellen Douglass. Satiric Allegory. Mirror of Man. New Haven: Yale UP 1956 (Yale Studies in English. 130).

Lindner, Herbert. Hugo von Hofmannsthals *Jedermann* und seine Vorgänger. Phil. Diss. Leipzig 1928.

Lintilhac, Eugène. Histoire générale du théâtre en France. T. I–II. Paris: Flammarion [1904–06].

Lloyd, G[eoffrey] E[rnest] R. Right and Left in Greek Philosophy. In *JHS* 82 (1962) pp. 56–66.

Lommatzsch, Erhard. Beiträge zur älteren italienischen Volksdichtung. Untersuchungen und Texte. II: *El libro de Santo Iusto Paladino de Franza* nach dem Druck von Venedig 1490. Berlin: Akademie-Verl. 1951 (Deutsche Akademie d. Wiss. zu Berlin. Veröffentlichungen d. Instituts f. Roman. Sprachwissenschaft. 3).

Lubac, Henri de. A propos de l'allégorie chrétienne. In *RSR* 47 (1959) pp. 5–43.

– Exégèse médiévale. Les quatre sens de l'Écriture. 4 vol.: I^e^ partie, 1–2; IIe partie, 1–2. Paris: Aubier 1959–64 (Théologie 41,1/2, 42, 59).

– Histoire et esprit. L'intelligence de l'Écriture d'aprés Origène. Paris: Aubier 1950 (Théologie. 16).

– »Typologie« et »allégorisme«. In *RSR* 34 (1947) pp. 180–226.

Łukasik, Stanisawław. Moralité. In *Zagadnienia rodzajów literackich* 9,2 (1966) pp. 145 sq.

Mackenzie, W[illiam] Roy. The English Moralities from the Point of View of Allegory. Boston, London: Ginn 1914 (Harvard Studies in English. 2).

Mäder, Eduard Johann. Der Streit der 'Töchter Gottes'. Zur Geschichte eines allegorischen Motivs. Bern, Frankfurt a. M.: P. Lang 1971 (Europäische Hochschulschriften. I, 41; zugl. Phil. Diss. Freiburg/Schweiz.)

Mähl, Sibylle. Quadriga virtutum. Die Kardinaltugenden in der Geistesgeschichte der Karolingerzeit. Köln, Wien: Böhlau 1969 (Beih. z. Archiv f. Kulturgeschichte. 9).

Mâle, Émile. L'art religieux du XIIIe siècle en France. Étude sur l'iconographie du Moyen Age et sur ses sources d'inspiration. 5e éd. Paris: A. Colin 1923.

– L'art religieux de la fin du Moyen Age en France. Étude sur l'iconographie du Moyen Age et sur ses sources d'inspiration. 5e éd. Paris: A. Colin 1949.

Mangenot, E. Art. Allégories bibliques. In: Dictionnaire de Théologie catholique I/1, col. 833–836.

Marignac, Aloys de. Imagination et dialectique. Essai sur l'expression du spirituel par l'image dans les dialogues de Platon. Paris: Les Belles Lettres 1950 (zugl. Thèse Lettres. Genève).

Marle, Raimond van. Iconographie de l'art profane au Moyen-Age et à la Renaissance et la décoration des demeures. T. I–II. La Haye: Nijhoff 1931–32.

Marot, Pierre. Nicole de La Chesnaye, auteur de la *Condamnation de Banquet.* In: Recueil de travaux offerts à C[lovis] Brunel, Paris 1955 (Mémoires et documents publiés par la Soc. de l'École des Chartes. 12), t. II, pp. 223–237.

Maxwell, Ian. French Farce and John Heywood. Melbourne: Melbourne UP, London: Oxford UP 1946.

McClennen, Joshua. On the Meaning and Function of Allegory in English Renaissance. Ann Arbor: Univ. of Michigan Pr. 1947 (Contributions in Mod. Philology. 6).

Mélanges d'histoire du théâtre du Moyen-Age et de la Renaissance offerts à Gustave Cohen. Paris: Nizet 1950.

Meyer, Paul. *Le roman des trois ennemis de l'homme* par Simon. In *Rom.* 16 (1887) pp. 1–24.

Mokroß, Karl. Weitere Studien über das Mystère *La Passion de Jesu-Christ en rime franchoise.* Handschrift No. 421 der Städtischen Bibliothek zu Valenciennes. Teil II (Journée 11–15): Analyse, Varianten, Personenverzeichnis, Textproben. Phil. Diss. Greifswald 1908.

Morawski, Jean. La »moralité« du coeur et des cinq sens. In *RLaR* 65 (1927) pp. 71–85.

Moreau, É[douard] de, Pierre Jourda et Pierre Janelle. La crise religieuse du XVIe siècle. [Paris]: Bloud & Gay 1950 (Histoire de l'Église depuis les origines. 16).

Mortensen, Johan. Le théâtre français au moyen âge, trad. du suédois par Emmanuel Philipot. Paris: Picard 1903.

Müller, Curt. Der Symbolbegriff in Goethes Kunstanschauung. In *Goethe.* Viermonatsschrift d. Goethe-Ges. 8 (1943) pp. 269–280.

– Die geschichtlichen Voraussetzungen des Symbolbegriffs in Goethes Kunstanschauung. Leipzig: Mayer & Müller 1937 (Palaestra. 211).

Müller, Karl. Calvin und die »Libertiner«. In *ZK* 40 (1922) pp. 83–129.

Müller, Konrad. Art. Allegorische Dichtererklärung. In *RE* Suppl.-Bd. IV, col. 16–22.

Müller-Bochat, Eberhard. Der allegorische Triumphzug. Ein Motiv Petrarcas bei Lope de Vega und Rubens. Krefeld: Scherpe 1957 (Schriften u. Vorträge d. Petrarca-Instituts Köln. 11).

Murrin, Michael. The Veil of Allegory. Chicago, London 1969.

Muscatine, Charles. The Emergence of Psychological Allegory in Old French Romance. In *PMLA* 68 (1953) pp. 1160–1182.

Nestle, Wilhelm. Die Fabel des Menenius Agrippa. In *Klio* 21 (1927) pp. 350–360.

Newiger, Hans-Joachim. Metapher und Allegorie. Studien zu Aristophanes. München: Beck 1957 (Zetemata. 16; vorher teilw. als Phil. Diss. Kiel 1953).

Niewöhner, Heinrich. Art. Minneallegorie. In: Reallexikon der deutschen Literaturgeschichte. 2. Aufl., Bd. II. Berlin: de Gruyter 1965, pp. 302 sq.

Nußbaum, Otto. Die Bewertung von Rechts und Links in der römischen Liturgie. In *JAC* 5 (1962) pp. 158–171.

Ogle, Marbury B. Dame Gossips Rôle in Epic and Drama. In *TPAPA* 55 (1924) pp. 90–119.

Ohly, Friedrich. Hohelied-Studien. Grundzüge einer Geschichte der Hoheliedauslegung des Abendlandes bis um 1200. Wiesbaden: Steiner 1958 (Schriften der wiss. Gesellschaft an der J. W. Goethe-Univ. Frankfurt a. M., Geisteswiss. Reihe. 1).

Oldörp, Bernhard. Untersuchungen über das Mystère *La Vengance Nostreseigneur, Paris 1491, Anthoine Vérard* und sein Verhältnis zu dem *Mystère de la Vengence de Nostre Seigneur Jhesucrist etc.*, Handschrift Nr. 697 der Stadtbibliothek zu Arras. Phil. Diss. Greifswald 1907.

Oulmont, Charles. Pierre Gringore. Paris: H. Champion 1911 (Bibl. du XVe siècle. 14).

Owst, G[erald] R[obert]. Literature and Pulpit in Medieval England. 2nd ed. rev. New York: Barnes and Noble 1961.

Pagliaro, Antonio. Simbolo e allegoria. In id., Ulisse. Ricerche semantiche sulla Divina Commedia. T. II. Messina, Firenze: D'Anna 1967, pp. 467–524.

– Struttura e pensiero del *Cratilo* di Platone. In id., Nuovi saggi di critica semantica. Messina, Firenze: D'Anna 1956, pp. 47–76.

Panofsky, Erwin. Hercules am Scheidewege und andere antike Bildstoffe in der neueren Kunst. Leipzig: Teubner 1930 (Studien der Bibl. Warburg. 18).

Parfaict, François et Claude. Histoire du théâtre français depuis son origine jusqu'à présent. T. I–XV. Paris, Amsterdam 1735–49, Nachdr. New York: Franklin 1968.

Parker, Alexander A. The Allegorical Drama of Calderón. An Introduction to the Autos Sacramentales. Oxford and London: Dolphin Book 1943, repr. 1961.

Parker, John J. The Development of the Everyman Drama from *Elckerlyk* to Hofmannsthal's *Jedermann*. Phil. Diss. Univ. of Western Australia [Perth 1968].

Pascher, Joseph. Ἡ βασιλικὴ ὁδός. Der Königsweg zu Wiedergeburt und Vergottung bei Philon von Alexandreia. Paderborn: Schöningh 1931 (Studien zur Geschichte u. Kultur d. Altertums. 17, 3/4).

Patch, Howard Rollin. The Goddess Fortuna in Mediaeval Literature. Cambridge: UP 1927.

Payen, Jean-Charles. Le motif du repentir dans la littérature médiévale (des origines à 1230). Genève: Droz 1967 (Publications romanes et françaises. 98; zugl. Thèse Lettres. Paris).

Peitz, Marietta. Das mittelalterliche Mysterienspiel in Frankreich. Eine theaterwissenschaftliche Untersuchung. Phil. Diss. München 1957 [Masch.-Schr. vervielf.].

Pépin, Jean. Dante et la tradition de l'allégorie. Montréal: Inst. d'Études médiév., Paris: Vrin 1970 (Conférence Albert-le-Grand 1969).

– Mythe et allégorie. Les origines grecques et les contestations judéo-chrétiennes. Paris: Aubier 1958.

Petersen, Leiva. Zur Geschichte der Personifikation in griechischer Dichtung und bildender Kunst. Würzburg: Triltsch 1939 (vorher Phil. Diss. Frankfurt a. M.).

Petit de Julleville, L[ouis]. La comédie et les mœurs en France au Moyen Age. Paris: L. Cerf 1886.

– Les comédiens en France au Moyen Age. Paris: L. Cerf 1885.

– Les Mystères. T. I–II. Paris: Hachette 1880.

– Répertoire du théâtre comique en France au Moyen-Age. Paris: L. Cerf 1886 (Histoire du théâtre en France), Neudr. Genève: Slatkine Reprints 1968.

Pfandl, Ludwig. Geschichte der spanischen Nationalliteratur in ihrer Blütezeit. Freiburg i. Br.: Herder 1929, unveränderter Nachdruck Darmstadt: Wiss. Buchges. 1967.

Pflaum, Hiram. Die religiöse Disputation in der europäischen Dichtung des Mittelalters. Erste Studie: Der allegorische Streit zwischen Synagoge und Kirche. Genève, Firenze: Olschki 1935.

Pickering, F. P. Literatur und darstellende Kunst im Mittelalter. Berlin: Erich Schmidt Verl. 1966 (Grundlagen d. Germanistik. 4).

Pickrel, Paul Murphy. Religious Allegory in Medieval England. An Introductory Study Based on the Vernacular Sermon before 1250. Phil. Diss. Yale Univ. 1944 [Masch.-Schr.].

Picot, Émile. Le monologue dramatique dans l'ancien théâtre français. In *Rom.* 15 (1886) pp. 358–422; 16 (1887) pp. 438–542; 17 (1888) pp. 207–275.
– Les moralités polémiques, ou la controverse religieuse dans l'ancien théâtre français. In *BSHP* 36 (1887) pp. 169–190, 225–245, 337–364; 41 (1892) pp. 561–582, 617–633; 55 (1906) pp. 254–262.
Piehler, Paul. The Visionary Landscape. A Study in Medieval Allegory. London: Arnold 1971.
Pirot, Jean. Paraboles et allégories évangéliques. La pensée de Jésus. Les commentaires patristiques. Paris: Lethielleux 1949.
Platonismus in der Philosophie des Mittelalters. Hg. von Werner Beierwaltes. Darmstadt: Wiss. Buchges. 1969 (Wege der Forschung. 197).
Plumpe, Joseph C. Mater Ecclesia. An Inquiry into the Concept of the Church as Mother in Early Christianity. Washington: Cath. Univ. of America 1943.
Pontet, Maurice. L'exégèse de S. Augustin prédicateur. Paris: Aubier [1946] (Théologie. 7).
Porter, M. E., and J. H. Baltzell. The Medieval French Lives of Saint Fiacre. In *MLQ* 17 (1956) pp. 21–27.
Posadowsky-Wehner, Kurt Graf von. Jean Parmentier (1494–1529). Leben und Werk. München: Hueber 1937 (Münchner romanistische Arbeiten. 7).
Post, Chandler Rathfon. Mediaeval Spanish Allegory. Cambridge (Mass.): Harvard UP 1915 (Harvard Studies in Comparative Literature. 4).
Raab, Karl. Über vier allegorische Motive in der lateinischen und deutschen Literatur des Mittelalters. In: Jahresbericht des Landes-Obergymnasiums zu Leoben 1885, pp. 3–38.
Rahner, Hugo. Symbole der Kirche. Die Ekklesiologie der Väter. Salzburg: O. Müller 1964.
– Mater Ecclesia. Lobpreis der Kirche aus dem ersten Jahrtausend christlicher Literatur. Einsiedeln, Köln: Benziger 1944.
Ranke, Friedrich. Zur Rolle der Minneallegorie in der deutschen Dichtung des ausgehenden Mittelalters. In: Germanist. Abhandlungen 67 (1933) [Festschr. f. Theodor Siebs] pp. 199–212.
Réau, Louis. Iconographie de l'art chrétien. T. I–III/3. Paris: PUF 1955–59.
Reinhardt, Karl. Personifikation und Allegorie. In: id., Vermächtnis der Antike. Gesammelte Essays zur Philosophie und Geschichtsschreibung, hg. v. Carl Becker. 2., durchges. u. erw. Aufl. Göttingen: Vandenhoeck & Ruprecht 1966, pp. 7–40.
Reiterer, Markus. Die Herkulesentscheidung von Prodikos und ihre frühhumanistische Rezeption in der *Voluptatis cum Virtute disceptatio* des Benedictus Chelidonius. Phil. Diss. Wien 1955 [Masch.-Schr.].
Renaudet, Augustin. Humanisme et Renaissance. Dante, Pétrarque, Standonck, Érasme, Lefèvre d'Étaples, Marguerite de Navarre, Rabelais, Guichardon, Giordano Bruno. Genève: Droz 1958 (Trauvaux d'Humanisme et Renaissance. 30).
Rheinfelder, Hans. Das Wort *Persona.* Geschichte seiner Bedeutung mit besonderer Berücksichtigung des französischen und italienischen Mittelalters. Halle: Niemeyer 1928 (Beih. z. ZrP. 77).
Riesenfeld, Harald. La voie de Charité. Note sur I Cor. XII, 31. In *StT* 1, 1947 (Lund 1948) pp. 146–157.
Rivière, Jean. Le dogme de la Rédemption au début du moyen-âge. Paris 1934.

Robinson, David M. The Wheel of Fortune. In *ClP* 41 (1946) pp. 207–216.

Roy, Émile. Le Mystère de la Passion – siehe *Sammelausgaben*.

Ruess, Hans. Gesundheit – Krankheit – Arzt bei Plato. Bedeutung und Funktion. Phil. Diss. Tübingen 1957 [Masch.-Schr.].

Ruhe, Doris. *Le dieu d'amours avec son paradis.* Untersuchungen zur Mythenbildung um Amor in Spätantike und Mittelalter. München: Fink 1974 (Beitr. z. romanischen Philologie d. Mittelalters. 6; vorher Phil. Diss. Konstanz 1968).

Sadron, Pierre. Les associations permanentes d'acteurs en France au Moyen-Age. In *RHT* 4 (1952) pp. 220–231.

Sainte-Beuve, C[harles]-A[ugustin]. Tableau historique et critique de la poésie française et du théâtre français au XVIe siècle. T. I–II. 2e éd. Paris: Raymond – Bocquet 1838.

Sauerbrey, Ruth. Zur Typologie der Mythendeutung. Ihre Entsprechungen in Antike und Neuzeit. Bd. I–II. Phil. Diss. Bonn 1943 [Masch.-Schr.].

Saulnier, V[erdun]-L[ouis]. Études critiques sur les comédies de Marguerite de Navarre. In *BHumR* 9 (1947) pp. 36–77.

– L'évangélisme de Pierre Du Val et le problème des Libertins spirituels. In *BHumR* 14 (1952) pp. 205–218.

Schaab, Otto. Studien über den Teil der beiden Valencienner Passion-Mysterien, welcher über die Auferstehung Christi handelt. Phil. Diss. Greifswald 1909.

Schelkens, Pius. De Ecclesia Sponsa Christi. In *Augustiniana* 3 (1953) pp. 145–164.

Schell, Edgar Th. On the Imitation of Life's Pilgrimage in *The Castle of Perseverance.* In *JEGP* 67 (1968) pp. 235–248.

– The Pilgrimage of Life. The Imitation of an Action in Renaissance Drama. Phil. Diss. Univ. of California 1966.

Scheludko, Dimitri. Klagen über den Verfall der Welt bei den Troubadours. Allegorische Darstellungen des Kampfes der Tugenden und Laster. In *NM* 44 (1943/44) pp. 22–45.

Schlauch, Margaret. The Allegory of Church and Synagogue. In *Spec.* 14 (1939) pp. 448–464.

Schmid, Wolfgang. Philosophisches und Medizinisches in der *Consolatio* des Boethius. In: Festschr. B. Snell zum 60. Geburtstag. München: Beck 1956, pp. 113–144.

Schöne, Albrecht. Emblematik und Drama im Zeitalter des Barock. 2., überarb. u. erg. Aufl. München: Beck 1968.

Schreiber, Cécile. L'univers compartimenté du théâtre médiéval. In *FR* 41 (1967/68) pp. 468–478.

Schreiner, Heinrich. Weitere Studien über die erste Valencienner Passion. Manuscript der Bibl. nat. zu Paris f. fr. 12 536. Phil. Diss. Greifswald 1907.

Schulze, Paul. Die Entwicklung der Hauptlaster- und Haupttugendlehre von Gregor dem Großen bis Petrus Lombardus und ihr Einfluß auf die frühdeutsche Literatur. Phil. Diss. Greifswald 1914.

Sckommodau, Hans. Die religiösen Dichtungen Margaretes von Navarra. Köln, Opladen: Westdeutscher Verl. 1955 (Arbeitsgemeinschaft f. Forschung d. Landes Nordrhein-Westfalen. Geisteswissenschaften. 36).

Rez. Erika Lorenz, in *RJb* 8 (1957) pp. 259–263.

Rez. Harald Weinrich, in *AnS* 192 (1955/56) p. 235 sq.

Seel, Otto. Antike und frühchristliche Allegorik. In: Festschr. f. Peter Metz, hg. v.

Ursula Schlegel und Claus Zoege von Manteuffel. Berlin: de Gruyter 1965, pp. 11–45.
Seibel, Wolfgang. Fleisch und Geist beim heiligen Ambrosius. München: Zink 1958 (Münchener theol. Studien. 2, 14).
Sepet, Marius. Le drame religieux au Moyen Age. Paris: Bloud 1903.
– La Moralité exemplaire, genre dramatique du Moyen Age. In: Mélanges Godefroid Kurth, t. II. Liège: Vaillant-Carmanne, Paris: H. Champion 1908 (Bibl. de la Fac. de Philos. et Lettres de l'Univ. de Liège. 2), pp. 145–154.
– Origines catholiques du théâtre moderne. Les dramas liturgiques et les jeux scolaires, les mystères, les origines de la comédie au moyen-âge, la Renaissance. Paris: Lethielleux 1901.
Serper, Arié. Le débat entre Synagogue et Église au XIIIe siècle. In *REJ* 123 (1964) pp. 307–333.
Seznec, Jean. La survivance des dieux antiques. Essai sur le rôle de la tradition mythologique dans l'Humanisme et dans l'art de la Renaissance. London: The Warburg Inst. 1940 (Studies of the Warburg Inst. 51).
Shergold, N[orman] D[avid]. A History of Spanish Stage from Medieval Times until the End of the Seventeenth Century. Oxford: Clarendon Pr. 1967.
Siciliano, Italo. François Villon et les thèmes poétiques du Moyen-Age. Paris: Nizet o. J. (Nachdr. der Ausg. 1934).
Siepmann, Helmut. Die allegorische Tradition im Werke Clément Marots. Bonn: Rheinische Friedrich-Wilhelms-Universität 1968 (vorher Phil. Diss. Bonn 1966).
Smalley, Beryl. The Study of the Bible in the Middle Ages. 2nd ed. Oxford: Blackwell 1952.
Snell, Bruno. Die Entdeckung des Geistes. Studien zur Entstehung des europäischen Denkens bei den Griechen. 3., erw. Aufl. Hamburg: Claasen 1955.
Sørensen, Bengt Algot (Ed.). Allegorie und Symbol. Texte zur Theorie des dichterischen Bildes im 18. und frühen 19. Jahrhundert. Ausgew., komm. u. mit e. Nachwort vers. Frankfurt a. M.: Athenäum 1972 (Ars poetica. Texte. 16).
Southern, Richard. The Medieval Theatre in the Round. A Study of the Staging of *The Castle of Perseverance* and Related Matters. London: Faber and Faber 1957.
Spengler, Franz. Der verlorene Sohn im Drama des XVI. Jahrhunderts. Zur Geschichte des Dramas. Innsbruck: Wagner 1888.
Spicq, C[eslaus]. Esquisse d'une histoire de l'exégèse latine au moyen âge. Paris 1944 (Bibl. thomiste. 26).
Spivack, Bernard. Shakespeare and the Allegory of Evil. The History of a Metaphor in Relation to his Major Villains. New York: Columbia UP 1958.
Stählin, Wilhelm. Das Problem von Bild, Zeichen, Symbol und Allegorie. In id., Symbolon. Vom gleichnishaften Denken, zum 75. Geburtstag [...] hg. von Adolf Köberle. Stuttgart: Evang. Verlagswerk (1958), pp. 318–344.
Stammler, Wolfgang. Frau Welt. Eine mittelalterliche Allegorie. Freiburg/Schweiz: Universitätsverlag 1959 (Freiburger Universitätsreden. N.F. 23).
– Ideenwandel in Sprache und Literatur des deutschen Mittelalters. In *DVjs.* 2 (1924) pp. 753–769.
– Allegorische Studien. In *DVjs.* 17 (1939) pp. 1–25.
Stein, Edmund. Die allegorische Exegese des Philo aus Alexandreia. Gießen: Töpelmann 1929 (Beih. z. Zs. f. alttestamentl. Wiss. 51).

Stoeßl, F[ranz]. Art. Personifikationen. In *RE* Halbbd. 37, col. 1042–1058.
Strauß, Gerhard. Schriftgebrauch, Schriftauslegung und Schriftbeweis bei Augustin. Tübingen: Mohr 1959 (Beiträge zur Geschichte der biblischen Hermeneutik. 1; vorher Theol. Diss. Göttingen 1952).
Strich, Fritz. Das Symbol in der Dichtung. Ein 1939 an der Berner Universität gehaltener akademischer Vortrag. In id., Der Dichter und die Zeit, Bern: Francke 1947, pp. 13–39.
Strothmann, Friedrich Wilhelm. Die Gerichtsverhandlung als literatisches Motiv in der deutschen Literatur des ausgehenden Mittelalters. Jena: Diederichs 1930 (Dt. Arbeiten d. Univ. Köln).
Sweales, Romain. L'orientation ecclésiastique de la parabole du festin nuptial en Mt. XXII, 1–14. In *ETL* 36 (1960) pp. 655–684.
Tate, J. Plato and Allegorical Interpretation. In *ClQ* 23 (1929) pp. 142–154; 24 (1930) pp. 1–10.
Taylor, Alfred Edward. Platonism and its Influence. London [etc.]: Harrap [1925].
Theiß, Winfried. Exemplarische Allegorik. Untersuchungen zu einem literaturhistorischen Phänomen bei Hans Sachs. München: Fink 1968 (vorher Phil. Diss. Gießen 1967).
Thiel, Gisela. Das Frau-Welt-Motiv in der Literatur des Mittelalters. Phil. Diss. Saarbrücken 1957.
Thiry, Paul. Le théâtre français au Moyen Age. 2e éd. Bruxelles: Office de Publicité 1944 (Coll. Lebègue. II, 15).
Thompson, Elbert N. S. The English Moral Plays. New Haven (Conn.): Yale Univ. 1910 (Transactions of the Connecticut Acad. of Arts and Sciences 14 (1908–10) pp. 291–413).
Timmers, J[an] J[oseph] M[arie]. Symboliek en iconographie der christelijke kunst. Roermond-Maseik: Romen 1947.
Tindall, William York. The Literary Symbol. New York: Columbia UP 1955.
Traver, Hope. The Four Daughters of God. A Study of the Versions of this Allegory with Special Reference to those in Latin, French, and English. Bryn Mawr (Penns.): Bryn Mawr College 1907 (Bryn Mawr College Monograph Series. 6).
Tuve, Rosemond. Allegorical Imagery. Some Mediaeval Books and their Posterity. Princeton: UP 1966.
– Notes on the Virtues and Vices. In *JWI* 26 (1963) pp. 264–303.
Usener, Hermann. Götternamen. Versuch einer Lehre von der religiösen Begriffsbildung. Bonn: Cohen 1896.
Valbuena Prat, Ángel. Los Autos Sacramentales de Calderón (Clasificación y análisis). In *RH* 61 (1924) pp. 1–302.
Valesio, Paolo. Esquisse pour une étude des personnifications. In *LS* 4 (1964) pp. 1–21.
Vallone, Aldo. Studi su Dante medievale. Firenze: Olschki 1965 (Biblioteca dell'Archivum romanicum. I, 80).
Verdenius, W[illem] J[acob]. Mimesis. Plato's Doctrine of Artistic Imitation and its Meaning to us. Leiden: Brill 1962 (Philosophia antiqua. 3).
Vischer, Friedrich Theodor. Aesthetik oder Wissenschaft des Schönen. Bd. I–VI. 2. Aufl. München: Meyer & Jensen 1922–23.
Vocht, Henry de. Everyman. A Comparative Study of Texts and Sources. Louvain: Libr. Universitaire 1947 (Materials for the Study of the Old Engl. Drama. 20).

Voßler, Karl. Die Dichtungsformen der Romanen. Hg. v. Andreas Bauer. Stuttgart: Koehler 1951.

– Die Göttliche Komödie. Entwicklungsgeschichte und Erklärung. 2., umgearb. Aufl. Heidelberg: Winter 1925.

Waites, Margarete Coleman. Some Features of the Allegorical Debate in Greek Literature. In *HSCP* 23 (1912) pp. 1–46.

Wanner, Irene. Die Allegorie im bayerischen Barockdrama des 17. Jahrhunderts. Berlin: Elsner 1941 (Theater und Drama. 17; zugleich Phil. Diss. München 1941).

Wardropper, Bruce W. Introducción al teatro religioso del Siglo de Oro. La evolución del auto sacramental, 1500–1648. Madrid: Rev. de Occidente 1953.

Wassermann, Felix. Fama. Geschichte eines Motivs der antiken Dichtung. Phil. Diss. Freiburg i. Br. 1920 [Masch.-Schr.].

Webster, T[homas] B[ertram] L. Personification as a Mode of Greek Thought. In *JWI* 17 (1954) pp. 10–21.

Wehrli, Fritz. Zur Geschichte der allegorischen Deutung Homers im Altertum. Borna-Leipzig: Noske 1928 (zugl. Phil. Diss. Basel 1928).

Weisbach, Werner. Trionfi. Berlin: Grote 1919.

Welsersheimb, Leopold. Das Kirchenbild der griechischen Väterkommentare zum Hohen Lied. In *ZkT* 70 (1948) pp. 393–449.

Whitehead, Alfred North. Process and Reality. An Essay in Cosmology. New York: Harper & Row 1960 (Harper Torchbook. 1033).

Wibbing, Siegfried. Die Tugend- und Lasterkataloge im Neuen Testament und ihre Traditionsgeschichte unter besonderer Berücksichtigung der Qumran-Texte. Berlin: Töpelmann 1959 (Beih. z. Zs. f. Neutestamentl. Wiss. 25; vorher Theol. Diss. Heidelberg 1956).

Willems, L. Elckerlijk-Studien. 's Gravenhage 1934.

Wilmotte, Maurice. Les passions allemandes du Rhin dans leur rapport avec l'ancien théâtre français. Bruxelles: Hayez 1896–98 (Mémoires couronnés et autres mémoires p.p. l'Académie royale des Sciences, des Lettres et des Beaux-Arts de Belgique. 55,10).

Wingren, Gustaf. 'Weg', 'Wanderung' und verwandte Begriffe. In *StT* 3, 1949 (Lund 1951) pp. 111–123.

Winkler, Emil. Das dichterische Kunstwerk. Heidelberg: Winter 1924 (Kultur u. Sprache. 3).

Wolff, Max J. Zur Allegorie in der Dichtung. In *Arch. rom.* 21 (1937) pp. 124–145.

Wolfson, Harry Austryn. Philo. Foundations of Religious Philosophy in Judaism, Christianity, and Islam. 2nd printing rev. Vol. I–II. Cambridge (Mass.): Harvard UP 1948.

Young, Karl. The Drama of the Medieval Church. Vol. I–II. Oxford: Clarendon Press 1933, repr. 1951.

Zöckler, Otto. Das Lehrstück von den sieben Hauptsünden. München: Beck 1893 (Biblische u. kirchenhist. Studien. 3).

– Die Tugendlehre des Christentums, geschichtlich dargestellt in der Entwicklung ihrer Lehrformen, mit besonderer Rücksicht auf deren zahlensymbolische Einkleidung. Ein Beitrag zur Geschichte der christlichen Sittenlehre und Sitte. Gütersloh: Bertelsmann 1904.

Zumthor, Paul. L'allégorie chez Charles d'Orléans. In: Mélanges offerts à Rita Lejeune, Gembloux: Duculot 1969, t. II, pp. 1481–1502.
– Essai de poétique médiévale. Paris: Seuil 1972 (Coll. »Poétique«).

REGISTER

Aufgenommen sind Namen von Personen und Personifikationen, Aufführungsorte, die (Kurz-)Titel der behandelten Stücke und einiger anderer allegorischer Werke (kursiv), wichtige Begriffe, allegorische Bilder und Motive. Bei den am häufigsten gebrauchten Namen, Titeln und Begriffen sind nur die für das jeweilige Stichwort unmittelbar relevanten Stellen vermerkt. Die Zahlen bedeuten Seiten; gerade Zahlen verweisen auf den Text (ggf. mit den dazugehörenden Fußnoten), kursive ausschließlich auf die Fußnoten der betreffenden Seiten.

Aalen, S. *200*
abbaye de Malice *132*, *151*, 198, 214
Ablösung der Glaubensfragen von moralischen Implikationen 323 sq.
Abraham 183, 266, 284, *285*, 299
Abregiet *280*
Absalon 101
Abstieg *168*
Abstinence 67, 69
abstraction *62*, *106*, 264
abstractum agens 9 sq., *162*, *341*
Abstraktion 264, 268, 289
Abundance, Jean d' 35, 44, 142, 173, *299*, 300
Abwertung der Kunst 269
Accide 47, *67*, 100
Accoustumance *90*
Acedia *69*
Actes des Appostres, Les 283, 307, 309
Acteur, l' 64, 227, 234
Adam 284, 299
Adam, A. *39*, *280*, *285*
Adam, Jeu d' *25*, *276*
Adamov, A. *39*
Adhemar de Monteil *115*
adhortatio *241*
Adiaphoron 74
Admiraulx de France, les 296
Adolescence *74*, 114, 143, *176*
Adolescent, l' 75, 116, *130*, 171
Adoration des Trois Roys, L' 305 sq.
Adorno, Th. W. *16*
Adversité *73*, 176, 182, *183*, 198, 212, 221
Aebischer, P. *32*, *35*, 57, *74*, 171, *174*, 178, *229*, *243*, *251*
aenigma 336
Affliction *73*
Affricque 294
Afligé, l' 324 sq.
Afligé, L' 324–326
Agapy 337 sq.
Agon (agonal) 181, 224–227, 309, 318 (cf. Kampf, Rechtsstreit)
Air, l' *74*, *114*, 172, *193*
Aischylos *97*
Aix-en-Provence *175*
Akrostichon *32*
Akteinteilung *234*, 307, 310
Alanus ab Insulis *12*, 62, *184*, 270 sq.
Albert d. Gr. 6, 346
Aldhelm *184*
Alexius 293
Alkuin 67
Allaire, J. L. *329*
Allegorese 3, 347
– christliche 7, 8, *21*, 237, *273*, *341*
– primäre 234–237
– sekundäre 237
ἀλληγορία (*allegoria*) 2, 6, 336
»allégorie surajoutée« *235*
Allegorie, verdeckte 308, 332
Allegoriebegriff, moderner und mittelalterlicher 14–18
Allegorisierung der metaphysischen Personen 162, 314, 317, 321, 345 sq.
– eines mimetischen Stoffes 234–237, 304–307, 309

Allegorisierungsstufen 308 sq.
ἀλληγορούμενα 4
Allgegenwart 93–95, 109
Allgemeinbegriff 159, 259 sq., 268
Allgemeingültigkeit 232, 237, 268, 304, 306
Alliance de Foy et Loyalté, L' *21*
Alter, hohes 54, 93 sq., *108*, 341
Amann, E. *347*
Amarissime 337 sq.
Ambiguität, allegorische 45 sq., 61, *148*, *150*, 170, 199, 217–224, *297*
Ambivalenz (ambivalent) 76–86, 93, *124*, 266
Ambrosius 5 sq., 124, *184*, 289
Ame devote, l' *191*
Ame de l'Homme juste, l' (– de l'Homme mondain, etc.) 57
Amour, l' 321 sq., 346
Amour fraternel 302 sq.
Amy de Bonne Foy 234
analogia entis 263
Analogie *52*, 272
anagogisch 232
Anamnesis 257
Anapher *142*
Anathoile 302
Anaxagoras 3
Andreas Capellanus *123*
Angers *302*
Anima 297
Ankündigung des Handlungsverlaufs 228
Annonciation, Moralité de l' 319
annunciatio 298, *316*
Anreden zwischen Bühnenfiguren 130 sq.
Anselm von Canterbury 259, *263*
Anteil allegorischer Szenen am Text der Mystères 290, 298 sq., 303
Anthropomorphismus 262
Anticlaudianus *12*, 62, 271
Antithese (antithetisch) 63, 176
Appellativ 301, 303
Appoplexie *73*, 114
Arande, Michel d' 329
Arbeitsethik 245
Arbesmann, R. *202*
arbor virtutum (*– vitiorum*) 168
arbre des vertus (*– des vices*) 151, 155, *165*, 168, 171
'Αρετή 167
Argent *74*, 96, 143, *220*, *223*
Argent 32, 55, 58, 64, 74, 97, 132, *134*, 174, 178, 190, *220*, 229, *233*, 239, *242*, 243
Argent-Typus 174, 178
Aristophanes 12, 47
Aristote (Bühnenfigur) 95, 138, *226*, 247
Aristoteles 95, 102, 250, 260, 268, *272*
Aristotelismus (aristotelisch) *260*, 274
armatura Dei 142, 188, *189*, *314*
Ars praedicandi 2
artes *314*
Artz liberaulx, les 318 sq.
Asie 294
assumptio 317
Assumption de la Vierge, L' *34*, 315–318
Astarot *107*
Atouchement, l' 91
Attinger, G. 39
Attribut, allegorisches 48–50, 70, 141, 246, 325, 335 sq.
– göttliches 115, 192, 270, 321
Auctorité *74*, 143 sq., 172, 199, 213 sq., 312
Auerbach, E. *152*, *267*, *269*, 276, *344*
Aufstieg 165, 167, *168 sq.*
Augustin 5 sq., 12, 124, *167 sq.*, *184*, *189*, 197, *200*, *202*, 204, 250, 253, 261, *262*, 270, 288
Augustinismus 162, *260*
Aulcun 54, 80 sq., 141–143, 165, 198 sq., 213 sq.
Aulcun 32, 72, 80, 132, 141, 144, 165, 172, 194, 198, 200, 213, 244
Aumosne (Aulmosne) 70, 113, 171, 176
Ausschließungsregel 150
Autonomie des Menschen 137
Autoritäten 96, 249 sq.
auto sacramental 23
Autre, l' 298
Avarice (Avarisce) 67, 69, *94*, 100, *115*, 131, 172, *186*
Avaritia 184
Averroys 95
Avertissement au lecteur 235
Aveugle et le Boiteux, L' *19*
Avicenne 95
avoir o soy *143*

Babelon, J. *22*, 26, *32*, 38
Badin, le 327 sq.
Baes, E. *15*
Baeumker, C. *200*, *260*
Baldwin, Ch. S. *2*
Balthasar 305
Baltzell, J. H. *293*
Bambeck, M. *44*

Bancquet 90, 96, 188, 194, 210, 222
bancquet de Gloutonnie 208
Baptesme 48, 114, 176, *233*
Barat *44*, 119
Bareille, G. *107*
Barockdrama, allegorisches 16, 48, *163*, *265*
»basic metaphor« 41, *224*
Basler Konzil 315
Bastin, J. *78*
Batey, R. A. *124*
Baum s. *arbre des vertus*
Bayrav, S. *7*
Beau Pere confesseur, le *65*, 91
Beauchamps, P. F. G. de 36
Becker, O. *166*
Becker, Ph. A. *33*, *329*
Beda 2, *193*
Bedeutungsebene 84 sq.
Bédier, J. 37, *39*
Befleckung 219 sq., 225, 340
Befreiung s. Gefangenschaft und Befreiung
Behemot *107*
Beierwaltes, W. *200*, *261*
Beirnaert, L. *167*
Bekanntschaft 120–123, *125*, 337
Bekehrung von Instanzen 88–93, 111, 186, 319, 325
Belehrung, Bitte um 137
Belial *107*
Bellezebut *107*
Belphemot 77, *107*
Benjamin, W. 16, *163*, *265*
Bergerie 227, 304, 337, 344
Bergier (Berger), le *228*, 236, 337 sq.
Bergiere (Bergere), la 236, 337 sq.
Beriger, L. *15*
Bernardus Silvestris *12*, 270 sq.
Bernhard von Clairvaux *77*, *193*, 205, 250
Beschwerung des Gewissens 219 sq.
Besongne faite *44*
Béthune *33*, 319
Bevington, D. M. *23*
Bibel als Autorität 231, 249 sq., 266
– als Quelle allegorischer Bilder *4*, *12*, *49*, *55*, *59*, 66, *67*, *77 sq.*, 94, *98*, 100 sq., *115*, 116, 118, 124, *125*, *140*, *149*, 167 sq., *184*, 189, *191*, 192, *196*, 197, *198*, 200 sq., *202*, 203, *204*, 205, 224, *228*, 234 sq., *249*, 278 sq., 282 sq., 299, 305 sq., *313*, 325, 333, *334–336*, 337
Bibelallegorese s. Schriftexegese, allegorische
Bien advisé 57, *140*, 143, *170*, 175, 177 sq., 203, 211 sq., 245 sq., 248, 265
Bien advisé, Mal advisé 20, *23*, 32, *34*, 38, *39*, *49*, 51, 56 sq., *65*, 69, 74, 80–83, 119, *140*, 152, *154*, *170*, 175, 180, 189, 203, 209, 211 sq., 225, 235, 241, 244–246, 248, 266, 281
Bien advisé-Typus 178, 181
Bien Gracieux, le 315 sq.
Bien Humaine, la 315 sq.
Bien et Mal 76
Bien Naturel, le 315 sq.
bien né 334
Bien Parfaicte, la 315 sq.
Bien Souverain, le 315 sq.
Bien Triumphant, le 315 sq.
Bien Vertueux, le 315 sq.
Bildende Kunst s. Ikonographie
Bilderhäufung s. Motivüberlagerung
biographische Deutung 330, 332, 338
Black, M. *12*
Blank, W. *13*, *17*, *123*, *260*
Blasphemateur, le 58, 179, 203
Blasphemateurs, Les 34, 52, 58, 73, 107 sq., 154, 179, 188, 192, 210 sq., 231, *250*, 301
Blindheit und Erleuchtung 197–200, 256 sq., *337*
Bloomfield, M. W. *5*, *11*, *17*, *50*, *68*
Blume als alleg. Attribut *49*, *201*, 202
Blumenberg, H. *200*, *270*
Blumenkranz, B. *288*
Blümner, H. *15*
Böckmann, P. *167*
Bodel, Jean *276*
Boethius *44*, *205*, 250
Bogensignatur 29
Bon Advis 132, 137, *138*, 143, 170, 174, 177
Bon Ange, le 107, *148*, 150, 190
Bon Conseil 296, *297*
Bon Riche vertueux, le 59 sq.
Bon Temps 74, *75*
Bon Vouloir 82, 113, 128, 131, 176, 182
Bona Paciensa 299
Bonaventura 282
Bonkain, L. *32*
Bonne Compaignie 90
Bonne Fin 66, *93*, 176 sq., 212, *297*
Bonne Foy 44
Bonne Renommee 104 sq., *141*, 146, 187, 222

Bonner, C. *169*
Borcherdt, H. H. *154*
Bornemann, W. *15*
Boros, L. *168*
Bossuat, A. *22*, *51*, *106*, *253*
Bossuat, R. *22*, 31, *39*, *51*, *91*, *106*, 252, *253*
Bouche, la 91, 214
Bougouin, Simon 32, 186
Bourbon, Étienne de *78*
Bourbon, Nicolas *333*
bourdon *140*, 165
Bourges 283
Bouyer, L. *124*
Boysonné *333*
Brant, Sebastian *273*
Brayhault *44*
Brecht, W. *23*
bretonische Stücke *297*
Briçonnet, Guillaume 329, *331*, *336 sq.*, 339, 347
Briette *43*, 58, 179, 210
Brinkmann, H. *15*, *259*
Bronson, B. H. *106*, *261*
Brooke, I. *32*
Brot, geistliches 247
Brown, H. M. *24*
Bruder s. Geschwisterverhältnis
Brueghel, P. *44*
Brunel, C. *32*
Bruno von Toul *184*
Bruyne, E. de *2*, *7*, 16
bruyt 97
Buch, allegorisches *138*, 214, 216 sq., 256, 306
Bühnenanweisung *33*, *74*, *140 sq.*, 143, *144*, 145, *146*, *148 sq.*, 150 sq., *154 sq.*, *165*, *195 sq.*, *203 sq.*, 208, *218–220*, 227, *231*, *262*, *278*, *315*
Bühnenbild 150–156
bukolisch *338*
Bulst, W. *9*
Burckhardt, J. 15
Burks, J. F. *293*
Busson, H. *320*
Bußpersonifikationen 69 sq., 118
caecitas cordis 200

Caen 311
Caffre *70*, 297
Cailleau, Hubert *154*
Calderón 23
Calin, V. *17*, *272*
Calvet, J. *39*
Calvin 319, 329, *333*
Calvinismus 320, *322*
Camelot, P. T. *124*
Camp, L. L. *9*, *97*, *262*, *264*, *270 sq.*
Cannon, W. H., Jr. *20*, *34*, *58*, *230*
Caresme 70, 119, *151*, 165, 173, 204
Caritat 299
Carité s. Charité
Carnahan, D. H. *300*, 301
Casel, O. *124*, *141*, *189*
Casse Tuilleau *44*
Cassian 5, 67
Cassirer, E. *11*
Castle of Perseverance, The 23, *93*, *193*, *224 sq.*
Cato (Spruchdichter d. 3. Jh.) *215*, 250
Cautelleux *44*
Cercle d'Amour 320
Cerfaux, L. *124*, *200*
Chair, la (le Char) 69, 77 sq., 127, 176, 182, 189, 208, 251, 292
Chamard, H. *36*
Chambers, E. K. *106*, *276*
Chambriere, la 331
champion 313 sq.
Chant royal 312, *313*, *318*
Char, le s. Chair
Charité (Carité) 47, 66–69, *81*, 89, 103, 113, 116, 119, *130*, 146, 155, 171, 176, 195, *226*, *250*, 251, 278 sq., 290, *296*
Charité 34, 59 sq., 65, 73, 91, 125 sq., 128, 146, 154, 179–181, 189, 194, 203, 206, 222, 226, 256
Charity, A. C. *5*, *104*
Charland, Th.-M. *2*
Charles d'Orléans 13
Chartier, Alain 13
Chartres, Schule von 12, 270
Chascun 54, 118, 142, 146, 165, 171, 249, *257*
Chasteté 67, 135
Chastiement du Monde, Le *22*
Chaumont *296*
Chaussard, Barnabé 34
chemin de Contriction 165
chemin der Perdition 164, 173 sq., 176–180
chemin de Raison 165
chemin de Salvation 164, 173 sq., 176–180
Chenu, M.-D. *6*, 17
Cherubin 107, 121, *160*, *226*
Chevalier, U. *294*

Chevalier chrestien, le 48, 55 sq., 78, 174, 189, 251, 314
Chevallerie *296*
Chocheyras, J. *287*
Chrestien de Troyes *152*
Chrestien, Nicolas *302*
Christmann, H. H. *44*
Christus als Bühnenfigur 108 sq.
Christus medicus 203
Chronologie der Mystère-Allegorisierung 309
Chydenius, J. *262*
Cicero *2*, 8, *316*
Ciel, le 114
Claquedent *44*
Claßen, C. J. *200*
Clerc le Dyable, le *107*
Clistere *69*
Cœur felon (Cœur villain) 313
Congnoissance (Cognoissance) 50, 71 sq., 80 sq., 121 sq., 127, 137, *138*, 141, 143, 164, 172, 176, 182, 194, 198 sq., 204, 318, 325 sq.
Cohen, G. *1*, *10*, 19, *21-23*, 25, *26*, *30*, 31, 39, *44*, *96*, *104*, *134*, *154*, *226*, *276*, *280*, 287, *292* sq.
Coleridge, S. T. 14
Colicque *73*, 221
Collins, M. E. *23*, 41, *62*, *68*, *78*, *110*, *252*, *259*
comedie als Gattungsbezeichnung 342
Comédies bibliques 304–309
Commun Peuple de la Basse Normendie, le 312
Comparetti, D. *3*
Compassion 113, 190
Conception et Nativité, La 281, 283
Concile de Basle, Le *20*
Concordia 184
Concupiscence (Concupicence) 70, 78, 119, 147, 171, 207, 323
Condamnacion des Bancquetz, La 32, 52, 64, 69, *73*, 90, 95, 188, 194, 209, 211, 221, 232
condicion *46*
Confession 70, 113 sq., *140*, 143, 171 sq., 175 sq., 191, 212, *230*, 245
confirmatio 8
Confort divin 294
congé 55, 91
Conscience 69, 104 sq., 114, 128, 148, 150, 171, 190 sq., 214, 218, 265
Consolation 306
Contemnement de la Mort, Le 321 sq., 346
Contemplation 306
contrappasso 88
Contricion (Contriction, Contrition) 69 sq., 96, *97*, 113 sq., 119, 171, 175 sq., 246, 250
convient, il 230
Coquins, Les *44*
Cornelius, R. D. 213
cornu salutis *336*
Coseriu, E. *266*
Courcelle, P. *167*
court celestielle 132
cousin (cousine) *117*
Craig, B. M. *293*
Craig, H. *22 sq.*, *25*, *30*, *272*
Crainte-de-faire-penitence 70, 87, 171
Cramer, W. *263*
Crawford, J. P. W. *23*
Creizenach, W. 40, *256*, *274*, *309*
Crignon, Pierre *315*
Croce, B. 15, 17
Croix Faubin, La *337*
Crozet, R. *267*
Crucifix, le *106*
Cuer, le 91, 214
Cuer et les cinq Sens, Le 31, 64, 70, 91, 214, 217, 225, 252
Cueur loyal 70, 187
Cuillandre, J. *149*
Cul esventé *44*
Curtius, E. R. *3*, *7*, *11*, *16*, *44*, *78*, *97*, *113*, *169*, *208*, *215*, *217*, *250*, *270 sq.*
Cusanus s. Nicolaus Cusanus
Cyprian *184*

dame 'Herrin' (Doppelsinn) 157
Dame a l'aigneau, la 313 sq.
Dame a l'aigneau, La 313–315
Dame a l'aspic, la 313 sq.
Dame debonnaire, la 300
Danger (Dangier) *71*, 87, 128, 146, 187, 222 sq.
Daniel, Jean 34
Daniélou, J. *5*, 17, *124*
Dante *7*, 193, *317*
Daur, K.-D. *167*
David 100, *280*, 299
Débat *19*
Decharme, P. *3*
delectare et prodesse 239
demaine *136*
Demokrit 3

Demon *107*
Demonstrationshandlung 246 sq.
Derbolav, J. *266*
Des Autels, Guillaume 35 sq., 172
Deschamps, Eustache 13
Desconfort 176, 182
Desert, Le 306 sq.
Desesperance (Deesperance) 51, 67, 81, 101, 144, 176, 182, 195, 287, *290*
Desesperé, Le *175*
Desespoir 51, 67, 80, 82 sq., 101, 177, 216, 297
Desperacion-de-pardon 70, 171
Des Périers, Bonaventure *333*
Despit 290
Desraison *147*
Detraction *297*
Deubner, L. *11*, *97*
Devotion 176, 300
dextre (*destre*) 149, 152, 178,
Diable (Dyable), le 107, 115, 119, *131*, *148*, 150, 171, 176, 182, 218, 251
Dialogue *19*
Dialogue moral 172
Dichterallegorese s. Allegorese
Dichtungsauffassung, allegorische 267–274
Didaktik 24, 26, 175, 239–258, 321, 327
– explizite 239 sq.
– implizite 240, 252
– negativ bewertete 251
Dieppe 310 sq., 315, *316*
Diette *69*
Dieu 88, 106, *107*
Differenz, allegorische 4, 7, 9–11, 42, 53, 62, 65, 84, 112, 159, 164, 217, 223, 238, 248
Differenzierung, semantische 84
Diligence 67
Dingallegorie *50*, 237
Dionysius Ps.- Areopagita 261, *337*, *347*
Discipline *51*, 128, *138*, 170, 177, 216
Discordia 184
Discordio *296*
Discret, le 321
Disner 210
Disput zwischen Kirche und Synagoge 288 sq.
disputaison *186*
Dispute *19*
dit 253
Dittmann, W. *295*, 296
Divin Pouvoir 322
Divin Vouloir *66*, 116
Divina Commedia 168
Divine Bonté 66, 116
Divine Inspiration 295
division 152, 154
Docteur, le 64, 252-254
Docteur prolocuteur, le 64, *65*
doctrine 137, *138*
Dolch als alleg. Attribut 49
Dolet, Estienne *321*, *333*
Doms, Les Trois 294
Donatus *215*
Doren, A. *79*
Douhet, J. de 37
Doulx Parler 70, 146, 232
Doutrepont, G. *32*, *44*
Dragonetti, R. *2*
Draguignan 319
»drames extra-terrestres« 277
Dreger, E. 38, 70, *161*
Dreistadienlehre 319 sq.
Droicture Raison 54
Droz, E. *30*, *33*, *75*, *295*
Dualismus, religiös-moralischer 63, 70, 160, 162
Dubech, L. *39*
Du Bellay, Joachim 35 sq.
Du Moulin, Antoine *333*
Dunbar, H. F. *9*, *264*
Du Prier, Jean 283
Dürr, E. *15*
Du Val, Pierre 310, 320 sq., *322*, 346
Du Verdier, A. *32*, *34 sq.*, 37
Dyable, le s. Diable
Dynamik (dynamisch) 86 sq., 92, 109, 163 sq., 169, 340

Eaue, l' *74*, 114, 172
Ecclesia 168, 289
Eglise (Esglise) 52, 69, 114, 124, 176, 179, 198, 210, 231, 288, 295 sq.
Ehe 124, 127
Ehrentitel 131
Eidem, E. *189*
eidetisch 266, *270*
Eigenname eines Menschenvertreters 58
Eigenschaft als Ausdruck des Wesens 47, *81*, 86, 90, *125*, *158*, *185*, 210
Eijkenboom, P. C. J. *203*
Einleitung, allegorische s. Vorspiel, allegorisches
Einschränkung der Sinneswahrnehmung 199, 203
Ekphrasis, allegorische (Definition) 46 sq.

– (Belege) 47, 53 sq., *60*, 62 sq., 65 sq., *71 sq.*, *80*, 82, 84 sq., *90*, *94*, *97*, *104*, *114*, *197*, 230, 255, 266, 290, *294*, *313*, *315*, 321, 332, 337
– falsche *70*
– mehrfache *255*
Elckerlijk 23
Elemens, Les quatre *20*, 33, 54, 132, 162, 164, 172, 189, 193, 204, 206, 227
»elite theater« *251*
Elpison 304
Eltern-Kinder-Verhältnis 114–116, 118 sq.
Emonds, H. *189*
Empereur qui tua son nepveu, L' *19*, 39
empeschemens, les quatre 70, *117*, 171, 207, 257
Emrich, W. *15*
Enfance 48, *74*, 114, 143, 176
enfans 61 sq., 115, 235, 237, 332
Enfans ingratz, Les *19*
Enfans de Maintenant, Les 34, 51, 60–62, *81*, 82, 116, *170*, 177 sq., 180, 189, 206, 215, 217, 233, 250, 274
Enfant de Perdition, L' *19*
Enfant prodigue, L' 32, 234–237
enfer als Bühnenort 151, 153
Enfer *276*
Enfermeté 47, 57, 246
Engel als Bühnenfiguren 106 sq. (cf. Bon Ange)
ennemis de l'homme, les trois 77, 127, 189
Enragé, l' *297*
enseigne 49
enseignement 137
Entendement 71, *72*, *130*, 137, 147 sq., 171, 190
Entindividualisierung historischer Gestalten 95 sq., *305*, 312
»entités proverbiales« *337*
Entlastung des Gewissens 219
enumeratio *59*
Envie (Envye) 27, 69 sq., 89, 100 sq., *115*, 155, 187, 290, *296*, 302 sq.
Envie judaïcque 300 sq.
Epilencie *73*, 114
Epilog 240–243, 300, *301*, 316
Epos, allegorisches 12 sq., 183, 271
Erasmus 320, 329
Erbsünde 314
Erdteilpersonifikationen 294
Erleichterung des Gewissens 220
Ermatinger, E. *15*
Ermite (Hermite), l' 65, 88, *226*, *240 sq.*, 327 sq.
Erkenntnisinstanzen s. Wissensinstanzen
Erleuchtung s. Blindheit und Erleuchtung
Ernault, É. *297*
Erreur 173, *207*
Erstgeburt 119
Erweckung s. Schlaf und Erweckung
Esau *285*
Esbatement *90*
eschatologisch 232, 279, 290, 326
Esperance 66, 113, *130*, 155, 171, 176, 290 sq.
Esperance-de-longue-vie 70, 171
Espoir, l' 202
Esprit, l' *69*, 78, 114, *127*, 189
Esquinancie *73*
essence *46*
essentia 46 sq.
estas du Monde, les quatre 57, *176*, 211
estat *46*, 105, 141, 149, *338*
estat de peché 235
estre *46*
Etymologisierung, allegorische 3, *49*, *201*, 266, *336*
εὐαγγέλιον *336*
Euagrios Pontikos 67
Eucharistie 104, 226, 247
Euhemeros von Messene 3
Euripides *97*
Europpe 294
Eva *51*, 314
Evangelismus 331, 335
Everyman 23
excusatio 243
Exegese (exegetisch) 241 sq., *273*, *292*, 336 (cf. Schriftexegese, allegorische)
Exempel(figur) 55, 94, 99–104, 109, 233, 291
Exempelreihe *99*, 100 sq., *102*, 103, *109*
Exemple 312
Exkurs, didaktischer 245–248
Experience 96, *194*
»external forces« *264*
Ezechiel *250*

fabula 6
façon *46*
factum 6
faintie 51
Fama *71*
Famine 73, 188, 221
Fanger, I. M. *282*

Faral, E. *2, 8*
Farce 19, *20*, 25, *44*, 63, 326, 340, *342 sq.*
Farce moralisée 25, *33*
fault, il 230
Feaulté 70, 146
Febvre, L. *329, 339, 347*
Feindschaft 127
Feldzug 185
Femme, la 331
Femme qui avoit voulu trahir la cité de Romme, La 19
Ferrand, F. *315 sq.*, 318
Fesselung 196
Feu, le *74, 114*, 172, *194*
fictio 8 sq., 12, 265
Fidelitat 299
Fidelle, le 323
Fidelle, Le 323 sq.
Fides 184
figura (*figure*) 183, 285, *288*
Figuraldeutung 4, *104*, 247, 276, 285, *286, 301*, 304, 312, 314
figure als Gattungsbezeichnung 20, 301
Figure l'ancienne 312
figureit 247
Fiktion, allegorische 4, 6, 8, 51, 61
Fiktionsebene 84–86, 118
Filles, deux Mariées, Deux 330, 340 sq.
Filles de Sion, les trois 315
Filz, le *106*, 202, 231
Filz de l'Injuriateur, le 58, 179, 210
Fin Cœur doux 234
fin du jueu 243
Finet 60 sq., *135*, 177 sq., 196, 206, 215 sq.
Finete *121, 131*, 207
Finsternis s. Licht und Finsternis
Flair, le 91
Flasch, K. 269 sq., *271*
Flasche, H. *24*
Flecniakoska, J.-L. *23*
Fletcher, A. *17*
Fluchen 210
Flügel als alleg. Attribut 246
Fol, le *17*, 64, 73, *79*
Folie 51, 176, 209
Folle Plaisance 127, 182, 208
Force de couraige 293
forma futuri 104
Forschung zur Moralité 35–41
Fort Despenseur *97*, 174
Fortitudo *67*
Fortuna (Fortune) 48, *79* sq., 85, 96, 124, *151, 154*, 176, 182, 211–213, 225 sq., 246
Fouldre 70, 297
Fournier, É. 28, *33, 194*, 300, *340*
Fourrier, A. *13*
Foy 66, 113, *130*, 155, 171, 175 sq., 246, 291, 323
Franc Arbitre 81, 104 sq., 148, 150, 171, 265
Franc Cueur 70, 128 sq., *141*, 146
Franc Vouloir 70, 75, 187, 223
Franche Voulenté 74 sq., 94, 104, 175, 203
Frank, F. 304, 335
Frank, G. *20 sq.*, *23 sq.*, *26, 33*, 40, *70, 274, 276, 277, 278, 281*, 290
Frank, H. *124*
Frank, R. W., Jr. *9, 41, 61*
Franz I. (franz. König) 338
frapper 220 sq.
Frappier, J. *141, 259*
Frau Welt *76*
Freres de Maintenant, Les 302 sq.
Frese, F. *13, 260*
Freundschaft 123–125
Frey, D. *10*
Friandise 69, 90
Friedrich, H. *193*
Fuhrmann, M. *13*
»full-scope morality« *26*, 172

Gabriel 107, 278
Gadamer, H.-G. *4, 16*
Gaede, F. *273*
Gaiffe, F. *36*
Galien 95
Gallais, P. *267*
garder l'onneur des dames 222
Garin, E. *261*
Gaspard 305
Gaste Bois *44*
Gastmahl 207–210
Gattungstradition, mittelalterliche 18
Gaultier Garguille 129
Gefangenschaft und Befreiung 195–197, 225, 231, 278
Geist und Fleisch 189
Geldbörse als alleg. Attribut *49*
Genealogie (genealogisch) 113, *114*, 116, 119
Genre humain 53 sq., *114*, 173, 196, 201, 204
Gentil Trucidateur, le 300 sq.
genus humile 344

genus propinquum 158
genus proximum 158
Genuskonvention 50–52, 113, 116, 123, *300, 342*
– (Abweichungen) 51 sq., 59, 126
Gerhardt, M. *337 sq., 340*
Gerson, Jean 31, 252
Gervais von Melkley 2
»Geschehensallegorie« *163*
Geschichte (Geschichtlichkeit) s. Historizität
Geschwisterverhältnis 113 sq., 119
Giannantonio, P. *3 sq., 6, 17, 270*
Giese, H., *281*
Gilson, É. *167, 261*
Giraud, P. *294*
Glasser, R. *10, 162*
Glaubwürdigkeit, psychologische 176, 178, 268, 274
Gleichnis, biblisches *12*, 234 sq.
Gloutonnie (Glouternye) 67, 69, 100, *115*, 176, 208
Glücksspiel 206, *207*, 209
Glunz, H. H. *7*
Gnädinger, L. *246*
Gnilka, Ch. *97, 183 sq.*
gnomisch 241 sq.
Goethe 14, 262
Gombel, H. *34, 238*
Goppelt, L. *5*
Gorriere, la 234
Gosselin, É. *34, 317*
Goth, B. *22, 24*
Gothein, M. *68*
Gott als Bühnenfigur 106 sq., 190, 278–283, 285 (cf. Dieu)
– durch andere Figuren ergänzt oder ersetzt 161
Gotteskindschaft *116*, 333 sq.
Gourmandise 69, *90*
Goutte *73, 221*
Gouvert d'Humanité, Le 20, 35, 54, 64, 70, 119, 142, 165, 173, 189, 192, 203, 207, 229, 241, 300, 304
Gower, John 13
Gräbener, H.-J. *2*
Grabmann, M. *260*
Grace 323
Grace de Dieu 66, 95, *103*, 132 sq., 194, *226*, 247
Grace divine 294
Graciannette, B. *339*
gradualistisch 162
Grandes Chroniques de France 295
Grant, R. M. *6*
»Grausamkeit« der guten Instanzen 185 sq., 188
Gravelle *73, 149, 168, 184*, 221
gräzisierende Namen 338
Gréban, Arnoul 279–283, 288, 298
Gréban, Simon 283
Gregor d. Gr. 5, *67*, 250
Gregor von Nyssa 124
Gregory, T. *261*
Griffon 70, 297
Gringore, Pierre *184*, 295 sq.
Gröber, G. 40, *264*
Gros, L. *286*
Großschreibung *45*
Gruenter, R. *16, 259 sq.*
Guerre, la 73, 188
Guéru, Hugues *129*
Guiette, R. 17, *259*
Guillaume s. Wilhelm der Eroberer
Guillaume le Clerc *13, 77*, 193
Guillaume de Deguileville (Digulleville) 13, 31, 95, *104, 168*, 193, *227*, 278
Guillaume de Lorris 13, 70, *123*
Guillaume, P. *296 sq.*
Guillem de l'Olivier *78*
Guiot, J.-A. *311*
Gula *90*, 206, 209 sq., 225
Gut, natürliches 73
Guy, H. *33*

Habicht, W. *23, 41*, 54, *78, 252*
Haerle, Ph. *197*
Hagenauer, J. *183*
halbliturgisches Theater *25*, 276
Halm, C. *2, 8*
Haman 100
Hamdorf, F. W. *11*
Handlungsaufbau 225–227, 298
Handlungskonventionen des allegorischen Theaters 228–233
Hansen, J.-G. *169*
Hanson, R. P. C. *7*
Harder, R. *270*
Hardison, O. B., Jr. *264*
Harvey, H. G. *20*
Hashim, J. *283*
Hasselrot, B. *113*
Hatzfeld, H. *260, 263 sq., 274*
Hauptlaster (Hauptsünden) 67–69, 113 sq., 155, 171, 176, 182, 219, 290, *296*
Haupttugenden 67–69, 155, 176, 182, 290

Haus 334
Hauser, A. *15*
haye de Penitence *154*
Hazard, P. *39*
Hector 101 sq.
Heilige als Bühnenfiguren 108 sq.
Heiligenlegenden 276
Heilsgeschichte 94, 100–102, 174, 231 sq., 276, 279, 306
Heilung s. Krankheit und Heilung
Heinimann, S. *10*
Heinrich II. (franz. König) 338
Heitmann, K. *79*
Held, J. *15*
Helena *100*
Hélinant *12*
Heller, H. *329*, *337*, *347*
Helmich, W. *44*
Hempel, J. *202*
Hennegau *293*
Henri d'Albret 338
Henri d'Andeli *13*
Herakles 167
heraldische Sprache *314*
Herennius-Rhetorik *8*, *11*
Heresis 184, 295
hereticques *34*
hermeneutisch 4
hermetisch 334, 337
Hermite s. Ermite
Herodes *100*, 306
Herodias *100*
Herr und Knecht 131, 137, 158
Herrschaft 130–139, *291*
Hersart de Villemarqué *297*
Hersman, A. B. *3*
Hertel, G. *12*
Herwegen, J. *189*
Herzog, R. *183*, *186*
Hesiod 11, 166
Heß, R. *64*
Heterogenität der dramatischen Figuren 53, *110*, 317
Hierarchie (hierarchisch) 132 sq., 155, 159, 162
Hieronymus 5, 124, 250
Hinks, R. *11*
Hirschberger, J. *261*, *268*
histoire als Gattungsbezeichnung *20*
historia 7 sq., 12
Historizität (historisch) 95, 102 sq., 230–233, 274, *276*, 285, 304, 317, 326
Hochzeit *317*
Hoepffner, E. *31*, *91*, *252*
Höfer, J. *168*
Hofer, St. 40, *264*
Hoffmann, E. 261
Hofmannsthal, Hugo von 23
Höhlengleichnis *168*
Holl, F. *20*, *34*, *310*, 311, *318*, *321*, *326*, 327
Höllenschlund 151, *154*
Holofernes 100
homelie 251
Homer 3, 11, *270*, *336*
Homme (Omme), l' 54–56, 58, 62, 172, 174
Homme et le Ciel, L' 35, 164 sq., 172, 189, 206, 244
Homme fragille, l' 323
Homme fragille, L' 323 sq.
Homme humain 54, *56*
Homme humain, L' *33*
Homme juste, l' 56, 143, 145, 176, 178, 182 sq., 227, 251
Homme juste, L' 20, 32, 56, 64, *65*, 68, 75 sq., 79, 81, 108, 119, 126, *134*, 143 sq., 148, *154*, *157*, 165, 169, 176, 178, 181, 185, 191, 198, 208, 211–213, 225, 227, 235, 244, *249*, 298
Homme mondain, l' 56, 80, 135, *138*, 143, 145, 176, 178, 182, 195, 198, 208 sq., 212 sq., 251
homo viator 169
Homonym 224, 331
Honig, E. *17*
Honneur *51*, 71, *74*, 176 sq., 265
– *qui vient de Fortune* *71*, *74*,
– *qui vient de Grace* *71*
Honneur mondain 71, 78, 114, 176, 182, 198, 212
Honte 82 sq., 85 sq., 176 sq., 207
– *effrenee* 82
– *naturelle* 82
– *de pechié* 83
Honte-de-dire-ses-pechiés 70, 144, 171, *184*
Hoquellerie 51, 69, 209
Horaz 3
Horn als alleg. Attribut 335 sq.
Houle, P. J. 26, *27*, 40, *62*, *93*, *154*, *170*, 172, *209*, *225*, *227*, *251*, 272
Houllerie 51, 69, 176, 209
Howard, D. R. *78*
Hrabanus Maurus *168*
Hugedé, N. *141*
Hugo von St. Viktor 6, *67*, *184*, *193*, 346

Huizjingga, J. 15, *97*, 261–263
Hulubei, A. *337 sq.*
Humain, l' 292
Humain Genre, l' *292*
Humain Lignaige (Linaige) *54*, *292*
humaine lignie *59*
Humains, les 292, 296
Humanité 52, 54, 56, *140 sq.*, 165, 173, *192*
humilitas 344
Humilitat 299
Humilité 67, 89, 103, *122*, *140*, 175
Humoralpathologie *136*
Huon de Méry *13*, *184*
hyperallegorisch 346
Hypostasierung 263 sq.

Idee 268–271, 289
Ideenrealismus 259–267, 269, 271, 337
Identifizierung des Zuschauers 213, 229, 258, 274, 292
Ignocensia 299
Ignorance 71 sq., 80, 92, 100, 121, 176, 182, 318, 324–326
Ihesuchrist *106*
Ikonographie *10*, 11, 13–15, *17*, *48*, *79*, *184*, *192*, 288, *317*
illuminato 200
Illustrationsebene 103
Immaculata 312, 314
Impacience 69, 176, 182
imperium *98*
Incarnation et Nativité, L' 282
Indifferenz, moralische 75 sq., 320
indikatorisch s. passiv-indikatorisch
Indiscret, l' 321
Infameté 176, 182
Infernus *297*
Injuriateur, l' 58, 179
Inkarnation 103, 109
Innocence *74*, 114, 143, 176
Innocens 306
Innocent, l' 300, *302*
Innocentia 289
Inquisiteur, L' 330, 332–334, 342
Inspiration 305
Inspiration divine 294
Instanz, allegorische (Definition) 63
– als Diener des Menschen 135 sq.
– in der Rolle des Menschenvertreters 90–92, 104, 111
Instanzenkumulation 149, 171, 175
Institucion de l'ordre des Freres prescheurs, L' 295
Instruction 137, 170, 177, 215 sq., *296*
Intelligence divine 305
»internal forces« *264*
inversio 2
Ira 184
Ire 67, 69, 100, *115*
Isaak *285*
Isaias *250*
Isidor von Sevilla 2, *8*, *184*
Israelite, l' 323
Istoria Petri et Pauli 297
Ivánka, E. von *261*

Jabien 70, 83, *114*, 177, 216
Jackson, W. T. H. *4*
Jacobus von Theramo 193, *290*
Jacquot, J. *32*, *309*
Jaeger, W. *267*
Jakob *285*, 299, 303
Janelle, P. *320*
Jantsch, H. G. *5*
jardin du Monde *151*, 171, *294*
jardin de Penitence *151*
Jasinski, R. *39*
Jaunisse *73*
Jauß, H. R. *4*, *7*, *9*, *11*, *13*, 17, 62, 70, *123*, *167*, *239*, *259*
Jean d'Abundance s. Abundance
Jean de Meun *123*
Jeanroy, A. *52*, *286*, *299*
Je-boy-a-vous *69*, 90, 221
Jedermann 23
Jehan 302
Jehan de Lagny *44*
Jenseitsreise *167*, *227*
Je-pleige-d'autant *69*, 90
Jeremias *250*, 299
Jerusalem, himmlisches 165, *257*, 323 sq.
Jesus als historische Gestalt 109
Jésus, Le grand Mystère de *297*
jeu als Gattungsbezeichnung 20, *21*
Jeunesse 52, 59 sq., 126, 179 sq., 203, 212, 226
Jeusne 70, 113 sq., 119, 171
Jhesucrist est mis en prison 33, 53, 64 sq., 109, 173, 196 sq., 201–204, 225, 227, 231, 301 sq., 322
Job 291
Jodelle, Étienne 35
Jodogne, O. *244*, *277*, *279*, *282*, *293*
Johannes Scotus Eriugena 261, 270
Jolibois, É. *296*
Jolivet, J. *267*
Jolivet, R. *200*

Jonen, G. A. *13*
Jonkers, G. D. *310*, 311, *321*, 324, *326 sq.*, 328, *331*, 333, *334 sq.*, 339
Joosen, J. C. *3*
Joseph (Sohn Jakobs) 284, *285 sq.*, 299, 302
Jour du Jugement, Le 276
Jour Saint Anthoine, Le *21*, 31, 51, 64, 86 sq., *106*, 144, 173, 198, 252–255
Jourda, P. 304, *305 sq.*, 307, *320*, *329*, 330 sq., 335, *336*, 338, *339*, *341*, 342 sq.
journée 281, 292
Joyeulx Espoir *66*, *196*, 202, *222*, 227
Jubinal, A. *288*
Judas 88, 100, 287
Juge, le *106*
Jugement de l'Ame devote 191, 227
Jugement de Dieu 286, 290
Jung, M.-R. *7*, *9–11*, *13*, *17*, *259*, *262*, *271*
juristisch 194, *223*, 279, *300*
Justice (Justice divine) 47, 66, 98, 115, 173, 190–193, 207, 278, 285
Justicia 286
Justitia *67*, 192 sq.
Jutgamen general, Lo 286, 290
Jutgamen de Jhesus, Lo *52*, 298–301, 306, 312
Juvenis 62

Kain 100
Κακία 167
Kakozelon 157
Kampf 181–189, 225, 295
Kampfmetaphorik 187, 318, 325
Kant, I. *263*
Kardinaltugenden *67*
Katholizismus (katholisch) 310 sq., 314 sq., 318, 320, 326 sq., 335, 339
Katzenellenbogen, A. *11*, *168*, *184*
Kerdaniel, É. L. de *33*
Kesting, M. *239*
Kindermann, H. 26, 40, *44*, *70*, *154*, *274*, *309*
Kirschbaum, E. *11*, *317*
Klassik, französische 38 sq., 274, 309
Kleid, allegorisches 48, *140 sq.*, 158, 189, *291*, 295, 337
Kleiderwechsel (-übergabe) 139, 141, *291*, *294*, *300*, 319
– mißverstanden *140*
Klibansky, R. *261*
Kloster 132, *213*
Kneisel, A. *281*
Knowlton, E. C. *16*, *261*
Köberle, A. *15*
Koch, J. *261*
Koeppen, B. *281*
Kohler, P. *38*, *62*
Kollektivpersonifikation 54, 64, *292*, *296*, 308
Koller, H. *267 sq.*
Kollision zwischen verschiedenen Bildkonventionen 118 sq.
Komödie, klassische 37
Komornicka, A. M. *12*
Komplementärpersonifikationen 56
Konfessionspolemik 24, 27, 310, 320, *326*, *327*, *331*
König und Untertanen 131 sq., 135 sq.
Königshof 131
Kontingenz 229
Kontrastfigur 179
Konventionen der personifizierenden Darstellung 43–53
Konventionalität der allegorischen Attribute 48
Koordination 158–161
Körperteilpersonifikationen *34*, 74, *132*
Korrelation von natürlichem und grammatischem Geschlecht s. Genuskonvention
Korruptel als Hilfsmittel zur Datierung *94*
Kosmos, allegorischer 112, 139, 156, 159, 161, 345
Kraatz, K. *281*
Krankheit und Heilung 201–203, 300, 322, 331, *337*, *340*
Krankheitspersonifikationen 48, *73*, *90*, 188, 221
Kreuzigung 231 sq., *317*
Krieg s. *Psychomachia*
Krone als alleg. Attribut *49*, *131*, 289
Krönung 290, 315
Kruse, K. *281*
Kruzifix als alleg. Attribut *49*
Kudlien, F. *203*
Kuhl, F. *13*
Kukenheim, L. *39*
Künstle, K. *10*, *48*
Kurth, G. *37*

Labeur *73*, *140*
Labour 295
La Chesnaye, Nicolas de 32, 52, 294

La Croix du Maine *32, 34,* 37
La Fontaine, J. de *113*
Laktanz *184*
Lambert de Saint-Omer *168*
Lamm 313
Lancaster, H. C. *129*
Länge der *Moralités religieuses* 30, 345
Långfors, A. *31, 192*
Langue, la 91, 214
Langue envenimee 48 sq., 138, 188, 222, 229
Langue envenimee *20,* 33, 70, *71, 81,* 87, *101,* 128, *141,* 146, 187, 194, 222, 232
Lanslevillard 297
Lanson, G. 1, *25, 35,* 38 sq.
lanterne de Foy 246
Largesse 67–69
Larrecin (Larcin) 69, 176, 182, *183*
Lasterkatalog 67–69, 167
latinisierende Namen 338
Lausberg, H. *2, 8, 59*
Laval *286, 302*
La Vallière 25, 37
Lavarenne, M. *184 sq.*
La Vigne, André de 33, 187
Laz d'amour divin, Le 317
Lazar, M. *239, 286 sq., 290*
Lazare, Marthe [etc.], Le 19
Lazarus 100
Lebas, G. *311*
Lebègue, R. *22,* 26, *34,* 38, *215, 234, 281, 283,* 284, *287, 291, 293,* 302, 309, 318, *319*
Lebensalterpersonifikationen 74
Lebensweg (-reise) 172-174, 189, *224, 225,* 227, 294, 305, 323 sq.
Leclercq, J. *193, 205*
leçon 137
Lefèvre d'Étaples 329, 347
Lefranc, A. 329, 332, *336,* 339
Lehre (Lehrer-Schüler-Verhältnis) 137 sq., 158, 213–217, 240
Lehrhaftigkeit s. Didaktik
Lehrinstanzen 57, *157,* 213–217, 244–250, 255, 324
Leibeigenschaft *134*
Leitallegorie 61
Leitinstanzen *192*
Lejeune, R. *13*
Lenient, C. 37
Lerch, E. *162*
Lerminier, G. *39*
Le Roux de Lincy, A. 28, *35*
Lessing, G. E. 14
Lethargie 204, *205*
Lettner, M. *168, 200, 203*
Lévèque, P. *3*
Le Verdier, P, *282, 312–314*
Leviatan *107*
Lewicka, H. *30, 33, 35,* 40, *60, 342*
Lewis, C. S. 15, *123, 186, 264*
Ley de Escreptura 299
Ley de Gracia 299
Ley de Natura 299
Leyburn, E. D. *9, 17*
Liberté 75, 81 sq., 85, 176, 182
Libertins spirituels *34,* 310, 319 sq., *326,* 329, 339, 346
liberum arbitrium 134
libre pensée 335
Librum hunc 270
Licht und Finsternis 200, *300,* 322
Lichtmetaphorik 200
Liebe, allegorische 123–129, 206, 317, 323, 340–342, 345
Liebesinstanzen 126, *157*
Liebeskasuistik 340
Liebesorakel 340
Liebestheologie 320
Liesse 66, 69, 172
lieu 150, *151,* 154 sq., *262*
lignage *113,* 117, 292
Lignerolles *20*
lignie 117
Limbus 279, 281, 298
limus 118
Lindner, H. *23*
links s. *senestre*
Lintilhac, E. 37
Literalsinn s. *sensus litteralis*
Literaturgeschichten 39
liturgisches Theater *25,* 276
Livius *34*
livre de Grace 306
livre de Nature 306
livre de Perdition 256
Lloyd, G. E. R. *149*
localment 247
Lommatzsch, E. *44, 79, 99, 102*
Lorenz, E. *307*
Loth 183
Loy 323
loy escripte 300, 312
Loy de Grace 300, 322
loy de Nature 300, 312

Loy payenne, la 296
Loy de Rigueur 321 sq.
loys, trois 299 sq., 306, 312, 322
Lubac, H. de *3, 5 sq.*, 7, *12*, 17, *18*, *54*, *186*, *271*
Lübecker Titelverzeichnis 24
Lucifer (Luzifer) 100, 107, 160–162, 287
Lukrez 3
Luxure (Luxuria) 48, 50, 67, 69, 83, 100, 113, *115*, *121*, 126 sq., 132, 144, *148*, 171–173, 176 sq., 184, 206–210, 225
Lymon, le 118, 124, 143, 146, 171
Lymon et la Terre, Le 33, 69, 78, 118, 122, 131, 142, 146, 171, 241, 244, 248 sq., 298

Machomet 312
Macht, metaphysische 96–104, 109, 160, 162 sq., 259, 303, 332
Machtlosigkeit 110 sq.
Mackenzie, W. R. *10*, *22 sq.*, *43*, *62*, *264*
Mäder, E. J. *192 sq.*
Maerlant 193
Maestricht 284
Magen und Glieder s. *Ventre et les Jambes*
Mähl, S. *68*
Maintenant 60 sq., 215
maison 150
maison celestielle 155
Maistre, le 326–328
maistre, *maistresse* 'Herr(in)' und 'Lehrer(in)' 157
Maistre Dyable, le *107*
maistre d'hostel (d'ostel) 131
maistresse 'Herrin' und 'Geliebte' 157
maistrie 96
Mal advisé 51, 54, 57, 83, *144*, *170*, 175, 177, 203, 209, 212, 265
Maladie 47, *73*, *148*, 171, 190, 220, *221*
Maladie de Chrestienté, La 331
Malduict (Maulduict) 60 sq., *128*, 170, 177 sq., 206, 215 sq., 229, *257*, *296*
Mâle, É. 13, *184*, *288*
Maleureté 80 sq., 85, *102*, 144, 172, 199
Malice *43*, 70, 73, *121*, 132, 142, 144, 165, 172, 194, 199, 213 sq.
Mallade, le 330–332
Mallade, Le 330–332, 339 sq., 342
Mallebouche 70 sq., 187, 223
Malle Fin 44, 67, 176 sq., 182, 195, 212
Mallemeschance *73*, 81, 176
Mangenot, E. *12*, *107*
manichäisch 160
Manitius, M. *168*
Mankind 23
»Mankind figure« *93*
Marguerite de Navarre 304–310, *320*, 329–344, 347
Maria (Marie) als Bühnenfigur 108 sq., 120, 190, 283, 311–319, 321 sq., 324 (cf. Nostre Dame, Vierge)
Marichal, R. 330
Marienstücke, allegorische *34*, 310–319
Mariologie 311, 324
Marle, R. van *10*, *48*, *79*, *317*
Marot, Clément *32*, *163*, *333*
Marotte *117*
Martianus Capella 12
Martin, J. *167*
Martino, P. *39*
mater misericordiae 115
Matthäus (Evangelist) *250*
Matthias Farinator *184*
Matthieu de Vendôme 2
Maucourant *44*
Maulduict s. Malduict
Maulvais Riche et le Ladre, Le 19, 20
Mauvaise Voulenté 69, 82, 176, 182 sq.
Maximus Confessor 261
Maxwell, I. *20*, *238*
Mayre, la 299
McClennen, J. *2*
Meaux, Reformer von 329, 347
Medecin, le 331
medizinische Sprache *223*, *300*
Meiller, A. *291*
Memento mori 89, 92, 142, *241*, 249
Melchior 305
Memoire 306
Memore 257
Memoyre, Monologue de 321
Menenius Agrippa *34*
Mens humilis 184
Mensch als Gattungswesen 53–60, 62, 64, 86, 237, 244, 259
Menschenvertreter 51–64, 122, 143, 155, 158, 169 sq., 206 sq., 229, 235, 241 sq., 247, 255–259, 292, 298, 308, 321, 325, 331 sq.
– Anzahl pro Theaterstück 56 sq., 171, 175, 178 sq.
»Menschheitsfigur« 54
Mercadé (Marcadé), Eustache 277, *279*, 281 sq., *283*, 288

mere des vertus 119
Messagier (Messatgier), le 64, 243
mestier 46
Metapher (μεταφορά) 2, *17*, 49, 115, 159, *201*, 231
Metrodor von Lampsakos 3
Metz, P. *11*
Meyer, P. *78*
Michel (Michael) 87, 107
Michel, A. *106*
Michel, F. *35*
Michel, Jean 280
Midrasch 193
Miffant, David *316*
Mignotte 60 sq., 215
militia spiritualis 55
Mills, L. R. *297*
Mimesis (mimetisch) 267–274, 276, 280, 308, 318, 332, 335, 343
Miniatur *154*, 211
Ministre, le 323 sq.
Minneallegorie 13
Miracle 19, 25
Miracles de Nostre-Dame 276
miroir de Cognoissance 199
Misericorde 66, *94*, 113, 115, 143, 173, 190–193, 278–280, 282–285, *286*, 299
Misericordia 192 sq., 286
Mißhandlungen der Laster durch die Tugenden 185
mistere (mystere) als Gattungsbezeichnung 20, *301*
Mittlermächte 160 sq.
Modane 286
Moelles, Jacques de *154*
Moins 334 sq.
Mokroß, K. *281*
Molinet, Jean *281*
Mondaine, la 338–340
Monde, le *45*, 59 sq., 76–80, 85, 91, *93*, 114, 124 sq., 132, 135, 139, 146, 171 sq., 176, 179 sq., 182, 198, 212, 222 sq., 251, 256, 292
Monologue 19
Mons *19*
Mont de Marsan, Le 330, 338–340, 342
Montaiglon, A. de *19, 295*
monté 223 sq.
moral als Gattungsbezeichnung *21*, 322
Moral Play 23
»moral sequence« *170*
moralis 21
moralitas 21, 297
moralitat 21
moralité (Begriffsgeschichte) *21*
– als Gattungsbezeichnung *20, 33, 291*
Moralité-Definitionen 21 sq.
Moralité exemplaire 37
– *finable* 280
– *mystique* 28
– *polémique* 310, *327*
– *politique* 25, 43, 246
– *religieuse* 25, 28
Moralités religieuses (überlieferte Texte) 31–35
moraliter 305, 319
Morality 23, 40, *43, 93*
Morawski, J. 31, *91*
morbus 205
Moritz, K. Ph. 14
Moreau, É. de *320, 347*
Morot-Sir, É. *39*
Mors inferni 288, 290
Mors naturalis 290
Mörser als alleg. Attribut 49, 246
Mort, la 73, 101 sq., 171, 176, 179, 188, 190, *197*, 221, 223, 290
Mortensen, J. *24*, 37
Moses 103, 284, *285*
Motivhalbierung 174, 181
– überlagerung *156*, 157, 181, 200, 205, 224 sq.
– verdoppelung 173, 181, 207, *226*, 229, 304
Motivierung, logische 179
Motto, Bibelwort als 250
Moyse 300
Müller, C. 16
Müller, Karl *320*
Müller, Konrad *3*
Müller-Bochat, E. *317*
Mundus, Caro, Demonia 33, 55, 78, 174, 189, 251
mundus immundus 78
Münzverschlechterung *233*
Murrin, M. *17*
Muscatine, Ch. *264*
Mutter 114–116, 118 sq.
Mystères 19, 25, *44*, 154, 275–309
– biblische mit neuen allegorischen Elementen 290–292
– hagiographische 293–297
mystisch 329, 331, 335
Mythenallegorese s. Allegorese
mythologische Gestalt 102

Nabucodonosor 101
Nachahmung s. Mimesis
Nähe 142–150, 155, *158 sq.*, *212*, 222, 291, 293, *340*
– versteckte 144
Name, begrifflicher 43 sq., 65 sq., 332, 337
– sprechender 44, 60 sq., *122*, *297*
Namenfrage 43, 121, 257
Namensänderung 266
Namensaufschriften 43
Namensnennung 43 sq.
– fehlende 70
Nancy *33*
Nativité 39
Nativité de Jesus Christ, La 304 sq.
Natur und Übernatur 132 sq., 226, 314, 316, 319
Natura *97*
Natura humana *52*, *299*
Naturalismus (naturalistisch) *269*, *271*, 274
Naturbegriff des Ideenrealismus 266
nature 46
Nature 73, 95, *114*, *121*, 132 sq., 138, 194, 202, *226*, *314*, 321 sq.
Nature humaine *92*, 300, 322
Nature, Loy de Rigueur 321–323, 346
Naturinstanzen (-mächte) 73 sq., 79, 116, 160, 162
Nebenhandlung 57, 79, *176*, 226, 244, 246, *247*, 277
Necessitat 299
Necessité *73*, 176, 182, *183*
Negateur, le 198, *221*
Nérac 339
Nero 100, 102
Nestle, W. *34*, *238*
Neuplatonismus (neuplatonisch) 3, 261, *262*, *270*, *271*, *273*
Newiger, H.-J. *12*, 47
Nicht-mehr-Erkennen 122 sq., *141*
Nicolaus Cusanus 270
Nicolaus von Lyra 6
Noble Cœur 313 sq.
Noblesse 295
Noe (Noah) 100, 299 sq.
Nominalismus (nominalistisch) 260 sq., 263 sq.
Normandie (normannisch) *233*, 311 sq., *313*, *317*, 319, 322
Nostre Dame 88, *108*, 115, *192*, 314
Nostre Dame, Moralité de 319
Notwendigkeit 230, 305
Nuntius *240*
Nuptiae Philologiae et Mercurii 12
Nußbaum, O. *149*

Obedience 47, 69
Obstination (Obstinacion) 69, 176, 182, 295, 297
Occupation 47, *73*, 176, 245
office 46
Ogle, M. B. *71*
Ohren als alleg. Attribut 335 sq.
okzitanisch 284, 296–298, 301
Oldörp, B. *283*
Oliou, Jazme 32, 174
Omme, l' s. Homme
Omme pecheur, le (le Pecheur) 56, 86, 105, 116, *130*, 137, 143, 147 sq., 171, 190 sq., 207, 218–220, 257
Omme pecheur, L' 32, 65, 68, 70, 74, 76 sq., 118 sq., 145, 148, 150 sq., *154*, 155, 165, 171–173, 190, 199, 204, 207, 211, *225*, 241 sq., 244 sq., *249 sq.*, 281, 298
Omme-pecheur-Typus 173 sq., 178, 180 sq., 227, 229, 304, 323
Omnipräsenz s. Allgegenwart
Omont, H. *77*
Onneur des dames 70, *187*, 228
Onneur des dames 33, 70, 75, 187, *222*, 225, 314
Ontologie (ontologisch) 160, 232, *263*, 264 sq., 268
Operatio 184
Oraison 70, 113 sq., 143, 171, 176, 246, 281
Ordre de mariage, L' 340
Orgueil (Orguelh) 47, 52, 67, 69, 80, 89, 100 sq., *115*, 131, 137, 143, *151*, 182, 208, 212, 248, 290
Origenes *5*, *7*, 124, 168, 203
Ortolan, T. *107*
oster (perdre) bonne renommee 222
Osterspiele *25*, *276*
Ostinacion *297*
Otracudanso *296*
Oulmont, Ch. *295 sq.*
Oultraige 296
Oultrecuidance 69, 80, 135, 172, 182
Ovid 12, 235, 237, *336*
Ovidius moralisatus 237
Owst, G. R. *252*
Oÿe, l' 91

Oysance 69 sq.
Oyseuse 70, *207*, 290
Oysiveté *69*, 245

Paaschspel 284
Pacience (Pascience) *44*, 67, *143*, 291
Pacience de Job, La 291
Pagliaro, A. *17*, *266*
Pain perdu *44*
Paix 278 sq., 283, *322*
Paix de Peronne, La *20*
palais 151
palinod 311, 320
Palladini, J. 193
Pan 337
Panofsky, E. *166*
Pape malade, Le *331*
Paraclesis 337 sq.
paradis *151*, 152
Paradoxie 120, 247
Paralisie *73*, *221*
Paresse (Paresce, Pereche) 67, 69, *114*, 137, *138*, 208, 218
Parfaict, F. et C. 36
Parfait Amant, Le 330, 340–342
Paris (mytholog. Gestalt) 100
Paris, G. *279*
Parker, A. A. *23*
Parker, J. J. *23*
Parlement d'Orguelh 226
Parmentier, Jean 315, 318
Pascher, J. *168*
Pascience s. Pacience
Pasquali, G. *3*
Pasquier, Étienne *74*
passer par *169*
Passetemps *90*
Passion d'Arras 278 sq.
Passion d'Autun 276
Passion Gréban *44*, 278–280, *281*, 287, 298, 307
Passion Michel 287, 309
Passion de Mons 280, 287, 292
Passion du Palatinus 276, *297*
Passion Sainte-Geneviève 288
Passion Secundum legem debet mori 20, 298, 300 sq., 306, 312, 322
Passion de Semur 288–290
Passion de Valenciennes en 20 journées 281, 287
Passion de Valenciennes en 25 journées *154*, 291
Pastete als alleg. Atrribut *49*
passiv-indikatorisch 104 sq., 109, 111
Pastourelle 227, 236
Patch, H. R. *79*
pater misericordiarum 115
Patientia 184
Paulus 4, 115, 124, *189*, *250*, 266
Pauvre Fille villageoise, La *19*, 20, 38
Payen, J.-Ch. *246*
pays de femmenie 51
Pax 192 sq.
Peché (Pechié) 51, 67, 86, *87*, 96, 99 sq., 114 sq., 119, 144, 147, 171, 173, 207, 218, 231, 252–254
Peché mortel 54, 67, 100, 173 sq., 207
Pecheur, le s. Omme pecheur
Pechie morteil, Les sept 31, 65, 68, *81*, 88–90, *93*, 100, 119, 121, *131*, *142*, *160*, 186, 226, *229*, *240 sq.*, 244, 318
Peitz, M. *277*, *279*
Pelerin, le 55 sq., 95, 165, 174, 226, 247, *259*
Pelerin passant, Le 312
pelerinage 165
Pelerinage de l'Ame, Le *13*, 193, *227*
Pelerinage de Jhesucrist, Le *13*, 193, 278
Pelerinage de mariage, Le 340
Pelerinage de vie humaine, Le (Epos) *13*, 31
Pelerinage de vie humaine, Le (Moralité) 31, 55, 70, 72, 95, 103, 109, 132, 138, 162, 165, 174, 189, 194, 226, 247 sq., 299, 314, 319, 324
Penitence (Penitance) 69, *94*, 114, 119, 173, 176, *226*
Pépin, J. *3–5*, *7 sq.*, *12*, 17
Perdition (Perdicion) 67, 70, 82 sq., 114, 143, 177, 182, 195, 198, 212, 297
perdre patience 222
Pere, le 235, 237
Pereche s. Paresse
peregrinatio vitae 55
Perete Venés-tost *44*
Perseverance 113, 128, 131, 171, 176
»persistance des genres« 37
Person, metaphysische 106–110, 120, 237
Person oder Personifikation? (Zweifelsfälle) 297
Personalmetapher 98, *113*
Personifikation, Geschichte der 8–13, 262
Personifikation als numinoses Wesen 11, *97*
Petersen, L. *11*, *270*

Petit et le Grant, Le *32*
Petit de Julleville, L. 18, *20 sq.*, *24*, 25 sq., *28*, 30, *31*, *33*, 37, 56, 171, 178, 277, *280*, *284*, *286*, 290, *295*, 301 *307*, *309*, *316 sq.*, 318, *321*, 327, 333, 335, 342
Peu 332 sq.
Petrarca *317*
Petrus (Apostel) *250*
Petrus Lombardus *67 sq.*
Pfandl, L. *264*
Pflanzenmetaphorik 203
Pflaum, H. *288 sq.*
pharisiens 335
Philetine 304
Philipot, E. *24*
Philon 3, 7, 67, 168, 346
Philosophie 305
φύσει 266
Physiognomie 48
Pickering, F. P. *79*
Pickrel, P. M. *4*, *15*, *252*, *266*
Picot, É. *19*, 26, *33*, 34, *35*, 237, *295*, *307*, *310*, 319 sq., *321*, *323*, 324, *326*, 327, 342, *346*
Piehler, P. *50*, *97*, *264*
Pierre 302
Pierrefleur, Pierre de *20*
Pilger, christlicher s. Pelerin
Pilgerreise 165, 168
Pilgerstab s. *bourdon*
Pille mortier *44*
piller le Monde 223
Pillule *69*
Pirot, J. *12*
Plaisance mondaine 164, 172, 206, *256*
Plaisir *297*
Planctus Naturae *12*, 271
Platon *3*, 168, *200*, *203*, 261, 267–269
Platonismus (platonisch) 260 sq., 266, 269 sq., 272, 320
Platz, J. *141*
Plautus 12
Pleuresie *73*
Plinius *336*
Plotin 270
Πλοῦτος *47*
Plumpe, J. C. *114*
»Pluralallegorien« 296
Pocque 319, 339
polare Ausdrucksweise *59*
Polarisierung (polarisiert) 63, 66–76, 83 sq., 108, 110, 332
Polysemie, allegorische 336
pommier du Monde 151
Pontet, M. *6*
Pontoise *20*
pooir (poioir) 96, *131*
Popullaire de Paris, le 296
Possessivverhältnis 105, *118*
Post, Ch. R. 15, 41
potentia *98*
Potenz, kosmische 97
potestas *98*
Pou d'acquest *44*
pourtraitture 253
Pouvre (Povre), le 57, 59 sq., 62, 79, 179 sq., 226, 246, 248
Pouvre Peuple 44
Povreté 47, *57*, *73*, 176, 182, *183*
Prädestination *322*, 323 sq.
Präexistenz 109, 231, 319
Präfiguration s. Figuraldeutung
Predigt 244, 251 sq., 299 sq., *306*
Prelatz de France, les 296
Prestre, le 65, 148, 219
Priestertum, allgemeines 326
principium contradictionis 149
Prinse de Calais, La *19*
Privations- und Restitutionsmotive 195, 322, 337
Procès de l'Homme 191 sq., 194, 250
Procès que a fait Misericorde, Le 280, 298 sq.
Procès de Paradis 191 sq., 277–287, 290, *293*, 298–300, 303, 312, 322
Processus Belial 193, *283*, *290*
prochains parens *117*
Prodigalité 69, 176, 209
Prodikos 166 sq.
Prolog *33*, *51*, 52, 64 sq., *107*, 150, 152, *227*, 228, 239 sq., 252, *254*, 300, 315, *317*
Prophetenprozession *276*
προσωποποιία 8
Protestantismus (protestantisch) 320, 324, *326*, 327, 329, 332 sq., 339
Prou 334 sq.
Providence divine 323 sq.
Prozeß s. Rechtsstreit, *Procès de Paradis*
Prozeß, dreifacher 299 sq., 312, 322
Prudence *69*
Prudentia *67*
Prudentius 12, 183, 185, *203*, 271
Ps.-Heraklit 2
Ps.-Hugo *168*

psychoanalytische Interpretation *264*
Psychologie (psychologische Interpretation) 38, 264 sq., 289
Psychomachia (Psychomachie) 12, *97*, 183–189, *224 sq.*
publicains 335
Publikum, ständische Gliederung 242, *243*
Publikumsanrede 243
Pudicitia 184
puissance 74, 96, 109, *136*, 144, 172, 199, 213 sq.
purger 223
Puy de l'Assomption 311, 315
Puy de l'Immaculée Conception 311, 313, 315
Puy des palinods 34, 310, 321 sq., 346
Puy de la Passion Nostre Seigneur 311
Puy du Souverain Amour 320
Pyramus 236 sq.
Pyramus et Tisbee 34, 235–237

Quietismus 335
Quintilian 2, 8
Quintin 319, 339

Raab, K. *184*
Rabelais, François *334*
Rad der Fortuna 49, 211–213
Rahmenhandlung 279 sq., 303
Rahner, H. *114*, *124*, *169*
Rahner, K. *168*
Raison (Rayon) *47*, 71 sq., 95, 113–115, 122, 137, *138*, 142, 147 sq., 171, 175 sq., 182, 190 sq., 198, 204, 214, *226*, 249, 252, 312
Rangstreit 194, 286, 313, 322
Ranke, F. *260*
Raoul de Houdenc (Houdan) *13*, *184*
Raphael 107
Ravie de l'amour de Dieu, la 338–340
Raynaud, G. *279*
Rayson s. Raison
Realismus, literarischer 207, 210, 217, *269*, *273*, 274
– mittelalterlich-philosophischer s. Ideenrealismus
Realitätsstufen (-ebenen) 267–272
Réau, L. *10*, *48*, *184*
Rebekka *285*
Rebellion 69, 175, 265
rechts s. *dextre*
Rechtsstreit 190–195, 225, 227, 277–287, 312
Redemption de Nature humaine, La 302
Reduzierung des biblischen Stoffes 307
Regiebuch von Mons *44*, *292*
Regnabo 57, *175*, 211 sq.
Regnavi 57, *176*, 211
regne 97
Regnieur, le 58, 179
Regno 57, *176*, 211 sq.
Regnier, Jean *101*
regnum 98
Reguard, Venus 89
Reinhardt, K. *11*, 16
Reinigung 214, 217, 219 sq., 224 sq.
Reise s. Lebensweg
Reiterer, M. *166*
Rekonkretisierung, allegorische 102, 115, *201*, *221*, 224, *323*, *328*, 334
Relation, allegorische 112, 139, 156–159, 237
– horizontale 113, 158
– vertikale 113, 115 sq., 130, 158
– virtuelle 144
Relationstypen 112, 139, 156 sq.
Religieux, le 65, 203
Remede 69
Remort de conscience *70*, 119, *140–142*, 165, 173, 204, 207, 302 sq.
Renaissancetheater 19, *234*, 310, 342
Renaudet, A. *329*
Renclus de Molliens *13*
renom 96
renommee 97
representamment 247 sq.
Reproche (Reprouche) 176, 182
Respice finem 142
Rheinfelder, H. *106*
Rhétoriqueurs 293, 315
Richard de Fournival 193
Richard, J.-M. *278*
Riche avaricieux, le 59 sq., 126, 179 sq., 203, 226
Richthofen, E. von *44*
Riesenfald, H. *166*
Rigoley de Juvigny 37
Rinche Hanaps 327
Riou, Y.-J. *267*
Ritter, christlicher s. Chevalier chrestien
Rivière, J. *192*
robe de peché 140
Robert Grosseteste *12*, 193
Robert de l'Omme *31*
Robillard de Beaurepaire, Ch. de *311*
Robillard de Beaurepaire, E. de *311*

Robin 64, 227
Robinson, D. M. *79*
Rochais, H. M. *193, 205*
Roger 64, 227
Roger Bon Temps s. Bon Temps
role 138
Roman de la Rose 10, 13, 70, *123, 187, 227, 262*, 314
Romamostier *20*
Romans 294
Ropartz, S. *296*
Roscher, W. H. *11*
Rothschild, J. de *19, 284, 295*
Rouen *34, 282*, 310 sq., *313*, 315, 318–320
Rouergue 286, 299
Roussel, Gérard 329
Roussel, H. *39*
Roy, É. *31, 277, 279, 281, 284, 286–290, 299 sq.*
Roy souverain, le 300
Royne de Perdition 151, 176
Royne de Salvation 131, 151, 176
Roys, Les Trois 44
Rubió i Lluch, A. *260*
Ruhe, D. *13, 123*
Ruid Entendement 90
Runnals, G. A. *288 sq.*
Rüstung, geistliche s. *armatura Dei*
Rutebeuf *184, 276*

Sachallegorie s. Dingallegorie
Sachs, A. *239*
Sacrifice de Abraham, Le 286
Sage, la 338–340
Saignee *69*
Saint Dominique 295
Saint Eustache 297
Saint Fiacre 293
Saint Fiacre 293
Sainct Loys 296
Sainct Loys 295 sq.
Sainct Jaques 109
Saint Jean Baptiste 300
Saint Jean Baptiste 296
Sainct Jehan l'Evangeliste 109
Sainct Martin 297
Saint Maxent 296
Saint Nicolas 276
Sainct Paoul 109
Saint Regnault 295
Saint Remy 296
Saint Sebastien 70, 297
Saint Symeon 300
Sainte Barbe 297
Sainte Nonne 297
Sainct-Denis, Jehan *293*
Saint-Gelais, Octovien de *33*
Sainte-Beuve, Ch. A. 37
saisir 220
sakramentale Handlungen 233
Saligia-Reihenfolge *68*
Salomon 100 sq., 299, 312
Salvation 66, 115, 128, 177
Sans Raison *297*
Sanson (Samson) 101
Sant Anthoni de Viennès 296
Sapience 95, 138, *226*, 247, 278 sq.
Sapience divine 66, 115, 318 sq., 346
Sapience divine, Ignorance 318 sq.
Sapientia 94
Sara 284
Sarquis 312
Satan (Sathan) *107*, 119, *138*, 292 sq., 295, 312
Satisfaction 70, 97, 114, 176, 245
Saulnier, V.-L. 320, *321*, 329–332, *333 sq.*, 335, *337*, 338–340, 342, *343*
Savoyen *233*
Schaab, O. *281*
Schauen der Idee 271
Schelkens, P. *124*
Schell, E. Th. *168, 224, 272*
Schematisierung der Handlung 228
Schiffahrt 165 sq., 169
Schiller, Fr. 230
Schlacht s. Kampf, *Psychomachia*
Schlaf und Erweckung *175*, 203–205, 321, *337*
Schlange als alleg. Attribut *49*, 313
Schlauch, M. *288*
Schlegel, U. *11*
Schmid, W. *205*
Schmitt, O. *15*
Scholastik (scholastisch) 158, 249, 260
Schreiber, C. *262*
Schreiner, H. *281*
Schriftexegese, allegorische 4–8, 224, 232 sq., 235, 248, 309, 345–347
Schulstück *22, 215*
Schulstunde 213–217, 225
Schulze, P. *68*
Schwert als alleg. Attribut 49, *187 sq.*, 189, *325*
Schwester s. Geschwisterverhältnis
Sckommodau, H. 307, *309*, 329, 331,

333, 335 sq., *338*, 339, *341*, *347*
Sebillet, Thomas *22*, 36
Secours 69
secretaire 132
Secret divin 66, *121*, 138, 196, 201 sq., 227, *228*
Securus 337 sq.
Seel, O. *11*, *186*
Sellenbegriff, säkularisierter 265
Seibel, W. *189*
seigneurie 96
Seigneurs d'Engleterre, les 296
Seinshierarchie 156, 159–162, *168* (cf. Hierarchie)
Seinte Resurreccion, La 276
Seitenmotiv 281, 284
Sekundärfiktion, allegorische 246, *247*
Selbstinterpretation 128, 137, 252–255
Selbstmord 81, 88, 100, *102*, 287, *297*
Selbstverfluchung 77 sq., *81*
Seneca *250*
senestre 149, 153, 178
sens moral 283
Sensualité *47*, 69, *73*, 78, *123*, 147, 171, 207
sensus allegoricus 5, *21*, 54, 331
– *anagogicus* 5, 232
– *litteralis* (*historicus*) 5–7, 232, 235, 237, 309, 346 sq.
– *moralis* (*tropologicus*) 5, *20*, 54, 283, 301, *306*
– *spiritualis* 5
Sepet, M. *24*, 37
Seraphin 107
Sergent, Pierre 33, *286*
sermon 251 sq.
Sermon joyeux *19*
Serper, A. *288*
serviteur 'Diener' und 'Minnediener' 157
Seznec, J. *3*
Shakespeare 235
Shergold, N. D. *23*
Sibilles, Les douze 291
Siciliano, I. *79*, *101*
Siebs, Th. *260*
siege 150
siege de Luxure 207
Siepmann, H. *9*, *163*, *190*
Sigel 29
Simon *78*
Simultanbühne 154 sq.
Silence 294
Sinagogua 289
Sine regno 57, *176*, 211
Sinnespersonifikationen 91
Sintflut 100
Smalley, B. *6*
Snell, B. *166*, 205
Sobresse 69
Sobrietas 184
Sobrieté 67
Sodom und Gomorrha 100
Sodomita Libido 184
Sohn 114, 116, 118 sq.
Sohn Gottes 116
Sokrates 250
somnus *205*
songe 51
Sophron 304
Sørensen, B. A. *14*
Sottie 19, 25, 342
Sotz qui remettent en point Bon Temps, Les *337*
Soulas humain 294
Soupper *91*, 96, 188, 194, 210
Southern, R. *23*
Spannung 229, 274
spätmittelalterlich 18 sq., 262, 310
species contraria 158
Spengler, F. *234*
Spicq, P. C. *6*
Spiegel als alleg. Attribut *49*, 50, 141 sq., *241*, *340*
spiritualistisch (spirituell) 310, 329, 344
Spivack, B. *23*
Sprachauffassung, ideenrealistische 265–267, 337
Spracherneuerung durch allegorische Verbildlichung 98, 115, 159, 224
Stählin, W. *15*
Stammler, W. *76–78*, *260*
Ständepersonifikationen *102*, *244*, *246*, 295 sq., *313*, 335
Statik (statisch) 86, 92, *112*, 163, *180*, 325, 337, 340
Stationenweg 164, 169–179, 224–227, 229 sq., 303, 305
Stein, E. *3*
Stengel, E. *19*
Stiltrennung, Aufhebung der *344*
Stoa *67*
Stoeßl, F. *11*
Strauß, G. *6*
Streit zwischen den Elementen 193
– zwischen Körperteilpersonifikationen 194, 238

– über Verdammung oder Erlösung der Juden 283
Strich, F. *15*
Strothmann, F. W. *195*
Stürzinger, J. J. *31*, *104*
Subordination 158–160, 162
substantia inferior 158
– *superior* 158
summum bonum 316
Sündenfall, erster 100
Sündenlast *220*, 224
Superbia 52, 184
Superstitieuse, la 338–340
Suspens, le 323 sq.
Symbol und Allegorie 14–17, 262, *273*
Symbolismus, mittelalterlicher 262
Symonie 176, 212
Synagoge (Synagogue) *168*, 288
Sweales, R. *124*
Szenenwechsel, begriffsevozierter 230, *294*

Talbot, C. H. *205*
Tanz 206, *207*, 208, *209*
Tasserie, Guillaume 312
Tasserie, Pierre 35, 312
Tast, le 91
Tate, J. *3*
Taubheit 198, 203
taverne als Bühnenort *153 sq.*
Taylor, A. E. *261*
Tektonik s. Handlungsaufbau
teleologisch 103
Tempel der Seele 184
Temperantia *67*, 289
Tempeste *70*, 297
Temps, le 92, 104, *147*
Temptation 70, 100, 113, 173, 204
»Tendenzdrama« *310*
Tendresse 69, 175
terra 118
Terre, la 74, 76, 114, 116, 118, 124, *134*, 143, 146, 164, 171 sq., 174, 176, 182, 193, 251, 298
Tertullian *184*
Teufel als Bühnenfigur 106 sq., 109, 190 sq., 250, 255 (cf. Diable)
Teulié, H. *52*, *299*
Theagenes von Rhegium 3
»Théâtre mystique« 310, 319–326, 339
»Théâtre profane« 329, 343
Theodulf *184*
Theophile, Miracle de *276*
θέσει 266
Thibault, Guillaume 313
Thiel, G. *76*
Thiry, P. *39*
Thomas l'Aisné *317*
Thomas von Aquin 6, *68*, *158*, 270, 282
Thomas, A. *89*
Thompson, E. N. S. *23*, *252*
throsne d'Orgueil 151, *165*
Timmers, J. J. M. *10*, *48*
tirand (tirans) 44, 293 sq.
Tiron, Antoine *234*
Tisbee 236 sq.
Tochter 115 sq., 119
Töchter Gottes 116, 192 sq., 283 sq.
Töchterstreit s. *Procès de Paradis*
Todsünden s. Hauptlaster
Topographie, allegorische *152*, 154 sq., 237, 324
Topos *101 sq.*, 185, *240*, *243*, *344*
Totenkopf als alleg. Attribut 142
Tötung 90, 185 sq.
totus mundus *59*
Tougard, A. *311*
Tours *31*
tout le monde *59*
Tout Mesnage *44*
Tout Pervers *297*
Tout, Rien et Chascun *337*
Tragödie, klassische 36, *38*
Traum *34*, 227
Traver, H. *192 sq.*, 278, *279–284*, *317*, *322*
Trennung 145, 147, 149 sq.
Trepperel, Jehan *20*, 28, 30, 32 sq., *281*, *286*, *295*, *302*
tresorier 131
Trespas du Roy, Le 330, 337 sq., 342
Tribulation 305
Tricherie 69, 96, 126, 135, *146*, 179, 195, *230*, 256
Trippiere, La 44
Triumphe des Normans, Le 312 sq., 322
Triumphzug 317
tromper 224, *336*
Tromperie 176, 209, 223, 225
Trop 334 sq.
Trop, Prou 330, 334–337, 340, 342
tropologisch 232
Trotemenu *44*
Truchet, F. *297*
Tuffrau, P. *1*
Tugenden, theologische 66, *67*, 143, 151, 155, 171, 176

- weltliche *67*
Tugendkatalog 67–69, 167
Tuve, R. 17, *31*
type 22, 62
Typologie s. Figuraldeutung
Typus (Typisierung) 9, 62, 268 sq., 272, *297*, 326, 328, 330, 343
tyrans s. *tirand*

Übel, natürliches 73, 140, 176, 182, 188
Überzeitlichkeit (überhistorisch) 64, 93–96, 108 sq., 302, 304, 312, 326, 341
ultrarealistisch 261
Umkehrung der Werte *108*
Un, l' 298
Unbefleckte Empfängnis 311 sq., 315, 322
unio rerum et vocabulorum 267
universal(ized) type 22, 62
Universalienstreit 259, 261
Universitate mundi, De 271
Unsichtbarwerden 199
Untertitel 228
Unveränderbarkeit des metaphysischen Status 86–88, 108, 155, 163, 186, 322, 325
Urias 100
Uriel 107
Usener, H. *11, 50, 97*
Usure 69, 176, 212

Vacant, A. *12, 107*
Vaine Gloire 57, 71, 246, 248
Valbuena Prat, A. *23*
Valenciennes 281
Valesio, P. *9, 50*
Valgimigli, E. *268*
Vallone, A. *17*
Varro 3, 253–255
Vater 114 sq., 118 sq.
Vendition de Joseph, La 286, 290, 302 sq.
Vengance Nostre Seigneur, La 283
Ventre, le 91, *92*
Ventre et les Jambes, Le 34, 91, 162, 194, 238
Vérard, Anthoine 32, *283*
Verbinden der Augen 198, *288, 295*
Verblendung 198, 213, 225
Verblendungszusammenhang, allegorischer 258
Verbraken, P. *149*
verbum 6
Verdenius, W. J. *267*
verge 202
Vergessen 256
Vergil 3, 12, *184, 228*, 237, *336*
Verismus *269*
Veritas 192 sq.
Veritat 299
Verité 92, 116, 247, 278 sq., 282 sq.
Verkleidung *70*
vers ambigu (Definition) 45
- (Belege) *54*, 61, 63, *121 sq.*, *143 sq.*, 159, *172*, 217–224, 230, 249, 265, 294, *295*, *301*, 303, 305, 323, *328*, *331* (cf. Ambiguität)
Verschlüsselung, allegorische 326, 332, 338
Verschmutzung und Säuberung 217
Versöhnung der ›Töchter Gottes‹ 192, 278, 281 sq., *283*, 287
Vertreibung 146, 186
Verwandtschaft 113–120, 297
Verwandtschaftsbeziehungen, widersprüchliche 118–120
Verweisung 169 sq., 228, 230
vertualment 247
Vertuz et les sept Pechiez, Les sept 31
Veterum Cultura Deorum 184
Verzweiflung 80, 83, 87, *144, 297*
via vitae 167
Vida, la 290
Vieille, la 340
Vieille Escriture 306
Vieillesse 59 sq., 126, 179 sq., 226
Viel Testament, Le 44, 284–286, 290–292, 296, 302 sq.
Vielle Loy 288
Vierge, la *108, 121*, 196, *201*, 202, 318, 322, 324
Villon, François *101*
Vincent de Beauvais *184*
Viollet-le-Duc 28
virtus 98
Visagier *333*
Vischer, Fr. Th. *10*
vitia capitalia 67, 115
Vocht, H. de *23*
Vögtle, A. *68*
Voix du sang d'Abel, la *285*
Vollkommenheitsstufen 162
Vorankündigung des Handlungsverlaufs 170
Vorspiel, allegorisches 294, 298, 305 sq.
Voßler, K. 15

Vouloir divin 35, 92, 172, 189

Wahrscheinlichkeit (*vraisemblance*) 269, 274, *334*, *343*
Waites, M. C. *184*
wallonisch *96*
Wandelbarkeit 64, 88–93, 110 sq., 155, 163, 326
Wanderung 164–181
Wanner, I. 48
Wappen 219
Wappentier 313 sq.
Wardropper, B. W. *23*
Wassermann, F. *71*
Waszink, J. H. *3*
Webster, T. B. L. *11*
Weg, allegorischer 152, 164–167, 181, 309, *340* (cf. Lebensweg, Stationenweg)
Weghören *198*
Wehrli, F. *3*
Weihnachtsspiele *25*, *276*
Weinrich, H. 336, *339*
Weisbach, W. *317*
Welsersheimb, L. *124*
Wesenheit 47, 53, 232, 263, 265, 271 sq., 289
Wesenserkenntnis 255, 257 sq., 266
Wesensverlust 266
Wesensverwandlung s. Wandelbarkeit
Whitehead, A. N. 261
Wibbing, S. *68*
Widersprüche zwischen Instanzen eines Lagers *161*
Widerspruchsfreiheit 149
Wiederholbarkeit 231 sq., 302
Wilhelm von Champeaux 259
Wilhelm von Conches 270
Wilhelm der Eroberer 312
Wilhelm von Moerbeke *268*
Willems, D. R. *168*
Willems, L. *23*
Willensfreiheit 64, 74, *86*, 105, 141, 230
– Personifikationen der 81, 105, 148
Wilmotte, M. *284*
Winckelmann, J. J. 14
Wingren, G. *166*
Winkler, E. *15*
Wisdom who is Christ 23
Wissensinstanzen 72, 96, *125*, 137, 204
Wolff, M. J. *263*
Wolfson, H. A. *3*
Wortgefecht *186*
Wörtlichnehmen s. Rekonkretisierung, allegorische
Wortspiel, dramatisiertes 79, 223 sq., 296, 328, 331 (cf. Ambiguität)
– onomastisches *60*
Würfelallegorie 207, 211
Würfelspiel s. Glücksspiel
Wüste 306
Xenophon 167
Ydropisie *73*
Yeulx, les 91
ymaginalment 247
Young, K. *276*
Ypocras 95
Ypocrisie *70*
ὑπόνοια 2
Zacharias 299
Zahlenverhältnis von göttlichen und teuflischen Mächten *160*
Zeichentheorie, Augustinische *262*
Zeitlichkeit s. Historizität
Zerbrechen der Gesetzestafeln *288*
Zöckler, O. *68*
Zoege von Manteuffel, C. *11*
Zufall 230
Zumthor, P. *13*, *15*, *21*, *63*, *264*
Zurücksetzung (Zurücktreten) *148*, 199
Zuschauer als Adressat der Didaktik 240 sq., 244, 247–249, 255–258
Zweikampf 313
Zwischenszene im Mystère, allegorische 280, 282, 290
Zyklus 276, 299, 301, 304, 306